우주론
알파에서 오메가까지
신학과 과학의 창조적 공동의 상호 작용

우주론
알파에서 오메가까지
신학과 과학의 창조적 공동의 상호 작용

로버트 존 러셀 지음
오경환 · 전양환 옮김

위즈앤비즈
Wisdom & Vision

로버트 존 러셀은 과학과 종교 간의 대화에 두 가지 공헌을 하였는데 그 공헌들이 모두 특출하고 장기적이다. 그는 캘리포니아의 버클리에 있는 신학과 자연과학 센터(CTNS)의 설립자이며 센터장이다. 그리고 그는 25년 동안 전 세계의 과학자들과 신학자들의 사고에 영향을 주었던 논문과 글을 연속적으로 저술하였다. 이 책은 출판된 적이 없는 몇몇 논문과 이미 출판되었던 중요한 논문들의 일부를 모은 것이다.

신학과 자연과학 센터는 그의 논문 대부분이 쓰인 장소이다. 나는 종종 과학과 종교의 상호 작용에 대한 공부를 계속할 만한 곳이 어디인지에 관한 질문을 받는다. 그 질문은 대학원 공부에 관심이 있는 학부학생들, 과학 이론의 종교적 함의를 탐구하면서 안식년을 보내고 싶어 하는 과학자들, 과학 시대에 살면서 종교적 믿음의 신빙성에 대하여 관심이 있는 신학자와 평신도들이 제기한다. 나는 보통 전 세계에 있는 여섯 개의 탁월한 센터와 프로그램에 대하여 이야기하지만, 그들 중에도 신학과 자연과학 센터가 가장 길고 출중한 기록을 가지고 있다고 말한다. 신학과 자연과학 센터는 유대교와 불교 센터뿐 아니라, 8개의 가톨릭과, 개신교 신학대학원을 포함하는 연합신학대학원(GTU)에 속하여 있고, 바로 옆에 있는 캘리포니아대학교와 다른 곳에서 과학자와 인문학자들을 초빙한다. 그 센터는 신학교와 석사, 박사과정에서 여러 가지 과목을 제공하고 자주 공개강의, 심포지엄과 워크숍을 주관한다.

신학과 자연과학 센터는 많은 나라에서 대회를 주관하고 출판물을 통해서 장기적인 영향을 미쳐 왔다. 특히 로마 외곽에 있는 교황청 천문대와 공동으로 주관한 일련의 논문집과 좀 더 최근에 시작된 전문잡지 「신학과 과학」이 중요한데 러셀은 그것들의 공동 편집자이다. 넓은 학문 분야에서 수

백 명의 대학교 교수들은 템플턴 재단이 제공하는 장학금을 받고 과학과 종교에 관한 과목을 개발하여 자기네 고향 교육기관에서 가르치기 위하여 신학과 자연과학 센터의 워크숍에 참여하였다. 다른 프로그램은 다양한 종교적 철학적 배경을 가지고 있는 유명한 과학자들을 여덟 개 그룹에 20명씩을 함께 묶은 다음, 각 그룹이 하나의 특정 과학 분야의 함의를 수일간 토론하게 한 후에 그들의 생각 일부를 공개 심포지엄에서 나누게 하였다. 로버트 러셀의 지도력과 지적인 품격이 없었다면 이들 중에 어떤 것이 가능했을지 의심스럽다.

이 책의 장들 대부분은 신학과 자연과학 센터가 주관한 행사에서 성장하였고, 일부는 다른 상황에서 강의로서 시작했거나 혹은 여기에 처음으로 나타났다. 입문의 첫째 부분은 그의 삶에 대한 짤막한 자서전적 성찰이다. 물리학 전공자로서 학부생활의 경험, 물리학과 신학의 대학원 학위의 완성과 그 뒤에 3년간 물리학을 가르친 것을 언급하면서, 러셀은 동료 과학자들 사이에 공통되는 회의론을 지적하고, 자기 생활에서 과학과 신학을 조화시키려던 자신의 투쟁을 설명한다. 그는 연합신학대학원 교정으로부터 바다를 가로질러 보이는 금문교의 건축이 어떻게 과학과 신학 사이에 쌍방향 통행을 담당할 지성적인 다리의 건축을 위한 놀라운 이미지로서 봉사할 것인지 묘사한다.

입문의 둘째 부분에서 러셀은 능숙하게 자신의 사고와 주요 주제들의 발전 단계를 연결하고 있다. 그는 과학과 신학을 연결하는 데 있어서 방법론적인 문제로부터 시작한다. 여기서 그는 처음에는 양 분야에서 사용되는 개념적 모델과 비판적 실재론(critical realism)에 관하여 내 저서에서 배웠다고 말했다. 그는 자신의 최근 저술이 과학 철학자 임레 라카토스 사유를 어떻게 사용했는지 지적한다. 임레 라카토스 "연구 프로그램"에서 중심적 사유들은 새로운 입증 가능한 가설을 제시하는 데에 있어서 얼마나 많은 결실을 내는지와 아울러 과거의 자료와 얼마나 조화하고 일치하는지에 따라서 평가되어야 한다고 주장했다. 러셀은 과학자들과 신학자들이 사용한 탐구의 방법을 비교하면서 차이와 유사점이 있다고 분명히 보여 주었다.

러셀은 과학이 확실한 과학 이론들에 비추어 자연에 대한 신학적 해석과 전통적 종교 신앙의 재정식화에 영향을 주어야 한다고 주장하는 많은 다른 저자들의 생각에 동의한다. 그러나 그는 또한 신학이 역으로 과학의 여러 측면에 합법적으로 영향을 줄 수 있다고 주장하는 소수의 저자들 중 한 사람이다. 신학이 영향을 미칠 수 있는 측면들은 자연에 대한 기저를 이루는 철학적 가정들, 연구 문제의 선정, 새로운 이론의 구성을 위한 창조적인 착상, 그리고 현재 이용 가능한 자료와 동등하게 합치하지만 서로 경쟁 관계에 있는 이론들의 선택(후자의 주장은 더욱 논쟁적이지만) 등이다. 그는 학제 간의 창조적 공동의 상호 작용(creative mutual interaction, CMI)을 요청한다. 그는 과학에서 신학으로 사유가 흐르는 일방통행이 아니라 다리를 건너가는 쌍방통행을 내다본다.

과학의 특수 분야에 대한 토론에 있어서 네 가지 주제가 두드러진다.

1) 빅뱅과 시간의 유한성: 우주과학자들은 우리의 우주가 빅뱅과 빠른 팽창으로 시작했다고 주장하는데, 그것은 무로부터의 창조에 대한 전통적 교리와 부합하면서, 과거 시간이 유한하다는 것을 의미하는 것으로 보인다. 그러나 우리 우주가 유일한 우주라는 생각에 반대하여, 일부 우주론적 이론들은 빅뱅과 대수축이 교차하는 진동하는 우주를 제시하거나 혹은 양자 진공 요동에서 솟아나는 다중 병행 우주들을 주장한다. 그러나 다른 우주에서 빛이 우리에게 도달할 수 없기 때문에 우리는 그 우주들을 볼 수는 없다. 이러한 이론들은 시간은 무한하고 혹은 스티븐 호킹의 양자 우주론에서처럼, 시간은 유한하지만 시작이 없다고 가정한다. 시간이 점차로 출현하였기 때문이다. 러셀은 이러한 이론들을 신학의 시간과 영원의 개념들과 비교한다. 그는 유한하다는 것에 대한 진정한 신학적 의미는 우주가 그 지속 기간이 얼마이든지 상관없이 존재하기 위해서 신에게 의존한다는 것

이라고 주장하고 창조의 개념을 과거 시간의 유한성에 너무 가깝게 일치시키는 것을 조심스럽게 반대한다.

2) 양자 수준에서의 신의 비개입주의 활동: 만약 모든 사건이 결정론적 법칙에 의해서 다스려진다면, 어떻게 신이 세상에서 활동하겠는가? 러셀은 원자와 원자 내에서 발견되는 입자 수준의 사건들은, 양자 이론에 의하면, 하이젠베르크의 불확정성 원리에서 표현된 바와 같이, 예측불가능하다고 대답한다. 그는 이 불확정성은 현재 이론이 부족해서가 아니라 자연 자체의 불확정성을 반영한다고 주장한다. 그러면 신은 양자 법칙을 위반하지 않으면서 양자 방정식에 의하여 서술되는 많은 가능성들 가운데서 하나의 결과를 실현할 수 있을 것이다. 신은 달리 일어났을 것들(불확실한 것)을 변경하지 않고 (모든 가능성들은 동일한 에너지를 가지므로), 에너지의 주입은 요구되지 않는다. 우리는 개별 양자 사건들이 원자들의 큰 그룹에 통계적으로 평준화될 것이라고 기대할 수 있지만, 개별 양자 사건들은 광대한 효과를 내도록 생물학적 과정에서 확대될 수 있다. 예를 들면, DNA의 한 가닥 안에서 수소결합을 혼란시키는 하나의 광자는 진화의 역사를 크게 변경시킬 수 있다.

3) 질서, 무질서 그리고 악의 문제: 전통적 신학은 신을 질서와 연관시켜 왔고 무질서는 질서에 대항하는 하나의 위협으로 보인다. 그러나 과학의 일부 분야, 특히 열과 에너지를 연구하는 열역학에서는 무질서가 두드러진다. 러셀은 물질세계에서 더 큰 엔트로피(무질서의 척도)로 향하는 경향과 자연 안에 고통과 악의 현존 사이에 유사점을 발견한다. 그는 왜 착하고 전능한 신은 자연과 인간 생활에서 고통과 악을 허용하는가? 하는 신정론의 끊임없는 질문을 대면한다. 여러 가지 가능한 대답을 탐구한 후에 러셀은 이렇게 제안한다. 고통과 악은 물질적 무질서와 마찬가지로 새로운 가능성을 창조하는 데 기여할 수 있으나, 최종적으로는 죽음을 넘어선 미래 삶에서 변형될 것이다.

4) 우주의 미래와 종말론: 우주과학자들은 우주가 무한하게 팽창하여 생

명을 지탱하기에는 너무 춥게 될 것이라고 예상한다. 혹은 반대로 그 팽창은 느려지고 뒤집어져서 우주가 수축하면서 생명을 지탱하기에는 너무나 덥게 될지 모른다. 둘 중 어느 것을 예상(얼거나 타거나)하든지, 그 상황은 지구 상 생명을 한시적이고 무의미하게 만드는 것으로 보인다. 어떤 경우든, 우리의 태양은 수십억 년 안에 스스로를 다 태워버릴 것이다. 러셀은 과학의 이러한 예상이 종말론에서 바라보는 것과는 매우 다른 미래라고 인정한다. 종말론은 이 세상의 미래 변형과 죽음 후의 미래 생명에 대한 신학적 믿음이다. 그러나 그리스도의 부활은 그리스도인 공동체에게 우주의 "새로운 창조"뿐 아니라 죽음 후의 개인들의 생명에 관련하여 신이 변형시키는 힘을 가지고 있다는 것에 대한 희망의 근거를 주었다고 그는 주장한다.

러셀은 분명하게 쓰지만 복잡한 질문에 대해 단순한 대답을 하기를 피하고 또한 자신의 견해와는 다른 견해들을 고찰하는 데 많은 시간을 드린다. 일부 장들은 그의 추론을 따라가기 위하여 상당한 주의를 요구하지만, 그 노력은 크게 보상받을 것이다. 이러한 학제들 간 분야에 대하여 친숙하지 않은 독자들은 1, 2, 4, 8장과 같이 일부 가장 접근하기 쉬운 장부터 시작해도 좋다.

▌차례

▍입문

제1부: 신학과 자연과학 센터(CTNS), 내 글의 맥락

1981년은 내게 인생 전환의 해였다. 나는 35세였고, 동떨어진 과학과 신학 공동체 사이에서 연속적으로 오락가락하다가, 대학의 물리학과로부터 버클리에 있는 연합신학대학원(GTU)에 있는 신학연구의 독특한 교회일치 세계로 영원히 옮겼다. 나는 스탠퍼드대학교에서 학부 학생으로서 물리학을 공부하였고 음악과 종교를 부전공으로 함께 공부했다. 나는 퍼시픽 종교대학원(GTU의 일원)에서 신학 석사와 문학 석사 학위를 받았고, 캘리포니아대학교에서 물리학 석사와 박사(LA와 산타크루즈) 학위를 받았다. 나는 칼레튼대학에서 물리학을, 이안 바버와 함께 과학과 종교를 가르치고, 대학 교목으로서 3년간 봉직하였다.

드디어 내 경력은 중요한 전환점에 왔다. 물리학의 세계에 계속 머물면서 아마도 가끔 과학과 종교에 대한 글을 쓸 것인가? 아니면 갈등하거나 혹은 서로 고립된 종교와 과학 공동체를 서로의 이익을 위해 그리고 세계를 위한 상호 간의 봉사를 위해 상호 존중하고, 건설적이며, 그리고 비판적 대화에로 초대할 수 있는 센터를 창립하자는 요청을 받아들일까? 그러한 학제 간의 상호 작용은 폭넓은 영역의 지식 분야로부터의 학문적 탁월함을 요청할 것이다. 여기에는 역사 신학과 현대 신학, 철학, 윤리, 영성, 그리고 성경 연구들을 포함하고, 물리학, 우주론, 진화와 분자 생물학 등의 자연과학과 수학의 핵심 영역들이 포함된다. 학제 간 상호 작용은 과학이 그러한 건설적 작업에 중요한 역할을 해야 한다는 것을 인지하는 신학자들을 요구했다. 그 상호 작용은 기꺼이 과학의 한계를 넘고자 하고, 그들 연구의 철학적, 신학적, 그리고 윤리적 의미를 탐구하고자 하는 과학자들을 필요로 한다. 그 상호 작용은 대화에 포함된 영역들의 교수요원과 대학원 학생들을 거느린 교회 일치적(ecumenical) 종교 간의 학구적 맥락에서 최고로 번창할 것이다. 그 상호 작용은 대화를 가능하게 하고 지지하는 상호 학제 간의 방법론의 개발을 의미하는 것이다. 그리고 그 센터는 신학과 과학에서의 나 자신의 학문이 진화하게 되는 그러한 장소가 될 것이다. 그리하여 "사랑할 가치가 있는 꿈, 건설할 가치가 있는 실재"가 될[1] 신학과 자연과학 센터(CTNS)가 탄생했다.

처음부터 나는 신학과 자연과학 센터를 다리로 상징했다. 다리 자체가 건설되어야 할 새로운 방법론이 될 것이다. 다리가 양방향으로 통과시켜야 할 것은 과학과 종교 공동체들 간의 창조적 상호 작용일 것이다. 나는 샌프란시스코를 북쪽의 근교들과 연결시키는 금문교에서 영감을 받았다. 금문교는 한쪽에서 다른 쪽으로 건설된 것이 아니라, 양방향에서 시작하여 중간에서 만났다. 과학과 종교 각 공동체는 우선적으로 자신의 탐구 영역에서 그리고 자신의 지적 기준에 따라 자신의 기반을 찾아야 한다. 각자는 그들을 넘어 하늘로 치솟는 탑을 올리고, 그들 사이에 있는 물길을 건너가는 케이블을 설치하며, 그리고 이 케이블들을 탑의 꼭대기로 끌고 올라가야 한다. 마침내, 양 공동체로부터 대담한 모험가들이 우유 빛 차가운 대양 위의 공간에 매달린 여린 케이블을 기어오를 것이다. 그들은 그들을 여전히 분리시키고 있는 만을 가리키며, 그 아래 새로이 생겨난 고속도로를 지탱하기 위한 현수 케이블들을 늘어뜨리고 시간이 다 되었을 때 이 고속도로가 마침내 양방향의 중심에서 만나게 되어 많은 교통량을 지탱할 것을 희망한다. 그것은 분명히 수십 년 걸릴 프로젝트이다. 그러나 나는 그날이 머지않은 미래에 올 것이라고 믿는다. 멀리 떨어져 보이지만, "중대한 변위(變位)"에 도달할 것이고, 멀리 떨어진 해안가로부터 시작된 고속도로의 양방향이 거의 닿을 듯하며, 푸르른 창공에 완벽한 곡선이 그려질 것이다.[2]

25년이 지난 오늘날, 이 다리를 건설함에 있어서 신학과 자연과학 센터가 다른 국제적인 여러 센터들과 프로그램들과 함께 중요한 역할을 해왔다는 것에 대단히 감사한다. 여러 가지 면에서 이 다리는 완성되었고 우리는 다리를 가로지르는 양방향에서의 지식과 전망의 흐름에 의해 야기된 풍부한 기회와 도전에 충분히 집중할 수 있다. 그것은 신학과 과학 사이에 창조적 공동의 상호 작용(creative mutual interaction)이다.

제2부: 이 책의 개요

신학과 자연과학 센터를 설립하고 이끄는 것에 더하여, 나는 또한 클라우드 웰치 학장에 의해 연합신학대학원 박사 학위 과정 교수로 임명되었다. 그래서 1981년에 나는 신학교와 연합신학대학원에서 신학과 과학의 박사 과정을 가르치고, 연구를 하고 박사 학위 논문을 쓰는 학생들과 직접 작업하는 새로운 학문적 경력을 시작했다. 신학과 자연과학 센터가 만들고 후원한 많은 지역적, 전국적, 국제적 프로그램들과 연합신대학원에서의 독특한 연구와 교수 기회들은 다양한 저술 프로젝트들과 논문 모음집과 전문지에 기고할 기회를 제공했다. 여기서 나는 그것들을 선별하여 선집형태로 함께 모았다.

이 책의 각 장들은 그리스도교 조직 신학 교리의 표준 배열에 따라 신학적 초점에 의해 엮어졌다. 배열은 신과 창조(1-3장), 자연 안에서의 신의 활동(4-6장), 도덕적 악(죄)과 자연의 악(고통, 죽음 등)(7-8장), 우주에서의 생명의 구원과 새로운 창조의 종말론(9-10장) 등이다. 그 주제들은 이 교리들을 새로운 방식으로 간단히 표현하는데, 자연과학과의 대화에 의해 영향을 받고 있다. 예를 들면, "시작 없는 유한 창조", "타락 없는 타락", "엔트로피와 악", "진화—'슈뢰딩거의 고양이'의 생물학적 등가물", 그리고 "부활—새로운 자연 법칙의 최초의 예시" 등이 포함된다.

그러나 개요는 이 책의 다른 측면에 따라서 엮어졌다. 그것은 내가 이 시기에 연구했던 신학과 과학을 연계하는 방법론의 역사적 발달이다. 이 여행은 이안 바버의 비판적 실재론(critical realism)에 대한 작업으로부터 시작하여, 은유, 공명(consonance)과 불협화(dissonance), 여러 가지 우발성(contingency), 과학 방법론에 대한 라카토스 이론의 신학적 전용, 신의 비—개입적(noninterventionist) 객관적 활동, 그리고, 이러한 것들을 넘어 내가 "창조적 공동의 상호 작용"이라고 이름 지은 것으로 이동한다. 이 개요는 그러한 역사적 발달에 대한 간략한 이야기를 제공한다. 그 이야기를 통해 각 장의 내용과 그 안에 흐르는 주제들에 대한 간략한 토론들이 엮어진다. 나는 독자들이 이 개요가 도움이 된다고 생각하기를 희망한다. 연구의 특별한 주제와 특화된 영역들에 대해 작업하면서, 어떻게 창조적이고 역동적인 방식으로 이 영역들을 연계할 것인지에 대한 대단히 중요한 질문에 대한 다양한 반응들을 가지고 실험하기 위한 기회로 나도 또한 이 논문들을 사용하고 있다는 것을 그 개요가 보여 줄 것이라고 믿는다.

그러나, 우선 나는 이 책에 포함된 내용과 원래 출판된 논문들과 그 논문들이 수정된 정도의 관계에 대해 한마디 해야겠다. 이 책의 모든 장들은 원자료와 그 발행 일자를 언급하는 주석으로 시작한다. 글의 저술과 발행 날짜는 다음과 같이 정리된다.

첫 발행 날짜순:

1984: 7장

1989: 1장

1993: 3장

1993: 9장(미게재)

1995–2001: 4, 5, 6장(서로 중첩됨)

1997: 2장

2002: 10장

2005: 8장

1, 2, 7–10장은 기본적으로 원래의 형태 그대로이다. 대부분의 수정은 사소하고 서로 다른 장에서 동일한 재료의 중복을 피하기 위해, 즉 원래 본문을 분명히 하기 위해 이루어졌다. 3장은 신학과 자연과학 센터/교황청 천문대(CTNS/VO)의 최초 출판물 안에 있는 내 글의 재판이다. 4–6장의 자료는 신학과 자연과학 센터/교황청 천문대의 연작물 중 다른 책의 내 글을 발췌한 것이고 좀 더 분명히 읽히게 하기 위해 재구성한 것이다. 나는 신의 활동 문제에 대한 일반적 토론으로 시작하고, 몇 가지 특별한 접근들의 평가를 제시하며, 양자 역학을 통해 신의 바닥–위(bottom–up)로의 활동에 특별히 주목하고, 생물학적 진화의 맥락에서 신의 활동을 위한 바닥–위로 접근의 적절성을 보여 주며, 그리고 그 접근이 제시하는 문제들(주로 자연적 신정론)과 그 문제를 다룰 방향들(주로 육신의 부활에 근거한 종말론)로 결론을 낸다.

독자들이 알고 있는 것처럼, 테드 피터스와 나탄 할랭거는 『자연의 세계에서 신의 활동: 로버트 존 러셀 축하 논문』이라는 제목의 기념 논문집으로 최근 나를 축하해 주었다. 그 안에 많은 논문들이 내 원논문들에 대한 반응들이다. 결론적으로 나는 이 책의 논문들을 수정하는 동안 부지불식간에 내 원문에 대한 비평(또는 조언)으로부터 영향을 받지 않기 위해 이 기념 논문집의 정독을 연기했다. 나는 4장과 5장에 상당한 추가와 수정을 하였고 6장은 조금 수정하였는데 거기에는 몇 가지 이유가 있다. 최근 나는 이제 곧 이루어질 통합된 책의 발간을 위해 신학과 자연과학 센터/교황청 천문대의 출판물들의 전체 분석을 완료하였고, 이러한 작업은 나로 하여금 4장과 5장의 신의 활동에 관한 주제들을 재고하게 하였다. 나는 또한 신의 활동 프로젝트에 대한 「신학과 과학」 학술지에 실려 있는 그들의 논문들과 관련하여 톰 트래시, 필립 클레이튼, 그리고 웨슬리 와일드만과 풍성한 상호교류를 하였다. 지난봄 톰은 신학과 자연과학 센터에서 한 달간 안식일을 보냈고, 이것은 4장과 5장을 포함한 신의 활동에 대한 광범위한 대화의 기회를 제공했다. 끝으로, 나는 2006년 가을 아서 피콕이 운명하기 바로 전에 신의 활동에 대한 그의 접근에 대해 중요한 의견 교환을 하였다. 이러한 모든 것들이 나로 하여금 4장과 5장의 원문들을 수정하고, 더하고, 분명하게 하도록 하였다. 나는 그 기념 논문집에 대한 감사와 반응을 표하기 위해 다른 기회를 기대한다.

1. 나의 방법론의 배경

방법론에 대한 질문은 신학과 과학의 학제 간 연구의 핵심에 놓여 있다. 우리는 어떻게 자연과학, 과학철학, 종교철학, 그리고 조직신학 및 철학적 신학들처럼 명백히 다른 영역들을 연계시킬 수 있을까? 그리고 주장되는 지식의 종류, 사용되는 언어, 이론 구성의 방법론, 그리고 포함된 자료 유형들이 그렇게 동일하지 않다는 것을 명심하면서 우리는 어떻게 이 모든 것을 이룰 수 있을까? 그리고 어느 한 시점에 어떤 관계가 형성되더라도, 신학 교리와 과학 이론이 그러한 관계에 도전하는 다른 해석에 직면하게 될 뿐만 아니라, 교리와 이론이 시간에 따라 변하여 때때로 비교할 수 없는 패러다임 전환을 겪을 수 있다는 사실에 어떻게 우리는 반응할 수 있을까?

지난 20년간 내가 발전시킨 이러한 질문들에 대한 반응들은 상당 부분 이안 바버의 선구자적 작품에 그 뿌리를 두고 있는데 1966년으로 거슬러, 그의 획기적인 저작, 「과학과 종교의 문제」가 그것이다. 그리고 다양한 영역의 저술들이 지속되었는데, 1974년 「신화, 모형, 그리고 패러다임」 그리고 1990년 그의 훌륭한 기포드 강연 「과학 시대의 종교」 등이[3] 있다. 여기서 바버는 인식론(우리가 가지고 있는 다양한 지식들), 언어(그 지식이 표현되는 방법), 그리고 방법론(지식이 얻어지고 합법화되는 방법)의 문제들에 관련되는 일련의 잘 공들여 만든 주장들을 전개했다.[4] 처음부터 바버는 1966년 최초로 발전시킨 특별한 종류의 주장을 표현하기 위해 비판적 실재론[5]이란 용어를 사용했다. 나는 이러한 주장들이 이제 곧잘 제작되고 많은 이들의 여행에 사용될 과학과 종교 간의 "다리"[6]가 되었던 것의 구성 요소들을 제공한다고 생각한다.

점차 많은 학자들이 이 방법론적 다리에 기여하였다. 두각을 나타낸 이들로 필립 클레이튼, 샐리 맥페이그, 닐스 헨릭 그리거슨, 필립 헤프너, 낸시 머피, 볼프하르트 판넨버그, 아서 피콕, 테드 피터스, 존 폴킹혼, 토마스 토랜스, 그리고 벤젤 반 호이스틴 등이 있다. 그럼에도 불구하고 내 생각에는 바버의 선구자적 학문이 다른 어떤 이들보다 오늘날 과학과 종교에 대한 국제적, 교차 문화적, 그리고 종교 간 대화를 발전시킬 수 있었다.[7] 내 작업이 전제로 하였고 토대로 삼았던 방식을 탐구하기 전에 비판적 실재론에 대한 간략한 요약으로 시작하는 것이 적절하다.

A. 바버의 "다리": 비판적 실재론

처음에 바버의 업적에 두 가지 핵심적 매력이 있다는 것을 지적할 가치가 있다. 즉 그것은 1) "다리"를 건설하는 데 있어서 비신학적 주장들을 사용한 것. 2) 다양한 형이상학적 체계와의 양립 가능성이다. 1) 비판적 실재론은 주로 과학철학과 종교철학에 대한 세속적 지식 분야에 기초하고 있기 때문에, 과학과 대화를 추구하는 그리스도교 학자들뿐 아니라 또한 자연과학에 대한 대화를 기꺼이 하려 하는 어떤 종교 전통 안에 있는 학자들과 또는 종교 간 대화에 참여하는 학자들에 의해서도 상당히 여러 가지 신학적 목적을 위해 사용될 수 있다. 과학과 종교를 연결시키면서 바버의 "다리"를 사용하기 위해 그리스도인(우리는 둘 다 그렇다)이기는 고사하고 바버처럼 과정 신학에 투신할 (나는 그렇지 않았다) 필요는 없다. 2) 비판적 실재론은 물리주의 (physicalism)(머피 참조), 창발적 유물론(emergent materialism)(피콕, 클레이튼 참조), 양면의 일원론(dual-aspect monism)(폴킹혼 참조), 범경험주의(panexperientialism)(이안 바버 참조), 그리고 나 자신의 선택인 창발적 일원론(emergent monism) 등을 포함한 다양한 비환원주의적 형이상학적 전망들과 양립할 수 있다. 비판적 실재론의 일차적 목적이 과학과 신학 대화의 틀을 만들기 위해 어떤 특별한 형이상학을 배치하려 하지 않기 때문이다. 대신에 비판적 실재론은 적어도 네 개의 전선(前線)에서 공격적인 비판들에 대항하는 주장을 폄으로써 그러한 대화를 위한 토대를 깨끗이 닦아 놓았다.[8] 비판적 실재론은 다음과 같이 주장하는 이들에 대해 반대한다. a) 인식론적, 존재론적, 인과론적, 그리고 제거적(eliminative) 환원주의를 위한 주장을 폄으로써 종교 자체에 도전하는 이들에게 대항하고, b) 존재론적 이원론(생기론과 실체 이원론의 데카르트적 그리고 플라톤적 형태들을 포함한)이나 또는 과학과 종교의 "두 언어 구분"(개신교 신정통주의와 실존주의 신학에서처럼)을 주장함으로써 종교를 과학으로부터 고립시키려는 이들에 반대하며, c) 종교에 대한 또 다른 견해를 지지하지만 과학에 대한 몇몇 철학적 해석들(순진한 실재론, 도구주의 그리고 실증주의) 중 하나를 지지하는 이들에 반대하고, d) 과학적 사유는 근본적으로 신학적 사유와 다르다는 것을 주장하는 이들에게 반대한다. 이러한 것들 대신에, 바버는 다음을 주장한다. a) 모든 형태에서 반-환원주의. b) 은유와 모형의 공동 사용을 통해 과학적 그리고 신학적 언어 간의 중첩.[9] c) 과학과 종교에 대한 비판적 실재론적 견해. 그리고, d) 과학적 그리고 신학적 사유 간의 유추.[10]

이러한 모든 주장들 중에 나는 대화를 위한 바버의 가장 중요한 방법론적 기여는 추리의 양식들 간의 유사(analogy)를 주장한 것이라고 여겨진다. 나는 이 유추를 과학과 종교 간의 "다리"를 형성하는 것으로 여긴다. 바버는 그것을 우아하게 표현했는데 그 표현의 고요한 단순함이 복잡하고 뚜렷한 주장을 숨기고 있다. "종교의 기본 구조는 몇 가지 면에서 과학의 구조와 비슷하다. 그러나 여러 가지 중요한 점에서 다르다."[11] *유사점*: 과학과 종교는 둘 다 헴펠의 가설적-연역적 방법을 사용하여 세계에 대한 인지적 주장을 한다. 그 방법은 콘텍스트 이론과 역사결정론의 틀 안에 위치한 일종의 포퍼의 반증주의를 이론 평가에 대한 형이상학적 헌신과 준거와 완전히 결합시킨다. 두 공동체는 유추적, 확장적, 논리 정연한, 그리고 상징적으로 여겨지는 모형들을 통해, 그리고 오직 부분적일지라도 연관된 은유(metaphor)들을 통해 표현된 관찰과 경험을 조직화한다.[12] *차이점*: 그러나, 과학의 자료에 비해 종교의 자료에는 중요한 차이점이 있다.[13] 종교적 모형들은 태도를 이끌어냄, 개인적 참여, 그리고 변형 등과 같이 과학에 없는 비인지적 기능들을 수행한다. 게다가, 과학에서 이론들은 모형들을 지배하는 경향이 있지만 종교에서 모형들은 이론들보다 더 영향력이 있다.[14] 종교에는 과학에서 발견되는 것과 같은 낮은 수준의 법칙들이 결여되어 있고, 합의의 출현은 "현실화될 수 없는 목표"로 여겨진다. 또한 종교는 이야기, 의식, 그리고 계시 같은 과학에서 발견되지 않는 것들을 포함한다.[15]

기포드 강연(1990)에서 그 유추가 한 세트의 중요한 그림으로 제시되었다 (그림 1, 그림 2). 그 그림은 과학과 신학 방법론의 합리성들 사이에서 바버가 발견한 유사점과 차이점을 보여 주고 있다.[16] 그의 분석을 그렇게도 독창적이고 풍요롭게 만든 것은 과학과 종교에서의 유사점과 차이점 사이의 역동적 긴장감에 대하여 바버가 주목한 것이다. 이 그림들은 내가 "창조적 공동의 상호 작용"의 방법이라고 부른 것에서 절정을 이루는 나의 방법론적 아이디어에 영감이었음이 입증되었다(CMI, 아래 7절을 보시오).

바버의 그림1 : 과학의 구조

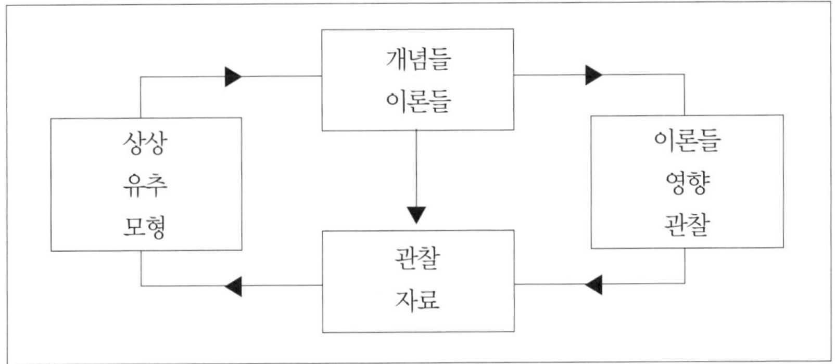

바버의 그림 2 : 종교의 구조

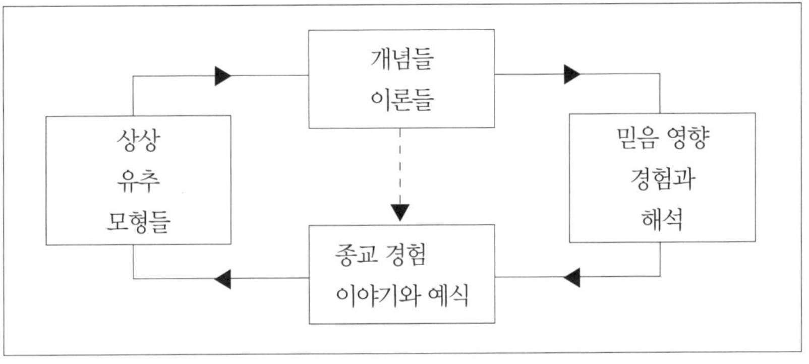

B. 피콕이 고안한 인식론적 전체론(epistemic holism)

비판적 실재론의 토론에 더 기여한 것은 피콕의 인식론적 전체론 또는 인식론적 창발(emergence, 創發)(또한 인식론적 반–환원주의론으로 알려져 있는)에 대한 주장이다. 그의 주장은 1993년 그의 기포드 강연에서 핵심 그림을 통하여 도식화되어 제시되었다.[17] 수직축은 물리, 생물, 신경, 행동, 그리고 문화 현상을 복잡성이 증가하는 순서에 따라서 열거하고, 원자로부터 인간 행동 까지, 그리고 그것들을 연구하는 학문을 물리학으로부터 심리학과 철학까지 열거하였다. 수평축은 각 현상학적 수준 내에 놓여 있고, 크기에 따라서 그 수준을 기술하는 각 학문 안에 놓여 있는 현상을 열거하였다. 따라서 물리학적 존재체들은 기본 입자로부터 시작하여 은하계, 은하계의 성단, 마지막으로 우주로 끝난다.

우선 그림의 수직축을 고찰하자(옆 아서 피콕의 그림 3을 보시오). 피콕에 의하면, 인식론적 전체론은 과학과 신학을 포함하는 인문학의 분야들을 그들이 연구하는 학문의 복잡성의 증가를 반영하는 일련의 창발적 수준으로 간주한다. 인식론적 전체론은 이러한 수준들에 대해 두 가지 주장을 포함한다. 1) 하위 수준들은 상위 수준들에 대하여 제한을 가한다(수준들을 자율적이게 하는 "두 세계" 논의에 반하여). 그러나, 2) 상위 수준들은 창발하며, 하위 수준들로 완전히 환원되지 않는다(세계에 대한 상위 수준의 새로운 주장들을 말소시키는 "인식론적 환원주의"에 반대하여). 예를 들면, 물리학은 생물학에 제한을 가한다. 그래서 어떠한 생물학적 이론도 상대성 이론이나 양자 역학에 모순될 수 없다. 동시에 어떠한 생물학적 이론도 물리학에서의 상대성 이론이나 양자 역학만에 의하여 모두 다 설명될 수 없다. 대신에 상위 수준의 어떤 과정, 특성, 그리고 법칙들은 자연 안에서 창발한다.

그러나 피콕의 통찰에 독특한 것은 그의 그림 안의 수평축이 또한 매우 중요하다는 것이다. 그것은 자연 현상들을 동일한 인식론적 수준 내에서 크기가 커짐에 따라 서열화 했다. 따라서 그림의 바닥에 있는 물리 체계는 그 범위가 기본 입자로부터 은하계까지 이른다. 나는 이것이 가장 중요한 것 중 하나이지만 그의 인식론적 계획 중 저평가된 측면들이라고 생각한다.[18] 왜냐하면, 물리학의 한 분야로서의 우주론은 신학을 포함한 모든 상위 학문들에 제한을 가하고 있다는 것이 충분히 분명하기 때문이다. 따라서 예수의 육신 부활을 새로운 창조로 향하는 우주의 변형의 예기(豫期, proleptic)적 사건으로 간주하는 학자들은 과학적 우주론으로부터 오는 이러

아서 피콕의 그림 3

학문분야	논리학	언어학	경제학	예술	과학 등
문화 생산물	논리추리규칙	언어들	경제체계	예술작품	과학 관념

수준 4 : 인간문화 (예술, 과학, 인문학, 철학)　　　　사회학　사회인류학

행동	과학	인지심리학 (연결 통신망)	추리	실험 심리학 비교, 발전, 생태 심리학	심리　　사회 언어학　심리학
	체계	특수 정신적 행동 체계 & 하부체계		전체(개인적)생물 유기체의 행동	생물 유기체의 사회 상호 작용

수준 3 : 생물 유기체의 행동　　　　　사회생물학　행동유전학

인지과학

신경 과학	신경 화학	신경 해부학	신경 과학	연결학 AI	신경 생리학 신경 생물학
신경 체계	(분자들) ➜ 염색체접합 ➜ 신경요소의 연락망 ➜ 지도 ➜ 체계들 ➜ CNS				

행동학

생물 과학	세포학	세포 생물학	생리학	해부학	식물학 동물학	진화 생물학	생태동물원 식물지리학
생물 체계	거대 분자들	세포기관	세포	기관	개인 생물 유기체	생물 유기체의 인구	생물권 생태계

수준 2 : 생물 유기체

과학	물리학	화학	생물화학 생물물리학	지질학	우주론, 천문학 천체물리학
체계	소립자원자	원자 분자	대분자 분자	바위 광물	은하 행성

수준 1 : 물리 세계

한 도전을 정면으로 철저하게 직면해야 한다.[19]

　내시 머피,[20] 조지 엘리스,[21] 그리고 필립 클레이튼[22] 등이 인식론적 전체론에 대한 토론을 이어갔고 중요한 방식들로 더욱 발전시켰다. 그들 모두는 환원주의, 특히 그것의 더욱 악의가 있는 형태인 제거적 존재론적 환원주의와 인과적 환원주의를 패퇴시키기 위한 프로그램에서 중요한 조치를 취했다. 과학과 종교 간의 유추를 주장하는 바버의 논증처럼, 인식론적 전체론에 대한 피콕의 각색과 그것의 진전된 발전들이 내가 창조적 공동의 상호 작용이라고 부르는 것을 위한 영감의 원천이 되었다.

C. 비판적 실재론의 현재 상태와 연관된 열린 문제들

　요약하면, 신학과 과학의 대화에서 학자들의, 특히 자유주의 신학 관점의 학자들의, 압도적 사상 학파는 비판적 실재론이다. 그 용어는 "일괄 거래"를 의미하고 그 거래의 요소들은 다양한 철학적 맥락으로부터 모아졌다.[23] 그 요소에는 다음의 것들이 포함된다. 1) (문자주의와 표현주의에 반하여) 모든 언어에서의 은유들의 아주 흔한 역할, 복잡한 인식론적 구조, 그리고 지시적 내용 2) (실증주의, 경험주의, 그리고 도구주의에 반하여) 쿤/라카토스의 콘텍스트 이론/설명적 그리고 역사 결정론/경쟁적 틀 안에 끼어든 헴펠의 가설적－연역적 방법론(Hempperian hypothetico-deductive method). 3) (인식론적 환원주의에 반하여) 제한과 새로운 특성과 과정의 창발을 포함하는 학문분야의 위계를 가지고 있는 인식론적 전체론. 4) (모든 이론들은 단지 사회적 구성물이라고 주장하는 지식사회학자들에 반하여) 개인적 관점이건 전체 이론들이건 지시성(referentiality)에 대한 헌신, 그리고 아울러 일치와 일관성과 실용주의를 합치는 진실한 이론에 대한 헌신. 5) 다양한 형이상학적 문제에 대한 진정한 개방성.

　이 기간 동안에, 물론, 이 요소들 하나하나는 상당한 논쟁을 불러일으킨 복잡한 문제들을 야기했었다. 이러한 논쟁들에 대한 자세한 평가는 우리로 하여금 이 책의 한계를 훨씬 벗어나게 할 것이다.[24] 그러나 대부분의 학자들 사이에는 이 요소들이 1960년대 초로 거슬러 올라가 신학과 과학에서의 소위 "합의된 견해"라고 할 수 있는 것을 형성한다는 충분한 의견일치가 있었다. 비판적 실재론은 신학과 과학에서 지속적으로 옹호되고 있고, 효율적으로 사용되며, 그리고 널리 다양화되고 있다. 그리고 그것은 대부분의 활동 중인 과학자들과 많은 신학자들에 의해서 지속적으로 전제되고 있으며, 그리고 과학과 종교에 대한 많은 공개적 담론에서 그러하다. 모든 것을 감안할 때, 나는 비판적 실재론이 과거 수십 년간 역사적 발전에 중요한 역할을 해 왔고 미래 연구를 위한 출발점으로서 지속적으로 중요할 것으로 믿는다. 비판적 실재론은 오늘날 신학과 과학에 대한 담론을 하게 한 "첫 세대"의 핵심적 방법론적 기여라고 여겨진다.

2. 비판적 실재론으로부터 창조적 공동의 상호 작용(CMI)까지 내 여행의 단계들

지난 25년간 나의 연구는 비판적 실재론이 신학과 과학 사이에 제공하는 방법론적 다리를 전제로 했고 그것으로부터 성장했다. 나는 은유의 인식론적 구조에 그 초점을 두는 것에 특히 매료되었고, 그것을 공명과 불협화의 두 관점에서 발전시켰다. 인식론적 전체론은 생물학적 진화론, 물리학, 그리고 우주론의 전제조건과 예시를 위한 내 연구의 배후 가정을 이루고 있었다. 그 가정은 인류 안에서 충분히 표현된 것으로 드러나고 신의 모상과 죄의 관점에서 신학적으로 서술된다. 과학적 개념뿐 아니라 신학적 개념의 지시적 지위는 과학으로부터 신학으로 사유의 진정한 교환을 허락하는 반면에, 과학과 종교 분야들 내에서 그리고 그들 간에 지시성의 정도에 있어서 근본적인 차이를 존중한다. 양자 물리학, 우주론, 그리고 신에 대한 교리에 있어서 지시성의 문제는 분명한 사례들이다.[25] 나는 많은 나의 연구 프로그램에서 과학적 방법론에 대해 신학적 방법론을 모형화하는 실험을 어느 정도까지는 하고 있다. 그중에서도 나는 신학과 과학에 대한 진정한 상호 작용적 접근을 구성하려고 노력해 왔다.

비판적 실재론적 인식론을 위한 형이상학적 토대에 대해서는 어떠한가? 수십 년간 바버는 알프레드 노스 화이트헤드와 찰스 하트숀의 형이상학적 관점에서 신학과 과학의 통합하는 틀을 점진적으로 잡았다. 나는 과정 사상(process thought)에 대한 그의 신학적 헌신에 관련하여 바버를 따를 수는 없지만,[26] 나는 세계의 합리성, 시간성, 그리고 신의 경험을 포함하는, 그 형이상학이 제공하는 많은 통찰들을 확실히 인정할 수 있다.[27] 내가 어떤 형이상학을 이용하는 정도로, 그 형이상학은 간소하고, 다원론적이며, 그리고 덜 개발된 것이다. 그것은 이러한 주제들을 창조에 대한 분화된 일원론적 관점과 결합하고, 그 관점은 존재하는 자연의 구조 내에서 "수직적으로" 그리고 우주에 있는 생명의 진화 역사 안에서 "수평적으로" 진정한 창발을 전제로 한다.

3. 제1단계: "은유"를 방법론적 시발점으로 전용하다

1982년 샐리 맥페이그는 바버의 저작으로부터 직접 받아들여, 신학과 과학에서의 은유와 모형 간에 기본적 유사점을 언급하였다.[28] 또한 맥페이그는 "이면서 아닌"(is and is not)이라는 폴 리커의 은유에 대한 개념을 사용했다. 즉 비슷함과 차이가 창조적 인식론적 긴장 속에 유지된다.[29] 그녀는 여성 신학과 생태학에 특별히 주목하면서 은유에 대한 이러한 이해를 소위 그녀가 "은유적 신학"이라고 한 것으로 발전시켰으며, 어머니, 애인, 그리고 친구라는 신의 새로운 이미지를 제시하고, 세상을 신의 몸으로 제안했다.[30]

바버와 리커의 배경에 반해, 맥페이그의 저작은 조지 라코프의 저작과 함께,[31] 신학과 과학 간의 인식론적 다리를 건설하기 위해서 은유의 "이면서 아닌" 개념을 가지고 연구하도록 나를 고무시켰다. 내가 아서 피콕을 처음 만난 1982년 IRAS/Starr Island 회의에서 행한 연설에 기초한 매우 초기 논문에서 아마도 이 개념이 가장 광범위하게 사용되었다. 그 회의의 주제는 열역학과 자연 악의 문제(예를 들면, 자연에서의 고통) 간에 잠재적 관계였다. 나의 회의 연설 주제는 "엔트로피와 악"이었고 여기 7장에 개정되어 게재되었으며, 나는 이 관계를 확장된 은유의 형태로 발전시켰다. 우선 의미의 정상적 맥락으로서 열역학에서의 엔트로피와, 고통, 질병, 죽음, 그리고 소멸 같은 생물학적 실재들을 포함하는 새로운 맥락으로서의 "자연 악" 간에 비슷함이 있다. 각각의 이러한 과정들 기저에는, 열역학, 특히, 엔트로피의 지배를 받는 물리적 과정들이 있다.

그러나 또한 나는 "불일치"(리커와 맥페이그의 "아닌")의 가치를 언급한다. 그 차이 안에서 엔트로피는 우리가 자연적 선의 부분으로 이해하는 이러한 과정들의 기저를 이루고 기여한다. 이러한 "이중 역할" 때문에, 인간의 도덕적 선과 악에 내재된 애매함이, 아주 침묵하는 형태로, 선과 악의 과정의 기저에 있는 물리학에 예시된 것으로 볼 수 있다. 볼프하르트 판넨버그는 그의「조직신학」2권에서 이러한 통찰에 주목했다.[32] 게다가 나는 라인홀드 니버에 의해 표현된 대로, 죄는 "불필요하지만 불가피"하다는 아우구스티누스의 자유 의지 방어 논리에 의지하여 다음과 같이 제안한다. 그 논리에 기저가 되는 "원-논리"(proto-logic)는 물리 과정에서 엔트로피의 역할을 특징짓는 필수적 특성들과 우발적 특성들을 결합함으로써 물리학의 수준에서 예시될 수 있다는 것이다. 내가 제안하는 것은 "불필요하지만 불가피하다"는 논리는 선구체로서 *물리학에서 우주적 우발적인 것*의 더욱 기본적인 논리를 가지고 있다는 것이다.[33]

2003년 호주 멜버른 회의에서 자연의 고통에 대한 더 확장시킨 논문에서 자연의 선과 악의 관계에서 열역학의 역할의 은유적 애매함에 대한 개념으로 나는 다시 돌아왔다(8장을 보시오). 일부 신학은 악의 문제를 도덕적 악에 엄격히 제한시키고, 인간 죄의 결과로 한정시킨다. 그리고 인류 이전의 자연을 전적으로 도덕과 무관한 것으로 여긴다. 역사적 타락이 없는 진화론적 관점을 감안하면, 이 관점은 왜 인류는 다른 진화적 친척들과 그렇게 근본적으로 다르며 그리고 도대체 선구체가 없었다면 어떻게 죄의 능력이 진화의 역사 중에 생겨났을까 하는 질문에 이르게 된다. 나는 이 문제를 타락(Fall) 없는 타락이라고 했다. 내 반응은 자연 악의 점진적 발달, 즉 도덕적 악의 다양한 선구체들을 조사하는 것이다. 그것들은 생물학적 진화의 맥락 안에 그리고 생물학적 과정들 아래, 즉 물리학의 법칙들 안에 포함되어 있다. 그 기본적 수준에 이를 때 내가 우주적 신정론(cosmic theodicy)이라고 부르는 것에 반하여 영원히 달려가는 물리학적 우주론의 맥락에서 나는 시간을 거꾸로 헤치고 나갈 수 있을 것이다. 이제 "불필요하지만 불가피하다"는 논리는 우주의 기원에서도 그리고 생명을 위한 미세 조정에서도 발견된다. 이제 신학적으로 내가 가정하는 것은 신은 생명이 진화할 수 있게 우주의 창조를 선택하였고 따라서 자연 악은 이러한 선택의 불가피한 결과이며, 그것은 나를 *"우주적 신정론"*이란 문구로 이끈다는 것이다. 그러한 신정론은 다시 그 명백히 답변될 수 없는 창조 신학의 딜레마와 함께, 자연 악과 도덕 악에 반응하기 위해 나를 창조보다는 구원의 맥락으로 이끈다.

또한 나는 슐라이어마허에 의해 표현되고 존 힉에 의해 발전된 또 다른 신정론을 조사했다. 바버, 피콕, 폴킹혼, 그리고 홀름스 롤스톤과 같은 뛰어난 다른 학자들과 조화를 맞추어(그러나 그들의 "비움"에 대한 호소 없이), 나는 힉의 신정론을 자연 악의 영역으로 확장시켰고, 따라서 그것은 예수 그리스도의 십자가를 통한 신의 고통은 지구 생명의 역사를 포함한다는 것을 우리가 볼 수 있도록 하였다. 그때 다시 예수 그리스도의 부활이 도덕적 악뿐 아니라 자연 악에 대한 반응에 대해 가장 촉망된 방식이란 것을 나는 이야기했다.

그런 뒤 나는 생명이 충만한 우주의 가능성으로 옮겨가서, 종말론이 "우주적 그리스도"라는 은유를 통해 우주의 모든 생명의 구원을 포함할 필요가 있다는 것을 제안했다(9장). 그러나 이제 우리는 새로운 창조의 종말론에 대하여 빅뱅 우주론이 제기하는 가장 도전적인 질문을 만나게 된다. 과학에 의해 예측된 우주적 미래에는 그리스도의 재림이 없기 때문이다(제10장). 나는 다음에 더욱더 자세히 이러한 주제들로 돌아갈 것이다.

4. 제2단계: 다음 방법론적 단계로서 공명과 불협화

1981년 어난 맥멀린은 신학과 과학 간의 "공명"에 대한 개념을 소개한 뛰어난 논문을 발표했다.[34] 맥멀린 논문의 맥락은 빅뱅 우주론과 무로부터의 창조 교리 간의 관계였다. 빅뱅 우주론에서의 t=0(시간은 0일 때)와 창조 교리 간의 관계는 이미 널리 논쟁점이 되어왔다. 그러나 그 관계를 t=0가 마치 창조 교리를 지지하거나 입증하는 너무 밀접하게 여기는 견해와 그 반대로 우주론이 신학과 무관하다고 보는 견해에 대해 맥멀린은 조심스러웠고 내가 보기에도 그것이 옳다. 대신에 맥멀린은 그 관계를 더욱더 미묘한 방식으로 특징짓는 "공명"이란 용어를 제안했다. 그것은 과학과 신학을 포함한 모든 형태의 인간 지식에 기여할 수 있는 "세계관의 일치"를 일반적으로 요구하는 것이지만, 그러나 그 세계관은 그가 감질나게 하는 문구로 표현하듯이 "끊임없는 약간의 변화"를 포함하는 세계관이다. 내가 불협화라고 말하기 시작한 것에 관련해서 공명의 개념을 발전시킨 것처럼 나는 맥멀린의 문구에 대해 하나의 가능성 있는 의미를 조사했다.

맥멀린과 공명에 대해 토론 후, 1980년대 나는 연합신학대학원에 있는 내 강좌에서, 공공 강좌에서, 그리고 여러 가지 출판을 통해, 그것을 시험하기 시작했다.[35] 처음으로 우리는 우주가 시간 안에서 팽창하고 시간은 t=0로 표현되는 절대 시작점을 가지고 있는 것으로 보는 과학적 우주론을 가지고 있다는 감질나게 하는 사실이 내게 충격을 주었다. 분명히 t=0는 유한한 창조물을 무한한 신과 근본적으로 구분하며 그리고 창조물을 우발적으로 존재하는 것, 즉, 필연적으로 존재하는 신의 선물로 이해하는 신학적 전통과 훌륭하게 일치하는 것으로 여겨졌다. 문제는 빅뱅 우주론이 실제로 무한한 우리 우주의 특성을 또한 암시하고 있는 듯했다는 것이다. 빅뱅 우주론은 세 가지 모형들을 포함한다. 닫힌 모형, 평평한 모형, 그리고 열린 모형들(1장, 3장, 그리고 10장을 보시오)이 그것이다. 이제 세 모형 모두 유한한 과거에서 절대 시작(t=0)을 포함하지만, 그러나 닫힌 모형만이 우주가 유한한 크기와 유한한 미래를 가지는 것으로 설명하고 있다. 대신에 평평하고 열린 모형들은 우주의 크기가 무한하고 미래에 우주가 영원히 팽창하는 것으로 묘사하고 있다. 그때 확실히 우리 우주의 유한한 과거는 창조 교리와 공명할지라도, 크기와 미래가 무한한 동일한 빅뱅 모형들은 공명을 약화시킨다. 우리가 "게임을 공정하게 치르려면" 이 사실이 인정되어야 하고 다루어져야 한다는 점이 내게는 중요하게 여겨졌다.[36] 이 문제를 표시하기 위해 나는 그것을 "불협화"라고 했다. 설상가상으로 이 초기 빅뱅 모형들은 이미 1980년대에 급팽창 빅뱅 모형으로 대체되고 있었는데, 그 모형에서는 우리 우주의 유한한 과거는 유지되지만 t=0는 뒤집어졌다(즉 좀 더 기술적으로, 존 배로우의 표현을 이용하면 "결정될 수 없음"을 제시했다). 그리고 우리의 우주가 이전의 거대우주 등으로부터 출현되었을 가능성을 허용했다. 그러면 공명에 대해서는 어떠한가? 과학이 바뀔 때 우리는 무엇을 하는가?[37]

아마도 맥멀린의 "끊임없는 약간의 변화"에 대한 강력한 논평은 내게 올바른 방향을 알려주었을 것이다. 그리고 은유에 대한 리커/맥페이그의 이해는 자연 악의 맥락에서 그렇게 유익한 것으로 입증되었는데 그것이 공명과 그 도전인 불협화를 더 풍성한 인식론적 관계 안으로 모으기 위해서 이용할 수 있을 것이고, 그 관계 안에서 공명과 불협화 둘 다 가치가 있을 것이다. 앞의 방법은 공명을 인식론적 은유의 한 부분으로, 즉, 은유에 대한 리커/맥페이그의 이해에서 따르는 "비슷한" 요소로서, 불협화를 다른 역할을 하는 것으로서 해석하는 데 있다. "공명"과 "불협화" 둘 다 인식론적 주장에 개입하는 은유적 구조를 함께 형성한다고 간주하면, 나는 자연에서 실제 무한과 같이 공명에 반하여 작동되는 요소들이 신학과 과학의 관계에 긍정적 기여를 하는 것으로 파악되는 것을 허용할 수 있다.

또한 이러한 접근에 부가적인 장점들이 있다. 불협화가 긍정적인 방식으로 처리되면, 새로운 통찰과 심지어는 더 깊이 있는 공명을 야기할 수 있다. 게다가 공명 또는 불협화로 여겨졌던 것이 시간의 변화에 따라 바뀔 수 있다는 것을 깨닫게 되면, 우리는 과학과 신학 간의 관계 속으로 직접적으로 변화를 초래할 수 있다.[38] 끝으로, 아마도 가장 중요하게도, 이러한 접근은 양 극단을 피할 수 있다. 한편으로 신학 교리의 핵심적 의미를 과학에 너무 밀접하게 일치시켜서 지나치게 과학의 변화에 취약하게 하거나, 다른 한편으로 어떠한 본질적인 관계가 없는 것처럼 과학으로부터 전반적으로 신학을 그렇게 고립시키지 않는 것이다. 이러한 방법으로 연구하면서, 신학적 주장을 입증하려 의도하지 않으면서 그러나 이론들이 변함에 따라 창조적 방법으로 변화될 수 있는 적절한 형태의 확인 또는 부인을 모색하면서, 우리는 과학과 접촉할 수 있다.

그래서 예를 들면, 우리는 창조물의 유한성에 대한 신학적 헌신과 세 가지 모든 빅뱅 모형들에서의 유한한 과거 간의 공명을 가지고 시작할 수 있다. 이제 1980년대에 급팽창 빅뱅과 더욱더 최근에 양자 우주론이 t=0의 근거를 제거할 때, 그 공명은 불협화로 바뀐다. 그러나, 이러한 불협화를 알고 평가함으로써, 나는 더욱더 추상적 형태의 새로운 수준의 공명을 발견할 수 있었다. 우리 우주는 심지어 경계인 t=0가 없더라도 여전히 유한한 과거와 특별한 조합의 물리 법칙들과 상수들을 가지고 있다. 나는 이 개념들을 테드 피터스의 흥미로운 모음집 「창조로서의 우주」의 한 장에서 발전시켰고, 여기 1장에 그것을 다시 게재한다. 그리고 더욱더 기술적인 형태로 신의 활동에 대한 과학적 전망에 대한 신학과 자연과학 센터/교황청 천문대의 시리즈 첫 권에서 "경계 없는 유한"이라는 제목을 붙였다. (그것이 이 창조 교리와 과학적 우주론 간의 불협화에 대한 다른 예로 공간적 무한이 있다. 평평하고 열린 우주의 빅뱅 모형들에서 우주는 유한한 과거가 있을지라도 크기가 무한하다(그리고 팽창한다!). 이것은 신만이 무한하고 신의 피조물인 우주는 유한하다는 창조 신학과 우주론 간의 공명을 약화시키는 듯하다. 어떻게 앞으로 나아갈 수 있을까? 내 반응(2장)은 그리스 사상의 맥락(여기서 무한은 유한의 반명제다)으로부터 현대 수학까지 무한성의 개념의 변화를 조사하는 것이다. 여기 게오르크 칸토어가 "초한"(超限, transfinite)이라고 한 그의 주장에서, 실제 무한(끊임없이 다양함에서)은 유한의 반대가 아니다. 대신에 초한적 무한은 그들이 유한을 무한히 초월하더라도 유한을 포함한다. 또한 칸토어는 수학에서의 절대 무한은 초한을 끊임없이 초월하고 절대 무한인 신의 속성의 상징이라고 규정짓는다. 이제 실제 무한을 신과 세상의 구분을 위협하는 것으로 여기기보다는 칸토어의 초한이라는 자연 안의 실제 무한의 개념이 신학을 실제로 강화시킬 수 있다. 초한적 무한과 절대 무한 간에 칸토어 식 구분을 사용함으로써 우주가 어떤 면에서 실제 무한하더라도 우리는 신과 창조물 간의 구분을 유지할 수 있다. 나는 또한 칸토어의 개념들이 신의 자기 계시가 신의 신비를 드러내는 방식에 대한 이해를 강화할 수 있다고 제안한다. 초한들은 내가 *드러내는 베일*이라고 부르는 것을 형성한다. 왜냐하면 그러한 초한적 무한 안에 절대 무한인 신을 가림으로써 초한들은 동시에 초한을 넘어 알 수 없는 절대 무한을 시사하고 있기 때문이다. 따라서 절대 무한의 개념으로 상징화된 신은 신이 드러내 보일 때조차도 세상의 실제 무한 안에 감추어져 있고, 이런 이유로 그리고 이런 방식으로 *우리가 아는 신은 우리가 알 수 없는 신이다.*

1980년대 시기는 다른 사람들도 역시 맥멀린의 개념을 생각하기에 풍요로운 시간이었다. 테드 피터스는 그가 "가설적 공명"이라고 한 관점에서 공명에 대한 주제를 발전시켰다.[39] "강한 의미"에서의 공명이 완벽한 조화 또는 일치라면, 우리는 "(그것을) 발견하기를 희망할 수 있지만, 그러나 우리는 아직 그것을 발견하지 못했다". 우리가 가지고 있는 것은 질문에 대해 공유된 영역들 또는 "약한 의미"의 공명이지만, 그러나 이것은 더 많은 연구를 격려하기에 충분하다. 피터스는 신학자들과 과학자들이 동일한 실재를 이해하기 위해 찾고 있다는 자신의 비판적 실재론적 가정 위에 이러한 생각의 토대를 둔다.[40] "가설적"이라는 한정사는 신학자들에게 그들의 주장들이 틀릴 수 있고, 부인될 수 있을 뿐 아니라 확인될 수 있는 것으로 취급하도록 상기시키고 있다. 윌럼 드리스도 역시 1987년 신학과 자연과학 센터에 길게 머무는 동안 그의 학위 논문 작업을 하면서 이 대화에 참여했다. 테드와 내가 추구하는 것과 같은 접근이 신학과 과학 이론들 간의 공명과 불협화의 정도가 있는지를 발견하기 위해 찾는 동안, 드리스는 다른 길을 택했다. 그의 관점에서 공명과 함께 불협화의 존재는 그들의 인지적 중요성을 무효화하는 것으로 여겨졌다. 대신에 그는 그가 "건설적 공명"이라고 하는 것을 발전시켰는데, 거기서 공명은 "신학과 과학이 함께하는 세계관의 건설에 대한 하나의 가정이고 … 공명은 발견되는 것이 아니라 건설되는 것이다".[41]

공명이 신학과 과학의 연구에서 지속적으로 중요한 역할을 할지는 열려 있는 문제이다. 20년이 지난 이제 내게 분명한 것은 나 자신의 방법론적 발전에 있어서 공명이 중요한 역할을 수행했다는 것이다. 공명은 결국 나를 신학과 과학 간의 관계에 대한 역동적 해석을 탐구하도록 이끌 것이다. 그 관계는 상호 작용적이고 양방향으로 움직이고, 역시 과학도 신학과의 상호 작용에서 어떤 중요한 것을 얻어야만 한다(아래 7절을 보시오). 그러나 그것을 향한 길은 우선 철학적 범주로서의 우발성이 신학과 과학 간의 관계를 중재하는 방식에 대한 광범위한 분석을 통해서 이끌었다.

5. 제3단계: 공명의 철학적 표현으로서 우발성

1980년대에 나는 **무로부터의** 창조신학과 빅뱅 우주론 간의 공명의 관계에 대한 철학적 표현과 중재로서 우발성의 개념을 발전시키기 시작했다(2장과 3장을 보시오). 한편으로 우리는 철학에서의 우발성으로부터 신학에서의 그 역할로 옮겨 갈 수 있다. 세상에 대한 우리의 상대적인 의존을 통하여 우리는 세상의 창조주인 신에 대한 절대적 의존을 이렇게 경험할 수 있다. 프리드리히 슐라이어마허의 신에 대한 유명한 용어를 사용하면, 신은 우리 존재의 "원천"이고 폴 틸리히에게 신은 "존재의 근거"이다. 다른 한편으로 철학적 우발성은 빅뱅 우주론에서 시간의 절대 시작 t=0에 대한 과학적 개념과 연관지을 수 있다. 여기서 다시 철학적 우발성으로 시작하지만 이번에는 유한성으로 해석된다. 이제 유한성의 한 형태는 시간적 유한성이고, 시간적 유한성의 한 형태는 과거의 시간적 유한성(예를 들면, 우리 나이)이며, 그리고 과거 시간적 유한성의 한 형태는 절대 시작을 갖는다(예를 들면, 우리의 생일). 이로써 우리는 빅뱅 우주론에 의해 기술된 것처럼 우주의 나이와 절대 시작 t=0에 접촉한다. 따라서 철학으로부터 신학으로 그리고 철학으로부터 과학으로의 여러 단계들에서 우발성은 창조 신학과 빅뱅 우주론의 간접적 연결을 제공한다. 간단히 말해, 철학적 우발성은 신학과 과학을 중재하고, 그들을 공명의 관계 안에 자리매김한다.[42]

다음에 볼프하르트 판넨버그의 저술에서(이 유형론에 대한 간략한 요약이 1장 2절에 있다) 나타나는 우발성의 의미 분석을 위해 내가 발전시킨 유형론을 통해[43] 나는 우발성의 다양한 의미를 조사했다. 나는 다음과 같은 그의 근본적 주장에 초점을 두기로 선택했다. "전체로서 세계와 그 모든 부분들의 존재는 우발적이다. 전체 세계의 존재는 그것이 전혀 존재할 필요가 없었다는 면에서 우발적이다. 그 존재는 신의 창조의 자유로운 활동 덕이다. 모든 그 개별 부분들도 그러하다."[44] 나를 매료시킨 것은 전체로서 그리고 그 부분들로서의 세계의 우발성에 대한 이 특이한 이중 언급이다. 어떻게 이러한 우발성에 대한 개념이 과학의 관점에서 잘 다루어질 수 있을까? 나의 유형론에서 나는 우선 전체로서 우주에 적용하는 세계적 우발성과 우주 안의 과정과 특성에 적용하는 국소적 우발성을 구분한다. 이들 각각은 두 가지 형태를 갖는다. 존재론적 우발성, 즉, 왜 무엇인가 그 자체가 존재하는가? 그리고 실존적 우발성, 즉, 왜 그것이 그 특별한 방식으로 존재하는가? 우주에 적용될 때 결과적 유형론은 세계적 존재론적 우발성(왜 우주 자체가 존재하는가?), 세계적 실존적 우발성(왜 우주는 물리학의 이러한 기본적인 법칙들과 자연 상수들을 갖는가?), 국소적 존재론적 우발성(왜 이 특별한 것이 존재하는가?), 그리고 국소적 실존적 우발성(왜 이 특별한 것이 이 특별한 특성을 갖는가?)을 포함한다. 예를 들면, t=0는 세계적 존재론적 우발성을 다루고, 자연의 기본 상수들에 대한 미세 조정 주장은 세계적 실존적 우발성과 연관된다.

이 유형론을 사용하면 우주와 그 모든 부분들의 우발성에 대한 판넨버그의 주장을 과학이 실제로 제한하기도 하고 한정하기도 한다는 것이 내게는 명백해진다. 확실히 우주는 세계적으로 그리고 국소적으로 존재론적으로 우발적이지만, 그러나 두 형태의 실존적 우발성은 서로 서로를 제한하고 그들의 독립적인 적용에 한계를 둔다. 유신론적 진화론의 골격에서, 우주론적 미세 조정을 포함하기 위해 확장시키면, 생명이 올바른 조건에서 진화할 수 있도록 신은 그렇게 우주를 창조하기로 선택하였고, 나아가서 생명이 자의식과 도덕적 자유의 능력을 갖자마자 계약에 대한 신의 초대에 자유롭게 반응할 것을 선택할 수 있도록 의도하였다는 것을 우리는 주장할 수 있다.

이제 실존적 우발성 내에서 공동의 제한을 볼 수 있다. 양자 역학에 의존하는 유전적 돌연변이가 발생하려면, 플랑크 상수(Planck's constant) h는 자신의 실제 값을 정확하게 가져야만 한다. 돌연변이는 나름대로 생물학적 진화의 중요한 원천이며, 자연선택과 함께 생명의 진화를 야기한다. 동시에 양립불가론자의 자유로운 행동자(incompatibilist free agency)는 우리 육체의 움직임이 물리학에 의해 완전히 결정되지(뉴턴 역학의 세계관에서 그러한 것처럼 여겨지듯이) 않을 것을 요구한다. 그리고 다시 이것은 자유로운 행동자의 행동 개시를 위해서 요구되고, 자연에서 존재론적 미결정론의 적어도 하나의 원천으로서 양자 역학을 가리킨다. 그때 여기 플랑크 상수가 수행하는 공동 역할 안에는 우발성에 대한 공동의 제한이 있다. 정확히 동일한 값이 진화와 자유로운 행동자에게 독립적으로 요구된다. 그리고 그것은 우주의 모든 측면이 독립적으로 우발적이지 않다는 것을 의미한다. 이것은 자연에서의 우발성의 정도를 약화시켜 창조 교리와 우주론 간의 관계에 일종의 불협화를 도입한다. 그러나 우리가 다양한 실제 우주들의 가능성을 고려할 때(다시 1장을 보시오) 이 불협화는 새로운 통찰 그리고 이렇게 하여 잠재적으로, 적어도, 더 높은 수준의 새로운 공명을 야기할 수 있다.

판넨버그 역시 자연 법칙들이 우발적인 것이 되는 여러 가지 방식들에 대하여 언급했다. 나는 이들 중 가장 탁월한 것을 "최초 예시 우발성"이라고 부르기로 결정했다. 이 종류의 우발성은 자연 대부분의 현상들이 처음으로 우주 어딘가에 나타난다는 사실에 의해 표현된다. 몇몇 기본 입자들과 달리, 그런 대부분의 형상들은 우주의 아주 초기에 존재하지 않았다. 고전적 사례는 38억여 년 전 지구의 생명의 기원이다. 최초의 생물학적 현상의 출현은 자연의 새로운 법칙의 첫 예시라고 우리가 생각할 수 있는 것과 일치한다. 그 첫 예시는 다윈의 진화 법칙들과 같은 그러한 현상을 기술한다. 따라서 나의 주제들 중 하나로서 FINLON라는 머리글자는 새로운 자연 법칙의 첫 예시(the first instance of a new law of nature)를 나타낸다. 바버는 그의 기포드 강연에서 나의 유형론을 언급하고,[45] 판넨버그는 그의 『조직 신학』 2권에서 그것을 자세히 토론한다.[46]

이와 같은 시기에 나는 우발성과 필연성의 구분을 사용했는데, 그것은 물리학의 수준에서 열역학의 엔트로피가 우리가 자연 악과 자연 선(앞의 엔트로피와 악에 대한 토론을 보시오)이라고 부를 수 있는 것의 가장 기본적인 요소로서 작용하는 방식들을 조사하기 위해서였다. 나는 종말론에 대한 아주 최근 저작에서 이 접근으로 되돌아 왔다. 여기서 열역학이 자연 악과 관계되는 한, 열역학은 종말론적 새로운 창조물에서 극복되고 변형되어야 할 창조물의 우발적 특징으로 간주될 수 있을 것이라고 나는 제안했다. 간단히 말해, 열역학은 우주적 우발성의 한 형태로서 그 자체가 종말론적으로 우발적인 것이다(10장). 우리가 표준 빅뱅 우주론으로부터 급팽창 빅뱅과 양자 우주론으로 이동할 때 이 가능성의 지평은 창조 교리와 세계의 우발성의 확장된 견해에 대해 어떤 종류의 공명과 불협화를 제기할 것인가?

6. 제4단계: 라카토스의 과학적 연구 프로그램과 신학적 방법의 모형화를 통한 엄격화

A. 머피와 클레이튼이 제공하는 배경

동시에 나는 더욱 복잡한 접근을 조사하기 시작했다. 나는 과학 철학 안에 있는 과학적 방법론의 이론을 신학 방법론의 모형으로서 채택했다. 칼레튼대학에서 바버와 함께 판넨버그의 저서 『신학과 과학철학』을 읽은 후[47], 나는 판넨버그가 스티븐 툴민과 칼 포퍼 같은 철학자들을 이용한 것에 매료되었었다. 그러나 낸시 머피가 연합신학대학원에서 두 번째 박사 과정을 시작했을 때, 그녀는 재빨리 내가 임레 라카토스의 방법론을 채택하도록 납득시켰다. 신학에서의 라카토스 방법론에 대한 그녀의 박사학위 논문은 「과학적 사유 시대의 신학」으로 출판되었고,[48] 그 논문은 1992년 미국 종교학회의 건설적–사색적 연구 범주의 종교 연구에서 우수상을 받았다.

라카토스는 과학적 이론들이 보조 가설들의 벨트로 둘러싸인 중심 즉 핵심 의제로써 구성된다고 보았다. 그다음에 그는 채택된 과학적 연구 프로그램이 그 경쟁자들에 비해 발전적인지를 우리가 합리적으로 결정할 수 있는 일련의 준거들을 기술했다. 핵심적 준거는 연구 프로그램이 나중에 확증될 "새로운 사실들"을 예측할 수 있는 능력이다.[49] 머피는 "새로운 사실들"에 대한 라카토스의 개념의 중요한 변형을 발표했는데, 그 목적은 그 개념이 자연과학의 범위를 넘어 확장될 수 있게 하는 것이다. "어떤 사실이 확증을 위해 취해진 이론 T의 구성에 사용된 것이 아니라면 그것은 새로운 것이다. 그 사실의 존재, T와 관련성, 또는 T의 관점에서 해석가능성은 T가 제안된 후에 입증된다."[50] "새로운 사실"에 대한 개념의 이러한 변형은 머피로 하여금 라카토스의 작업을 이용하여 신학적 방법론을 발전시키는 것을 허용했다. 이러한 방법론을 가지고, 프로그램들 자체를 초월하는 준거들을 이용하면, 경쟁적인 신학연구 프로그램들 간에 우열을 결정하는 것이 가능할 것이다. 따라서 머피의 작업은 판넨버그, 토마스 토렌스, 그리고 다른 이들이 신학의 과학적 지위를 위하여 쌓아 올린 모든 주장들에 중요한 한 조각을 보탰다.[51]

또한 클레이튼은 라카토스 방법론의 신학적 전용을 옹호했다.[52] 클레이튼은 "설명"을 자연과학과 사회과학, 그리고 결국에는 신학을 아우르는 핵심 개념으로 여겼다. 우리가 물리적 자료를 해석하는 자연과학에서, 설명의 진실은 중요한 역할을 한다. 그러나, 우리가 물리적 자료와 아울러 행위자—피험자의 경험 모두를 해석하는(즉, "이중 해석") 사회과학에서는, 설명은 "이해"(Verstehen)를 의미한다. 신학적 설명은 종교 공동체의 상호 주관적인 검증 가능성을 통해 확인을 받는다. 클레이튼에 의하면, 그 공동체가 이전에 명시되었던 일련의 준거들을 소지하고, 그 공동체가 경쟁적인 설명 가설들을 평가할 수 있다는 라카토스의 필요조건이 핵심이다.

지난 10년 이상, 머피와 클레이튼은 그들의 상응하는 입장들에 대해 중요한 비평들을 제안했고 그 비평들은 신학적 합리성의 기저를 이루는 여러 층의 복잡성을 드러내었다.[53] 그동안에, 머피의 접근은 필립 헤프너에 의해 신학적 인류학에 대한 토론에서,[54] 칼 피터스에 의한 종교에 대한 실용적 평가에서,[55] 그리고 오늘날 신학과 과학의 전선에서 많은 다른 학자들에 의해 사용되고 있다.[56]

B. 라카토스 연구 프로그램 1: 창조 교리와 관련되어 우주론의 다양한 모형들 안에서 유한성

나는 우선 창조 교리와 관련하여 빅뱅 우주론, 급팽창 우주론, 그리고 양자 우주론에 대한 나의 좀 더 기술적인 논문(3장)에서 라카토스 신학연구 프로그램을 사용하는 시도를 했다. 그 논문은 신의 활동에 대한 과학적 전망에 대한 신학과 자연과학 센터/교황청 천문대의 연속 논문집의 첫 권에 게재되었다.[57] 그보다 앞서 토론된 그 이전의 논문(1장)에서, 우주론이 근본적으로 표준 빅뱅으로부터 급팽창 빅뱅과 다시 양자 우주론으로 변할 때에 창조신학과 우주론의 관계를 계속 탐구하는 방식을 찾아내는 도전을 강조했다. 급팽창 빅뱅에서는 t=0(시간이 0이다)의 물리적 상태는 "결정될 수 없는" 것이 되고, 양자 우주론에서는 t=0는 우리 우주의 출처가 되는 거대우주들의 "영원한 팽창"에 의해 제거된다. 창조 교리와 과학적 우주론 간의 상호작용이 라카토스가 의미한 대로 "발전적"이 되기 위해서, 나는 이 발전하는 우주론들 안에 여전히 유한성의 경험적 요소가 있을 것이고 우리는 그것을 찾아야 한다는 것을 주장했다.

또한 우리 우주의 기원에 대한 토론의 결과와는 무관하게, 우리 우주의 전반적 특징들은 이러한 토론들에 의해 영향을 받지 않는 일종의 유한성으로 이루어진다는 것이 점차 내게 명료해졌다. 우리 우주는 자연 상수들의 미세 조율(fine-tuning)과 같은 일단의 특성들을 통해 실존적으로 우발적이다. 생명의 생물학적 진화 가능성을 위한 물리적 전제조건으로서의 자연 상수들의 역할은 신이 우리 우주를 생명의 집이 되도록 창조하셨다는 신학적 통찰을 강조하는 것이다. 우주론과 창조 신학을 연계시키는 "유한성" 주장의 "운반자"로서 t=0의 중요성이 빛을 잃는 것은 우주론의 변화의 결과이다. 그러나 이 접근의 라카토스 구조 때문에, 나는 기원의 문제를 초월하는 방식으로 미세 조율의 의미를 인정하게 되었고, 그것을 훨씬 더 넓은 맥락에서 보게 되었다. 즉, 우주 안에서의 생명의 의미에 관한 논란이다(아서 피콕 대 자크 모노를 참조하시오). 그런 의미에서 우리는 과학과의 상호 작용 안에서 신학의 라카토스 형태의 진보를 발견한다.

C. 라카토스 연구 프로그램 2: 우주적 그리스도에 근거한 "예측"

나는 또한 외계 생명체(ET)와 "우주적 그리스도"(9장)에 대한 나의 토론에서 라카토스 스타일의 예측을 하려는 시도를 추구한다. 내 견해로는, 우리가 우주적 신정론을 적절히 다룰 수 없기 때문에 악에 대한 신의 반응의 문제를 구원의 신학으로 이동시킬 필요가 있다. 게다가, 만약 우리 우주가 한 부분일 수 있는 다중우주를 포함하는 전체로서의 우주가 신의 피조물이라면, 전체로서의 우주는 구원 신학의 전망에서 보면, 신의 새로운 창조가 될 것이다. 여기서 예수의 십자가와 부활로 시작된 인류의 구원은 우주적 종말론적 중요성을 취하게 된다. 이제 우주가 새로운 창조물로 변형될 것이 진실이라면, 우주 안의 생명체는 구원될 필요가 있다는 것을 의미한다. 그러나 과학은 우주의 생명체가 구원될 필요가 있다는 개념을 지지하는 어떠한 이유라도 제시하고 있는가?

나는 프란시스코 아얄라의 논문을 가지고 시작한다. 그 안에서 인류의 이성 능력은 다윈의 관점에서 적응이고, 우리의 도덕적 능력은 이성의 추가적인 선물이다. 그러나 아얄라에 의하면, 도덕성의 규범은 적응이 아니다(몇몇 사회생물학자들에게는 실례지만). 대신에 그러한 규범들은 일종의 "자유로운 변수"이고, 문화와 종교와 같은 그러한 원천들에 의하여 결정되도록 열려 있다. 그다음에 진화가 우주 안에서 지적 생명체를 초래해 온 곳 어디에라도 나는 이러한 주장을 연장하고, 도덕성의 규범들이 역시 그 문화에 의해 결정된다 할지라도 그 생명체는 또한 도덕적 능력을 가질 것이라고 예측한다. 이제 우리 인간은 우리의 윤리적 행동들의 붕괴를 포함한 죄로 특징지어진다. 그럴싸한 예측은 그러한 붕괴가 우리 종에만 국한된 것이 아니고 이성적일 수 있으면서 따라서 도덕적 행동을 할 수 있는 모든 외계 생명체의 특징이라는 것이다. 이것은 다시 이차 경험적 예측을 야기한다. 즉 외계 생명체는 전적으로 선하지도 않을 것이고 전적으로 악하지도 않을 것이다.[58] 대신 나의 경험적 예측은 외계 생명체는 인류에게서 발견되는 도덕적 행동의 애매함을 공유할 것이다. 이것이 사실이라면, 그것은 부활 사건의 보편성을 강조하는 것이다. 진화 생물학의 수단을 통해서 우주의 모든 생명의 창조주인 신은 "우주적 그리스도"라는 문구로 상징되는 바와 같이 또한 우주의 모든 생명의 구원자이다.

D. 라카토스 연구 프로그램 3: 신의 비개입적 객관적 활동(NIODA)과 과학적 후보자

다른 사람들과 함께 머피가 주장한 것처럼, 세 가지 요소들이 뉴턴의 역학적 세계관을 이루고 있다. 즉 고전적 역학에 내장되어 있는 자연적 인과성의 라플라스적/결정주의적 견해, 인식론적 환원주의, 그리고 존재론적 유물론(특히 원자론)이다.[59] 그리스도교 신학에 대한 뉴턴의 세계관의 충격은 두 가지 대안 가운데 "강요된 선택"을 하게 만든 것이다. 1) 신은 실제로 자연 안에서 활동하고, 신의 활동은 신이 인과적 과정의 규칙적 흐름을 중단함으로써 개입할 것을 요구한다. 그래서 신은 물리학이 인과적 과정을 서술하기 위해 사용한 자연의 법칙을 위반한다. 또는 2) 신은 사실 자연의 일상적인 과정들 안에서 활동하는 것처럼 보일 뿐이다. 보수주의자들은 전자를 택하고 자유주의자들은 후자를 선택했다. 그러나 20세기 자연과학이, 고전물리학과 달리, 존재론적 미결정론의 관점에서 해석될 수 있는 하나 또는 그 이상의 잘 검증된 이론들을 제공한다면, 강요된 선택에서 빠져나가는 길을 제공할 수 있다. 그러한 가능성은 신의 비개입적 객관적 활동(NIODA—noninterventionist objective divine action)의 신학적 이론의 근거가 될 수 있을 것이다.

신의 비개입적 객관적 활동에 대한 다양한 제안들이 "상정되어" 있다. 이러한 사실 자체가 내 생각에는 아주 고무적이다. 그것은 라카토스 방법론을 이용하여 제안들에 대한 판단을 추구할 수 있다는 것을 의미한다. 특히 그 제안들은 부가적인 문제들을 예측하고 머피의 방식으로 설명할 수 있는 능력에 따라 평가될 수 있다. 부가적인 문제들은 신의 비개입적 객관적 활동에 대한 각각의 접근을 구성하는 데 포함되지는 않지만 그럼에도 그러한 접근에 의해 분명히 밝혀진다. 그러나 우선 필요한 것은 "자연 법칙", "존재론적 미결정론", "간극 주장" 등등의 용어에 대한 정의이고, 이러한 경쟁적인 프로그램의 평가를 위한 독립적인 기준들(4장)이다. 몇몇 기준들을 제안한 뒤에 나는 신의 비개입적 객관적 활동을 위한 선도적 후보들 중 두 가지를 평가하는 데 그 기준들을 이용한다. 즉, 폴킹혼이 옹호하는 카오스 이론과 피콕이 옹호하는 "전체 세계"에 대한 신의 전체–부분(whole–part) 활동이다.

그런 다음 나는 신의 비개입적 객관적 활동에 대한 양자 역학에 근거한 접근을 제시하고 평가하는 데 5장을 바친다. 그리고 그 접근은 여전히 문제가 있지만 지금까지 최고의 후보라는 결론을 낸다. 그 과정에서 나는 자주 제기되는 질문들이라고 표현한 다양한 비평에 반응한다. 그것들은 양자 역학에 근거한 신의 비개입적 객관적 활동 접근이 토론될 때마다 불가피하게 제기되는 것이기 때문이다. 예를 들면, 양자 역학에 근거한 신의 비개입적 객관적 활동(QM-NIODA)은 간극 주장이 아니다. 대신에 신은 자연 과정의 흐름에 개입하지 않으면서 특별한 방식으로 활동할 수 있도록 그렇게 **무로부터** 세상을 창조하였다. 그 접근은 원자 내부의 물리학 수준으로 신의 활동을 제한하는 것이 아니라 자연의 다른 수준들에서의 신의 활동과 일치한다. 그 접근은 자연 법칙이 존재론적이라고 전제하지 않고 양자 통계학이 어떻게든 각각 개별적 양자 사건을 결정한다고 전제하지 않는다. 그리고 대부분의 양자 사건들이 평균화하여 일상적인 자연의 과정의 결과를 낸다 하더라도, 그 접근은 가이거 계수기를 울리는 단일 알파 입자와 같은 일부 양자 사건들이 세상 안에서 거시적 결과를 생성할 수 있다는 것(악명 높은 슈뢰딩거의 고양이 실험)을 강조한다.

라카토스 방법론의 관점에서 양자 역학에 근거한 신의 비개입적 객관적 활동을 특히 매력적으로 만드는 것은 유신론적 진화론에서 그 풍부한 예측이다. 즉, 양자 역학은 유전적 돌연변이에 필수적으로 관여한다는 것이다. 그러한 돌연변이에 내재된 수소 결합을 만들고 부수고 하는 것은 양자 역학 과정이다. 다시 이러한 돌연변이는 자연선택과 함께 다윈의 진화 생물학을 이루고 있는 생물학적 변이의 과정에 중요한 기여를 한다. 본질적으로, 시간이 지나면서 진화는 후손에 있는 표현형(表現型, phenotype)의 다양성을 통해 유전적 돌연변이들 안에 들어 있는 부호화된 정보를, 그들의 수반하는 적합성의 상대적 정도와 함께, 표현한다. 그것을 은유적으로 표현하면, 진화는 장기적 슈뢰딩거의 고양이(Schrödinger's Cat)의 생물학적 버전이다.

이것을 고려하면, 양자 역학에 근거한 신의 비개입적 객관적 활동은 그 경쟁자들에 비하여 신의 활동에 대한 더 나은 설명을 제공하는 것만이 아니다. 거기에 첨가해서, 양자 역학에 근거한 신의 비개입적 객관적 활동은 자신이 수행하도록 특별히 고안된 것을 넘어, "유신론적 진화론"의 강력한 버전을 제공한다. 즉, 그리스도교 신학의 관점에서 생물학적 진화는 "어떻게 신이 생명을 창조하였는가?"이다(6장). 양자 역학에 근거한 신의 비개입적 객관적 활동이 제공한 이 잉여 가치는 양자 역학에 근거한 신의 비개입적 객관적 활동으로 하여금 신의 비개입적 활동에 대한 풍부한 발전적 라카토스 연구 프로그램이 되게 한다.

동시에, 자연에서의 신의 활동에 대한 이러한 성공적 설명은 "자연의 신정론"의 문제를 악화시키는 것으로 보인다고 나는 일상적으로 강조한다. 그 설명이 신의 활동을 지구 생명체의 상처 받은 역사를 구성하는 고통, 질병, 죽음, 그리고 소멸의 과정들과 적어도 연관시키는 듯 보이기 때문이다. 다시 한 번 이러한 신정론 문제의 악화는 나로 하여금 자연의 신정론에 대한 신학적 반응들을 조사하게 했고(7장, 8장), 자연적 악과 도덕적 악의 문제를 창조 교리(유신론적 진화론 같은)의 맥락으로부터 구원과 우주적 새로운 창조의 종말론의 맥락(9장, 10장)으로 옮겨 놓을 불가피한 필요성이 있다는 결론을 내리게 하였다.

7. 제5단계: 궁극의 접근: 신학과 과학 간의 창조적 공동의 상호 작용 모형

A. 방법론

주된 도전은 계속해서 신학과 과학이 서로에게 지적 가치가 있는 중요한 것을 제공하면서 창조적이고 건설적인 의미에서 이들이 진정으로 상호 작용할 수 있는가 하는 것이다. 또는 그 관계가 필연적으로 우리가 과거에 보아왔던 것, 즉 신학이 과학의 해석에 제한되는 "과학적 문화의 신학"에 국한되는가? 실제 역사적 관점에서 보면, 철학과 신학은 현대 과학의 태동에 커다란 영향을 미쳤다.[60] 그러나 그러한 영향들이 오늘날도 지속되어 현대 과학에서의 이론 형성과 이론 선택에 역할을 하고 있는가?[61] 그리고 그러한 영향들이 더욱더 분명하게 만들어진다면 건설적이고 유익할 수 있는가?

내가 1960년대 신학대학에 있을 때, 우리가 희망할 수 있는 최고의 것은 신학의 유일한 역할이 과학을 해석하는 일방적인 관계라는 것은 근본적으로 의심할 수 없는 것으로 생각했다. 그러나 신학대학에 뒤이어 물리학 박사 연구 중에 나는 처음으로 자연에 대한 핵심적 과학 개념들이 흔히 개별적 과학자들의 풍부한 철학과 신학에 근거하고 있는 다양한 방식들을 알게 되었다. 그것은 통상적으로 암시적이지만, 가끔 대화와 토론은 그러한 것들을 분명하게 드러냈다. 이러한 개념들이 과학적 이론들을 구성하고 선택하는 과정에 관계하는 이론가들의 삶 안에서 창조적 역할을 할 때를 나는 크게 매혹되어 바라보았다. 나는 프레드 호일의 이야기에 대해 골똘히 생각했다. 그는 우주는 시작(t=0)이 없이 영원히 오래되었다는 정상 상태 우주론을 구축했는데, 그리스도인들이 신의 존재를 지지하기 위해 들추던 빅뱅 우주론을 부분적으로 폄하하기 위해 그렇게 했다. 호일은 나의 영웅이 되었다. 그는 그의 신학(즉, 무신론)을 기꺼이 진지하게 취급하였으며, 과학의 맥락에서 무신론의 함의를 표현하는 우주론, 즉 시작이 없는 영원한 우주론을 구축할 각오를 했다. 내 생각에 나의 신학교 교수님들이 불가능하게 생각했던 방식으로 그는 신학과 과학의 세계에 다리를 놓은 것이었다. 나는 조용히 생각했다. 왜 다른 사람들도 그렇게 할 수 없었을까? 특히 유신론자인 우주과학자들은?

여러 가지 글들 안에서, 신학이 자연에 대한 질문, 주제, 또는 개념의 형태로서 창조적 의견을 과연 제공할 수 있는지, 그리고 과학자들이 이 의견들을 전문적 기준에 의한 판단에 따라서 자기들의 연구에서 도움이 된다고 생각할 수도 있는지에 대한 가능성을 나는 조사했다.[62] 1986년 미국 종교 아카데미 연례 회의의 발표에서, "신학 안에서 과학이 이차적 역할만 하도록 계속 묶어두지 않고 신학과 과학 간의 좀 더 밀접한 관계"를 우리가 찾을 수 있는지 나는 물었다. "과학연구 안에서 만들어지는 선택에 대하여 신학이 영향을 미치는 적절한 방법은 있을까?"[63] 1994년 조지아, 아틀란타 템플턴 강좌의 개회사에서 나는 이렇게 말했다. "대화의 가장 고귀한 보상은, 우선 듣고 말할 권리를 얻은 다음에, 그리스도인들이 자연에 대한 그들의 신학적 통찰에 근거해서 주류 물리학, 우주론 그리고 진화 생물학의 계속 연구에 실제로 창조적 기여를 할 수 있는 것이다. 그러한 기여의 가치는 아무리 높게 평가해도 결코 지나칠 수가 없다."[64] 국제회의와 연합신학대학원의 박사 과정 및 신학 수업에서 나는 이러한 요청을 여러 해 동안 반복하고 있다.

그러나 어떻게 그러한 상호 작용이 성취될 수 있을까? 1990년대 말에, 바버의 유사적 방법론, 피콕의 인식론적 위계, 그리고 머피의 라카토스적 신학연구 프로그램 등 모든 부분들이 준비되었으나, 이들을 결합하기 위한 접착제(ansatz)가 필요했다. 특히 바버가 기포드 강연에서 발전시킨 유사적 방법론이 하나의 상호 작용 방법론으로 변환될 수 있다는 것을 내가 깨달았을 때 그 접착제가 내게 왔다. 유사적 방법론은 신학과 과학의 합리성이 유사하다는 것이다. 그렇게 하기 위해 나는 바버가 했던 것처럼 과학의 관점에서 신학 내에서만 연구할 것이 아니라 신학과 과학 간의 양방향으로 움직이는 연구를 만들어 낼 필요가 있었다. 그 일을 위해 나는 신학 안에서 라카토스 방법론을 이용하는 머피의 의제를 신학을 넘어 과학의 영역으로 되돌려 확장하는 것이 필요했고, 또한 거기서 신학적 교리로부터 잠정적으로 그리고 가설적으로 도출된 개념과 통찰에 부분적으로 기초한 과학적 연구를 고무하기 위해 머피의 의제를 확장하는 것이 필요했다.[65] 동시에 그 상호 작용이 적절히 작용하자면, 즉 신학을 뚜렷이 인식론적 체계의 최상위에 두자면, 제한을 가하는 창발에 대한 피콕의 인식론적 전체론이 이러한 두 맥락을 정렬하기 위한 올바른 방식을 제안하는 것을 나는 깨달았다. 그러한 방식으로 피콕의 그림에서 신학은 인문학뿐 아니라 과학의 발견들에 의해 최대한으로 제약받는 반면에, 육신의 부활과 같은 창발적이고 새로운 개념들을 자유롭게 주장할 수 있겠지만, 과학과 인문학의 개념들로 환원될 수 없다.[66] 또한 머피가 과학연구 프로그램에 대한 라카토스 방법론을 신학에 도입한 것은 연장되어 학제 간 라카토스 연구 프로그램으로서 신학과 과학을 연계시키는 작업을 포함할 수 있다는 것을 나는 깨달았다. 이러한 작업은 다른 영역을 고려하지 않는 신학연구 프로그램이나 과학연구 프로그램들에 맞서 성공적으로 경쟁한다. 마지막 영감은 내가 1990년 일본 교토 류코쿠대학에서 개최된 일련의 회의를 통해 시작된 불교-그리스도교 대화에 점점 더 참여한 것이다. 의장인 류세이 다케다는 존 콥 주니어의 오래된 동료이다. 나는 콥의 불교-그리스도교의 대화에 관한 작품이 상당히 풍요로운 것임을 발견했고, 특히 그가 "그리스도교와 불교의 공동의 변형"[67]이라고 부른 것을 향한 대화를 넘어 움직이는 그의 방법이 풍요롭다고 생각했다. 콥의 방법은 우리가 "대화를 넘어" 진실로 타인의 세계로 넘나들며 움직이는 새로운 형태의 상호 작용으로 갈 수 있다는 나의 개념을 확인하는 데 기여했다.

나는 그 결과를 "창조적 공동의 상호 작용"이라고 부른다. 이것은 그림으로 표현될 수 있다(뒤의 그림 4를 보시오. 그리고 자세한 것과 출판된 참고문헌들은 10장을 보시오). 여기서 우리는 여러 학자들이 취한 신학과 과학 사이의 적어도 8가지 뚜렷한 경로들을 확인할 수 있다.[68] 과학의 발견들을 비판적으로 전용한 신학의 포괄적인 역할은 과학으로부터 신학으로 올라가며 움직이는 5가지 경로들로 표현된다. 과학적 연구 프로그램이 신학적 연구 프로그램 안으로 취해진 방식을 상징화하기 위해 나는 이들을 "과학연구 프로그램(SRP)→신학연구 프로그램(TRP)"으로 표기한다.[69] 여기서 새로운 것은 신학에서 과학으로 내려가며 움직이는 3가지 경로들이 있다는 것이다.

그것들은 신학이 과학 안에서 특별한 연구 프로그램을 고무시킬 뿐 아니라 과학 전체에 간접적으로 영향을 미칠 수 있는 방식들을 시사한다. 간단히 말해, 신학과 과학 양측은 담론과 발견의 진정한 영역들로서 자신의 독립적인 정체성을 유지하면서 다른 측으로부터 새로운 통찰과 도전을 발견할 수 있다. 게다가 모든 8가지 경로들을 함께 성찰함으로써 지금까지 우리가 각각의 경로를 분리하여 취급함으로써 음미하지 못했던 신학과 과학 전체의 상호 작용에 대한 중요한 것을 식별할 수 있다. 마지막으로 전반적인 전망은 우리에게 미래의 "신학과 과학"에 대한 방향에 대하여 중요한 것을 알려 줄 수 있다. 그것은 역동적이고 지속적인 상호 작용 안에서 과학의 새로운 작업뿐 아니라 신학의 새로운 작업을 결합시키는 새로운 연구 프로그램들을 위한 새로운 영감을 솟구치게 한다.

그림 4: 창조적 공동의 상호 작용 방법 (CMI)

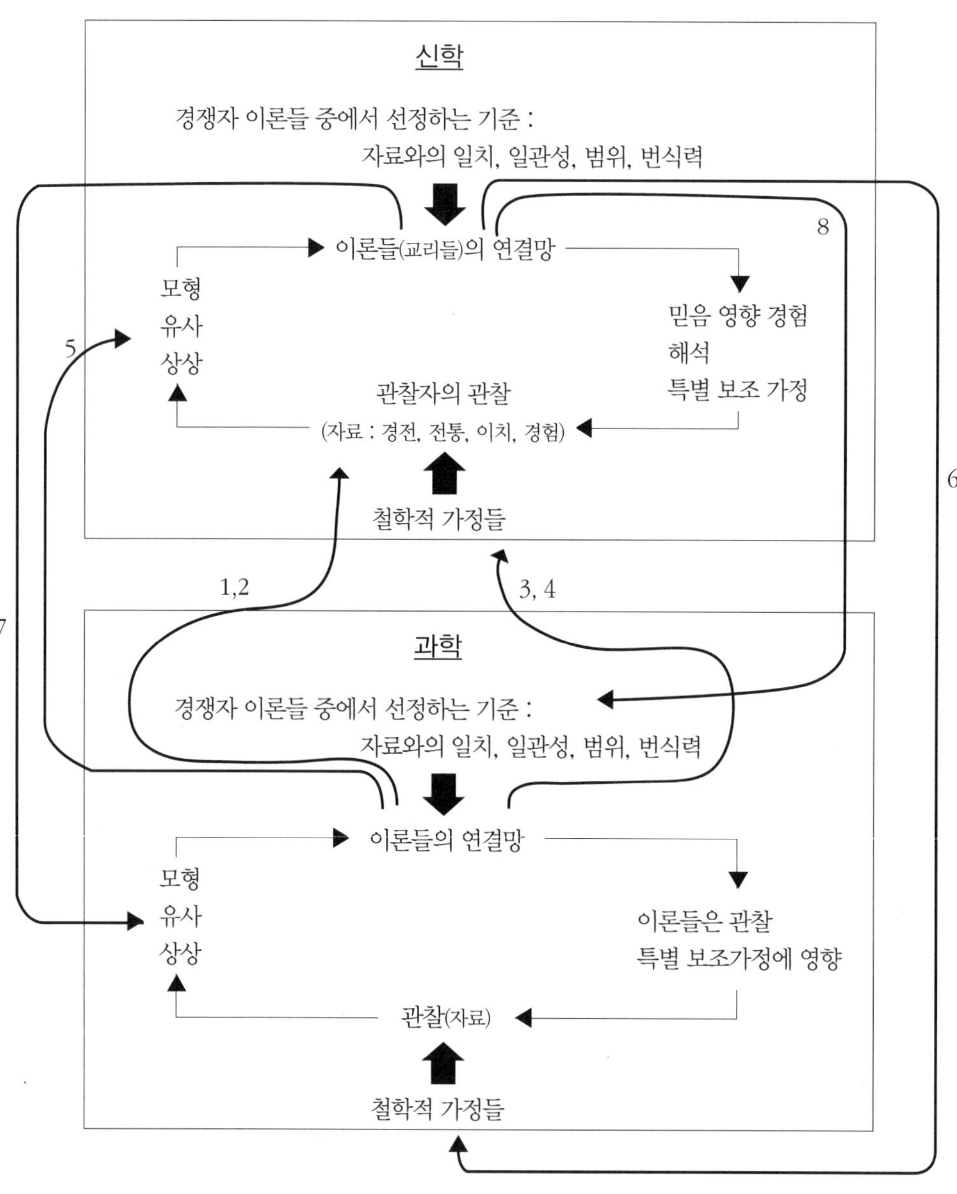

B. 신학과 과학에서 가장 심각한 도전을 다루기 위해 창조적 공동의 상호 작용을 이용하기: 그리스도교적 종말론과 우주의 먼 미래

신학과 과학 간의 건설적 관계에 대한 가장 심각한 도전, 즉 우주의 먼 미래에 대한 과학적 예측이 제기하는 그리스도교 종말론에 대한 도전에 반응을 시작하기 위해 나는 이 상호 작용 방법론을 이용했다. 빅뱅 우주론에 의하면 우주의 미래는 "얼든가"(영원히 팽창하고 차가워진다) 또는 "타든가"(끝없이 상승하는 온도로 다시 붕괴된다)이다. 이 예측들은 신학 분야의 많은 학자들이 무시해 왔지만, 신학이 단순히 그렇게 할 수는 없다. "신학과 과학" 운동의 초석은 창조적 공동의 상호 작용에서 5가지 과학연구 프로그램→신학연구 프로그램 경로로 표시되고, 과학이 제기한 주장들을 제한으로 취급하는 것임을 상기하자. 비록 신학이 과학에 비추어 그러나 과학을 초월하여 개념적 적절성을 모색함에 있어서 새롭게 창발하는 개념들과 범주들을 이용할지라도 그렇다. 이제 물리학은 인식론의 체계의 바닥에 놓여 있고, 신학에 대한 최대한의 제한의 힘을 발휘하고 있으며, 그리고 피콕의 이차원적 그림이 매우 잘 전달하는 바와 같이, 빅뱅 우주론은 물리학의 한 부분이다. 따라서 빅뱅 우주론이 옳다면, 그리스도의 재림은 단지 연기되는 것이 아니라 결코 일어나지 않을 것이다. 만약 빅뱅 우주론이 옳다면, 그때에 바오로 사도가 코린토 1서 15장에서 주장한 대로, 일반적인 부활이 없을 것이기 때문에 그리스도는 죽은 자로부터 부활하지 않았고 그리고 우리의 희망은 헛된 것이다. 또한 그 도전은 신학으로부터 과학에게 다가오고 있다는 것도 주목하라. 만약 예수가 죽은 자로부터 부활했다면, 그러면 일반적 부활은 일어날 것이고, 우주의 미래는 과학적 우주론이 예측하는 것과 같지 않을 것이다. 이러한 공동의 도전으로부터 헤어날 어떤 길이 있는가?

10장은 나의 초기 반응이다. 그 도전은 기술적으로 과학으로부터 나온 것이 아니라 우리가 일상적으로 과학에게 인정하는 철학적 가정, 즉, 과학의 예측들은 필연적으로 유지되었다는 철학적 가정으로부터 나온다는 것을 인지하면서 본질적으로 나는 경로 3을 택한다. 과학적 이론들은 경험적으로 반증될 수 있어야 하기 때문에 이러한 가정은 과학의 실행에서 요구된다. 그러나 그것은 과학을 신학적 대화로 가져 올 경우에는 요구되지 않는다. 대신에 신학자들은 과학이 우리에게 우주의 과거 역사에 관해 알려주는 것은 받아들이지만 과학의 미래 예측에 관한 매우 다른 철학적 가정을 수용하는 것이 전적으로 가능하다. 과학이 기술하는 자연의 과정들은 궁극적으로 창조주로서 신의 지속적인 활동에 달려 있고, 만약에 신이 역사 안에서 그리고 자연 안에서 근본적으로 새로운 방식으로 자유롭게 활동한다면, 그때 부활 때에 시작된 신의 새로운 활동 방식으로 형태를 갖춘 미래는 현재의 창조물에 근거하여 과학이 예측하는 것과 같지 않을 것이다. 대신에 우주의 미래는 부활절에 예수의 부활과 함께 시작되었고, 종말론적 새로운 창조물로의 우주의 변형을 개시했던 근본적으로 새로운 신의 활동 방식에 근거할 것이다. 판넨버그의 우발성에 대한 나의 초기 토론에 의지하여, 나는 이 개념을 "새로운 자연 법칙의 첫 예시"(FINLON)로 언급하였고, 이제 더 정확히 말한다면, "새로운 창조물의 새로운 법칙의 첫 예시"이다. 이것을 표현하는 다른 방식은 예수가 죽은 자로부터 부활하는 것이 불가능하다면(흄 같은 식으로) 그가 부활했다는 것은 진실일 수 없다는 것이다. 그러나 만약 예수가 죽은 자로부터 육체를 가지고 부활했다는 것이 진실이라면(신약 성경 식으로) 부활이 가능하다는 것은 틀림없고, 다시 이것은 우주가 두 번째 무로부터의 창조 없이 신에 의하여 새로운 창조물로 변형될 수 있도록 신이 그렇게 우주를 창조하였음을 의미한다. 끝으로 이 개념은 10장에 간결하게 설명한 것처럼 매우 흥미로운 과학연구 프로그램을 유발한다.

노골적인 갈등이 없어진 토양에서, 우주론과 종말론 간의 긍정적인 상호 작용을 향해 앞으로 더 나아가는 것이 가능할 것이다. 그때 나는 창조적 공동의 상호 작용으로 돌아와서, 우주론과 종말론 간의 상호 작용의 두 가지 측면에 대한 작업을 시작했다. 한 측면은 그리스도교 종말론을 과학의 관점에서 재구성하는 것이고[70] 다른 측면은 이렇게 재구성된 그리스도교 종말론에 의하여 고무된 과학적 연구에서 새로운 길을 조사하는 것이다. 말할 것도 없이, 이것은 진행 중인 연구 의제이고, 이 서론을 쓰고 있는 현재까지 우리를 이어준다.

▌주석

1 나는 이 글을 2006년 9월 CTNS 25주년 경축을 위해 저술하였다.

2 CTNS를 다리라고 묘사한 것은 다음의 문헌에 처음 발표되었다. Robert John Russell, "Converging Streams" in *San Francisco Examiner/Chronicle* (August 11, 1984). 이후 다음의 글로 개정되어 출판되었다. Robert John Russell, "Christian Discipleship and the Challenge of Physics: Formation, Flux, and Focus," *CTNS Bulletin* 8.4(1988)Autumn. Robert John Russell, "Christian Discipleship and the Challenge of Physics: Formation, Flux, and Focus," *Perspectives on Science and Christian Faith* 42.3(1990) September. Robert John Russell, "Bridge Theology and Science: The CTNS Logo," *Theology and Science* 1.1(April 2003): 1–3.

3 Ian G. Barbour, *Issues in Science and Religion*; Ian G. Barbour, *Myths, Models, and Paradigms: A Comparative Study in Science & Religion* (New York: Harper & Row, 1974); Ian G. Barbour, *Religion in an Age of Science*, Gifford Lectures; 1989–1990(San Francisco: Harper & Row, 1990. 바버는 이러한 주장들의 많은 부분을 다양한 독자들을 위해 재구성하여 다음과 같은 글로 발표하였다. Ian G. Barbour, *Religion and Science: History and Contemporary Issues* (San Francisco: Harper SanFrancisco, 1997). Ian G. Barbour, *When Science Meets Religion: Enemies, Strangers or Partners?* (San Francisco: Harper SanFrancisco, 2000).

4 Barbour, *Issues in Science and Religion*. 특히 2부의 다음 글을 보시오. "Religion and Methods of Science."

5 Barbour, *Issues in Science and Religion*, 6장/III & IV; Barbour, *Myths, Models, and Paradigms*, 3/2; Barbour, Religion, 43. 여기 기술된 신학과 과학에서의 많은 저자들이 전형적으로 바버의 "비판적 실재론"이란 용어를 사용하고 있지만 그들은 일반적으로 "과학적 실재론"으로 불리는 것을 옹호하고 있음을 주목하시오. 실재론적 위치에 대한 개관을 다음 문헌에서 보시오. Jarrett Leplin, ed., *Scientific Realism* (Berkeley: University of California Press, 1984).

6 나는 이 은유를 다음 글에서 논하고 있다. Robert John Russell, "Bridging

Theology and Science: The CTNS Logo," *Theology and Science* 1.1 (April 2003): 1-3. 비평에 대해 다음 문헌을 보시오. W. Mark Richardson and Wesley J. Wildman, eds., *Religion and Science: History, Method, Dialogue* (New York: Routledge, 1996), xi-xiii.

7   이 분야의 대부분의 학자들은 그 용어를 채택하고 발전시키고 있다. 그러나 몇몇은 그러한 주장들 중 하나 또는 그 이상을 공유하고 있지만 그 용어로부터 멀리하고 있다. 아마도 가장 분명한 예는 다음의 문헌이다. Nancey Murphy, "Religion, Theology, and the Philosophy of Science: An Appreciation of the Work of Ian Barbour" in *Fifty years in Science and Religion: Ian G. Barbour and His Legacy*, ed. Robert John Russell (Burlington, Vt: Ashgate, 2004).

8   바버는 또한 소위 진리에 대한 "비판적 실재론"적 이론을 발전시켰다. 고전적 실재론처럼, 비판적 실재론에서 진리에 대한 의미는 실재에 대한 관련성(즉, 참조성)이고 진리에 대한 핵심 준거는 자료와 이론의 일치이다. 그러나 우리는 종종 우리 이론들에 대한 간접적 근거만을 가지고 있다. 게다가 이론들의 연결망은 함께 검증된다. 따라서 관계주의자들과 철학적 관념론자들에 의해 강조되는 것처럼 내적 일치와 그 영역은 또한 진리에 대한 준거로서 기여한다. 경합하는 이론들이 동등하게 일관되고 포괄적일 때 이러한 준거만으로는 불충분하다. 그로 인해 실용주의자들, 도구주의자들, 그리고 언어 분석가들이 강조하는 것처럼 풍요로움이 진리에 대한 네 번째 준거로서 기여한다. 따라서 관찰될 수 있음이나 예측 성공뿐 아니라 이해 가능성과 설명력이 실재에 대한 안내자가 된다. 다음 글을 보시오. Barbour, Religion, 34-35; Barbour, *Issues in Science and Religion*, 170, 173.

9   바버는 종교의 언어가 과학의 언어와 전적으로 다르지 않다고 주장한다. 실재를 언급하기 위해 의도된 진리 주장을 전달하기 위해 둘 다 모형으로서 구조화된 은유를 사용한다. 그러나 그러한 시도가 전적으로 성공하지는 못한다. 과학 이론들은 세상에 대한 부분적, 개정 가능한, 추상적, 그러나 연관된 지식을 생성한다. 그 이론들은 다중의 은유로 구성된 모형들을 통해 표현된다. 그리고 이 모형들은 "특수한 목적을 위해 세상의 특별한 측면을 선택적으로 나타낸다. 그 이론들은 진지하게 취해져야 하지만 그러나 문자 그대로가 아니다". Barbour, *Religion*, ch.2/II, esp.43; Barbour, *Issues in Science and Religion*, ch.6/II/3; Barbour, *Myths, Models, and Paradigms*, 3/2-3. 종교에서 이와 비슷하게,

은유는 열려 있는 비유를 제공한다. 그것은 유용한 허구 이상이지만 결코 일련의 문자적 설명이 아니다. Barbour, *Myths, Models, and Paradigms*, ch.2.

10 과학적 방법론에 대한 바버의 접근은 칼 헴펠의 경험주의로 시작했다. 이 경험주의의 "가설–연역적" 방법은 이론들의 구성과 검증에 대한 귀납적 접근과 연역적 접근들을 통합하였다, 즉 포퍼의 반증주의를 가져왔다. 그런 뒤 헴펠은 1950년대 말과 1960년대 초에 이루어진 과학적 방법론에 대한 우리의 이해에 있어서 중대한 돌파구들을 이용하였고, 그는 임레 라카토스의 저작들을 특별히 강조하면서 노우드 핸슨, 제럴드 홀튼, 토마스 쿤, 마이클 폴라니, 스티븐 툴민과 같은 과학철학자들에 의존한다. Barbour, *Religion*, ch.2, esp. I/1,II/1,III/1; Barbour, *Issues in Science and Religion*, ch.6/I/1,2,II/1; Barbour, *Myths, Models, and Paradigms*, ch.6. 이 학자들은 과학 공동체의 특징이었던 역사적 그리고 맥락적 요소들을 조사했다. 이 요소들에는 "이론이 적재된 자료", 과학적 합리성에서 엄격한 객관성보다 상호 주관성의 존재, 패러다임과 연구 프로그램의 관점에서 과학의 구조, 연구 프로그램들 간의 경합, 과학적 패러다임들의 역사 안에서 혁명의 발생, 과학적 패러다임들 안에서 자연에 대한 형이상학적 가정들의 존재, 그리고 이론 선택에서의 미학과 가치의 역할 등이 포함된다. 과학 이론들은 인간의 구성물이고, 그러한 과학적 결론들은 내적으로 잠정적이며 개정되도록 되어 있다. 그럼에도 불구하고 바버에 의하면, 그러한 과학적 결론들은 합리적으로 패러다임을 초월하는 네 가지 준거에 의해 평가되어야만 한다, 그 네 가지는 자료와의 일치, 일관성, 범위, 그리고 비옥함이다. 그런 뒤 바버는 종교 철학에서 종교적 인식론, 방법론, 그리고 언어에 대한 비슷한 일련의 주장을 구축하면서, 다른 이들 가운데 존 위즈덤, 존 힉, 이안 램지, 그리고 프레데릭 페리에 의존했다. 여기서 바버는 이론 구축의 방법들, 상상과 은유와 모형이 수행하는 역할들, 자료가 이론에 의해 해석되는 방식들, 종교적 패러다임들에서 형이상학적 요소와 미학적 요소들의 존재 등은 과학의 방법 안에서 그들의 역할과 아주 비슷하다고 주장했다. Barbour, *Religion*, ch.2,3; Barbour, *Issues in Science and Religion*, chapters 8,9; Barbour, *Myths, Models, and Paradigms*, chapters 4,5,7,8,9.

11 Barbour, *Religion*, 36.

12 Barbour, *Religion*, ch.2/II; Barbour, *Issues in Science and Religion*,

ch.8/I4; Barbour, *Myths, Models, and Paradigms*, chapters 4,5.

13   Barbour, *Religion*, ch. 2, esp. I/1–3 and Figs.1 and 2.

14   Barbour, *Religion*, 46–47, 65; Barbour, *Issues in Science and Religion*, ch.8/ II,9/I/3; Barbour, *Myths, Models, and Paradigms*, chapters 4/5.

15   Barbour, Religion, ch. 2/I/3; Barbour, *Issues in Science and Religion*, ch.8/III; Barbour, *Myths, Models, and Paradigms*, ch.7/4.

16   Barbour, *Religion*, Fig. 1, 32, and Fig. 2, 36.

17   Arthur Peacocke, *Theology for a Scientific Age: Being and Becoming–Natural, Divine and Human*, Enlarged Edition (Minneapolis, Minn.: Fortress Press, 1993).See particularly Fig.3, 217, 과 따라오는 본문.

18   피콕의 계획과 머피와 엘리스에 의해 고안된 계획 간의 차이를 주목하시오. 다음 문헌을 보시오. Nancey Murphy and George F. Ellis, *On the Moral Nature of the Universe: Theology, Cosmology, and Ethics*, Theology and the Sciences Series (Minneapolis, Minn.: Fortress Press, 1993), 268, Fig.9.3, 204. 말할 필요도 없이 여기서 나는 피콕에 동의한다.

19   초기 반응에 대해 다음 문헌을 보시오. Russell, "Bodily Resurrection, Eschatology and Scientific Cosmology."

20   Nancey Murphy, *Theology in the Age of Scientific Reasoning* (Ithaca: Cornell University Press, 1990). 머피가 신학과 과학의 관련성에 대한 방법의 발달에 기여했지만 그녀는 "비판적 실재론"이라는 용어에 대해 상당히 비판적이다. 다음의 그녀의 책을 보시오. *Anglo–American Postmodernity: Philosophical Perspectives on Science, Religion, and Ethics* (Boulder, Colo.: Westview Press, 1997).

21   Nancey Murphy and George F. Ellis, *On the Moral Nature of the Universe: Theology, Cosmology, and Ethics*, Theology and the Sciences Series (Minneapolis, Minn.: Fortress Press, 1993), 268.

22   Philip Clayton, *Mind and Emergence: From Quantum to Consciousness* (Oxford: Oxford University Press, 2005).

23   다음을 주목하시오. 머피는 "비판적 실재론"이란 용어는 진리에 상응하는 이론을 방어하는 엄격히 인식론적 이론이며, 여기서 기술된 전체의 집합적 요소에 대해 사용해서는 안 된다고 주장한다.

24 지금으로써는 신학과 과학에서 연구하는 몇몇 학자들은 양자 역학과 같은 특수한 과학적 이론들에 대한 실재론적 해석에 직면하여 어려움을 강조하고 있다는 것만 말해 두자. Robert John Russell, "Quantum Physics in Philosophical and Theological Perspective," in *Physics, Philosophy and Theology: A Common Quest for Understanding* (here after PPT),ed. Robert John Russell, William R. Stoeger, S. J., George V. Coyne, S. J.(Vatican City State: Vatican Observatory Publications, 1988), 419, 343–74; 또한 사례를 다음에서 보시오. Robert John Russell, "A Critical Appraisal of Peacocke's Thought on Religion and Science," *Religion & Intellectual Life* (New Rochelle) II no.4(1985)(College of New Rochelle). 다른 학자들은 신의 개념과 같은 핵심적인 신학적 용어들에 대한 실재론적 해석에 어려움을 강조하고 있다. Willem B. Drees, *Religion, Science and Naturalism* (Cambridge: Cambridge University Press, 1996), 143. 몇몇 학자들은 철학자들에 의해 취해진 실재론적 입장의 다양성을 인정했다. Arthur Peacocke, *Theology for a Scientific Age: Being and Becoming–Natural, Divine and Human*, Enlarged Edition (Minneapolis, Minn.: Fortress Press, 1993), 12. 다음 글을 보시오. Leplin, *Scientific Realism*. 다른 학자들은 지식에 대한 사회학에 의한 실재론에 대한 지속적인 도전을 강조한다. D. Bloor, *Knowledge and Social Imagery* (London: Routledge & Kegan Paul, 1976). 도움이 되는 참고 문헌들과 반론들을 다음 글에서 보시오. Arthur R. Peacocke, *Intimations of Reality: Critical Realism in Science and Religion: The Mendenhall Lectures*, 1983 (Notre Dame, Ind.: University of Notre Dame Press, 1984), 94, 19–22. 몇몇 학자들은 "과학과 종교"에 대한 합리성에 대한 다양한 모형들과 그 상대적 적합성에 관심을 증가시키고 있다. Mikael Stenmark, *Rationality in Science, Religion, and Everyday Life: A Critical Evaluation of Four Models of Rationality* (Notre Dame, Ind.: University of Notre Dame Press, 1995), 392. 다른 학자들은 실용주의적 관점으로부터 신학과 과학 간의 유사점뿐 아니라 차이점의 중요성에 초점을 두고 있다. Wesley Wildman, "Similarities and Differences in the Practice of Science and Theology," *CTNS Bulletin* 14.4 (fall 1994): 1–14. 몇몇 학자들은 비–근본주의적 (그리고 이러한 특별한 의미에서 포스트모던 인식론으로 이동하고 있으며, 상응

과 관련성을 유지하든지, 또는 진리에 대한 실용적 이론으로 이동한다. 전자와 후자에 대해 다음의 문헌을 각각 보시오. Philip Clayton, *Explanation from Physics to Theology: An Essay in Rationality and Religion* (New Haven, Conn.: Yale University Press, 1989). Nancey Murphy, *Beyond Liberalism and Fundamentalism: How Modern and Postmodern Philosophy Set the Theological Agenda* (Valley Forge, Pa.: Trinity International, 1996), 162. 화이트헤드의 형이상학과 같은 모든 것을 포함하는 철학 시스템으로 연구하는 학자들은 과학의 관점에서 폭넓은 일련의 신학적 위치들을 발전시킨다. Barbour, *Religion and Science*. Charles Birch and John B.Cobb Jr., *The liberation of Life*(Cambridge: Cambridge University Press, 1981). John F. Haught, *Science & Religion: From Conflict to Conversion* (New York: Paulist, 1995). David Ray Griffin, ed., *The Reenchantment of Science: Postmodern Proposals*, SUNY Series in Constructive Postmodern Thought (Albany, N.Y.: State University of New York Press, 1988), 173. 형이상학을 더욱더 제한적으로 사용하는 학자들은 일련의 동등하게 폭넓은 신학적 주장을 발전시킨다. John C. Polkinghorne, *The Faith of a Physicist: Reflections of a Bottom−up Thinker* (Princeton, N.J.: Princeton University press, 1994). 또한 "합의 관점"으로부터 상당한 거리를 두고 취해진 입장들이 있다. 이들에게 포스트모던적 관점은 매력적인 접근을 제공하고 대륙적 그리고/또는 영미의 원천들에 의존하며, 점점 많은 이들에게 과학에 대한 여성주의적 비평이 중요하다. 어떤 학자들은 과학과 종교의 관계에서 기존의 요소들이 여전히 도움이 되기는 하지만 전체로서의 실재론을 포기한다. Drees, *Religion, Science and Naturalism*, 특히 5장.

25　빌 스테거는 이 문제에 대해 미묘한 설명을 제안한다. William R. Stoeger, S. J., "What is the 'Universe' Which Cosmology Studies?" in *Ashgate Science and Religion Series* (Aldershot, England: Ashgate Publishing Company, 2004), 127−43.

26　이 책의 장들이 희망대로 분명하게 보여 줄 것처럼, 나는 무로부터의 창조뿐 아니라 나자렛 예수의 육신의 부활 그리고 전반적 변형의 종말론에 투신한다.

27　내 생각에, (아래에서 토론되듯이) CMI는 우리로 하여금 그들의 것과 같은 형이상학 체계를 요구하지 않으면서도, 바버가 과정 형이상학을 이용해서 추구했던 진정한 상호 작용의 목표를 달성하도록 허용한다. (내 생각은 의심할 바 없이 폴 틸리히의

방법론에 매료되어 있으면서도 신학대학에서 칼 바르트를 철저히 읽은 것의 영향을 받았다.)

28 맥페이그는 또한 중요한 차이점들을 강조했다. 은유는 신학에서 질서를 제공하지만 과학에서는 새로운 발견을 자극한다. 은유는 과학에서보다 신학에서 더욱더 분명한 의미를 수반한다. 과학에서와 달리 신학에서, 은유는 감정과 행동을 촉발시킬 뿐 아니라 어디에서나 볼 수 있고 위계적이다.

29 상이성이 상실되면, 유사성은 독자성을 취하게 되고 문자적으로 해석된다. 그 고전적 예로서 "하느님 아버지"는 신이 남성이라는 것을 의미하게 되고, 신학적 가부장제를 초래했다. 유사성이 상실되면, 상이성이 그 은유의 의미를 비워버리게 되고, 다른 언어 공동체가 그 의미를 흡수할 위험에 방치된다. 내가 좋아하는 사례 중의 하나는 "닷선(Datsun)이 구원한다!"라고 선포하는 내가 한번 보았던 차 광고이다.

30 이러한 이미지들은 신학의 가부장적이고 남성중심적인 왜곡에 도전하고 생태신학에서 그녀의 연구를 지원한다. 다음 글을 보시오. Sallie McFague, *Metaphorical Theology: Models of God in Religious Language* (Philadelphia: Fortress Press, 1982), 225, 3장, 특히 101–08. Sallie McFague, "Ian Barbour: Theologian's Friend, Scientist's Interpreter," *Zygon: Journal of Religion & Science* 31.1 (March 1996): 21–28.

31 George Lakoff and Mark Johnson, *Metaphors We Live By* (Chicago: The University of Chicago Press, 1980).

32 Wolfhart Pannenberg, *Systematic Theology*, vol.2, trans. G. W. Bromiley (Grand Rapids, Mich.: Eerdmans, 1994)), II/2, 각주 #253 (97) 그리고 #255 (98).

33 마크 워싱은 이러한 개념을 유익한 방식으로 토론했다. Mark W. Worthing, *God, Creation, and Contemporary Physics*, Theology and Sciences Series (Minneapolis, Minn.: Fortress Press, 1996), 260, 146–58.

34 Ernan McMullin, "How Should Cosmology Relate to Theology?" in *The Sciences and Theology in the Twentieth Century*, ed. A. R. Peacocke (Notre Dame, Ind.: University of Notre Dame Press, 1981), 17–57.

35 Russell, "Entropy and Evil"; Robert John Russell, "The Theological Consequences of the Thermodynamics of a Moral Universe: An Appreciative Critique and Extension of the Murphy/Ellis Project," *CTNS Bulletin* 19.4

(Fall 1998): 19-24.

36 동일한 조합의 빅뱅 모형들에서 이러한 무한의 존재는 일상적으로 신학과 과학에서의 대부분의 내 동료들에 의해 간과되거나 무시되고 있다. 이것은 지금도 나를 의아하게 만드는 사실이다.

37 "불협화의 칙칙한 실재"를 언급하도록 나를 움직였던 것은 "공명의 어슴푸레 빛나는 목표"에 대한 이러한 도전이 실재한다는 것을 직면하고 있다. Robert John Russell, "Cosmology, Creation, and Contingency," in *Cosmos as Creation: Theology and Science in Consonance*, ed. Ted Peters (Nashville: Abingdon, 1989), 177.

38 Russell, "Cosmology, Creation, and Contingency," 특히 188, 194, 204; Robert John Russell, "Contemplation: A Scientific Context," *Continuum* Vol.2 (Fall 1990). Robert John Russell, "Theological Lessons from Cosmology," *Cross Currents: Religion & Intellectual Life* 41.3(Fall 1991): 특히 313-14. Robert John Russell, "Finite Creation Without a Beginning: The Spiritual and Theological Significance of Stephen Hawking's Quantum Cosmology," *The Way: Review of Contemporary Christian Spirituality* 32.4(October1992): 268-81. Robert John Russell, "Cosmology from Alpha to Omega," *Zygon: Journal of Religion & Science* 29.4 (December 1994). Robert John Russell, "Cosmology: Evidence for God or Partner for Theology?" in *Evidence of Purpose*, ed. John Marks Templeton(NewYork: Continuum, 1994). Robert John Russell, "T=0: Is It Theologically Significant?" in *Religion and Science: History, Method, Dialogue*, ed. W. Mark Richardson and Wesley J. Wildman (NewYork: Routledge, 1996), 450, 특히 213.

39 Ted Peters, "On Creating the Cosmos," in PPT, 274-76. Ted Peters, "Cosmos as Creation,"45-114. Ted Peters, ed., *Science & Theology: The New Consonance* (Boulder, Colo.: Westview Press, 1998), 특히 18-19.

40 볼프하르트 판넨버그에 대한 테드 피터스의 입문을 보시오. *Toward a Theology of Nature: Essays on Science and Faith*, ed., Ted Peters (Louisville, Ky.: Westminser/John Knox, 1993), 166, 5.

41 Willem B. Drees, *Beyond the Big Bang: Quantum Cosmologies and God*

(La Salle, Ill.: Open Court, 1990), 323, 29, 178. 또한 공명은 다음의 중요한 책에서 토론된다. Christopher Southgate et al., eds., *God, Humanity and the Cosmos: A Textbook in Science and Religion* (Harrisburg: Trinity International, 1999), 특히 1.10장을 보시오.

42 나의 유년 시절의 중요한 개인적 이미지가 나로 하여금 우발성을 이용하도록 하는 안내자가 되었다. 그것은 하와이 섬들의 이미지다. 섬들 중 하나가 무로부터의 창조 교리를 나타내고, 다른 섬이 빅뱅 우주론에서 t=0를 나타낸다고 하자. 이 이미지에서 섬들 사이를 이리저리 오가는 배를 통해서 이들을 연결시킬 수 있다. 이 배는 이들 관념의 섬들 간의 일종의 "역동적 다리"이다. 그러나 우리가 태평양을 무시해 버리면, 우리는 그 섬들은 실제 있는 대로 볼 수 있다. "떠도는 바위들"이 아니라 태평양 판의 기저로부터 무려 3만 피트 치솟은 화산이다. 이제 우리가 기반을 철학적 우발성과 은유적으로 연결시키면, 그러면 빅뱅 우주론의 섬이 형성된다. 그때에 우발성이 유한성, 시간적 유한성, 그리고 마침내 t=0가 되기 위해 분출하는 반면에 무로부터의 창조의 섬은 창조주 신에 절대적으로 의존하는 유한한 의존과 마침내 세상을 통해 우발성의 기반으로부터 솟구쳐 생겨난다. 그들 간의 연결을 위해 다리나 배를 필요로 하는 분리된 섬들로 보였던 것이 이제 "우발성의 기반으로부터 형성된 섬의 산들"로 보일 수 있다.

43 Robert John Russell, "Contingency in Physics and Cosmology: A Critique of the Theology of Wolfhart Pannenberg," *Zygon: Journal of Religion and Science* 23.1(March1988): 23-43. 위에서 토론된 유형론이 여기 1장에 삽입되었다.

44 Wolfhart Pannenberg, "The Doctrine of Creation and Modern Science," *Zygon: Journal of Religion and Science* 23(1988): 9. 다음 글로 다시 출판되었다. Wolfhart Pannenberg, "The Doctrine of Creation and Modern Science," in *Cosmos as Creation: Theology and Science in Consonance* ed. Ted Peters (Nashville: Abingdon Press, 1989), 288, 152-76.

45 바버는 "네 가지 구분"을 제안한다. 그러나 그의 네 가지 유형의 우발성은 이미 나의 유형론에 포함되며, 게다가 나의 유형론은 바버의 설명에 포함되지 않은 부가적 유형들을 포함하고 있다. 바버가 유형 1) 우발적 실존이라고 명명한 것을 나는 세계적 존재론적 우발성으로 명명했다. 바버가 유형 2) 우발적 경계적 조건이

라고 명명한 것을 나는 세계적 실존론적 우발성으로 명명했다. 바버의 유형 3) 우발적 법칙들은 내가 법칙론적 우발성이라고 명명한 다음의 두 가지 형태를 결합한 것이다. 절대적 법칙론적 우발성 그리고 최초의 예시적 법칙론적 우발성. 마지막으로 바버가 설명한 유형 4) 우발적 사건들은 나는 국소적 경험적 우발성이라고 명명했다. 따라서 그의 유형론은 내가 국소적 존재론적 우발성과 다른 형태들의 법칙론적 우발성이라고 한 것들을 생략한 것이다. 다음 글을 보시오. Barbour, *Religion*, 142-43.

46 Wolfhart Pannenberg, *Systematic Theology*, vol.2,7.II.1, 61-76. 특히 다음의 각주들을 보시오. #160, #161 (66-67). 그리고 #173 (70). 여기서 우발성에 대한 나의 유형론 발전에 대한 판넨베그의 토론에 대하여 자세한 반응을 제시하는 것은 가능하지 않다. 그러나 각주 #171 (69)에 나오는 내 견해에 대한 그의 비판은 간략한 반응을 받을 자격이 있다. 첫째 나는 국소적 그리고 세계적 우발성을 예리하게 구분하고 있다. 따라서 국소적 우발성은 "[나의] '세계적 우발성'에 대한 기본적"인 것이 아니다. 둘째, 나는 "우주의 우발성이 인류 원리를 필요로 한다는 것과 이 원리가 우발성에 대한 설득력 있는 근거를 제공한다"는 주장을 하지 않는다. 대신에 나는 강력한 형태의 인류 원리는 실제로 서로 다른 뚜렷이 구분되는 다음의 두 형태의 세계적 우발성을 함께 연결한다고 제안한다. 하나는 우주의 세계적 존재론적 우발성인데 이것은 우발성의 철학적 형태로서 순전한 실존 자체에 근거한다. 다른 것은 우주의 세계적 경험적 우발성인데 이것은 생명을 위한 우리 우주의 미세조율과 우리의 미세조율된 우주가 유일한 실재 우주라는 인류 원리적 주장에 그 근거의 토대를 두고 있다. 다음 글을 보시오. Russell, "Contingency in Physics and Cosmology," 27-29.

47 Wolfhart Pannenberg, *Theology and the Philosophy of Science*, trans. Francis McDonagh (Philadelphia: Westminster, 1976), 458.

48 Nancey Murphy, *Theology in the Age of Scientific Reasoning* (Ithaca: Cornell University Press, 1990), 툴민에 대해서는 특히 48-49, 그리고 라카토스에 대해서는 3장, 특히 3.4. 주목하시오: 내가 알기로는 바버가 신학에서 임레 라카토스의 개념의 중요성에 대해 언급한 최초의 학자였다. 그는 1974년 과학에 대비해 신학 안에서 주어진 이론에 그 개념이 투신하는 정도를 비교하였다.

49 앞의 책. 3장, 특히 58-61.

50　앞의 책. 68. 머피의 변형에 조심스럽게 주의를 기울이지 않으면, "예측"의 개념이 라카토스를 신학에 적용할 가능성을 손상하는 것으로 보일 수 있음을 주목하시오. 사례를 다음 글에서 보시오. Polkinghorne, *The Faith of a Physicist*, 49. Niels Henrik Gregerson, "A Contextual−Coherence Theory for the Theology−Science Dialogue," in *Rethinking Theology and Science: Six Models for the Current Dialogue*, ed. Niels henrik Gregersen and J. Wentzel van Huyssteen (Grand Rapids, Mich.: Eerdmans, 1998), 205−12, 특히 208−09. 분별력이 새로운 사실들을 생성할 수 있다는 주장에 대한 본질적인 비평에 대해 다음 글을 보시오. Drees, *Religion, Science and Naturalism*, 143−44.

51　최근 수년간 그녀는 알라스데어 맥킨타이어의 인식론적 저술에 초점을 둔 연구를 발달시키고 있으나, 이에 대한 토론은 이번 저술과 너무 동떨어진 것이다. 사례를 다음 글에서 보시오. Murphy and Ellis, *On the Moral Nature of the Universe*, 1장.

52　Clayton, *Explanation*.

53　Nancey Murphy, "Response to Review by Philip Clayton of 'Theology in the Age of Scientific Reasoning' by Nancey Murphy," *CTNS Bulletin* (Berkeley)11.1(Winter 1991). Philip Clayton, "Review by Philip Clayton of Theology in the Age of Scientific Reasoning' by Nancey Murphy," *CTNS Bulletin* (Berkeley)11.1(Winter1991): 29−31. 또한 다음 글을 보시오. Mary Hesse, "Review of 'Explanation from Physics to Theology' by Philip Clayton," *CTNS Bulletin* (Berkeley)11.2 (Spring 1991). 또한 머피에 대한 반응을 다음 글에서 보시오. 1998년 9월 *Zygon: Journal of Religion and Science*.

54　Philip Hefner, *The Human Factor: Evolution, Culture, and Religion*, Theology and the Sciences Series (Minneapolis: Fortress Press, 1993), 317.

55　Karl Peters, "Storytellers and Scenario Spinners: Some Reflections on Religion and Science in Light of a Pragmatic, Evolutionary Theory of Knowledge," *Zygon: Journal of Religion and Science* 32.4(December 1997): 465−89.

56　추가적인 토론을 다음 글에서 보시오. Philip Clayton and Steven Knapp, "Rationality and Christian Self−Conception," in *Religion and Science: History, Method, Dialogue*, ed. W. Mark Richardson and Wesley Wildman (NewYork: Routledge, 1996), 450, 131-44. Nicholas Wolterstorff, "Entitled Christian Belief," in ibid., 145-50. Nancey Murphy, "On the Nature of Theology," in ibid., 151-60. Philip Clayton and Steven Knapp, "Is Holistic Justification Enough?," in ibid., 161-69. Gregory Peterson, "The Scientific Status of Theology: Imre Lakatos, Method and Demarcation," *Perspectives on Science and Christian Faith* 50.1 (March 1998): 22-31.

57 Robert John Russell, "Finite Creation Without a Beginning: The Doctrine of Creation in Relation to Big Bang and Quantum Cosmologies," in *Quantum Cosmology and the Laws of Nature: Scientific Perspectives on Divine Action*(이하 QCLN), ed. Robert J. Russell, Nancey C. Murphy, and Chris J. Isham (Vatican City State: Vatican Observatory Publications; Berkeley, Calif.: Center for Theology and the Natural Sciences, 1993), 468, 293-329. Murphy and Ellis, *On the Moral Nature of the Universe*.

58 할리우드는 선한 외계인이 등장하는 영화 "ET"와 타협할 수 없는 침략자가 등장하는 영화 "Independence Day"를 통해 이러한 이분법을 보여 주고 있다.

59 Murphy, *Beyond Liberalism and Fundamentalism*, 3장. Nancey Murphy, *Anglo-American Postmodernity: Philosophical Perspectives on Science, Religion, and Ethics* (Colorado: Westview Press, 1997), 특히 5장.

60 Michael Foster, "The Christian Doctrine of creation and the Rise of Modern Science," in *Creation: The Impact of an Idea*, ed. Daniel O'Connor and Francis Oakley (NewYork: Charles Scribner's Sons, 1969). Eugene M. Klaaren, *Religious Origins of Modern Science: Belief in Creation in Seventeenth-Century Thought* (Grand Rapids, Mich: Eerdmans, 1977). David C. Lindberg and Ronald L. Numbers, eds., *God and Nature: Historical Essays on the Encounter Between Christianity and Science* (Berkeley: University of California Press, 1986), 516. Gary B. Deason, "Protestant Theology and the Rise of Modern Science: Criticism and Review of the Strong Thesis," *CTNS Bulletin* 6.4 (Autumn 1986): 1-8. Amos Funkenstein, *Theology and the Scientific Imagination: From the Middle Ages to the Seventeenth Century* (Princeton, N.J.: Princeton University press, 1986), 421. I. Bernard Co-

hen, ed., *Puritanism and the Rise of Modern Science: The Merton Thesis* (New Brunswick: Rutgers University Press, 1990). Roy A. Clouser, *The Myth of Religious Neutrality: An Essay on the Hidden Role of Religious Belief in Theories* (Notre Dame: University of Notre Dame Press, 1991), 330. John H. Brooke, *Science and Religion: Some Historical Perspectives* (Cambridge: Cambridge University Press, 1991), 422.

61 James T. Cushing, *Quantum Mechanics: Historical Contingency and the Copenhagen Hegemony* (Chicago: The University of Chicago Press, 1994). Henry J. Folse, *The Philosophy of Niels Bohr: The Framework of Complementarity* (Amsterdam: North Holland, 1985). Max Jammer, *The Philosophy of Quantum Mechanics: The Interpretations of Quantum Mechanics in Historical Perspective* (New York: John Wiley & Sons, 1974). Helge Kragh, *Cosmology and Controversy: The Historical Development of Two Theories of the Universe* (Princeton: Princeton University Press, 1996).

62 Gerald Holton, *Thematic Origins of Scientific Thought: Kepler to Einstein* (Cambridge, Mass.: Harvard University Press, 1973/1980), 입문.

63 Robert John Russell, "Steps Towards a Theology of Nature in the Thought of Ian. G. Barbour" (Atlanta, Ga.: American Academy of Religion, 1986), 11.

64 Robert John Russell, "Cosmology and the New World of Faith," Templeton/ ASA lectures Series ((unpublished), 1994).

65 내가 학부 시절에 그리고 신학생 시절에 읽은 틸리히의 "상관관계 방법"은 이러한 방향에서 초기 힌트를 제공했다. 그러한 모습이 다음의 나의 글에 처음으로 발간되었다. Robert John Russell, "The Relevance of Tillich for the Theology and Science Dialogue," *Zygon: Journal of Religion and Science* 36.2 (June2001): 269–308. 트래시는 그의 방법과 틸리히의 방법에 대한 흥미로운 비교를 제안했다. David Tracy, *Blessed Rage for Order: The New Pluralism in Theology* (Chicago: The University of Chicago Press, 1975), 271, 특히 3장.

66 피콕의 인식론적 위계에서 창발적 특성들과 과정의 존재가 그로 하여금 신학을 전적으로 심리적 언어로 번역하려고 하는 환원주의적 주장들에 반대하여 신학의 진실성과 어느 정도의 자율성을 방어하도록 했다. 다음의 인용문에서

나는 그가 불트만으로부터 예수 세미나로 이어지는 사고의 벡터에 반대하여
단호히 나아가는 것을 알았다. 그의 주장은 다음과 같다. "부활"이라는 개념은
어떠한 순수한 심리적 설명으로 환원될 필요가 없다. 이 개념을 제안하는 신
약 성경의 확언은 지금까지 경험되지 않았기 때문에 지금까지 알려지지 않은
새로운 종류의 실재라고 이야기하는 것이라고 적절히 주장될 수 있다. 그러한
주장은 과학에서 연구된 복잡한 체계의 어떤 위계 안에서 파악되고 그래서 잠
정적 존재론적 상태에서 부여되는 창발적 실재들과 동등한 것이다. (Peacocke,
Theology for a Scientific Age, 280–81).

67 John B. Cobb Jr. *Beyond Dialogue: Toward a Mutual Transformation
of Christianity and Buddhism* (Philadelphia: Fortress Press, 1982). 아이러니하
게도, 이 책은 콥이 류코쿠대학에 길게 머무는 동안 나왔고, 다케다 교수와의
토론과 호의 덕분에 지금 나의 연구가 유사한 인상을 남기기를 희망한다. 나
는 콥의 불교와 그리스도교에 대한 저술을 높이 평가하고 그의 방법론을 채용
하고 확장시켜 불교, 그리스도교와 과학 간의 세 방향 상호 작용을 다음의 글
에 포함시켰다. Robert John Russell, "Beyond Dialogue: Toward a Mutual
Transformation of Christianity, Buddhism and the Natural Sciences," ed.
Ryusei Takeda (Kyoto, Japan: Ryokoku University, 2005), 71–100.

68 나는 이 그림이 이 분야에서 약간의 혼돈을 극복하는 데 매우 도움이 된다는
것을 발견했다. 4장에서 내가 제안한 것처럼, 폴킹혼은 그가 경로 3을 따르는
듯이 그의 접근을 기술하면서, 신의 활동에 대한 신학을 지지함으로써 카오스
이론에 대한 철학적 해석을 주장한다. 그러나 이 그림을 사용할 때, 나는 그가
실제로 경로 7을 따르고 있다고 주장하는데, 그는 "전반적인 카오스"가 자연 안
에 있고 과학적 연구는 그것을 발견할 수 있다고 주장한다.

69 조지 엘리스가 다음의 내 논문을 편집할 때 이 이름을 제안한 것에 대해 감사
한다. Robert John Russell, "Eschatology and Physical Cosmology."

70 20세기 그리스도교 종말론은 일상적으로 고전적 과학과 공간, 시간, 물질, 그
리고 인과율에 대한 평범한 이해의 관점에서 틀이 잡혔다. 따라서 그리스도교
종말론은, 우주에 대한 새로운 비전을 위한 그 종말론의 실재적 가능성이 재평
가 될 수 있기 이전에, 현대 물리학(예를 들면, 상대성 이론, 양자 역학, 우주론)의 관
점에서 우선 재구성되어야 한다.

과학적 우주론에 비추어 본 신과 무로부터의 창조

제1장

창조의 우발성과 빅뱅 우주론[1]

"세계와 그 모든 부분들의 존재는 우발적인 것이다. 그 존재는 신의 자유로운 창조 활동에 기인한다."[2] – 볼프하르트 판넨버그

우리는 끝없는 발견의 시대에 살고 있다. 과거 수백 년간의 발견보다 최근 수십 년간의 발견을 통해 우리는 세상에 대해 더 많이 알게 되었다. 우리 세대는 아폴로 12호, 마이크로 칩, 아인슈타인과 크릭, 인공 심장, 레이저와 핵융합에 대해 어릴 적부터 익혔다. 그러나 우리는 우리 교회와 일상생활 안에서 경배하고 선포하는 창조주 신에 대한 성경 증언들에 뿌리내린 전통의 인간들이며 그 안에서 성장하고 있다. 그렇다면, 역사 안에서 활동하는 신이 하늘과 땅을 만드신 우주의 창조주라는 것을 믿는다는 것은 어떤 의미인가?

그 강렬한 즐거움을 동반하는 공명(consonance)이라는 빛나는 목표와 힘을 빼는 실망감을 동반하는 불협화(dissonance)라는 칙칙한 현실은 "과학과 종교"에 대한 지적이고 영적 분위기에 있어서 많은 우리의 삶들을 "균형에서

크게 멀어지게" 하였다. 지난 수 세기 동안 시도되어 온 것처럼 과학에서 종교를 계속 갈라놓은 것은 더 이상 유익하게 여겨지지 않는다.[3] 이제 우리의 선택은 무엇인가?

나는 우리가 새로운 "개혁"의 시대에 직면해 있다고 생각하며, 우리가 생각하고 믿었던 모든 것들에 대해 새로운 방식으로 다시 생각하게 될 시대에 직면해 있다고 생각한다. 그러한 임무에 충실하고자 한다면, 교회는 이러한 의미의 위기, 즉 개혁의 기회를 더 이상 무시할 수 없다. 우리가 매우 아끼는 전통을 잃고 싶지 않다면 오늘날의 과학이 의미하는 것에 비추어 우리의 신학을 이해하기 시작해야 한다. 그러나 위기가 크다면 그만큼 보상도 클 것이다. 우주에 대한 지식과 신에 대한 믿음 간의 대화의 시대, 영성적 통찰과 윤리적 동기에 대한 새로운 각성이 그 보상이다.

다행히도 이러한 상황의 절박성을 느끼는 사람들이 꽤 있다. 그 지도자들 중 한 명이 아서 피콕이다. 그는 영국의 생화학자이며 성공회 신학자이다. 그는 이렇게 이야기한다. "세계와 신의 관계에 대한 어떠한 주장도, 어떠한 창조 교리도, 그것이 공허하고 메마른 것이 되지 않으려면, 신의 창조물이고 자연과학이 서술하고 있는 세계와 신의 관계에 관한 것이어야 한다. 이것은 그리스도교 신학 또는 어떠한 신학도 선택의 여지를 갖지 못하는 상황이라고 여겨진다."[4]

이러한 정신으로 나는 창조 교리를 현대 물리학적 우주론의 맥락에서 탐구할 것이다.[5] 첫 단계는 창조 전통과 빅뱅 우주론의 양쪽을 조사하는 것이며 양쪽에 공통적인 하나의 개념이며 기원, 유한성, 의존성과 미래라는 말로 표현된 개념인 우발성(contingency)의 역할을 탐색할 것이다.

1. 그리스도교의 창조 전통

유대교와 그리스도교의 핵심 증언은 구원하는 신은 창조하는 신이라는 것이다. 시편에는 이렇게 되어 있다. "내 도움은 주님에게서 오리니 하늘과 땅을 만드신 분이시다"(시편 121,2). 구약 성경을 통해, 이스라엘 역사 속에서 활동하신 신은 유대인을 이집트 노예생활로부터 해방시키고, 약속의 땅으로 그들을 데려갔으며, 바빌론에서 그들의 기도를 들어 주고, 그들을 유배에서 풀어 주었다. 그 신은 한 부족의 신일 뿐 아니라 하늘과 땅을 창조한 바로 그 신이다. 그리스도인들은 죽음을 극복하고 승리한 예수 그리스도 안에서 새로운 창조를 축하하며, 이 예수를 세상의 생명과 빛뿐 아니라 모든 것을 창조한 신의 말씀(Word)이라고 주장한다. 당시의 토속적 우주론의 관점에서, 그리고 종종 이와 반대되게 표현되기도 하였지만, 성경의 기본적인 견해는 "신은 창조주"이고 "세상은 창조되었다"는 것이다.

초기 교회에서, 창조 전통은 두 가지 특징적 형태로 언급되었다. 즉, 무로부터의 창조(creatio ex nihilo)와 계속 창조(creatio continua)이다. 전자가 더 지배적이었는데, 초기 그리스도교 교부들은 이것이 플라톤과 신플라톤적 우주론을 배격할 것으로 생각했기 때문이다. 계속 창조도 이 당시에 뿌리를 내리고 있었지만 그리스도교 사상사에 덜 발전하였다. 이 전통들의 유사점과 차이점을 언급하는 것은 가치가 있다.

A. 무로부터의 창조

"무로부터 창조"의 전통은 교부시대 초기부터 가톨릭과 개신교 신학자들의[6] 저술을 통해 다양한 형태로 지속되었다. 그리스 문화와 겨루며, 교회는 다음의 이론들을 배격하려고 노력하였다. 세계는 신과 동등하고 신을 반대하는 영원한 신적인 실체라는 형이상학적 이원론과, 세계는 선한 신에게 저항하는 악의 힘이라는 도덕적 이원론과, 세계는 신으로부터 나왔으며 신의 몸 혹은 실체라는 방사론, 그리고 세계는 신이라는 일원론(혹은 범신론)이 그것들이다.

따라서 "무로부터의 창조" 주장은 무엇보다도 신만이 모든 것의 원천이며, 신의 창조적 행위는 자유롭고 무조건적이라는 것을 확언하고 있다. 예를 들면, 플라톤이 「티마에우스」(플라톤의 자연학에 대한 대화편)에서 가르친 것처럼, 세계는 일련의 초월적 형태를 응시하고 있는 "세계를 형성하는 자"(Demiurge)에 의해 이미 존재하는 물질들로부터 형성되는 것이 아니다. 이 세상의 물질도, 물질이 취할 수 있는 가능한 형태의 조합도, 신의 창조 행위 이전에 존재하지 않았다. 오히려, 이러한 것들은 창조 과정 중에 신에 의해 창조된 것이다. 그리고 신이 세상의 원천이지만 세상이 단순히 신의 일부분, 즉 신 존재의 직접적인 방사가 아니다. 오히려, 세상은 신에 의해 창조된, 자율적이면서 별도의 실재인 것이다. 따라서 세상이 실재이며 선한 것이지만, 세상은 신도 아니고 신의 반대자도 아니다. 세상은 우발적인 것이며, 유한하고 한시적이며 상대적이지만, 신만이 필수적이며, 무한하고, 영원하며, 절대적이다. 마지막으로 세상은 신에 의해 창조되었기 때문에 자유, 목적, 아름다움의 특징이 있다.

우리 주제에 적절한 "무로부터의 창조"에 대한 결론은 흔히 경험적 방법의 뿌리에 대하여 자주 제시되는 점이다. 신은 관할권이나 필연성의 규칙에 의한 지배를 받지 않고 자유롭게 창조하였기 때문에 이 세상은 근본적으로 우발적인 것이다. 즉, 세상은 도대체 존재할 필요도 없고 현재 있는 그런 방식으로 존재할 필요도 없다. 따라서 우리가 세상을 알기 위해서는 발견의 여정을 떠나야 한다. 경험 과학은 창조 교리 안에서 틀이 잡힌 이러한 자연에 대한 유대-그리스도교적 관점을 방법론적 가정들로 담고 있는 것이다.

B. 계속 창조

"계속 창조"의 개념은 신이 지속적으로 세상에 관여한다는 입장을 대변한다. 신은 창조물 전체와 관계할 뿐 아니라 모든 순간에 관계한다. 그리고 신의 근본적인 관계는 창조주로서의 관계이다. 따라서 신은 세상 전체를 창조했을 뿐 아니라 세상의 각 부분도 창조하였다. "계속 창조"는 "무로부터의 창조"보다 더 오래된 전통이지만 창조 교리로서 덜 발전했다.

중세, 르네상스, 그리고 계몽주의 시대의 정적 우주론에서 "창조"라는 단어는 대체로 태초의 창조를 의미했다. 세계와의 신의 현재적 관계는 신의 섭리, 협력, 지배로서 이해되었다. 그러나 현대 지질학, 진화 생물학, 19세기 열역학, 20세기 아인슈타인의 우주론 등의 태동과 변화하는 철학적 기류 등과 더불어 새로운 신학적 전망이 현재 출현하고 있는데 적어도 몇몇 학파에서는 그러했다. 점점 많은 신학자들이 역학, 불확정성, 그리고 인간 속성을 포함하여, 자연의 새로움 등을 우주 안에서 신이 참여하는 중요한 자리로 강조하게 되었다. 이러한 전망에서 보면, 신은 지속적으로 세상을 더욱 새롭게 창조하고 있고, 성령 안에 충만함과 정점을 향해 인류를 지도하고 움직이고 있는 것이다.

따라서 과학적 견해를 높이 평가하며 연구하는 점차 많은 수의 신학자들은 "계속 창조"를 이안 바버나[7] 아서 피콕이 제안하는 것처럼[8] "무로부터" 전통에서 상대적으로 분리된 전통으로서 보거나, 또는 필 헤프너,[9] 볼프하르트 판넨버그,[10] 위르겐 몰트만이 제안하는 것처럼[11] "무로부터"의 전통의 종속적인 부분으로서 보거나 차이가 없이 "계속 창조"의 최근 생겨난 생동감과 중요성에 동의하는 것 같다.[12]

2. 창조 신학에서의 우발성

우리가 로마 가톨릭과 개신교 사상에서 알고 있듯이, 유한한 세계의 신에 대한 의존성에 관한 철학적 의미는 "우발성"이라는 개념 안에서 얻게 된다. 사건이나 사물의 상태가 자명하지도 않고 필수적이지 않을 때 우발적인 것이다. 칼 라너에 따르면, "우발성이란, 신학적 개념인 창조됨에 대한 철학의 상대 개념이다. 왜냐하면, 창조됨이 우발적인 것의 자유로운 생성을 더 뚜렷하게 파악하고 있고, "최초"의 결핍된 원인은 인간이 구원의 역사 안에서 만나게 되는 살아 있는 신과 동일하다는 것을 알게 되기 때문이다".[13] 이와 유사하게 폴 틸리히는 우발성을 피조물성과 동일시하였다. "인간은 피조물이다. 인간은 우발적이다. 그 스스로 필연성을 가지고 있지 못하며, 따라서 인간은 비존재(nonbeing)의 먹이임을 알고 있다."[14] 우발성, 의존성, 그리고 유한성의 연결은 랭던 길키의 창조 전통에 대한 요약에서 분명해진다. "피조물, 즉, 창조된 것들의 유한한 세계는, 한편으로는 존재하고 동시에 신에게 의존해야 하며, 그러나, 실재하고 일관성 있으며 선한 그런 존재를 가지고 있다."[15] 볼프하르트 판넨버그는 다양한 형태로 우발성을 광범위하게 사용하면서 아마도 가장 분명히 과학과의 관련성을 설명하고 있다. 그에 의하면, "신학과 과학에 대한 오늘날의 모든 토론은 최우선적으로 현대 과학, 특히 현대 물리학이 세계 전체와 그 안에 각 부분의 우발성에 대해 무엇을 말할 수 있는지에 대한 질문에 초점을 두어야 한다".[16]

"무로부터의 신학"에서 우발성의 개념은 유한성과 목적을 보여 주는 반면, 계속 창조 전통은 새로움의 창발에서의 우발성과 미래의 충만함을 향한 방향성에 주목하여 초점을 두고 있다. 물론 두 창조 모형 간에 중요한 주제에 차이가 있다. 예를 들면, "무로부터의 창조"는 세상에 대한 신의 초월성을 강조하는 경향이 있지만, "계속 창조"는 자연의 중심과 인간의 역사에서 신의 현존과 내재함을 강조하고 있다. 그러나 두 전통들 안에서 우리는 존재하는 모든 것들이 신에게 의존함을 발견한다. 유한한 세계는 존재 자체를 위하여, 그리고 매 순간의 존재를 위하여 신에게 의존하고 있다.

창조 신학과 현대 자연과학에서 우발성의 철학적 의미가 그 중심에 있다면, 우리는 여기에 내포된 다양한 의미를 분명히 할 필요가 있다. 그렇게 하기 위해서, 특히, 판넨버그가 우발성에 대하여 서술한 방법에 비추어, 나는 최근에 이 다양한 의미들을 세 가지 기본 특징들로 분류하는 일종의 유형을 개발하였다. 그리고 그것들은 각각 최소한 두 가지 세분화된 특징들

을 포함하고 있다.[17]

A. 전체적(global) 우발성

이 용어로 내가 말하고자 하는 바는 우주 전체의 우발성이다. 이것은 존재론적 측면과 경험적 측면으로 세분된다. 따라서 전체적 존재론적 우발성은 우주 전체의 존재 자체가 우발적이라는 생각이다. 이 형태의 우발성은 전통적으로 신학이 의미하는 바인데, 세상은 우발적이며, 존재할 필요가 없었고, 그러한 그 존재는 무로부터의 창조주 신에 의존한다는 생각을 말한다. 전체적 경험적 우발성은 우주 전체를 특징짓는 경험적 양상들인데, 그 존재와 독특한 특징들을 말한다. 이러한 양상들은 빅뱅 우주론에서의 시간의 시작(t=0)과 함께 우주의 기원, 자연 법칙들, 그 법칙들 안에서 일어나는 광속 c, 플랑크의 상수 h, 이러한 법칙들의 정확한 형태, 이러한 자연적 상수들의 정확한 값들을 포함한다. 우리가 앞으로 다루게 될 "인류 원리"(anthropic principle)는 이러한 특징들을 지적하고 있다.

B. 국소적(local) 우발성

여기서 내가 말하고자 하는 것은 우주의 각 부분과 과정의 우발성이다. 이것 역시 존재론적, 그리고 경험적 측면이 있다. 따라서 국소적 존재론적 우발성은 자연에서 발견되는 각각 그리고 모든 부분과 과정의 순수한 존재이다. 즉, 아무것도 존재할 필요가 없었고, 바로 그러한 존재는 "왜"라는 질문을 낳게 했으며, 그 질문은 과학에 의해 주어진 인과관계에 의해 설명될 수 있는 것이 아니고, 무엇인가가 지속적으로 존재함에 대한 매 순간의 신비에 의한다는 점이다. 국소적 경험적 우발성은 자연에서 발견되는 모든 부분과 과정에서의 경험적 양상을 뜻하며, 이러한 양상에 함축된 의문을 표현한다. 즉, 왜 각 부분과 과정이 지속적으로 이러한 특별한 모습으로 존재하는가? 그러한 과정은 인과적 설명에 열려 있는가? 예를 들면, 뉴턴의 제1법칙에서 구체화된 "관성"이 왜 외부의 힘이 작용하지 않을 때도 사물들은 균등한 상대적 움직임 안에 머물고 있는가에 대한 일종의 설명을 제공하지만 그것은 역시 물질의 우발적 특성이다.

C. 법칙론적(nomological) 우발성

이 개념은 자연의 법칙 안에 나타나지만 위에서 충분히 다루어지지 않은 다양한 형태의 우발성을 포함한다. 이 논문에서 우리는 절대적 법칙론적 우발성을 조사할 것이다. 그것은 자연 법칙의 우발성(앞에 언급한)으로부터 시작해서 다음 수준의 추상화인 자연 법칙 등의 기저가 되는 논리 법칙의 가능한 우발성으로 이동한다. 그러나 가장 중요한 법칙론적 우발성은 자연 법칙의 어떤 것이, 아마도 모든 것들이 최초의 예시(instantiation)를 가지고 있다는 사실을 지적한다. 나는 이것을 "최초 예시 우발성"이라고 할 것이다.

"최초 예시" 우발성은 다시, 온순한 방법과 공격적 방법으로 이해될 수 있다. 온순한 방법으로 보면, 우주의 절대적 기원의 순간이 있었다 할지라도, 자연 법칙의 모든 것이 그 당시에 명백하지 않았다는 것이 분명하다. 예를 들면, 식어가는 우주에서 전자가 양성자와 안정적으로 결합할 수 있을 때 원자가 처음 나타났으며, 따라서, 화학적 성질과 원자들이 따라야 하는 규칙들이 최초의 예시를 가지고 있는 것이다. 비슷한 주장이 거대 분자들에도 적용되고 화학적 생물학적 진화의 모든 단계에 적용된다. 온순한 최초 예시 우발성은 많은 과학 철학자들이 자연에서의 "창발"(emergence)이라고 부르는 것과 밀접한 관계가 있다. 창발은 더 단순한 요소 체계의 과정과 속성으로 환원될 수 없는 복잡체계의 새로운 과정과 속성의 출현이다. 만약 새로운 속성들과 과정이 시간 안에서 시작한다면, 그들의 의미는 오직 그 미래 역사를 통해서만 충분히 드러날 수 있을 것이란 점을 창발이 또한 시사한다.

공격적 방법으로 보면, 최초 예시 우발성은 나자렛 예수의 부활처럼 근본적으로 새로운 어떤 것을 고려하기 위한 법칙론적 틀을 제공한다. 부활은 알려진 대로 자연의 새로운 형태의 "첫 예시", 즉 "새로운 창조"이며, 창발이 말하는 것을 넘어서는 현재적 자연의 하나의 변형을 나타낸다. 그것은 근본적으로 신의 새로운 행위의 결과인데, 그 행위 안에서 나자렛 예수의 육체적 부활이라는 사건과 아울러, 복음서의 발현 전통에서 서술된 것처럼, 그의 환경의 "배경 조건들"도 또한 변형된다. 만약 창발이 새로움의 요소이거나 혹은 연속성(예를 들면, 진화 생물학의 시작은 기존의 기본 물리학에 겹겹이 싸여 있었다)의 전반적인 골격 안에서의 불연속이라면, 그러면 공격적인 최초 예시 우발성은 주로 불연속성 안에 존재하고(예를 들면 부활은 단지 소생이 아니다) 그 불연속성 안에 연속성의 자그마한 요소가 유지된다(예를 들면, 나자렛 예수는 부활하신 주님과 같은 분이시다). 창발에 비하여, 부활에서는 핵심 요소가 되는 불연속성과 부수적 역할을 하는 연속성의 상대적 중요성이 뒤바뀐다. 공격적 최초 예시 우발성이라고 내가 말하고자 하는 것은 부활의 역사성에 대한 판넨버그의 주장에서 중요한 역할을 수행한다. 왜냐하면 자연에서의 최초의 사례로 시작한 우발적 과정들의 의미는 역사의 마지막에 가서야(즉, 종말론적으로) 충분히 분명해질 것이라고 그는 주장하고 우주 안에 있는 그러한 과정들의 존재는 우주에게 역사적 특징을 부여한다고 그가 결론을 내리기 때문이다.[18]

어떻게 현대과학은 이 다양한 형태의 우발성의 의미를 형성할 수 있을까? 그래서 그렇게 함으로써 창조 교리와 과학적 우주론 사이에 내가 "공명"과 "불협화"라고 명명하려 하는 것 둘 다를 반영할 수 있을까? 이것을 빅뱅 우주론으로 돌아가 추구해 보자. 거기에서 앞에서 언급한 다중 형태의 우발성의 한 측면 또는 많은 측면에 관한 최소한 몇몇 함의가 발견될 수 있을 것이다.

3. 빅뱅: 개략적 고찰

알버트 아인슈타인은 그의 특수 상대성 이론(1905)에서 현대 우주론을 확립하는 첫 발걸음을 내디뎠다. 이 이론에서 공간과 시간은 동등한 위치에 놓이게 되며, 그들은 시공간이라고 불리는 사차원적 연속체로서 결합된다. 시공간이라는 새로운 영역과 함께 사건들의 동시성과 물체의 길이에 대한 직관적 개념이 변화되었다. 날아오르는 로켓의 크기나, 움직이는 시계의 똑딱거리는 속도와 같은 공간 또는 시간의 단독 측정들은 그 개별적 의미를 상실하게 되고, 더 깊은 시공간 전체로 함께 뒤섞인다. 회전하는 자(측정에 쓰이는 자)의 그림자처럼 그들은 수축하고 확장하는 듯 보이지만, 실제 그 자의 변화는 없다.

일반 상대성 원리에 대한 그의 후속 연구는 중력에 대한 이론이다(1915년경). 뉴턴에게 중력은 질량들이 공간 안에서 움직일 때 그들 간에 작용하는 힘이다. 아인슈타인은 근본적으로 새로운 접근을 취했다. 특수 상대성의 시공간 기하학이 "평평한"(또는 가–유크리드 적인) 반면, 일반 상대성 이론에서는 시공간이 휘어질 수 있다. 뉴턴이 제안한 것처럼 중력의 힘에 의해 입자가 휘어진 경로로 가도록 강요되는 대신에, 아인슈타인은 휘어진 시공간의 자연적으로 구부려진 경로를 따라서 입자들이 자연적 운동을 한다고 서술하였다. 시공간의 휘어짐을 결정하는 것은 무엇인가? 이것을 위하여 아인슈타인은 물질로 되돌아가서 자연 질서의 두 가지 궁극적인 대상인 형태와 내용이 꼬리를 무는 "닫힌 회로"를 창출하였다. 이것은 아인슈타인의 관점에서, 시공간의 구조, 크기, 형태, 질감, 등은 물질의 분포에 의존하고, 다시 물질의 운동은 시공간의 국소적 휘어짐에 의해 결정된다. 미스너, 톰, 휠러의 표현에 의하면, "공간은 물질이 어떻게 움직일 것인가를 말해 주고, 물질은 공간이 어떻게 휘어질지를 말해 준다".[19]

일반 상대성 원리를 받아들인다면, 우주의 본성과 역사에 대해 어떤 예측을 할 수 있을까? 수많은 별들의 우주를 한두 개의 간단한 방정식으로 표현하려고 애쓴다고 상상해 보라. 이것이 정확히 금세기 초에 과학자들이 이미 했던 것이다. 그들은 아인슈타인 이론의 수학으로 되돌아가, 우주 전체에 적용될 수 있는 두 개의 서로 다른 모형들을 연구했다. 그들 두 모형은 물리적 시간은 0$(t=0)$이고 크기는 없고 밀도는 무한한 특이점으로부터 시간 안에서 팽창한다. 소위 "열린" 모형에서는 말안장 형태의 표면은 크기가 무한하고 영원히 팽창하지만, "닫힌" 모형에서는 공 모양의 표면이 크기가 유한하고 최대 반경까지 팽창했다가 마지막 특이점으로 수축하게 된다.

그러나 이것들은 단지 수학적 모형들일 뿐이다. 우리는 어떻게 그 모형들을 천문학자들이 우리에게 주는 자료와 연결시킬 수 있을까? 첫째로, 우리는 우주의 보이는 부분조차도 엄청나게 크다는 사실을 잊지 말아야 한다. 우리 은하계에만 최소 1,000억 개의 별이 있고, 현대 망원경의 한계 안에서도 1조 개의 그런 은하들이 있다. 천문학적 관찰에 따르면, 은하계들이 무리 지어 모여 있으며, 그 각각에 수백억 개의 별들이 있고, 그런 무리가 시공간에 균등하게 분포되어 있다. 게다가, 1920년대에, 에드윈 허블은 이 별들의 빛이 적색 편이(red shift)되어 있음을 밝혀냈고, 많은 토론 끝에 이에 대한 지배적인 해석은 은하계 성단들이 우리로부터 멀어지고 있으며, 서로 간에 멀어지고 있다는 것이다. 그 뒤에도 끝없는 논란이 있었음에도 불구하고, 이 시대를 우주의 팽창이 발견된 시대로 간주하는 것이 합리적일 것이다![20]

이것은 충격적인 사실이다. 현대 우주론은 우주를 130–150억 년 전 시작점으로부터 진화하는 역사적인 것으로 묘사하고 있다. 게다가 그 팽창은 감소되고 있다. 닫혀 있는 유한한 모형이 옳다면, 우주가 최대 크기에 도달할 때까지 그러한 감소는 지속될 것이다. 그 후 수축이 시작되어 우주가 지금으로부터 대략 500–1000억 년에 다시 임의의 작은 것으로 될 때까지 지속될 것이다. 그러나 최근 대부분 근거가 제시하는 대로 우주가 열려 있고 무한히 크다면, 우주는 영원히 팽창할 것이고 점차 차가워지며, 더욱 묽어질 것이다.

이제 나는 창조 신학에 대한 빅뱅 우주론의 함의를 끄집어내도록 시도할 것이다. 다음 세 가지 질문을 제기하면서 그렇게 할 것이다. (1) 시작은 무엇인가? (2) 우주는 유한한가? (3) 우주는 필연적인가?

4. 창조 신학에 대한 함의

A. "처음에는"?

"중력에 의한 붕괴는 물리학으로 하여금 전에 없던 가장 큰 위기에 직면하게 하였다. 문제가 되는 것은 물질만의 운명이 아니라 우주 자체의 운명이다."[21]

많은 사람들에게, 표준 빅뱅 우주론의 가장 심오한 주장은 시간이 0$(t=0)$이었을 때에 우주의 절대 시작이 있었음을 발견한 것이다. 과학 내에서 이러한 주장은 여러 가지 이유로 매우 심각하게 받아들여진다. 1) 시간이 0$(t=0)$일 때에 특이점으로 접근하게 되면, 중력, 밀도, 그리고 온도 등이 무제한으로 상승한다. 2) 이런 모형들에서 "t=0"는 움직일 수 없는 수학적 특징이다.[22] 3) 결국, 이런 모형들은 거대한 설명력을 가지고 있다. 이런 모형들은 어떤 통합된 틀을 제시하는데, 이 틀은 진화 생물학, 물리화학, 지질학, 태양 물리학, 은하 천체 물리학, 우주 내 원소들의 상대적 분포, 그리고 물리 과학의 다른 이질적 영역들의 결과들을 일치된 틀 안으로 함께 연결시킨다. 연구되고 있는 각 시스템의 시대가 적절히 둥지를 튼다. 지구의 지질학적 시대는 태양의 시대와 일치한다. 물리적 우주론은 하나의 통합된 해석적 시나리오를 제공하는데 그것을 통해 우주는 배아기의 불덩이로부터 현재의 구성 요소로 발달했다. 우주의 가장 초기 시대 온도로 되돌아 투사될 때, 고에너지 물리학의 최근 연구는 모든 근본적 물리학에 대한 더욱더 통합된 시나리오를 제안하는 것이다. 4) 물리학은 중력, 온도, 밀도가 무한하게 되는 시간이 0$(t=0)$ 이전에 무엇이 있었는지에 대해 추측할 여지를 거의 주지 못한다. 존재하는 모든 것은 최초 시작점에 있던 초기 조건의 결과로 여겨진다. 최초 시작점은 이런 모형 내에서 물리적으로 선례 혹은 원인이 없다. 따라서 그것은 과학의 영역을 벗어난 듯하다. 이 때문에, 많은 물리학자들에게, 현대 우주론의 당혹스러운 점은 외양상 물질을 영구적으로 만들 수 없다는 것이다. 그렇다면, 초기 특이점에 대하여 우리는 무엇을 생각해야 하는가? 신학이 어떤 방식으로든 동원되어야 하는가?

놀랍게도, 몇몇 세속주의자들은 직접적인 종교적 의미를 "t=0"에 귀속시킨다. 뉴욕 타임스 1978년 6월 판에는, "신을 발견했다?"라는 제하의 글이 실렸다. 나사의 로버트 재스트로의 글이며, 그는 공개적인 불가지론자였다. 여기서 재스트로는 "천문학적 근거가 창세기의 성경적 견해에로 인도하기" 때문에 신학자들이 즐거워할 것이라고 했다. 이 글은 사면초가에 몰린 과학자를 서술하면서 끝나는데, 악몽을 꾸면서, 발견의 최고 정점으로 올라간 다음 과학자는 일군의 신학자들이 거기에 있음을 발견한다. "그들은 이미 수 세기 동안 그곳에 앉아 있었다."[23] 나는 최근 그가 이 주제에 대해 이야기하는 것을 들었다. 불가지론자임을 주장하면서도 그는 재고의 여지 없이 "t=0"의 종교적 중요성을 주장하고 있는 것이다. 그것은 과학의 범위를 벗어났으며 어떤 창조주에로 인도한다.

더욱 미묘하지만 강력한 긍정적인 반응이 1951년 바티칸으로부터 있었다. 교황청 과학 아카데미에서 행한 연설에서 교황 비오 12세는 신의 창조에 대한 신학적 확신과 '완전히 일치하는' 천문학적 근거를 밝힌 우주과학자들을 격려하였다. 문서 전체 안에서 "절대적 증거"에 대한 주장을 떼어 냈지만, 칭찬의 마지막 부분에서 교황은 이렇게 결론을 냈다. "따라서, 물리적 증거의 특징인 구체성을 띠면서, 천문학적 근거는 우주의 우발성을 확인했고 또한 우주가 창조주의 손에서 나온 시기에 대하여 기초가 잘 된 추론을 확인했다. 따라서 신은 존재한다."[24] 보수적인 개신교 진영도 또한 빅뱅 우주론을 창조 교리에 대한 역사적 해석을 지지하는 것으로서 환영했다.

반면에, 이러한 신학적 함축에 대한 많은 비평이 과학뿐 아니라 종교 진영에서도 일어났다. 우리는 로마 가톨릭 우주론자이며, 현대 우주론의 중요 개척자인 르메트르 신부를 생각한다. 그는 우주론의 신학적 의미에 대한 교황의 지지를 부인했다. 많은 다른 과학자들이 시간이 0(t=0)이었을 때에 대한 종교적 함의를 거부했고, 심지어는 이러한 함축 때문에 빅뱅 우주론 자체의 과학적 위상에 도전했다. 이 중 유명한 인물이 프레드 호일인데 그는 정확히 이런 이유로 대안적 모형을 구성하는 데 협력했다. 그의 정상 상태 모형에서 우주는 무한한 과거가 있고 영원히 팽창한다. 그러한 그 이론의 예측은 물질이 시간이 지나면서 우주의 밀도가 일정하게 유지되도록 정당한 시간에 "쏙쏙 나타나서" 존재하게 되고, 우주 밀도를 일정하게 유지하기 때문에, 이것을 흔히 (아이러니하게!) "계속 창조" 모형이라고들 부른다. 이 이론은 결국 빅뱅 이론을 강력히 지지하는 마이크로파 배경 복사(microwave background radiation)가 발견된 후에 폐기되었다. 그럼에도 불구하고, 어떤 과학적으로 용인될 수 있는 대체 우주론이 가능하다는 사실은 우리로 하여금 우주론(빅뱅 또는 정상 상태 우주론)을 그 입장이 유신론적이든 프레드 호일처럼 무신론적이든, 어떤 신학적 입장을 직접 지지하기 위해 사용하는 것에 조심하게 한다.

과연, 우리는 과학이 생성하는 물리적 우주론이 어떤 것이든, 그것이 하나의 최초 특이점이 없다는 우주론이거나 유한한 나이를 가진 우주론이거나 모두 포함해서, 적어도 모든 것이 존재론적으로 신에게 의존한다고 주장하는 그리스도교 창조 전통의 핵심에 부합한다는 접근을 신학 안에서 취할 수 있다. 신정통주의적, 실존주의적, 그리고 자유주의 신학은 열정적으로 타협 없이 과학과 종교를 근본적으로 나누고, 종교 교리를 세속적 우주론으로부터 완전히 독립시키려는 입장을 취한다. 우리는 현대 신학에서 이러한 입장의 전반적인 힘을 파악하기 위해서 칼 바르트와 폴 틸리히에 대해 생각할 필요가 있다. 그러한 분리는 자연스럽게 많은 과학 전문가 사회에서도 옹호되고 있는데, 명망 있는 미국 과학 학회도 포함된다.

물론, 조심해야 할 깊이 있는 철학적, 과학적 근거들이 있다. 과학 방법은 결정론적이든(극단적 예로, 라플라스), 통계적이든(수학적이거나 물리적 이유에서) 인과론적 설명에 근거하고 있다. 이런 관점에서, "t=0"은 결코 물리적 상태를 지시할 수 없으며, 기껏해야 이론에서 수학적 한계를 표출하고 있고, 이를 대체할 새로운 우주론이 필요하다는 것을 제안하고 있다. 과연, 뉴턴의 우주론은 아인슈타인의 우주론에 자리를 내주었고 후자는 또다시 결국 다른 것으로 대체될 것이다. 왜냐하면, 후자는 미세 물리학, 즉 양자 효과를 고려하고 있지 않기 때문이다. 동질성과 등방성(isotropy)과 같은 우리 우주의 많은 "설명 불가능한" 모습들을 해명하고 있는 급팽창(inflationary) 우주론에 대해 이미 연구 중이다. 이 장에서 양자 물리학에 대해 광범위하게 언급할 수는 없지만, 분명히 우주론에서 양자 효과는 정확히 우주의 초기 순간에, "t=0" 근처에서 아주 중요했을 것이다. 왜냐하면 그 시기에 우주의 크기는 아주 미세하였기 때문이다. 양자 중력에서 영향을 받은 새로운 우주 모형들은 "튀어 오름"(bounce)을 예측하는가? 그래서 이미 무한히 오래되었으나 미래에도 무한 조합의 진동을 하게 될 "진동하는"(oscillating) 우주를 예측하는가? 우리의 현재 관점이 근본적으로 바뀔 수 있다면, 현재 우주론에서 그런 변화 후에도 살아남게 될 것은 무엇인가? 우리는 앞에 놓여 있는 것이 무엇인지 어떻게 알 수 있을까?[25]

다른 대안으로서, 우리가 "t=0"이 종교적 중요성을 가지고 있다고 규정한다면, 동일한 그 모형이 가지고 있는 다른 놀라운 모습들을 어떻게 간단히 무시할 수 있을까? 우주가 열린 빅뱅 모형으로 설명될 수 있다면, 우리는 무한한 미래를 다루지 않아야만 하는가? 그러한 모형은 우주의 크기를 무한하게 하고 있다. 이것은 신의 교리나 종말론 같은 다른 신학적 주제들에 대해 무엇을 하고 있는가?(그림 1.1을 보시오) 만약 우리가 신학적 전망에 알맞은 것을 선택하고 그에 반하는 것을 무시하면서 사실에 따라 선택하고

고른다면, 우리는 매우 거북한 위치에 놓일 것이다.[26]

	시간(과거)	시간(미래)	공간
닫힌 모형	유한	유한	유한
열린 모형	유한	무한	무한

그림 1.1 가장 단순한 빅뱅 모형에서 유한과 무한

그래서 주의하는 것이 명백히 적절한 것이다. 그럼에도 불구하고, 우리는 여전히, 과학적 결과들과 신학적 주장 사이의 긍정적 관계를 찾으려는 유혹을 받는다. 노틀담대학의 철학자 어난 맥멀린은 무엇이 두 극단 사이에 좁은 길이 될 수 있는지 제안한다. 그는 우리가 "세계관의 일관성"을 지향해야 하며, 그 안에서 신학과 과학이 이 세계관을 위하여 기여하는 데 있어서 공명할지라도 이 공명은 언제나 약간 편이("slight shift")된다는 것이다. 궁극적인 시작의 문제에 적용하여 그는 이런 결론을 내었다.

"그러나 우리가 말할 수 있는 것은, 만약 창조주의 행위를 통해 우주가 시간 내에서 시작했다면, 우리의 관점에서 그 우주는 현재 우주론자들이 논의하고 있는 빅뱅 같은 어떤 것으로 보일 것이라는 것이다. 우리가 말할 수 없는 것은 우선적으로, 그리스도교 창조 교리는 빅뱅 모형을 '지지한다' 거나, 둘째로 빅뱅 모형이 창조 교리를 '지지한다'는 것이다."[27]

우리가 공명에 관한 맥멀린의 입장을 일반화시킬 수 있을까? 이어지는 글에서 나는 우주와 창조에 대한 몇몇 잠정적 가설을 시도함으로써 그 입장을 일반화시키려 할 것이다. 첫 단계는 아인슈타인의 이론의 시공간 특성의 관점에서 t=0의 문제를 재구성하는 것이다.

B. 우주는 유한한가?

시간이 0(t=0)일 때에 우주가 시작했다는 개념은 유한성의 더 일반화된 개념의 단지 한 측면일 뿐이다. 그 나이에 관련하여 우리는 우주가 크기에서 유한한지 무한한지, 그리고 그것이 영원히 갈 것인지 아니면 어느 날 끝날 것인지에 대해 물을 수 있다.

물론 우리는 우주의 이런 혹은 저런 모형 안에서 그와 같은 질문에 답할 수 있다. 어떤 자료도 우주의 나이, 크기, 미래에 대하여 한목소리의 대답을 하도록 강요할 만큼 충분하지 않다. 표준 빅뱅 모형들에 의해 제공되는 두 가지 선택사항 중에서 대부분의 과학자들은 현재 자료는 우주의 경계가 약간 열려 있는 것으로 보여 준다고 믿고 있지만, 많은 이들은 아직도 우주가 이론적인 이유로 닫혀 있는 것으로 되기를 기대하고 있다. 이러한 결론은 우주의 물질의 평균 밀도에 대한 측정에 근거하고 있는데, 그 측정은 은하단의 관찰, 암흑 물질의 측정 등으로부터 나오며, 또한 뉴트리노와 같은 일부 기본 입자들이 질량이 없다는 점과 다른 요인들을 전제하는 데서 온다. 이렇다면, 우주는 이미 크기가 무한하고 영원히 팽창할 것이다. 만약 뉴트리노가 알고 보니 질량을 가지고 있다면, 우주는 아마도 닫히게 될 것이다. 분명히, 이 주제가 완결되는 것은 아주 멀었다!

그러나 시공간의 관점에서, 우주의 크기나 유한성은 더더욱 흥미롭지만 규정하기 힘든 개념이 되는데, 공간과 시간이 실제로는 4차원적 "대상"[28]에 대한 방향성과 같기 때문이다. 이러한 견해로부터 우리는 시공간이 사방으로 무한히 펼쳐지는지, 아니면 어떤 방향으로 모서리가 있는지, 다른 것을 따라 공과 같은 자신에게로 부드럽게 접혀져 돌아오고 있는지 물을 수 있다. 닫힌 우주는 공간적으로 유한하며, 과거가 유한하고 미래도 유한하기 때문에 닫힌 우주는 시공간 모형으로서 동질적인 것으로 혹은 엄밀하게 유한한 것으로 구분될 수 있다. 그 공간 면들은 부드러운 구형들이고 크기가 유한하며 가장자리가 없으나, 유한한 과거로 다시 돌아가거나, 유한한 미래로 나아가는 것이어서, 우리는 하나의 특이점에 도달하고 그 특이점의 구조는 적어도 어떤 수학적 표현에서는 모서리와 같다. 따라서 그 유한성은 대가를 치르고 얻어진다. 즉, 존 아키발트 휠러에 의하면, 그 본질적 특이점은 물리학이 지금까지 직면한 가장 커다란 위기를 야기한다.[29]

이상하긴 하더라도, 열린 모형은 무한성에 대해 더더욱 흥미로운 역설적 상황을 야기한다. 이런 모형에서 우주는 공간적으로 무한하며, 그 미래도 무한하다. 그러나 닫힌 모형에서처럼 그 과거는 유한하다. 따라서 시공간 모형에서 그것은 유한함과 무한한 특징을 함께 드러내면 이질적이거나 혼합적이다(그림 1.1을 보시오).

만약 우리가 아인슈타인의 일반 상대성 방정식을 변형시켜, 그가 ∧(람다; lambda)라는 기호로 표현한 소위 우주 상수를 포함시킨다면, 실제로 이론적 우주론은 여전히 다른 가능한 유한과 무한의 조합들을 포함하게 된다. 이 상수는 본래 아인슈타인이 도입한 것인데, 그 이유는 그의 초기 계산들은 우주의 아주 단순한 모형들조차도 시간 의존적임을 보여 주었고 그가 받아들일 수 없는 팽창하거나 수축하는 양상이었기 때문이었다. 우주가 실제로 팽창한다는 것을 알려 주는 먼 은하계의 적색편이가 발견된 뒤에야, 그는 그 우주 상수를 철회했다. 그러나 최근 많은 이론가들이 초기 우주에 대한 기술적 문제들 때문에 이 상수가 다시 포함되어야 함을 주장하고 있다.

만약 우리가 우주 상수로서 영이 아닌 값을 사용한다면, 일반 상대성은 7가지 이론적 모형들을 허용한다. 표 1.1에 요약되었듯이 이러한 모형들은 과거, 미래, 우주의 크기에 무한성을 어떻게 부여하는가에 따라 분류된다.

여기서 유형 I(닫힌)과 유형 V(열린)는 표준 빅뱅 모형들(0의 람다 값을 가지는)이다. 유형 II(닫힌 망설이는(hesitation) 우주), 유형 III(닫힌 수축하는 우주, 유형 II의 시간적 역전된 것), 유형 IV(닫힌 회전된(turnaround) 우주) 등은 플러스 람다 값을 갖는 닫힌 모형 유형 I의 확장들이다. 유형 VI(유형 V의 수축하는 시간 역전된 버전이다), 유형 VII은 영이 아닌 람다 값을 갖는 열린 모형의 확장들이다. 유형 I을 제외한 이 모든 유형들은 이질적이다. 흥미롭게도, 우리가 하나의 동질적인 유한한 모형을 가질 수 있지만, 프레드 호일의 정상 상태 모형(여기서는 유형 VIII로 표현된다)과 같은 동질적 무한한 모형은 표준 일반 상대성 이론에서는 가능하지 않다.[30]

이런 모형들의 내력은 뚜렷하다. 이들은 20세기 물리학의 지배적인 패러다임에서 나왔다. 우리에게 이들의 가치는 그 모형들이 지배적인 과학 패러다임의 틀 내에서 유한함과 무한함에 대한 일련의 수학적으로 일관성 있는 표현들을 제공한다는 점에 있다. 물론 우리가 살고 있는 우주의 종류에 대하여 그 모형들이 제안하는 근본적인 차이점들은 우리로 하여금 우주론으로부터의 신학적 결론을 도출하려는 시도를 포기하도록 이끌 수 있다. 게다가, 이러한 모형들의 대부분이 경험적 근거에서 거부되었기 때문에, 우리는 그러한 것들이 오늘날 신학과 과학에게는 무관하다고 이의를 제기할 수 있다.

그러나 우리의 목표를 위해 중요한 것은 어떤 특별한 모형에 대한 현재의 경험적 상태가 아니다. 왜냐하면, 그러한 모형은 끊임없이 변할 것이기 때문이다. 대신에 일련의 최근의 역사적 모형들을 조사하는 것의 이점은 거기서 얻어진 교훈이 오늘날 우리의 최전선에 놓인 훨씬 복잡한 문제들을 다루는 데 도움이 될지 모른다는 것이다. 역시 여기에도 많은 경쟁적인 모형들이 있지만, 우리는 현재 경합 모형들 중에서 약한 후보 모형을 제거하는 데 사용될 내일의 가늠자를 가지고 있지 않다. 게다가 신학을 위한 가장 적절한 요인은 우세한 모형의 정확한 특성이 아니라 한 시점에서 경합 중인 모든 모형들의 특징이 되는 좀 더 일반적 어떤 것에 관련되는 것이다. 달리 말하자면, 내 견해에 의하면, 우리는 우주론의 t=0, 시간적 유한성, 또는, 어떤 다른 개별적 양상과 신학 사이에 직접적 관계를 기대하지 않아야 하는 반면, 더욱 추상적이고 일반적인 수준에서 작동하는 우발성과 같은 개념은 창조 신학과 과학적 우주론을 관련시키는 공동된 틀을 제시할 수 있다. 따라서 우리가 고찰하고 있는 아인슈타인 모형들은, 우발성의 요소를 통해, 신학과의 공명에 관한 풍요로운 요소들을 제공할 수 있는 어떤 것, 그리고 우리가 미래를 향해서 움직이고 현재의 지평을 넘어서는 새로운 우주론을 발견하는 때라도 계속 공명할 수 있는 어떤 것을 공유한다고 내가 제안하고자 한다.

표1.1 유한과 무한 양상을 가진 우주론들

유형	시간	시간	공간	우주론적 상수	유형
I	유한	유한	유한	0	닫힌 표준 모형
II	유한	무한	유한	+	닫힌 망설이는 모형
III	무한	유한	유한	+	닫힌
IV	무한	무한	유한	+	닫힌 회전된 모형
V	유한	무한	무한	0, +	열린 표준 모형
VI	무한	유한	무한	0, +	열린
VII	유한	유한	무한	−	열린
VIII	무한	무한	무한	−	열린 "정상 상태 모형"

시간적 내지 공간적 무한성에 따라서 구분된 8개 유형의 우주론적 모형.
I–VII은 아인슈타인의 일반 상대성과 일치한다(만약 우리가 어떤 경우에 0이 아닌 우주 상수 람다를 포함한다면). VIII 유형과 특수 사례 V 유형은(각주 25를 보시오) 프레드 호일의 정상 상태 우주론에서 발견되는 동질적 무한성의 종류를 대표한다.[31]

이러한 정신으로 나는 첫 번째 연구 가설을 제안할 것이다. *주어진 하나의 우주 모형에서 우발성의 특별한 요소들은 창조가 우발적이라는 신학적*

주장을 해석하고 또한 제한하기도 한다. 우리는 이 가설을 하나의 구체적 질문을 통하여 검증할 것이다. 유한함이 우발성의 요소라면, 그 다양한 유형의 우주론들은 유한성의 시간적 물리적 의미를 어떻게 해석할 것인가? 어떠한 종류의 거래가 이 의미들을 제한할 것인가?

이것을 좀 더 풀기 위해, 유한한 창조에 대한 신학적 주장의 근사치(correlate)인 유한한 과거의 개념을 가지고 시작하자. 맥멀린의 논증을 상기하자. 우리가 "우주는 창조주의 활동을 통해 시간 안에서 시작되었다"고 주장한다면, 그리고 우리가 표준 빅뱅 우주론 안에서 작업한다면, 그러한 유한한 과거는 신의 창조에 대해 풍부한 해석을 제공하게 될 것이다. 혹은 그가 말한 것처럼, "우리의 관점에서 (우주는) 우주론자들이 지금 이야기하는 빅뱅과 같은 어떤 것으로 보일 것이다".

그러나 우리의 우주 모형들을 면밀히 살펴보면, 과거를 유한한 것으로 묘사하는 모형이 하나가 아니라 네 개임을 발견하게 된다. 즉, 유형 I, II, V, VII 등이다. *유한한 과거에 관한 한 이 모형들의 가치는 대등하다.* 즉, 맥멀린의 표현대로, 이들은 모두 "우주학자들이 이야기하는 빅뱅과 같은 어떤 것으로 보이게 되는" 것이다. 그러나 이들이 묘사하는 미래의 종류는 두 가지를 포함한다. 유한한 미래(I, VII), 무한한 미래(II, V)이다. 유사하게 공간의 크기도 유한한 공간(I, II)과 무한한 공간(V, VII) 두 가지를 포함한다. (그것들은 역시 우주 상수 람다에 의해 변화된다. 사실, 깊은 수학적 의미에서 이 상수가 그러한 변화들을 설명하는 것이다.)

다른 대안으로서 우리는 신학적 유한성과 우발성의 근사치인 "유한한 크기"의 요구사항을 가지고 시작할 수 있다. 이제 우리는 다른 조합의 적절한 모형 I, II, III, 그리고 IV 등을 발견하게 된다. 게다가 이 경우, 우리는 시간의 유한성을 보장할 수 없는데, 이런 모형 중 어떤 것들은 시간적 무한성을 포함하기 때문이다. (II, 유한한 미래, IV, 무한한 과거와 미래) 그림 1.2는 이 결과를 요약하고 있다.[32]

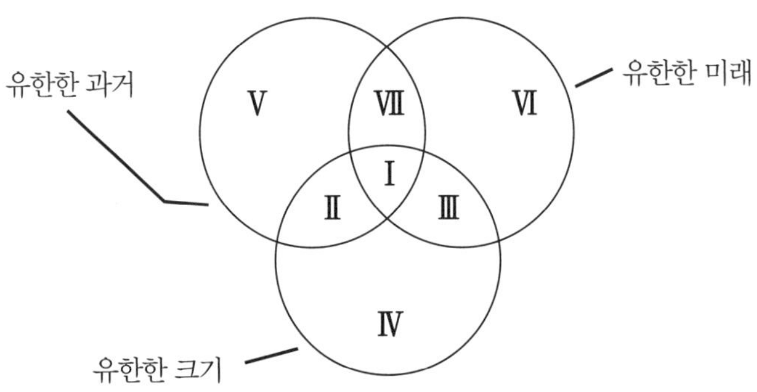

그림 1.2 : 벤(Venn) 도식을 사용하는 표 1.1의 결과

이 그림에서 원들은 유한 과거, 유한 미래, 그리고 유한 공간 등을 표현하고 있다. 모형들은 그들의 유한한 속성들을 나타내는 지역 내에 놓이게 된다. 여기서 유형 I은 동질적으로 유한해서 모든 세 개의 원들의 교차 지역에 놓이게 된다. 유형 II, III, VII은 두 측면에서 유한한데, 예를 들면, 유형 VII은 과거와 미래 두 측면에서 유한하며 그래서 위쪽 두 원의 공통 지역에 위치하며 아래쪽 한 원으로부터 벗어나 있다. 유형 V, VI, IV는 오직 한 측면에서 유한하다.

이 분석이 제안하는 바는 우리가 우발성을 유한한 것처럼 느슨하게 규정된 어떤 것과 동일시할 수 없다는 것이다. 우리는 창조물이 유한하다는 주장과 또는 유한함이 우발성의 징표라는 주장으로써 무엇을 의미하는 것인지 좀 더 구체화할 필요가 있다. 게다가, 우리가 유한함으로써 의미하는 바를 시간과 공간의 관점에서 구체화시킬 때, 현대 우주론은 우리의 용어를 해석하기도 하고 제한하기도 한다. 현대 우주론은 유한함에 대해 시간적 공간적 해석들을 받아들이지만, 시간적 그리고 공간적 유한함의 관점에서 우주가 우발적이라고 할 수 없음을 보여 줌으로써 그런 해석을 제한한다. 유일한 예외는 완전한 유한한 모형인 유형 I이다. 만약 우리가 우발성을 오로지 유형 I을 가진 유한함과 같은 것으로 조치한다면, 우리는 창조 신학을 특별한 물리 모형에 얽어매는 영원한 위험에 빠지게 되며, 우리가 우발성의 수준으로 추상화함으로써 그러한 결과를 피하기 위해 노력해 왔다.

따라서 우리가 유형 I과 같은 구체적 우주론과 신학 용어의 특별한 해석들 사이에 직접적인 연계를 피하려 한다면, 신학적 주장과 과학적 주장들 간의 일정 정도의 공명뿐 아니라 불협화를 허용해야 한다. 예를 들면, 우주는 어떤 면에서 유한할 뿐 아니라 무한하다. 그래서, 우리는 맥멀린의 제안을 확장해서 공명을 좀 더 조심스럽게 규정해야 한다. 우리는 과거 시간의 관점에서 공명을 찾을 수 있다. 그래서 우주론자들이 현재 말하고 있는 빅뱅은 창조주가 시간의 시작점에서 행동했다는 것을 의미하는 유한성에 대한 신학적 개념의 근사치로서 간주될 것이다. 그러나 우리는 반드시 우주의 미래나 크기가 신학적 유한성의 개념과 유사한 일치를 보여 줄 것을 예상할 수는 없다. 요약하자면, *우리는 과거에 대해서는 공명의 가능성을, 미래와 크기에 대해서는 불협화를, 또는 미래에 대해서는 공명의 가능성을, 과거와 크기 등에 대해서는 불협화의 가능성을 받아들여야 한다.*

단지 공명만 아니라 불협화의 외관이 우리로 하여금 신학과 과학을 건설적으로 연결하려는 우리의 목적을 포기하게 하는가? 내 답은 "아니다"이다. 대신에 나는 공명과 불협화 양자의 실현을 이러한 관계의 긍정적인 측면으로 본다. 그 관계의 풍요로움은 그것을 거대 인식론적 원칙이라고 뼈대를 만듦으로써 가장 잘 인식될 수 있다. *더욱 추상적인 개념들에 대한 신학적 모형과 과학적 모형들을 비교할 때에, 신학적 모형과 과학적 모형들의 일부 특성들 간의 약간의 일치가 있지만, 우리는 모든 그러한 특징들 간에 동시적인 일치를 기대할 수는 없다.* 일치(공명)뿐 아니라 모순(불협화)도 유익한 것이다. 모순이 없다면, 우리는 환원주의나 우상 숭배로 나아가게 될 것이다.[33] 물론, 일치가 없다면, 우리는 완전히 구획으로 갈라진 언어 게임으로 빠지고, 우리가 극복하려고 시도했던 합리성의 교차되지 않는 영역으로 되돌아가게 될 것이다. 이제 방법은 공명과 불협화 사이의 적절한 균형을 찾는 것이다.

C. 인류 원리(미세조율)

시간이 0이라는 것(t=0)과 유한성이 일종의 우발성으로 인도하는 것처럼, 우주 안에 어떤 것도 충분히 자기 충족적이거나 절대 필연적인 것이 아니라는 생각도 그렇게 한다. 폴 틸리히가 말한 것처럼, "인간은 피조물이다. 그의 존재는 우발적이다. 피조물은 스스로 필연성을 갖지 않는다. 따라서 인간은 자신이 비존재의 먹이라는 것을 깨달아야 한다".[34]

만약 우리가 이런 형태의 우발성을 일반화하고 우주를 전체로서 생각한다면, 다음과 같은 질문에 도달한다. 왜 우주는 존재하고 정확히 왜 지금 존재하는 바로 그런 방식으로 존재하는가? 상황은 다를 수 있지 않았는가?[35] 창조 전통으로부터 나오는 신학의 반응은 모든 창조물의 절대 의존성과는 아주 구별되는 신은 자존하고(aseity) 자유롭다고 단언해 왔다. 다시 말하면, 교회는 이렇게 주장한다. 어떤 것도 전혀 존재할 필요가 없기 때문에, 우주는 존재론적으로 우발적이고, 또한 우주가 존재하는 그 특별한 방식도 임의적이기 때문에 우주는 실존적으로 우발적이다. 전통적으로 이것보다 못한 어떤 주장은 신만이 필수적이고 자유로운 창조주라는 주장을 훼손시키는 듯 보일 수 있다.

이러한 입장 뒤의 합의는 최근 세계교회회의의 문서(1975년경)에서 강조되고 있다. "아무것도, 심지어 공간, 시간, 물질 혹은 물리학의 법칙들조차도 스스로 설명력이 없다. 이 점이 상상할 수 있는 가장 근본적인 우발성이다. 우주는 전혀 존재할 필요가 없었다. 그러한 질문은 과학 안에서는 답을 찾지 못한다. 그러한 사색은 어떤 종류의 종교적 탐구에로 이르게 한다."

그러나 이러한 질문은 전적으로 과학 영역 밖에 존재하는가? 놀랍게도 이에 대한 답은 현대 우주론이 이런 주제를 다루고 있다고 보이며, 정확히는 세계적 우발성의 존재론적, 실존론적 차원 위에다 새로운 과학적 전망을 접목함으로써 그렇게 하고 있다는 것이다. 우리 우주의 별들과 은하들의 상상할 수 없이 광대함과 복잡함에도 불구하고, 전체로서의 우주는 어떤 전체적 단순성과 통일된 양상을 포함하고 있는 듯 보이고, 우리는 우리의 우주를 다른 이론적으로 가능한 우주들과 구분하고 비교하기 위해 이러한 양상들을 이용할 수 있다. 그렇다면, 우리는 이런 질문을 할 수 있다. 우리 우주의 이러한 전반적 양상은 임의적인가? 또는 그러한 양상들이 그러해야 되는 근본적인 이유가 있는가? 아마도 우리 우주의 실재의 존재는 그 자신만의 특별한 전반적 특징과 연결되어 있을 것이다!

우선 우리는 우리 우주 전체의 특징을 규정하는 방식을 찾아야 한다. 그런 다음에, 우리는 대안적 우주들이 무엇과 비슷할 것인지 찾아야 한다. 물리 법칙들 안에 흩어져 있는 기본 상수들이 있음이 드러났으며, 그러한 상수들은 전체로서 자연의 가장 일반적인 양상을 결정하고 자연 안에 숨겨진 연결을 결정하는 데 있어서 독특한 역할을 한다.[36] 여기에는 플랑크의 상수, 광속, 전자의 전하, 양성자 및 전자 질량, 중력 상수, 허블 상수 등이 포함된다. 이 기본 상수들의 몇몇 간단한 조합으로 우리는 우주의 대부분의 전체 양상의 특징을 규정할 수 있다. 따라서 우발성에 대한 질문에 접근하는 한 가지 방법은 이 상수들의 값이 왜 그러한가를 묻는 것이다.

놀랍게도 답은 우리 우주는 그 안에서 생명체가 진화한 하나의 우주라는 사실과 관계있다. 최근 저작물에 널리 퍼진 소위 "인류 원리"는 1974년 최초로 브랜든 카터에 의해 발전되었다.[37] 이 원리에 따르면, 자연의 기본 상수들은 다음과 같아야 한다. "우리가 관찰할 것으로 예상하는 것은 관찰자로서 우리의 존재를 위한 필수 조건들에 한정되어야 한다. … 이 우주는 어떤 단계에 가서 자기 안에 관찰자의 창조를 받아들일 수 있어야 한다." 그래서, 이런 점이 이미 언급한 그런 물리 상수들에게 매우 엄격한 제한들을 두는 것이다.[38]

이 주장을 알아보기 위해, c_1, c_2, c_3 등의 물리 상수들의 값의 범위를 생각해 보자. 이 값들 가운데 어떤 것이 원칙적으로 생명체를, 적어도 우리가 알고 있는 그런 생명체를 생산할 수 있는 우주의 특징을 규정할 것인가? 카터는 단지 그런 값들의 아주 작은 조합들만이 생명체를 언젠가 생산할 수 있을 것이라고 주장한다. 예를 들면, 우주의 나이는 별의 진화 속도, 주변 공간으로 무거운 원소들을 쏟아내는 별과 신성(novas, 新星)들의 무거운 원소들의 생산, 제2세대의 별과 행성들의 탄생, 이 행성들에서 생명체의 진화 등의 조건들과 합치해야 한다. 따라서 훨씬 젊은 우주는 아직 생명체를 생산하지 못했을 것이고, 훨씬 늙은 우주는 황량하고 차갑게 된 지 오래되었을 것이다. 이제 이런 모든 현상들은 물리 상수들에 의존하고 있는데 이 상수 값들은 특별한 값 $\triangle C1$, $\triangle C2$ 근처의 아주 좁은 범위 내에 놓이게 된다(그림 1–3a). 따라서 우리 우주의 특징을 규정하는 상수 값들은 점선이 교차하는 작은 면적 안에 있어야만 한다. 이런 의미에서 우리 우주는 생명체를 위해 "미세―조율된"(fine–tuned) 것이다. 아마도, 악이 존재함에도 불구하고 우리 우주가 가능한 모든 세상들 중의 최선이라는 라이프니츠의 주장은 옳다. 인류 원리가 옳다면, 우리 우주가 도대체 생명체가 가능한 유일한 우주이기 때문이다. 프리만 다이슨은 그의 자서전, 『우주를 뒤흔들기』에서 경이로운 구절을 서술했다. "내가 우주를 조사하고 그 구조를 자세히 연구하면 할수록, 어떤 면에서 우주는 우리가 올 것을 미리 알고 있었다는 더 많은 근거를 발견하게 된다."[39]

그러한 "미세―조율"은 설계를 위한 새로운 주장을 하게 하는가? 생명체가 태초의 물질로부터 진화 과정을 거쳐 지구에서 생성되었다고 인정한다면, 즉, 과학의 영역에 의해 그리고 그 안에서 설명된 과정을 통해 이루어졌다고 한다면, 먼저 왜 그러한 과정이 출현했는가? 전체로서의 우주는 설계되었는가? 그리고 이것은 어떤 종류의 설계자를 제안하는가? 단도직입적으로 말해서, 신이 생명체가 그 안에서 진화할 수 있도록 이런 특별한 자연 상수들의 집합을 가지고 있는 이 우주를 무로부터 창조했는가? 신은 이 우주의 "미세-조율자"인가? (그림1.3b를 보시오.)

인류 원리는 생물학적 생명체를 가능하게 한 우리 우주의 물리학의 미세-조율을 가리킨다. 그림 1.3a는 자연 상수 c_1, c_2 값의 이론적 범위와 생명체를 가능하게 하는 이 제한들이 교차하는 좁은 면적을 보여 주고 있다. 왜 우리 우주는 이 값들과 일치하고 있는가? 한 가지 반응은 신이 미세-조율자라는 주장으로 끌어간다(그림 1.3b). 또 다른 반응은 여러 세계/여러 우주의 주장으로 이끌어 간다(그림 1.3c). 이들 간에 어떤 선택을 해야 하는가?

좀 더 전통적 형태의 자연 신학에서처럼, 신에게로 인도하는 일종의 일반화된 설계 주장을 만들 수 있는 하나의 흥미롭고 세련된 경우가 있다 하더라도, 나는 그런 경우를 여기서 만들고 싶지 않다.[40] 그 한 가지 이유는 시간=0($t=0$)의 문제처럼, 과학 안에서 인류 원리는 상당히 바뀌기 쉽기 때문이다. 그 주제에 관한 존 배로우와 프랭크 티플러의 대대적 연구에[41] 대한 비판적이며 종종 부정적 반응이 보여 주는 것처럼, 과학 안에서 그 지위는 극도로 논란적인 채로 남아 있다. 또 다른 이유는 설계-형태 주장은 좀처럼 의미 있는 신학적 유망한 광맥(pay-dirt)을 수반하지 못하기 때문이다. 왜냐하면, 그런 논증에서 드러나는 신이 창조주에 대한 성서적 증언과 관계되는지가 결코 분명하지 않기 때문이다. 예를 들면, 존 레슬리는 인류 원리로부터 신-플라톤적, 미학적/윤리적 신성 원리까지는 주장하고 있지만 신에 대한 성경적 개념에까지는 이르지 못하고 있다.[42]

그러나 우리는 다음의 두 관점 사이에 어느 정도의 공명을 발견할 수 있다. A) 한편으로는 과학과는 무관하게 성경, 전통, 그리고 종교적 경험에 있는 일차적 원천들에 의하여 얻어진 우리의 신학적 전망과, B) 다른 한편으로는 생물학적 존재에 대한 우리의 진화적 전망과 아울러 우주 전체에 대한 최근 드러나는 우주론적 전망이 그것이다. 그러한 우주론적 전망은 대부분의 물리학자들이 제시하는 설계에 대한 반박 논증들의 진가를 우선적으로 인정함으로써 나올 수 있다. 우리 우주가 생명체와 합치하는 유일

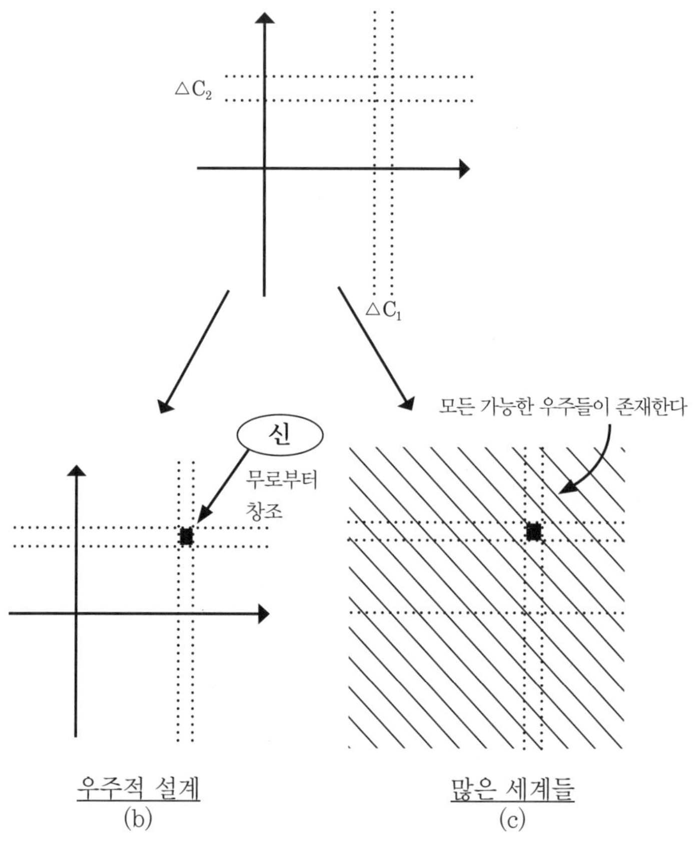

그림 1.3 : 인류 원리(미세 조율) 신이나 많은 세계에 관한 논증

한 우주일지 모른다고 인정한다 하더라도, 실재의 의문은 우리 우주가 진짜 유일한 실재 우주냐 하는 것이다. 액면 그대로 보면, 설계 논증은 유일한 실재 우주는 기적적으로 생명체에 부합하게 된 것이라고 가정하는 것처럼 보인다. 그러나 무한한 수의 우주들이 존재한다고 생각해 보자. 우리 우주가 유일한 실재 우주라면(그림 1.3c), 신에 대한 명백한 추론을 극복하기 위해 "다중 세계" 또는 "다중 우주" 시나리오들이 제안되었다. 예를 들면, 급

팽창 우주론들은 무수히 많은 "거품들"이 초기 우주 시대에 뿌려졌고 각 거품은 자신의 우주를 만든다고 제안하는 것이다. 사차원적이며 특별한 자연 상수들을 가지고 있는 우리의 거품 우주는 특별하고, 섬세하고 멋진 섬처럼, 사방으로 무수한 생명체가 없는 섬들의 바다에 의해 둘러싸여 있다. 그러나 모든 그런 우주가 존재한다고 생각해 보자. 이것이 설계와 우발성에 대해 의미하는 것은 무엇인가?[43]

내 견해로는 이러한 많은 세계 논증이 과학으로부터 지지를 받더라도, 설계 논증의 가치가 폄하되는 것은 아니다. 본질적으로 우리는 많은 세계 논증과 설계 논증 중 택일해야 할 필요는 없다. 그 대신에 설계 논증은 그 설계의 부분으로서 많은 세계 논쟁을 포함하는 일련의 메타 수준들에서 펼쳐질 수 있다. 이를 분명히 하기 위해, 우리는 설계 우발성의 일련의 수준들을 상상할 수 있다(그림 1.4).

수준 5:	???
수준 4:	???
수준 3:	상이한 논리 체계들; 같은 ???
수준 2:	상이한 물리 법칙; 같은 공식 논리
수준 1:	다양한 상수: 같은 물리 법칙들

그림 1.4 : 설계 우발성의 수준들

설계 우발성의 수준들은 가능한 모든 물리 법칙의 공간을 포함한다(그들 중, 우리의 우주와 그 법칙과 합치하는 모든 다른 우주들을 표현하는 우리의 법칙은 한 점이다); 모든 가능한 논리 체계들의 공간과 그 각자는 가능한 물리 법칙의 공간을 생산한다. 수준들의 순서는 설계자를 가리키는가? 각 수준은 설계되는가?

수준 1은 인류 원리의 표준 형태를 나타내며, 모든 가능한 우주들의 공간이다. 그 공간에서는 동일한 물리 법칙이 적용되지만, 상수들은 서로 다르다. 이 공간의 각 점은 하나의 가능한 우주이며, 이 공간의 다양한 영역들에는 생명체에 적합한 우주들이 있다. 만약 생명체에 적합한 상수들의 변동 폭에 대한 인류 원리 논증이 정해 주는 엄격한 한계들이 옳은 것이라면, 우리 우주는 겉보기에 사라져가는 작은 면적의 그런 영역 안에 있는 특별한 점으로 나타나게 된다.

수준 2는 첫 번째 메타 인류 원리로서, 모든 가능한 물리 법칙이 있는 공간이다. 이 공간의 각 점은 물리 법칙들의 특별한 조합을 나타낸다. 따라서 수준 1은 이 공간에서 특별한 점이고, 그 안에서 물리 법칙들은 우리의 우주를 지배하는 것들이다. 수준 2에서 각 점은 수준 1 형태의 공간이며, 그 형태의 물리 법칙에 일치하는 가능한 우주들의 무한한 조합이 있다.[44]

이제 수준 2에서 우리는 새로운 형태의 설계 논증을 거론할 수 있다. 그 새로운 형태의 설계 논증에서 신은 예시하기 위해 단지 어떤 자연 상수 값을 선택하는 것이 아니라, 그 전에 예시하기 위해 어떤 자연 법칙을 선택한다.

흥미롭게도 물리학자 짐 트레필은 이렇게 기술했다. "내 경우라면, 나는 세상을 한 조각 한 조각 힘들게 만들어야만 했던 구식의 신 개념보다는 우리의 경이로운 우주의 존재를 필수적이게 만드는 물리 법칙들을 고안하기에 충분히 영리한 신의 개념에 대하여 훨씬 더 편안하게 느낀다."[45]

우리는 좀 더 나아갈 수 있다. 수준 3은 메타 인류 원리의 다음 단계로서, 모든 공식적인 논리 체계의 공간이다. 이 공간의 각 점은 하나의 특별한 논리 형태를 나타낸다. 전통적인 두-가치 논리를 나타내는 점은 수준 2를 포함하는데, 왜냐하면, 모든 알려진 물리 법칙들은 이 논리 형식에 의해 지배되기 때문이다. 수준 3에서 다른 점들은 다중-가치 논리, 비분배적 논리 등을 나타낸다. 각 점들에는 가능한 물리 법칙의 무한한 수의 조합이 있고, 각 조합에는 자연 상수 값들이 서로 상이한 무한한 조합의 우주가 있다.

우리는 이처럼 수준 4, 5, 6 등으로 일반화시킬 수 있다. 표준 인류 원리의 이러한 일반화에 대해 흥미롭게 생각하는 것은 각 수준은 (설계로 인도하는) 우발성과 필연(많은-세계) 사이에 선택 사항을 포함한다는 것이다. 그러나 이제 다시 후자인 필연은 우발성과 필연 사이의 선택 사항을 가지고 있는 더 높은 수준으로 인도한다. 예를 들면, 수준 1을 생각해 보자. 여기서 우리는 표준 논증을 추구한다. 즉 우리 우주는 실재하는 유일한 우주라고 해서, 왜 이렇게 되어야만 하는 이유를 설명하기 위한 설계 유형 논증으로 이끌어 가든지, 아니면, 자연 상수 값에서는 다르지만, 동일한 물리 법칙과는 일치하는 모든 가능한 우주들이 존재한다고 가정하여(여러 세계 선택), 우리의 고독한 존재의 참신함을 배제시키든지 한 것이다.

그러나 이제 우리는 간단히 수준 2로 옮겨간다는 것에 주목해야 한다. 결국, 왜 수준 1을 지배하는 물리 법칙들이 있는 그대로여야 하는가? 수준 2에서 이 특별한 법칙들은 가능한 법칙들의 무한한 조합 중 하나이다. 그리고 우리는 다시 두 가지 선택 사항을 갖게 된다. 즉 그것들이 실재 법칙의 유일한 조합이어서, 그러한 것들을 설명하기 위해 설계 *논증이* 적용되어야만 하든지, 아니면 모든 가능한 법칙들이 유효해서, 그 각각은 수준 1 형태의 가능한 우주들의 자신만의 공간을 생성하든지 하게 된다.

만약 후자가 가정되어 수준 2의 우발성을 제거한다면, 우리는 수준 3으로 옮겨갈 수 있고, 거기서 이 법칙들의 조합들은 독특한 논리 형태의 실현이다. 다른 형태의 법칙들, 다른 형태의 상수들, 다른 형태의 우주들로 이끌어가는 다른 형태의 논리가 존재하는가? 아니면, 오직 한 종류의 논리만이 모든 가능한 우주들에서 실현되는가? 그렇다면 왜 그런가? 이런 방식으로 우리는 수준의 사다리를 옮겨 가서 각 수준에서 선택 사항을 발견할 수 있다. 즉, 하나의 주어진 수준에서 그 연속이 독특한 지점에서 끝나고 그 지점에서 우발성이 설계 논증의 근거로 기여하든지, 아니면 그 주어진 수준에서 여러 세계 상황이 인정되고, 그 수준에서 특별한 점의 우발성을 제거하지만, 다음 수준으로 옮겨 가고 동일한 선택 형태로 이끌어간다. 비록 수준들의 연속이 결코 끝나지 않는다고 하더라도, 연속 그 자체는 자기 형태의 설계 논증을 제시한다.

이런 특정한 연속이 유일하지 않다는 것을 아는 것이 중요하다. 서로 다른, 그러나 동등하게 유효한 연속이 구성될 수 있다. 예를 들면, 상수 값 이전에 우리가 물리 법칙들을 우선적으로 일반화하는 연속 말이다. 분명히, 특별한 연속 안에서의 수준들은 실제로는 자연으로부터의 연속적인 추상물들이 아니다. 왜냐하면 한 연속의 더 높은 수준들은 언제나 다른 연속의 더 낮은 수준들로서 나타날 수 있기 때문이다. 오히려, 수준들은 빅뱅 우주론과 같은 특별한 과학적 이론 내에서 우발성의 의미를 조직하기 위한 대안들이며, 물리적 우주 내에서 내재적인 우발성의 복합성에 대해 대안적 전망을 제공한다.

나는 이런 종류의 분석이 우리에게 창조 신학의 구성에 대해 두 가지를 말해 준다고 믿는다. 첫째, "사물이 존재하는 방식"에 대해 과학이 제공할 수 있는 설명이 아무리 강력해도, 설명되지 않는 요소가 남게 된다. 따라서 과학은 창조 전통 내에서 우발성의 의미를 결코 제거할 수 없을 것이다. 과연, 경험 과학이 세상의 우발성에 기초하고 있기 때문에 모든 과학 이론들은 어떤 수준에서 신학과 화합하게 될 것이다. 이런 면에서 우리는 결코 신앙과 과학 중 하나를 선택하도록 강요되지 않는다. 둘째, 각 특별한 과학 이론 내에 존재하는 이러한 우발성은 신의 창조성을 이해하는 데 특별한 의미의 맥락을 제공한다. 예를 들면, 만약 한 수준에서 여러―세계 이론을 선호하도록 설득력 있는 이론들이 주어진다면, 우리는 이것이 우발성에 대한 신학적 의미에 부과하는 한계를 받아들여야 하지만, 그러나 우리는 물리 법칙 또는 논리 형태를 포함하게 되는, 다른 수준의 일반화에 있는 우발성의 가능성에 대해 압박을 가해야 한다. 이러한 방식으로 과학의 발견들은 "지성을 추구하는 신앙"으로서의 신학 작업에 본질적인 것이 되는데, 왜

나하면 과학은 창조에 대한 신의 관계에 대해 가장 깊은 통찰을 위한 구체적 언어를 제공하기 때문이다.

결론

이 장에서 나는 우발성의 개념이 무로부터의 창조, 계속 창조 교리와 현대 과학적 우주론의 중심에 있음을 제안하였다. 주로 빅뱅 우주론을 다루면서 (양자 역학, 열역학, 그리고 다른 관련된 물리학 등은 제쳐 두고) t=0, 유한성, 설계, 그리고 종말론적 미래 등에 대해 다양한 잠정적인 가설들을 제안하였다. 이러한 결과들은 신학과 과학 사이의 공명을 목표로 하고 있는데, 그 안에서 과학의 경험적 검증은 우발성에 대한 신학적 의미를 강화시키고 다듬게 될 것이다.

두 영역에서 우발성의 공동의 역할이 왜 과학과 신학이 서로 일치할 수 있는지 그리고 구획으로 나누어질 필요가 없는지에 대한 신선한 전망에로 인도한다. 모든 과학적 우주론은 우발성의 요소를 포함해야만 한다. 왜냐하면, 궁극적이고 절대적으로 필수적인 것, 자존하는 것(a se)을 배제하는 것, 그리하여, 이론적 설명의 부분으로서 신의 개념을 배제하는 것이 분명히 그 과학 이론 내에서 우발적 요소들의 역할이기 때문이다. 따라서 어떤 과학적 우주론도 어떤 의미에서는 창조 교리와 일치해야 한다. 왜냐하면, 우주론은 그 안에 그리고 자신의 고유 부분 안에 신의 개념에 대한 초과학적 상대를 포함하지 않아야 하기 때문이다.[46]

반면에 우리가 우발성을 넘어 공명으로 나아가길 원한다면, 우주에 대한 과학적 모형들 안에서 우발성에 대한 상세한 기술이 필수적이다. 그 상세한 기술은 경험적 핵심을 가지는 해석적 맥락을 제공함으로써 창조 교리의 의미를 다듬고 풍요롭게 한다. 따라서 과학적 우주론에서의 우발성의 의미를 자세히 고찰함으로써 우리는 "창조물로서의 우주" 그리고 "창조주로서의 신"이라는 근본적 은유들에 대해 새로운 활력과 기쁨을 줄 수 있을 것이다.

❙ 주석

1 이 글의 초기 원문은 다음 글로 발표되었다. Robert John Russell, "Cosmology, Creation, and Contingency," *Cosmos as Creation*: Theology and Science in Consonance, ed. Ted Peters(Nashville: Abingdon, 1989), 177-209.

2 Wolfhart Pannenberg, "The Doctrine of Creation and Modern Science," *Zygon*: Journal of Religion and Science 23(1988): 9, 다음의 글로 다시 발표되었다. "The Doctrine of Creation and Modern Science," in Peters, Cosmos as Creation, 288, 152-76.

3 스티븐 와인버그는 대중적 종교 집단의 밖에 있지만, 그는 우주론에 대한 그의 최근 책을 다음의 말로 마무리한다. 나는 그 말을 우리 시대의 특징인 허무주의를 표현하는 것으로 간주한다. "우주가 더욱더 이해 가능한 것으로 보일수록, 또한 우주는 더욱더 의미가 없는 것으로 보인다." Steven Weinberg, *The First Three Minutes*: A Modern View of the Origin of the Universe (New York: Basic, 1979), 154.

4 A. R. Peacocke, *Creation and the World of Science* (Oxford: Clarendon Press, 1979).

5 이 짧은 장에서, 양자 물리학, 양자 장 이론, 또는 비선형 비평형 열역학 등의 의미가 유익하더라도, 나는 여기서 그러한 것들을 조사하지 않을 것이지만, 표준 빅뱅 우주론과 그에 관련된 우주의 모형들에서 생겨난 특화된 질문들에 대해 논의를 제한할 것이다. 이와 마찬가지로, 나는 개신교와 로마 가톨릭 사상에서의 몇몇 형태의 창조 신학의 의미를 강조할 것이나 과정 신학과 해체 이론 신학에 대한 중요한 비평은 제쳐둘 것이다. 더욱더 확장시켜 논의한다면 이러한 다른 영역들은 새로움, 카오스로부터 질서의 창발, 그리고 우연과 법칙의 관계를 중요하고도 서로 다른 방식으로 창조 전통과 연관 짓는 데 기여한다는 것을 입증할 것이다.

6 Langdon Gilkey, *Maker of Heaven and Earth* (Garden City, N.Y.: Doubleday, 1959).

7 Ian G. Barbour, *Issues in Science and Religion* (New York: Harper & Row,

1966).

8   Peacocke, *Creation and the World of Science*.

9   Philip J. Hefner, "The Creation," in *Christian Dogmatics*, ed. Carl E. Braaten and Robert W. Jenson (Philadelphia: Fortress Press, 1984), 2 vols.1: 265–358.

10   Wolfhart Pannenberg, "The Doctrine of Creation and Modern Science," *Zygon* 23: 1(March 1988): 3–21.

11   Jürgen Moltmann, *God in Creation: A New Theology of Creation and the Spirit of God* (New York: Harper & Row, 1985).

12   과연 과정 신학자들은 계속 창조 해석학에 전적으로 의지하는데, 무로부터의 창조를 유지하는 데 더 이상의 가치를 발견하지 못 한다.

13   Karl Rahner and Herbert Vorgrimler, *Dictionary of Theology*, 2nd ed.(New York: Crossroad, 1981), 94.

14   Paul Tillich, *Systematic Theology*, 3 vols. (New York: Harper & Row for the University of Chicago Press, 1967), 1: 196.

15   Gilkey, *Maker of Heaven and Earth*, 47.

16   예를 다음에서 보시오. Pannenberg, "The Doctrine of Creation," 12. re-published in Ted Peters, ed., *Cosmos as Creation*, 288, and Wolfhart Pannenberg, *Toward a Theology of Nature: Essays on Science and Faith*, ed. Ted Peters (Louisville, Ky.: Westminster/John Knox, 1993), 166.

17   Robert John Russell, "Contingency in Physics and Cosmology: A Critique of the Theology of Wolfhart Pannenberg," *Zygon: Journal of Religion and Science* 23: 1(March 1988), 23–43. 이 책은 Zygon 논문의 재판을 포함하고 있지 않기 때문에 독자들의 편의를 위해 나는 여기 이 작은 부분을 추가하고 조금 수정했다.

18   다음 글을 보시오. Wolfhart Pannenberg, *Jesus–God and Man*, trans. Lewis L. Wilkins and Duane A. Priebe, 2nd ed. (Philadelphia: Westminster, 1968/1977 [German: 1964]), 98; Wolfhart Pannenberg, *Theology and the Philosophy of Science*, trans. Francis McDonagh (Philadelphia: Westminster, 1976), 458, part one, section 6, esp.66; Wolfhart Pannenberg, "Theological

Questions to Scientists," in *The Sciences and Theology in the Twentieth Century*, ed. A. R. Peacocke (Notre Dame: University of Notre Dame Press, 1981), Question #2.

19 Charles W. Misner, Kip S. Thorne, and John Archibald Wheeler, *Gravitation* (San Francisco: W. H. Freeman, 1973), 5.

20 빅뱅 우주론에 대한 복잡한 역사에 대한 자세한 연구에 대해 다음 글을 보시오. Helge Kragh, *Cosmology and Controversy: The Historical Development of Two Theories of the Universe* (Princeton, N.J.: Princeton University Press, 1996).

21 Misner et al., *Gravitation*, 1198.

22 다음 글을 보시오. S. W. Hawking and R. Penrose, "The Singularities of Gravitational Collapse and Cosmology," Proceedings of the Royal Society of London A3J4 (1969), 529–48; and S. W. Hawking and G. F. R. Ellis, *The Large Scale Structure of Spacetime* (Cambridge: CambridgeUniversityPress, 1973).

23 더욱더 확장된 토론은 Jastrow의 다음 글에서 보시오. *God and the Astronomers* (New York: W. W. Norton & Co., 1978).

24 Pope Pius XII, "Modern Science and the Existence of God," *The Catholic Mind* (March 1952): 182–92.

25 흥미롭게도, 무한히 오래된 우주는 우리를 형이상학적 이원론에 대한 문제와 무로부터의 창조에 대한 초기 논쟁을 다시 상기시킨다. 만약 되튐(bounce)이 있었다면, 이전의 우주로부터 무엇이 살아남았을까? 많은 물리학자들에 의하면, 전혀 구조화되지 않은 기본 입자들만이 되튐 동안에 상상할 수 없는 온도에서 살아남았을 것이다. 그러한 온도는 모든 이전의 구조들을—은하수, 행성, 문화 등 그 무엇이든—쿼크로 환원시킬 것이다. 이러한 면에서, 우리 우주의 법칙들과 기본 물질들이 아무리 오래되었을지라도, 그 모든 거시적 형태에서 우리 우주는 t=0 이래로 새로운 것이다. 그러나 도대체 물리 법칙들에 대해서는 어떠한가? 그러한 법칙들은 되튐과 연결된 모든 우주를 지배하고 있는가? 우리 우주를 창조하면서 신은 플라톤의 형태의 현대적 등가물인 물리 법칙들과 원—물질인 기본 입자들을 가지고 작업하도록 강요받았는가? 아니면 시공간의 영역

조차도 그 차원들과 유형론적 구조들, 입자들과 법칙들과 함께 되튐이 있을 때마다 증발해 버리는가? 물리학은 오직 논리 법칙의 한 형태인데 논리의 법칙은 어떠한가? 아마도 이러한 모든 것들은 모든 물리적 "시작들"을 초월한 신에 의해 창조된 것이다.

26 나는 신학자들에 대해 다음과 같이 풍자한 어느 물리학 교수의 따가운 유머가 기억난다. "신학자들은 먼저 화살을 쏘고, 그런 뒤 표적을 그리는 궁수들이다. 그들은 빗맞을 수 없다. 그러나 그들은 그럴 여유가 없다."

27 Ernan McMullin, "How Should Cosmology Relate to Theology?" in The Sciences and Theology in the Twentieth Century, Peacocke, 39–52.

28 이것은 물리학을 해석하는 합법적인 방식인가? 많은 철학자들은 주관성 안에서 시간의 환원될 수 없는 역할을 강조한다. 그리고 시간의 흐름과 과거와 미래의 구분을 반대하는 어떠한 인식론에 대해서도 상당히 비판적이다. 예를 들어, 밀리치 차페크는 물리학자들이 시공간을 사차원의 공간이라고 취급할 때에, 우리는 시간을 공간화 하지 않고 공간을 시간화 해야 한다고 주장한다. 최근의 토론에 대해 다음 글을 보시오. *Physics and the Ultimate Significance of Time*, ed. David R. Griffin (Albany, N. Y.: State University of New York Press, 1986). 실제로 비평형 열역학과 양자 물리학은 주관적 그리고 객관적 시간을 조화시키는 유익한 방법들을 제공한다. 예를 들어 다음의 글을 보시오. Ilya Prigogine and Isabelle Stengers, *Order Out of Chaos* (Toronto: Bantam, 1984). 아인슈타인의 상대성 이론은 많은 면에서 고전적 이론이기 때문에, 그 자체가 시간 없음이라는 해석을 제공하게 된다는 것은 놀라운 일이 아니다. 그럼에도 불구하고 상대성 이론의 전망은 유한성에 대한 질문을 연구하기 위한 어떤 방법을 제공하고, 그 시간 없음의 특성은 일반적으로 물리학자들 사이에서 받아들여진다.

29 Milner et al., *Gravitation*, 1198.

30 이것은 엄격하게 옳은 것은 아니다. 아인슈타인-데 시테르 우주론은, 시간과 공간에서의 유형 VIII 무한과 함께, 상당히 큰 "반지름"(눈금인자)과 미소 물질 밀도의 양의 람다에 대한 유형 V의 제한된 경우로서 해석될 수 있다. 자세한 것은 앞의 책의 다음 내용을 보시오. chapter 27, especially Box 27.5.

31 앞의 책, Box 27.5, 746–747.

32 비슷하지만 도치된 그림이 이 모형들에서 발견되는 무한을 시사하기 위해 그려질 수 있다.

33 샐리 맥페이그는 은유의 "아닌"(is not)의 특성이 잊혀질 때, 신학적 결과는 우상이 된다고 주장한다. 다음 글을 보시오. Sallie McFague, *Metaphorical Theology* (Philadelphia: Fortress Press, 1982).

34 Paul Tillich, *Systematic Theology*, 1: 196.

35 이러한 방식으로 우주에 대해 생각할 때 나는 엘리어트의 다음 문구가 떠오른다. "있을 수 있던 일은 하나의 추상으로서/ 사색의 세계에서만 영구한 가능성으로 남는다./ 있을 수 있던 일과 있었던 일은/ 언제나 존재하는 한끝을 지향하고 있다." T. S. Eliot, "Burnt Norton," in *Four Quartets* (New York: Harcourt, Brace & World, 1943), 3; 최창호, 『T.S. 엘리어트의 宗敎詩: 그 理解와 感賞』, 중앙대학교 인문학연구소, 1999, 88–89쪽.

36 아서 에딩턴과 디랙은 이러한 주장에 가장 중요한 초기 기여를 했다. 그러나 "큰 개수가설"(large numbers hypothesis) 논쟁에 다른 많은 이들도 포함된다. 자세한 역사를 위해 다음의 글을 보시오. John D. Barrow and Frank Tipler, *The Anthropic Cosmological Principle* (Oxford: Clarendon, 1986), chapter4.

37 인류 원리에 대해서는 소위 약한 그리고 강한 형태를 포함하여 여러 가지 버전이 있다. 나는 여기서 강한 버전을 택하여 사용한다. 자세한 토론을 위해 앞의 책을 보시오.

38 Brandon Carter, "Large Number Coincidences and the Anthropic Principle in Cosmology," in *Confrontation of Cosmological Theories with Observation*, ed. I. S. Longair (Dordrecht: Reidel, 1974), 291–98.

39 Freeman J. Dyson, *Disturbing the Universe* (New York: Harper & Row, 1979), 250.

40 톰 토랜스는 우주의 우발성의 아주 다른 형태를 언급한다. "세상은 무로부터 창조되었기 때문에, 세상은 현재와 다를 수도 있었지만 그러나 현재 상태로 되었고, 세상은 지금과 같지 않을 수 없었다는 점에서 우발적 필연성을 갖는다. 그 스스로를 감안하면, 유일한 세상이 있고, 이 세상은 현재 상태로 존재하고 있다. 그러나 신의 창조라는 측면에서 생각하면, 현 세상은 모든 가능한 세상들 중 오직 하나일 뿐이다." 다음의 글을 참조하시오. Thomas F. Torrance,

Space, Time and Incarnation (New York: Oxford University Press, 1969), 66. 나는 토랜스가 의미하는 것이 모든 가능한 세상들이 실제적이고 실재적이라는 것을 의미하는 것인지, 아니면 오직 창조주의 마음에서만 가능한 것이라는 것을 의미하는지 확신할 수 없다. 이러한 방향을 좀 더 조사하는 것이 흥미로울 것이다.

41 Barrow and Tipler, *The Anthropic Cosmological Principle*.

42 John Leslic, "Modern Cosmology and the Creation of Life," in *Evolution and Creation*, ed. Ernan McMullin (Notre Dame: University of Notre Dame Press, 1985), 91–120. 분명히 레슬리의 결론들은 18세기 이신론과 거리가 멀고, 따라서 좁은 의미의 설계 주장으로 여겨져서는 안 된다.

43 어떤 이들은 다른 방향을 취해서 우주가 어떤 임의의 모수들로 특징지어져서는 안 된다고 주장한다. 궁극적으로 모든 물리 법칙들은 상호 결정적이어야 한다. 예를 들어, 우리는 이것을 지오프리 추(Geoffrey Chew)에 의한 입자 물리학의 부트스트랩 이론에서 아주 창조적으로 사용되는 자기−일관성의 해석학에서 보게 된다. 이러한 관점에서 우리 우주는 유일하게 가능한 우주일 것이며, 완전한 과학적 우주론이 발견될 때 모든 물리상수들은 자연히 이론으로부터 떨어져 나갈 것이다.

44 양자−중력 우주의 되튐 모형에 근거한 다−세계 주장에서, 휠러는 자연 상수들뿐 아니라 물리 법칙들조차 각 되튐과 함께 다시 사용하게 될 것이라고 주장한다. 이것은 그림 1.4에서 수준 1과 수준 2를 융합시킨다.

45 James S. Trefil, *The Moment of Creation: Big Bang Physics from Before the First Millisecond to the Present Universe* (New York: Collier, 1983), 223.

46 결과적으로 과학으로부터 그들의 영역을 분리시킨 신−정통주의 같은 신학 프로그램은 독단적이고 호교론적인 이유를 위해서 틀렸다기보다는 부적절하다. 궁극적인 범주들이 과학에 근거한 세계관 안으로 소개될 때, 유신론과 자연주의 또는 유신론과 사이비 과학 간에 중요한 문제들이 발생하는 방식을 조사하는 것은 가치 있을 것이다.

제2장

무한을 무한히 초월하는 신: 우주론과 수학으로부터의 통찰[1]

1. 입문

A. 신 이야기. 미지의 지평 안에서 어렴풋한 깨달음

우리는 가끔 일상생활의 장식들 가운데서 무엇인가 중요한 것의 존재를 느끼게 되는데, 이것은 우리의 일상적 세계의 한계 밖에 있으면서도, 우리의 세계를 유지하는 무한히 깊은 곳으로부터 나와, 우리의 삶에 영향을 주며 우리를 희망과 열정으로 채워주고 있다. 이 순간에 우리의 눈은 우리 지식과 존재의 경계가 없는 신비스런 지평으로 끌려가고, 우리는 충격적으로 우리 안에서 초월함을 깨닫게 되며, 그 보살피는 궁극적 존재의 놀랍도록 다정한 애무를 경험한다. 그 궁극적 존재 안에서 "우리가 살아 있고, 움직이며, 존재한다". 우리의 깨달음이 무한한 미지의 원천에 대한 모든 것을 포함하는 신비 안에 놓여 있다 하더라도, 우리는 우리를 감동시킨 어떤 것, 혹은 더 좋게는 어떤 분에 대해 어렴풋한 깨달음으로 풍성해진 경험들로부터 떠나온다.

이러한 신비스런 경험을 명확히 표명하기 위해 노력하면서, 우리는 성스럽고 숭고한 단어, 수백만 유대교, 그리스도교, 이슬람교의 교인들이 수 세기 동안 사용해 온, 그 단어, "신"을 사용한다. 이 단어를 사용함으로써, 우리는 우리를 전적으로 초월하는 인격적 존재와 궁극적 실재를 확인한다. 이것은 심지어 우리가 거의 파악할 수 없는 우리 자신의 가장 깊은 내면에 영향을 주었던 변형하는 힘과 특이한 현존이다. 우리의 경험은 절대적 신비인 이 신이 동시에 우리의 창조주이고 구세주이며, 우리의 삶뿐 아니라 우주의 존재와 운명의 원천이며 목표라는 깨달음으로 압도된다. 그래서 신에 대한 이야기는 우리가 신에 대해 얼마나 모르는지에 대해 이야기함으로써 시작하는 것이 전적으로 적합할 것이다. 신학은 엄밀히 말해 신에 대한 이야기며, 최소한 부분적으로라도 이해하는 어떤 것에 대하여 이야기하려고 노력하기 전에 이해하지 못한 것으로부터 시작한다. 오랫동안 서구 유일신교 전통에서는, 무지함의 방식이 우리를 이끌고, 뒤이어 깨달음의 방식이 뒤를 따랐다. 이러한 방법들은 "부정적 방법"(via negativa, 부인의 부정적 방법)과 "긍정적 방법"(via positiva, 확언의 긍정적 방법)이라고 각각 부르게 되었다. 이 방법들은 예를 들면, 우리가 은총, 창조, 또는 속죄에 대해 이야기할 때 중요하지만, 신의 속성에 대한 "신 이야기"를 특별한 의미의 담론으로 시도할 때 특히 중요하다.

이것이 그다음에 의미하는 바는 우리가 신에 대해 이야기할 때, 단지 부정에 의해서만 아는 신의 속성에 대하여 어떤 것을 말하려고 시도함으로써, 다시 말하면 우리 자신과 우주에 대한 우리의 경험과 전적으로 대비시킴으로써 시작해야 한다는 것이다. 우리는 그리스어로 *부정* 또는 *부인*을 뜻하는 부정적(apophatic) 진술이라고 불리는 것으로부터 시작해야 한다. 이러한 속성의 가장 포괄적인 것은 신의 이해불가능성이다. "신"이란 단어는 자신을 초월하는 신비로움, 우리의 모든 생각과 감각들 너머에 존재하는 형언할 수 없는 실재, 전적인 타자를 의미하고 있다. 비슷한 방식으로 우리가 우리의 유한하고 죽을 수밖에 없는 세계에 대비시키며 신의 무한성과 영원함을 이야기할 때, 우리는 부정의 방법으로 이야기하는 것이다. 이 가시적 세계에서 우리가 경험하는 모든 것은 유한하고 제한적이며 한시적이고 일시적이다. 이러한 현상들은 존재하게 되고, 한동안 유지되다가 사라지게 된다. 그런 것들은 실재 지금 여기 있지만 곧 영원히 사라지게 된다. 그러나 이것과 완전히 대조적으로 신은 홀로 보이지 않고, 제한이 없으며, 무한하고, 계속 지속되고 영원하며, 변하지 않고 항상 존재한다. 존재의 근거로서 신은 궁극적이며 볼 수 없으나, 영원히 존재하는 실재이다. 그러나 이러한 대비 역시, 신과 세계와의 관계에 대한 가늠할 수 없는 중요한 것을 우리에게 가르쳐 주고 있다. 즉, 오직 이 세상과 이해할 수 없을 정도로 다름으로써만 신이 이 세상의 원천이고 마지막 안식처가 될 수 있는 것이다. 이렇게 역설적으로 모름의 방식은 앎의 방식이고 확신하는 희망의 원천이다.

그렇게 이야기하고 나서, 신이 성경, 전통, 개인의 경험을 통해서, 그리고, 최근 3세기 동안과 오늘날에는 자연과학의 엄청난 발견을 통해서 신의 속성과 목적에 대해 우리에게 알려 준 것에 대해 우리가 또한 이야기하기를 시도할 수 있다. 단순한 대비에 의해서가 아니라, 우리 자신의 삶 안에서의 중요한 경험과 우리가 살고 있는 세계와의 긍정적 유추에 의해서 이제 우리는 신에 대해 말할 수 있다. 이런 이야기의 방식을 긍정 방법론적(kataphatic)이라고 하는데 이는 그리스어에서 유래하며 "에 따르면"(according to), "유추하여"(by analogy)의 의미가 있다.

우리가 우주의 광대함과 아름다움에 대하여 경이로움과 경외감을 경험할 때, 우리는 신을 완전히 경이롭고, 놀랍게도 엄청난, 환상적 아름다움의 원천으로 생각하게 된다. 우리의 삶 안에서 사랑을 경험할 때, 우리가 잘못한 사람으로부터 죄를 용서받을 때, 우리가 집, 가정, 건강, 가족의 좋은 점을 알 때, 우리는 완벽한 사랑, 무조건적 자비, 모든 선함의 원천, 죽음과 슬픔을 넘어선 우리의 최종 안식처로서의 신을 이야기한다. 가장 중요하게, 마치 모세가 양들을 돌보다 길을 잘못 들어 불타는 숲을 보러 갔을 때에 한 것처럼(탈출 3,1-6), 우리가 일상의 틀에 박힌 생활로부터 눈을 들어 우리 가운데서 신성함을 목격할 때, 그때 우리는 기꺼이 신을 완전히 성스럽다고 고백하게 된다. 이렇게 우리는 모든 지식을 뛰어넘는 신의 신비로 둘러싸여 있다. 그러나 우리는 이러한 신이 우리를 찾고 있고 우리에게 알려진다는 것을 알고 있다. 그래서 우리는 이러한 지식의 빛을 받으면서 앞으로 나아가고 있다. 그렇게 하기 위해, 우리는 신의 압도적인 신비의 빛을 받아, 신앙의 궁핍함을 기억해야만 하고, 널리 퍼져 첩첩이 쌓인 우리의 무지함 안에서 우리가 확언하고자 했던 모든 것들을 덮어 두어야만 한다. 우리는 부정 방법론에 근거해 긍정 방법론을 탐구한다. 신앙의 방법은 언제나 겸손한 것이다.

놀랍게도 과학자인 우리 가운데 상당수는 우리 주변에서 그리고 우리 안에서 우주의 신비에 대해 비슷한 접근을 한다. 우주에 대한 연구는 오직 우리가 우주에 대해 엄청나게 무지하다는 것, 우리가 모르는 것과 아마도 결코 알 수 없는 모든 것을 먼저 우리가 인정하는 경우에만, 우리의 발견들을 확언하고 축하할 수 있음을 요구한다는 것을 알게 된다.[2] 역사적으로 가장 위대한 과학자 중 한 사람인 뉴턴은 그의 말년에 다음과 같이 썼다.

나는 내가 이 세상에 어떻게 비쳐지는지 모르겠다. 그러나 나 자신에게 나는, 전혀 발견되지 않은 거대한 진리의 대양이 내 앞에 놓여 있는 반면에, 보통 것보다 더 매끈하거나 더 아름다운 조개껍데기를 가끔 찾아내면서 해변에서 노는 소년처럼 보인다.[3]

그래서 과학과 신학의 경로는 둘 다 전체적으로 보아, 무지함의 방식에 의해 둘러싸여 있고 유지되는 앎의 방식을 반영한다.

B. 신 이야기. 무한에 초점을 맞추어

이 장에서 나는 신에 대한 신학적 대화와 세계에 대한 과학적 대화를 탐구하고 최근의 우주과학과 수학의 발전이 이 대화에 어떻게 영향을 미치는지 탐구하겠다. 여기서 근본 개념은 무한이며, 전통적인 개념들인 공간 안에서의 신의 무한, 그리고 시간 안에서의 신의 무한, 혹은 영원함이 포함될 것이다. 이제 무한이란 성경 용어도 아니고, 신학자, 철학자, 또는 과학자 집단 내에서의 단일한 의미를 갖지도 않는다.[4] 게다가 한 집단의 언어에서 다른 집단의 언어로, 그리고 시간적으로 역사적으로 넘나들 때마다, 우리는 언어의 의미와 개념에서 그 유사함뿐 아니라 그 차이점을 인지해야 한다.

그러나 이 장의 목적을 위해 나는 다음과 같은 가정을 할 것이다. 우리가 합리적인 방식으로 무한이란 용어의 의미를 비교하는 것을 허용할 만큼 이러한 다양한 집단들과 시기들 사이에 충분한 연속성이 존재한다는 것이다. 나는 이 용어가 사실 과학, 철학, 신학의 세 집단에서 핵심 역할을 하여 왔고, 이 때문에 무한에 관한 과학 집단의 최근 발견들이 신 개념의 이해에 직접적 영향을 미칠 수 있을 것임을 보여 주고 싶다.

왜 무한을 선택했는가? 이미 제시한 바와 같이, 우리가 신이 무한하고 영원하다고 말할 때, 우리는 정상적으로 **부정 방법론**을 통해, 즉, 신이 창조한 유한하고 한시적 세계와 전적으로 대비시킴으로써 그렇게 한다. 이것은 고대 그리스까지 거슬러 올라가는 무한의 한 관점을 반영하는데, 그곳에서 무한은 유한과 대비시켜 부정 방법론적으로 정의된다. 무한을 *아페이론*(apeiron)이라고 했는데 그 의미는 경계가 없고(unbound), 한계가 없으며(unlimited), 형체가 없다(formless)는 뜻이다. 그러나 무한은 완전히 우리의 이해를 벗어나 있는가? 아니면, 앞의 긍정 방법론을 반영하여 그것의 진실을 모두 소진하지 않으면서도 무한의 의미에 대해 무엇인가 알 수 있는가?

최근 수학과 과학적 우주론의 최근 발전은 이러한 주제에 관하여 자극적인 새로운 조명을 비출 수 있다. 첫째로, 수학자들이 이제 우리에게 무한에 대한 새로운 개념을 제시하였는데, 이는 과거에 생각했던 것보다 훨씬 복잡하며, 도달할 수 없는 절대자에게로 끝없이 이끌어가는 무한의 층들을 가지고 있다. 결과적으로 우리는 이제 무한에 대해 그것이 단순히 유한과 대비된다고 하는 것보다, 과연 그 양이 더 무한하다는 것보다, 훨씬 많은 것을 이야기할 수 있다. 어떻게 수학에서의 이러한 혁명적인 발견이 무한으로서의 신 개념을 강화시킬 수 있을까?

둘째로, 우리는 성경과 그리스의 고대 우주론으로부터, 광대한 빅뱅 우주론으로 옮겨왔는데, 이 이론에는 우주가 크기에서 수십억 광년이 되고, 또는 심지어 무한할 수도 있고, 시간적으로 팽창하고 있다. 어떻게 광대한 자연에 대한 이 혁명적 이해가 우리로 하여금 창조주 신의 엄청남과 형언할 수 없음을 인식하는 데 도움을 줄 수 있을까?

어떤 사람들은 이러한 발전이 신과 우주를 동등시하는 범신론으로 이끌어 가고, 또는 신을 전적으로 부인하는 무신론으로 이끌어간다고 본다. 분명히 이 문제들은 놀랍게도 복잡하고 관련된 문헌도 방대하다. 그러나 이 장에서 나는, 수학과 우주과학의 매력적인 발전은 실제로 무한하고 영원한 창조주 신에 대한 우리의 이해와, 그리고 존재와 목적을 위해서는 신에 의존하는 우주에 대한 우리의 이해를 분명하게 하고 증진시킬 것이라고 주장할 것이다.[5]

2. 수학과 우주과학에서의 무한에 대한 간략한 역사

수학의 기초에 대한 역사는 더욱 많은 무한들을 포함하기 위해서 수학적 우주를 발전적으로 확장한 것이라고 간주하는 것이 가능할 것이다.[6]

A. 그리스와 중세 사상에서 무한의 개념[7]

i) 철학과 수학

고대 그리스 저자들은 우선 철학과 수학을 발전시켰고, 무한의 개념을 *아페이론*(apeiron), 즉 문자 그대로 경계가 없음으로 정의하였다. 그렇게 함으로써, 그들은 그들이 생각하는 것이 유한으로부터 무한을 구분하는 분명한 방법이라고 제시하였다. 무엇인가가 무한하다면, 한계나 끝이 없다. 그것은 경계가 없고, 한계가 없고, 끝이 없다. 그것은 혼돈스럽고 어떤 구조나 질서가 없다. 본질적으로 그들은 무한을 유한에 대비시켜 정의하였다. 무한은 일상적으로 경험하는 것과 전적으로 다르며 심지어는 반대이다.

우리는 이 정의에 대해 주저하게 된다. 왜냐하면, 이 세상과 수학에는 많은 것들이 끝이 없고 한계가 없으며 경계가 없지만 여전히 유한하다. 지구의 표면이나 반지의 변두리를 생각해 보라. 이들은 정해진 크기가 있지만 가장자리 즉 내적 한계가 없다. 아니면, 이러한 아이러니를 확인하기 위해 선(線)의 한 부분의 길이를 생각해 보라. $0 \leq x \leq 1$로 정의되는 그 선의 부분은 그 양쪽 끝에 경계(0과 1)가 있기 때문에 유한하다. 그러나 이보다 *더 작은* 간격인 $0 < x < 1$은 경계가 없다. 그러나 확실히 무한이 유한보다 작지 않다! 아니면 작은가?

실제로, 이와 같은 그리고 훨씬 심각한 무한과 연관된 모순들이 고대 그리스로 거슬러 올라가 엘리아의 제노(490-430 B.C.E.)까지 추적될 수 있다. 고전적인 예는 아킬레스와 거북이와의 경주다. 거북이가 느리기 때문에 더 일찍 출발하게 하지만, 빠른 아킬레스는 거북이를 따라 잡고 경기에 이기게 된다. 그러나 어떻게 이런 일이 가능할까? 왜냐하면, 아킬레스는 매번 거북이가 있는 곳까지 따라잡을 때마다 거북이는 늘 조금씩 앞서 있고 계속 그렇게 된다. 유한한 시간 내에서 아킬레스가 거북이를 어떻게 지나칠 수 있을까?

이러한 논쟁을 통해, 고대 그리스 사상은 우리 경험의 유한 세계를 무한과 예리하게 대비시켰다. 따라서 그들은 형태가 없고 결정되지 않은 무한이 유한 실체의 세계의 기저를 이루고 있고, 유한 실체는 무한함에 대비해 형태가 있고 경계가 있으며 결정적이기 때문에 좋은 것이라고 믿었다.

　무한에 대한 추측은 더 과거로 거슬러 올라가 추적된다. 아낙시만더(610-547 B.C.E.)는 무한에 대해 자세하게 생각했던 최초의 서구 철학자다. 그에게 있어서 무한은 구형이면서 한계가 없는 물질, 영원하고 고갈되지 않으며, 경계 또는 구분이 없는 것으로 이해되었다. 유한한 실체들의 세계는 무한한 것으로부터 생겨난다고 여겼다. 피타고라스(570-500 B.C.E.) 역시 실제 세계와 연관된 어떤 것으로서의 무한을 배격하였다. 그는 모든 실제의 것들은 유한하고 자연수 1, 2, 3 등에 의해 표현될 수 있어야 한다고 주장했다. 피타고라스는 기하학적 형태들, 점, 선, 평면, 입체 등은 기저의 무한한 구조에 수학적 한계가 부여될 때 생긴다고 가르쳤다. 플라톤(428-348 B.C.E.)은 선함은 결정적인 것이지 비결정적인 것이 아니며 따라서 선함은 유한한 것이지 무한한 것이 아니라고 믿었다. 플라톤에 의하면, 조물주(demiurge)로서의 신은 이미 존재하는 물질에 한계(즉, 지적 형태)를 부여하며, 형태가 없고 이해 불가능한(즉, 무한한) 카오스 대신에 우리 주위의 구조화된 세계를 질서 있는 전체로서 생겨나게 한다. 이 모든 경우에서 무한은 유한에 비해 부정적 특징을 취하게 되었다.

　그러나 철학자 아리스토텔레스(384-322 B.C.E.)는 무한의 개념에 활력적인 요소를 제공하였는데 그것이 19세기까지 서구사상에 만연하였다.[8] 아리스토텔레스는 무한의 개념을 끝나지 않은 과정, 끝나지 않은 또는 완성되지 않은 어떤 것을 의미한다고 바꾸었다. "무한은 이러한 양태의 존재를 가진다. 즉 한 가지가 늘 다른 것에 뒤이어 존재한다. 그리고 취해진 것 각각은 늘 유한하지만 늘 상이하다."[9] 예를 들면, 끝나지 않는 연속된 자연수 1, 2, 3 등, 끊임없이 연속되는 계절, 선 간격을 더 작은 부분으로 끊임없이 나누는 것을 생각해 보라.[10] 아리스토텔레스는 분명히 이들을 잠재 무한(potential infinite)으로 생각했는데, 왜냐하면, 이러한 연속성이 끊임없이 지속될 수 있지만, 충분히 혹은 실제로 무한하지는 않기 때문이다. 하나의 끊임없는 연속은 그것들을 연속적으로, 즉 한 번에 하나씩 취함으로써 벗어날 수 없기 때문이다. 하나의 연속 안에서 연속적인 요소들을 통과한다 하더라도 우리는 결코 끝 또는 한계, 즉 실제 무한(actual infinite)에 도달하기 위해서 연속의 유한한 단계를 넘어서지 못하며, 무한한 연속을 전체로서 파악하지도 못한다. "이러한 논거들로부터 *실제* 무한한 몸이 없다는 점이 명백하다."[11]

이러한 견해가 플로티누스(205-270 B.C.E.)에 의해 부분적으로 바뀌게 되었는데 그에 의하면, 신, 혹은 일자(the One)는 무한하고, 내적 외적 한계로부터 자유롭다.[12] 플로티누스는 그리스 철학 전통에 따라 물질은 무한하고 한정되지 않으며 형태가 없기 때문에 사악한 것으로 보았다. 그러나 그는 신의 정신을 그것의 고갈되지 않는 힘, 압도적인 통일성, 자족성 때문에 선한 것으로 생각했다. 그러나 아페이론이라는 경멸적인 의미가 주어진다면 절대자는 무한한 것으로 간주될 수 없다. 대신에 절대자는 유한 세계의 개념과 유추 그 너머에 존재한다. 그래서 이때 최초로 무한이 긍정적 특징을 취하게 되었지만, 여전히 경계가 없고 한계가 없다는 함축을 가지고 있었다. 플로티누스에게 있어서, 무한의 개념은 플라톤의 개념과 그리스도교 전통의 개념 사이를 오가고 있고, 그리스도교 전통에서 신의 최초의 속성은 무한이다.

초기 그리스도교 저자들은, 그들이 히브리 성경과 그리스도교 성경에 근거하여 교리를 발전시킬 때, 무한에 대해 긍정적인 개념을 알게 되었고, 시간이 흘러 신의 무한의 속성이 그리스도교 신학의 표준 초석이 되었다. 예를 들면, 아우구스티누스(354-430)는 플로티누스로부터 크게 영향을 받았다. 그는 신은 무한하기 때문에 모든 수를 알고 있어야만 하고 세상에 대한 무한한 지식을 가지고 있어야 한다고 믿었다.[13] 그러나 이 무한의 범주는 세계와 신을 근본적으로 갈라놓는 데 사용되었다. 아우구스티누스보다 일천 년 후에 저술하고 아리스토텔레스 철학에 의지해서, 토마스 아퀴나스(1225-1274)는 오직 신만이 무한하다고 믿었다. 모든 피조물은 유한하며, 신

조차, 그의 힘이 무한하다 해도, "절대 무한한 것을 만들 수 없다".[14]

신의 무한은 현대에도 역시 철학자들과 신학자들에 의해 널리 받아들여지고 있으나, 신의 의미는 크게 다르다. 예를 들면, 브루노, 스피노자, 헤겔 같은 범신론자들에 의하면, 신과 세계는 둘 다 무한하며 궁극적으로 이 둘은 동일하다. 반면에 고전적 유신론과 현대 유신론에서는 신과 세계 사이에 근본적인 차이가 있다. 유신론자들의 주장은 신이 세상을 창조하고 존재를 유지시키지만 신의 존재 방식이 필수적이라는 점에서 완전히 세상을 초월한다는 것이다. 폴 틸리히의 표현을 사용하면, 신은 "존재의 근거"이다. 유한과 무한의 구분의 관점에서는 오직 신만이 무한하며, 세계는 유한하다. 신의 무한함이 신의 완벽함과 선함의 양태이고 동시에 신은 이해 불가능하다. 우리는 신이 완벽하고 무한한 자기 존재라는 것을 알고 있지만, *어떻게* 신이 완벽하고 무한한 자기 존재인지에 대한 개념을 가질 수 없다. 유신론자들은 또한 신이 이 세상에 현존하고, 사랑과 생명이라는 신의 목적을 달성하기 위해 쿼크에서부터 퀘이사(준항성, 準恒星)에 이르기까지 복잡성의 모든 수준에서 활동한다고 단언한다. 현대 만유내재신론자(panentheists)들은 신의 초월과 무한에 대해 유신론자들과 동의하는 경향이 있지만 신이 세상 안에 내재함을 더 주장한다. 만유내재신론자들에 따르면, 신은 세계 내에 있을 뿐 아니라, 세계는 신의 존재 *안에* 있다.

어쨌든, 여기서 핵심 요점은 무한의 개념이 초기 그리스도 신학에 의해 부정적 특징에서 긍정적 특징으로 변형되었고, 거의 보편적으로 존재, 진리, 그리고 선함의 최고의 원천인 신에게 그 속성이 부여된다는 것이다. 계속적으로, 무한은 유한에 대비되는 관점이나 또는 유한이 절대로 도달하지 못하는 목표의 관점에서 정의되었다.

ii) 우주론

철학과 수학의 맥락으로부터 우주론으로 옮겨가면, 우리는 초기 그리스 시대의 우주는 유한과 무한의 복합체라고 파악되었음을 발견한다. 플라톤에 따르면, 지구는 우주의 중심이다. 별들은 지구 주위를 매일 도는 하나의 천구에 고정되어 있다. 고정된 별에 연관하여 태양과 달, 행성들의 운행은 어떻게 된다는 말인가? 그리스 천문학자들은 이 문제를 풀기 위해 노력했는데, 행성들의 운동을 보상하는 각이 진 축을 가진 동심원적 천구들을 추가하였다. 아리스토텔레스가 『천체에 관하여(De Caelo)』에서 자신의 천체 모형을 제시하였을 때에는, 쏟아져 나오는 점점 더 정확한 관찰 결과를 설명하기 위해 55개의 투명한 천구들이 필요했다. 그러나 아리스토텔레스는 우주가 영원히 존재했고 시간적으로 무한한 과거가 있었다고 믿었지만, 우주는 크기에서는 유한했다.

4백 년 뒤 프톨레미는 일련의 주전원(周轉圓, epicycle), 운반원(運搬圓, deferents)과, 동그랗지 않은 궤도(eccentrics)로 대체하여 더욱더 정확도를 기하였다. 이 체계는 끝없이 조정될 수 있어서 니콜라스 코페르니쿠스(1473–1543)가 **태양 중심의** 우주론을 가지고 16세기에 거대한 혁명을 일으킬 때까지 지속되었다. 게다가 프톨레미의 모형은 근본적으로 기하학적 구성이었고 매우 정확하지만 자연에서는 실현될 수 없었던 수학적 장치였던 반면, 아리스토텔레스의 모형은 천체의 물리적 구성을 나타내는 것으로 여겨졌다.

물론, 여기서 우리의 목적을 위해 중요한 것은 고대 그리스 시대부터 코페르니쿠스 혁명까지의 모든 발전들이 우주를 유한한 크기로 보았다는 점이다. 그들은 우주의 나이에 대한 질문에서 차이가 있었다. 아리스토텔레스는 우주는 영원하다고 믿었지만, 그리스도교 신학은 우주는 신이 창조한 것이어서 나이에서 유한하다고 주장했다. 아우구스티누스는 이 주제에 대해 교부 신학자들 중 가장 분명했다. 신은 이미 존재하던 시간 중 어느 시점에 세상을 창조하신 것이 아니다. 오히려 신은 물질뿐 아니라 시간을 창조하셨다.[15] 13세기에 아퀴나스는 우주의 영원함은 철학에 의해 결판날 수 있는 것이 아니라(예를 들면, 아리스토텔레스에 호소하여)고 주장함으로써 논쟁을 해소하려 하였다. 대신에 시간의 유한함은 계시(예를 들면, 창세기 1장)에 의해 우리에게 주어진 것이다. 따라서 코페르니쿠스 혁명 시기의 우주의 개념은 크기와 시간에 있어서 유한한 것이었다.

B. 과학 태동기의 무한: 갈릴레오의 수학과 뉴턴의 우주론의 사례

i) 수학에서의 무한대에 대한 갈릴레오의 주장

무한에 대한 수학적 개념의 현대적 이해의 시작은 갈릴레오 갈릴레이 (1564–1642)에서 찾아 낼 수 있다. 『두 개의 새로운 과학』의 한 유쾌한 절에서 갈릴레오는 실수(實數)에 관한 한, 무한 집합은 유한 집합이 따르는 규칙을 동일하게 따르지 않는다고 주장하였다.[16] 정수의 끝없는 연속인 1, 2, 3, … 과 정수의 제곱의 끝없는 연속인 1, 4, 9, …를 생각해 보자. 직관적으로 우리는 제곱들보다 정수가 더 많아야 한다고 생각하게 된다. 왜냐하면, 정수의 집합은 다른 숫자(예를 들면, 2, 3, 5, 6, 7, 8, 10, …)와 함께 제곱들을 포함하기 때문이다. 그러나 제곱들은 정수와 일대일로 대응시킬 수 있다.

정수: 1 2 3 ··· n

제곱: 1 4 9 ··· n^2

이제 수의 두 집합 간의 동등성에 대한 좋은 작업정의는 다음과 같다. 조합 A의 각 수가 조합 B의 수와 연관될 수 있고 조합 A나 조합 B 안에 짝지어지지 않은 수가 전혀 없다면, 오직 그러한 경우에 한해서 두 집합은 동등하다. 이 정의를 채택한다면, 우리는 제곱인 1, 4, 9, …의 연속이 정수 1, 2, 3, …의 연속과 동등하다는 것을 발견하게 된다. 이것은 정수가 있는 만큼 제곱이 있다는 것을 의미하는 것처럼 보인다. 이런 모순된 결과를 보고 갈릴레오는 유한한 양과 달리, "더 많다, 더 적다, 동등하다는 등의 속성은 무한한 양들을 서로 비교하는 경우에는 아무런 의미가 없다"는 것을 깨닫게 되었다.[17] 우리는 갈릴레오의 통찰이 19세기 게오르그 칸토어에 의한 "초한"(transfinite)의 발견에 결정적 역할을 하게 되었음을 알게 될 것이다.

ii) 뉴턴의 우주론에서의 무한

코페르니쿠스가 태양 중심 체계를 우리에게 제시하였지만, 우주가 크기에 있어 무한하고 연대에 있어 영원하다는 과학적 우주론의 가능성을 처음 마주하게 한 것은 1세기 뒤 아이작 뉴턴(1642–1727) 경이었다. 뉴턴의 우주론은 그의 역학 이론, 절대 시간과 공간에 대한 형이상학적 가정, 그리고 중력 이론에 기초하고 있다. 뉴턴의 역학은 자연에서 변하는 운동이 질량들 간의 영향력의 결과라고 해석한다. 물체 B의 가속도 a는 물체 B의 관성적 질량에 반비례하게 작용하는 힘 f에 의하여 생산된다. 즉, f=ma이다. 그러나 뉴턴의 체계가 작동하자면, 우리는 실제 가속도와 외형적 가속도의 차이를 구분해야 하며 이를 위해, 뉴턴은 소위 절대 공간과 절대 시간을 주장했다. 그 둘 다 무한하며 수동적이고, 세상의 물질의 변화 상태에 의해 영향을 받지 않고 질량에게 상대적 가속도를 부여한다. 뉴턴은 또한 중력 이론을 제안하였는데, 그 이론 안에서 우주의 두 질량들은 서로 질량에 비례하고 상호 간 거리의 제곱 값에 반비례하는 힘으로 상호 작용을 한다.

오로지 중력만이 작용하는 우주론에 관심을 두면서, 뉴턴은 난관에 부딪히게 된다. 우주의 별들의 수가 유한하다면, 왜 별들은 상호 중력의 힘에 의해 하나의 덩어리로 합쳐지지 않는가? 만약 별들의 수가 무한하다면, 그들이 균등하게 분포되게 될 것이고(사방으로 균등하게 잡아 당겨서) 그렇다면 왜 밤하늘은 모든 방향에서 오는 별빛으로 환하게 밝지 않는가(즉, 올버의 모순)? 이러한 것들과 다른 기술적인 문제들 때문에 뉴턴의 우주론은 문화에 애매한 영향을 미쳤다. 그것은 무한한, 영원한 변하지 않는 우주에 대한 묘사로서 널리 채택되었지만 그 우주론의 기술적 과학적 문제들은 20세기 초에 물리학과 우주론을 완전히 바꿔 놓은 알버트 아인슈타인(1879–1955)의 작업 때까지 해결되지 않은 채 남아 있었다.

C. 현대 수학에서 초한의 발견(18세기에서 19세기)

갈릴레오의 무한에 대한 통찰은 베르나르트 볼차노(1781-1848), 리하르트 데데킨트(1831-1916), 칸토어의 발견이 나올 때까지 잠자고 있었다. 그들 이전에는 무한은 단지 잠재 무한, 끝이 없는 연속의 한계, 수학이나 자연에서 절대로 충분히 성취될 수 없는 것으로 여겨졌다. 17세기 미적분학의 탄생은 공간에서의 미세한 연장과 시간에서의 지속으로서 극미한 것들의 상태에 대한 복잡한 의문을 다루었다. 그러나 뉴턴, 라이프니츠(1646-1716), 가우스(1777-1855)조차도 그러한 무한이나 극미함은 단지 추상이고 잠재 무한이라는 견해에 집착했다.

그러나 19세기가 되면서, 게오르그 칸토어(1845-1918)가 수학적으로 많은 종류의 무한대들이 있다는 것을 발견하였고 그 구조를 연구하였다.[18] 그렇게 하기 위해 칸토어는 우선 우리가 유한 집합에서 사용하는 기초 수학적 원칙들, 즉 더하기, 곱하기, 누승법, 그리고 "보다 크다"는 관계식 등을 포함한 원칙들을 어떻게 무한 집합에 적용할 수 있는가를 보여 주었다. 다시 이것이 의미하는 바는 그가 서로 다른 종류의 무한을 구성하고 그들의 내적 일치를 보여 주기 위한 뚜렷한 절차를 제시할 수 있었음을 뜻한다. 본질적으로 우리는, 무한이 단순히 유한에 대비되어 정의되고 근본적으로 알 수 없는 것으로 남아 있는 대신에, 이제는 연구되었고, 우리가 그것에, 심지어 무한한 양에 대하여도 많은 것을 알고 있다고 말할 수 있다.

이것을 알아보기 위해 우리는 우리가 일상적으로 다루는 몇몇 기본적인 개념에 대해 분명히 해야 한다. 셈하는 것으로부터 시작하여 그것으로부터 우리가 두 (유한) 집합이 동등하다고 하는 것이 의미하는 바가 무엇인지 알아보자.

우리가 무엇을 셀 때 각 요소들을 세어져야 할 집합 안에 놓음으로써 그렇게 한다. 자연수 1, 2, 3 등을 가지고 일대일로 대응("one-to-one correspondence")시킨다. 예를 들면, 내 앞에 놓여 있는 탁자 위의 구슬을 센다고 하자. 나는 첫째 구슬을 만지면서 "하나", 둘째 구슬을 만지면서 "둘", 셋째 구슬을 만지면서 "셋", 등 마지막 구슬을 만질 때까지 말하면서, 그것들을 한 번에 하나씩 센다. 내가 만지면서 마지막 구슬에 연결시킨 그 숫자, 이를테면 "아홉"은 내가 다루기 시작한 구슬 한 움큼에 내가 붙인 숫자이다. 구슬을 세고 그들에게 "아홉"이라는 숫자를 부여하면서 나는 암묵적으로 그 구슬들을 완전한 집합으로 생각하게 되고 나는 숫자 "아홉"을 이 집합에 연관시킨다. 수학자들은 이 숫자 "9"를 그 집합의 기수(cardinal number)라고 한다.

이와 유사하게 내 호주머니에 동전의 수를 셀 수 있다. 내가 9개의 동전을 가지고 있다는 것을 발견한다면, 그때 나는 구슬의 집합과 동전의 집합이 *"동등하다"*(equivalent)고 생각할 것이다.[19] 과연, 기수 "9" 특징을 가지는 모든 종류의 모든 사물의 집합은 동등하다. 게다가 모든 이런 동등한 집합들의 기수는 그 집합들을 "8" 또는 "34" 또는 "5002" 등등 기수를 가진 모든 집합과는 구분해 준다.

이제 우리는 칸토어의 근본적인 주장을 제시한다. *"동등 집합" 즉 "셈하기"(counting)와 "기수"의 개념들은 유한 집합의 근거로부터 무한 집합으로 옮겨 적용될 수 있다.* 칸토어는 무한 집합의 기수를 "초한"(transfinite)이라고 했다. 그 이유는 이제 곧 분명해질 것이다. 과거에 늘 그러했던 것처럼 무한을 유한에 직접 대비시켜 가정하기보다는, 칸토어는 무한 집합을, 그가 유한 집합을 다루는 방식에 직접으로 유추하여 취급하였다. 결과는 놀라웠다.

무한 집합의 가장 단순한 사례인 자연수 집합 $\{1, 2, 3, \cdots\}$으로부터 시작하자. 칸토어는 초한 기수를 표현하기 위해 $\aleph_0$(알레프 제로, "aleph−null")를 선택하였다. 그는 $\aleph_0$를 단순히 일정한 비율로 크기가 증가하는 끝없는 수의 불완전한 순서가 아니라, 주어진 전체라고 생각했다. 다시 말하면, 칸토어는 잠재적으로 무한하지만 실제로 항상 유한한, 1, 2, 3, $\cdots$ 순서와 같은 요소들의 끝없는 순서로부터 하나의 전체라고 생각되는 완전한 무한 순서 즉, 집합 $\{1, 2, 3, \cdots\}$을 구분하였다. 그는 잠재 무한(potential infinite)을 "변동 유한"이라고 부르고, ∞라는 기호로 표시했다. 위에서 본 것과 같이 실제 무한(actual infinite)은 $\aleph_0$라는 기호로 표시했다. 따라서 ∞는 결코 완성에 도달할 수 없고, 결코 $\aleph_0$가 될 수 없다. ∞를 생각한다는 것은 끝에 도달하지 못하고 영원히 증가하는 숫자의 계속 증가하는 연속에 대하여 생각하는 것이다. $\aleph_0$에 대해 생각한다는 것은 이러한 연속 밖에 서는 것이고 말하자면 신의 관점으로부터 보는 것이고, 그러한 것들을 단일한, 통합된, 그리고 결정적 전체로 간주하는 것이다.

그리고 칸토어는 유한 집합을 세는 것에 대해 우리가 알고 있는 것을 무한 집합으로 확장하였다. 모든 무한 집합은 동일한 기수 $\aleph_0$를 갖게 될 것이다. 무한 집합의 요소들을 자연수와 일대일로 대응시킬 수 있다. 우리는 이 집합들을 "*번호 매길 수 있는*(denumerably) *무한*" 또는 "*셀 수 있는*(countably) *무한*"이라고 부른다. 이것은 실제로 어떤 놀라운 결과를 가져 온다. 예를 들면, 제곱수에 대한 갈릴레오의 모순을 생각해 보자. 자연수와 제곱수 사이에 일대일의 대응이 있기 때문에, 제곱수의 집합은 셀 수 없이 무한하다. 제곱수 집합은 자연수 집합과 동일한 기수 $\aleph_0$를 갖는다. 이와 유사하게 짝수 집합은 홀수 집합처럼 자연수 집합과 동등하다.[20]

더욱 놀라운 것은, 칸토어에 의하면, 우리가 어떤 의미에서 자연수의 집합보다 "더 큰" 무한대를 만들 수 있다는 것이다. 그러나 이 모든 집합들의 기수는 여전히 $\aleph_0$이다. 이제 우리는 하나의 집합에 있는 요소들의 질서를 표현하는 *서수*(ordinal number)라는 용어를 도입하는 것이 도움이 될 것이다. 예를 들면, 유한 집합 (1, 2, 3)은 이 집합 내에 요소가 3개이므로 기수 3을 가지며, 요소들의 질서 잡힌 집단인 그 조합은 세 번째 요소를 가지고 있기 때문에 서수 3을 갖는다. 유한 집합들의 경우에 한 집합의 서수와 기수는 동일하다.

그러나 무한 집합들에서는 그들이 동일하지 않음이 드러난다. 앞에서처럼 우리는 자연수 무한 집합 {1, 2, 3, …}으로부터 시작한다. 수학적 관례에 따라 우리는 이 서수를 ω라고 표현한다. 이제 이 집합을 그 자체가 완전한 전체라고 생각해 보자. 그렇게 한다면, 이 집합에 1을 더해서 새로운 집합 {1, 2, 3, …, 1}을 형성하는 것을 생각할 수 있다. 이 집합의 서수는 ω+1이다.[21] 이 집합에 하나를 더하면 또 다른 집합 {1, 2, 3, …, 1, 2}을 새롭게 만들 수 있고 그 서수는 ω+2이다.

우리가 이 과정을 지속하게 된다면 커져가는 복잡한 무한 집합의 전체 단계를 생성할 수 있다. 예를 들면, 우리가 자연수 집합에 자연수 집합을 더하게 되면, 집합 {1, 2, 3, …, 1, 2, 3, …}을 얻게 되며 그 서수는 ω+ω가 되며 $\omega \cdot 2$로 표현한다. 이로부터 계속 진행하면, $(\omega \cdot 2)$+1, $(\omega \cdot 2)$+2, $(\omega \cdot 2)$+3, 등으로 진행되며 $\omega \cdot \omega$까지 도달되어 ω^2으로 표기한다. 다시 이 집합에 계속 더하여 ω^3, ω^4 등으로 이어진다. 이것은 그 목표 ω^ω으로 향하지만, 여전히 역시 더 많이 있고 사실 무한히 더 많이 있다. 우리는 기하급수적 힘(exponential power)의 무한한 연속을 생각할 수 있으며 ω를 무한 배의 ω로 올릴 수 있다. 더욱더 놀라운 것은 이러한 모든 초한 집합들의 요소들이 자연수 집합, {1, 2, 3, …} 요소들과 일대일로 대응될 수 있다는 것이다. 이것이 의미하는 것은 이 모든 집합들이 서수에 있어서는 다를지라도 번호 매길 수 있게(denumerably) 무한하다는 것이다. 즉, 이들은 동일한 기수, $\aleph_0$를 갖고 있다. 수학자들은 이러한 사실을 다음과 같이 표현한다. 즉, ω+$\omega \neq \omega$라는 것이 참일지라도, $\aleph_0$+$\aleph_0$=$\aleph_0$이다. 분명히 무한대가 따르는 규칙들은 유한 집합이 따르는 규칙과 유사하기도 하고, 다르기도 하다.

그러나 여전히 더 많은 놀라움이 있는데, 왜냐하면, 우리는 이를테면, 그것의 "무한"이 너무 커서 이러한 집합들과 일대일로 대응시킬 수 없을 정도의 집합을 생각할 수 있기 때문이다. 즉 이들은 "셀 수 없는 무한"이다. 칸토어는 1874년 실수(real number)의 집합에 대해 이것을 입증하였다.[22] 실수는 직선의 점들과 일대일로 대응시킬 수 있기 때문에 칸토어는 실수 집합의 기수를 "연속체의 힘"(the power of the continuum)이라 하였고 이를 흔히 문자 c로 표현하였다. 보여 주는 것은 쉽지만, 어떤 길이의 선에서도 점의 개수가 동일하다는 것은 놀라운 것이다. 실제로 놀라운 것은 하나의 평면에서 점의 집합과 하나의 선에서 점의 집합 간에 일대일로 대응이 있다는 것이다. 왜냐하면, 우리는 평면이 무한히 선보다 클 것이라고 생각할 수 있기 때문이다. 그래서 칸토어는 이 결과를 3차원 공간에 있는 점들로 확장시켰고, 차원들의 모든 수의 차원 공간에도 확장시켰다. 모든 이런 수학적 대상들, 선, 면, 부피, 4차원 이상의 부피 등이 동일한 기수 c를 가지고 있다.

이에 대한 증명은 이 장의 범위를 벗어날지라도, 우리는 더 나아갈 수 있다. 칸토어는 우리가 $\aleph_0$, $\aleph_1$, $\aleph_2$ 등, 그리고 $\aleph_\omega$까지 나아가는 초한 기수들의 전체 연속을 구성할 수 있다는 것을 보였다. 그러나 비록 우리가 $\aleph_{\omega+1}$, $\aleph_{\omega+2}$, $\cdots$, $\aleph_{\omega^\omega}$, $\aleph_{\aleph_0}$ 등을 생각할 수 있다 해도, 심지어 이것조차 끝이 아니다. 우리가 구성할 수 있는 무한대의 종류에 끝이 있을 수 없다. 동시에 이러한 무한 집합들은 유한 집합들과 중요한 특징을 공유하고 있는데, 제아무리 복잡해 보여도, 무한대의 초한 형태들은 적어도 구성함에 의해 생각될 수 있기 때문이다. 따라서 우리는 칸토어가 그러한 것들을 "초한"이라고 부르는 이유를 이해하기에 더 좋은 위치에 있다.

우리는 또한 어느 정도 마지막 단계를 취하고, 심지어 초한 수 너머 무엇이 존재하는지 생각할 준비가 되어 있다. 칸토어는 그것을 "절대 무한"(Absolute Infinity)이라고 하였으며, Ω로 표현하였다. 어떤 의미에서 절대 무한은 생각할 수 없는 것이다. 그것은 이성적 이해를 넘어서 있다. 그러나 다른 면에서 우리는 Ω에 대해 무엇인가를 알 수 있다. 즉, 그것이 일관성 있는 수학적 개념으로서 존재하고 있다는 것이다. 우리는 심지어 그것의 성질에 대해서도 무엇인가를 알고 있다. 이 외관상 모순을 이해하기 위해 그 역을 생각해 보라.[23] Ω는 개념화될 수 있다고 가정하자. 그렇다면, 오직 Ω만의 특성 P가 있어야 하고, 특성 P를 갖는 유일한 수로서 Ω를 생각할 수 있다. 이제 Ω를 개념화될 수 없게 하기 위해서는 우리는 Ω와 어떤 초한 서수(transfinite ordinal)가 모든 특성 P를 공유한다는 것을 규명해야 한다. 만약 그렇다면, Ω에는 고유하지만, Ω와 어떤 초한 서수 둘 모두가 공유하지 않는 그러한 특성 P가 없다는 것이다. 따라서 우리는 Ω의 특성 P를 알 수 있는데, 왜냐하면, 모든 생각할 수 있는 특성 P를 어떤 초한 서수가 공유하기 때문이다. 그러나 이 때문에 우리는 Ω를 초한 서수로부터 완전히 구분할 수 없다. 왜냐하면, 우리는 결코 초한 서수와 공유하지 않는 특성 P를 가지고 있는 Ω를 기술할 수 없기 때문이다. 본질적으로 우리는 결코 Ω를 초한 서수와 구분할 수 없다. 우리는 결코 어떤 초한 서수가 아니라 Ω를 생각하고 있는지 알 수 없다. 요약하면, 우리는 결코 Ω만을 생각할 수 없다. 따라서 Ω 자체를 결코 생각할 수 없다. Ω는 결코 고유하게 특징지어질 수 없기 때문에, 혹은 역시 무한이라 하더라도 절대 무한보다 더 낮은 차수의 무엇인 어떤 것과 완전히 구분될 수 없기 때문에, Ω를 생각할 수 없다. 칸토어의 무한대의 끝없는 형태들인 초한 수들이 절대 무한 Ω를 지향해 가지만, 결코 거기에 도달하지 못한다. 왜냐하면, Ω는 모든 이해를 넘어서 있기 때문이다. 이러한 주장을 흔히 "반사 원리"(the Reflection Principle)라고 한다.[24]

끝으로 칸토어는 무한에 대해 세 겹의 특징을 설정하였다. 신에서 실현되는 절대 무한과 수학과 자연에서 일어나는 초한 수들이 그것이다. 루디 루커는 다음과 같이 칸토어를 인용했다.

"실제 무한은 세 가지 맥락에서 생겨난다. *첫째*, 가장 완벽한 형태로, 즉 완전히 독립적인 다른 세계의 존재 안에서, 신 안에서(in Deo) 실현될 때 나는 그것을 절대 무한, 단순히 절대라고 부른다. *둘째*, 그것이 우발적 창조된 세계에서 실현될 때. *셋째*, 마음이 수학적 규모, 숫자, 질서의 형태로서 추상적으로 그것을 파악할 때이다. 나는 절대와 내가 초한이라고 부르는 것, 즉 분명히 한계가 있고, 더 증가하려는 경향이 있고, 유한과 관련되는 마지막 두 종류의 실제 무한들 사이에 뚜렷한 대비를 두고 싶다."[25]

우리는 아래에서 수학에서의 절대와 신 사이의 관계에 대한 질문을 계속 추구할 것이다. 그러나 우선 수학과 세상에서의 실제 무한에 대한 칸토어의 주장에 관하여는 어떻게 할 것인가? 이 질문은 이 장의 주제로 이끌게 되는데, 만약 실제 무한이 수학이나 또는 자연에서 발생한다면, 그것은 유한과 무한의 구분에 도전하는 것으로 보이기 때문이다. 전통적으로, 그러한 구분은 신학과 철학에 있어서 앞서가는 방법들 중 하나로 기여해 왔는데, 그러한 방법에 의해 우리는 세상을 창조된 것으로, 그리고 신을 그것의 창조주로 묘사할 수 있었다. 달리 말하면, 신을 창조물과 구분하는 것이다.

3. 실제 무한은 수학과 우주과학에서 사리에 맞는가?

칸토어가 실제로 세상이 무한하다고 믿는 것이 맞는 것인가? 이 질문과 함께 우리는 이 장의 중심 쟁점 중 한 가지를 들추어낸다. 우선, 수학자들은 일반적으로 무한이 수학에서 지속적이고 일관성 있는 개념이라는 칸토어의 주장에 동의하는가? 다음에 우주과학자들은 우주가 크기가 무한하고 영원히 지속될 것이라고 생각하는가?

A. 현대 수학의 혼합된 반응

사실 많은 현대 수학자들은 칸토어의 이론들은 유효한 것으로 받아들이지만, 초한 수를 수학을 벗어난 영역에 적용하는 것은 반대한다. 최근 이 문제를 조사한 윌리암 래인 크레이그는, "실제 무한이 수학 영역에서 풍요롭고 지속적 개념일지라도, 그것이 수학의 세계로부터 실재 세계로 변역될 수 없다. 왜냐하면, 그 변역은 반직관적 불합리를 포함하기 때문이다"라는 주장을 지지한다. 이러한 견해를 지지하면서 그는 볼차노를 인용했다.

그는 모든 "절대 명제와 진리" 집합 같은 무한 집합은 수학의 영역에만, 혹은 "실재를 주장하지 않고 그 가능성조차 주장하지 않는 것들의 영역"이라고 볼차노가 부른 것에만 존재한다고 주장했다. 볼차노에 의하면, 유일하고 실재하는 실제 무한은 신뿐이다. 크레이그의 이 견해에 대해 로빈슨, 프랜클, 아비안, 허비, 힐버트 등도 추가로 지지했다.[26]

이 문제를 한 단계 더 끌고 가서 크레이그는 칸토어의 초기 발견 이후 수십 년간 그의 이론을 둘러싼 문제들을 기술하면서, 이 문제들이 수학 영역 내에서조차 실재 무한의 존재에 대한 "순진한" 견해를 약화시켰다고 결론 지었다. 크레이그는 자신의 주장을 설명하기 위해, 우선, 수학적 집합들의 존재론적 상태에 대한 네 가지 철학적 해석을 이야기한다. 1) 플라토니즘(실재론): 집합은 실제 존재를 가지고 있다. 수학은 무한을 발견하지만 창조하지는 않는다. 2) 유명론: 집합도 그 안의 포함된 수들도 이 세상에 존재하는 실재가 아니다. 3) 개념론: 집합과 수들은 수학자들의 정신에서 창조된 정신적 대상이지 물질적 대상이 아니다. 4) 형식주의: 수학은 실재 세계의 실체들을 계산하는 일관된 방식일 뿐이며 그 이상 아무것도 아니다. 그리고 나서 그는 칸토어의 이론에 대해 제기된 문제들을 기술한다. 브랄리–포르띠의 이율배반, 칸토어의 이율배반, 러셀의 이율배반 등이다. 크레이그에 의하면, 이러한 이율배반들은 집합 이론(논리주의, logicism), 공리주의(公理主義, axiomatization), 그리고 직관주의(intuitionism)의 중대한 수정을 강요했다. 가장 중요한 것은 그들이 플라톤주의자/실재론자 해석을 약화시켰지만 다른 해석들에 대해서는 그렇지 않았다는 것이다. 크레이그의 관점에서는, "실재 무한의 수학적 존재조차도 도전을 받지 않은 적이 없고 따라서 당연하게 여겨질 수가 없다. 따라서 우리는 실재 무한이 존재할 수 없다고 결론짓는다".[27] 그러나, 물리학과 우주론으로 가보면, 다른 답이 기다리고 있다.

B. 빅뱅 우주론에 따르면, 그럴 가능성이 크다

우리는 우선 말이 난 김에 현대 물리학은 무한들로 채워져 있다는 것에 주목해야 한다. 고전적 장(場)들조차 그 장을 만드는 원인이 있는 곳에서는 무한하며, 양자 장들은 놀라운 종류의 다양한 무한들을 수반한다. 즉 무한 진공 에너지, 실험으로 얻은 자료들과 일치시키기 위해 재구격화를 요구하는 양자장 이론에서의 무한 전하와 질량; 물질/반물질 쌍들의 끝없는 생성과 소멸; 입자가 상호 작용할 때에 교환되는 입자들의 수와 종류들의 무한함 등이다. 아마도 이들은 모두 엄격한 수학적 책략들, 물리 이론의 잠정적 특성의 증후들, 미래 이론들의 개선으로 제거될 문제들이다. 아마도 그렇지 않을 수도 있다. 물리학에서 무한 상태에 대한 의문은 엄청나다.

그러나 여기서 우리는 특별히 우주론이라는 주제로 되돌아가는데, 아인슈타인의 일반 상대성 이론에 의하면, 공간과 시간은 물질이 우주 주위를 움직이면서 그 물질에 의해 팽창된 탄력적 연속체처럼 휘어져 있다. 동시에, 움직이는 물질의 궤도가 그 안에서 물질이 움직이는 시공간의 휘어짐에 의해 모양을 갖추게 된다. 그러나 우주 자체를 생각할 때 우주 이야기가 가장 놀라운 것이 된다. 빅뱅 우주론에 의하면, 우주는 시간의 시작으로 또는 t=0로 기술되는 대략 150억 년 전의 그 기원으로부터 팽창하고 있다. 이 초기 사건은 진정한 "특이성"이며, 무한 밀도, 무한 온도, 제로 크기로 특징지어지는 시공 점이다. 그러나 이것이 진짜 최초 순간 t=0에서 있었던 자연의 기술인가? 아니면 미래 이론들에 의해 극복될 수학의 기벽인가?[28]

빅뱅 우주론은 우주를 다음의 둘 중 하나로 기술한다. i) 삼차원 구형의 형태로 크기가 유한하며 시간에 따라 변하는(초기에 팽창하고 나중에 수축하는) 닫혀 있는 우주, ii) 삼차원 말안장 모양을 하고 크기가 무한하고 영원히 팽창하는 열려 있는 우주. 우주의 이러한 모습에 대해서는 어떠한가? 실제 그러한가? 그래서 우주는 실제 무한한가? 아니면, 그들도 수학의 위조된 산물이며 실재하는 자연과 무관한 것인가?

분명히 초기 특이점 t=0는 결국에 우주가 무한한 과거를 가지고 있다는 어떤 묘사에 의해 대체될지도 모른다. 예를 들면, 급팽창 우주론의 어떤 형태에서는 t=0의 문제가 원래의 빅뱅 설명에서의 문제들과 함께 극복되었는데, 기술적 의미에서 t=0의 존재는 "결정될 수 없는" 것이고,[29] 프레드 호일의 정상 상태 모형의 궤적을 추종하는 몇몇 진행 중인 제안들에서는 t=0가 없다.[30] 그리고 t=0의 존재는 스티븐 호킹의 책『시간의 역사』에서 인기를 누리게 된 양자 중력에 대한 사변적 접근에 근거한 다양한 양자 우주론의 정식에서도 없다.[31] 이것이 현대 우주론에서 우주의 "유한한 나이"에 대한 신학적 중요성을 약화시키는 것인지는 여전히 논란거리다. 여기서 우리의 목적을 위해 더욱 흥미로운 것은 우주가 열려 있는지 아니면 닫혀 있는지에 대한 문제이다. 즉, 우주는 영원히 팽창하여 식게 되는가 아니면 다시 처음 모습으로 수축되어 무한 밀도의 불덩이로 되는가? 두 가능성 모두 여전히 급팽창 우주론과 양자 우주론에서 유지되고 있다. 우주의 초기 순간 이후, 양자 모형은 표준 빅뱅 시나리오로 인도할 수밖에 없다. 오늘날까지 대부분의 천문학적 근거들은 우주가 열려 있다는 것을 시사한다. 우주가 공간적으로 무한하다는 것은 무엇인가?

실제 이 주장으로 더 많은 문제가 제기된다. 우선 첫째로 그러한 우주가 공간적으로 무한하더라도, 여전히 시간 안에서 팽창하고 있다. 우주 공간에 떠다니는 표시들이 서로 떨어져서 움직이고 있지만, 끝없이 드넓은 공간에 무한한 표시들이 있다. 또 둘째로 닫힌 구형 모형과 달리, 열린 모형의 기하학은 유크리드 공간에서 구현될 수 없다. 이것이 의미하는 바는 닫힌 모형은 정확도의 많은 손실 없이 삼차원 구형으로 그려질 수 있지만, 열린 모형은 실제로 삼차원의 안장 형태로서 그려질 수 없다. 공간의 각 점에서 휘어짐이 안장 같은데, 각 점에서 공간이 휘어지는 방식은 시공간으로부터 벗어나 돌출한다. 그것은 비록 지도의 등고선이 왜곡을 시사한다 하더라도, 이차원의 지정학적 지도로부터 멀리 뻗어나가는 삼차원의 산과 같은 어떤 것이다. 열린 우주에 대한 언어는 부정 논리적이며, 닫힌 우주에 대한 언어는 긍정 논리적이다. 누가 짐작이나 했었을까?

이 모형은 무한의 상태와 신의 무한성에 대한 이해와의 관계에 대하여 무엇을 말하고 있는가? 다음의 마지막 절에서, 무한대의 수학에 대한 칸토어의 놀라운 업적에서 얻어진 것과 더불어, 우리는 이 문제로 돌아간다.

4. 신의 무한성에 대한 이해를 풍요롭게 함. "드러내는 베일"

우리는 많은 영역을 다루어 왔지만 단지 수박 겉핥기식으로 지나갔을 뿐이다. 앞으로 엄청난 양의 연구가 기다리고 있다. 아마도 영원히 이어질 것이다. 그러나 이러한 초기 진출을 하고서도, 우리는 그 과정에서 발견한, 더 많이 생각할 가치가 있는 어떤 주옥같은 것들을 긁어모을 수 있다. 그렇게 하기 위해 우리는 무한에 대한 우리의 최초의 토론을 회상할 필요가 있다. 거기서 나는, 초기 그리스도교 세계가 무한의 의미를, 무제한의 무질서 혹은 괴롭히는 궁핍 등을 포함하는 부정적 의미에서, 궁극적 실재, 존재의 근거, 최고 선, 세상의 원천 등을 제안하는 긍정적 의미로 완전히 탈바꿈시키는 데 도움을 주었다고 하였다. 그러나 동시에, 신학자들은 유한과 온전히 다르고 그것에 대비되는 무한 사이에 고대 그리스의 구분(그리스어로 *아페이론*, apeiron)을 유지시켰다. 따라서 신이 무한하다고 말하는 것은 실제로 우리는 신을 이해할 수 없다고 말하는 것이다. 초기 교회가 그리스 철학 문화로부터 물려받은 이러한 구분은 수 세기 동안 신에 대하여 이야기하려던 그리스도교 신학에서 지배적이었다. 우리는 이것을 신학자들의 부정 논리와 긍정 논리의 구분에서 명확히 알게 된다. 우리는 부정 논리, 즉, 우리가 얼마나 보이지 않고 이해할 수 없는 신비로운 신에 대해 조금 알고 있는지를 인정함으로써 시작한다. 그리고 나서 우리는 긍정 논리로 움직인다. 즉, 우리는 신에 대해 알고 있는 무엇인가를 표현하려 애쓴다. 신은 알려지기를 원하고 우리가 아는 것은 신의 사랑, 보살핌, 목적, 자비 등이라는 것이다.

게다가, 무한이란 용어는 이러한 역사에서 중요한 역할을 하게 된다. 이 용어는 거의 전적으로, 부정 논리와 긍정 논리의 엄격한 차이를 표현하기 위해 사용되어 왔다. 신은 무한하고 우리는 유한하다. 신은 우리 이상이고 우리와 같지 않으며, 전적으로 다르다. 신이 무한하다고 이야기할 때 우리는 부정 논리적인 무엇인가를 의미하려 한다. 신은 초월해 있고 불가사의하고, 알려진 것, 유한한 것, 우리가 아는 세상과 전적으로 다르다.

따라서 우리가 유한한 세계라고 생각하는 것의 어떤 특성이 실제 무한하다고 드러나면, 그것은 신에 대한 우리의 이해에 도전하는 것처럼 보일 것이다. 그 세상이 *신이 되어서* 범신론으로 인도하든가 아니면 그 세상이 무한하고 그 자체로 최대의 설명이 되며 *신이 필요 없어서* 무신론으로 인도한다. 세계의 한계성의 중요함은 그것이 불신앙에 대한 결정적 방어라는 사실뿐 아니라 창조와 창조주 사이의 그리스도교적 구분, 혹은 더욱 일반적으로, 창조주-피조물의 관점에서 신과 세계의 관계에 대한 그리스도교적 정의의 핵심 요소가 된다는 사실에 있었다.

간단히 말해, 이것이 의미하는 것은 무한한 우주는, 영원으로부터 영원히 존재하든지 무한한 크기를 갖든지, 그리스도교 신앙에 도전하는 것처럼 여겨진다는 것이다. 빅뱅 이론의 한 모형이 크기가 무한한 개방형이고 영원히 존재하리라는 것이 인정되면, 빅뱅 이론이 마치 그리스도교 신앙에 도전하는 것으로 여겨질 것이다.

물론 이렇게도 반응할 수 있다. 우주가 실제 영원하다면, 이것은 단순히 우리가 우리의 신개념을 조정할 필요가 있고, 우리의 전통적 신개념이 너무 작으며, 신은 실재 무한한 우주보다 더욱더 무한하다는 것을 의미한다. 이러한 경우, 절대 무한과 단지 초한에 대한 칸토어의 통찰이 도움이 될 수 있다.

대신에, 이렇게 반응할 수 있다. 신학에서 무한의 의미가 너무 모호하다. 따라서 우주론에서의 무한의 의미에 대해 직접적으로 이의를 제기할 수 없다. 티모티 페닝스는 신학에 대한 수학의 무한대의 함의를 알고 있었지만, 그 용어의 애매함을 아주 잘 조명하였다.

신이 무한하다고 하는 것은, 로크처럼 신이 어디에나 계신다는 속성을 말하는 것일 수 있고, 아퀴나스처럼 신의 존재에 대한 절대 선언을 하는 것일 수 있으며, 웨일처럼, 인간 속성과 신의 속성을 대비시키는 것일 수 있고, 아우구스티누스처럼, 신의 지식을 자연수의 집합에 연결시키는 것일 수 있고, 또는 칸토어처럼, 신의 마음과 절대 무한을 연결시키는 것일 수 있다.[32]

그러나 이 장의 주장은 이러한 애매함이 있을지라도, 과학자, 철학자, 신학자들이 무한을 사용하여 온 방식에 있어서 역사적 연속성이 있으며, 그 많은 의미들을 관통하는 공통된 끈이 있다는 것이다. 우주론으로부터의 도전을 피할 수 없게 하는 공통된 끈이 있다. 적어도 그 도전은 용어의 애매함에 의지하여 전적으로 희석될 수 없는 것이다.

이제 우리는 수학에서의 무한의 복잡성에 대한 칸토어의 발견의 근본적 중요성을 평가하고, 그러한 것들을 적어도 유추에 의해 우리 문제에 적용할 위치에 있다. 우리가 이러한 것들을 미래에 추구해 가면서, 우리는 분명히 위에서 언급한 집합론에서의 이율배반으로부터 제기되는 심각한 문제들을 고려해야 할 것이다. 내가 이러한 점도 강조하지만, 또한, 나는 이러한 문제들이 담론의 신학적 영역에서 유추에 의한 칸토어의 업적을 사용하는 것을 배제하지는 않는다는 것을 강조하고 싶다. 내가 주장할 것은 칸토어의 업적은 우리가 여러 영역을 넘나들 때에 적어도 유추에 의해 창조주로서의 신의 의미를 강화시키고, 창조주 신에 대한 믿음 선포에 새로운 통찰과 에너지를 부여한다는 것이다. 이것을 알아보기 위해, 우선 수학을 둘러보고 그다음에 우주론을 둘러보자.

A. 수학: 초한은 드러내는 베일

수학에서의 반사 원리는 절대 무한에 대해 우리가 알고 있는 것과 모르고 있는 것 사이에 대단히 흥미로운 연관성이 있음을 암시하다. 신학적 언어에서, 반사 원리는 동떨어져 있었을 것, 부정 논리와 긍정 논리를 결합시키고 혹은 부정과 확언의 방식을 결합시키고 있다고 말할 수 있다. 이것만으로도 놀라운 것이다.

우리는 수학의 절대 무한을 이해를 넘어선 것이라고 정의함으로써 칸토어로부터 시작한다. 절대 무한은 스스로 무한하지만, 완전히 이해될 수 있는 초한 수, 즉, 그 특성이 정식으로 기술될 수 있는 초한 수의 끝나지 않는 단계를 넘어서 있다. 이제 우리가 절대 무한이 이해를 넘어서 있다고 보증하는 길은, 그것이 그렇지 않다면 우리는 그것을 분명하게 서술할 수 있고, 그것을 서술함으로써 그것을 이해할 수 있다고 주장하는 것이다. 그것을 서술한다는 것은 그것만이 가지고 있는 최소한의 한 가지 특성을, 그리고 그러한 특성을 공유하고 있는 초한으로부터 그 특성을 가려낼 수 있도록 하는 그러한 특성을 언급하는 것이다. 따라서 우리는 이것을 뒤집고 반사 원리를 경유하여, 절대 무한의 모든 특성들이 초한에 의해 공유됨이 확실하다고 주장한다. 이것만이 절대 무한은 독특하게 서술될 수 없으며 따라서 이해될 수 없다는 것을 보증한다. 이러한 특성들 중 어느 것도 그 자체에 유일무이할 수 없기 때문에 우리는 결코 그 고유한 특징을 거론하면서 분명하게 그것을 들먹일 수는 없다. 이런 면에서 절대 무한은 서술될 수 없고 이해될 수 없다.

그러나 다시, 이것이 의미하는 것은 사실 우리가 절대 무한에 대해 무엇인가를 알고 있다는 것이다. 절대 무한이 소유하고 있는 모든 특성들은 초한의 특성들과 함께 공유되어야 하고 그들을 통해 우리에게 드러나야 한다. 이런 면에서 절대 무한은 인식할 수 있고 이해될 수 있는 것이다. 그 특성들의 하나하나는 적어도 하나의 초한 수에서 발견되어야 한다. 절대성은 상대 무한, 혹은 초한 무한에 의해 드러나지만, 이러한 드러남을 통해 그 절대는 숨겨져 있고, 말로 표현될 수 없고, 이해될 수 없는 채 남아 있다.

이것을 설명하는 또 다른 방법은 절대 무한의 이해 불가능성이 그것의 부분적 이해 가능성에 의해 드러난다는 것이다. 우리가 절대 무한에 대해 알고 있는 것은 모든 상대 무한에 의해 공유되는 부분적 지식 이상이 될 수 없다. 절대 무한에게 진정으로 유일무이한 것은 결코 드러나지 않으며 영원히 숨겨져 있다. 우리가 절대 무한에 대해 알고 있는 것은 영원히 우리의 지식 너머에 있는 것을 가리는 베일을 형성한다. 그러나 절대 무한에 대한 어떤 것은 절대 무한을 숨기고 있는 베일 안에서 보여지는 것을 통해 드러난다. 우리는 초한에 대한 끊임없는 발견의 고리를 통해 끊임없이 더욱더 많은 것을 배우게 되며, 결코 완전히 알려질 수 없는 것에 대한 더욱더 많은 지식을 향해 끊임없이 움직인다.

이해 가능성과 이해불가능성에 대한 상호 공유와 상호침투의 상황이, 단지 유추에 의한 것이라 해도, 우리가 굶주리고 목말라하는 신에 대한 우리의 지식에 탁월하게 잘 적용된다고 보인다. 한편으로 우리는 신은 이해를 넘어 존재하는, 말로 표현될 수 없는 절대 신비라고 확언하기를 원한다. 그렇지만 우리는 이러한 신을 창조주이며 구세주로 알 수 있다고 확언하기를 원한다. 어떻게 이렇게 할 수 있을까? 신학적 반응은 수학적 반응과 거의 정확하게 유사하다. 신의 이해불가능성은 부정 논리 전통이 제시하는 것처럼 신의 무한성을 포함하고 있다. 그러나 반면에 긍정 논리 전통이 제시하는 것처럼, 이러한 신은 우리에 의하여 알려지기를 지향하고 또한 우리를 알기를 지향한다. 알려지는 이 신은 신의 자기 계시와 신의 창조활동의 산물들, 즉 우주를 통해서 우리에게 알려진다.

이제 수학자가 무한을 이해하는 방법과 신학자가 신을 이야기하는 방식이 유사하다는 것이 나타난다. *나는 이렇게 제안한다. 절대 무한으로서의 신은 바로 신이 창조한 모든 것을 통해서 신의 모든 속성들을 우리와 공유함으로써 숨겨져 있다.* 수학에서의 절대 무한은 바로 자신의 모든 특성들을 모든 초한과 공유한다는 사실에 의해 감추어져 있다. 수학에서 절대 무한의 이해불가능성은 모든 알려진 무한들 안에 절대 무한이 반영되었다는 것에 의해 보호되고 있다. 따라서 신학적으로, *신의 신비는 신에 대한 우리의 경험 속에서, 또한 신이 창조하고 과학이 발견한 모든 것들의 특성 안에서 계시됨으로써 허락된다.* 다시 한 번 말하면, 절대 무한은 알려진 무한을 통해 알려지지만, 그러나, 그렇게 함으로써 본질적으로 알려지지 않은 채 남겨진다. 신학에서 알려진 신은 알 수 없는 신이다. 신이 우리에게 드러내기로 선택한 것은 긍정 방법이며, 즉 창조주로서의 신, 신의 선함, 사랑, 아름다움 등이며, 하나의 베일이다. 그 뒤에서 신의 실재는 바로 끊임없이 드러나는 것처럼 끊임없이 숨겨져 있다. 신의 자기 드러냄 안에서 신의 숨겨짐에 대한 이러한 신학적 이해를 포착하기 위해 나는 "드러내는 베일"이라는 은유를 만들어냈다.

수학과의 유비가 또한 우주론과 직접적인 연관을 갖는다.

B. 우주론: 자연의 무한은 드러내는 베일

현대 우주론에 의하면, 우주가 열려 있다면, 그 실제 크기가 무한하고 영원히 팽창하게 될 것이다. 우주의 크기가 무한할 수 있다는 제안은 신에 대한 순진한 모든 견해에 도전하는데, 신에 대한 순진한 견해란 신이 존재하는 모든 것의 근거와 원천과 운명이 아니라, 어떻게든 지구 상의 관심거리에 한정되어 있는 신이거나, 실제로 단지 초-존재라는 것이다. 이 신이 볼 수 있는 부분만 해도 수십억 광년에 달하는 크기의 우주의 신이 되려면, 빅뱅의 신은 적어도 무한 존재, 무한 힘, 무한 자비의 관점에서 사유되어야 한다.

그러나 이것이 다른 방향으로 기울어져서 어떻게든 신과 우주의 구분을 손상시키지는 않을까? 심지어 신의 존재를 지지하는 주장을 약화시키지는 않을까? 범신론자들이나 무신론자들이 그렇게 믿는다 해도, 반대로 나는 이러한 사실들이 신의 의미 이해를 강화시킬 것이라고 믿는다. 이에 대해 두 가지 이유가 있다.

우선, 과학의 모든 방법과 가정은 우리로 하여금 우주를 우발적인 것으로 보게 하며, 다시 그 자체를 넘어서 그리고 과학적 설명을 넘어선 우주의 근원에 대한 의문을 야기한다.[33] 과학은 유신론의 방향으로 안내하고 범신론과 무신론으로부터 멀어지게 한다. 따라서 우주의 실제 무한(우주가 열려 있다면)과 아울러 범신론자들이나 무신론자들이 원하는 신의 존재나 혹은 비존재 사이의 논쟁은 우주에 대한 더욱 확장된 과학적 이해 안에서 틀이 잡힌다. 그러나 이러한 과학적 이해는 언제나 우주가 우발적이라는 것을 당연시하게 되고, 우주의 우발성은, 우주가 창조되었다고 말할 때, 정확히 신학이 지적하는 것이다. 이리하여 우주의 우발성은 창조주 신의 개념으로 인도한다.

둘째 이유는 수학에서 반사 원리에 대해 우리가 이야기했던 것으로부터 시작한다. 이번에는 반사 원리를 과학적 우주론의 맥락에 적용한다. 무한하고 열려 있는 우주는 신의 무한한 속성의 의미에 대해 무엇인가 중요한 것을 드러내는가? 수학적으로 우주의 무한은 절대적일 수 없고 초한적일 수밖에 없다. 이것은 아인슈타인의 방정식에 의해 수학적 형식에 의해 구체화될 수 있기 때문이다. 그러나 이제 우리는 반사 원리를 역으로 적용하여, 알려진 무한으로부터 알 수 없는 절대 무한으로 나아간다. 즉, 반사 원리에 따라 초한 우주의 수학적 특성들은 절대 무한으로서의 신에 의해서 공유될 수밖에 없다. 그러나 초한으로서의 우주는 신의 절대 무한 안에서 신과 절대 혼돈되지 않는다. 따라서 우주의 시간적 그리고 공간적 무한은, 그 자신의 원천인 신의 무엇인가 중요한 것을 드러내는 한편 동시에 신을 숨기고 또한 알려지지 않고 이해 불가능한 채로 남겨둔다.

따라서 우주론과 수학에서 무한성의 미묘한 속성에 대한 발견을 통해, 우리는 신이 자연을 통해 창조자로서 드러내지며 알려지는 만큼 그 같은 신이 자연에 의해서 숨겨지고 가려진다는 믿음에 대하여 좀 더 깊이 이해하게 된다. 캔터베리의 안셀무스(1033-1109)가 신에 대한 아주 심오한 통찰을 제시하였을 때, 확실히 우리를 올바른 방향으로 안내했던 것이다. "신은 우리가 생각할 수 없는 것보다 더 큰 그런 분이시다."[34]

5. 결론

우리가 보아 온 것처럼, 칸토어의 업적은, 무한에 대한 인간의 사유를 통해, 우리가 말할 수 있는 것과 말할 수 없는 것에 대한 문제를 끄집어낸 것이다. 무한에 대한 지난 수 세기 동안의 생각을 넘어서, 칸토어는 우리에게 수학에서의 절대 무한은, 그가 발견했고 우주에서 구체화될 수 있는 초한 무한의 무한한 단계조차 전적으로 초월한 것임을 우리에게 보여 주었다. 그러나 절대 무한은 초한을 통해 드러나고 알려진다. 그것은 마치 우주에 대한 과학과 수학의 발견들이 그 스스로, 그것의 궁극적 원천이 이해될 수 없는 신이라는 지평과 실재들을 가리키고 있는 것처럼 보인다. 우리는 그들의 중대한 한계를 알고 있더라도 이러한 신호들을 따를 것인가? 아니면, 과학에 황홀해 하고 더 이상의 이 위대한 탐험을 멈출 것인가?

나는 다시 한 번 조개껍데기를 들고 있는 뉴턴을 생각한다. 그는 그렇게 어렵게 연구한 과학을 얻었지만, 그 너머 끝이 없고 측정할 수 없는 신비가 있다는 것을 가까스로 깨달았다. 나는 또한 초기 신학자들의 겸허함을 생각한다. 그들은 우리가 신에 대해 이야기하려 애쓸 때, 우리는 단지 이해 불가능한 신비, 무한성의 베일을 통해 억누를 수 없는 광채로 빛나는 신비의 광대한 배경 안에서 반짝이는 희미한 깨달음으로부터 말한다는 것을 알고 있었다.

■ 주석

1 이 글은 다음 책에 동일한 제목으로 발표된 원래의 논문을 약간 수정한 것이다. *How Large is God? The Voices of Scientists and Theologians*, John Marks Templeton, ed. (Philadelphia: Templeton Foundation Press, 1997).

2 우리는 이것을 다음과 같이 주장함으로써 더욱더 형식을 갖추어 표현할 수 있다. 과학적 방법은 신학적 방법처럼 가설들에 의해 잠정적으로 유지되고, 사실로 여겨지며, 자료에 의해 검증되며, 그리고 공동체의 합의에 의해 받아들여지든가 아니면 거부되는 절차를 따른다. 종교적이든 과학적이든 모든 진정한 지식은 거대한 어둠 속에서 마침내 빛나는 작은 불빛이다. 즉, 모름을 비추는 앎이다.

3 David Brewster's *Memoirs of the Life, Writings, and Discoveries of Sir Isaac Newton*, 2 vols, 1st edn (Edinburgh: T. Constable, 1855) vol. 2, chapter 27.

4 오웬 토마스가 지적한 것처럼, "무한이 성경 개념이 아니라 하더라도, 그 다양한 의미들은 성경을 통해 신에 대해 넌지시 나타나는 것이다". 무한은 언제 어디서나 존재하는 신, 무제한의 권능과 지식의 신을 포함한다. 그는 다음의 성경을 인용한다. 신명 33,27; 시편 90,2.4; 시편 139,7-12; 시편 147,5; 욥 38-41; 이사 40,8; 이사 51,6; 로마 1,20; 1티모 1,17; 1베드 5,10. 전통적으로 신이 무한하다는 개념과 신이 인격적이라는 개념의 조화가 어렵다. 다음의 글을 보시오. Owen C. Thomas, *Theological Questions: Analysis and Argument* (Wilton: Morehouse-Barlow, 1983), 38.

5 읽기 쉽고 통찰력 있는 입문으로 다음의 글을 추천한다. Rudy Rucker, *Infinity and the Mind: The Science and Philosophy of the Infinite* (New York: Bantam Books, 1983), and William Lane Craig and Quentin Smith, *Theism, Atheism and Big Bang Cosmology* (Oxford: Clarendon Press, 1995). 현재 논문과 공통된 주제들을 조사한 논문에 대해서는 다음 글을 보시오. Timothy J. Pennings, "Infinity and the Absolute: Insights in Our World, Our Faith and Ourselves," in *Christian Scholar's Review* 23.2 (1993): 159-180. 이 세

련된 논문에서 페닝스는 칸토어가 무한과 신학적 전통에 대한 자신의 연구에
대해 느꼈던 중요성을 강조한다. 그는 또한 신의 무한함과 유한과 무한 간의
질적 차이에서의 애매함을 강조한다.

6 Rucker, *Infinity and the Mind*, 3.

7 이 부분은 부분적으로 다음의 글에서 끌어냈다. Rucker, *Infinity and the Mind*, and from Craig and Smith, *Theism*.

8 나는 다음의 문헌을 사용하고 있다. *The Basic Works of Aristotle*, edited by Richard McKeon (New York: Random House, 1941). 아리스토텔레스는 자기 이전의 사람들처럼, 무한을 부정적 특성, 즉, 무엇인가 부족한 것으로 간주함으로써 시작했다. "무한의 본질은 결핍이다." 다음의 글을 보시오. *Physics*, III.7.207b35.

9 Aristotle, *Physics*, III.6.206a26−30.

10 가능하게 여겨지는 유일한 무한은 잠재적 무한이다. 끊임없이 나누어지고 더해질 수 있으나, 결코 완전히 무한으로서 현실화 될 수 없는 어떤 것이다. 다음의 글은 보시오. Aristotle, *Physics*, III.4.204b1−206a8.

11 Aristotle, Physics, III.5.206a5b. 이탤릭체는 원문에 있다. 여기서 다음의 두 가지 아이디어를 구분하는 것이 도움이 된다. 1) 모든 수 n에 대해서, 또 다른 수 n+1이 존재한다. 그리고, 2) 모든 수 1, 2, 3, …을 넘어서는 어떤 수 n이 존재한다. 처음 것은 우리가 언제나 일련의 수 1, 2, 3, …에서 더 많은 수가 있고 그리고 따라서 그 시리즈는 잠재적으로 무한(즉 끊임없이 확장되는)하다는 것을 시사한다. 두 번째 것은 전체로서 수의 시리즈를 넘어서는 실제의 수 n이 있다는 것을 시사한다. 실제 무한에 대한 두 번째 개념은 그리스인들에게는 낯선 것이었다.

12 Plotinus, *Enneads*, V.5.11.

13 Augustine, *City of God*, XII.18.

14 Thomas Aquinas, *Summa* (신학대전) Ia.7,2−4.

15 유명한 조치에서, 아우구스티누스는 세상과 함께 시간의 창조를 인정하고, 시간 안에서 세상의 창조를 거부한다. 다음의 글을 보시오. *Confessions*(고백록) XI.13 and *City of God* XI.6.

16 Galileo Galilei, *Dialogues Concerning Two New Sciences*, trans. Henry

Crew and Alfonso de Salvio (New York: Dover, 1954). See "First Day.

17 앞의 책, 33. 우리는 역사적으로 다음의 사실에 주목해야 한다. 이 모순의 기저에는 지속적으로 변하는 양적인 것으로서 시간과 공간의 개념과 그리고 결과적으로 운동하는 물체의 순간 속도를 찾는 문제가 있다. 후자는 뉴턴과 라이프니츠의 미적분학에서 발달한 시간의 무한소 양, dt, 의 개념을 포함한다. 그러한 문제를 피하기 위해 실제 무한의 개념은 "극한"의 개념으로 대체되었다.

18 크레이그는 다음의 글에서 칸토어의 초한 수에 대해 도움이 되는 제안을 하고 있고, 나는 여기서 그 내용을 참조할 것이다. *The Kalam Cosmological Argument* (New York: Barnes & Noble, 1979). 또한 다음의 글을 보시오. "Infinity" by Hans Hahn in James R. Newman, ed., *The World of Mathematics Volume 3* (New York: Simon and Schuster, 1956), 1593–1611; and Rucker, *Infinity and the Mind*, chapters 1, 2.

19 나는 각 집합 안에 있는 요소들을 자연수의 집합 안의 요소들과 일대일 대응시킬 수 있고 각각의 경우에서 기수 "아홉"을 얻을 수 있기 때문에, 동전의 집합과 구슬의 집합을 각각 일대일 대응으로 놓을 수 있다

20 칸토어가 아직 학생이었을 때, 그는 모든 유리분수의 집합(즉, 4/7 같은 두 자연수의 비)은 가산적으로 무한하고, $\sqrt{3}$ 같은 모든 "대수적" 수에 대해서도 동일하다는 것을 발견했다. 이러한 모든 집합들은 동일한 초한 기수 $\aleph_0$를 갖는다.

21 $\omega+1$은 $1+\omega$와 같지 않다는 것에 주목하시오. 후자는 여전히 ω와 같다. 기호 $1+\omega$가 의미하는 모든 것은 끊임없이 취한 요소들에 하나의 요소를 추가했으나, 그러나 전체로서 여겨지는 것은 자연수들의 서수 집합 ω이기 때문에 즉, $1+\omega$는 ω이다. 전자 $\omega+1$이 의미하는 것은 주어진 무한 전체에 즉, {1, 2, 3, …}에 새로운 요소 1을 추가하여 집합 {1, 2, 3,…, 1}을 형성한다. 이것이 의미하는 것은 전체로서 취해진 집합 {1, 2, 3,…, 1}은 전체로서 취해진 집합 {1, 2, 3, …}과 동일하지 않으며 따라서 $\omega+1$은 ω와 동일하지 않다.

22 실수는 자연수, 분수, 그리고 무리수로 구성된다.

23 나는 여기서 루커의 설명을 바싹 따르고 있다. 다음을 참조하시오. *Infinity and the Mind*, 53.

24 루커는 그것을 이런 식으로 표현하였다. "Ω에 의해 향유되는 모든 상상할 수

있는 특성은 또한 몇몇 조합에 의해서도 향유된다. 절대에 대해 모든 상상할 수 있는 특성은 좀 덜한 존재체에 의해 공유된다." 다음의 글을 보시오. Rucker, *Infinity and the Mind*, 53.

25 Georg Cantor, Gesammelte Abhandlungen Mathematischen and Philosophischen Inhalts (Springer‑ Verlag, 1980), 378. 이것은 루커의 번역이다, *Infinity and the Mind*, 10.

26 Craig and Smith, *Theism*, 9–11.

27 앞의 책, 16–24. 내가 실제 무한의 실제적 존재의 문제에 대해 크레이그에 동의하지 않는다는 것이 다음에서 분명해져야 한다.

28 다음의 글을 보시오. Russell, Robert John, Nancey Murphy and C. J. Isham, eds., QCLN (Vatican City State: Vatican Observatory Publications and Berkeley: Center for Theology and the Natural Sciences, 1993).

29 John D. Barrow, *Impossibility: The Limits of Science and the Science of Limits* (Oxford: Oxford University Press, 1998), ch. 6, esp. 181.

30 Fred Hoyle, Geoffrey Burbidge, and Jayant V. Narlikar, *A Different Approach to Cosmology: From a Static Universe Through the Big Bang Towards Reality* (Cambridge: Cambridge University Press, 2000), esp.ch.15, 191.

31 Stephen W. Hawking, *A Brief History of Time ‑ From the Big Bang to Black Holes* (Toronto: Bantam, 1988).

32 Pennings, "Infinity and the Absolute."

33 우리는 과학은 우주가 우발적이라는 것을 방법론적인 약속으로 가정하고 있고 그러한 약속이 없다면 과학은 기능을 할 수 없다는 것을 기억해야 한다. 우주는 결코 존재할 필요가 없었다. 우주의 순수한 존재는 우주 자신을 뛰어넘는 질문이고 과학에 의해 답변될 수 없다. 과연, 어떤 과학자가 우주가 존재하는 이유에 대해 궁극적이고 필수적이며 최종적인 답변을 하려 한다면, 그는 과학 하는 것을 중단하고 대신 형이상학을 하는 것이다. 따라서 전체로서의 우주를 연구하는 우주론은 우주가 존재할 필요가 없었고 우주의 존재는 과학의 답변 너머 존재하는 이유를 요청한다는 가정을 해야 한다.

34 St. Anselm, *Proslogion*, trans. M. J. Charlesworth (Notre Dame, Ind.: University of Notre Dame Press, 1979), 117.

제3장

시작 없는 유한 창조:
빅뱅과 양자 우주론에 비춰본 창조 교리[1]

1. 우주론은 신학자들에게 중요한 것인가?

금세기 현대 과학의 우주론의 태동과 더불어, 특히, 1960년대 중반에 이루어진 정상 상태 이론에 대한 프리드만 르메트르, 로버트슨 워커(FLRW) 우주론의 승리와 더불어, 통상적으로 120–150억 년 전에 있었던 우주의 시작, 즉 빅뱅이라고 불리는 시간이 0(t=0)이었을 때의 특이성(singularity)이 갖는 신학적 중요성에 대한 관심이 늘어나고 있다.[2] 지난 20년 동안, 원래의 빅뱅 모형은 다양한 기술적 난점들을 해결하기 위해서 급팽창 시나리오(우주론)에 의해 수정되어 왔다. 빅뱅 모형의 난제들은 평평도(flatness), 물질/반물질 비율, 수평선(horizon) 문제 등이다. 그러나 급팽창이 있었다 하더라도, 우리가 일반 상대성 이론이 중력의 올바른 이론임을 가정한다면, 그리고, 우주의 질량–에너지에 대한 어떤 합리적인 가정을 한다면, 스티븐 호킹과 로저 펜로스의 정리들에서 나타난 것처럼, 그때, "t=0"에서의 초기 특이성

은(즉, 그것은 "본질적인 특이성"이다) 피할 수 없는 것이다.[3]

이 상황은 많은 어려운 질문들을 야기하는데, 이 중 많은 것들이 엄격한 과학적 해결 이상의 것을 요구하며 학제 간 연구를 포함하게 된다. 즉, 팽창하는 빅뱅 우주론에서 초기 특이성은 자연의 어떤 근본적인 특징을 가리키는가? 아니면, 단지 이 특별한 우주 모형의 인공물인가? t=0가 지속적인 과학적 상태에 관한 것이라면, 이것은 원리적으로 그리스도교 교리에 대하여 어떤 중요성을 부여하는가? 아니면, 과학적 위상과 상관없이 신학적으로 아무 관련이 없는 것인가? 신학적으로 중요하다면, t=0는 자연과 역사 안에서 창조주이고, 구세주인 신의 활동의 단지 한 측면으로 보아야 하는가? 아니면 t=0는 이신론(deism)이나 동일과정설(uniformitarianism)에서처럼 신의 행위의 총합을 표현하는가? 이 장의 목적 중 하나는, 빅뱅 우주론과 그리스도교 신학과의 관계에 대해 저술한 다른 학자들과 비판적 상호교류를 하며, 이러한 문제들을 조사하는 것이다.

그동안에, 일반 상대성 이론을 대체하게 될 중력에 대한 양자 역학적 처치(處置)를 얻고 빅뱅 우주론의 계승자로서 양자 우주론을 발전시키기 위한 시도들이 이루어지고 있다. 상당히 사변적일지라도, 하나의 중요한 접근은 하틀/호킹의 제안인데, 그것은 놀랍게도 그 과학적 모형으로부터 t=0 특이성을 제거한다. 하틀/호킹의 제안을 따르면, 우주의 과거는 유한하지만(빅뱅 모형에서처럼), 빅뱅 모형의 과거와 달리, 과거에는 경계가 없다는 것이다(unbounded)(초기 특이성, t=0가 없다). 양자 중력 연구가 여전히 *상당히 잠정적* 단계에 있고, 하틀/호킹 모형은 탐구되고 있는 여러 방안들 중 하나이지만, 그것은 이미 몇몇 매우 흥미로운 학제 간 문제들을 제기하고 있다. 예를 들면, 양자 우주론으로 이동하는 것은 신학자들이 빅뱅 우주론을 전용하는 방식에, 특히 t=0의 신학적 중요성에 대해서는 어떤 영향을 미칠까? 빅뱅으로부터 양자 우주론으로 이동하는 데서 발생하는 시간성(temporality)의 의미와 상태의 변화는, 시간성의 창조주로서 신에 대한 신학적 이해에 대해 어떻게 영향을 미칠까? 이 장이 또한 다루는 것은 바로 이러한 문제들에 대한 것이다.

따라서, 이 장은 두 부분으로 나뉜다. "빅뱅 우주론에 대한 신학적 성찰"에서 나는 표준 빅뱅 우주론과 t=0의 문제에 초점을 맞춘다. t=0에 대한 신학적 반응은 복합적이다. 테드 피터스와 같은 일부 신학자들은 그것을 신적 창조의 근거로 환영했다. 이안 바버와 아서 피콕과 같은 신학자들은 그것이 창조 전통과 무관한 것으로 일축한다. 내가 보기에 양측의 주장은 주로 랭던 길키의『하늘과 땅을 만드신 분』이라는 그의 독창성이 풍부한 저서에 의해 형성되었다.[4] 비록 내가 랭던 길키의 문제 해결책에 대해 상당히 비판적이라 하더라도, 그것의 중요성을 명료하게 주장하기 때문에 우리는 그에게 많은 빚을 지고 있다. 만약 길키가 옳다면, t=0를 둘러싼 인식론적 문제들은 *우리가* 추구할 가치가 있는 것이다. 왜냐하면, 이러한 문제들은 신의 행위에 대한 신학적 문제에 *내재해* 있기 때문이다. 혹은 그 문제들은 그가 나중에 말했듯이 "성경 언어의 산고"이다. 따라서 그러한 것들은 얼른 잊혀져야 좋은 사소한 문제가 아니다. 오히려, 과학적 인식론의 시대에 신학의 합리성에 대한 근본적인 문제가 제기된다.

그럼에도 불구하고, 길키가 제안했고, 내가 부적절하다고 생각하는 그 해결책은, "존재론적 기원"(ontological origination)과 "역사적/경험적 기원"(historical/empirical origination)이라 불리는 전통적 구분에 대한 해석으로 시작한다. 길키는 토마스 아퀴나스를 인용하면서, 이들을 *엄격히 양분된 대안*으로 간주하였다. 우리는 신학적으로 무관한 것으로(길키의 입장) 후자인 역사적/경험적 기원을 기각하든가 아니면 이 후자를 *무로부터의* 창조 교리의 본질적인 것으로 승격시킨다(길키가 반대하는 입장). 첫째인 기각하는 경우 t=0에 관련하여 과학은 신학에서 아무런 역할을 하지 못한다. 둘째 경우 과학은 규범적 역할을 수행한다.

나는 위의 대안들이 *엄격한* 이분 형태를 구성한다는 길키의 가정을 약화시킴으로써 양 극단을 비판할 것이다. 대신에 나는 역사적/경험적 기원이 존재론적 기원에 중요한 확증적 의미를 제공할 것이라고 믿는다. 그러나 그것은 본질적 의미도 심지어 핵심적 의미도 아니다. 말하자면 그것이 아퀴나스의 견해에 더욱더 보조를 맞추는 관점이다. 그런 다음 나는 역사적/경험적 기원과 존재론적 기원을 연관시키는 중요한 방식은 유한성의 개념을 통해서라고 주장한다. 이 추상적 개념은, 처음에 존재론적 기원에 밀접히 연관되어 있는 것이지만, 우주론의 맥락에서 중요한 역사적/경험적 기원을 취할 수 있고, 그 맥락에서 우주의 과거 한시적 유한성이 t=0라는 사건으로 표현된다. 따라서 만약 우리가 역사적 기원에 대한 주장들이 존재론적 기원의 핵심 논지를 위해서 확인적이지만 결정적이거나 본질적이지 못한 근거를 제공하는 것으로서 해석한다면, 나는 t=0가 **무로부터의** 창조 교리와 관련된다고 주장할 것이다. 이런 방식으로, 오늘날, 과학은 창조 교리의 본질적 의미와 근거를 제공하지 못하지만 많은 과학자들이 허용하는 것보다 훨씬 더 활기찬 역할을 창조 교리 안에서 하고 있다. 특히, 이안 바버, 낸시 머피, 그리고 필립 크레이튼의 글에서 실마리를 찾아, 나는 신학에서 라카토스 연구프로그램의 관점에서 나의 접근의 틀을 잡을 것이다. 존재론적 기원으로서 **무로부터의** 창조는 이 프로그램의 핵심 가설이 될 것이다. t=0는 유한성의 개념을 포함한 일련의 보조 가설들을 통해 확인적 근거로서 들어가고, 이 보조 가설들은 의미의 경험적 맥락에서 전개된다.

　이 장의 둘째 부분인 "양자 우주론에 대한 신학적 성찰"에서, 나는 양자 우주론에 대한 하틀/호킹의 제안을 토론한다. 우주가 유한한 나이를 가지고 있지만 t=0의 첫 순간이 없다는, 즉 우주가 유한하지만 과거에 경계가 없다는 그들의 주장은 첫째 부분에 있는 신학적 주장에 어떠한 영향을 미칠까? 이에 답하기 위해서, 나는 우선, 하틀/호킹 제안의 신학적 중요성에 대한 이샴, 데이비스, 드리스에 의해 발전된 입장들을 비판적으로 토론할 것이다. 다음에 나는 호킹 자신의 신학적 관점을 제시하고 이에 반론을 제시할 것이다. 그때, 나의 건설적 입장은, 하틀/호킹 제안은 심지어 그 과학적 위상이 일시적이라 해도, 신학적으로 우리에게 많은 것을 가르쳐 줄 수 있다는 것이다. 그들의 업적을 감안하여, 우리는 창조는 과거에 시간적으로 유한하다는 신학적 주장과, 이 유한한 과거가 t=0라는 사건에 의해서 경계가 있다는 주장을 구분해야 한다. 이것은, 첫 주장(유한성 자체에 대한)이 *무로부터의* 창조에 대한 경험적 의미를 발전시키기에 충분하다는 중요한 인식으로 인도한다. 따라서 우리는 특히 t=0에 대한 주장들을 한쪽으로 치워두고 앞에서 발전시켰던 것처럼 창조의 과거 시간적 유한성에 대한 역사적/경험적 의미를 유지할 수 있다. 나는 이러한 인식을 "시작이 없는 유한 창조"라는 구절로 담아내려 한다. 게다가, 이러한 신학적 인식은 하틀/호킹 제안이 과학적 위상을 지니든 아니든 유지될 수 있고, 따라서, 우리는 사실상, 대부분의 학자들이 조심스럽게 조언하는 것처럼 필수적으로 잘 확립된 결과들에 우리 스스로를 제한시키는 대신에, 과학의 최전선에서의 "사변적 제안"들과 함께 작업할 수 있다. 나는 유한성 의미의 이러한 일반화를 우리 연구 프로그램에 대한 추가적인 보조 가설로 간주하고 다시 라카토스를 따라 그 일반화가 수반할 수 있는 새로운 예측들을 찾아 나선다.

그렇게 하기 위해서, 나는 양자 중력과 일반 상대성 이론 간의 관계의 관점에서 우주의 시간적 지위를 분석한다. 여기서 시간이 기능하는 다양한 방식들(내적, 외적, 현상학적)과 우주의 시간성의 함의는 창조주로서의 신의 행위와 창조 교리를 이해하는 새로운 중요한 방향들로 이끈다. 한 관점에서 보면, 우주에는 전이적(transitional) 구역(domain)에 의해 연결된 시간 구역과 시간 없는 구역들이 있다. 이 관점으로부터 우리는 각 구역에 대한 창조주로서의 신의 관계를 조사해야 한다. 여기서, 경계가 없는 유한성을 포함하기 위해서 유한성 개념을 일반화한다면 그 일반화는 우리가 전이적 구역의 출현을 우리 연구 프로그램의 라카토스적 "새로운 사실"이라고 주장하도록 허용할지 모른다. 그 대신에, 만약 양자 중력이 일반 상대성 이론을 대체하는 근본 이론이 되어야 한다면, 전체 우주에 대한 신의 관계는 양자 중력에서의 시간성과 유한성(finitude)의 복잡한 역할과 상태의 관점에서 재해석되는 것이 필요하다. 어떤 경우든 창조주로서 신의 활동은 "첫 순간"(존재하건 존재하지 않건)에 제한되는 것이 아니라, 자연의 전체 구역에 제한되게 하며, 과학에 비추어본 신의 행위의 일반적인 문제들로 우리가 되돌아가게 한다. 그다음에, 나는 양자 물리학과 양자 우주론에 의해 알려진 삼위일체적 전망으로부터 시간성에 대한 좀 더 복잡한 이해를 한 후에, 신에 대한 현재 모형과 시간과 영원성 간의 관계에 대한 현재 모형들을 다시 생각할 필요가 있음을 제시하며 이 글을 끝맺는다.

2. 빅뱅 우주론에 대한 신학적 숙고

A. 신학과 우주론에 대한 길키와 그 후계자들

랭던 길키: 존재론적 기원과 역사적/경험적 기원 간의 결정적 구분

우리는 신정통주의의 강력한 영향을 받은 다음 다시 신학과 과학에서 많은 학자들에게 영향을 끼친 사람으로부터 시작한다. 여기서 내가 말하는 사람은 랭던 길키인데, 그는 1959년에 창조 교리에 대한 획기적인 교과서, 『하늘과 땅을 만드신 분』을 저술하였다. 길키는 창조와 시간에 대한 자세한 토론을 시작하면서 우리에게 다음의 개념을 상기시키는데, "신의 기원적 활동이라는 개념이 언제나 그리스도교 창조 전통의 일부였다. 그러나 그 개념은 두 개의 뚜렷한 형태를 취하게 되는데, 이것을 나는 '존재론적 기원'과 '역사적/경험적 기원'이라고 부를 것이다".[5]

존재론적 기원(존재론적 의존으로서 기원):
신은 시간 척도에서의 그 위치가 무엇이든지 무로부터 각 피조물의 존재를 있게 하였다.

역사적/경험적 기원(역사적 서술로서 기원):

그것은 첫 순간에 사물들의 전체 연쇄를 시작하면서, 처음에 설립하고 확립한다는 의미로 기원한다는 것을 의미했다. 대부분의 그리스도인들에게 창조는 사물의 존재 근거일 뿐만 아니라, 그것은 또한 시간적으로 *거기*, 즉 시간 연속의 시초에 놓여 있다. 창조는 우주의 시초에 "오직 한 번" 있었던 행동이다. 즉 그것은 세상 역사의 첫 사건이었다.[6]

길키는 이러한 구분을 토마스 아퀴나스에게 돌린다.[7] 길키에 의하면, 아퀴나스는 『신학대전』에서 몇 가지 방법으로 철학적 논거를 제시하면서 창조된 세계는 존재론적으로 의존적이라고 주장한다. 아퀴나스는 또한 계시에 근거하여 창조의 역사적 해석을 주장했다. 즉, 그는 철학이 자신의 힘으로 이러한 계시된 진리를 증명할 수 없을지라도, 창조는 유한한 나이를 가지고 있다고 주장했다. 따라서 토마스는 창조의 역사적 그리고 철학적 이해를 둘 다 확언하였다. 그러나 길키의 생각에, 토마스는 그러한 성서적 그리고 철학적 근거들을 분리시켰다.

길키는 기원의 존재론적 해석을 지지했지만, 역사적 해석의 기반을 약화시키는 두 가지 장애물이 있음을 발견하였다. 첫째는 우주론의 전통적, 정적 이해에 대한 과학의 도전과 관련이 있고, 다른 하나는 절대 시작의 순간에 대한 과학적 또는 신학적 이야기의 합법성에 관한 것이다.

길키에 의하면, 역사 서술적 의미에서 창조는 그것의 정적 우주론의 가정과 더불어, 현대 진화적 과학에 의하여 심각하게 도전받아 왔다. 한순간의 모든 것의 창조 대신에, 우리는 신의 창조 행위의 의미를 사물들을 시간 안에서 존재하게 하는 지속적 과정이라고 재해석하도록 요청받았다. 다시 이것이 의미하는 바는 창조와 보존은 "신의 동시 행위의 서로 다른 측면이고, 신은 발생하는 모든 것에게 지속적으로 존재와 형태를 제공하고, 옛것을 보존하고 새로운 것을 만들어 간다".[8]

창조의 역사 서술적 의미를 손상시키는 두 번째 문제는 "시작"이라는 상태를 포함한다. 길키는 그러한 전통적인 개념이, 시간이 윤회한다는 헬레니즘의 만연한 믿음을 파기시키고 목적적이고 발전적으로 시간을 확립시키는데 수행하였던 중요한 역할을 인정하고 있다. 그럼에도 불구하고 길키는 그것에 대해 상당히 비판적이다. 그의 주된 논거는 선험적이다. 시간의 첫 순간을 안다는 것은, 신학이 자연 질서에 대한 *어떤* "사실"을 포함하지 않기 때문에, 신학의 유효한 부분이 될 수 없다. 계시는 우리에게 "시작의 특성이나 구성"[9]을 알려 주는 것이 아니다. 우주 시작에 대한 지식은 우주에 대한 그러한 지식이기 때문에 그것은 "종교적 진리의 일부가 될 수 없다".

길키는 또한 과학이 우주의 첫 순간에 대한 어떤 주장을 하는 것에 대하여 다시 선험적 이유로 회의적이다. "과학은 추측으로 '거기에 무엇인가' 있었고 그로부터 그 순간이 생겨났다는 것을 가정해야 하기 때문에, 다른 형태의 존재라 하더라도, 과학은 과정 자체로서의 절대 시작의 개념을 포함할 수 없다."[10]

따라서 길키가 주장하는 것은 우리가 존재론적 구분/역사적/경험적 구분을 진정한 이분법으로 받아들이고 역사적/경험적 언어를 신화라고 포기하고 대신에 엄격히 존재론적 의존의 관점에서 신학을 하는 것을 선택하자는 것이다. "시간의 시작이라는 개념은 상당한 신학적 문화적 가치를 가지고 있다. 그러나 우리는 신학에 이러한 개념에 대한 어떤 사실적 내용들이 있을 수 있다는 것을 부인하도록 강요받아 왔다."[11]

길키의 견해는 아서 피콕, 테드 피터스, 그리고 이안 바버의 글에서도 분명히 드러나듯 과학의 맥락에서 창조와 씨름하는 신학자들에게 폭넓은 영향을 미치고 있다.

아서 피콕: $t=0$는 신학적으로 중요하지 않다. 일반적으로 현대 물리학, 우주론, 그리고 진화 생물학을 포함하는 과학이 아서 피콕의 신학에 중요

한 역할을 할지라도, t=0의 문제는 기껏해야 미미한 중요성을 발견하게 된다. 이것은 다음과 같은 사실로부터 연유한다고 보인다. 피콕은 이런 점에서 특히 길키의 저술을 언급하지 않지만, 길키가 존재론적 그리고 역사적 기원을 구분했던 것과 본질적으로 동일한 구분을 하고 있다.

우리는 이러한 사실을 그의 1978년 뱀튼 강연 "창조와 과학 세계"[12]에서 분명히 볼 수 있다. 여기서 피콕은 장황하게, "*무로부터 그리고 계속 창조*" 교리를 둘러싼 역사적 그리고 현대적 토론과 아울러 교리에 대한 과학의 중요한 관계를 탐구한다. 존재론적/역사적 구분이 피콕의 "무로부터"에 대한 토론에 널리 스며들어 있다.

"유대−그리스도교 창조 교리에서 주된 강조점은 신 이외의 모든 실체와 사건들의 의존성과 우발성에 있다. 그것은 신과 세계와의 지속적 관계에 대한 것이고, 지구의 시작에 대한 것이나, 전체 우주의 특별한 시점에서의 시작에 대한 것이 아니다. 시간은 현대 상대론적 물리학에서 그 존재를 신에게 빚지는 것으로 간주되어야 한다. '그 존재를 신에게 빚진다'라는 것이 창조 교리의 본질이다."[13]

과학의 결과가 그 교리 핵심에 관계되는 것이 아니다.

"과학적 우주론은, 원리적으로 창조의 개념에 모순될 수 있는 어떤 것을 할 수 있지 않다. 우리의 라디오 망원경으로부터, 우리가 관찰할 수 있는 것처럼, 우주가 시작할 때에 시공간에 한 점(뜨거운 빅뱅)이 있었고 그 결정적인 점의 반대편에서 무엇인가 일어났다는 것을 추론할 수도 있고 그렇지 않을 수도 있다. 그러나 우리가 결국 무엇을 추론하든지 간에 창조 교리의 중심 특징적 핵심은 영향을 받지 *않을* 것이다. 왜냐하면, 그 교리는 시간 자체를 포함한 모든 창조된 질서와 그들의 창조주와 관계에 관한 것이기 때문이다."[14]

이와 비슷한 주장을 그의 멘덴홀 강연을 담은 책『실재의 모방』[15] 에서, 그리고 다른 저서『창조물로서의 우주』[16]에 실려 있는 "오늘날의 신학과 과학"이라는 그의 논문에서 발견할 수 있다.

테드 피터스: t=0는 신학적으로 중요하다. 테드 피터스는 길키의 구분을 받아들이지만, 거의 전적으로 기원의 역사적/경험적 해석을 선택하는 것으로 보인다. 이런 면에서, 피터스는 빅뱅 우주론이 창조 교리에 직접적이고 분명한 함의를 가지고 있다는 것을 택한 많은 신학자들 중 대표이다. 몇몇 논문에서 피터스는 빅뱅 우주론에서 t=0의 문제와 공명한다는 관점에서, 그리스도교 신학의 "무로부터"의 전통의 중요성에 초점을 맞추고 있다.

"오늘날, t=0에 대하여 말하는 것은 전체 우주가 그 안에서 관찰되고 이해되는 시공간의 연속성과 함께 출현하는 한 점을 개념화하는 데에 의미가 있다. 우리가 시간의 시작 점, 혹은 특이성의 원천과 무로부터의 창조 개념을 동일시한다면, 우리는 이 논의를 더 진행할 충분한 공명을 가지고 있다."[17]

피터스는 그러한 움직임에 대한 신학적 이유와 과학적 합리성 둘 다 제공한다.

"아무리 정확하더라도, ***무로부터의 창조를*** 세상이 신에게 의존한다는 것에 막연한 헌신으로 환원한다는 것은 별 도움이 되지 않는다. 그것은 단순히 문제를 더 높은 수준의 추상으로 이동시키는 것이다. 우리는 여전히 질문할 필요가 있다. 세상의 존재가 신에게 의존한다는 것이 무엇을 의미하

150

는가? 우리의 합리적 답변은 이것이다. 신이 시공간이 존재하도록 행동하지 않았다면, 세상에는 아무것도 없었을 것이다. 더 나아가, 기원의 시점에 대해 이야기하는 것이 상식적이다. 우주가 전적으로 신에 의존한다는 확언은 신학자들에게 친숙하다. 그러나, 그러한 단언은 과학적 주제 밖에 있다. 그럼에도, 초기 기원에 대한 개념은 과학의 영역 안에 있다. 내가 여기서 주장하려는 것은 이것이다. 신학자들이 시공간의 시작이란 관점에서 이해되는 무로부터의 창조 가능성을 다시 제기하는 것은, 이미 과학적 우주론에서 제기된 토론들과 일치되어야 한다.”[18]

피터스 자신은, 길기가 제안했던 구분의 어느 편이 **_무로부터의_ 창조**”의 짐을 떠맡아야만 하는지에 관하여 바버와 길키에게 뚜렷한 반대의 위치에 있다고 스스로를 보았다. 따라서 피터스는 우리에게 경고한다. “우리가 바버와 길키가 인도하는 길을 따른다면, 우주가 초기 기원을 가지고 있었는지 또는, 그랬다면, 신이 이 기원에 어떻게 간여했는지에 관해 우리는 아무런 결정적인 신학적 투신을 하지 못하고 말 것이다.”[19] 이것은 바버가 “무로부터의 창조” 입장의 어떤 것을 유지하려는 경향을 보이는 그의 최근 저작에서 더욱 뚜렷하게 나타난다. 바버가 1966년에 그렇게 설득되었는지는 의문으로 남아 있지만, 피터스가 바버의 저술에 대해서 말한 것이 옳을 수도 있다. 여기서 내 요지는, 논의를 위해 존재론적 해석과 역사적 해석들 간의 구분을 가정한다면, 바버가 **_무로부터의 창조_**”를 t=0로 환원(“동등화”)하고 그때, 역사적 해석을 버렸다는 피터스의 분석은 틀렸을지 모른다는 점이다. 오히려 바버는 존재론적/역사적 구분을 사용하여 이러한 것들을 분리시키고 그때에 역사적 해석을 버리고 존재론적 해석을 택하려고 노력했는지 모른다. 여기서 본질적인 것은, 그가 어떤 해석이 옳은지에 대하여는 동의하지 않더라도, 그가 그러한 구분에 동의한 것처럼 보인다는 것이다.

이안 바버: t=0는 상대적으로 신학적으로 덜 중요하다. 이안 바버의 입장은 피콕과 피터스 중간에 놓인 듯하며, 내가 틀리지 않았다면, 초기에는 피콕이 옹호하였던 입장에 더 가까웠다가 피터스가 옹호하는 해석 쪽으로 바뀌었다.[20]

바버의 선구적인 저서, 『과학과 종교의 쟁점들』[21]은 1960년대 중반에 쓰였고 이 기간에 빅뱅 우주론과 호일, 본디, 골드의 정상 상태론 간의 경쟁이 있었다. 여기서 우주론에 대한 바버의 신학적 평가는 몇몇 핵심 문장에서 드러났다. 바버가 12장에서 지적한 대로 빅뱅 우주론은 종종 신학자들이 옹호하였지만 자연주의자들은 정상 상태 이론을 채택하였다. "그러나, 우리는 두 이론이 자연주의적 또는 유신론적 해석일 수 있다는 것을 제안하겠다." 둘 다 설명되지 않은 특징들을 담고 있고, 둘 다 시간의 문제를 해결하지 못하고 있다. "창조 교리는 실제 시간의 시작에 대한 것이 아니라, 세계와 신과의 근본적 관계에 관한 것이기 때문에 그리스도교인은 어떤 이론을 선호할 이유가 없다는 것을 제안할 것이다."[22] 그는 어느 이론이든 그리스도교 신학과 양립될 수 있으며 과학만이 어떤 것이 옳은지를 알려 줄 수 있다고 결론지었다.

다음에 바버는 신정통주의와 그것의 창조에 관한 해석으로 들어섰다. 에밀 브루너를 간략하게 요약한 뒤,[23] 바버는 길키의 『하늘과 땅을 만드신 분』에 주목했고, 그는 이 저술을 "개신교 신학자에 의한 최고의 최근 교리 주해"라고 기술한다.[24] 바버는 다음의 주장을 길키의 것으로 돌렸다. "창조는 역사적 설명이 아니다. 그것은 과거의 시간적 기원에 대한 것이 아니라, 신과 현재의 세상과의 근본적 관계에 대한 것이다." 바버는 신정통주의가 과학적 질문과 종교적 문제의 근본적 분리로 이끄는 것을 인정하였다. 그러나 그는 "창조는 관계이지 사건이 아니며, 교리는 존재론적 의존을 다루는 것이지 시간의 역사를 다루는 것이 아니라는 것을 강조한"[25] 길키에 동의한다.

12장의 결론부에서, 바버는 다시 더 이상의 분석 없이 길키의 구분의 설명을 받아들이는 것으로 만족하는 것 같다. 그는 분명히 말했다. "우리는 창조 교리가 근본적으로 기원에 대한 가설이 아니라 신에 대한 우리 의존에 관한 확언이라는 신정통주의(길키)에 동의한다."[26] 마지막으로, 그의 길키에 대한 이전의 동의가 저서 전체에 대한 일반적 결론으로 취해진다. 거기서 바버는 이렇게 쓰고 있다. "우리는 아마도 '*무로부터의 창조*'가 절대 기원의 초기 행위라는 것을 포기해야만 할지 모른다. 그러나 지위에 있어서 신의 우선권은 시간 내에서의 우선권과 별도로 유지될 수 있다."[27]

바버의 최초의 일련의 기포드 연설이 1989년에 있었을 때,[28] 정상 상태 이론이 폐기된 지 20년이 지났고, 빅뱅 우주론을 지지하는 힘이 상당히 커졌다. 이러한 변화된 과학적 맥락에서, 바버는 시간의 상태와 무로부터의 창조 문제로 되돌아 왔다. 이 사건이 과학자에게 "접근불가능"하고 그것이 "과학적 탐구에 대한 일종의 궁극적 한계"를[29] 나타낸 것으로 받아들여지는 상황에서, 신학자들은 이제 t=0의 특이성에 대해 어떤 반응을 보여야 하나?

한편으로, 바버는 빅뱅 우주론에서 창조 신학의 지지를 발견한 교황 비오 12세와 같은 사람을 인용하였다. 반면에 그는 그 주제가 신학에 중요하지 않다고 주장한 아서 피콕 같은 사람에 대하여 보고하였다. 바버 자신의 입장은 다시 신정통주의가 취한 위치로 향해 기울었더라도 이 양극의 사이에 놓여 있다.

t=0는 원리적으로 과학이 접근할 수 없기 때문에, 비록 t=0의 경우는 아주 다르다는 것을 받아들이기는 하지만, 그는 일반적으로 "틈새" 유형의 주장에 조심하였다. 또한 그는 우주론의 변화가 모든 상황을 바꿀 수도 있다는 것을 우려하였다. 호일은 그의 정상 상태 모형에 집중하면서 시작의 문제를 회피했었고, 진동하는 우주 같은 다른 모형들도 여전히 동일한 것을 성취할 수 있을 것이다. 게다가, "시간의 시작 또는 시간의 무한 기간을 상상하는 것은 똑같이 어려운 일이다".

그러나, 바버가 t=0에 대하여 조심스러워하는 이유는 근본적으로 신학적인 것이다.

"나는 주된 신학적 문제들이, 종종 가정되는 것처럼, 위험에 (t=0의 경우에
서) 처해 있다고 생각하지 않는다. 만약 단일한 독특한 빅뱅이 가장 신빙성
있는 과학 이론으로 지속된다면, 유신론자는 과연 그것을 신적 기원의 순
간으로서 간주할 수 있을 것이다. 그러나 나는 이것이 창조에 대한 종교적
개념에서 표현되는 주된 관심이 아니라고 제안할 것이다."[30]

바버는 다시 이러한 관심을 "무로부터"의 창조의 관점보다 계속 창조의
관점에 더 두게 될 것이다. 그러나 이러한 논의에 대한 토론은 이 장의 영
역을 벗어나 있다.[31]

B. 비판과 건설적 제안

피터스와 바버에 대한 특별한 비판. 우선 나는 t=0에 연관된 피터스와
바버의 견해에 대해 특별한 비판을 제시할 것이다. 그리고 나서, 나는 그
문제의 기저가 되는 원천, 즉 길키가 옹호한 존재론적 기원과 역사적/경험
적 기원의 엄격한 이분법으로 관심을 돌리면서, 피콕, 피터스, 그리고 바버
세 사람의 관점들에 대한 일반적 비판을 할 것이다. 마지막으로 나는 그 문
제에 대해 건설적인 제안을 할 것이다. 그 제안은 이러한 문제들을 전체로
서 피해가면서 우주론에 비추어 본 창조 교리의 관점에서 신의 행위에 대
한 자세한 신학적 평가에 기회를 주게 될 것으로 나는 믿는다.

테드 피터스에 대한 비판. "무로부터의 창조"에서 t=0에 대한 경험적 내
용을 제거하려고 애쓰는 것으로 보이는 피콕이나 바버와 다르게 (우리가 논의
할 것처럼, 바버는 시간이 지남에 따라 입장을 바꾸었지만), 피터스는 t=0를 "무로부터의
창조"와 동일시할 정도로 그 둘을 관련짓기를 원했다. 소득은 외견상 신학

과 과학 사이에 공명을 성취하는 것이고, 따라서, 더 이상의 논의가 추구될 수 있는 시발점을 얻어내는 것이다.

피터스의 제안에 대한 나의 우려는 다음의 세 가지 뚜렷이 다른 영역으로부터 나온다. 1) 과학: 만약 과학이 t=0에 대한 사고를 바꾼다면(호킹의 연구에서 우리가 보게 되겠지만 그것은 불가피하게 "언제나"이다), 피터스가 찾아낸 종류의 공명은 상실될 것이다. 2) 철학: t=0에 의해 표현된 "사건"이 과학적 탐구에 열려 있는 것인지 원리적으로 분명하지 않다. 확실히, 원인이 없으면서 미래 사건들의 원인이 되는 사건이 정말 있었다면, 그것의 과학적 지위는 상당히 애매해질 수 있다.[32] 과연 빌 스테거가 주장한 것처럼, *절대* 시작의 시점이 있었다 할지라도, 원리적으로 우주과학은 그것을 발견할 수 *없을* 것이다.[33] 3) 신학: "*무로부터의 창조*"를 t=0와 동일시하는 것은 너무나 협소하다고 보인다. 분명히 피터스는 우발성으로부터 모든 경험적 내용들을 제거하는 것을 피하길 원했다. 그러나, 우주의 유한한 나이 외에도 여전히 많은 형태의 우발성이 있다.

게다가, 우발성에 대해 지나친 추상적 해석을 피하기 위해 피터스는 우리가 위에서 본 것처럼, 다음과 같이 쓰고 있다.

"세계가 자신의 존재를 신에게 빚지고 있다는 것은 무슨 의미인가? 합리적인 답변은 이것이다. 신이 시공간의 세계가 존재하도록 행동하지 않았다면, 아무것도 없었을 것이다."[34]

불행하게도 이 논평은 실제로 어떤 경험적 내용을 담아내는 데 실패했다. 그래서 그것은 피터스가 폐기하기를 원했던 엄격한 의존성 논거 못지않게 추상적이다. 과연, 그것은 존재론적 기원을 주장하는 정의로서 취해질 수도 있다!

이안 바버에 대한 비판. t=0에 대한 이안 바버의 견해는 피콕과 피터스 사이에서 움직이는 것으로 보인다. 1960년대에 그는 우주론의 신학적 함의에 대해 무관심했다. 1989년 기포드 연설 시점에서 바버는 우주론이 "*무로부터의 창조*"에 대한 논쟁에서 평범한 역할을 할 수 있을 것이라는 것을 좀 더 받아들이는 듯했다. 그러나 거기서 그의 견해는 아직도 30년 전『하늘과 땅을 만드신 분』에서 정리된 길키의 입장에 의해 분명하게 날인된 것으로 보인다.

이것을 알아보기 위해 우리가 이전에 끌어내었던 문장들에서 "*무로부터*"에 대해 바버가 이야기한 것으로 돌아가 보자. 저서『과학과 종교의 문제들』과 기포드 연설에서, 세 가지 중요한 점이 드러난다. 1) 바버는 길키가 제안한 예리한 존재론적/역사적 구분을 받아들였다. 2) 그는 존재론적 해석이 "무로부터의 창조"에 대한 중심 의미를 수반한다고 주장한다. 3) 따라서, 경험적인 t=0는 "무로부터의 창조" 해석에 아무 역할을 하지 못한다. 이러한 입장이 기포드 연설에서 우주의 우발성에 대한 다음의 문장에 상대적으로 간결하게 반영되고 있다.

"나는 우주의 순수한 *존재*가 신학의 자료이고, 자세한 과학적 우주론은 여기서 무관한 것이라고 말하는 신정통주의 저자들에 동의한다. "*무로부터*"의 창조 메시지는 모든 순간 우주의 전체에 적용되며 그 시작에 대한 질문이나 그 자세한 구조와 역사에 무관하다. 그것은 존재론적인 것이며, 역사적 확언이 아니다."[35]

바버가 "*무로부터*"의 역사적 해석과 그것의 t=0와의 관계의 가능성으로 돌아간 것은『과학과 종교의 쟁점들』에서가 아니라 오직 기포드 연설의 맥락에서이다. 초기 특이성이 과학적으로 지지받았다면, 바버는 이것이 "신에 대한 의존의 인상적인 예"로 제공될 것이라고 믿는다.[36] 그러나, 그는 우리에게 무한하게 오래된 우주조차도 우발적이라는 것을 상기시켰다.

t=0의 중요성이 미미하더라도 자신의 창조 신학 안에 그것을 포함시킨 것은 바버가 초기 입장으로부터의 어떤 변화를 나타내는 것이다. 그러나, 바버는 존재론적 기원과 역사적 기원 간의 구분을 예리하게 그렸고, 본질적으로 모든 신학적 무게를 존재론적 해석에 두었으며, 역사적 해석이 적절하다는 가능성에는 적게만 주목하였다.

전반적 비판: 길키의 이분법. 피콕, 피터스 그리고 바버에 대한 나의 주된 논쟁은 그들이 길키가 만든 존재론적 기원과 역사적/경험적 기원들 간의 예리한 이분법을 받아들이고 있다는 것이다. 그들은 단지 어떤 것이 신학적으로 중요한 것인지를 결정하는 방법에서 차이가 있다. 피콕은, 그리고 조금은 덜하지만 바버도 길키의 구분을 받아들이고, 길키와 함께 역사적/경험적 측면을 포기한다. 피터스는 길키의 구분을 받아들이지만, 길키와 **반대로**, 창조의 존재론적 의미를 역사적/경험적 맥락으로 환원시키는데, 이렇지 않다면, 존재론적 의존은 아마도 단지 추상일 뿐일 것으로 여겨지기 때문이다.

이제, 나는 "**무로부터**"의 전통에서 성패가 달려 있는 결정적 문제는 존재론적 기원이라는 것에 동의한다. 즉 존재의 절대적 원천으로서 신에 대한 유한한 것들의 근본적 의존이다. 문제는 존재론적 기원이 길키가 주장한 것처럼, 역사적/경험적 의미가 **결여된** 것으로 여겨져야 하는가이다. 길키의 이유를 이해하고 그것들을 평가하기 위해 우리는 그의 책『하늘과 땅을 만드신 분』으로 되돌아가야 한다.

거기서 내가 본 바로는 길키는 성서 신학에서 신정통주의와 그 결과로 일어나 이어지는 문헌들을 통해 근본적인 문제에 직면한다. 그 문제는 종교적 언어와 경험적/과학적 언어를 어떻게 연결할 수 있느냐는 것이다. 이 문제는 t=0의 쟁점에 의해 그에게 강요되었는지도 모르지만, 그가『하늘과 땅을 만드신 분』 이후 3년 만에 쓴, 그의 유명한 논문 "우주론, 존재론, 그리고 성서 언어의 진통"에서[37] 통렬하게 표현하고 있는 것처럼, 실제로 신학에서는 아주 흔하게 나타난다. 거기서 길키는 신정통주의와 성서 신학은, 성서 언어와 과학적 우주론을 결합시키는 데에 성공적이지 못한 시도를 한다고 주장한다. 그 과정에서 그 시도는 성서 언어의 초기 내용을 비우게 하고, 고작해야 유비적으로, 최악의 경우 애매하게 남겨둔다. 나는 여기에 다음과 같이 첨가할 것이다. 그 과정에서 신학적 인식론은 세속적 지식으로부터 격리되고, 예측은 고사하고 설명하기 위한 힘을 빼앗아 버리고, 종교 언어의 영역에 가두어졌다.

길키가 그 문제에 대한 하나의 해결책, 즉, 우주 시작에 대한 사실들을 창조 교리에 포함시키는 것을 거부했을지라도, 그는 결코 t=0에 의해 제기된 문제의 신학적 중요성을 축소시키지 않았고, 많은 신학자들이 여전히 하는 것처럼, 창조 교리에 대한 "실재" 신학적 관심을 추구하면서 t=0의 문제를 사소한 주제로 폐기시키지도 않았다. 대신에, 『하늘과 땅을 만드신 분』에서조차 길키는 t=0의 문제를 아주 중요한 것으로 보았다. 왜냐하면, 그 문제는 우리로 하여금 그리스도교 신학에서의 모든 중요한 교리를 지배하고 특성화시키는 *근본적인* 문제에 직면하게 하기 때문이다. "이와 동일한 딜레마가 신학의 모든 개념에 따라다닌다. 그리스도교 신앙의 모든 교리는 초월적인 신과 사실적 세계 간의 역설적 관계를 나타내고 있다."[38] 이 초기 작품의 후속 글에서도, 우리는 길키가 성서적 언어와 세속적 사고 간의 이 문제에 대해 끊임없이 씨름하고 있음을 볼 수 있다.

내가 비록 이 문제에 대해서는 길키의 해결책에 대해 상당히 비판적이되겠지만, 이 문제가 그렇게 중요하다는 점에 대한 그의 명쾌한 주장은 매우 감사하게 생각한다. 길키가 옳다면, t=0를 둘러싼 인식론적 문제들은, 그런 신학적 의제에 *내재해* 있고, 곧 쉽게 잊혀지는 사소한 주제가 아니기 때문에, 우리가 추구할 가치가 있는 것이다. 과연, 그러한 의제들은 과학적 인식론의 시대에 신학의 합리성에 대한 근본적이고 피할 수 없는 문제를 제기한다.

신학적 언어와 과학적 언어의 관계의 문제를 해결하기 위해 길키가 채택한 전략은, 역사적/경험적 기원에 대한 종교적 언어를 신화로 간주하는 것이며, 따라서 과학적 담론으로부터 그것을 격리시키는 것이다.[39] 특히, 그는 t=0처럼 사실적일 수 있고, 그래서 과학적 탐구에 열려 있는 문제들에 대한 신학적 언어는, 실제로 과학과는 아무런 공통점이 없는 신화의 수준에서의 담론이라고 주장한다. 우리가 이러한 점을 인식하자마자 우리는 신학과 과학 간의 중대한 갈등을 피할 수 있다. 잘 생각해 보면, 이들은 완전히 분리된 세계의 담론으로 보이고, 따라서 모순이 해결된다.

이 전략이 잘 작동할까? 내 생각에는 그렇지 않다. 왜냐하면, 그것은 신학을 세속적 탐구의 인지적 주장과 발견으로부터 단절시키고, 신학이 변두리로 내몰리게 되기 때문이다. 게다가, 나는 우리에게 다른 대안이 있다고 믿는다. 아마도 대안을 전개시키는 가장 좋은 방법은 길키가 처음에 신학 교리와 경험적 사실을 연결시키는 문제에 접근하는 방식을 조사하는 것이다.

길키의 접근 방식은 그의 분석 초기에 놓여 있고, 신화의 관점에서 문제를 해결하는 것을 포함해서 그의 모든 사유 노선을 지배하는 하나의 전제에 근거하고 있다. 그 결정적 전제는, 내가 생각하기에, 존재론적 기원과 역사적/경험적 기원의 불필요하게 엄격한 구분에 있다. 길키는 아퀴나스에서 발견되는, 존재론적 기원과 역사적/경험적 기원의 전통적 구분을 적절하게 차용하고 있는 듯하다. 그러나 뒤에 따라오는 모든 것에 결정적인 하나의 조치를 취하면서, 그는 그 구분을 *예리한 이분법*으로 *재구성*하였다. 그는, 잘 생각해 볼 때에, 신학은 오직 그 이분법의 한 측면, 즉, 존재론적 기원에 관한 것이라고 주장한다. 이로부터 역사적/경험적 기원의 언어는 신학에서 유효한 인식적 역할을 하지 못한다는 것이 따라온다. 그것이 표면화 될 때에는, 실제로 신화로서 작용한다. 단지 존재론적 주장만이 신학에 적절하기 때문에, 우리는 역사적/경험적 언어를 폐기해야 하고, 창조에 대한 존재론적 의미에만 초점을 맞추어야 한다. 그 결과 우리는 과학과의 갈등을 피하고, 즉, 그 과정 중에 과학과의 모든 인지적인 만남도 피한다.

C. 길키의 이분법 극복. 라카토스적 신학적 연구 프로그램

나는 길키의 접근 방법을 채택하지 않아야 한다고 생각한다. 내 견해로는, 그것은 불필요한 전제에 근거하고 있는데, 즉, 존재론적 기원과 역사적/경험적 기원의 구분이 엄격히 이분법적인 것으로 이해**되어야 한다**는 전제이다. 대신에 나는 역사적/경험적 언어를 존재론적 기원의 더 넓은 맥락 안에 끼워 넣고, 그럼으로써, 존재론적 기원에 대한 핵심적 철학적/신학적 일반화를 글자대로 해석이나 애매함 없이 설명할 수 있는 사실적 근거를 제공하는 것을 제안한다.

그렇게 하기 위해서 나는 우선 전통적으로 인정되던 구분으로 되돌아간다. 이제, 내가 이해하기에 그 구분은 길키가 주장했던 것보다 더 복잡하고 유연하다. 예를 들면, 나는 아퀴나스의 전략은 다음과 같은 어떤 것이었다고 생각한다. 한편으로, 아리스토텔레스가 주장한 것처럼, 비록 과학이 영원히 오래된 우주를 지지한다 해도, 우리는 우주가 철학적 의미에서 그 존재 자체의 단순한 사실로 인해서 존재론적으로 의존적이라고 주장할 수 있다. 게다가, 운동, 인과관계, 기능, 목적 등을 포함하는 경험적/역사적 용어들을 통해서 아리스토텔레스의 영원한 우주의 존재론적 의존을 살찌우는 다른 요인들이 있을 것이다. 반면에 빅뱅이 제안하는 것처럼, 과학이 유한한 나이를 가진 우주를 지지한다면, 그 지지는 존재론적 기원을 지지하는 경험적 근거로 생각될 수 있을 것이다. 비록 다른 근거들이 역시 이에 반대될 수 있어도 말이다. 그리하여, 존재론적 의존은 창조의 **철저한** (exhaustive) 의미는 아니지만 **결정적** 의미가 된다.[40]

다음에 나는 우리가 존재론적 기원과 역사적 기원을 연결하기 위해 좀 더 복잡한 전략을 채용할 것을 제안한다. 그렇게 하기 위해서, 나는 신학적 방법론에서의 최근 작업을 끌어들일 것이다. 이것은 처음에 이안 바버가 예측했었고,[41] 아주 최근에는 낸시 머피와[42] 피립 클레이튼이[43] 상세히 발전시켰다. 이 학자들은 신학적 방법의 목적을 위해 과학철학의 최근 연구를 차용하고 있는데, 특히, 임레 라카토스의 저술들에 초점을 맞추고 있다.[44] 그들의 선구적 작업을 따라, 나는 우리가 *"무로부터"*의 창조 교리와 라카토스 연구 프로그램의 관점에서 우주론의 자료와의 관계를 건설할 것을 제안한다. 이것은 보조 가설들의 보호대에 둘러싸인 중앙, 즉 핵심 가설을 포함하고, 보조 가설들은 경쟁하는 연구 프로그램들 간의 합리성을 결정하기 위해 관련된 자료와 미리 합의된 일련의 준거들에 의해 검증될 수 있다. 이런 식으로 빅뱅이 t=0의 관점에서 제공하는 바와 같이 현대 과학으로부터 오는 경험적 기원의 근거는 핵심 신학 가설에 관련될 수 있고, 그런 방식으로 이 방법은 그 근거가 어떻게든 핵심 가설과 직접적으로 동일시되는 일 없이 존재론적 기원을 확증하는 것을 허용한다.

그러나 내가 "실패할 수 없는" 시나리오를 설정하는 듯 보이지 않기 위해 나는 서둘러 이 방법은 양측을 깎아내리기 위한 것이라는 점을 첨언한다. 즉 호일의 정상 상태 모형이 1950년대와 1960년대에 제안했던 것과 같은 경험적 기원에 반하는 근거이든지, 또는 무한한 나이를 가진 우주의 새로운 우주론 모형들을 통해 나타날 수 있는 그러한 근거들은 모두 *"무로부터의 전통"에 반대하는* 것으로 여겨질 수 있다.[45] 그러나 존재론적 기원은 *어떠한* 경험적 근거에 의해서도 절대적으로 부인될 수 없다. 왜냐하면 우주의 단순한 존재는("경험적 근거"의 존재는 고사하고) *"무로부터" 창조를 위한* 핵심 철학적 주장의 근본적 토대이기 때문이다.

나는 "무로부터의 창조는 존재론적 기원을 의미한다"라는 가설을 신학연구 프로그램의 중심에 두자고 제안한다. 다음 우리는 핵심을 둘러싸고 그 핵심을 우주론의 자료를 포함한 관련된 유형의 자료들과 연관시키는 일련의 보조 가설들을 배치시킨다. 나는 "존재론적 기원은 유한성을 수반한다"는 주장을 그러한 보조 가설 중 하나로 제안한다. 나는 "유한성"을 택했는데, 그것은 존재론적 기원과 t=0를 연관시키기 위한 특별히 풍성한 개념으로 여겨지기 때문이다. 유한성으로 나는 경계가 없고, 제한이 없고, 끝없이 확장될 수 있는 *아페이론*(apeiron)의 반대로서, 결정적 상태, 측정, 또는 경계가 있는 어떤 것에 대한 전통적 아리스토텔레스의 개념을 의미한다.[46] 우리는 신학적 핵심 이론에 가장 가까운 보조 가설에서 이 개념을 사용한다. 따라서 한편으로 유한성은 신학적 핵심 가까이 위치한 추상적 철학적 개념으로 기능할 수 있고, 그곳에서 유한성은 단일하고 경험적으로 검증할 수 있는 개념으로 환원되는 것을 거부할 것이다. 신학적 핵심과 과학적 자료들 사이에 실체적인 거리를 유지하는 것은 그 나름대로 최소한 부분적으로 길키, 피콕, 그리고 바버가 주장한 관심을 강조할 것이다.

그러나 유한성의 개념은 추상적, 철학적 맥락에 제한될 필요는 없다. 대신에 그것은 물리학과 우주론과, 그리고 기원의 경험적 의미와 더 많은 접촉을 하도록 다양한 방식으로 발전될 수 있다. 그렇게 하기 위해서, 우리는 둘째 보조 가설을 설정하는데, "유한성은 시간적 유한을 포함한다". 즉, 이것은 시간에 경계가 있다. 이로부터 우리는 셋째 가설을 설정한다. "시간적 유한은 과거 시간적 유한을 포함한다." 즉, 유한한 나이의 특징이다. 이제 우리는 이런 일련의 가설들을 빅뱅 우주론에 연계시킬 위치에 있다. 빅뱅 우주론 안에서 천문학의 자료, 일반 상대성 원리, 그리고 다른 요인들, 가정들과 단순화 등은 우주가 유한한 나이가 있고 초기 특이성 t=0를 가지고 있다는 결론에 도달한다. 이런 방식으로 유한함의 개념은 핵심 이론, 존재론적 기원, 그리고 신학을 위한 자료들 간의 연결 다리로서 기여하게 되고, 여기서는 시간이 0일(t=0) 때에 우주가 기원한 것으로 보인다. 이것은 최소한 부분적으로, 존재론적 기원과 경험적 기원 간의 연결을 시키려던(직접적이지는 않지만) 피터스의 의도를 만족시킨다.

이 과정을 통해, 우리는 빅뱅 우주론에서 t=0가 서술하는 경험적 기원이 "*무로부터의 창조*는 존재론적 기원을 의미한다"는 신학적 핵심 이론이 수반하는 것을 확언하는 경향이 있다고 주장할 수 있다. 게다가, 빅뱅 우주론이 지속적으로 과학적 지지를 획득하는 한, "*무로부터*"가 옳다는 것은 더욱 확실해진다. COBE 인공위성이 마이크로파 배경 안에 미세한 구조가 있다는 최근 증거는 빅뱅 우주론이 옳다는 추가적 뒷받침이 되고 있고, 간접적으로 "*무로부터의 창조*"에 대한 추가적 지지가 되고 있다. 그러나 다시 강조하지만, 이 방법은 확언뿐 아니라 부인도 허락한다. 이상적으로 우리는 몇몇 신학적 연구 프로그램과 비신학적 연구 프로그램을 비교할 수도 있다. 이들 각각은 나름대로 *무로부터의 창조*와 우주론을 연관시키려 시도하고, 어떤 프로그램이 새로운 사실을 예측하고 즉각적인 반응을 피하는 방식에 있어서 가장 점진적인지 평가하려고 시도한다.[47] 이런 방식으로 우리는 신학이 닫힌 은둔의 영역 밖으로 나와서, 신학으로 하여금 경험적 지식과 인지적 접촉을 하도록 허락할 수 있다.[48]

잠시 멈추어서 상황을 살펴보자. 우리는 "*무로부터의 창조*"와 급팽창 빅뱅 우주론 간의 관계에 초점을 맞추고 있다. 그러나 우리는 심각한 개념적 문제가 t=0 상태의 주위를 맴돌고 있고, 그 문제들은 수리 물리학과 과학 철학에서의 기술적 문제들을 포함하고 있다는 것을 알고 있다. 게다가 빅뱅 우주론이 특수 상대성에 의존하고 있고, *특수 상대성 이론의* 가정들은 "고전적"인(즉, 양자 역학 이전에 속한) 것들이다. 따라서 이제는 중력을 양자 역학적으로 다루려는 목적에 더 많은 주의가 쏟아지고 있다. 양자 중력을 통해서 추구되는 목적들 중 하나는 양자 우주론을 도출하는 것이고, 양자 우주론은 초기 특이성 t=0로부터 자유로울 것이다. 그런 목표에 접근할 때, 내가 위에 기술한 존재론적 기원과 t=0를 연관시킨 신학적 연구 프로그램에 무슨 일이 일어날까? 비록 그 영향이 간접적이라 해도 말이다. 이 문제로 넘어가자.

3. 양자 우주론에 대한 신학적 성찰

A. 양자 우주론으로 가는 두 개의 통로: 양자 요동과 하틀/호킹 모형

양자 중력과 그로부터 도출된 우주 모형들, 즉, 양자 우주론 모형들에 대해 여러 가지 접근이 있다. 이 장에서 나는 하틀/호킹 모형에 초점을 맞출 것이다. 우선 그것을 그 대안(양자 요동)과 비교함으로써, 그리고, 그 모형 자체를 자세히 살펴봄으로써 그렇게 할 것이다. 많은 논의가 최근 이샴의 논문, "양자 과정으로서 창조"[49]와 논문집 『양자 우주론과 자연 법칙』에[50] 있는 스테거/엘리스의 논문과 이샴의 논문으로부터 끌어낼 것이다. 처음에 나는 이샴이 그의 논문에서 강력하게 주장한 점, 즉 그러한 제안들의 사변적 속성을 강조하고 싶다. 내가 보여 주고 싶은 것은, 그것들의 장기적 과학적 생존능력과는 상대적으로 자유로운 방식으로, 신학에서의 그것들의 가치이다.

양자 요동: 양자 우주론에서의 하나의 시도는 실제 "창조된" 것은 물질뿐이고 시공간은 아니라는 가정으로 시작한다. 더 엄밀히 말하면, 우리는 i) 적절한 자연 법칙에 의해 지배를 받고, ii) 기저 상태(가장 낮은 에너지)에서 적절한 양자 장으로 충만한, iii) 배경 시공간의 존재(또는 어떤 다른 중첩)를 가정한다. 이제 물질적 우주는 배경 시공간에 있는 장들의 자발적인 양자 요동으로서 생성된다.[51]

하틀/호킹 모형: 하틀/호킹 모형은 우주가 생성되는 배경 시공간을 가정하지 않는다. 그러나 그것은 시공간이 구성될 수 있는 일련의 삼차원 공간들을 가정한다. 또한, 그것은 양자물리학(특히 파인만의 "경로 적분" 접근)과 일반 상대성 이론을 포함하는 적절한 물리 법칙들의 존재를 가정하며 계산을 단순화하기 위한 수학적 기교, 즉 복소수의 도입을 사용한다.[52] 우리는 아래

에서 하틀/호킹 모형을 자세히 살펴볼 것이다. 이제 주목해야 할 중요한 것들은 이런 것들이다. 1) 우주에는 유한한 과거가 있지만 초기 특이성이 *없다고*[53] 기술하는 데 성공하며, 이것은 이전의 이론들이 할 수 없었던 것이었고 이것은 우주 기원에 대한 과학적 토론 방식을 변화시켰다. 2) 시간은 현상학적으로 이 모형 안에서 생성된다. 시간은 프리드만 르메트르, 로버트슨 워커(FLRW)모형에서처럼 우주 진화를 서술하는 주어진 외적 매개 변수가 아니다.

하틀/호킹 모형을 더 자세히 조사하다. 시간과 공간의 역할과 지위

이 모형에서 시간은 "내적 변수"로 취급된다. 유사한 용어가 일반 상대성 이론에 관해 종종 사용된다. 그러나 양자의 맥락에서 그 의미는 아주 다르다.

일반 상대성: 일반 상대성의 장(場) 방정식에 대한 각 해법을 위하여 시간과 공간은 *단일한* 사차원으로 휘어진 시공간 다양체(多樣體, manifold)를 형성한다. 이 시공간 다양체는 정적이다. 시공간은 시공간의 사차원의 하나로서 시간을 포함하고 있기 때문에 시간 안에서 변하지 않는다. 시공간 다양체는 여러 방식으로 얇게 잘려질 수 있다. 조각들의 각 집합은 (공간처럼) 우주의 하나의 특별한 "역사"를 제공한다.[54] 각 역사는 우주를 일련의 조각들, 혹은 외적 매개 변수인 시간에 의해 부드럽게 함께 꿰매진 삼차원 기하 구조물들(three-geometries)로 묘사한다.[55] 이제 각 조각은 몇몇 방식으로 특성화될 수 있다. 즉 외적 시간의 값(즉, 다른 조각들과의 관계를 통해서)에 의해서 특성화될 수 있고 또는, 물질 장의 온도나 조각의 곡률(curvature, 曲率)의 반지름과 같은 조각 자체의 내적 특성에 의해 특성화될 수 있다. 우리가 온도나 조각의 곡률의 반지름 같은 특징들을 시간적 표식으로 사용할 때, 이 표식을 내적 시간이라고 한다.

시공간을 조각으로 나누는 방식은 무한하고, 따라서 아주 분명히 다른 무한히 많은 역사가 있지만, 모든 것은 단일 시공간에 일치한다. 그래서 우리는 일반 상대성이 우주에 대한 ***동적***(*시간적*) 관점과 ***정적***(*시간 없는*) 관점 둘 다 제공한다고 말할 수 있다. 동적 관점은 우주는 삼차원−공간(three-spaces)이 시간 내에서 진화하는 것으로서, 그 안에는 다른 조각들에 상응하는 동등하지만 구분할 수 있는 무한히 많은 버전들이 있다는 것이고, 정적 관점은 우주는 독특한 사차원 기하 구조물(시공간)로서 서로 다르지만 완전한 동적 역사들의 무한히 많은 조합을 생성하기 위해 나누어질 수 있다는 것이다. 그래서 일반 상대성에서 시간은 삼차원 기하 구조물들의 무한히 많은 조합을 함께 꿰매는 ***외적*** 매개 변수가 될 수 있고 또는 온도와 곡률 같은 삼차원 공간의 특성으로서 기능하는 내적 매개 변수가 될 수도 있다.[56]

B. 하틀/호킹 모형

이 모형으로 돌아오면, 우리는 공간과 관련하여 시간의 역할과 위상이 더더욱 축소되는 것을 발견한다. 여기서 우리는 모든 가능한 방식으로 휘어진 모든 가능한 삼차원 공간들, c를 상상하면서 시작하는데, 그 공간들 안에서 물질이 그 각 공간에 분포될 수 있고, 그 공간들은 함께 그 이론을 위한 "짜임새 공간"(configuration space)을 형성한다.[57] 다음에 우리는 각 휘어진 삼차원 공간 c와 그것과 연관된 물질 장, f를 위한 양자 역학 상태 함수(state function) Y(c, f)를 정의한다. 함수 Y(c, f)는 특별한 곡률과 물질 장, c 그리고 f를 발견하는 확률의 측정치이다.[58] 지금까지 시간은 분명히 정의들 안에 들어가 있지 않음을 주목하라. 대신에 시간은 c와 f의 ***내적*** 특성으로서 다루어지고 있다.

여기서, 시간에 대한 양자 중력과 고전적 중력 간의 중요한 관점 차이가 있다. 몇몇 경우에서, 삼차원 공간들은 연속적인 사차원 시공간을 형성하기 위해 함께 꿰매질 수 있다. 이 경우들에서 상태 공간에서의 경로는 일반 상대성에서 단일한 사차원 시공간과 동등할 수 있을 것이다.[59] 그러나 다른 경우들에서 영이 아닌(nonzero) 삼차원 공간들은 단일한 사차원 시공간에 *적합하지 않거나* 혹은 그로부터 유도될 수 없다.

우리는 상황을 다음과 같이 생각할 수 있다. 고전 물리학에서 이해되는 단일한 사차원 시공간은, 두 개의 서로 다른 삼차원 공간들 c(1)과 c(2)[60] 사이에 놓인 하나의 뚜렷하게 구분되는 경로에 의해 대표될 수 있을 것이다. 그러나, 양자 맥락에서, 그 경로는 흐릿하고 퍼져 있다. 결과적으로 잘 정의된 시공간에 대한 고전적 모습은 양자 관점의 한 극한으로 나타나며, 고전적 시공간의 예리한 궤적은 바로 양자 상태 공간의 흐릿한 형태 중에서 상태 함수 Y가 최대가 되는 부분이다. 따라서 이샴이 결론지은 것처럼, "'시공간'이라는 개념은 단지 비−양자 물리학의 골격 안에서 분명한 의미를 가지고 있고, 반면 삼차원 '공간'의 개념은 양자 이론과 고전 이론 모두에 적용될 수 있다".[61]

다시 말하면, 하틀/호킹 모형에서 *시간은 공간에 비해 덜 근본적이다.* 시간은 단지 *주어진* 삼차원 공간에서 분명한 의미를 가지고 있고 거기서 시간은 내적 시간으로서 가장 잘 이해된다. 시간은 일련의 삼차원 공간들의 진화를 특성화하는 외적 매개 변수로서의 분명한 의미를 가질 필요가 없다. 왜냐하면, 모든 이러한 삼차원 공간들이 그 부분으로 나누어지는, 단일한 사차원 시공간이 없을 수 있기 때문이다. 그러한 사차원 시공간이 없다면, 일련의 삼차원 공간들(각각 내적 시간의 어떤 값을 특징으로 하는)을 서로 연결시키고 진화하는 것으로 바라볼 맥락이 없다. *하틀/호킹 모형에서 정적 관점이 동적 관점을 압도한다.*

우리는 또한 표준 우주론에서 초기 특이성 t=0의 문제를 가지고 있다. 일반 상대성의 관점에서 이것을 다루기 위해서는 하틀/호킹은 먼저 시간을 허수(imaginary number)로 표현한다. 이것은 시간이 공간과 엄격하게 똑같은 발판에서 처리되는 그런 방식으로 수식체계(formalism)를 변화시킨다. 우리는 그러한 사차원 공간에 분포된 물질에 대해 아인슈타인의 장 방정식(field equations)을 풀어서 ***특이하지 않은*** 해(solutions)를 얻을 수 있다![62]

그다음, 하틀/호킹은 허수시간(imaginary time)과 우주의 상태 함수를 사용하여 ***양자*** 처치를 찾는다. 그들의 제안은 다음의 규정에 의해 지배된다. 즉 시공간은 유일한 하나의 경계를 가져야 하며, 표준 빅뱅 우주론에서처럼 둘이 아니다. 특히, 시공간은 단일한 초기 경계를 ***가질 수 없다.***[63] 이 하틀/호킹 모형에서, 우주는 초기 경계가 ***전혀 없기*** 때문에 초기 단일한 경계에서의 시작이 없다. 그것은 단지 "현재의" 경계(대충 이야기하면, 그 현재의 "크기")와 과거 역사를 가지고 있다.[64] 그들 모형의 이러한 특징이 호킹으로 하여금 경계 조건을 "무경계" 조건이라고 말하게 하였고 우주는 창조되기보다는 "단지 ***존재***했었다"는 주장을 하게 하였다.[65]

초기 특이성의 결여, "흐릿한" 경로 문제, 복합적 변수로서의 시간의 수학적 처리, 그리고 양자 물리학에 대한 사실주의 해석을 제공하는 데 일반적 어려움 등 모든 것들이 하틀/호킹 모형에서 시간에 대한 균일한 전체적 해석을 매우 어렵게 하고 있다.

4. 요약: 시간에 대한 네 가지 관점

A. *일반 상대성*

일반 상대성에서 우리는 시간에 대한 두 가지 교환 가능한 관점을 발견한다. 외적 시간과 내적 시간이다.

a. 외적 시간: 일반적으로 상대성은 주어진 사차원 시공간을 구성하는 일련의 삼차원 공간들의 순서에 표식을 단다. 그 공간들이 시간의 과정으로서, 즉 삼차원 공간과 삼차원 공간(마치 줄에 구슬을 꿰매듯)으로 서로 꿰매져 있다는 느낌은 진화하는 우주에 대한 동적 묘사를 제공한다. 그들이 함께 꿰매져 있다는 느낌, (목걸이처럼) 그들이 이제 전체 시공간으로서 존재한다는 느낌은 정적 묘사로 인도한다.

b. 내적 시간: 일반 상대성에서 내적 시간은 주어진 삼차원 공간의 함수이다. 그것은 삼차원 공간의 다른 특징(그 물질 장의 반지름 또는 온도처럼)으로 변형될 수 있다. 그것은 특별한 기하 구조물의 주어짐에 대한 정적 관점을 제공하고, 흘러 지나간다는 시간의 일반적 의미를 상실한다.

그러나, 일반 상대성에서 우리는 자유롭게 이 두 관점 사이를 오갈 수 있다. 왜냐하면, 허용된 유일한 삼차원 공간들은 독특한 사차원 시공간을 형성하기 위해 함께 꿰매질 수 있는 것들(외적 시간 매개 변수에 의해)뿐이기 때문이다. 역으로 모든 사차원 시공간은 다양한 방식으로 서로 다른 삼차원 공간들의 모음으로 분해될 수 있다. 따라서 동적(시간적) 그리고 정적(공간적) 관점들은 동등하게 근본적이다.

B. 양자 중력

중력을 양자적으로 다루면, 우리는 시간이 일반 상대성에서 발생하지 않았던 방식으로 공간보다 덜 근본적인 지위를 가질 것으로 예상한다.[66] 내적 시간은 양자 중력에서 생성되지만, 일반적 외적 시간에서는 그렇지 않다.

게다가 양자 중력과 일반 상대성 간의 관계는 양자 우주론에서 시간의 *지위*에 대한 두 가지 해석을 도출시킨다. 즉 단일 구역이라고 파악된 전체 우주의 균일한 특성으로서, 또는, 다수 구역의 관점에서 파악된 우주의 상이한 특성들로서 해석된다(아랫글을 보시오).

내적 양자 시간: 양자 중력에서는 일반 상대성에서처럼, 우리는 특징적 내적 시간(즉, 동등하게, 크기나 온도 같은 어떤 다른 매개 변수)을 가지고 있는 삼차원 공간들로 시작한다. 그러나, 양자의 맥락에서 드러나는 추가적 문제들은 우리가 양자 우주론으로 향하게 될 때 분명히 두드러지게 보인다. 여기서 일반적으로 말해서, 우리는 전체적 사차원 시공간을 형성하기 위해 함께

꿰매질 수 없는 많은 삼차원 공간들을 직면하게 된다. 따라서 이 삼차원 공간들의 개별적 내적 시간들은 외적 시간 해석을 받을 수 없다. 이 의미에서 양자 중력에서의 내적 시간은 일반 상대성에서보다 그 시간적 의미를 더 상실하게 된다.

그러나 하틀/호킹 모형과 같은 몇몇 특별한 양자 우주론적 제안들에서는, 우리는 많은 연관된 삼차원 공간들이 그 안으로 함께 꿰매질 수 있는 전체적인 사차원 시공간을 다시 한 번 *얻을 수 있다.*[67] 이런 의미에서 이 많은 삼차원 공간들의 내적 시간들은 일반 상대성과 유사한 방식으로 전체적 시공간의 맥락을 통해서 시간적 해석을 부여받을 수 있다. 그러나, 여기에서조차도, 부드럽게 엮여질 수 없는(즉, 삼차 공간들의 경로가 흐릿하다) 많은 삼차원 공간들을 포함해야 한다. 따라서, 비록 모든 영역들이 중력의 엄격한 양자 역학적 처리로부터 생성된다 해도, 우주의 어떤 영역들은 외견상 더욱 더 고전적이고 다른 것들은 양자 역학적이다. 우리는 그러한 양자 우주론들의 전체적 시간성을 어떻게 보아야 하는가? 양자 중력과 일반 상대성 간의 관계에 따라서, 단일 구역(domain)과 다수 구역의 특징을 가지는, 양자 우주론에서 시간에 대한 두 가지 서로 다른 해석에 도달한 듯하다.

C. 단일 구역

지금까지 우리가 가지고 있는 모든 것들은 양자 중력에 대한 잠정적 제안들이라 하더라도, 모든 특성을 갖춘 이론으로서 그 최종적 형태에서, 양자 중력은 일반 상대성을 대체하고 따라서 우주 전체를 서술하는 *근본적* 이론으로 간주되어야 한다. 이것은 양자 중력이 그것의 영향이 무시될 수도 있는 구역과 일반 상대성이 좋은 근사치(즉, 초기 우주로부터 현재로 그리고 훨씬 미래의 우주로 가는 고전적 영역)인 구역을 포함해서까지 실제로 전체 우주를 서술한다는 것을 의미한다.

따라서, 양자 중력의 "무시간적" 특성이 우리의 거시적 안목에 가려져 있다 할지라도, 양자 중력은 우주의 "시간적" 영역에서조차 사물이 실제로 존재하는 방식을 서술하는 것으로 간주되어야 한다. 우리가 아는 것처럼 시간은 현상적이다. 전체 우주는 실제로 오로지 하나의 무시간적 구역이다. 그 모두는 양자 중력의 삼차원 공간들에 의해 기술된다. 따라서, 전반적 외적 시간 매개 변수가 없다는 것(즉, 모든 연관된 삼차원 공간들을 하나의 시공간으로 함께 꿰맬 수 없다는 문제)은 양자 기하 구조물의 내적 시간이 일반 상대성의 내적 시간보다 시간에게 작은 상태를 부여한다는 것을 의미한다.

D. 다수 구역들

더욱더 *현상학적* 접근에서, 양자 중력은 매우 초기 우주에 국한된 것으로 간주되고, 우주를 양자적 관점(예를 들면, 하틀/호킹 모형에서처럼)에서 서술하는 반면에, 일반 상대성은 우주를 초기 1초의 작은 조각으로부터 현재까지, 그리고 훨씬 미래까지 고전적 관점(즉, 비양자적 역학)을 사용하면서 서술한다. 따라서, 시간은 구역 의존적인데, 일반 상대성 구역의 실제 특성이기는 하지만 양자 중력 구역의 특성은 아니다.[68] 우리는 이것을 편의상 각각 아인슈타인 구역과 호킹 구역이라 명명할 수 있다. 추측하건대, 우리가 과거로부터 현재로, 그리고 미래로의 흐름인, "시간의 화살"에 필수적인, 비대칭적이고 변화하는 존재론적 상태와 같은 특징들의 생성을 발견하는 것은 아인슈타인 영역 안에서인데, 이 문제는 이 장의 범위를 벗어나 있다.

따라서 시간은 이 해석에 있어서 세계적으로 존재하는 것도 세계적으로 부재하는 것도 아니다. 오히려 외적 시간은 우리가 살아가는 시공간의 아인슈타인 구역을 특징짓는 현상이며 초기 호킹의 구역에서 멀리 있다. 그 모형의 전체적 특징인, 외적 시간은 이제 더 이상 시공간의 변화하는 기하 구조물의 국소적[69] 결과, 즉, 본질적으로 사차원의 흐릿한 공간에서 잘 규정된 사차원 시공간으로의 변화가 아니다.

결과적으로, 우리가 현재로부터 매우 초기의 우주(호킹의 구역)를 되돌아 생각할 때, 시간 좌표(coordinate)의 상상적 요소들이 지배하기 시작하고, 삼차원 공간들은 점점 더 분리되며, 시간에 대한 물리적 해석이 점점 어렵게 만든다. 방향을 바꾸어 초기 우주로부터 현재로 옮겨 가면, 우리가 알고 있는 시간은 시공간이 더욱 명료하게 규정되면서 생성되는 듯하다. 이런 의미에서, 우리가 알고 있는 시간은, 시간의 화살을 포함해서, 위상 이론(topology)의 한 부분에 의해 드러나는 형상이다. 비록 범위에 있어서 이 구역은 현재로부터 우주의 초기 수백만 분의 일초에까지 확장된다 해도 말이다.

끝으로 다수 영역 해석에서 우리는 무시간적 호킹 구역과 시간적 아인슈타인 구역 간의 전이를 다루어야 한다. 여기서 중요한 점은, 양자 중력이 지배하는 호킹 구역과 우리가 살고 있는 아인슈타인 구역 간의 관계를 기술하기 위해 시간보다 더욱더 근본적인 개념이 필요해진다는 것이다. 우리는 이들을 연결시키는 구역을 전이(轉移, transition)구역이라 부를 수 있다.[70] 분명히 이전에 단일 구역 해석에서는, 전체 우주가 원리적으로 근본적 이론인 양자 중력에 의해서 기술되기 때문에 전이 구역을 토론할 필요가 없다.

단일 구역과 다수 구역들 간의 구분은 하틀/호킹 모형에서 우주가 유한한 과거를 가지고 있다는 주장의 유효성에 영향을 미치지 않고 오직 그 의미에만 영향을 미친다는 것을 알아야 한다. 그것은 양자 중력을 다룰 때 "유한 과거"의 개념에 대해 일관된 해석을 한다는 것이 얼마나 어려운 일인지를 제안하는 것이다.

5. 신학과 우주론의 관계: 건설적 제안들

A. 양자 요동과 하틀/호킹 모형 간의 선택의 준거를 제공하는 신학

우리는 양자 요동과 하틀/호킹 모형의 두 접근 간에 어떻게 선택을 해야 하나? 그 준거는 사실상 그 속성에 있어서 상당히 철학적이다.[71]

172

"시간 안에서의 창조"는 합리적인가? 이샴은 하틀/호킹 모형을 선호하고 양자 요동을 반대하는 그의 주장에서 이러한 사실을 아주 잘 보여 주고 있다. "이 (양자 요동) 이론들은 단일 창조/종자의 점(seed-point)이 아니라 오히려 무수한 수의 창조를 예측하는 경향이 있다."[72] 이 문제는 배경 시공간이 동질적이고 무한하다는 사실로부터 유래한다. 물질적 우주가 자발적으로 나타나는 "시간의 어떤 특별한 순간을 구분하는 방법은 단순히 없다". 따라서, 무한한 우주들이 배경 시공간을 통해 창조되어야 한다. 이것은 명백히, 우리의 천문학적 관찰들과 크나큰 모순되는 예측에로 인도하고,[73] 이런 이론들은 지속적인 주목을 받지 못했다.

이샴은 물리학의 이 문제는 "신에 대한 조물주적(demiurgic) 개념의 반박"에서 아우구스티누스가 선점했다고 제안하였다. 신이 우주를 만들기 전에 신은 무엇을 하였는가라는 질문에 대한 그의 유명한 반응에서, 아우구스티누스는 그 질문 자체가 시간에 대한 그릇된 가정을 포함하고 있다고 주장했다. 신은 시간 안에서 세상을 창조한 것이 아니라, 오히려 ***세상과 함께 시간을*** 창조했다.[74] 이샴이 지적한 대로, "16세기가 지난 후에 이론 물리학자들이 창조의 '언제' 또는 '이전에'에 대한 문제를 피하는 수단으로 정확하게 동일한 구실을 생각한다는 것은 아주 놀라운 일이다".

이샴과 비슷한 입장을 『신과 새로운 물리학』에서 폴 데이비스가 발전시켰다.[75] "신은 우주를 창조하였는가?"라는 제하의 자극적인 장에서 데이비스는 이렇게 썼다.

"우리가 보아 온 것처럼, 현대 우주론은 우주의 출현은 시간 자체의 출현을 포함한다는 것을 제안한다. (따라서) 그 창조 행위가 시간 자체의 창조를 포함한다면, 보통의 인과적 의미에서 우주를 창조한 신에 대해 이야기하는 것은 분명히 무의미하다. 이러한 점은 성 아우구스티누스에 의해 그 진가가 잘 인정되었는데, 그는 신이 무한한 시간을 기다리다가 우주 창조를 위한 어떤 좋은 시점에 결정하였다는 신개념을 비웃었다. 이것(통찰)은 현대 과학적 우주론에 대한 놀라운 예측이다."[76]

이샴의 주장으로 되돌아가, 우리가 아우구스티누스의 관점을 취한다면, 우리는 시간의 기원과 일치하는 물질의 운동을 생각해야 한다. 따라서, 시간은 존재론적으로 이미 있는 어떤 것의 파생물이라야 한다. 즉, 온도나 장 배열(field comfiguration) 등과 같은 물질 속성의 파생물이라야 한다. 이샴이 지적한 것처럼, 원리적으로 시간과 우주의 시작에 대한 문제는 피해질 수 있다. 만약, 우리가 우주의 초기 시점에 접근할 때 시간 자체는 그 근본적 지위를 잃게 되도록, 아우구스티누스적 통찰을 수행하기 위한 물리적 계획이 발견될 수 있다면 그렇다. 그러한 계획의 경우가 우주의 하틀/호킹 모형 안에서 현실화된다.

윌럼 드리스는[77] 빅뱅의 주제에 대해 광범위하게 쓰고 있다. 이샴의 작품을 토론하면서, 드리스는 하틀/호킹 모형이 시간의 시작의 문제를 어떻게 피하는지를 지적하고, 이샴이 아우구스티누스와 필로를 참고한 것을 상기한다. 그러나, 드리스는 아우구스티누스와 호킹 간에 중요한 차이가 있음을 제안하면서 여기서 이샴보다 더 나아간다.

"아우구스티누스는 아마도 자연 지식 영역 밖의 사건으로서 창조와 함께 시간의 시작을 이해했다. 그러나 호킹은 그것을 어떤 특별한 사건과 관계없이, 그리고 물리적 묘사의 파탄 없이 단지 좌표의 시작이라고 생각했다."[78]

나는 이것은 아우구스티누스와 호킹의 차이에 대한 가치 있는 해명이라고 생각한다. 전자에 의하면, 시작은 이성으로만 발견될 수 없는 사건이었다. 드리스가 제안한 것처럼, 하틀/호킹 모형은 그들의 모형에는 단순히 시작이라는 사건이 없다고 하면서 이 점에 도전한다. 그 사건은 관찰로부터 숨겨져 있는 것이 아니라 *존재하지 않는다*.[79]

아무것도 창조적이지 않다? 나는 양자 요동에 반대하고 하틀/호킹 모형을 선호하는 신학적 전망으로부터 둘째 주장을 더할 것이다. 그것은 시간 안에서의 창조에 관한 아우구스티누스의 주장을 사용하는 호킹과 이샴이 제안한 주장과 연관되지만 그것으로 환원될 수는 없다.

첫째, 우리는 그리스 형이상학에서 사용되는 비존재(nonbeing)의 종류들 간의 *철학적* 구분을 해야만 한다. 폴 틸리히에 의하면, 플라톤에는 두 가지 비존재의 개념이 있다. *오우크 온(ouk on)과 메 온(me on)*이다. 후자는 그 구조들의 자발적 출현의 출발점이 될 수 있는, 잠재적 실재의 미분화된 형태를 의미한다. 전자는 잠재적이건 실재적이건 도대체 어떤 것도 없는 것을 의미한다. 틸리히는 *"무로부터"*의 고전적 정식이 *"아무것도 없음"*으로부터의 창조됨을 의미하는 것이지 어떤 종류의 구체화된 "무"로부터의 창조를 의미하지 않는다고 주장했다. 따라서 그리스도교는, 신이 창조하기 전에 신과 떨어진 아무것도 없었고(즉, 어떤 무엇도 없었다), 신 없이 아무것도 그 자체로 존재할 수 없었음을 의미하기 위해, 메 온의 개념을 거부했고, 대신에 오우크 온을 사용하였다.[80]

이제, 비존재의 이들 두 가지 그리스적 범주들의 관점에서 양자 요동 모형에 사용되는 "채워진 배경 시공간"(filled background spacetime)의 개념을 생각해 보자. 배경 시공간은 양자 장들(그들의 고요한 상태, 즉, 진공 상태에서조차), 시공간 자체, 그리고 자연 법칙들을 포함한다. 배경 시공간은 *세 가지 모든 점에서* 비존재의 *오우크 온*적 형태이기보다는 *메 온인 형태*인 것처럼 여겨진다.

그래서 틸리히는 *"무로부터"*의 창조 교리에 적용된 것은, 자발적으로 세상을 창조할 수 없는 비존재, 즉 오우크 온이라는 *신학적* 주장을 한다. 왜냐하면, 신은 *절대적인* 창조 행위 이전에 존재하는 어떤 것(물질이든 형상이든)

에 의존하지 않아야 하기 때문이다. 따라서 "*무로부터*의 창조"에 대한 수용은 우리로 하여금 양자 요동 모형에 반대하도록 한다.

물론, 우리는 "*무로부터*"의 주장이 하틀/호킹 모형을 *일방적으로 지지*하는 것인지에 대해 물어야 한다. 이것 역시 우리의 비존재 개념을 이 모형 안에서 적용하는 방식에 달려 있다. 이 문제는 이미 특히, 윔 드리스, 존 배로우, 마이클 헬러,[81] 그리고 조지 엘리스[82] 등이 약간 토론하였다. 밀접히 관련된 주장들이 하틀/호킹의 작업보다 앞선 토론에서 여러 사람 가운데 폴 데이비스와 내가 먼저 수면 위로 드러냈다.[83] 하틀/호킹의 경우에서는, 이전에 존재하는 어떤 종류의 시공간이 *제안되지 않았을*지라도, 주장들은 *이미 존재하는 일련의 자연 법칙들이 존재*한다고 가정해야 한다는 개념 주위를 맴도는 경향을 보였다. 그러나 이러한 법칙들은, 전통 교리가, 신 외부에 있고 신과 함께 영원한 어떤 것이 아니라, 신의 창조물 안에 들어가 있는 것으로 판단하는 것 안에 포함될 것이다. 따라서 하틀/호킹 모형도 오우크 온 비존재로부터의 우주 창조를 가정하지 않는다.

그래서 오우크 온에 대한 신학적 헌신이 하틀/호킹 모형에 반대하기보다는 양자 요동 모형을 반대하는 데에 더 무게를 둔다 해도, 그것은 확실히 하틀/호킹 모형을 더 분명하게 지지하는 것이 아니다. 과연, 그 신학적 헌신은 우리로 하여금 자연 법칙들조차 창조될 수 있는 부가적인 방법들을 찾도록 몰아붙이고 있다.[84]

B. "경계 없는" 조건의 신학적 전유

하틀/호킹의 제안은 우주에 대한 자기모순 없는 과학적 개념이 구성될 수 있고, 그 안에서 우주는 유한하지만 시작이 없다는, 즉, 유한한 과거는 끝이 없다는 것을 입증하고 있다.[85] 이것은 신학자들이 고려해야 할 하틀/호킹 제안의 가장 중요한 측면이다. 그러나 이 토론으로 가기 전에, 우리는, 의심할 바 없이 호킹은 세상에서 신이 활동하고 있다는 주장을 배척하기 위해서 이유를 찾으면서 세속의 사회를 향해서 많은 것을 이야기하기 때문에, 호킹 스스로 그 문제를 어떻게 생각하는지를 우리가 고려해야 한다.

호킹의 신학적 결론: 호킹은 자신의 우주론으로부터 두 가지 결론을 도출한다. 1) 우주에 시작이 없기 때문에, 신이 자연 법칙을 선택하는 것 외에 할 수 있는 것이 남아 있지 않다. 2) 신에 의해 선택된 기저의 자연 법칙들을 이해함으로써, 우리는 효과적으로 신의 마음을 읽을 수 있다. 우리는 여기서 둘째 결론을 분석하지 않을 것이고 그러나 대신에 첫째로 향한다. 어떻게 호킹은 이 결론을 보증할 수 있을까?

호킹의 주장은 선행적 주장에 의존한다. 즉, 만약 신이 도대체 활동한다면, 신은 오직 우주 시작에서만 행동할 수 있고, 자연의 경과 과정 중에는 행동할 수 없다. 이것은 다시 두 가지 가정에 의존하고 있다. i) 우주는, 신이 개입하지 않는 한, 신의 행위를 배제하는 과학적 법칙들에 따라 운영된다. 그리고, ii) 신은 자연에 개입하지 않는다. 호킹은 이 가정들을 몇몇 문장에서 분명히 했다.

"사건들을 기술하는 데 있어서 과학적 이론들이 성공을 거두면서, 대부분의 사람들은 신이 우주가 일련의 법칙에 따라 진화하도록 허락했고, 이 법칙들을 어기고 우주에 개입하지 않을 것이라고 믿게 되었다."[86]

이 법칙들은 근원적으로 신에 의해 선포되었으나, 신은 자연 법칙에 따라 우주가 진화하게 버려두었고 그 안에 개입하지 않는 것처럼 보인다.[87] 호킹 입장의 근거들을 더욱 충분히 이해하기 위해 앞의 i)과 ii)를 조사해 보자.

현대를 관통해서 가정 i)은, 주로 지배적인 과학 패러다임인 즉, 뉴턴 역학의 *결정론적* 특성에 의해 지지되었다. 뉴턴 역학과 같은 결정론적 법칙들은 원리적으로 모든 물리적 힘이 알려지고, 모든 입자들의 정확한 현재 위치와 운동량이 정해지면, 우리로 하여금 미래를 정확히 예측할 수 있게 허용한다. 그러나, 실제로 우리는 정확한 초기 조건이나 전체 작동하는 조건들을 아는 것을 희망할 수 없지만, 원리적으로, 우리는 미래가 실제로 이러한 조건들과 힘에 의해 결정되고 불확실성에 노출되지 않을 것으로 생각하는데, 이 과정 중에 인간의 자유 의지의 의미는 매우 어정쩡한 상태에 놓이게 될 것을 알아야 한다. 따라서, 고전 물리학은 17세기부터 19세기를 지배하던, 자연에 대한 결정론적인 시계-작업 해석에로 인도했다.

호킹은 또한, 신은 자연 과정들의 질서 있는 작동에 개입하지 않는다고 생각한다. 이 역시 하나의 현대적 가정이고, 그것은 많은 신학자들과 거의 모든 과학자들이 공유하는 것이다. 대개 흄 이후 제시된 이 주장은, 최초에 신에 의해 만들어진 자연의 바로 그 법칙들을 신이 서투르게 수선하는 것은 비합리적이거나 반미학적이고, 또는, 나약함을 시사하는 것이거나 근시안적일 것이며 그리고, 자연 법칙들의 위반으로서의 기적에 대한 흄의 개념은 결국에는 신학적으로 일관성이 없다는 것이다.

따라서 라플라스의 결정론에 의해 틀 잡힌 세계관과, 그리고 신적 개입 가능성의 거부가 인정되면, 호킹은 그의 근본적인 결론을 다음과 같이 도출할 수 있다. 신의 유일한 선택은 이런 것이다. 1) t=0에서 전체로서의 우주를 지배하는 초기 조건들을 선택하고, 그 우주를 그 안에서 생명체가 진화할 수 있는 그런 종류의 우주로 만드는 것. 2) 그러한 우주가 실재 t=0에서 존재하게 만드는 것. 그다음에는 신은 할 일이 없다. 그러나, 우주가 시작이 없다면, 호킹은 따라서 그의 중심적 신학적 결론을 이렇게 낸다. *도대체* 신이 하도록 남겨진 일은 자연 법칙들을 선택하는 것 외에 아무것도 없다.

우주가 시작을 갖는다면, 우리는 그 우주가 창조주를 가지고 있었을 것으로 가정할 수 있다. 그러나 우주가 실제로 완전히 자기 충족적이라면, 경계도 없고 끝도 없다면, 시작도 끝도 없었을 것이다. 그저 단순히 존재했었을 것이다. 그러면, 창조주는 어디에 있는가?[88]

우리는 호킹에게 어떻게 응답해야 하나? 우선, 나는 그의 결론에 본질적인 가정 1)과 2)에 도전하고자 한다. 그러한 위치에서, 나는 하틀/호킹 제안의 "무경계" 특성이 유한성의 재해석의 관점에서 신학에 어떻게 중요한지 제안한다.

우주가 결정론적 법칙들에 의해 작동되고 있다는 가정에 대해 두 가지 중요한 예외가 있다. a) 양자 물리학은 통계적 법칙들을 사용하며, 통계적 법칙들은 자연이 미결정적이고, 미래는 현재의 지식으로부터 완전히 예측될 수 있는 것이 아니라는 것을 제안한다. b) 많은 복잡한 고전 시스템들의 초기 조건들에 대해 극단적 민감성이 보여 주듯이, 카오스 이론은 고전 물리학조차 근본적인 방식에서 미결정성을 포함할 수 있다는 것을 암시한다. 이제 이 a, b 두 가지 예외는 논란의 여지가 있고 따라서, 그것들이 해결될 때까지, 자연 법칙들의 결정론적 특징들에 관한 질문은 열린 채로 남겨져 있다. 호킹은 a의 가능성을 알고 있지만 개입에 대한 둘째 가능 때문에 이것을 거부한다.

"우리가 원한다면, 우리는 (양자) 무작위를 신의 개입으로 돌릴 수 있다. 그러나 그것은 아주 이상한 종류의 개입이다. 즉, 어떤 목적을 향해 이끈다는 아무런 근거가 없다."[89]

이것이 우리를 개입의 문제로 이끌어 간다.

신학자들과 종교 철학자들이 개입의 문제와 신의 활동을 다루는 여러 가지 전략들이 있다. 편의를 위해 이들을 두 부류로 묶을 수 있다.[90]

많은 신학자들은 개입을 거부하지만, 여전히 세상에서 행동하는 신에 대해 이야기하는 방식들을 찾아냈다. 예를 들면, 어떤 사람들은 중요한 역사적 또는 자연적 사건들이 최고의 종교적 중요성을 가지는 것으로 확인하고, 그래서 그러한 것들을 신앙에 의해 알려진 신의 활동들에로 주관적으로 돌렸다. 다른 사람들은 신이 이 세상에서 자연 법칙들을 위반하지 않고 어떻게 직접적으로 행동할 수 있는지를 제안하기 위하여 구현(具現, embodiment) 모형과 비구현(nonembodiment) 모형들을 포함한 여러 가지 행동 모형들을 사용하였다.

다른 신학자들은 "개입 또는 아무것도 없음"을 그릇된 이분법으로 보았다. 종종 이 저자들은 자연의 열린 특징(예를 들면, 양자 우연 그리고/또는 카오스)을 끌어들여, 자연 안에서 신이 행동할 수 있는 많은 여지가 있다는 주장(내적 틈새 주장)을 강화시킨다. 어떤 학자들은 자연 법칙들의 결정론적 특성이 특별한 사건들에 직접 행동하기 위해서 신이 개입하기를 요구한다는 주장에 도전한다. 대신에 그들은 우리는 신적 행동을 배제하는 것을 정당화하기 위해 충분히 알지 못한다고 주장한다. 다른 학자들은 자연 법칙들은 규범적이 아니고 서술적이어서, 신 행위는 처음부터 법칙들에 대한 "위반"의 관점에서 생각되지 않아야 된다고 주장한다. 마지막으로 대부분 학자들이 일치하는 것은 하나의 특별한 사건이 "특별하게" 여겨지든 아니든 간에, 신은 창조주로서 모든 사건 안에 존재하기 때문에, "개입"은 오도하는 용어라는 것이다.

따라서 자연 법칙들은 자연의 결정론적 관점만을 단순히 의미하는 것이 아니며, 그렇다 하더라도, 신은 특별한 사건들 안에서 행동하는 것으로 여겨질 수 있다. 따라서, 호킹의 근본적인 결론은 약화된다. 우주가 시작이 없었다 하더라도 신은 창조주로서 그리고 구원자로서 자연과 역사 안에서 자유롭게 활동하신다.

시작 없는 유한 창조: 신학자들은 우주에는 유한한 과거가 있지만 시작이 없다는 가능성을 어떻게 수용할 수 있을까? 그래서 이것이 앞에서 조사하기 시작한 틀 구조, 즉, ***"무로부터의 창조"***에 근거한 신학적 연구 프로그램에 어떻게 맞추어질 수 있을까?

이에 대한 나의 초기 접근은 t=0에 대한 신학적 중요성에 대한 나의 이전의 해석으로부터 도출된다. 나의 접근에서 t=0는 우주가 유한한 과거가 있다는 점, 즉, 유한한 나이가 있다는 주장을 확언하였다는 것을 상기하자. 하틀/호킹의 제안에서는, 우리가 이미 보아 온 것처럼 시간의 의미와 상태가 근본적으로 다시 개념화되지만, 이 주장은 어떤 면에서 유지된다. 빅뱅 모형에서 유한한 나이를 갖는다는 것은 시작이 있다는 관점에서 이해되었다. 이제 하틀/호킹 모형에서는 시작이 없어도 유한한 나이가 있다는 매혹적인 주장을 발견한다. 즉, 우주는 시간 안에 경계가 없고 시간 안에서 유한할 수 있으며, 시간성의 의미와 상태 자체가 근본적으로 바뀐다는 것이다.

내가 믿기에 이것이 신학적으로 가르치는 바는 첫 주장과 둘째 주장을 구분할 수 있고 구분해야 한다는 것인데, 두 주장은 밀접히 관련되지만 불필요하다. 1) 신의 창조물인 우주는 유한한 과거를 가져야만 한다(즉, 우주는 영원히 존재하지 않았었다). 2) 유한한 과거를 갖기 위해서는 시작이 있어야만 한다. 하틀/호킹은 우리에게 후자의 주장이 전자에 주장에 논리적으로 수학적으로 필요하지 않다는 것을 보여 준다. 그래서, 시작점을 갖는다는 둘째 주장보다는 과거의 유한함이라는 첫째 주장이 이 경험적 맥락에서 관찰된 ***"무로부터의 창조"***에 대한 진정 신학적으로 중요하다고 나는 제안하는 바이다.

그래서, 내 견해로는 호킹의 모델은 ***"무로부터의 창조"*** 교리로부터 이전되는 창조의 유한성에 관한 중심 함의에 대한 불필요한 희미한 윤곽 묘사(adumbration)로부터 우리를 깨어나게 하는 효과가 있다. 그가 유한한 과거와 시간의 시작을 구분하는 것을 강하게 주장하기 때문에, 호킹은 결과적으로 우리가 우주는 비록 시작이 없었더라도 신의 창조물이라는 것을 주장하도록 도와준다. 이에 대해 호킹의 모델은, 비록 양자 중력의 완전히 발전된 이론을 추구하는 이행기를 나타내는 것일지라도, 그리스도교 신학 작업에 커다란 도움이 될 것이다. 순전히 과학적 연구에 몰두하는 동안, 호킹의 결과들은 본의 아니게 그리스도교 신학에 매우 적절한 유한성의 개념에 들어 있는 미묘한 구분을 드러내 비추고 있다. 이에 대해 우리는 매우 감사해야 한다.

나는 신학적 그리고 과학적 통찰들 간의 이런 종류의 상호 작용은 신학과 과학 토론을 위한 새롭고 상당히 창조적인 형태의 전망을 표시한다고 믿는다. 이전의 작업은 빠르게 변화하는 과학적 근거들 위에 신학적 입장의 토대를 놓지 않으려고 과학의 잘 확립된 결론들에 국한시켜 왔다. 그러나, 현재의 접근은 하틀/호킹 모델의 장기적 지위에 *관심을 두지 않는다*. 왜냐하면 하틀/호킹 제안의 생존력이 경계가 없는(umbounded) 유한성의 개념에 대한 수학적 개념의 타당성과 *관계가 없기* 때문이다. 이러한 사실은 신학자들로 하여금 그들이 시간과 영원함에 대해 신학 작업을 하면서, 하틀/호킹 제안만큼 논란 많은 어떤 것의 의미에 대한 중요성을 고심하는 것을 용납한다.

우리는 더 나아갈 수 있다. 원리적으로, 경계가 없는 유한 과거가 있을 수 있다는 것은 "시작"에 대한 신학적 문제들이 창조에 대한 신학적 토론들로부터 무난히 분리될 수 있음을 제안한다. 아우구스티누스 이래로, 우리는 시간의 창조에 대하여 생각하는 것은 더 좋은 것이라도, 시간 내(이미 존재하는)에서의 창조에 대하여 생각하는 것은 그렇지 않다는 것을 알고 있었다. 그럼에도 불구하고, 시간의 시작에 대한 신학적 경험적 지위는, 길키가 『하늘과 땅을 만드신 분』에서 강조하듯이, 오늘날까지 신학자들에게 지속되는 문제였다. 그러나, 경계가 없는 유한성의 개념을 마음에 둔다면, 신학자들은 "창조 순간"을 신학적으로 어떻게 다루어야 하는지에 대한 문제들을 한쪽으로 제쳐 둘 수 있다. 왜냐하면 "창조의 순간" 문제는 "우주의 유한 창조"에 대한 토론에서 불필요한 요소로 여겨지기 때문이다. 우리는 과거 우주에 대하여 경계가 있는(t=0) 일련의 사건들이 아니라, 과거 경계가 없는 일련의 사건들로 생각할 수 있다. 이런 면에서, 우주는 *시작 없는 유한 창*

조이다. 모든 사건은 모든 다른 사건들과 동등하다. 왜냐하면 시간은 경계가 없고, 각 사건들은 시간적으로 과거와 미래의 이웃을 가지고 있고(또는, 최소한 초기 우주에서 "첫 삼차 공간"이 없다), **"무로부터"**의 창조에 대한 역사적/경험적 의미를 유지하기 위해 우리는 더 이상 t=0에 초점을 맞출 필요가 없기 때문이다.

마지막으로 우리는 이 점을 앞에서 주장했던 "라카토스의 신학연구 프로그램" 접근의 관점에서 틀을 잡을 수 있다. 만약 유한성이 경계를 필요로 하는 일반적 의미에서 이해된다면, 우주가 초기 특이성을 가지고 있지 않다는 하틀/호킹의 주장은 우주가 유한 과거를 가지고 있다는 신학적 주장에 반대하는 증거로 취급될 것이다. 그런 이유로 우리는 추가적인 보조 가설 즉, 유한 과거에 대한 주장은 경계가 있는 과거나 경계가 없는 과거를 포함할 수 있다는 보조 가설의 틀을 잡을 수 있다. 이 추가 가설은 우리로 하여금 빅뱅 우주론의 경계가 있는 유한성이나 또는 하틀/호킹의 경계가 없는 유한성을 **"무로부터의**" 창조는 존재론적 기원을 의미한다"는 핵심 가설의 확정적 근거로 포함시킬 것을 용납한다.

그러나, 이것이 임시변통이 되는 것을 피하기 위해, 우리는 그러한 추가 가설이 몇몇 새로운 예측들을 생산하기를 원한다. 그렇게 하기 위해, 우리는 집합론으로부터 도출된 "경계가 있음"과 "경계가 없음"의 개념들에 대한 최소한의 이해를 가지고 시작해야 한다. 경계가 있음에 대하여, 우리는 0과 1을 포함한 것으로부터 x축의 모든 점들을 포함한 닫힌 집합을 생각할 수 있다. 경계가 없다는 것으로, 우리는 방금 기술된 닫힌 집합이 그 경계가 삭제된, 즉, 0〈x〈1의 집합과 같은 열린 집합을 의미한다. 우리는 열린 집합을, 예리한 경계가 없는, 자연에서 한 구역에서 다른 구역으로의 부드러운 전이의 성질을 가진 어떤 중요한 것을 서술하기 위해 사용할 수 있다. 이것을 제자리에 놓은 지금, 우리는 우주뿐 아니라, 생명의 기원, 마음, 영혼 등 신학적으로 중요한 특징들의 창조주로서의 신의 활동에 대해 이야기하는 위치에 있어야만 한다. 잠재적으로 신적 행동자를 표시하는 자연의 구역들 간의 예리한 불연속성(예를 들면, 무생물/생물의 구분)을 찾을 필요 없이 그렇게 해야 한다.[91] 우리는 다음 부분에서 이것이 어떻게 사실이 될 수 있는지 볼 것이다.

C. "시간성으로 전이"(轉移, transition)의 창조주

이전에 나는 우주의 시간적 특성을 양자 중력/양자 우주론의 관점에서 보는 두 가지 방식이 있다고 하였다. 즉, 근본 이론인 양자 중력에 의해 특성화 되는 단일 구역(domain)과, 양자 중력과 고전 중력(일반 상대성), 그리고 그들 간의 전이에 의해 특성화 되는 다수 구역들이 그것이다. 이러한 대안적 관점들은 우주의 창조주인 신의 활동을 다시 개념화하도록 이끈다. 두 경우 모두에서 우리는 신의 활동을 전체 우주의 창조주로서 인식해야 한다. 그러나, 다수 구역들의 경우에서는 그 특별한 특징들을 가지고 있는 구역들의 창조주로서, 그리고 구역들 간의 전이의 창조주로서 신의 활동에 대한 추가적 문제를 토론해야 한다.

단일 구역: 우리는 단일 양자 구역으로 파악되는 우주 전체의 창조주인 신의 활동으로부터 시작한다. 이 주장은 우리가 이미 위에서 설명한 것 이상의 부가적 토론을 필요로 하지 않는다. 그것은 다시 한 번 우주의 존재뿐 아니라, 유한성의 관점에서 *무로부터*의 창조를 바라보게 한다.

다수 구역들: 우주에 있는 다수 구역들의 창조주로서 신의 활동은 여전히 존재론적 기원뿐 아니라 시간적 과거의 유한성에 대한 근본적인 "무로부터" 창조 통찰을 수반한다. 그러나, 다수 구역들의 관점에서 우주를 바라보는 가능성은 창조주로서 신의 활동의 주제에 영향을 미치는 부가적인 문제들을 초래한다.

아인슈타인 구역에서, 우리는 시간에 대한 토론에 있어서 두 가지 표준 대안에 마주친다. 우리는 시간(그리고, "시간의 화살")을 실재라고 받아들이고 시간 **안에서** 신의 행위에 대한 신학적 언어를 채용하는 "시간주의자들"(temporalists)을 따를 수 있다.[92] 이것은, 비록 우주의 존재 자체가 "**무로부터의 창조**" 주장의 존재론적 유형을 언제나 보증한다 하더라도, 자연스럽게 "**무로부터의 창조**"의 부가적 요소로서 "**지속적 창조**"에로 인도한다. 다른 대안으로서, 우리는 "비시간주의자들"을 따를 수 있고[93] 비시간적 범주들에서 신의 행위에 대한 해석을 발전시킬 수 있다.

호킹 구역에 대해서, 우리는, 신이 여기서도 역시 창조주이기 때문에, 이 "시간 없는" 구역에 대한 신의 관계를 어떻게 개념화해야 하는지 생각해야 한다. 여기서 우리는 연속적인 사차원 기하 구조물보다는 일련의 분리된 삼차원 기하 구조물들을 갖는다. 우리는 신이 직접적으로 각 삼차원 기하학적 구조물에 관계하고, "**무로부터**"의 그 존재를 제공한다고 말할 수 있다.[94]

마지막으로, 우리는, 호킹 구역으로부터 아인슈타인 구역으로 가는 전이 구역, 즉 "무시간"에서 "시간적인 것"으로 가는 전이의 창조주로서 신의 관계에 초점을 맞춘다. 여기서, 시간(그리고 시간의 화살)을 창조하는 과정에 대한 신의 관계를 이해하는 신학적 문제를 위하여, 우리는 이론 물리학으로부터 끌어들여진 어떤 모형의 희미한 빛을 보게 된다. 따라서, 신은, 카오스 이론, 열역학과 양자 물리학의 토론에서 제안된 바와 같이, 세상에서 자연 안에 새로운 구조물을 창조하기 위해서만 행동하는 것이 아니다. 더 근본적인 수준에서, 그리고 우주의 어떤 영역들에서, 신은 시간(그리고 시간의 화살)을 창조하기 위해서 활동한다. 그래서, 우리는 신이 우주와 함께 시간을 창조했고, 신이 시간 안에서 새로운 형상을 창조한다고 아우구스티누스처럼 단지 이렇게만 이야기해서는 안 된다. 여기에 우리는 **셋째** 주장을 더해야 한다. 즉, 우주 안에 있는 어떤 넓은 전이 구역들에서, **신이 시간과 시간의 화**

*살로 가는 전이*를 창조한다.

이것은, 라카토스 신학연구 프로그램의 관점에서 창조를 토론함에 있어서, 위에서 제안된 "새로운 예측"이라는 개념을 끌어올리게 할 것이다. 거기에 우리는 보조 가설로서, 창조된 유한성은 경계가 있을 필요가 없다는 주장을 더했다. 그렇게 함으로써, 모든 것의 존재론적 의존과 독특한 시작 사건에 있는 모든 것의 역사적 기원의 관점에서만 아니라, 자연의 과정 안에서 근본적으로 새롭고 부드러운 생성의 관점에서도 *"무로부터"*의 신의 창조 활동을 토론하는 것이 가능하게 될 것이다. 여기서 우리는 하나의 현상, 즉 호킹 구역으로부터 아인슈타인 구역으로 가는 전이 구역들(그리고, 그것과 함께, 신이 우주의 어떤 부분에서 창조한 것의 부분인 아인슈타인 구역에서 시간의 화살의 창조)에 대한 근거를 가지고 있다. 따라서 신의 창조 행위는 자연 과정들 안에서 새로움의 창조에만 적용되는 것은 아니다. 그것은 역시, *우리가 알고 있는 대로 시간성의 창조*를 포함한다. 신학연구 프로그램을 위한 *새로운 근거*로서 전이 구역을 포함시키는 가능성은 이 연구 프로그램을 그 경쟁자들보다 더 *진보적* 신학연구 프로그램으로 나타내게 된다. 우리는 이 장에서 유한성에 대한 보조 가설을 통해 신학연구 프로그램을 탐구하고 있다. 그런 경쟁자 저자들은 t=0나, 또는, *"무로부터의 창조"*의 다른 경험적인 측면들과 같은 쟁점들을 비정상적이거나 무관한 것으로 일축했다. 혹은, 그들은 *"무로부터의 창조"*를 t=0와 너무나 엄격하게 동일시함으로써 그러한 문제들을 부인해 버렸다.

6. 삼위일체적 창조에 대한 마무리 성찰

마지막으로 내 견해는(여기서 지적은 하지만 발전시키지는 않는다) 우리가 신의 영원성을 우주의 시간성의 원천으로 생각해야 한다는 것이다. 여기서 신의 시간성이 진정한 시간성의 의미로, 즉, 신의 영원함의 의미로 간주된다.[95]

신은 우주의 창조주 신으로서 영원히 활동한다. 따라서 신의 영원함은, 적어도 시간에 대한 그러한 이해가 허용되는 만큼, 충분히 복합적인 방식으로 이해되어야 한다. 그때, 신학에 제기된 도전은, 적어도 만들어진 시간의 이러한 의미들을 받아들이기 위해 신의 영원함과 신적 행위의 의미를 관통하여 생각하는 것이다.

나는 다시 한 번 물리학과 우주론에서의 시간성, 종교 철학(세상에서의 신 행위)과 조직 신학(시간과 영원성)에서의 시간성에 대한 논란들이 어떻게 밀접히 연결되어 있는지를 언급하면서 이 글을 맺도록 할 것이다. 우리는 이제, 양자 물리학과 양자 우주론이 제안하는 대로 시간성에 대해 우리가 더욱 복잡한 이해를 하려는 관점에서 신에 대한 현재 모형들을 다시 생각할 필요가 있다. 이 논의는 다시, 시간과 영원성에 대한 체계적인 문제들 안으로 통합되어야 할 필요가 있다. 비록 수학적 추상성 때문에, 접근이 매우 잠정적이고 어려울지라도, 신학자들과 종교 철학자들이 세상에서의 신의 활동을 새로운 방식으로 표현할 때에, 시간에 대한 과학적 논의들은 신학자들과 종교 철학자들이 시간과 영원성에 대한 자신들의 전제들을 비판적으로 다시 생각하는 데 도움이 되어야 한다.

1   이 글은 다음의 글에서 이전에 출판되었다. In *QCLN*, Russell, Murphy, Isham, eds., (Vatican Observatory and the Center for Theology and the Natural Sciences, 1993). 이 글에 도움을 주었던 다음 분들에게 감사한다. Ian Barbour, Wim Drees, George Ellis, Stephen Happel, Chris Isham, Nancey Murphy, Arthur Peacocke, Ted Peters, Bill Stoeger, Claude Welch, and John Wright.

2   여기서 t는 우주적 시간을 나타낸다. 전문적 입문을 다음 글에서 보시오. Bill Stoeger and George Ellis in *QCLN*.

3   다음의 글을 보시오. 이 글에는 특이성 정리에 대한 전체 참고문헌 목록이 포함되어 있다. S.W. Hawking and R. Penrose, "The singularities of gravitational collapse and cosmology," *Proc. R. Soc. London* A 314, 529–548 (1969).

4   Langdon Gilkey, *Maker of Heaven and Earth: The Christian Doctrine of Creation in the Light of Modern Knowledge* ([Reprint] Lanham, Md.: University Press of America, 1985; 본래 출판사는 (Garden City, N.Y.: Doubleday, 1959)이다. 최근 강연에서 그는 위의 저술 이후 자신의 견해가 극적으로 바뀌었고, 그의 책에 반영된 신-정통주의로부터 상당한 거리를 두고 있다고 주장한다. 그러나 이 책이 한 세대의 학자들에게 미친 영향을 감안한다면, 저자의 현재 위치와 상관없이 그 자체의 장점과 역사적 맥락에 대한 그 저술을 평가하는 것은 합리적이고 가치 있다고 생각한다.

5   이것은 길키의 정확한 표현은 아니지만 그의 의도를 잘 포착하고 있다고 생각한다. 그는 이러한 구분에 대한 토론에서 안토니 플루가 사용한 용어 "절대 존재론적 의존"의 사용을 언급한다.

6   Gilkey, *Maker*, 310. 원본의 이탤릭체.

7   Ibid., 313, 여기서 그는 다음 문헌을 인용한다. Aquinas's *Summa Theologica*, Part 1, Question 46, Article 2.

8   Ibid., 312. 창조와 보존이 전통의 전체 의미를 동등하게 함유한다는 견해를 길키가 수용하는 그 점에서 우리는 분명히 슐라이어마허의 영향을 본다.

9   Ibid., 314.

10   Ibid., 313.

11   Ibid., 315.

12   A. R. Peacocke, *Creation and the World of Science: The Bampton Lectures, 1978* (Clarendon Press: Oxford, 1979).

13   Ibid., 78.

14   Ibid., 79.

15   Arthur Peacocke, *Intimations of Reality: Critical Realism in Science and Religion* (Notre Dame, Ind.: University of Notre Dame Press, 1984). 특별히 62–63을 보시오.

16   A. R. Peacocke, "Theology and Science Today," in *Cosmos as Creation: Theology and Science in Consonance*, ed. Ted Peters (Nashville: Abingdon, 1989), 28–43. 특별히 33–34를 보시오.

17   Ted Peters, "On Creating the Cosmos," in *Physics, Philosophy and Theology: A Common Quest for Understanding*. Robert John Russell, William R. Stoeger, S. J., and George V. Coyre, S. J. (Vatican City State: Vatican Observatory Publications, 1988), 지금부터는 *Physics*., 273–296, 291.

18   Ibid., 288.

19   바버에 대한 피터스의 비판은 바버의 입장에 대한 부적절한 평가에 근거하고 있다. 피터스에 의하면, "바버가 여기서 한 것은 사실상 *무로부터*를 첫 시작과 동등시했고 첫 시작에 대한 개념을 버렸으며, 그렇게 하여 *무로부터*를 버렸다". 그러나 다음에서 우리가 알게 되겠지만, 바버가 그의 책 *Issues*에서 채택한 입장은 길키를 회상하게 하는 두 가지 이유로 창조에 대한 존재론적 해석을 선호하고 역사적 해석을 버릴 수 있다는 것이다. 길키에 의하면, 과학은 그 문제를 해결할 수 없고 계시는 이런 종류의 사실을 담고 있지 않다. 피터스가 제안하는 것처럼 바버는 *무로부터*의 전통을 거부했다기보다는 그것을 존재론적 해석으로 환원시킴으로써 그 전통을 유지하기를 원했다. 반면에 피터스는 *무로부터* 안에서 역사적 해석을 생생하게 유지하려 의도한다. 이것이 그가 바버가 역사적 시작을 거부할 때 *무로부터*를 거부했다고 파악한 것에 대한 설명이다.

20   여기와 다른 곳에서 나는 피콕과 피터스가 길키가 설정한 구분의 반대 측을 방

어하는 입장을 취하는 것으로 파악하고 있다. 그리고 그들이 주장한 언급의 역
사적 순서를 무시하고 있다. 즉, 이 글의 이 시점에서, 나는 피콕과 피터스가
저술한 시기와 관계없이 *무로부터* 논증의 중요성에 대한 반대 해석을 주장하
도록 허용하고 있고, 1966년부터 1990년까지 그들 사이에서 바버의 생각의 이
동을 분석한다. 그러나, 그들은 이 기간에 이 주제에 대해 여러 번 저술했다.

21 Ian G. Barbour, *Issues in Science and Religion* (New York: Harper & Row,
1966).

22 Ibid., 366-368.

23 이 토론에서 바버가 길키에 의존했던 가능성에 대한 더 이상의 근거는 바버와
길키가 모두 브루너를 인용했다는 사실이다. 사실 그들은 동일한 책과 장을 인
용한다.

24 Barbour, *Issues*, 377.

25 Ibid., 380.

26 Ibid., 414.

27 Ibid., 458. 자리스로프 펠리칸의 주장에 의지해서, 바버는 또한 *무로부터*의 전
통을 비판한다. 역사적으로 *무로부터*의 전통이 계속 창조 전통을 억눌러왔기
때문이다. 펠리칸에 의하면, 무로부터의 전통이 "우리가 진화를 창조의 수단으
로서 해석하는 것을 어렵게 했다"(앞의 책, 384). 바버는 계속 창조와 섭리를 병
합해야 한다고 촉구하고 이 조치를 지지하는 많은 논거를 전개시켰다. 이러한
주장들은 추구할 가치가 있지만 이 장의 제한된 맥락에서는 그렇지 못하다.

28 Ian G. Barbour, *Religion in an Age of Science*, The Gifford Lectures
1989-1991, Volume 1 (San Francisco: Harper & Row, 1990).

29 Ibid., 128ff.

30 Ibid., 129.

31 바버는 기포드 강연에서 우주론과 *무로부터의 창조*를 연관 짓기 위해 우발성
에 대한 철학적 범주를 광범위하게 사용한다. 이것은 중요한 점이다. 그러나,
우발성의 의미를 우주의 존재 자체로 제한하면 단지 철학적 범주만이 남게 된
다. 만약 우발성을 확장시켜 우주의 유한한 나이를 포함하게 되면, 그때 우발
성은 빅뱅(이것은 *무로부터를 확인하는* 경향이 있다) 또는 정상 상태(이것은 *무로부터를
부인하는* 경향이 있다)와 같은 특별한 우주론과 접촉될 수 있다. 따라서 우발성은

그렇지 않지만 유한성은 **무로부터**가 우주론에서 제공된 경험적 검증을 받도록 하는 데 중요한 역할을 한다.

32 만약 우리가 과학적 조사에 열려 있는 사건들로써 앞의 원인들의 효과(아마도 그렇지 않을 것이다)와 나름대로 미래 효과의 원인(아마도 그럴 것이다)인 것들을 모두 의미한다면, 그때 원인이 없는 사건이란 용어상 모순이 될 것이다. 여기서 우리가 가정된 인과성의 형태를 라플라스의 결정론으로 제한시킬 필요가 없다는 것에 주목하시오. 통계적 결정론도 동등하게 받아들여질 것이다. 게다가, 통계적 결정론의 아주 다른 사례들이 통계 역학과 양자 역학에 의해 제공된다.

33 우주론에 대한 이것과 다른 철학적 측면들에 대한 뛰어난 논의를 다음의 글에서 보시오. "Contemporary Cosmology and Its Implications for the Science-Religion Dialogue" by W. R. Stoeger in *Physics*, 219-247.

34 Ted Peters, "On Creating the Cosmos," 288.

35 Barbour, *Religion*, 144.

36 Ibid., 129.

37 Langdon B. Gilkey, "Cosmology, Ontology, and the Travail of Biblical Language," *The Journal of Religion* 41 (1961), 194-205.

38 이 점이 중요하기 때문에 여기서 길키를 길게 인용하는 것은 가치가 있다. "종교적 관념들이 전적으로 사실과 경험의 세계 안에 머문다면, 신의 초월적 권능과 사랑인 구원하는 내용을 상실한다. 반면에 만약 종교적 관념들이 전적으로 세상을 초월한다면, 그리고 사변적 철학이 순전히 부정적이고 비인격적 관점에서 신을 기술한다면, 복음 말씀이 이야기하는 신과 세상과의 그러한 관계는 상실된다. 신학적 진리는 그것이 신의 구원에 대한 그리스도교적 복음을 표현하고자 하면, 그것은 신의 초월적 영원함과 변화하는 시간의 유한한 세상과의 변증법 즉 긴장감을 유지해야 한다. 그것은 사실을 초월한 것을 우리 경험의 사실들에 지속적으로 연관지어야 한다. 왜냐하면, 신학이 정식화하려고 추구하는 것은 우리 경험을 초월한 신의 활동이기 때문이다. 그때, 신학의 기본적인 문제 중 하나는 그리스도교가 이해하고 있는 대로 영원함과 시간의 관계를 표현하는 것이다. 그러나 신학은 한편으로는 공간과 시간의 자연적 우주의 기원에 대한 과학적 지식과 경쟁하지 않아야 하고, 다른 한편으로는 실제의 경험 세계에 대한 모든 긍정적 관계를 상실하지 않아야 한다." 다음의 글을 보시

오. Gilkey, *Maker*, 315–316.

39　Ibid., 316ff.

40　엄격한 철학적 우발성의 맥락에서조차, 우리가 결국 그러한 철학적 주장을 보증하는 자료를 제공하는 것은 우주의 존재라는 것을 주목해야 한다. 따라서 그러한 주장은 경험적 맥락이 결코 없어서는 안 된다.

41　Ian G. Barbour, *Myths, Models, and Paradigms: A Comparative Study in Science and Religion* (New York: Harper & Row, 1974). 특별히 6과 7장을 보시오.

42　Nancey Murphy, *Theology in the Age of Scientific Reasoning* (Ithaca, N.Y.: Cornell University Press, 1990). 또한 *QCLN*에 있는 그녀의 글을 보시오.

43　Philip Clayton, *Explanation from Physics to Theology: An Essay in Rationality and Religion* (New Haven, Conn.: Yale University Press, 1989).

44　특히 다음을 보시오. "Falsification and the Methodology of Scientific Research Programmes," in *The Methodology of Scientific Research Programmes: Philosophical Papers*, vol. I, ed. John Worrall and Gregory Currie (Cambridge: Cambridge University Press, 1978), 8–101.

45　만약 우리가 빅뱅의 과거가 무한한 것으로 특징지어질 수 있다고 주장할 수 있다면, 빅뱅 모형 자체도 부인의 근거를 제공하는 것으로 취해질 수 있다. 드러난 것처럼, 우주의 나이를 규명하기 위해 온도를 사용하면 빅뱅 모형조차도 무한히 오래된 것으로 된다. 마침내, 양자 중력은 양자 우주론에서 제안들로 이어진다. 양자 중력은 우주에게 무한한 나이를 부여하든가, 또는 하틀/호킹 모형에서처럼 유한한 나이의 의미를 다시 규정하여, 우리가 다음에 보게 될 것처럼, 시작이 없는 우주가 되게 한다.

46　나는 이것을 유한성의 *정의*로 만들고 싶지 않다. 왜냐하면, 나는 유한과 무한의 구분은 경계의 개념을 필요로 하지 않는다고 주장하고 싶기 때문이다. 최근의 수학에서, 특히 게오르크 칸토어의 업적 이후로, 우리는 유한의 개념을 확장시켜 경계가 없는 유한을 포함시킨다. 우리는 아래의 하틀/호킹의 연구에서 드러나는 것처럼 이 후자의 개념의 중요성을 알게 될 것이다.

47　신학과 비신학적 연구 프로그램들과 우주론 간의 그러한 비교에 대한 탁월한 예를 위해 다음을 보시오. Nancey Murphy in *QCLN*.

48　간단히 말해서, 나는 의미가 없게 되는 것보다는 틀리는 것이 더 낫다고 생각

한다. 어떤 이론이 틀리기 위해서는 반증될 수 있어야 한다. 반증될 수 있는 한, 반증되지는 않았으나 부분적으로 인정된다면(입증될 수는 없기 때문에), 그 이론은 진리에 어느 정도로 유사해야 한다. 이것이 명백히 신학의 목표가 되어야만 하고, 신이 사랑하는 세상에 대한 진리를 말하는(요한 3.16) 구역의 일부로 포함되어야 한다.

49 Isham, "Creation as a Quantum Process," in *Physics*.

50 이것은 *QCLN*에 게재되었다. 이 장에서 나는 하틀/호킹 모형에 대한 이샴의 분석에 관심의 초점을 둔다. 그 모형은 *Physics* 안에 있는 그의 논문으로부터 이끌어 낸다. 미래에 나는 내 주장을 확장시켜 양자 우주론 안에서 빌렌킨의 모형과 다른 제안들에 대한 그의 분석을 포함시키고 싶다.

51 이것이 어떻게 가능한지를 이해하기 위해서는, 다음 두 가지 요점을 명심할 필요가 있다. i) 중력은 끌어당기는 힘이기 때문에 중력 결합 에너지는 마이너스다. 정지 질량과 운동 에너지는 플러스다. 아마도 우리 우주에서는 중력 결합 에너지의 양이 우주의 전체 정지 질량과 운동 에너지와 같아서, 전체로서 우주는 알짜 에너지를 가지고 있지 않다. ii) 양자 역학은 양자 계의 수명이 그 에너지 안에서 불확실성에 반비례한다고 예측한다. 이 두 관찰의 결과는 배경 시공간의 양자 요동이, 에너지 보존을 위반하지 않고, 우리의 우주처럼 수십억 년의 수명을 가진 우주를 생성할 수 있게 한다.

52 수리 물리학에서 복소수의 사용은 일반적이다. 복소수는 실수부와 허수부로 구성된다. 후자는 음수의 제곱근을 포함한다. 이들은 예술, 문학, 또는 인격적 맥락에서의 "이미지"(imaginary)와 아무런 관계가 없다.

53 정확히 하기 위해, 양자 중력에서 시간은 상당히 애매한 개념이기 때문에, 우리는 일상적 시간 안에서 어떤 독특한 유한한 과거로 거꾸로 단순히 추론할 수 없다. 시간에 대한 우리의 일상적 개념은 우주는 하나의 사차원의 시공간 다양체라는 것과 시간은 분명히 이 차원들 중 하나의 관점에서 규정된다는 것을 가정한다. 그러나 양자 중력의 경우에는, 우리는 일련의 그러한 사차원적 시공간 다양체에 직면하게 되고, 이 모든 것들이 우리가 일상적 시간으로 여기는 것에 기여하게 된다.

54 Isham, "Creation," Fig. 4, 390.

55 이 논문에서 "삼차—공간" 그리고 "삼차—기하 구조"라는 용어는 기본적으로 교

환 가능하고, 둘 다 임의로운 곡률(curvature)이 있는 삼차 공간을 뜻한다. 일반
적인 유클리드 삼차—공간은 제로의 곡률(즉, 평평한 삼차—공간)이 있는 삼차—공
간의 한 예다.

56 Isham, "Creation," 391.

57 Ibid., 396.

58 Y(c, f)에 대한 이 해석은 파동함수를 이해하는 여러 가지 가능한 방식 중 단지
하나이다. 이러한 사실은 양자 중력에서 시간에 대한 문제와 깊이 연관되어 있
다. 나는 이것에 대해서 그리고 양자 중력에 대한 나의 처리에 대한 다른 중
요한 언급에 대해 크리스 이샴에게서 도움을 받았다. 나는 독자들에게 더 많
은 연구를 위해 탁월하지만 상당히 전문적인 다음의 논문을 추천한다. "Ca-
nonical Quantum Gravity and the Problem of Time," C.J. Isham (Lectures
presented at the NATO Advanced Study Institute, "Recent Problems in Mathematical
Physics," Salamanca, June 15—27, 1992).

59 이것은 일반적으로 양자 역학에 대한 실재론적 해석이 유지될 수 있는지에 대
한 바로 그러한 실제적인 문제를 감안하고 이해되어야 한다. 실재론적 해석이
양자 물리학에 기인하는 정도로, 삼차 공간들을 연결하는 "경로"는 일종의 사
차원의 시공간으로 해석될 것이다. 다소 관련된 주제가 측정 문제 또는 관찰자
의 문제이다. 즉, 우주가 양자 시스템으로서 "관찰된다"는 것과 그렇게 하여 단
일 상태에 놓인다는 것이 의미하는 것이 무엇인지에 대한 문제이다. "관찰자"
가 어떻게 우주 "밖"에 있을 수 있을까?

60 다음의 글을 보시오. Isham, "Creation," Fig. 4, 390. 엄밀히 말하면, 단일한
사차원 시공간은 c(1)과 c(2)를 연결하는 경로들의 전체 수집으로 표현되고, 다
양체의 다른 엽리(foliation)에 상응하는 각각의 경로가 있고 그들의 경계는 c(1)
과 c(2)다. (따라서 시간에 대한 다른 정의에 상응한다.)

61 Ibid., 397.

62 Ibid., Fig. 6, 398.

63 이것은 그림 5에 있는 원뿔의 정점에 의해 표현된다. 다음을 참조하시오. 앞의
책, 391.

64 우리는 다시 다음을 명심해야 한다. 엄밀히 말하면, 하틀/호킹 모형에 포함되
는 시공간은 하나가 아니라 많은 시공간이 있다. 그러한 접근은 구체화된 삼차

다양체와 일치하는 모든 사차원 기하 구조들에 대해 통합하는 것을 요구한다.

65 "중력 양자 이론은 시공간에 경계가 없고, 따라서 경계에서의 조건을 구체화할 필요가 없는 새로운 가능성을 허락하게 되었다. 우리는 이렇게 말할 수 있다. '우주의 경계 조건은 경계가 없다는 것이다.' 우주는 완전히 자급자족할 수 있고, 그 밖의 아무에게도 영향을 받지 않을 것이다. 우주는 창조도 파괴도 안 된다. 우주는 그저 존재할 따름이다." Hawking, *A Brief History of Time*, 136. 『시간의 역사』, 스티븐 호킹 저, 玄正晙(현정준) 역, 삼성출판사, 1990, 206쪽.

66 다시 다음을 주목하시오. 양자 중력과 시간에 대한 이러한 언급은 양자 중력을 해석하는 전체 문제의 한 부분만을 반영한다. 실제로, 일반 상대성에서 시간의 개념에 비해 양자 이론에서의 시간의 개념은 여기서 다룰 수 있는 것보다 훨씬 복잡하다. 최근의 전문적 처치에 대해 다음 글을 보시오. C. J. Isham, "Canonical Quantum Gravity and the Problem of Time."

67 기술적으로 우리는 하틀/호킹 출발점에서 다중의 사차원 기하 구조들이 있고, 이들은 다시 일련의 관련된 삼차 기하 구조들로 포함된다는 것을 주목해야 한다.

68 그러나, 이 책의 다음에서 그리고 폴킹혼과 이샴이 토론한 것처럼 고전적 영역 안에서조차 시간의 지위에 대한 진지한 논의가 있다는 것에 주목하시오. 시공간은 정적인 사차원의 기하 구조물(존재하는 세계)로 간주되어야 하는가? 아니면 동적으로 진화하는 삼차 기하 구조물(존재되는 세계)로 간주되어야 하는가? 여기서 요지는 고전적 구역과 반대로 양자 구역에서는 *시간은 공간과 결코 동등하지 않고*, 생성의 동적 견해보다 존재의 정적 견해를 *더욱더 설득력 있게* 한다.

69 여기서 "국소적"이란 기하학적 의미가 아니라 위상학적 의미를 뜻한다. 외적 시간을 포함하는 시공간의 국소적 부분은 첫 수 천 분의 1초부터 현재를 통해서 먼 미래까지의 모든 사건들을 포함한다.

70 나는 시간이 "창발하는" 구역이라고 전이 구역에 대하여 말하는 유혹을 거부한다. 비록 이것이 전이 구역에 대하여 생각하는 자연스러운 방식일지라도 말이다. 창발은 전이 구역과 함께 시간적 함축을 수반한다고 여겨진다. 그리고 이것은 우리가 여기서 피해야 할 필요가 있는 바로 그것이다. "시간의 창발"은 *시간적 과정이 아니다*. 즉, 그것은 시간 안에서의 어떤 과정이 *아니다*. 시간의 창발은 한 구역에서 다른 구역으로 가는 예리한 경계가 아니라, 특성에 있어서 점진적 변천과 같은 일종의 분포된 과정이다.

71   우리가 알고 있는 것처럼, 철학과 미학적 투신은 종종 과학에서 이론 선택의
      근거로 봉사한다.

72   Isham, "Creation," 387.

73   양자 요동 모형에서, 우주들의 무한성은, 어떤 의미에서, 모두 동일한 시공간 연
      속 안에서 공존할 것이다. 이것이 의미하는 것은 우리는 은하계들이 하늘에서
      사방으로 움직이는 것을 보게 되는데, 그 움직임은 은하계들이 생성된 "창조/씨
      앗-점"의 시공간의 위치에 의존한다는 것이다. 분명히 우리는 눈에 보이는 우
      주에서 그런 종류의 아무것도 보지 못한다. 우주의 무한성에 대해 이런 식으로
      이야기하는 것은 우주들의 무한성 개념과 뚜렷하게 구분되어야 한다. 그 개념은
      팽창 양자 우주론에서, 또는 양자 물리학의 다중-세계 해석 등으로부터 생겨난
      "다중 우주" 이론들에서 나타난다. 후자의 경우에서, 우주들은 각각 어느 정도
      독특한 시공간들인데, 이는 어떤 공통의 원천에서부터 생성되었으나 이제 더
      이상의 서로 소통이 없는 위족(僞足, pseudopod)들과 다소 비슷하다

74   이샴이 지적한 것처럼, 알렉산드리아의 필로는 아우구스티누스와 비슷한 입장
      을 취했다.

75   Paul Davies, *God and the New Physics* (New York: Simon & Schuster, 1983).

76   Ibid., 38.

77   Willem B. Drees, *Beyond the Big Bang: Quantum Cosmologies and God*
      (La Salle, Ill.: Open Court, 1990).

78   Ibid., 55-56.

79   또한, 드리스는 하틀/호킹 우주론의 맥락에서 **무로부터의 창조**에 초점을 둔다.
      그는 **무로부터**의 두 가지 의미들 간의 공통된 구분으로부터 시작한다. 즉, 역
      사적 기원과 존재론적 의존이다. 그는 전자는 이신론으로 이끌어 가는 반면에
      유신론은 모든 순간이 신에게 의존한다는 의미에서 우주론과 더욱 잘 부합된
      다고 주장한다. 그가 주장하는 것은 t=0 사건이 제거된다고 해도 이는 이신론
      을 손상시키는 것이지 유신론을 손상시키지는 않는다는 것이다. "신학은 절대
      시작인 시간의 끝에 필연적으로 묶여 있는 것이 아니다. '끝이 없으니 따라서
      신도 없다'는 세이건의 주장은 결정적인 것이 아니다"(Ibid., 70-71). 따라서 드
      리스는 내가 이전에 피콕/바버 입장이라고 명명한 것, 즉 내가 자세히 비평한
      입장을 방어한다.

80 "'*오우크 온*'(*Ouk on*)은 도대체 존재와 아무 관련이 없는 '무'이다. '*메 온*'(*me on*)은 존재와 변증법적 관련이 있는 '무'이다. 플라톤 학파는 '*메 온*'은 아직 존재하고 있지 않으나 본질이나 이상과 결합하면 존재하게 되는 것으로 규정한다. 그리스도교는 *무로부터의 창조* 교리에 근거해서 '*메 온*' 물질의 개념을 거부한다. 물질은 신에 더하여 이차 원리가 아니다. 신의 창조의 원천이 되는 '무'는 '*오우크 온*'이고 존재의 비변증법적 부정이다." Paul Tillich, *Systematic Theology* (New York: harper & Row, 1951/1967), vol. 1, 188.

81 Drees, *Beyond the Big Bang*, J. D. Barrow, *The World within the World* (Oxford: Clarendon, 1988); Michael Heller, "Big Bang on Ultimate Questions," in *Origin and Early History of the Universe: Proceedings of the Twenty-sixth Liege International Astrophysical Colloquium, July 1-4, 1986* (Cointe- Ougree, Belgium: Universite de Liege, 1986). See Drees, Beyond the Big Bang, 72.

82 개인적인 교신에서 엘리스는 다음과 같이 지적한다. 하틀/호킹 제안은 기존의 힐버트 공간들, 양자 연산자들, 해밀턴 연산자들 등을 포함한다. "그러한 것들의 존재는, 만약 어떤 것이라면, 우주 자체의 존재보다 더욱 신비스럽다. … 사실 *무로부터의 창조* 주장은 낡은 빅뱅 이론이 옳다는 개념과 따라서, 양자 중력이, 과연 필연적이라면, 고전적 이론이 예측한 것으로부터 빅뱅의 속성을 바꾸지 않는다는 개념을 지지한다."

83 Davies, *God*, ch. 16, "Is the universe a 'free lunch'?" 214-217. 여기서 데이비스는 이렇게 질문한다. "그러한 우주에 대한 양자 모형이 신에 대한 어떤 요구를 하는가? 물리학은 아마도 물리적 우주의 내용, 기원, 그리고 조직을 설명할 수 있다. 그러나, 물리학 자체의 법칙(초법칙)에 대해서는 설명할 수 없다. 전통적으로 신은 자연의 법칙을 창조했고 이 법칙들이 작동되는 세계를 창조했다고 믿어진다. (216-217); Russell, "Cosmology," in Peters, *Creation*, especially 198-201.

84 아직도 무엇인가 남겨질 것인가? 아마도 논리의 법칙? *이러한* 가능성들을 조사하는 것은 매혹적일 것이다. 그러나 우리는 자연의 법칙들이 그들 자체의 존재론적 위치를 가지고 있다고 보는 견해에 반대하여 스테거가 제기하였던 중요한 주장을 명심해야 한다. 아마도 법칙들은 자연을 단지 기술하는 것이고 자

연 현상의 행동을 규정하도록 작용하는 것은 아니다.

85 나는 여기서 "경계 없는"(unbounded)이란 용어를 "경계가 없는"(no boundary) 것을 의미하는 것으로 사용한다. 수학자들은 아마도 "경계 없는"을 다른 의미로 종종 사용한다. 대신에 그들은 하틀/호킹 모형이 과거에 매인 사중 다양체를 포함한다고 이야기할 수 있다. 이와 비슷한 표현이 "열린"이란 단어에도 적용된다.

86 Hawking, *Brief History*, 140.

87 Ibid., 122.

88 Ibid., 141.

89 Ibid., 166.

90 참고문헌에 대해, 이 책의 입문의 각주를 보시오.

91 추가적으로 이것은 양자 우주론의 관점에서 창조 교리에 대한 내적 일관성에 대한 어떤 중요한 것을 의미한다. 즉, 우리는 더욱더 근본적인 방식으로 *계속 창조 교리와 무로부터의* 창조 교리를 연계시킬 수 있다.

92 Barbour, Peacocke, Lucas, Polkinghorne, and Ward는 이 입장을 대표한다.

93 Isham and Drees는, 아인슈타인이 그랬던 것처럼, 이 입장을 대표한다.

94 See Isham, "Creation," 404.

95 나는 칼 바르트와 칼 라너의 저술들에서 유래하고 에버하르트 융겔, 볼프하르트 판넨버그, 유르겐 몰트만, 그리고 테드 피터스가 다양한 방식으로 선별했던 영원에 대한 최근 토론에 덕을 보았다. 나는 앞으로의 저술에서 이러한 접근들을 전개시키고 싶다.

제Ⅱ부

계속 창조, 신의 비개입적 활동과
물리학과 생물학에서
자연 악의 문제

활동하는 신은 실제로 활동하는가? 현대 과학에 비추어 본 신의 활동에 대한 새로운 접근들[1]

신의 "웅장한 활동들"(시편 145,4 참조), "경이로운 행위들"(시편 40,6 참조), "훌륭한 업적들"(시편 107,21 참조)은 성경 역사에서 근본적인 주된 주제이며, 성경적 신앙의 대상은 명백히 과거에 반복적으로 그리고 힘 있게 활동해 왔고 미래에도 그렇게 하리라고 기대되는 그분이다. –고든 카우프만[2]

신이 특별한 사건들 안에서 특별한 방식으로 활동하지 않는다면, 어떻게 우리가 역사 안에서 그리스도인들이 사실상 그들에게 인정하는 특별한 정도로 종교적 권위자들을 가질 수 있는지 알기 어렵다. 그리고 사실 바로 그 권위자들은 정확히 그런 방식으로 활동하는 신에 대해 이야기한다.

–모리스 윌리스[3]

성경은 신의 활동에 대해 기술한 책이 아니라 히브리 종교에 대해 기술한 책이다. 성경은 신이 했을 법한 활동들과 신이 말했을 법한 말이라고 히브리인들이 믿었던 것들에 대한 책이다. 그러나, 물론 우리는 신이 그렇게

하지 않았다는 것을 인정한다. —랭던 길키[4]

1. 입문

예수가 제자들에게 가르친 기도는 그리스도교 신앙과 실천의 중심에 놓여 있으며, "아버지의 나라가 오시며, 아버지의 뜻이 하늘에서와 같이, 땅에서도 이루어지소서"와 같은 세 가지 간청들 주위에 모아진다. 이러한 간청들은, 비록 제자의 신분에 요구되는 희생 때문에 개인적 신앙에 엄청난 도전이 되었다 하더라도, 신약 성경 시대에는 이해될 수 있었다. 그러나 우리는 21세기를 살고 있고, 이 시대에 그러한 도전들은 그러한 간청들의 기저에 있고 위협적이며 깊은 틈새가 있는 지성적 부조화로 인해서 거의 견디기 어렵도록 증폭되고 있다. 현재의 맥락이 다음의 적어도 네 가지 중요한 특징들에 의해 형성되었음을 감안하면, 이러한 간청들이 그리스도교 신앙의 진리의 중심에 있다는 것은 제쳐두고라도 그 간청들이 의미하는 바는 무엇인가? 그러한 것들이 어떻게 이해될 수 있을까? 그 네 가지 특징들은 이것이다. i) 과학적 우주론은 우주의 나이가 150억 년이라고 주장하고 우주의 광대함이 우리 상상에 도전하고, 우주의 획일적 "세속성"은 창조물이 하늘과 땅으로 분리된다는 개념을 거의 상상할 수 없게 만든다. ii) 자연에 대한 환원주의적, 유물론적, 결정주의 철학이 18세기와 19세기의 신학 발달 과정 중에 지배력을 행사했고 그 철학은 자연을 닫힌 인과(因果)관계 망의 관점에서 묘사함으로써 인간이나 신이 자연 안에서 활동할 수 있다는 것에 대한 통합된 이해를 갖기 어렵게 하였다. iii) 세계 종교들의 진리 주장들에 있어서 실제적이고 두드러진 차이들은 서로에 대하여 어떤 정상적 인식을 어렵게 하는 듯이 여겨지며 그리고 특히 그 차이는 신이 세상에서 우주 전체를 다스린다는 그리스도교의 가르침을 약화시키는 듯이 보인다. iv) 인간의 악과 자연 재앙의 엄청난 대가는, 20세기에 전 세계를 괴롭혔고, 인간의 엄청난 사악함과 타락은 거의 상상할 수 없는 과학 기술에서 힘을 얻어, 황량함과 나치 유대인 학살로 파괴했고, 핵 악몽으로 위협했다. 생태계는 인간의 탐욕스러움으로 대량 멸종의 위협을 받고 있으며, "자연 악"의 정도는 자연의 지난 수십억 년의 "인정사정 봐 주지 않는" 진화 역사를, 우리가 인식한 것보다, 더 무섭게 덮친 바 있다. 그리스도교 신앙의 이해 가능성에 대한 도전들은 오늘날 정말로 근본적인 것이며, 특히, 칸트의 위안이나 실존주의의 해결책, 또는 신정통주의와 성서 신학의 "물과 기름" 식의 혼합, 또는 신앙을 개인적 또는 사회적 실천/해방으로 환원하는 것은 역사적 그리스도교 증언의 깊이와 정도에 부적당하다고 여기는 사람들에게 그러하다.

이 장은 특히 신의 활동의 문제를 다루는 세 장들(4장부터 6장) 중 첫째 장이다. 이 장의 과업은 자연과학에 비추어 본 신의 활동에 대한 이해 가능성에 대한 문제 전체를 소개하고 토론하는 것이다. 이제 현대 물리학, 우주론, 진화 생물학, 심리학과 뇌 과학은, 포스트모던적, 전체론적(holist) 철학의 최근 움직임과 함께, 실제로 자연에 대한 성찰의 새로운 모형들을 제공한다고 여겨진다. 그러한 모형들은 인간 삶에서뿐만 아니라 진화의 "엄청난 여행"에서도, 로렌 아이슬리가 그렇게도 아름답게 표현한 것처럼, 수십억 년 전 지구로 되돌아가서, 그리고 심지어 빅뱅의 우주 시작으로까지 되돌아가서, 그리스도인이 신의 활동에 대해 일관되게 이야기하는 것을 허용한다. 게다가 만약 자연이 많은 수준의 복합성 또는 적어도 한 수준에서 본질적으로 열려 있고 "꼭대기-아래"뿐만 아니라, "바닥-위" 그리고 "전체-부분" 인과율이 복합적 생물학적 시스템들 안에서 작동한다면 신의 활동은 비개입적 방식으로 이루어질 수 있다. 만약 과학에 대한 유물론적 환원주의적 해석이 기각될 필요가 있다면(그리고 그럴 필요가 있다) 그때 이와 비슷하게 종교에 대한 유심론적/심령론적 환원주의적 해석도 폐기되어야 한다. 정말이지 종교에 대한 환원주의적 해석은 시대에 뒤떨어진 낡아빠진 *과학*에 기초해 있다는 근거로 포기되어야 한다. 내 견해는 이런 면에서 최근 노력들이 사실상 훨씬 촉망되고 더욱 추구되고 더 폭넓은 인정을 받을 만하다는 것이다.

나는 이 장의 대단히 중요한 논지를 전면에 내세우겠다. 전에는, 우리가 "강요된 선택"에 직면해 있다고 가정되었다. 우리는 특수 섭리에 대한 두 가지 이해 중 하나를 선택해야 한다는 것이다. 1) 하나는 자연과 역사 안에서 신의 *객관적* 활동으로서, 이 활동들은 자연 세계와 역사 세계 안으로 신이 *개입하는 것으로* 이해된다. 2) 둘째는 신의 활동들에 대한 우리의 *주관적* 반응으로서, 이 신의 활동들은 우리가 그것들을 특별하게 생각하건 아니건 간에 모든 사건들 안에서 *균일하게 동일한 것으로* 이해된다. 내 주장은 이 강요된 옛 가정이 더 이상 유지되지 않는다는 것이다. 대신에 양자 물리학, 유전학, 진화론, 그리고 마음/뇌의 문제 등을 포함한 현대 과학의 발달 때문에, 그리고 인식론적 환원주의가 인식론적 전체주의로 이동한 철학의 변화 때문에, 그리고 전체-부분과 꼭대기-아래 분석에 대한 인정된 합법성 때문에, 우리는 이제 특수 섭리를 우리가 신앙을 통해 반응하는 자연과 역사 안의 신의 *객관적* 활동들 안에 있는 것으로 간주할 수 있고 그리고 우리는 이러한 활동들이 *비개입적*(non-interventionist) 방식으로 자연과학과 일치한다고 해석할 수 있다. 간단히 말하면 우리는 100년 이상 불가능하다고 생각했던 것을 시작할 수 있고, 신뢰를 가지고 신이 실제 성경에 증언한 대로 활동하였다고 믿을 수 있다. 그리고 우리는 이 과정 안에서 신학적 자유주의자와 보수주의자 간의 분리의 근거들 중 하나를 극복할 수 있다. 모든 사람들 중에서 카우프만과 윌리스는, 앞의 서문의 인용문이 보여 주듯이, 옳다고 할 수 있고, 패배한 길키의 보고서는 신의 활동에 대한 새로운 이해로 대체될 수 있다. 칼 바르트의 매혹적인 용어를 사용한다면, "성경의 이상한 세계"는 놀랍게도 결국 실재 세계가 될 수 있다!

다음에 나는 우선 신의 객관적 활동에 대한 비개입적 이해가 신학적으로 왜 중요한지에 대한 개요를 제공할 것이다(2절). 그런 다음 나는 신의 비개입적 객관적 활동(NIODA)의 연구의 용어와 가정들, 후보 이론들이 갖추어야 하는 준거들, 그리고 우리가 흔히 여러 글에서 발견하는 신의 비개입적 객관적 활동에 대한 7가지 질의와 응답 또는 너무 흔한 오해들을 설명한다(3절). 4절에서 나는 두 가지 유형의 신의 비개입적 객관적 활동에 대한 접근을 자세히 조사할 것이다. 1) 측면 인과율과 카오스 이론(존 폴킹혼), 2) 꼭대기-아래 인과율, 전체로서의 우주 그리고 우주론(아서 피콕)이 그것이다. 바닥-위 인과율과 양자 역학은 5장으로 미루고, 거기서 나는 이것들을 자세히 다룰 것이다. 신의 비개입적 객관적 활동에 대한 보다 철저한 토론을 위해 나는 독자들에게 훨씬 많은 양의 자료로 안내한다. 다섯 권으로 되어 있고, 10년에 걸쳐 시리즈로 된 연구회의 자료로서 바티칸 천문대(VO)와 신학과 자연과학 센터(CTNS)에 의해 후원 받은 것이다.[5] 이 출판물들은 거의 100개의 장들로 이루어져 있어도,[6] 대부분의 중심 주제는 빅뱅, 양자 우주론, 양자 물리학, 카오스와 복잡계 이론, 진화와 분자 생물학 등의 과학적 주제들의 관점에서 바라본 신의 활동이고, 신경과학의 관점에서 바라본 인간이다.

　이 장을 문제의 최전방의 보고서라고 생각하라. 위험이 많고 막다른 골목길들이 어렴풋이 나타나기도 하지만, 그러나 신이 창조주로서 그리고 그토록 사랑하는 세상의 구원자로서 활동한다는 *신앙의 선교내용*에 대한 신뢰할 만한 지지를 제공함에 있어서 실제 발전이 이루어지고 있다.

2. 신의 활동에 대한 개관: 신의 객관적 활동에 대한 "비개입적" 관점이 신학적으로 왜 중요한가?[7]

A. 신의 활동 문제에 대한 역사적 배경

　세상 안에서의 신의 활동에 대한 개념은 성서적 증언의 중심이다. 아브라함의 부름과 이집트로부터의 탈출로부터 예수의 탄생, 활동, 죽음, 그리고 부활, 오순절에 교회가 세워지기까지, 신은 새로운 것들을 생겨나게 함으로써 자신을 드러낸다. 이 "웅장한 활동들"을 통해 신은 창조하고 구원한다.[8] 히브리인들과 초기 그리스도인들은 신의 활동을 전적으로 자연과 역사 과정 안에서 가끔 일어나는 사건들로 보지 않고, 신은 세상의 창조주라고 생각하였다. 그리고 신의 활동에 대하여는 자연과 역사 안에서 일어나는 모든 것들의 지속적인 근거라고 생각하였다.[9]

신이 세상의 모든 과정들 안에서 그리고 그것들을 통해서 활동한다는 생각은 교부 시대와 중세 시대를 통해 지속되었다. 예를 들면, 신은 모든 사건들의 최초 원인, 즉 *일차 원인*으로 이해되었다. 거기서 모든 자연의 원인들은 도구적 혹은 *이차 원인*들이고 신은 그것들을 통해서 작업한다. 신이 우주의 모든 사건들 안에서 활동하고 우리는 특별한 사건들 안에서 신과 함께 활동한다는 신념은 종교 개혁가들에 의해서도 그리고 그 뒤를 이은 개신교 정통주의에서도 유지되었다. 존 칼뱅은 신이 절대적으로 세상을 지배하고 있다고 주장했고, 동시에 인간들은 악행에 책임이 있다는 것을 주장했다.[10] 인간의 자유와 악의 실재에 대한 문제들은 신이 우주적 행동자라는 믿음을 버리는 이유이기보다는 진지한 신학적 주의를 요구하는 문제라고 간주되었다.

게다가, 창조주 신에 대한 신앙은 두 가지 독특한 그러나 서로 얽혀 있는 교리들을 통해 표현되었다. 그것들은 창조와 섭리이다. 창조 교리는 우주의 궁극적 원천과 절대적 근거는 신이라는 것을 확언하였다. 신 없이 우주는 존재하지 않을 것이고 "우주"로서 존재하지 않을 것이다.[11] 다시 창조 신학은 종종 세 가지 관련된 그러나 구분되는 주장들을 포함하고 있다. 1) 우주는 시작이 있었다. 2) 우주는 그 순수 존재를 위해서 절대적으로 그리고 모든 순간에 신에게 의존한다. 3) 우주는 창조주인 신의 지속적 활동의 장소이다. 처음 두 가지가 전통적으로 *무로부터 창조*의 관점과 묶여지고, 셋째는 *계속 창조*의 관점과 묶어진다.

섭리 교리는[12] 창조 교리를 전제하지만, 그러나 중요한 것을 거기에 첨부한다. 창조는 신이 모든 존재의 원인임을 강조하지만, 섭리는 신이 존재하는 모든 것의 의미와 목적의 원인임을 강조한다. 신은 우주를 창조할 뿐 아니라 지도하고 안내하여 신의 목적들을 완성하는 방향으로 가게 한다. 이 목적들은 자연적 과정과 역사적 사건들의 과정 안에서 사실이 일어난 다음에 부분적으로 파악될 수 있지만, 대체로 우리들에게 감추어져 있다. 신이 그러한 것들을 성취하는 방식 또한 숨겨져 있다. 단지 종말론적 미래에만 우주의 역사를 통한 신의 활동이 완전히 드러날 것이며 그리고 그것에 대한 우리의 믿음이 확인될 것이다. 일반 섭리는 모든 사건을 안내하는 신의 우주적 활동을 말한다. 특수 섭리는, 개인의 삶이나 역사 안에서 발견될 수 있지만, 특별한 순간들에서 발생하는 신의 특별한 활동을 말한다.

그러나, 17세기 현대 과학의 태동과 18세기 계몽주의 철학은 많은 사람들로 하여금 신의 활동에 대한 전통적 견해를 거부하게 만들었다. 아이작 뉴턴(1643-1727) 자신은 자신의 역학 체계의 형이상학적 근거에 관련하여 신의 본질적인 역할을 주장했고 이런 방식으로 자연에 관련하여 신의 통치를 방어했지만,[13] 정작 뉴턴 역학 자체는 우주가 인과율로 폐쇄된 것이라고 묘사했다. 뉴턴의 역학에 따르면, 그 우주는 특별한 사건들에서 신의 **특별한** 활동이 일어날 공간을 거의 가지고 있지 않았고 오직 신의 개입을 위한 공간만 있었다. 한 세기 후, 피에르 시몬 라플라스(1749-1827)는 뉴턴 방정식의 **결정주의를 인식론적 환원주의**(전체의 특성들과 행동들은 그 부분들로 환원될 수 있다)와 **형이상학적 환원주의**(전체는 단순히 부분들로 구성된다)에 결합시켜, 자연의 모든 것은 인과율로 폐쇄된 비인격적 기계장치라고 묘사했다. 이것은 다시 개입주의로 이끌어갔는데 개입주의의 뜻을 정확하게 알 필요가 있다. 만약 신이 실제로 자연의 특별한 사건들 안에서 활동한다면, 신은 그 과정에서 외관상 자연의 법칙을 위반하고 그 순서에 개입함으로써 자연적 원인과 결과의 정확히 조율된 단계를 파괴해야 한다는 것이다.

18세기에는 이신론(理神論)의 부침이 있었는데, 이신론에서 신적 행동자의 활동범위는 창조의 초기 활동으로 제한되었다. 이신론에 의하면, 우주는 시계와 같아서 만들어지고 설치되자마자 그 스스로 작동하도록 진행된다.[14] 데이비드 흄(1711-1776)은 일차 원인으로서 그리고 설계자로서 신에 대한 이신론적(그리고 유신론적) 주장에 도전했다.[15] 이에 응하여, 임마누엘 칸트(1724-1804)는 새로운 형이상학 체계를 구성했는데, 그 체계는 직관의 우주적 범주들과 감성의 형태들을 통해 감각−자료를 조직화하는 데 있어서 마음의 역할을 강조했다. 칸트에 의하면, 종교 영역은 우리의 앎(순수 이성의 활동)에 있는 것이 아니라 도덕적 의무(실천 이성의 활동)에 대한 우리의 감각에 있다. 우리가 신, 자유, 그리고 영혼의 불멸을 상정하도록 요구하는 것은 우리의 윤리 체계이지 자연에 대한 우리의 지식이 아니다.[16] 서구에서 칸트의 사고의 결과는 과학과 종교의 영역을 "두 세계"로 나누는 철학적 분리였다. 그러한 조치는 그리스도교 신학에 오늘날까지 엄청난 영향을 미치고 있다.

결과적으로 19세기 신학은 그 내용과 구조뿐 아니라 심지어 방법에서도 근본적인 도전에 직면했다. 이 도전에 대한 다양한 반응들은 두 군으로 나누어지는 경향이 있다. "자유주의자들"은 대체로 근대성이 요구하였던 논의의 관점을 받아들이고 그 안에서 작업했지만 반면 "보수주의자들"은 전통적 정식을 옹호하고 "근대성"을 거부하는 경향이 있었다. 자유주의자들 중 가장 초기의 영향력 있는 인물은 프리드리히 슐라이어마허(1768-1834)였는데, 그는 종교는 앎도 아니고 행동함도 아니라고 주장함으로써 칸트에 반응했다. 대신에 종교는 개인적 경건함, 즉 절대적 의존성의 느낌에 근거하고 있다. 신학적 주장은 종교적 자의식의 직접성으로부터 나온다. 슐라이어마허는 신과 세계의 관계를 신이 우주 안에 내재한다는 관점에서 이해했고, 섭리를 창조 안으로 무너뜨려 넣음으로써 창조와 섭리의 뚜렷한 구분을 흐리게 했다. 유명한 주장에서 그는 기적을 이렇게 정의했다. "단순히 사건에 대한 종교적 이름이다. 가장 자연적이고 일상적인 모든 사건은 그것에 대한 종교적 관점이 지배적인 것이 되자마자 기적이 된다."[17] 슐라이어마허의 주장은 19세기를 관통해 자유주의 개신교 신학의 특징이 되었고, 20세기 신학 작업에서도 상당히 지속되었다.

19세기 후반에는 다윈의 진화론의 태동이 있었고, 진화론은 생물학적 복잡성을 설명하기 위해 무작위 변이와 자연 선택을 결합시켰다. 19세기와 20세기에 어떤 이들에게는, 자연에서의 우연의 근본적인 역할이 세상에서의 신의 활동에 대한 개념을 약화시키는 것으로 여겨졌다. 그러나 영국과 미국의 성공회-가톨릭 자유주의 운동에서처럼 다른 이들에게는 다윈의 진화론이 수용될 수 있었고, 심지어는 개입주의 없이 신학에 통합될 수 있었다. 왜냐하면 신은 바로 그 자연의 과정 안에서 그리고 그것을 통해서 내재적으로 활동하기 때문이다.[18] 반대로 종교적 보수주의자들은 진화론을 통째로 거부하든지 또는 특수 섭리의 객관적 활동은 자연에서 신의 개입이라는 단서를 붙여서 제한적으로 수용하는 경향이 있었다.

20세기 전반의 개신교 신학은 주로 칼 바르트에 의해 모양이 이루어졌다. 그는 19세기 자유주의 신학을 거부했는데, 그는 신학을 성경 중심으로 돌렸고 그리고 신학의 초점을 "전적으로 타자"인 신에 맞추었다. 오로지 주관적 경험에 근거한 종교는 포이어바흐, 프로이트의 비판에 취약할 수 있다는 것을 인식하고, 바르트와 그의 추종자들은 세상의 창조와 구원에서 신의 객관적 활동을 계속 고수했다. "복음은 사건도 아니고, 경험도 아니고, 정서도 아니다. 아무리 연약하더라도! 복음은 살아 계신 신에 대한 신앙을 추정하는 의사소통이고 신앙이 추정하는 것을 창조하는 의사소통이다."[19] "활동하는 신"은 1940년대와 1950년대에 일어난 "성서 신학"[20] 운동의 전형적 특징이 되었다. 많은 이들에게 이 운동은 자유주의와 보수주의 신학 사이의 *제3의 것*을 제안하는 것으로 여겨졌다.

그러나 바르트의 신-정통주의와 성서 신학 운동은 실제로 신의 활동에 대해 신뢰할 수 있는 설명을 생성했는가? 1961년에 쓰인 잘 알려진 글에서 랭던 길키는 강력하게 그렇지 않다고 주장했다.[21] 길키에 의하면, 신-정통주의는 신의 활동에 대해 객관주의적/개입주의적 관점을 가지는 보수적, 성서적/정통주의 언어와 더불어, 신의 활동에 대해 주관주의적 접근을 하며 자연을 닫힌 체계로 여기는 현대 과학적 우주론을 수용하는 자유 신학으로 구성된 불행한 합성물이다. 한편으로 신-정통주의는 경이로운 사건들을 통해 활동하는 신에 대하여 성서적 언어를 유지하고 동시에 계시가 객관적 활동을 포함하는 것으로 간주함으로써 그 스스로 자유 신학과 거리를 두려고 시도했다. 그러나 다른 한편으로, 신-정통주의는 자유주의와 마찬가지로, 고전 물리학이 서술한 것과 같이, 자연은 닫혀 있는 인과성 체계라는 근대적 전제를 수용한다. 그 결과 정통주의가 분명한 뜻을 가진 언어를 사용한 반면, 신-정통주의는 기껏해야 유추적 언어를 사용하고 있고 최악의 경우에는 애매한 뜻을 가진 언어를 사용한다. 길키는 계속 다음과 같이 주장한다. "성경은 신의 활동에 대해 서술한 책이 아니라 히브리 종교에 대해 서술한 책이다. 성경은 신이 했을 법한 활동들과 신이 말했을 법한 말이라고 히브리인들이 믿었던 것들에 대한 책이다. 그러나, 물론 우리는 신이 그렇게 하지 않았다는 것을 인정한다."[22]

20세기 로마 가톨릭의 사상은 비슷한 문제들을 짊어지고 있었다. 그 사상은 일차와 이차 인과율의 토마스학파의 구분에 호소하는 경향이 있었고, 따라서 자유주의 개신교 신학이 했던 것과 상당히 같은 방식으로 과학(과학은 이차 인과율만 연구한다)과의 갈등을 피해갔다. 그러나 가톨릭 신학은 기적의 범주와 교회의 권위와 철학에 대한 호소를 유지했다. 그렇지만 기적을 인정하는 것은 개신교 보수주의와 상당히 동일한 방식으로 과학에 맞서거나 거부하는 것을 의미했다.

그래서 우리는 현대 개신교와 가톨릭 신학이 직면해 있는 이 핵심 신학의 문제 앞에 다시 서 있다고 생각한다. 특수 섭리는 전적으로 신의 획일적이고, 미분화된 활동에 대한 우리의 주관적 반응이라고 이해해야 하는가?

아니면 그것은 특수 사건들에 대한 우리 반응의 토대가 되는 신의 객관적 차원을 포함할 수 있는가? 질문은 우리가 어떤 사건들을 "특수하다"고 하는 것이 옳은가를 묻고 있다. 왜냐하면, 우리는 실제 그러한 사건들 안에서, 그것과 함께, 그리고 그것을 관통하여 신의 특별한 활동에 반응하고 있기 때문이다. 이러한 주장은 더욱더 첨예하게 만들어질 수 있다. 신이 어떤 특별한 사건에서 특수한 방식으로 활동하지 않았다면, 그 사건이 그런 방식으로 일어나지 *않았을* 그러한 경우가 도대체 있는가?

주관적 관점을 취하는 사람들에게, 특수 섭리는 일반 섭리로 흡수되는 경향이 있고 그 일반 섭리는 신의 활동에 대한 단일한 미분화된 관점을 제공하기 위해 신의 창조 활동과 대개 혼합된다. 객관적 특수 섭리를 인정하는 사람들에게, 특별한 사건들이나 경험들에 대한 우리의 반응은 이러한 사건들과 경험들에서 일어난 신의 특별한 또는 특정한 활동에 기초한다. 아무나 흉내 낼 수 없는 길키를 다시 한 번 인용한다. "신앙이 있는 사람들에게 (신의 활동은) 틀림없이 객관적으로 존재론적으로 다른 사건들과 다르다. 그렇지 않다면, 거기에는 웅장한 활동이 없고 단지 그것에 대한 우리의 믿음만 있다. 단지 일상적인 사건들에 대한 신의 관계가 어떤 것인지, 그리고 특수 사건들에 대한 그분과의 관계는 어떤 것인지 규정짓는 사건들에 대한 존재론만이 웅장한 활동들에 대한 지금의 공허한 유추를 채울 수 있을 것이다."[23] 루돌프 불트만, 고든 카우프만, 모리스 윌리스와 같은 신학자들은 신의 특정한 활동을 포함하는 모든 주장을 부인하는 주관주의적 해석을 대표하고, 반면 찰스 호지, 도날드 브뢰슈, 그리고 밀라드 에릭슨 같은 신학자들은 객관적 관점을 단언한다.[24] (불트만, 카우프만, 그리고 윌리스가 이 입장을 어떻게 설명하고 있는지 자세히 살펴보기 위해서 부록 A를 보시오.)

B. 문제의 핵심: 신의 객관적 활동과 신의 개입 간의 추정된 연결 고리

신의 활동에 대한 주관적 그리고 객관적 해석 간의 선택이 나누어져 있어도, 자유주의자들과 보수주의자들은 실제로 그들이 갈라지게 한 *이유*의 근본 근거에 대해서는 일치한다. 왜냐하면 신의 객관적 활동은 신의 개입을 수반할 것이기 때문이다. 그러나 무엇이 처음에 신의 객관적 활동과 신의 개입 간에 이러한 인지된 연결로 이끌고 왔는가? 낸시 머피가 강조한 것처럼,[25] 그것은 신학 *밖에* 놓여 있는 요인들 때문이다. 지명한다면, 그것은 *결정론적* 물리학과 *환원주의적* 철학의 결합이다. 만약 물리 세계가 과학에 따라 인과론적으로 닫혀 있고 결정론적 체계라면 그리고 환원주의적 철학이 요구하는 것처럼, 세계 전체의 행동이 물리적 부분들의 행동으로 궁극적으로 환원될 수 있다면, 그때 자유로운 행동자의 활동(인간이건 신이건)은 자연의 과정들의 위반을 수반해야 한다. 그리고 결과적으로 아서 피콕이 서술한 것처럼 자유로운 행동자의 개념은 이해할 수 없게 된다.[26] 따라서, 주로 선택할 것은 다음과 같았다. 개입주의를 무릅쓰고 나아가서 몇몇 극단적인 경우에는 반-과학적 신학(1920년대 스코프 재판에서 반-진화론 창조주의에 의해 취해진 입장)이 되면서까지 객관적 특수 섭리를 인정하든지 아니면 과학적으로 시의적절하지 못하고 그리고 많은 경우에는 사유화되고 길들여진 신학이(존 코브가 서술한 대로 "지적 게토"[27]로 밀려난 신학) 되는 것을 무릅쓰면서 객관적 특별 섭리를 반대하는 것이다. 이런 관점에서 보면, 자연과학의 진정성을 존중하고 동시에 창조물 안에서 활동하는 신에 대한 유대-그리스도교적 이해를 예우하는 제3의 선택이 중요하다.

C. 연결 고리를 부수기: 신의 비개입적 객관적 활동(non-intervention-ist objective divine action)

어떠한 확고한 "제3의 선택"도 신의 개입을 *수반하지 않는* 객관적 특수 섭리에 대한 이해 가능한 개념을 요구하리라는 것이 분명하다. 그러한 개념은 특수 섭리에 대한 보수주의적 개념과 자유주의적 개념들에 대한 진정한 *제3자*로서 봉사하고 또한 양쪽에서 빌려 온 힘들을 결합시킬 수 있다.

특별히, 우리는 신의 특수한 활동에 대해 이야기하기 위해서 노력할 것이다. 그 활동 안에서 신은 자신의 활동을 중재하기 위해 기여하는 사건들 안에서, 그것과 함께, 그리고 그것을 관통하여 색다르고 특별히 의미 있는 방식으로 객관적으로 활동한다. 신은 자연의 법칙들(그들 자체가 신의 계속 창조에 대한 결과이고 서술이다)에 개입해야만 한다거나 또는 적어도 유보시켜야 한다는 추가된 주장을 품지 않고, 사실 그 주장을 거부하면서, 우리는 신의 특수한 활동에 대하여 이야기하기 위하여 노력할 것이다. 나는 이런 형태의 신의 활동을 *객관적 특수 섭리에 대한 비개입적 관점 혹은 신의 비개입적 객관적 활동*(NIODA)이라고 할 것이다.[28]

가장 매혹적이고 아이러니하며 심지어 비극적인 것은 주관적 자유주의자와 개입적 보수주의자들 간의 음험한 분열이 20세기 신학의 풍경을 지배하고 있는 동안, 그리고 다시 이 신학적 풍경에 그렇게 근본적인 영향을 미치는 역할을 한 과학의 세계에 대하여 신학이 귀를 틀어막고 있는 동안, 과학 자체는 신학에 대하여 잠재적으로 엄청난 결과들을 가지고 있는 내적 혁명을 수행하고 있었다는 것이다. 신학자들이 주의를 기울였더라면, 이 결과들은 새로운 신학적 *제3의 방법* 같은 것을 위한 *과학적 기초*(세심한 철학적 해석을 통해)를 제공하고, 신의 활동의 문제에 대한 신학적 통합의 기초를 제공했었을 것이다. 본질적으로 내가 "신의 비개입적 객관적 활동"이라고 부르는 것의 몇몇 형태들이 그 신학자들(자유주의적 그리고 보수주의적 개신교와 가톨릭)에 의해 일찍이 1930년대 구성되었을 것이다. 그 신학자들은 과학은 결정론을 주장한다고 그릇되게 간주했고, 그리고 자연은 인과율로 폐쇄적이라는 그들의 공유된 가정 때문에 나뉘어 있었다. 이러한 분열은 20세기 자연과학에 대하여 배우기를 거부하고 과학의 현대적 발전과 통찰을 받아들이기를 거부하는 것을 전반적으로 인준했던 그들의 신학적 방법론들에 의해 악화되었다. 그리하여 과학 지식의 기하급수적 증가와 근본적 변형이 세계적으로 생겨나는 동안, 신학 공동체는 *과학자들이 오래전에 포기한* 과학에 대응하기 위해 고안된 전략들을 완강하게 추구했고, 그렇게 함으로써 신학은 과학의 혁명과 그 중요성을 깨닫는 데 대체로 실패했다. 우리가 보게 될 것처럼, 신의 활동에 대한 신학적 논쟁의 정점은, 즉 신은 자연에 개입하지 않고 객관적으로 활동할 수 있는지가 바로 과학의 이러한 변화들이 최고의 가능성을 제공하고 있는 정확한 지점이다. 그리고 이 놀라운 세기의 단지 지난 10년 이내에 이러한 발전들이 일어났으며, 이러한 연결은 "신학과 과학"을 연구하는 소수의 학자들에 의해 이루어지고 있다.

전반적인 지적 그리고 문화적 풍경을 영원히 변화시키고 있는 20세기의 뛰어난 과학적 발견들과 기술적 발명들의 아주 작은 사례가 여기 있다.

* 특수 상대성 이론(1905)

* 양자 역학(1900–1930)

* 일반 상대성 이론(1915)

* 빅뱅 우주론, 팽창하는 우주, 그리고 t=0(1940년대–1980년대)/우주의 마이크로파 배경의 발견(1965)

* 전자 현미경 발견(1939)

* 활동하는 은하계(1940년대–현재), 퀘이사와 블랙홀(1960년대–현재)

* 맨하탄 프로젝트/원자 폭탄 발명(1939–1945)

* 에니악(ENIAC, 현대 컴퓨터의 효시)의 발명(1946)

* 메이저/레이저의 발명(1959–1960)

* DNA 구조(1953) 발견

* 물리학과 생물학 시스템에서 카오스와 복잡계(1960년대–현재)

* 비선형, 비평형 열역학(1950년대–현재)

* 쿼크/기본입자 표준 모형(1964–1995)

* 소형 계산기(1967)와 마이크로 프로세서(1968) 발명

* 끈 이론(1968), 초대칭(1971), 중력 양자(1974), 이중성(1991–1995)

* 최초 달 착륙/아폴로 13(1969)

* 첫 지구의 날(1970)

* CAT 스캔의 발명(1973)

* 최초 "시험관 아기"(1978)

* 급팽창 빅뱅과 양자 우주론(1981-현재)

* 월드 와이드 웹(1989-현재)

* 인간 게놈 프로젝트(1990-2000)

* 뇌 과학 그리고 인지 과학/뇌의 시대/마음의 창발적, 비환원적 이론
  들(1990년대-현재)

* 벨의 정리/양자 비국소성 그리고 비분리성(1964-현재)

* 복제(1997-현재) 그리고 줄기 세포 연구(1998-현재)

본질적으로, 20세기의 첫 30년 동안 고전 물리학은 근본적 이론이라고 인정되는 두 가지 새로운 패러다임으로 대체되었다. 바로 특수 상대성 이론과 양자 역학이다. 그와 같은 시기에 뉴턴의 무한하고 평평한 삼차원의 우주론은 아인슈타인의 빅뱅 우주에 의해 빛을 잃었다. 생물학에서, 다윈 이후에 버텨오던 생기론자의 희망의 마지막 근거들이 1950년대 왓슨과 크릭에 의해 유전자의 분자 구조의 발견을 통해 변이에 대한 기계론적 설명의 승리로 사라졌다. 신-다윈 종합을 통한 생물학적 복잡성의 증대하는 강력한 설명과 아울러 일반 상대성, 천체 물리학, 그리고 가장 최근의 입자 물리학을 통한 태양, 은하계, 우주 발달에 대해 대등하게 강력한 설명의 결합을 통하여, 금세기 자연과학은 자연에 대한 우리의 이해와 우주에 대한 우리의 관계를 근본적으로 그리고 비가역적으로 바꾸고 있다.

그때 탈-뉴턴 과학과 탈-환원주의 현대철학의 관점에서 우리는 신의 객관적 활동에 대한 비개입적 설명을 구성할 수 있을까? 신의 활동에 관하여 신학과 과학의 영역에서 많은 현재 토론이 이 중요한 목표에 초점을 두고 있다.

214

3. 신의 비개입적 객관적 활동(NIODA): 용어와 가정들, 준거, 그리고 빈번한 오해에 대한 반응들

이제 우리의 과제는 신의 객관적 활동의 신학에 대한 비개입적 접근의 의미를 분명히 밝히는 것이다. 신의 비개입적 객관적 활동을 위한 모든 잠재적 혹은 주장된 후보가 만족시켜야만 하는 준거의 조합을 규정함으로써 우리는 접근의 특징을 말할 것이다. 이것을 따라 우리는 신의 비개입적 객관적 활동에 대한 특별한 제안들을 평가할 것이다(아래 4절). 그러나 우선 우리는 관련된 용어들과 대화에 끌어들여진 가정들에 대한 어떤 작업 정의들을 제공할 필요가 있다. 또한 우리는 신의 비개입적 객관적 활동에 관한 빈번한 오해들에 대해 간략히 반응해야 한다. 그러한 오해들은 대화를 애매하게 하는 경향이 있고 신의 비개입적 객관적 활동을 위한 진지한 후보들을 평가함에 있어서 발전을 더디게 하는 경향이 있다.

A. 용어와 가정들

1. 자연의 법칙들: "자연의 법칙들"로 우리는 가장 흔히 수학 정식을 통해 표현되고 과학 이론들 안에 포함되는 자연 과정들의 규칙들을 의미한다. 이 법칙들의 사례는 뉴턴의 중력 이론에서의 역 제곱 법칙, 카오스 이론에서의 반복하는 방정식, 양자 역학에서 슈뢰딩거의 방정식, 상대적 양자 역학에서 디랙의 방정식, 아인슈타인의 일반 상대성 이론에서 장 방정식 등등이 있다. 이제 "자연의 법칙들"이란 용어의 의미에 대해 내가 언급해야 하는 여러 가지 자격조건들이 있다. 무엇보다도 실제의 자연 법칙(그러한 법칙이 있다면)은 양자 역학처럼 특별한 과학 이론 안에 포함된 법칙에 의해 오직 부분적으로 그리고 임시적으로 표현된다는 것을 대부분의 학자들은 알고 있다. 도대체 우리가 실제의 법칙들을 발견하게 될지는 논란의 여지가 있는 질문이다.[29] 그러한 실제 법칙들이 있다고 가정하고, 어떤 학자

들은 그러한 법칙들을 존재론적으로 여기면서, 플라톤의 실재론적 의미에서 그것들이 존재한다고 믿는다. 이런 식으로 이해될 때, 자연 법칙들은 자연의 과정들을 규정적으로(prescriptively) "지배한다"고 흔히 말한다. 그리고 그러한 과정들은 자연의 법칙들을 "따른다"고 얘기한다. 그러나 다른 학자들은 자연의 법칙들을 단순히 자연의 규칙성 또는 아마도 규칙성의 기저에 있는 것, 즉 자연 자체의 인과적 효율에 대한 기술이라고 여긴다.[30] 어떤 경우든, 신학적 관점에서 보면, 자연의 법칙들과 그들이 표현하는 여러 가지 인과적 효율들은, 존재론적 형태들이건 또는 내재된 자연의 인과율이건, 궁극적으로 *무로부터* 세상을 창조하는 신의 충직하고 신실한 활동에 기인한다. 창조주 신의 활동은 전체적으로 그리고 각각의 순간에 수행되며, 그리고 그러한 충직하고 신실한 활동을 통해, 세계는 자연의 법칙들이 서술하는 그 자연의 규칙성들을 갖게 된다. 신에 대한 삼위일체 교리에서, 이러한 자연의 규칙성들과 자연의 이해 가능성은 삼위일체의 둘째 위격, 하느님의 말씀(로고스)을 통해 창조되고 있는 세상의 결과이다(요한 1,3; 히브 1,2).

나는 과학의 법칙들을 위의 두 번째 의미, 서술한다는 의미로 바라보는 경향이 있다. 그러나 때때로 나는 특별한 방법론적 주장을 하기 위해 그러한 법칙들을 "따르는 자연"이라는 언어를 사용한다. 즉 비록 어떤 과학 이론의 결과들이 나의 신학적 입장을 경감시킨다 하더라도 나를 포함해서 신학과 과학의 관계를 연구하는 다른 이들은 그 과학 이론의 결과들을 진지하게 취급해야 하고 그것을 고수해야 한다. 만약 내가 신학과 과학의 "게임을 공정히 치르려" 한다면, 그때 "법칙들은 단지 기술에 불과하고 모든 경우에 필연적이거나 정상적으로 적용되지 않는다"고 하는 어떤 조치도, 드문 대비책으로서, 아껴서 사용해야 한다. 그러한 조치는 신학을 위해서 그 하루를 아껴줄 수 있겠지만, 그러한 짓은 과학과의 토론을 끝장내도록 위협하게 된다.

2. "존재론적 미결정론"(ontological indeterminism): 존재론적 미결정론으로써 나는 자연에 대한 철학적 해석을 의미하는데, 그것에 따르면 모든 결과에 대해 언제나 물리적 효율적 원인이 있지 않을 수 있다. 자연이 미결정적이라고 간주하는 결단은 잘 알려진 과학 이론들과 그 이론들이 합병한 법칙에 근거한 철학적 해석이다. 이러한 토론에 대한 본질적인 배경으로서, 우리는 고전 물리학에서 통계 즉 "우연"의 역할을 간략히 살펴봐야 한다.[31]

뉴턴 물리학에서 기본적인 법칙들은, 즉 고전 역학의 뉴턴의 법칙과 중력의 법칙은 결정론적이다. 그리고 철학적으로 자연 자체는 결정론적이고, 운동 중의 물체에 작용하는 힘의 폐쇄된 인과율 체계라는 것을 함축하고 있다. 라플라스의 결정론은 앞에서 본 것처럼 자연에 대한 이러한 기계적 해석과 인간의 자유 의지와 신의 활동에 도전하는 결과를 야기했다. 그럼에도 불구하고 고전 물리학은 기체의 운동 이론과 같은 통계적 법칙들을 포함하고 있었으나, 그 법칙들은 실용적 목적을 위해 사용되었다. 기저의 결정론적 힘과 모든 관련된 경계와 초기 조건들은 아주 복잡해서 명쾌하게 계산될 수 없었다. 단순화하기 위해 우리는 고전 통계학에서 두 가지 "우연"(chance)의 의미를 구분할 수 있다. 1) 단일 인과율 궤적(causal trajectory)에서 분명한 우연: 여기서 무작위 힘들은 먼지 티끌의 브라운 운동이나 또는 바퀴자국이 깊이 파인 길을 따라 수레바퀴가 흔들리는 것처럼 비뚤어진 궤적을 따라 단일 물리 체계의 방향을 빗나가게 한다. 2) 여러 개의 인과율 궤적들의 무작위 병렬(竝列, juxsaposition)에 의한 우연: 여기서 두 가지 인과적으로 독립된 궤적의 무작위 교차가 차량의 충돌이나 또는 전적으로 무관한 사건에서 두 옛날 친구의 돌발적인 만남과 같은 우연한 사건들을 야기한다. 후자의 우연을 우연의 좀 더 복잡화된 형태인 전자와 구분하기 위해 흔히 "돌발적"(accidental)이라고 한다. 그러나 완전히 결정론적인 우주에서는, 만약 우리가 초기 조건과 경계 조건들과 더불어 모든 지배하는 힘들에 대해 우리가 충분한 지식을 가지고 있다면 둘 다 예측될 수 있다. 우연에 대한 좀 더 복잡한 형태가 진화 생물학에서 발견되는데, 거기서 무작위 돌연변이가 유전자 수준에서 일어난다. 우연한 사건들은 또한 환경 수준에서 일어난다. 그리고 유전자와 환경에서의 이러한 변화들의 병렬은 그 자체가 무작위적이다. 따라서 자연 선택은 상당히 복잡한 형태의 우연을 포함한다. 신학과 과학 저작물에서, 두 형태의 우연은 "인식론적(epistemic) 우연" 또는 "인식론적 무지"라고 한다. 왜냐하면 그러한 표현들은 그 기저의 원인들에 대해 우리가 모르고 있음을 뜻한다. 따라서 "인식론적 무지"로서의 우연이나 또는 통계학은 일상적으로 존재론적 결정론을 나타내기 위해 취해진다.

20세기 자연과학은 자연의 존재론적 미결정론의 징후로 해석되는 우연의 가능성을 열어 주는가? 물론 이것은 절대적으로 중요한 질문이며, 그리고 상당한 분량의 분석과 판단을 요구하는 것이다. 우리가 보게 되겠지만, 신학과 과학에서의 학자들은 우주론, 열역학, 카오스 이론, 그리고 양자 역학을 포함하는 다양한 영역들이 과연 존재론적 미결정론을 제안하거나 지시하고 있다는 강력한 사례를 만들고 있다. 이러한 추측이 옳다면, 그것은 이 분야들의 수학에서 통계학의 존재가 기저의 결정론적 힘에 대한 우리의 무지로부터 생겨난 것이 아니라, 특별한 물리 과정들, 사건들, 또는 결과들을 완전히 결정하기 위한 충분한 기저의 힘 또는 원인들이 없다는 사실로부터 생겨난 것임을 의미한다. 학자들은 우연에 대한 이러한 관점을 "존재론적 미결정론"이라고 하며, 이것을 단순히 "인식론적 무지"인 우연과 구분한다. 신의 비개입적 객관적 활동은 존재론적 미결정론을 지지하는 과학 이론들에 대한 연구이다.

3. "신의 객관적 활동 대 주관적 활동들": 신이 일상적 사건들을 초래할 때에 활동하는 것과는 다르게 어떤 사건들을 초래하기 위해서 활동했다면 그 사건들은 "신의 객관적 활동들"로 간주된다. 조건법적 용어를 사용하면,

오직 자연의 일상적인 과정들만, 즉 신의 일상적인 활동만 작동했을 때에, 만약 사건들이 일어나지 않았을 것이라면 그 사건들은 "신의 객관적 활동"의 결과로 여겨진다. 보수주의자들은 그러한 신의 객관적 활동을 지지한다. 이와 반대로 일부 사건들이 "주관적으로" 특수하다고 간주되고, 종교적 신앙인이 그러한 사건들을 특별히 드러내는 계시적 의미 또는 신의 특징적인 행동자의 탓으로 돌린다고 하더라도, 자유주의자들은 신은 모든 사건들에 균일하게 활동한다고 믿는다.[32]

주관적으로 신의 활동으로 여겨진 자연 사건의 훌륭한 사례는 태양 일식에 대한 전형적인 종교적 반응을 포함한다. 일식의 순간에 "다이아몬드 고리 모양"이 생길 때, 관찰자들은 일식의 대단한 아름다움과 그리고 이러한 아름다움의 특별한 방식으로 세상의 창조주로서의 신을 가리키는 방식에 대하여 경외심에 숨이 막힌다. 그리고 경이로워한다. 그러나 천체 물리학적 관점에서는 일상적인 것 외의 무엇인가가 생겨났다고 아무도 생각하지 않는다. 똑같은 시각상의 지름을 가지고 있는 두 물체들(달과 태양)이 그들의 운동에 의해 병렬되었다. 그것은 고전 물리학에 의해 완전히 예측 가능한 것이다. 자유주의적 관점에 따르면 일식은 신이 자연의 규칙들을 지지하는 일상적인 방식 이외의 신의 활동 없이 일어난다. 태양 일식의 아름다움과 그 종교적 중요성은 "보는 사람의 눈"에 있는 것이지 그 사건 자체에 있지 않다.

다른 한편, 신의 객관적 활동은, 의학적 치유, 큰 참사에서의 구출, 또는 결정적이고 예상치 못한 행동을 하게 하는 갑작스런 영감을 포함할 수 있다. 그러한 사건들은 신이 어떤 독특한 방식으로 그러한 사건들에 대해 활동하지 않았다면 일어나지 않았을 것이다. 그러한 사건들에 관계하여 의미와 의도를 신에게 귀속시키는 것은 신이 실제 이 사건들 안에서 그리고 그것을 통하여 하는 것에 대한 우리의 반응에 근거하고 있고 또는 적어도 그러할 가능성이 있다. 우리가 그러한 것들을 신의 객관적 활동이라고 부르는 것은 잘못된 것일 수 있지만, 신학적으로 신은 세상에서 특별한 방식으로 활동할 수 있다는 것을 주장하기 위해 신의 객관적 활동의 범주를 이용한다는 점에서 틀리지 않다. 그러나, 사건들은 오직 더욱더 폭넓은 전체 신학의 맥락에서만 독특하거나 특별한 신의 활동이라고 고려될 수 있다는 것을 주목하라. 이것이 의미하는 것은 창조와 섭리에서 신의 객관적 활동은 신의 일반적 활동과 결코 모순되지 않는다는 점이다. 또한 신의 객관적 활동은 그러한 가능성을 허용하는 신학적 가정 없이는 그렇게 여겨지지 않을 것이다. 마지막으로 나는 신의 비개입적 객관적 활동은 신의 기적적인 활동을 포함하지는 않는다는 것을 지적하고자 한다.

4. "직접" 또는 "간접 활동들" [33]*:* 나는 활동에 대한 철학적 맥락에서 *직접* 활동과 *간접* 활동 간의 차이를 서술하고 있다. 왜냐하면, 그 철학이 인간에 대한 문제를 중심으로 발달해 왔기 때문이다. "직접 활동" 또는 "기본 활동"으로 내가 의미하는 것은 이전의 어떤 활동을 수행해야 함이 없이 행동자가 바로 수행하는 활동이다. "간접 활동"으로 내가 의미하는 것은 직접 활동으로부터 유래된 일련의 사건들을 움직이게 함으로써 행동자가 수행하는 활동이다. 그래서 예를 들면, 내가 전기 스위치를 켤 때, 내 손가락이 스위치를 움직이게 하는 간접 활동은 내 몸 안의 일련의 생물학적 사건들의 결과이며, 그러한 사건들은 내가 이런 일련의 사건들을 시작하게 한, 아마도 내 정신과 뇌 사이의 "꼭대기–아래" 인과성의 한 형태를 통해, 원래 직접 활동으로부터 유래된다.

신의 활동으로 돌아가 나는 직접 활동과 간접 활동의 차이를 유추적으로 사용할 것이지만, 그러나 그러한 유추에 대한 심각한 부정 방법적 한계점들을 인정한다. 이것은 신의 활동에 대한 다음의 구분에 도달한다. 즉 신의 객관적 활동은 신의 직접 활동일 수 있고 또는 신이 자연의 어디에선가 한 직접 활동에서 결과하는 간접 활동일 수 있다. "t=0"에 있던 우주의 절대 시작(우주가 그러한 시작을 가지고 있다면)을 포함하는 우주의 모든 사건은 그 순수한 존재의 의미에서 직접 활동이고 그것은 **무로부터** 창조된 것이다.

5. **신의 중재된(mediated) 활동과 즉각적(immediate) 활동: 중재된**다는 것은 신이 이차적 원인, 즉 자연적 원인이 되지 않지만 자연의 기존 과정 안에서, 그것과 함께, 그리고 그것을 통해서 활동한다는 것을 의미한다. **중재되지 않은 혹은 즉각적인** 것은 신의 **무로부터의** 창조 활동을 의미하고, 그것은 세상 전체의 존재론적 실존과 모든 순간에서의 세상의 실존을 설명한다. 대부분의 그리스도교 신학에서[34] 신은 플라톤의 실체(substance)처럼 어떤 이미 존재하던 매개 안에서, 그와 함께, 그리고 그를 통해서 작업함으로써 우주를 창조하지 않는다. 존재하는 것은 오직 신에 의해서만 존재하는 것으로 상정한다. 더 정확히 말해서 존재하는 것은 신과 관계하기 이전에 존재론적으로 있지 않았다. 오히려 존재한다는 것은 신에 대한 근본적인 존재론적 의존의 관계 안에서 존재한다.

따라서 자연의 모든 사건은 그 자체가 존재한다는 점에서 신의 **무로부터의** 즉각적인 창조활동의 결과이다. 동시에 시간의 절대 시작인 t=0(그러한 사건이 있다면)를 제외한 세상의 모든 사건은 또한 신의 중재된 활동, 즉 자연의 인과적 과정들 안에, 그들과 함께, 그리고 그들을 통하는 신의 중재된 활동의 결과이다.[35] 따라서 창조와 섭리의 맥락에서 t=0를 제외한 어떠한 사건도 **오직** 신의 즉각적 활동을 통해 생기지 않는다. 만약 "창조의 순수한 순간", 혹은 t=0가 있었다면, 그것은 오직 신의 즉각적 활동의 결과일 것이다. 왜냐하면 여기에는 신이 t=0를 야기하기 위해 자연과 함께 작업한 어떠한 선행된 중재하는 사건들도 없기 때문이다.

위의 4)와 5)를 결합하면, 우리는 다음과 같은 가능성들의 윤곽을 그릴 수 있다. 즉 사건들은 신의 즉각적이고 직접적 활동(예를 들면, t=0), 신의 중재된 직접적 활동(예를 들면, 객관적이고 특별한 하느님 활동), 그리고 신의 중재된 간접

적 활동(예를 들면, 객관적이고 특별한 신의 활동에 대한 자연에서의 나중에 나타나는 결과들 또
는 다른 수준의 복잡성)의 결과일 수 있다. 이러한 계획에서 신의 즉각적이고 간
접적 활동에 대한 이야기는 터무니없는 것이다. 왜냐하면 신의 모든 간접
적 활동은 중재된 것이기 때문이다. 마지막으로 모든 이전의 토론에서 사
건을 신의 활동에 기인한다고 하기보다는 신의 활동의 결과의 장소라고 말
하는 것이 더더욱 정확할 것이다. 사건이 신의 활동에 기인한다고 한다면
이것(후자)은 악명 높은 "인과적 결합"의 문제와 너무 비슷하게 들린다. 그리
고 신의 활동이 자연의 행동자와 매우 다르다는 사실을 무시한다. 우리가
특별 섭리의 직접 활동이라고 여기는 사건들조차 기껏해야 "인과적 결합"
의 영원히 숨겨진 영역에서 활동하는 신의 결과들이다.

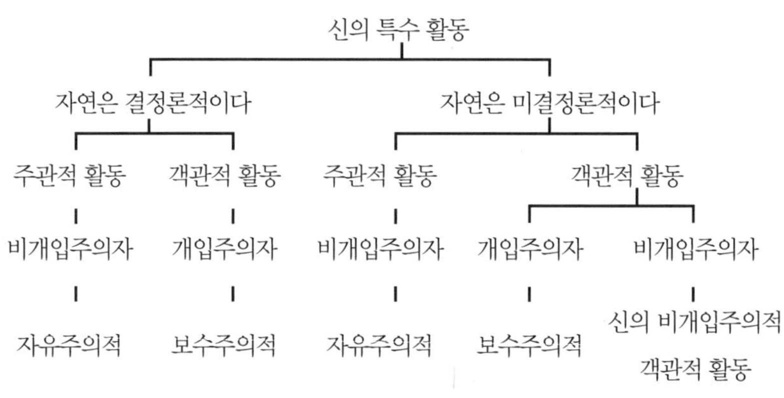

그림 4.1 : 신의 활동의 선택권

그림(그림 4.1)의 왼쪽에서, 자연은 고전 물리학의 관점에서 관찰되고, 결
정론적으로 해석된다. 다시 이것은 신의 특수 활동에 대해 자유주의와 보
수주의 접근들 간의 역사적 분리로 이끌어간다. 자유주의자들에게 신의 주
관적 특수 활동의 개념은 본질적으로 사실 신의 일상적 활동을 말로 다시

서술한 것으로 환원된다. 보수주의자들에게 신의 객관적 특수 활동은 개입을 요구하고 그래서 신의 "기적적" 활동에 상응한 것이 된다(흄의 의미에서). 결정론은 고전 **물리학**에 대한 **철학적** 해석으로서 신의 활동에 대한 이들의 접근들 간에 **신학적** 분리를 강요한다는 것에 주목하라. 그림의 오른쪽에서, 자연은 현대 과학을 통해 이해되고 미결정론적이라고 해석된다. 여기서 신의 활동에 대한 자유주의적 접근과 보수주의적 접근들이 여전히 선택 사항이지만, 제3의 가능성이 최초로 생겨난다는 것을 우리는 알게 된다. 그것이 바로 신의 비개입적 객관적 활동이다. 신의 비개입적 객관적 활동은 자유주의적 접근과 보수주의적 접근의 장점들을 결합시키고 그들의 상응하는 단점들을 배제한다. 특히 자연에 대한 미결정론적 해석이 우리로 하여금 신의 "기적적인" 객관적 활동을 신의 "기적적이지 않은"(비개입적) 객관적 활동으로부터 분리시키는 것을 허락하고 있고, 그러한 조치는 중대한 신학적 약속을 하고 있음을 보라. 우리의 도전은 현대 과학에서 자연에 대한 그러한 미결정적 존재론을 허락하는 하나 또는 그 이상의 영역을 찾는 것이다. 신학과 자연과학 센터/교황청 천문대(CTNS/VO) 학자들은 이러한 도전에 반응해서 과학에서의 다양한 영역을 연구했다.

6. *"꼭대기-아래"(top-down), "전체-부분"(whole-part), "측면"(lateral), 그리고 "바닥-위"(bottom-up) 인과율, 그리고 그 조합들:* 신의 활동의 문제에 대한 여러 가지 특징적인 접근들이 있다. 그러한 접근들 간의 주된 차이는 다음의 관계에 놓여 있다. 즉, 신의 직접 활동이 발생한다고 여겨지는 곳과 그 직접 활동의 간접적 효과들이 신의 활동이라고 경험되고 이해되는 세상 사이의 관계다. a) "꼭대기-아래" 인과율은 효과의 수준보다 더 높은 인식론과 현상학적 수준에서 신이 활동한다고 말한다. 그래서 예를 들면, "정신/뇌" 문제에서, 정신 상태에 대한 언어는 신경과학의 언어에 의해 제한되기는 하지만 완전히 그것으로 환원될 수 없고, 신은 정신(예를 들면, 계시

나 영감)의 수준에서 활동하고 그래서 신경 발화의 형태에 영향을 주는 것으로 여겨질 수 있다. (신이 신경 발화에 영향을 주어 정신적 영감을 초래하는 계시의 반대의 모형은 "바닥-위"가 될 것이다. 아래를 보시오.) b) "전체-부분" 인과율 또는 제한은 어떤 시스템의 경계가 그 시스템의 특별한 상태에 영향을 주는 방식을 말한다. 예를 들면 버너에 의해 가열되는 양동이의 물에서 소용돌이를 형성하는 것이다. 이용된 열뿐 아니라 양동이의 모양이 물에서의 큰 형태의 운동을 초래하기 때문에 소용돌이가 형성된다. 양자 역학으로부터의 다른 예는 네모 퍼텐셜 우물(square potential well) 안에서의 한 무리의 고유상태(eigenstate, 固有狀態)들이 있다. 이 고유상태들은 우물의 경계에서 사라져야 하기 때문에 단순한 주기 함수(periodic functions)들이다. 마지막 사례는 우주 전체이다. 우주가 경계를 가지고 있다고 할 수 있는 한 그렇다. 이러한 경우들에서 신은 경계나 시스템의 그릇, 혹은 아마도 우주의 경계에 영향을 주는 것으로 여겨질 수 있고, 이러한 활동은 그 시스템/우주 안에 특별한 상태를 야기한다. 그것을 우리는 신의 객관적 특별한 간접적 활동이라고 부른다.

c) "측면" 인과율은 효과들을 말하는데 그것들은 그들의 원인들과 동일한 인식론적 수준(물리학, 생물학 등등)에 놓여 있지만 그러나 긴 인과 사슬의 끝에 있다. 그래서 카오스 이론에서 "나비" 효과는 그 동일한 시스템의 더욱 나중의 상태에 큰 차이를 야기하는 카오스 물리 시스템의 초기 상태에서의 작은 차이를 말한다. 예를 들면, 파리 날씨의 작은 변화는 제네바의 날씨에 큰 차이를 초래할 수 있다. 그래서 신은 그 초기 조건에 직접 활동하시어 기후 시스템 내에서 간접적으로 큰 규모의 상태를 초래할 수 있다. d) "바닥-위" 인과율은 조직의 낮은 수준이 더 복잡한 수준의 행동 방식에 영향을 주는 방식을 말한다. 그래서 예를 들면, 고전 열역학에서 기체의 온도와 압력은 기체의 원자 이론에서 기체의 원자들의 운동 에너지와 그릇과의 운동량의 교환으로부터 생겨난다. 여기서 신은 일상적 인간 경험의 수준에서 나타나는 특별한 결과를 얻기 위하여 유기체나 시스템의 가장 기본 영역에

서 활동할 수 있다. 양자 물리학은 바닥-위 인과율을 통한 신의 활동에 대해 더 나아간 탐구에 가장 촉망되는 후보로 여겨진다.

실제로 대부분 학자들은, 인과율이 세상 안에 있는 인간에 미치고 또한 인간의 삶과 역사 안에서 신의 활동에 미칠 때에는, 인과율의 대부분의 형태, 심지어는 네 가지 모든 형태를 결합시키기를 원한다. 그때의 도전은 어떤 종류의 복잡한 생물학적 유기체(인류는 고사하고)가 등장하기 오래전에 생물학적 진화나 또는 물리적 우주론의 과정 안에서 신이 어떻게 활동하는지에 대하여 개념을 정하는 것이다. 여기서 유일하게 가능한 접근은 바닥-위 인과율일 것이다. 주목하시오: 나는 아래에 신의 비개입적 객관적 활동에 대한 와이트헤드의 접근을 토론할 것이다(아래 4D).

B. 신의 비개입적 객관적 활동을 위한 성공적 제안의 준거들

이제 우리는 우리가 신의 비개입적 객관적 활동에 대한 성공적 제안을 가지고 있는지를 결정하기 위한 준거를 언급할 준비가 되어 있다:

신의 비개입적 객관적 활동이 과학의 관점에서 이해 가능하게 되려면, 신의 활동으로부터 기인된 사건들이 자연의 어떤 영역 안에서 일어나야 한다. 그리고 그 영역 안에서 적절한 과학 이론이 존재론적 미결정론의 관점에서 철학적으로 해석될 수 있어야 한다. 이러한 사건들은 신의 직접적, 중재적, 그리고 객관적 활동으로 여겨져야 한다.

이제 신의 비개입적 객관적 활동을 연구함에 있어서 도달할 일차적 목표는 어떤 미결정론적 해석을 할 수 있는 능력에 관하여 과학의 후보 이론들을 확인하고 평가하는 것이다. 우리가 그러한 과학 이론을 가지고 있을 때에, 신의 객관적 활동이 개입 없이 일어난다고 주장할 수 있다.

C. 빈번한 질문과 응답: 신의 비개입적 객관적 활동에 대한 빈번한 오해들에 대한 반응

신의 비개입적 객관적 활동에 대한 몇몇 특별한 제안과 그 평가들로 향하기 전에, 나는 이 토론에 흔히 동반되는 몇 가지 혼란을 불식시키고 싶다. 필연적으로 이러한 제안들에 대한 중요한 평가를 방해하거나 비방하는 경향이 있는 많은 오해가 흔히 생겨난다. 내가 희망하는 것은 신의 비개입적 객관적 활동 프로젝트는 무엇에 관한 것이고 무엇에 관한 것이 아닌지에 대한 혼란을 최소화시켜서 미래에 특별한 제안에 대한 진지한 토론이 더욱 효과적이고 건설적이 될 수 있게 하는 것이다.

1. 신의 비개입적 객관적 활동은 자연의 신학의 일부이지, 자연 신학이 아니다. 이것은 자연의 신학에 특별한 주의를 기울이는 건설적 신학(constructive theology)의 프로젝트이다. (10장 그림 10.1 경로 1–5를 보시오.) 이 가설은 자연 신학의 한 형태나, 물리–신학의 한 형태나, 혹은 설계 주장으로 취급되지 말아야 한다. 대신에 그것은 *이해를 찾는 신앙* 전통 안에서 연구되는 일반적 건설적 삼위일체적 신학의 한 부분이며, 그것의 근거와 정당성은 다른 곳에 있고 과학의 결과들과 자연에 대한 관심을 철학적으로 논의되는 폭넓은 틀 안으로 끌어들인다. 양자 물리학에 대한 설득력 있는 철학적 해석이 제안하는 바와 같이, 자연과정은 미결정론적 특성을 가지기 때문에, 비록 내가 신의 특수 활동이 세상에 대한 과학의 관점에서 이해될 수 있고 또한 세상에 대한 과학적 관점과 조화를 이룬다고 믿는다 하더라도, 그러한 특수 활동은 자연과학들에 근거할 수 없고 자연과학들에 의해 발견될 수 없다. 신앙이 신의 특수 활동을 사실로 받아들이게 되는 곳에서도, 과학은 기술된 무작위 사건들만을 보게 될 것이다. 물리학, 화학, 생물학, 생태학 등의 이론들이 최대한 서술한다고 해도 그렇다. 신의 활동에 대한 적극적인 근거들은 신학적인 것이지 과학적인 것이 아니다. 이러한 가설은 과

학과 일치하더라도 과학으로부터 도출된 것이 아니다.

과학은 세상에 대한 과학적 설명의 부분으로서 자연 안에서 신의 활동에 대해 명백한 어떤 것을 포함시킬 것이라고 기대되지 않는다. 그러나 신학은 세상에 대한 *자신의* 설명 안에 양측을 포함할 수 있고 그렇게 해야만 한다. 그렇게 하는 것이 두 연구 영역들의 공동의 온전함과 구분을 위해서 마땅하다. 그리고 신학은 그 설명의 양식 안에 과학을 포함하고 과학에 의하여 제어되지만 과학을 초월하는 인식론의 관점에 따르는 견제의 질서를 위해 그래야 한다.

2. 신의 비개입적 객관적 활동은 신이 활동하는 방식을 "설명"하거나 신이 활동하는 것을 "증명"하지 않는다. 신의 비개입적 객관적 활동을 위한 제안들은 신이 어떻게 자연과 역사 안에서 활동하는지 그 방식을 "설명"하지 않는다. 어스틴 패러가 한 것처럼, 우리가 신과 세계의 관계를 일차와 이차 인과성의 관점에서 생각하든 그렇게 생각하지 않든, 신의 비개입적 객관적 활동은 패러가 신과 피조물 간의 "인과적 결합"이라고 한 것에 대한 설명은 물론 아니고 그것에 대한 서술도 아니다.[36] 그러한 제안들은 신이 활동한다는 *것을* "증명"하려 하지 않는다. 대신 그러한 제안들은 신의 활동에 대한 믿음의 근거가 확장된 신학적 주장으로부터 나오고, 그 주장의 원천은 성경, 전통, 경험과 이성을 포함한 다른 곳에 있다는 것을 가정한다. 신의 비개입적 객관적 활동에 대한 제안들이 해야 할 것은 과학의 한 분야 또는 이론을 지정하는 것이다.[37] 그 분야나 이론은 신의 직접 또는 근본적 활동들(비록 궁극적으로 신비롭고 그 자체로 알 수 없다고 할지라도)이 신의 개입 없이 자연의 과정에 영향을 미치는 객관적 사건을 야기하는 하나의 가능한 위치 또는 영역을 기술해야 한다.

3. 신의 비개입적 객관적 활동은 인식론적 또는 존재론적 의미의 어떤

틈새 주장이 아니다.[38] 신의 비개입적 객관적 활동 제안을 위한 성공적 후보라고 할 수 없는 두 가지 종류의 틈새 주장이 있다.

유형 1: 인식론적 틈새(epistemic gaps). ***인식론적*** 틈새 주장은 우리가 세상에 대해 모르고 있는 것에 기초한다. 그 주장은 우리가 아직 이해하지 못한 것들을 설명하기 위해 신을 불러들인다. 그러나 자연에 대한 우리의 현재 이해의 많은 틈새들은 결국에는 과학의 새로운 발견 또는 변화하는 패러다임에 의해 채워질 것이다. 우리는 신학적 근거를 일시적인 과학적 퍼즐에 걸지 않아야 한다고 나는 주장한다. 나치 감방에서 보낸 감동적인 편지에서 디트리히 본회퍼는 우리에게 그가 "임시방편"이라고 부른 논증을 거부하도록 촉구한다. 대신에 우리는 "우리가 모르는 것이 아니라 우리가 아는 것"의[39] 관점에서 세계 안에서 신의 활동을 토론해야 한다.

나는 이러한 우려에 동의한다. 과학에서의 그러한 인식론적 틈새는 과학에 의해 채워질 ***것이고***, 그리고 신학은 과학이 결국에는 제공할 수 있는 설명의 유형을 제공한다고 ***자극되지 말아야*** 한다. 신의 비개입적 객관적 활동을 위한 성공적인 후보들은 인식론적 틈새에 기초하지 ***않아야*** 한다. 대신에 그들은 과학의 한 분야가 합리적 해석 안에서 ***알아낸*** 것, 즉 존재론적 미결정론에 기초해야 한다. 이 해석의 틀 안에서, 우리가 ***알고 있는*** 것은 우리는 자연 안에서 어떤 특별한 사건이 왜 생겼는지 과학적으로 설명할 수 없다는 것이다.

유형 2: 존재론적 틈새(ontological gaps). ***존재론적*** 틈새 주장은 자연 과정들이 존재론적으로 결정론적이라는 것을 가정한다. 토마스 트래시의 용어를 사용하면, 사건 인과율의 질서 안에는 "인과율 틈새"[40] 즉 중단이 없다. 자연 자체에 그런 인과적 틈새가 없기 때문에, 신은 그러한 틈새를 창조하기 위해 활동해야 한다. 따라서 객관적 존재론적 틈새에 대한 설명은 ***개입적***이다. 자연에서 활동하기 위해 신은 이러한 과정들의 흐름을 유보하든지 또는 위반하면서 이 과정들에 개입해야 한다. 더욱 우려스러운 것은 존재론적 틈새 주장은 신이 내버려두면 아주 매끄러웠을 자연의 과정들에 틈새를 야기하고, 자연에서 오직 가끔씩 활동하는 것으로 묘사하며, 그리고, 신은 정상적으로 자연 과정들의 망 안에 없으며 오직 신이 야기한 틈새에서만 활동한다고 제안하는 것이다. 게다가 신의 개입은 신이 창조하고 지속적으로 유지하고 있는 자연 질서의 바로 그 과정을 중단시키기 때문에, 개입은 신의 특수한 활동이 자연의 규칙성을 궁극적으로 야기하는 신의 규칙적 활동과 대항해서 싸우게 한다. 마지막으로 신의 개입은 방법론적 자연주의에 의존하는 과학의 권리에 신학적으로 도전함으로써 "신학과 과학" 간의 상호 작용의 기반을 약화시킨다. 그리고 대신에 자연 과정들의 엄격한 과학적 설명에서 신을 합법적 요인으로서 거론한다. 요약하면, 질문의 핵심은 자연에서의 존재론적 틈새가 개별적으로 신의 개입에 의해 생성되는가 또는 전체 자연 안에 신에 의하여 **무로부터** 창조되는가이다.

다시, 나는 이러한 우려에 동의한다. 우리는 신이 인과적으로 폐쇄되게 창조한 세상 안에서 신의 개입으로 야기된 존재론적 틈새에 의존하는 신의 비개입적 객관적 활동에 대한 접근을 피해야만 한다. 자연 안에 존재론적 틈새가 있다면, 그러한 틈새는, 신이 특별히 개입하지 않았다면, 폐쇄된 인과적 과정이었을 것의 단절로 여겨져서는 안 된다. 대신에 자연의 존재론적 틈새는 신이 **무로부터** 세상을 창조한 방식의 결과임에 틀림없다. 따라서 비개입적 객관적 활동에 대한 성공적인 접근은 다음과 같은 것을 주장해야 한다. 1) 자연의 과정들은 신의 활동으로 위반되지도 중단되지도 않지만, 신이 **무로부터** 창조한 바로 그 방식으로 신에 의해 유지된다. 2) 자연의 구역 안에 **존재론적** 틈새가 이미 있다고 말해 주는 것은 이러한 자연의 과정에 기반을 두는 우리의 과학 이론들과 존재론적 미결정론을 지칭하는 것으로 철학적으로 해석될 수 있는 그 이론들의 능력이다. 3) 이 틈새들은 자연이 존재하는 방식의 한 부분으로서 **무로부터** 창조되었기 때문에 그들을 통해 활동하는 신은 자연의 과정들 안에 내재하는 우주적으로 존재하는 신과 동일하다. 그 과정 안에서 자연의 인과적 효율성이 충분하다. 4) 마지막으로 신의 비개입적 객관적 활동에 대한 이러한 접근은 철학적으로 해석된 과학이 자연에 대해 알려 주는 것에 전적으로 기초하기 때문에, 그것은 과학의 진정성과 자율성을 존중하고 과학의 발견으로부터 배우는 "신학과 과학" 학자들의 헌신에 일치하고 모순되지 않는다.

4. 신의 비개입적 객관적 활동은 과학 이론들이 다양하고 상호 모순적으로 해석될 수 있다는 사실에 의해 기반이 약화되지 않는다. 다양한 해석가능성이 신의 비개입적 객관적 활동의 실제 문제라는 사실에 나는 동의하지만, 그러나 사실 그것은 과학 이론들과 교류를 추구하는 어떠한 신학에서도 실제 문제이다. 모든 과학 이론은 다양하게 해석될 수 있다! 예를 들면, 고전 역학은 효율적 인과율(efficient causality)(힘은 공간과 시간의 특별한 점에서 물체에 작용하여 실제의 궤도를 시시각각 생성한다)과 **최종적 인과율**(final causality)(실제로 취해진 궤도는 그 전체 궤도의 "활동"이라고 부르는 단일한, 전반적인, 통합된 특성을 최소화 한다)의 관점에서 이해될 수 있다. 카오스 이론은 예측 불가능성의 승리나 또는 결정론의 승리로 여겨질 수 있다. 그러나 어떤 이론들은 더욱 예리하고 더욱 견고한 논란에 취약할 수 있다. 특수 상대성 이론은 "흐르는 시간(flowing time) 대 블록 우주(block universe)" 논란을 야기한다. 양자 역학은 적어도 8가지 뚜렷하고 대부분의 경우 상호 모순되는 해석들을 도출하지만,[41] 고전 물리학, 그리고 그와 함께 카오스 이론은 노골적으로 결정론적이다.

분명히 우리는 다양한 해석가능성을 피할 수 없다. 대신에 각 학자는 신학과 과학을 연계하는 자신의 방법론 안에 다양한 해석에 대한 반응을 직접 세워야 한다. 내 견해로 가장 좋은 방법은 이 문제에 대해 "만약에"의 입장을 취하는 것이다. 우리는 주어진 이론에 대한 다양한 해석을 인정하고 강조하는 데 있어서 엄격히 분명해야 하고, 그리고 "만약에" 전략에 따라 그 신학적 함의를 조사하기 위해 하나의 특별한 해석을 선정하고 있다는

것을 "백주 대낮에" 드러내는 점에 있어서도 엄격히 분명해야 한다. 이것이 의미하는 것은 이러한 접근이 신학에서의 어떤 모험처럼 가설적이란 것을 강조하는 것이다. 시초에 이것을 말하고 나면, 우리는 *이 해석이 진실이라면* 그것이 세상에 대해 우리에게 말하는 것이 무엇인지에 관해 가능한 한 철저하게 진행할 수 있다.

5. 신의 활동은 자연적 원인의 지위로 환원되지 않는다. 신의 비개입적 객관적 활동은 신을 자연적 원인으로 환원시키지 않는다. 왜냐하면, 과학의 후보 이론에 대한 철학적 해석에 따라, 문제가 되는 특별한 사건들에 대한 효율적인 자연적 원인들이 없기 때문이다. 만약 신이 신의 객관적 활동을 생성하기 위해 자연과 함께 활동한다면, 신은 자연적 효율적 원인(efficient cause)으로서 활동하지 않는다.

6. 신의 활동은 과학으로부터 감추어져 있다. 여기서 고려되는 신의 활동에 대한 이론은 방법론적 자연주의 안에서 과학의 근거와 전적으로 일치한다. 앞에서 언급된 것처럼, 신학도 과학도 "신"을 세상에 대한 과학적 설명의 적절한 한 부분으로 여기지 않을 것이다.[42] 더욱 뚜렷하게, 신의 비개입적 객관적 활동에 따른 신의 직접 활동은, 과학이 그것을 찾으려 한다 해도, 원칙적으로 과학으로부터 감추어질 것이다. 문제가 되는 과학 이론이 존재론적 미결정론을 가리키는 것으로 철학적으로 해석되는 한, 문제의 각 사건에 대해서 과학이 발견할 자연적 효율적 원인이 없기 때문이다. 따라서 신의 활동에 대한 이러한 이론은 과학의 진정성을 지지하지만, 과학이 건설적 신학 안에로 풍요롭게 통합되는 것을 허용한다. 그 신학 안에서 "신"이 자연 사건들에 대한 설명으로서 적절히 또한 충분히 개발된다.

7. 신의 비개입적 객관적 활동은 기적과 뚜렷이 구분되는 범주이다. 우

리가 앞에서 보아 온 것처럼, 결정론적 세계에서는 신의 객관적 활동은 신이 자연에 개입하여 세상의 일상적 과정들을 중단시키거나 붕괴시키고, 우리가 이러한 일상적 과정들을 서술하기 위해 구축한 자연의 법칙들을 위반할 것을 요구한다. 간단히 말하면, 신의 객관적 활동은 흄이 기적은 자연의 법칙 위반이라고 말하는 "기적"이다. 자유주의와 보수주의 그리스도교 사이의 분열은 신이 세상에서 기적적인 방식으로 활동하는가 아닌가에 대한 분열로 간주될 수 있다. (그림 4.1의 왼편을 보시오.)

우리가 *미결정론적* 세계로 옮겨 갈 때, 새로운 가능성이 열린다. 우리는 이제 신의 기적적 개입을 요구하지 않지만, 대신에 완전히 과학과 일치하는 신의 객관적 활동에 대한 설명을 제공하는 신의 객관적 활동에 대해 이야기할 수 있다. 이러한 것들이 신의 비개입적 객관적 활동이라는 용어가 이야기하는 활동들이다. 자유주의와 보수주의의 입장이 여전히 미결정론적 세계에서도 언급될 수 있다는 점을 주목하라. 자유주의자들은 여전히 신의 활동에 대한 모든 이야기가 일상적 사건들에 대한 단지 종교적 언어라는 것을 상정할 수 있는 반면, 보수주의자들은 자연의 미결정론적 과정들 안에 신이 기적적으로 개입하여 여전히 객관적으로 활동한다고 주장할 수 있다. 그러나 이제 또한 제3의 선택이 있다. 바로 신의 비개입적 객관적 활동이다. 객관적이지만 기적적이지 않은 신의 특수 활동이다. (그림 4.1의 오른편을 보시오.)

미결정론적 세상에서 기적과 신의 비개입적 객관적 활동 간의 이러한 현저한 구분의 가능성은 신학자들에게 처음으로 과학의 관점에서 신의 객관적 섭리(예를 들면, 6장에서의 유신론적 진화론에 대한 나의 설명을 보시오)와 신약 성경에 나오는 자연 기적과 치유 기적과 같은 기적의 언어를 요구하는 성경과 신앙생활에서의 그러한 사건들을 구분할 기회를 제공하는 것이다. 주목하시오: 예수의 부활을 토론할 때, 나는 그것을 늘 "기적 이상"이라고 한다. 왜냐하면 예수의 부활은 그렇지 않았다면 본래 그대로 남겨져 있을 그러한 자연의 과정들 안에서의 개입(예를 들면, 라자로의 기적적 부활에서처럼)이라기보다 자연 전체의 변형을 포함한다고 여겨지기 때문이다. 더 이상의 토론을 위해서는 예수 부활과 종말론에 대한 10장을 보시오.

4. 신의 비개입적 객관적 활동(NIODA)에 대한 접근 유형들: 비판적 평가

앞에서 논의된 정의, 가정, 그리고 준거를 염두에 두고 우리는 신의 객관적 활동에 대한 비개입적 설명에 대한 근거로서 기여할 수 있는 과학적 이론들에 대한 몇몇 특별한 후보들에 관심을 돌릴 준비가 되어 있다.

A. 측면 인과율과 카오스 이론: 존 폴킹혼

내가 그의 작업을 이해할 때, 존 폴킹혼은 "신과 세계", 그리고 "정신과 육체"의 유추로 시작하여 "신과 세계", 그리고 "인간과 세계"의 유추로 이동하면서 신의 객관적 활동에 대한 접근을 발전시켰다. 그런 다음 그는 우리가 자유 의지를 행사할 수 있도록 허용하는 세계가 도대체 무엇인지 물었다. 왜냐하면, 이 질문에 대한 대답이 유추를 통해 신이 세상과 상호 작용하는 방식에 대한 단서를 제공할 수 있기 때문이다. 폴킹혼에게 있어서 그 대답은 존재론적으로 개방된 자연에 대한 새로운 과학적 이해 안에 있다. 그는 개방성에 대한 그의 투신을 지지하기 위해서 역동적 카오스 이론의 최근 발달에 세밀하게 의지했다.

1980년대 후반 폴킹혼은 과학과 신학에 대한 "삼부작"을 출간했다. 두 번째 책, 『과학과 창조』에서, 그는 뉴턴 역학에서의 다체문제(多體問題)에 대한 초기 조건에서의 작은 변동에 대한 민감성에 초점을 두었다. 여기서 우리는 그가 뉴턴 역학으로부터 미결정론적 존재론으로 이동하고 있음을 발견한다.

외관상 결정론적인 것은 내적으로 예측 불가능하다고 입증된다. 이 이상한 민감성에 대한 자연적 해석은 그 민감성을 인식론적 장벽으로가 아니라 복잡한 역동적 체계인 세상의 존재론적 개방성에 대한 지표로서 다루는 것이라고 시사된다.

마지막으로 그는 "인식론과 존재론은 언제나 밀접히 연관되어 있다"는 비판적 실재론에 대한 자신의 입장에 호소함으로써 그의 해석을 보증한다.[44]

우리는 폴킹혼과 함께 자연 안에 카오스 현상의 만연함은 이 세상이 실제로 존재론적으로 개방되어 있다는 것을 제시한다고 의심할 수 있다. 그러나 그가 인식론과 존재론 사이에 특별한 연관성에 기초해 이를 뒷받침하는 그의 주장은 두 가지 이유에서 내게는 잘못된 것으로 여겨진다. 1) 과학적 인식론과 과학적 존재론 간의 연결에 호소하는 것은 과학이 연구하는 현상들(액면 그대로 취해진 현상들은 존재론적 개방성을 시사할 수도 있지만)을 훨씬 넘어 그러한 현상들을 표현하는 이론에까지 간다. 2) 카오스 이론은 분명히 결정론적이며 따라서 추론적으로 자연의 존재론적 결정론을 이야기하는 것이지 존재론적 미결정론을 이야기하는 것이 아니다.

1) 과학에서의 인식론은 연구되는 현상, 하나의 특별한 이론의 자료로서의 현상의 형태, 예측되는 성공에 의해 검증된 현상을 설명하는 이론과 아울러, 사례와 형이상학적 요소들을 통해 이론의 맥락을 만드는 패러다임도 포함한다. 실재론자들이 물리 세계의 존재론적 특성에 대해 추론의 단서로서 사용하는 것은 단지 우리가 관찰하는 현상만이 아니라 이러한 전반적 인식론적 틀이다. 그때 "신학과 과학"의 표준 과제는, 토론되는 자료로부터의 힌트만이 아니라, 과학 이론에 대한 이러한 철학적 해석을 수정되고 재구성된 조직신학 안으로 전용하는 것이다. (다시 그림 10.1의 경로 1-5를 보시오.)

2) 카오스 이론은, 비록 그것이 통계학적 방정식의 관점에서 표현될지라

도, 논란의 여지 없이 고전 물리학 안에 완전히 놓여 있는 결정론적 이론이다. 실제로 웨슬리 와일드만과 나는 카오스 이론이 결정론적이지만 과학에서의 아주 새로운 중요한 것을 나타내고 있다고 주장해 왔다. 그 새로운 것은, 고전 "방정식", 즉 "원리적으로 인식론적 예측 가능하지만 실제로는 예측 불가능한 것→존재론적 결정론"(뉴턴 역학 참조)과 양자 "방정식" 즉 "원리적으로 인식론적 예측 불가능성→존재론적 미결정론" 사이에 있는 제3의 것이다. 대신에 카오스 이론은 정확하게 고전 물리학의 한 부분이지만, "둘 다/그리고"의 놀라운 것, 즉, "원리적으로 인식론적 예측 불가능성→존재론적 결정론"을 나타낸다.[45] 나는 이것이 우리가 아직 신학적으로 충분히 파헤치지 못한 과학의 매우 새로운 상황이라고 믿는다.

요약하면, 만일 "인식론이 존재론을 모형화" 한다면, 인식론은 관련된 자료와 방정식과 함께 하는 이론의 전체 틀이고, 인식론은 단지 이론, 기기 장치, 그리고 수학적 방정식으로부터 분리된 현상만 아니라, 결정론적 또는 미결정론적 실재를 "모형화" 한다. 카오스 이론 같은 결정론적 이론은 자연의 존재론적 결정론을 가리킨다. 결정론적 이론은 신학자들에게 신의 활동에 대한 비개입적 이론에 대한 근거를 제공하지 *못할* 것이다.

그러나 폴킹혼이 실제로 하고 있는 것을 해석하는 또 다른 방식이 있다. 설사 그것이 "인식론이 존재론을 모형화한다"가 아니라도! 삼부작의 세 번째 책, 『과학과 섭리』에서,[46] 그 책을 처음 읽었을 때, 폴킹혼이 결정론적 이론으로부터 미결정론 존재론으로의 동일한 이동을 하고 있는 것처럼 여겨졌다. 그가 카오스 시스템으로부터 끌어 낸 자료가 "이 시스템들의 행동에서 내적 개방성을 반영한다"고[47] 썼을 때 그러했다. 그럼에도 불구하고 나는 폴킹혼이 실제로 다르고 상당히 촉망되는 방향에서 움직이고 있다고 확신한다. 그는 과학으로부터 철학을 통해 신학으로 이동하지 않고, 세상에 대한 신학적이고 경험에 근거한 일련의 신념으로부터 과학으로 되돌아와, 그가 "전체적 카오스"라고 부르게 될 것에 대한 조사인 새로운 연구 프로그램을 제안한다. 본질적으로 나는 그가 자연은 내적으로 개방되어 있음이 틀림없다고 규정하는 것으로 이해한다. 그는 카오스 이론으로부터 자연이 개방되어 있다는 결론을 내지 않는다. 자연에서의 내적 개방성에 대한 그러한 "형이상학적 내기"는 그로 하여금 자연의 개방성을 "고전 물리학의 세계 안의 창발적 특성"으로 간주하게 한다. 그러면 뉴턴 결정론은 "더욱더 유연한 실재의 단지 근사치에 지나지 않는다." 마지막으로 만일 그러한 과학연구 프로그램이 성공적이라면, 그리고 그러한 전체적 카오스가 분명히 존재론적 미결정론을 지시한다면(폴킹혼이 분명히 그렇게 될 것이라고 믿었던 것처럼), 그것은 신의 활동에 대한 비개입적 설명을 위한 새로운 근거를 제공할 수 있다.

이러한 접근은 『이성과 실재』에서 더욱더 발전된다.[48] 여기서 카오스 시스템들의 내적 예측 불가능성은 그 시스템들이 환경으로부터 완전히 고립될 수 없기 때문에 그리고 그들의 초기 조건들도 결코 충분히 알 수 없기 때문에 생겨난다고 그는 우선 제안한다. 물론 지금까지 이러한 요점들이 실제로 카오스 이론의 결정론적 특성을 강조한다. 그러나 폴킹혼은 다시 한 번 카오스 현상을 창발(그리고 이제 그 특이한 종류의 창발)의 맥락에 안치시킨다. 이 분야의 다른 학자들처럼 폴킹혼은 구조적(또는 존재론적) 환원주의와 [49] 인식론적 반-환원주의 혹은 전체론의 관점에서 창발을 방어한다. 그러나 이제 그는 여기에 이미 토론된 중요한 가능성, 즉 창발은 "양방향 과정"이라는 것과 그리고 실재에 대한 우리의 이해는 바닥-위 사고와 아울러 더욱 중요하게 꼭대기-아래 사고 **둘 다** 포함해야 한다는 것을 더한다. 바닥-위 사고에서는 창발이 일상적 의미에서 적용되고, 꼭대기-아래 사고에서는 "아래로의 창발"이 요청된다. 이것이 다시 의미하는 것은 더 낮은 수준들로부터 만들어진 실재에 대한 추론들은 우주적으로 적용될 수 없을 가능성이 있다는 것이다. 대신에 그러한 추론들은 더 높은 수준들이 묘사하는 실재의 자연에 대한 오로지 근삿값일 수 있다. "기본 수준의 특징들(결정론적이든 또는 양자 역학적이든 무엇이든 간에)은 생명이나 의식(복잡성이 증가하는 방향에서)과 마찬가지로 창발적 특성(단순성이 증가하는 방향에서)이 있을 수 있다."[50] 끝으로 그가 이해하는 대로의 창발은 신과 세상의 비개입적 상호 작용을 위한 통로로서 기여할 수 있다. 인간과 신의 자유로운 활동들은 둘 다 물리적 과정에서의 이러한 존재론적 틈새 혹은 개방성을 지적하고 있다.[51]

이제 폴킹혼이 카오스 이론으로 방향을 돌릴 수 있고 실재가 존재론적으로 개방되어 있다고 제안할 수 있는 이유가 분명하다. 비록 우리가 현재 카오스 현상을 서술하기 위해 사용하는 방정식들이 결정론적일지라도, 폴킹혼은 그러한 방정식들이 사실 더 전체적 이론들(holistic theories)에 대한 오로지 근사치일 수 있다고 추측한다. 게다가 전체적인 이론들이 발견될 때, 이 이론들은 기상학으로부터 생물학, 정신/뇌 문제까지 광범위한 복잡한 시스템을 *존재론적 미결정론*의 관점에서 서술할 것이다.

"구조화된 카오스가 결정론적 방정식으로부터 생성될 수 있다는 것은 수학적 사실이다. 그 사실 자체는 미래가 결정되었는지, 아니면 반대로, 세계가 그 과정 중에 열려 있는지에 대한 형이상학적 질문을 해결하지 못한다. 만약 외관상 열린 활동이 기저의 외관상 결정론적 방정식들과, 즉 더 큰 존재론적 진지함(활동 또는 방정식)을 가진다고 인정될 방정식들과 연관된다면, 외관상 결정론이 실재 전체의 특징이 되지 않으면서 일부 더 낮은 수준들에서 창발한다고 생각할 수 있다."[52]

그다음의 출판물에서 폴킹혼은 신의 활동에 대한 이러한 접근을 지속적으로 반복하고 있다.[53]

나는 이러한 접근에 갈채를 보내고 그러한 연구를 권장한다. 신학으로부터 과학의 연구로의 성공적인 이동은 신학의 인지적 가능성에 대한 강력한 입증과 "활동하는 신"에 관한 신학의 특별한 주장들에 대한 굉장히 아름다운 승리를 제공할 것이다. 그러나 내가 촉구하는 것은 폴킹혼이 만들기 원하는 이동이 과학으로부터 그 철학적 해석으로 그리고 신학에 대한 함의로 가는 통상적 진행을 따르지 않는다는 사실에 관하여 분명하고 솔직해야 한다는 것이다. 이 표준 이동의 사례는 빅뱅 우주론에서 t=0로 시작하여 이것을 자연의 우발성의 근거로 해석하며 그리고 이것을 *무로부터*의 창조신학 안에서 틀을 잡는 것, 계속 창조의 관점에서 진화 생물학을 보는 것("유신론적 진화론"), 신의 활동의 신학을 위하여 양자 역학에 철학적으로 의존하는 것 등을 포함한다. 대신에 폴킹혼의 이동은 그 반대 방향이다. 그것은 세상은 열려 있어야만 한다는 견고한 신학적 확신으로부터 시작한다. 그것은 신의 활동의 신학에서 틀 잡힌 확신이고 종교적 경험이 지지하는 확신이다. 이 접근은 이 확신에서 과학으로 되돌아가 진행하여 새로운 과학연구 프로그램을 착수한다. 그 프로그램은 *현대* 카오스 이론을 *진짜* 카오스 이론에 대한 근사치로 간주하고, 그러한 이론이 거시 영역 세계에서 존재론적 미결정론을 가리키는 것으로서 분명히 해석가능하게 될 것이라고 추정한다. 그리고 우리를 그러한 이론을 조사하도록 안내한다. 간단히 말해 그 이동은 존재하는 물리학(결정론적 카오스 이론)으로부터 철학을 거쳐 새로운 신학(신의 비개입적 객관적 활동, 그것은 카오스 이론의 결정론이 있으면 실패한다)으로 가는 표준 이동이 아니라 신학(신의 비개입적 객관적 활동을 예상하는)으로부터 철학을 거쳐 새로운 물리학(전체적, 미결정론적 카오스 이론을 조사하는 연구)으로 가는 것이다!

1980년대에 나는 내가 "창조적 공동의 상호 작용 방법"(CMI)이라고 부른 것을 발전시키기 시작하였다. 그것은 과학으로부터 신학으로의 표준 이동뿐 아니라 신학으로부터 과학으로의 새로운 이동을 하는 신학과 과학에서 연구 프로그램의 발달을 서술하고 촉진시키기 위한 것이다. 그림 10.1은 실제로 이 분야의 여러 학자들에 의해 취해지고 있는 8가지 경로를 가리킴으로써 다양한 그런 이동들을 그리고 있다. 이제 명백히 폴킹혼이 그의 작업을 토론할 때 경로 7과 8을 따르고 있고, 경로 1-5를 따르지 않는다는 것은 분명하다. 나는 그러한 이동들이 사실 상당히 정당하고 폴킹혼에게 많은 점수를 준다고 믿는다. 많은 뛰어난 과학자들이 과학적 이론들의 구축을 위해 또는 이론들 간의 선택을 위해 그리고 그들을 끈질기게 추구하기 위해, 그들의 철학적 그리고 신학적 믿음에 의해 영감을 받아 왔다. 양자 역학 발달의 역사는 그 이야기들로 가득하다. 폴킹혼처럼 뛰어난 물리학자가 미래 연구를 위한 가장 촉망되는 방향에 대해 그렇게 깊은 직관적 이해에 의해 안내되었다는 것은 그렇게 놀랄 일이 아니다. 나는 흥분하여 그 결과들을 기다린다! 그럼에도 불구하고 여기서 나의 결론은 *존재하는 카오스 이론에 기초한 측면 인과율은 신의 비개입적 객관적 활동을 위한 성공적 후보를 제공하는 데 실패한다*는 것이다.

B. 꼭대기-아래와 전체-부분 인과율, 정신/뇌 문제, 그리고 전체로서의 우주: 아서 피콕[54]

자연의 인과율에 대한 "꼭대기-아래"와 "전체-부분" 모형과 신의 활동에 대한 다양한 접근에 대한 그들의 관계에 관하여 상당한 작업이 진행 중이다. 전자인 "꼭대기-아래" 모형은 대개 흔히 정신/뇌 문제를 포함하고 인과적 환원주의(정신의 인과율은 부수적 현상이고 바닥-위 물리적 인과율로 전적으로 환원될 수 있다)에 대응하며 특히 정신의 인과관계의 주장(정신 상태는 원리적으로 뇌 상태에 영향을 준다)에 대한 도전에 초점을 둔다. 창발과 수반(乘伴, supervenience)과 같은 전략들이 필립 클레이튼,[55] 조지 엘리스,[56] 테오 메이어링,[57] 그리고 낸시 머피와[58] 같은 많은 학자들에 의해 조사되고 있다. 이 작업이 신의 비개입적 객관적 활동에 대한 다양한 성공적인 꼭대기-아래 접근들을 결과적으로 제공하는 데 있어서 아주 촉망되는 듯 여겨지지만, 아직 그 성공을 공정하게 평가하기에는 너무 이르다. 대신에 우리가 할 수 있는 것은 이러한 사유에 참여한 초기 학자들 중 한 분의 업적에 관심을 두는 것이다. 바로 아서 피콕이다. 나는 이 부분에서 피콕의 업적에 특별히 초점을 둘 것이다.

피콕은 신과 세계의 상호 작용에 대한 다양한 모형들을 신의 초월뿐 아니라 신의 내재를 강조하면서 만유내재신론(panentheism)의 작업 틀 내에서 발전시켰다.[59] 이 모형들은 꼭대기-아래와 전체-부분 접근들을 매혹적인 방식으로 결합시킨다. 피콕은 자연에 대한 기계론적 관점에 도전함으로써 시작하는데, 이 기계론적 관점은 근본에 있어서 라플라스의 결정론을 수용하고 있기 때문에 신의 활동에 대한 개입적(interventionist) 이해로 이끌어간다.[60] 여기서 신이 자연의 특별한 사건 안에서 활동하기 위해서, 신은 자연의 인과적 과정을 위반해야 할 것이고 그리고 신의 활동은 과학이 자연의 과정을 서술하기 위해 사용하는 자연의 법칙과 모순될 것이다. 대신에 피콕은 "신이 창조한 자연과 인간의 과정들을 파괴하는 어떤 방식으로 '개입' 하기보다는 창조된 질서와 지속적인 *상호 작용*을 하고 지속적인 영향을 주고 있는"[61] 것으로 신을 바라보라고 우리에게 촉구한다. 그때 그는 기계론에 대한 자신의 도전을 지지하는 근거를 위해 현대 과학에 의존한다.[62] 여기서 양자 역학과 비선형 역학 같은 분야들이 "자연 세계의 사건들을 예측하는 우리 능력의 영원한 틈새"를 제안하는 것으로 여겨진다. 이 과학들은 아마도 존재론적으로 열려 있는 자연에 대한 새로운 관점에로 인도하고 따라서 세상에서의 신의 활동에 대한 새로운 접근의 방식을 열어 준다. 이것을 성취하기 위해 피콕은 두 가지 핵심 질문을 제기한다. 1) 우리가 미래를 예측할 수 없다 할지라도, 신은 그것을 알 수 있지 않을까? 2) 자연의 새로운 유연성은 신이 자연의 인과적 규칙성에 개입하지 않더라도 활동할 수 있는 여지를 제공하는가?

우선 피콕은 고전 물리학, 즉 다체문제(many body problem, 多體問題), 카오스 이론, 비선형 비평형(nonlinear nonequilibrium) 열역학 등에서의 촉망되는 새로운 초점의 전망으로부터 이 질문들을 제기한다. 몇몇 학자들은 이 새로운 분야들이 신의 비개입적 활동에 대한 촉망되는 접근을 제공하는 것으로 생각했다. 그러나 그러한 것들은 원리적으로 여전히 고전 물리학의 한 분야이기 때문에, 피콕의 예후(豫後)는 부정적이다. 반면에 이 시스템들의 미래 상태는, 우리가 볼 때에, 단지 실천에서만 아니고, 원리적으로 예측 불가능하다는 것이 사실이다. 예를 들면, 카오스 시스템은 초기 조건에서 아주 미세하고 파악할 수 없는 요동을 우리가 예측할 수 없는 그 시스템의 다른 미래 상태로 기하급수적으로 증폭시킨다.[63] 그러나 이러한 예측 불가능성이 신에게도 또한 유지되는가? 피콕은 아니라고 답한다. 우리와 달리, 신은 미래를 현재로부터 예측함으로써 이들과 같은 시스템들의 미래 상태를 알 수 있다(질문 1). 왜냐하면, 이 시스템들은 본질적으로 자연에서 고전적이며 결정론적이기 때문에, 그리고 만약 신이 전지하다면, 신의 현재에 대한 정확한 지식은 신이 미래를 예측하는 것을 허용할 것이기 때문이다.[64] 게다가 신이 미래를 바꾸기 위해 활동하자면(질문 2), 신은 이 시스템들의 초기 조건들을 바꾸어야만 할 것이다. 이런 식의 신의 활동은 결코 우리에게 파악될 수 없을지라도 그것은 여전히 일종의 개입일 것이고, 그래서 피콕은(내 견해가 옳다면) 카오스 이론이 신의 활동에 대한 비개입적 접근을 제공한다는 것을 인정하지 않는다.[65]

다음에 피콕은 신의 활동에 대한 비개입적 설명을 찾기 위하여 양자 역학으로 관심을 돌린다. 그는 양자 불확실성에 대한 결정론적 해석(즉, "감춰진 변수들" 관점)의 가능성을 인정한다. 그러나 그는 양자 역학이 자연의 존재론적 미결정성을 가리키는 것이라는 주장을 지지하고 그 주장을 "대다수 물리학자들의 관점"이라고 보고한다.[66] 그는 방사능은 자연 안에 있는 진정한 미결정성의 사례라고 말한다.[67] 질문 1)에 대한 응답으로, 피콕은 양자 미결정론은 심지어 신의 전지전능함의 어떤 한계라고 간주한다. 왜냐하면 양자 미결정론 때문에 신은 미래를 단지 확률적으로만 알 수 있다. 게다가 신은 세상을 이런 방식으로 창조했기 때문에 이 한계는 "자기 제한적"이다. 피콕에 의하면, 이것은 또한 질문 2)에 대한 대답을 수반한다. "신은 양자 의존적인 상황들의 정확한 미래를 알 수 없기 때문에 신은 신의 목적과 의지를 수행하기 위해 그러한 상황들에 *직접적으로* 영향을 미칠 수 없다."[68]

앞에서 토론한 것처럼 고전 물리학의 새로운 초점에 관한 끌림에 대한 피콕의 비판을 내가 지지하는 것과 달리, 양자 역학에 대한 이 주장들에 대한 나의 반응은 복합적이다. 1) 내 견해로는 양자 역학의 미결정론적 해석은 신이 미래를 미리 알 수 없다는 것을 의미하지 않는다. 대신에 양자 미결정론은 단지 신이 양자 사건 바로 전(이를테면 방사능 원자의 붕괴)의 현재에 대한 신의 지식에 근거해 미래를 미리 알 수 없다는 것을 함축한다. 그러나 고전적 유신론에 있어서 신은, 현재에 대한 신의 지식에 근거하지 않고, 자기 자신의 현재적 실재성 안에서 미래를 안다. 이 주장은 양자 미결정론에 의해 도전받지 않는다. 2) 만일 신이 특별한 양자 사건의 충분한 원인을 제공하기 위해 자연 안에서 활동한다면(절대로 자연적 원인으로서는 아니다), 그때 신은 미래를 알 수 있다. 왜냐하면 미래는 신이 양자 사건을 야기하는 자연과 함께 활동하기 위해 자유롭게 선정하는 방식에 따라서 결정되기 때문이다.

셋째로 피콕은 꼭대기–아래와 바닥–위 인과율 둘 다를 드러내 보이는 자연에서의 복잡한 과정들을 표적으로 삼는다. 한편으로 복잡성의 더 낮은 수준에서의 사건들은 바닥–위 방식으로 전체 시스템의 행동에 영향을 미친다. 그러나 그 반면 전체로서의 시스템은 더 낮은 수준의 행동에 영향을 미치고 제한을 두지만, 이 수준들을 서술하는 법칙들과 일치하는 방식으로 한다고 피콕은 주장한다. 이제 그는 핵심적 행동을 한다. 즉 이 개념을 우주에 적용함으로써(그는 그것을 "전체로서의 세계"라고 한다). 우리는 어떻게 신이 자연 안에서 특별한 사건들을 초래하기 위해 세상의 법칙 같은 과정들을 존중하고 위반하지 않으면서 이 세상과 상호 작용하는지에 대해 생각할 수 있다.[69] 다시 만유내재신론의 개념은 피콕이 전체 세계에 대한 신의 초월과 자연 과정들 "안에서, 함께, 아래서, 그리고 그 과정을 통하는" 신의 내재를 함께 묶는 데에 도움을 주었다.[70] 그의 매력적인 용어 "내재 안의 초월"이 이것을 가리킨다.

"세상에 대한 신의 초월, 즉 궁극적 타자에 대한 개념들을 세상 안에서, 세상과 함께, 세상 아래에 있는 신의 내재적 현존의 개념과 함께 묶으려는 시도들은 종종 어떤 의미에서 '신 안에' 있는 존재라는 세상의 모형을, 그러나 세상 '이상'의 존재라는 신의 모형들을 사용하는 것이 도움이 된다는 것을 발견하게 된다. 그래서 신은 에워싸는 실재이고 그 안에서 세계가 지속되고 존재한다(만유-내재-신론)."[71]

그러나 핵심은 더 낮은 수준들의 법칙과 규칙성에서 신의 개입을 포함하지 않는 신의 인과성에 대하여 피콕이 초점을 맞추는 것이다.[72] 피콕의 접근이 작동되게 하는 중요한 부분은 전체로서의 세상에 대한 그의 개념적 모형이다. 그 개념을 통하여, 피콕은 일반적 효과와 특별한 효과들을 달성하기 위해 세상을 유지할 뿐 아니라 끊임없이 세상과 상호 작용하는 신에 대해 이야기할 수 있다.

나는 신과 세상의 관계에 대한 피콕의 이해에 대해 그와 확고한 신학적 일치를 보고 있고 신과 세상의 상호 작용에 대한 우리의 이해에 대해 그의 이해가 그에게 독특한 접근을 제공한 방식에 감탄한다. 전자인 만유내재신론은 신과 "존재하는 모든 것" 사이의 근본적인 존재론적 구분을 강조하는 반면 동시에 신은 친밀하게 존재하는 모든 것에 현존한다고 주장하는 풍부한 신학적 전통에 근거한다. 후자인 꼭대기-아래 인과율은 독특한 방식으로 신의 활동에 대한 비개입적 설명의 목표를 성취하려는 훌륭한 시도이다. 즉 내가 신의 객관적 활동에 대한 양자 역학에 근거한 비개입적 접근을 통해 하는 것(QM-NIODA)처럼, 자연 안에서 존재론적 개방성의 영역을 찾아냄으로써가 아니라, 꼭대기-아래 인과율은 신의 활동이 전체로서의 세계로 향한 것으로 간주함으로써 그렇게 한다. 만약 우리가 전체로서의 세계를 지배하는 자연의 법칙들과 전체로서의 세계를 유지하는 초기와 경계 조건들 사이를 구분한다면, 그때 신은 자연의 법칙에 개입하지 않고 이러한 초기와 경계 조건들에서 활동하는 것으로 생각할 수 있다. 이런 식으로 생각되는 신의 활동은 그 "안에서"라기보다 그 전체에 행사되는 신의 직접 활동에 의해 간접적이고 중재된 특별한 결과들을 성취한다. 그림 4.1의 확장된 설명을 사용하여 우리는 자연이 결정론적이든 아니든 간에 신의 비개입적인 객관적 활동에 대한 피콕의 접근을 이해할 수 있을 것이다.[73]

그러나 내가 제기하고자 하는 질문은[74] 피콕이 사용한 전체로서의 세계의 개념이 우리가 현대 과학적 관점에서 이러한 개념을 해석하려 할 때 이치에 맞느냐 하는 것이다.[75] 피콕은 전체로서의 세계의 개념을 세계에 대한 신의 존재론적 관계에 대한 신학적 이해와 신의 활동에 대한 꼭대기-아래 비개입적 설명 둘 다를 조사하기 위해 사용한다. 내 걱정은 그것이 그렇지 않다는 것이고, 이러한 걱정은 기포드 강연과 그리고 신학과 자연과학 센터/교황청 천문대 시리즈의 책 중『신경과학과 인간』의 한 장에서 세상과의 신의 상호 작용에 대하여 피콕이 사용한 그림에 주목함으로써 가장 잘 표현될 수 있을 것이다. 그 그림은 "자연주의자 그리스도인 신앙"[76]에 대한 현재의 논문에는 그렇게 포함되어 있지 않다. 그림은 전체로서의 세상인 우주에 대한 신의 초월과 그 우주 안에서 신의 내재 둘 다를 제안하는 것으로 되어 있다.

그 그림에서 대시(—) 기호로 표시된 원(圓)은 전체로서의 세계의 경계를 나타낸다. 그 원 안에서 우리는 모든 창조물을 발견하고, 그 원의 중앙에 인류를 나타내는 기호가 포함되어 있다. 초월적인 창조주로서 신은 원 밖의 무한한 영역으로부터 들어오는 것으로 상징화되고 그 위에서 활동한다. 그 활동의 결과가 자연적 원인들을 통해서 원 안으로 전달되고 결국에 인류에 도달한다. 신은 또한 전체로서의 세계의 모든 점에서 내재적으로 활동하는 것으로 상징화되어 있다. 여기서 신의 활동은 도형의 중앙에 ⓧ에 의해 표시되어 있듯이, 도형이 새겨져 있는 종이와 직각으로 되어 있다.[77]

창조물에 대한 신의 관계는 "공간적"이지 않기 때문에 이와 같은 그림은 신과 세계의 관계를 묘사하는 데까지만 갈 수 있다는 것을 이제 피콕은 아주 분명하게 안다. 대신에 공간성은 창조된 세계의 특성들 중 하나이다. 피콕이 옳게 주장한 것처럼 그림은 신과 세계의 상호 작용뿐 아니라 세계에 대한 신의 존재론적 관계를 나타내는 것을 의미한다.

"그림 1은 2차원적 표면 위에 존재의 다양한 양태들 간의 관계를 표현하려고 시도한다. 그것은 존재론적 표상이다. (오히려 다양한 부류 간의 관계를 논리적으로 표현하는 벤 다이어그램처럼)."[78]

지금까지 우리는 견고한 기반 위에 있다. 그러나 그림이 어느 정도로 과학이 우주에 관하여, 즉 과학의 틀 안에서 전체로서의 세계에 관하여 우리에게 알려주는 것과 관련되는지가 내 관심사이다. 한편으로 만약 점선의 원이 신과 우주 간의 단지 존재론적 구분을 표현한다면 그때 그 원이 과학의 함의를 위한 여지를 거의 남기지 않는다. 결국 신학자들은 아리스토텔레스/프톨레미, 코페르니쿠스/뉴턴, 그리고 오늘날 아인슈타인 등의 광범위하게 다양한 우주론들에 의해 지배되는 시대에 걸쳐서 신과 창조물 사이에 이러한 동일한 엄격한 존재론적 구분을 해오고 있다. 반대로 만약 점선의 원은 또한 과학이 우리에게 우주에 관해 알려 주는 것을 나타내는 것들을 의미한다면, 특히 만약 점선의 원이 우주의 한계 또는 경계를 나타내는 것을 의미한다면, 그 점선은 아주 두드러진 방식으로 과학이 우리에게 우주에 대해 알려 주는 것을 유효하게 해석하는 데 실패한다. 그러나 그 점선이 실패한다면, 그리고 나는 그렇게 믿고 있지만, 그 점선은 그때 *과학의 관점에서* 우주에 대한 신의 관계에 대한 유효한 해석에 실패한다.

그 실패의 원인은 현대 과학의 우주론에 의하면 우주는 경계를 가지고 있지 않고, 우주에는 경계가 없다는 "직관에 어긋나는" 사실에 근거한다.[79] 빅뱅 우주론에서의 기본 모형들을 이용하면 이것을 이해하기는 상대적으로 쉽다.[80] 이 모형들에서 우주의 유형은 시간 안에서 팽창하는 3차원의 초곡면(超曲面, hypersurface)이다. 초곡면은 "구형"(spherical)(크기가 폐쇄되고/유한한, 결국 재수축됨)이거나, "평평"(크기가 개방되고/무한한, 영원히 팽창함)하거나, 또는 "쌍곡선"(hyperbolic)(크기가 개방되고/무한한, 영원히 팽창함)이다. 예를 들면, 구형의 3차원적 초곡면은 비치볼 같은 이차 구와 비슷하다(즉, 비치볼의 이차원 표면이고 그 삼차원의 용적이 아니다). 명백히 비치볼의 표면에는 어떠한 경계도 없다. 그곳을 기어가는 개미는 시간 안에 출발점으로 되돌아 올 수 있을지라도 결코 가장자리에 이르지 못한다.

우주는 대시 선으로 둘레에 그어진 피콕의 디스크와 단순히 비슷하지 않다. 우주에는 경계가 없다. 따라서 과학의 관점에서 우주를 이해할 때 신이 "밖"으로부터 활동할 수 있는 경계가 없으며 그리고 전체로서의 우주에 대하여 작용하는 신의 꼭대기-아래 또는 전체-부분 활동이 없다. 신과 세상의 관계에 관한 신학적 주장이 엄격하게 존재론적인 한, "경계"의 문제는 없지만, 그때 과학은 이러한 신학적 주장과 *무관*하다. 과학이 그 그림 안에 들어오자마자 점으로 된 원과 전체로서의 그림은 과학이 우주에 관해 우리에게 알려 주는 것을 나타내는 데 실패한다.

그러나, 기다리시오. 우리를 이러한 막다른 골목으로부터 구해 낼 수 있는 한 가지 방법이 여전히 있다. 우리가 말할 수 있는 것은 "전체로서의 세계"는 그 경계가 아니라(그것의 경계는 없다) 적절한 시간 T(즉, 우주의 나이)의 특별한 순간에 고려되는 우주의 전체적 3차원의 약간 굽은 초곡면이라고 파악될 수 있다는 것이다. 그러면 신의 활동은 초곡면의 어디서나 그리고 모든 점에서(즉 Ⓧ기호에 의해 표시되는 것처럼) 내재하는 것으로 생각될 수 있다. 아이러니하게도 피콕이 신의 활동에 대한 양자 역학 접근을 좋아하지 않는 점을 감안하면, 이러한 생각은 실제로 신의 활동에 관한 대화를 정확하게 이 접근으로 이동하는 것이다. 즉, 신의 활동은 우주를 관통하여 모든 점 같은 양자 사건에서 일어난다. 아마도 우주의 모든 부분에 대한 신의 꼭대기-아

246

래 활동은 우주의 모든 부분 "안에서" 신의 바닥-위 활동과 밀접하게 연관된다.

C. 바닥-위 인과율와 양자 역학

신의 비개입적 객관적 활동을 위해 조사되어야 할 추가적 선택은 "바닥-위" 인과율이다. 내 견해로는 가장 촉망되는 접근은 자연의 존재론이 적어도 아원자 수준에서 부분적으로는 미결정론적이라는 철학적 해석을 가지고 있는 양자 역학에 신의 비개입적 객관적 활동을 근거하게 하는 것이다. 이러한 접근은 1950년대 초 이래 칼 하임, 매스칼, 그리고 윌리엄 폴라드 같은 학자들에 의해 연구되어 오고 있다. 그리고 신학과 자연과학 센터/교황청 천문대의 일련의 연구 회의와 출판에 참여하는 여러 사람의 최근 작업을 포함한다.

나는 양자 역학에 근거한 신의 비개입적 객관적 활동이 사실로 앞에서 열거된 신의 비개입적 객관적 활동의 준거에 맞고 독특하게 강력하다고 믿는다. 그것은 다양한 질문에 반응하고 더욱더 복잡한 질문들 안으로 다음과 같은 새로운 통찰을 펼친다. 그 질문들은 일반 섭리와 특수 섭리 간의 관계, 신이 일부 양자 사건에서 활동하는지 아니면 또는 모든 양자 사건들에서 활동하는지, 우리가 인간 자유와 악의 문제(신정론)에 대한 도전을 어떻게 다루어야 하는지, 등등을 포함한다. 이 분야에서 많은 기여자들에 의해 이루어진 광범위한 작업은 자세한 토론과 평가를 요구하기 때문에, 나는 다음 장의 모든 것을 양자에 근거한 신의 비개입적 객관적 활동에 바칠 것이다.

D. 또 다른 형이상학: 과정 철학과 신의 비개입적 객관적 활동

마지막으로 나는 과정 철학으로 향하는데, 그것은 주로 알프레드 노스 화이트헤드와 찰스 하트숀의 작업에 근거하고 있다. 따라서 나는 과정 신학의 전망으로부터 신의 비개입적 객관적 활동을 고찰한다. 다른 어떤 이들보다 이안 바버가 과정 사고를 물리학, 우주론 그리고 진화 생물학과 연관시키기 위해 더 많은 것을 해 오고 있다고 나는 생각한다. 나는 여기서 그의 가장 최근 설명을 따를 것이다.[81]

과정 철학에 대한 바버의 이해에 의하면 신은 그 원초적 근거로서 세상에 질서를 주고, 신은 시간 안에서 신의 결과인 자연을 통해서 세상을 경험하며, 그리고 신은 각각의 사건들을 존중하지만 시시각각 신의 가장 높은 이념들을 향해 세상을 유혹함으로써 세상에 영향을 미친다. 과정 사고의 가장 두드러진 특징 두 가지는 **무로부터**의 창조를 거부하는 것과 일차와 이차 원인들에 대한 전통적 범주를 거부하는 것이다. 대신에 신과 세계는 함께 영원하고 신은 모든 사건들 **안에서**("사실적 경우들") 활동하는 지속적 창조주라고 생각된다. 게다가 신의 활동은 설득적이지 절대로 일방적이지 않다. 각각의 경우는 진정한 새로움의 환원 불가능한 요소를 포함하고 그것은 과거의 영향과 신의 유혹에 대한 독특한 반응을 통해 표현된다. 바버가 말하는 것처럼, "우리는 신의 활동을 이야기할 수 있다. 그러나 신은 언제나 다른 실체들과 함께 그리고 그들을 통해서 활동하고 그들 활동의 대행자로서 혼자 활동하지 않는다".[82]

과정 철학의 다른 두드러진 특징은 모든 실재 경우들은 물리적 극(極)뿐 아니라 정신적 극(pole)을 갖는다는 주장이다. 그러한 경우들이 무생물과 생명 유기체로 조직화하는 데 따른 복잡성은, 정신적 극과 신의 유혹에 반응할 수 있는 정도로 영향을 미친다. 조직의 무생물 수준에서, 신의 영향은 자연과학이 연구하는 규칙성의 기저를 이룬다. 더 복잡한 수준에서 자연과 인간 본성은 신의 창조적 활동에 더 많은 반응을 할 수 있다.

역사적으로 과정 철학은 20세기 과학의 전반부의 물리학과 생물학의 변화의 관점에서 형성되었다. 이 때문에, 과정 철학은 법칙과 우연, 구조와 개방성 둘 다가 역할을 하는 세상에 대한 진화적, 역사적, 그리고 창발적 해석과 함께 작업한다. 고정된 질서, 실체론적 형이상학과 인간 중심적 위계질서의 더 전통적인 세계관을 대신하여, 과정 사고는 여러 수준의 공동체 안에서 시스템들과 전체를 특징짓는 시간적, 관계적, 그리고 환경적 관점에서 우주를 바라본다. 이러한 세계관은 현대 과학과 상당히 일치하는 것으로 여겨지고, 그것은 세상에서의 신의 활동에 관한 새로운 사고방식들을 펼친다.

이러한 형이상학과 함께 작업하면서, 과정 신학자들은 신의 목적은 영원하지만 반면, 신이 세상과 공동의 관계에서 상호 작용하기 때문에, 신의 지식은 시간 안에서 변화한다고 여긴다. 그들에게, 만유내재신론은 고전적 유신론을 넘어 중요한 단계를 제공하고 범신론에 반대하는 중요한 논거를 제공한다. 바버의 조심스럽고 통찰력 있는 분석에 의하면, 과정 유신론은 신의 활동에 대한 다른 모형들보다 어떤 분명한 장점들을 제공하지만 반면 또한 부채(負債, 골칫거리)를 떠맡는다.[83] 한편으로, 그것은 신이 창조적 설득과 참여를 제공한 세상을 위한 사회적 그리고 생태적 모형을 강조한다. 그것은 인간 자유의 중요성, 세상과 함께 하는 신의 고통, 신의 "남성적" 그리고 "여성적" 속성, 그리고 종교적 다원성의 중요성을 강조한다.

신의 **특수** 활동에 대해서는 어떠한가? 데이비드 레이 그리핀에 의하면, 특수 섭리는 과정 범주들 안에서 특별한 방식으로 이해될 수 있다. 모든 사건이 그 초기 목적을 신으로부터 똑같이 받는다는 것을 인정하면, 자기 결정을 할 수 있는 사건들은 더 기본적인 사건들이 하는 것보다 실로 독특한 어떤 것을 성취하기 위해 신의 자극을 받을 더 큰 잠재력을 갖는다. 게다가 신의 초기 목적이 현실화되는 정도에 따라 특수 섭리는 사건의 독특함에 기여하고 신의 초기 목적이 효과적이 되도록 허용한다. 신이 모든 사건들 안에 내적으로 존재하기 때문에 신의 활동은 비개입적이다. 끝으로 그 반응이 실제로 신의 초기 목적과 내용에 따르는 정도에 따라, 그 사건은 세상에서 신의 목적을 반영한다.[84]

그의 결론에서, 바버는 과정 유신론이 복잡하고 추상적이며 사변적 형이상학 시스템에 매어져 있어서 그것은 신학적 발달과 전례적 효능을 방해할 수 있다는 것을 인정한다. 이것을 명심하면서 그는 이렇게 쓰고 있다. "신학자는 형이상학을 채용하는 것이 아니라 이에 적응해야 한다. 과정 철학의 많은 통찰들은 전체 화이트헤드 식의 계획을 받아들이지 않고도 수용될 수 있다."[85] 신의 권능에 대한 내적 한계는 "*악에 대한 절대적 승리*의 전통적 예측에 의문을 제기한다". 그의 결론적 이야기에서 바버는 특유의 정직함과 겸손을 가지고 그 상황을 요약한다. "따라서 과정 모형은 여기서 고려되는 다른 모형들보다 약점이 적은 것으로 여겨진다. 그러나 비판적 실재론에 의하면, 모든 모형들은 제한적이고 부분적이며, 어떠한 것도 실재에 대한 완전하거나 적합한 그림을 제공하지 못한다. 우리가 신에 대한 어떤 한 가지 모형을 문자 그대로 취할 때 생겨나는 우상숭배로부터 우리를 지켜내기 위해 우리는 다양한 모형들을 필요로 한다."[86]

과정 신학은 신의 비개입적 객관적 활동을 위하여 하나의 후보를 제공하는 것으로 여겨진다. 신의 활동에 대한 과정 신학의 관점은 객관적(그 효과가 실제로 각 경우의 실재적 구조 안에서 생긴다)이고, 중재되고, 그리고 직접적(신은 자연의 모든 수준에서 각 경우 안에서, 그것을 통해 작업한다)이다. 그러나 그 활동은 비개입적인가? 바버와 그리핀에 의하면, 신의 활동은 *형이상학적* 의미에서 비개입적이다. 왜냐하면, 신은 "외부 유리한 점"으로부터 자연 과정의 흐름으로 "뚫고 들어오기"보다는 각 경우 안에서 활동하기 때문이다. 따라서 신의 활동은 실재의 경우를 구성하는 것의 한 부분이다. 그러나 신의 비개입적 객관적 활동이 작동되기 위해서, 우리는 *또한* 이 과정들이 특별한 과학 영역으로부터의 "최상의 추론"에 근거하여 존재론적으로 미결정론적이라고 주장할 위치에 있어야만 한다. 만약, 예를 들어, 카오스 이론과 같은 한 영역으로부터 나오는 우리의 최상의 추론이 자연이란 그 수준에서 결정론적이라고 한다면, 그때 과정 철학은 자연에 대한 형이상학적 개념(신의 설득적 활동이 그 수준에서 각 경우의 구성 요소라는)을 제공한다. 그리고 비록 그러한 각 경우가 내적인 새로움을 포함한다 하더라도, 신의 활동의 결과들과 내적인 새로움은 결정론적 질서이다. 이것을 달리 표현하면, 카오스 이론 같은 결정론적 방정식에 의해 서술될 수 있는 과정들 안에서 신이 활동한다고 과정 형이상학이 간주하는 것이 가능하다고 우리가 주장하기를 원하든 아니든 간에, 우리는 이 과정들 안에서 신의 어떤 특별한 활동들이 없다거나 **또는** 결국 신의 활동은 단지 균일할 뿐이라는 결론을 내려야 할 것이다. 어떤 경우든, 우리는 우리가 시작했던 자유주의/보수주의의 강요된 선택으로 되돌아가고, 신의 비개입적 객관적 활동에 의해 그것을 초월할 가능성이 없다.

그것을 달리 말하면, 신의 활동이 효과적이 되기 위해서는 최소한 몇몇 수준에서 자연의 과정들이 충분한 효율적 인과관계를 포함하지 않아야 한다. 과정 언어에서 과거에 대한 파악은 하나의 사건이 합성하는 방식을 완전히 결정하지 않아야 한다. 대신에 과거에 대한 파악이 단지 부분적으로만 효율적이어야 하고 내적인 새로움과 신의 효과적인 유혹의 여지를 남겨야 한다. 물론 우리는 이것은 사실 그러하다고 말함으로써 이 질문에 형이상학적으로 답할 수 있다. 그러나 이것은 수사적 반응 이상이 아니다. 중요한 검증은 과학이 그 질문을 결정하는 데 독립적인 역할을 하는지이다. 만약 과정 학자들이 특별히 과학을 관련시키면서 신의 활동이 비개입적이라는 주장을 각 경우마다 하지 않는다면, 그들이 제공하는 모든 것은 신의 비개입적 객관적 활동이 **잠재적으로 가능한** 형이상학적 골격뿐이다. 그 결정은 자연과학의 한두 이론에 근거해서 존재론적 미결정론에 대한 독립적인 주장의 도입을 요구한다. 간단히 말해 내 견해로는, 비록 과정 신학이 신의 인과관계와 자연의 인과관계 간의 관계가 **구성요소의** 의미에서 "비개입적"으로 생각하는 데에 도움이 되는 형이상학적 골격을 제공한다고 해도, 과정 신학은 과학에 근거한 존재론적 미결정론을 주장하지 않고서는 진정한 형태의 신의 비개입적 객관적 활동을 전달할 수 없다.

바버는 실제로 양자 역학에 관련하여 그렇게 주장한다. 나는 이 주장을 5장에서 요약하고 평가할 것이다.

5. 결론적 평가: 신의 비개입적 객관적 활동에 대한 가장 성공 가능한 토대로서 양자 역학에 대한 자세한 탐구의 필요성

이 장에서 나는 신의 비개입적 객관적 활동에 대한 필요성을 주장하고 있다. 가능성 있는 후보를 평가하기 위한 준거를 제공하면서, 나는 많은 그러한 후보자들에 대하여 토론하고 있다. 내 결론은 지금까지의 전체—부분 그리고 측면 인과율 접근들은 신의 비개입적 객관적 활동에 대하여 성공적 자격을 갖지 못하고 있다는 것이다. 꼭대기—아래 접근들은 촉망되고 그러한 것들이 더욱 완전히 발전될 때 미래에 진지하게 고려될 가치가 있다. 양자 역학에 근거한 바닥—위 접근들은 극히 촉망되고, 5장에서 다루어질 것이다. 과정 철학은 신의 비개입적 객관적 활동이 *잠재적으로 가능하다는* 형이상학적 골격을 제공하지만, 그러나 과학에서의 특별한 이론들이 존재론적 미결정론에 대한 그들의 지지를 위해 우선 독립적으로 평가되어야 한다. 특히 바버는 과학의 여러 영역의 관점에서 신의 비개입적 객관적 활동에 대한 과정 접근을 광범위하게 발전시키고 있다. 양자 역학에 근거한 과정 접근에 대한 그의 토론을 5장에서 또한 평가할 것이다.

요약하면 게임은 진행 중이다. "활동하는 신"은 진짜 활동한다. 개입함으로써가 아니라 자연 세계의 개방된 인과적 과정들과 함께 그리고 그것들에 더하여 활동함으로써 활동한다. 신은 개방적 인과적 과정들을 초월적으로 *무로부터* 창조하였고, 신은 그들과 함께 지속적으로 섭리적으로 내재하고 지속하는 창조주로서 활동한다.

부록 A. 불트만, 카우프만, 그리고 윌리스에 의해 개발된 신의 활동에 대한 주관적 접근

루돌프 불트만은 신의 활동에 대한 실존주의적 관점의 분명한 대표자이고, 고든 카우프만과 모리스 윌리스는 신의 활동에 대한 균일론적 관점을 가지고 있는 주관적 해석법의 잘 알려진 두 대표자이다.

『신약 성경의 신학』[87]이라는 두 권의 작품에서 불트만은 탈신화화의 프로그램을 개발하는 데, 신학적 주장들이 발생하는 원천이 되는 개인적 경험에 초점을 두고, 신약 성경 시대 이래로 일어났던 현대 과학에 의해 발견된 우주론의 역사적 변화를 강조한다. 『선교내용과 신화』에서 불트만은 신의 활동이 "세속적 사건들 사이에 일어나는 어떤 것이 아니라 오히려 그들 안에서 발생하는 것으로서 이해되고, 그래서 객관화하는 시각에 스스로를 드러내는 세속적 사건들의 폐쇄된 연속성은 건드려지지 않은 채로 남아 있다"[88]라고 강조함으로써 비평가들에게 반응한다. 불트만은 1958년 그의 대작 『예수 그리스도와 신화』[89]에서 신의 활동 문제로 되돌아 왔다. 여기서 그는 다시 자연이건, 역사건, 또는 인간 심리에서건 신의 개입을 거부했다. 신의 초월은 우리에게 세상의 사건들 사이가 아니라 사건들 내에서 신의 인과율에 대해 생각할 것을 요구한다.[90] 신앙은 과학과 경합하는 세계관을 제공하지 않는다. 대신에 신앙은 과학이 자연적 인과율만을 통해 해설하는 사건들이 신의 활동 장소[91]이고, 또한 신이 "수반한다"(supervene)[92]고 말할 수 있는 구역이라고 이해한다.

카우프만의 신학이 예외적으로 복잡하고 30년에 걸쳐 이어졌음에도, 그의 조직신학이 모습을 드러낸 이래[93] 공통된 가닥이 신의 활동에 대한 그의 입장을 통해 흐르고 있다. 1968년 카우프만은 신은 내재적으로 동일한 방식으로 모든 사건들에 관계한다고 주장했다. 따라서 "일반 섭리는 대개 '특수 섭리'라고 하는 것을 포함한다".[94] 일반 섭리와 특수 섭리의 구분을 유지하기 위한 유일한 목적은 신의 균일하고 일반적 활동에 대한 우리의 주관적 반응의 변동을 서술하는 것이다. "그러한 사건들을 신의 활동의 정통적 표현으로 받아들이는 것, 그리하여 '일반 섭리'를 믿는 적당한 근거를 신앙이라고 한다. 반대로 불신앙은 그러한 순간들을 단지 우연 또는 동시발생이고 특별한 의미가 없다고 보는 태도이다." 그러한 사건들은 "신이 자신의 일상적 활동을 중단하거나 급격하게 변화시키는 활동으로 간주되지" 않아야 한다. 그 사건들은 "신앙의 외양과 연속성에 대한 역사적-심리적" 근거를 단지 제공하는 "돌파구"이다. 심지어 기적들조차, 슐라이어마허와 더불어 "사건에 대한 단지 종교적 명칭"으로[95] 이해되어야 한다. 카우프만은 1972년 첫 출판되어 널리 읽힌 논문에서 이러한 주장을 반복하고 있다.[96] 여기서 카우프만은 신은 역사를 전체적으로 제정한다고 제안한다. "일차적 의미에서 신의 활동이라고 개념화 되어야 하는 것은 *역사의 전체 과정이다.*" 신의 활동은 "신의 궁극적 목적을 향한 자연과 역사의 전반적 움직임"이다.[97]

그러나 관심을 기울여야 할 중요한 것은 카우프만이 신의 활동을 이런 식으로 재해석하게 만든 논거이다. 그는 "자연과 역사는 자족적인 전체로서 이해되어야 하는 서로 연결된 망이라는 현대적 개념"을 받아들인다.[98] 원자 수준에서 "미결정성"이 있고 인간 수준에서 "창조성과 자기 결정성"이 있다고 할지라도(그는 이 둘 다를 주장한다), 사건들의 망은 "우리가 어떻게든 그들 자체로 개인적 또는 특별한 사건들이라고 생각하는 것은 더 이상 불가능하다"는 것을 의미한다. 그러나 카우프만에 의하면, 신의 특수 활동에 대한 전통적 이해는 "이전의 그리고 동시적인 유한 사건들의 맥락보다는 직접적으로 또는 즉각적으로 신의 의지와 활동 안에 그들의 원천 또는 원인을 갖는 사건들을 가리키는 것으로 여겨진다". 따라서 "문제는 신의 활동이 되는 *유한 사건 자체*를 생각하는 것이 어렵고 심지어는 불가능하다는 것이다".[99] 결론은 다음과 같다. 신의 특수 활동에 대한 개념은 이해 불가능하고 상상할 수 없다.[100]

윌리스는 1986년 뱀프턴 강연을 개최하였고 신의 활동에 대한 쟁점의 중요성, 그리고 문제가 되는 특성, 둘 다 강조하였다.[101] 신의 활동은 *무*

로부터의 창조 교리에 의해 요구된다. 윌리스는 그것을 그리스도교 신학의 "철학적으로 그리고 종교적으로 본질적인" 것으로 인정한다.[102] 그럼에도 불구하고 그가 의존하고 있다고 인정한 카우프만처럼 계속 창조는 신의 활동에 충분한 전례 법규이고 거기에는 특수 활동이 필요 없다고 역설한다.[103] "나는 한 가지 활동이 있다고 주장하여 왔다. 우리는 신의 활동은 우주의 지속적 창조라고 확언할 수 있고 또한 그렇게 해야만 한다. 이 '활동'의 복잡성은 그것이 단일한 활동이라고 기술되는 것을 무효화하지 않는다. 나는 세상의 물리적 질서에 대한 신의 어떤 특별한 변형을 예상하는 것의 합리성을 반대하여 왔다."[104]

윌리스는 더 이전의 출판물에서 같은 입장을 취했다.[105] 거기서 그는 뉴턴 역학이 어떻게 "틈새 신" 주장을 야기하는지 서술했다. 이 주장이 거부될 때, 신학자들은 신의 초월에 대한 더욱더 심오한 관점을 성취할 수 있다. 비슷하게 윌리스는 세상에 대한 신화적 관점이 신의 활동의 개입적 관점을 야기한다고 주장한다. 그것이 거부될 때 불트만의 프로그램은 신의 활동에 대한 더욱더 심오한 견해를 도출했다. 신은 세상의 모든 사건들 "사이"에서가 아니라 사건들 "안"에서 활동한다. 그렇다면 역사 안에서 신의 특수 활동에 대해 이야기하는 어떤 이유가 있는가? 윌리스는 우리에게 일어난 것과 우리가 성취한 것을 세상에서 작동되는 전체 목적에 대해 반응하는 것으로 경험하는 것에 대하여 "처럼 경험하는"(experiencing-as)[106] 우리 능력에 전적으로 놓여 있다고 대답한다. 그 사건을 신의 특별 섭리의 부분으로 만드는 것은 우리 "반응의 깊이"이지 그 사건에 있는 어떠한 내적 차이가 아니다. "그들의 상황에서 발생하는 특별한 세속적 사건들과 신의 활동의 관계에는 근본적 차이"는 없다.[107]

이와 같은 시기에 보수주의 신학과 복음주의 신학은 우리가 이러한 사건들을 "특수하다"고 하는 것이 옳다고 주장했다. 왜냐하면 우리는 실제로 신의 독특한 활동에 대하여, 그러한 사건들 안에서, 그 사건들과 함께, 그리고 그 사건들을 통해서 반응하고 있기 때문이다. 즉, 주관적 의미는 신의 객관적 활동에 근거한다. 주장의 본질은, 만약 신이 이 특별한 사건에 특수한 방식으로 활동하지 않았다면, 그 사건은 정확히 그것이 생겨난 방식으로 생겨나지 않았을 것이란 것이다. 비슷한 방식으로 1950년대 "성서 신학"은 신-정통주의에 그 뿌리를 두고 있으며, 신의 특수 활동은 존재론적으로 다른 사건들과 다르다고 주장했다. 비록 이 차이가 단지 "신앙의 눈"으로 구분할 수 있을지라도 말이다. 랭던 길키가 말한 것처럼, "신앙이 있는 사람들에게 (신의 활동은) 틀림없이 객관적으로 존재론적으로 다른 사건들과 다르다. 그렇지 않다면, 거기에는 웅장한 활동이 없고 단지 그것에 대한 우리의 믿음만 있다. 단지 일상적인 사건들에 대한 신의 관계가 어떤 것인지, 그리고 특수 사건들에 대한 그분의 관계는 어떤 것인지 규정짓는 사건들에 대한 존재론만이 웅장한 활동들에 대한 지금의 공허한 유추를 채울 수 있을 것이다".[108] 나는 이러한 주장을 *객관적 특수 섭리*라고 할 것이다.

요약하면, 특수 섭리의 의미에 대한 논란의 본질은 신이 이러한 경우에 일반적 섭리의 전례 법규 아래에 있는 경우와 "다르게" 활동하는지에 대한 질문이다. 주관적 관점을 취하는 이들에게 특별 섭리는 일반 섭리에 흡수되는 경향이 있고, 일반 섭리는 신의 활동에 대한 단일한 미분화된 관점을 제공하는 창조와 대개는 혼합된다. 객관적 특수 섭리를 유지하는 이들에게는 특별한 사건들 또는 경험에 대한 우리의 반응은 이러한 사건들과 경험들에서 신의 특수한 활동에 근거한다.

주석

1 이 글은 처음 출판된 다음의 짧은 논문을 상당히 수정한 것이다. "Does The 'God Who Acts' Really Act? New Approaches to Divine Action in the Light of Science," *Theology Today* 54: 1 (April 1997), 43–65.

2 Gordon D. Kaufman, "On the Meaning of 'Act of God'," *Harvard Theology Review* 61 (1968): 175–210. 이 글은 다음의 문헌에 다시 게재되었다. Gordon D. Kaufman, *God the Problem* (Cambridge, Mass.: Harvard University Press, 1972), ch. 6. Owen C. Thomas, ed., *God's Activity in the World: The Contemporary Problem* (Chico, Calif.: Scholars, 1983) 이후에는 GAW, 9장, 137–161.

3 Maurice Wiles, "Religious Authority and Divine Action," *Religious Studies* 7 (1971): 1–12; Thomas가 편집한 *GAW*에 다시 게재되었다, 181–194.

4 Langdon B. Gilkey, "Cosmology, Ontology, and the Travail of Biblical Language," *The Journal of Religion* 41 (1961), 197. Thomas의 *God's Activity*에 다시 게재되었다, 198.

5 The CTNS/VO의 논문들은 다음의 것들이다: Robert J. Russell, Nancey C. Murphy, and Chris J. Isham, eds., *QCLN* (Vatican City State/Berkeley, Calif.: Vatican Observatory Publications: Center for Theology and the Natural Sciences, 1993); Robert J. Russell, Nancey C. Murphy, and Arthur R. Peacocke, eds., *Chaos and Complexity: Scientific Perspectives on Divine Action* (이후에는 *C&C*) (Vatican City State/Berkeley, Calif.: Vatican Observatory Publications: Center for Theology and the Natural Sciences, 1995); Robert John Russell, William R. Stoeger, S. J., and Francisco J. Ayala, eds., *Evolutionary and Molecular Biology: Scientific Perspectives on Divine Action* (이후에는 *EMB*) (Vatican City State/Berkeley, Calif.: Vatican Observatory Publications: Center for Theology and the Natural Sciences, 1998); Robert J. Russell, Nancey Murphy, Theo Meyering, and Michael A. Arbib, eds., *Neuroscience and the Person: Scientific Perspectives on Divine Action* (이후에는 *N&P*) (Vatican City State/Berkeley, Calif.: Vatican Observatory Publications: Center for Theology and the

Natural Sciences, 1999); Robert J. Russell, Nancey C. Murphy, and Chris J. Isham, eds., *Quantum Cosmology and the Laws of Nature: Scientific Perspectives on Divine Action* (이후에는 *QM*) (Vatican City State/Berkeley, Calif.: Vatican Observatory Publications: Center for Theology and the Natural Sciences, 2001). 이러한 접근들에 대한 간략한 서술을 위해서 다음 문헌을 보시오. Russell, Murphy, and Peacocke, *C&C*, section 3.4, and Russell et al., *Quantum Mechanics*, section 2.1.

6 다음 홈페이지에는 위 논문집의 모든 장의 요약이 주제, 저자, 그리고 서적 별로 정리되어 올라와 있다. http://www.ctns.org/books.html

7 신의 활동에 관한 현대 신학 문헌들에 대한 선집과 세심한 분석을 다음 문헌에서 보시오. Owen Thomas, ed., GAW, and idem, "Recent Thought on Divine Agency," in *Divine Action*, B. Hebblethwaite and E. Henderson, eds. (Edinburgh: T&T Clark, 1990). 관련된 철학적 문제에 대한 자세한 분석을 다음 문헌에서 보시오. Keith Ward, *Divine Action* (London: Collins, 1990), and Thomas F. Tracy, ed., *The God Who Acts: Philosophical and Theological Explorations* (University Park: Pennsylvania State University, 1994).

8 창조와 구원이 성서 신학에서 밀접히 연관되어 있지만, 이들 간의 관계는 논란의 주제이다. 탈출기 경험은 히브리 인들의 창조주 신에 대한 신앙의 근거로서 역할을 한다는 것이 게하르트 폰 라트가 발전시킨 입장이며 그것은 오랜 동안 유지되고 있다. *Old Testament Theology*, 2 vols. [New York: Harper & Row, 1957–65], 1: 138; and *idem, The Problem of Hexateuch* [New York: McGraw–Hill, 1966], 131–43). 이 견해는 창조 교리에 대한 표준적 처리에 흔히 포함된다. 예를 들어, 다음 문헌을 보시오. Langdon Gilkey, *Maker of Heaven and Earth* (Garden City, N.Y.: Doubleday, 1959), 70. 그러나 최근 학풍은 이러한 견해에 의문을 갖고, 창조 신학이 실제로 이스라엘의 역사적 발전에 스며들었을 가능성을 제기한다. 예를 들어 다음 문헌을 보시오. Claus Westerman, *Creation* (Philadelphia: Fortress Press, 1974); Bernhard Anderson, ed., *Creation in the Old Testament* (Philadelphia: Fortress Press, 1984); and R.J. Clifford, "Creation in the Hebrew Bible," in R. J. Russell et al., eds., *Physics, Philosophy and Theology* (Vatican City: Vatican Observatory, 1988),

151-70. 창조, 구원, 그리고 자연과학의 관계에 대한 최근 토론을 위해 다음 문헌을 보시오. Ted Peters, "Cosmos as Creation," in *Cosmos as Creation*, ed. Ted Peters (Nashville: Abingdon Press, 1989), 45-113.

9   예를 들어 다음 성경 내용을 보시오. 창세 45,5; 욥 38,22-39.30; 시편 148,8-10; 이사 26,12; 필리 2,12-12; 1코린 12,6; 2코린 3,5.

10   예를 들어 다음 문헌을 보시오. John Calvin, *The Institutes*, II, iv, 2. 일반적으로 신에 대한 주제는 섭리의 교리의 한 부분으로 다루어졌다. 그리고 신의 보전, 일치, 그리고 통치의 관점에서 표현되었다.

11   이것은 과정 신학과 공유하고 있지 않기 때문에 미묘한 점이다.

12   도움이 되는 입문을 다음의 문헌에서 보시오. Michael J. Langford, *Providence* (London: SCM, 1981); 또한 다음을 보시오. Julian N. Hartt, "Creation and Providence,"in *Christian Theology: An Introduction to its Traditions and Tasks*, 2nd ed., Peter C. Hodgson, Robert H. King, eds. (Philadelphia, Pa.: Fortress Press, 1985).

13   뉴턴 역학과 그의 세계에 대한 시스템은 등속 운동과 가속 운동 사이의 구분에 근거를 마련하기 위해서 절대 공간과 절대 시간을 도입함으로써 중대한 철학적 문제를 야기했고, 신의 지각 기관(sensorium)과 우주의 디자인의 관점에서 신과 자연의 관계에 대한 중요한 신학적 재구성을 이끌었다. 다음 문헌을 보시오. E.A. Burtt, *The Metaphysical Foundations of Modern Science* (Garden City, N.Y.: Doubleday, 1954). 마이클 버클리는 신학의 근거를 마련하기 위해서 뉴턴 과학에 의존한 것과 그런 뒤 "신 가설"을 포기한 것이 서구에서 무신론의 부상에 중요한 원인이었다고 주장한다. 다음 문헌을 보시오. Michael J. Buckley, *At the Origins of Modern Atheism* (New Haven, Conn.: Yale University Press, 1987). 간단한 역사적 설명을 위해 다음 문헌을 보시오. Ian G. Barbour, *Issues in Science and Religion* (New York: Harper Torchbook, 1966), 3장. 우리는 또한 존재 안에서 자연을 유지하기 위해 신이 어디에서나 활동한다는 신 개념으로부터 주의를 멀리하게 하는 데 있어서 관성의 개념이 중요한 역할을 했다고 주장할 수 있다. 다음 문헌을 보시오. Wolfhart Pannenberg, "Theological Questions to *Scientists,"in The Sciences and Theology in the Twentieth Century*, ed. A. R. Peacocke (Notre Dame, Ind.: University of Notre Dame

Press, 1981), 3-16, esp. 5-6.

14 초기 형태에서 이신론은 이성과 계시를 동일한 진리에 도달하는 두 가지 길로 여겼다. 18세기 중반까지, 이성과 자연 신학은 계시보다 우세하게 되었다. 결국, 이신론은 그 자신의 모순으로 인해서 붕괴했다. 왜 자리에 없는 시계공인 신에게 기도하는가?

15 다음 문헌을 보시오. David Hume, *Dialogues Concerning Natural Religion* (New York: Social Science Publishers, 1948); David Hume, *Treatise on Human Nature* (Oxford: Clarendon Press, 1958); David Hume, *An Enquiry Concerning Human Understanding* (Chicago: Open Court, 1927).

16 다음 문헌을 보시오. Immanuel Kant, *Critique of Pure Reason*, trans. Norman Kemp Smith (New York: St. Martin's Press, 1929); Immanuel Kant, *Critique of Practical Reason*, trans. Lewis White Beck (New York: Macmillan Publishing Company, 1956).

17 Friedrich Schleiermacher, *On Religion: Speeches to Its Cultured Despisers* (New York: Harper Torchbook, 1958), 88. 그는 *The Christian Faith* (Edinburgh: T&T Clark, 1968)에서 다음과 같이 썼다. "기적에 관하여, 우리는 절대적 초자연의 개념을 포기해야 한다. 왜냐하면, 초자연에 대한 단 하나의 사례도 우리에게 알려질 수 없기 때문이다." (#47.3, 183). 그에 대한 분석과 19세기 다른 중요한 발전들에 대해 다음 문헌을 보시오. Claude Welch, *Protestant Thought in the Nineteenth Century*, 2 vol. (New Haven, CT: Yale University Press, 1972).

18 다음 문헌을 보시오. "Evolution and Theology: Détente or Evasion?" in Claude Welch, *Protestant Thought in the Nineteenth Century, Volume 2, 1870-1914* (New Haven, CT: Yale University Press, 1985), ch. 6.

19 Karl Barth, *Epistle to the Romans*, 6th ed.(London: Oxford University Press, 1968), 28.

20 예를 들어 다음 문헌을 보시오. G. Ernest Wright, *God Who Acts: Biblical Theology as Recital* (London: SCM Press, 1952); Bernhard Anderson, *Understanding the Old Testament* (Englewood Cliffs, N.j.: Prentice-Hall, 1957).

21 Gilkey, "Cosmology, Ontology, and the Travail of Biblical Language," 194-205.

22 Ibid., 198.

23 Ibid., 201.

24 Rudolf Bultman, *Theology of the New Testament: Complete in One Volume*, translated by Kendrick Grobel (New York: Charles Scribner's Sons, 1951/1955); idem, *Kerygma and Myth*, ed. H.W. Bartsch, vol. 1. 197–99; idem, *Jesus Christ and Mythology* (New York: Charles Scribner's Sons, 1958), particularly chap. 5; Gordon D. Kaufman, *Systematic Theology: A Historicist Perspective* (New York: Charles Scribner's Sons, 1968); idem, "On the Meaning of 'Act of God'," in *God the problem* (Cambridge, Mass.: Harvard University Press, 1972); Maurice Wiles, *God's Action in the World: The Bampton Lectures for 1986* (London: SCM, 1986); idem, "Religious Authority and Divine Action," *Religious Studies* 7 (1971): 1–12, reprinted in *GAW*, Owen Thomas, ed., (Chico, Calif.: Scholars), 181–94; Charles Hodge, *Systematic Theology*, 3 vols. (New York: Charles Scribner's Sons, 1891); Donald G. Bloesch, *Holy Scripture: Revelation, Inspiration and Interpretation* (Downers Grove, Ill.: InterVarsity, 1994); Millard Erickson, *Christian Theology*, one–volume ed. (Grand Rapids, Mich.: Baker, 1983).

25 Nancey Murphy, *Anglo–American Postmodernity: Philosophical Perspectives on Science, Religion, and Ethics* (Boulder,Colo.: Westview Press, 1997). 또한 다음 문헌을 보시오. Nancey Murphy, *Beyond Liberalism and Fundamentalism: How Modern and Postmodern Philosophy Set the Theological Agenda* (Valley Forge, Pa.: Trinity International, 1996), chapters 3, 4, 6. 나는 여기서 그녀의 분석에서 많은 도움을 받았다. 또한 다음 문헌을 보시오. Arthur Peacocke, *Theology for a Scientific Age: Being and Becoming–Natural, Divine and Human*, enlarged edition (Minneapolis, Minn.: Fortress Press, 1993), 139–140.

26 예를 들어, 다음 문헌을 보시오. Arthur Peacocke, *Theology for a Scientific Age*, 139–140.

27 John B. Cobb Jr., *Beyond Dialogue: Toward a Mutual Transformation of Christianity and Buddhism* (Philadelphia: Fortress Press, 1982), ix–x.

28 Owen Thomas, "Chaos, Complexity and God: A Review Essay," in *Theology Today* 54: 1 (April 1997): 66-76. 여기서 토마스는 신학과 과학에서 비개입적 접근을 하는 많은 저자들이 개입주의를 경멸적으로 다루고 있다는 중요한 점을 지적하는 데 나도 동의한다. 이것은 주제를 혼돈하고 가능성 있는 유용한 개념을 폄하하기 때문에 불행한 것이다. 여기에서 비개입적 접근에 대한 나의 관심은 비개입주의 자체를 비난하는 것을 의미하는 것이 아니고 단지 그 불필요한 적용을 비난하는 것이다. 강생, 그리스도의 부활, 그리고 성령강림과 같은 핵심 주제들을 위해서는 개입주의적 접근이 적절한 미묘한 어감을 살린 뒤 필요하게 될 것이다. 사실 신의 활동 구역이 종말론적일 때 "자연의 법칙들"(즉, 신의 충실한 활동)은 그 스스로가 달라질 것이고 "개입"은 유용한 개념이기를 멈추고, "변형"으로 대체될 수 있다. 기적에 대하여는 아래에 나오는 본문 3C.7을 보시오.

29 다음 문헌을 보시오. John C. Polkinghorne, "The Laws of Nature and the Laws of Physics," in *QM*, 437-48.

30 예를 든다면, 다음 문헌을 보시오. William Stoeger, S. J., "Contemporary Physics and the Ontological Status of the Laws of Nature," in *QCLN*, 209-34.

31 다음 구분들에 관해 도움이 될 만한 요약을 원하면, 다음 글을 보시오. Arthur Peacocke, "Biological Evolution—A Positive Theological Appraisal," in *EMB*, 357-76. 특히 2.2, 360-364를 보시오.

32 토마스 트래시는 "완결"(Capstone) 책에 있는 그의 논문에서 신의 객관적 활동을 이렇게 기술한다. "신은 창조된 원인들이 단독으로 생산할 수 없는 세상의 어떤 사건을 초래하기 위해 직접적으로 활동한다." 다음 글을 보시오. "Special Divine Action and the Laws of Nature" in *Scientific Perspectives on Divine Action: Twenty Years of Challenge and Progress*, Robert John Russell, Nancey Murphy and William R. Stoeger, S. J., eds. (Vatican City State; Berkeley, Calif.: Vatican Observatory Publications; Center for Theology and the Natural Sciences, 2007).

33 나는 토마스 트래시의 다음 글에서 발견되는 신의 활동에 대한 토론과 개인적 대화를 통해 도움을 받았다. Thomas Tracy, "Particular Providence and the God of the Gaps," in *C&C*, 특히 294-96. 나는 트래시가 "기본 활동"이란 용

어를 사용하는 방식과 동일하게 "직접 활동"을 사용하고, 그가 "도구적 활동"이란 용어를 사용하는 방식과 동일하게 "간접 활동"을 사용한다.

34 주목하시오. 대부분의 과정 신학자들은 무로부터의 창조 교리를 거부하지만 그들 자신들은 그리스도교 신학에 투신하고 있다고 이해한다.

35 "우인론"(偶因論)의 관점에서, 세상의 모든 사건들은 신 활동을 통해서만 발생한다. 우인론은 세상에 자연적 원인들이 있다는 것을 부정하고 그러한 것들을 수학적으로 발견하고 표현하는 데 있어서 과학의 중요성을 손상시킨다.

36 오스틴 패러는 그의 책 『*Faith and Speculation*』에서, 자연과 역사의 특별한 사건들 안에서 신이 활동한다는 성서적 증언을 이야기한다. 비록 그가 신의 활동을 "우리의 활동 방식에 비유하여 무한히 더 높은 것"이라고 생각했지만, "무한한 활동과 유한한 활동 간의 인과적 접점(causal joint)"을 이해하는 문제는 절대로 해결될 수 없다. 그러나 우리는 신의 은총은 자연의 행동자들이 그들 자신의 방식으로 자신을 넘어설 수 있게 하고 그 방식은 균일함의 방식이라고 확언할 수 있다. 그 방식은 신의 강력한 영향을 미치고 완벽하게 만드는 활동에 의해 자연에 강요되지 않고, 자연 안에서 중단되지 않는 방식이다. 다음 글을 보시오. Austin Farrer, *Faith and Speculation: An Essay in Philosophical Theology* (London: Adam & Charles Black, 1967), 특히. ch. 4 and 5, 62-63, 65, 72, 78.

37 오웬 토마스는 최근 그의 논문에서 개입, 틈새의 신과 같은 개념에 대해 더욱 미묘한 토론을 요청한다. 나는 그에게 동의하고, 여기 나의 언급이 이 목표를 향해 우리를 움직여 가기를 희망한다. Owen Thomas, "Chaos, Complexity and God: A Review Essay," 특히 74-75를 보시오.

38 나는 트래시가 사용한 것과 약간 다른 방식으로 용어를 사용한다. 트래시에 의하면, 두 종류의 "설명하는 틈새"가 있다. 실제적(in-practice) 틈새는 우리가 미래에 채울 것이라고 예상하는 현재 이론들에 있는 구멍이다. 원리적(In-principle) 틈새는 결코 채워질 수 없는 것이라고 우리의 이론들이 제시하는 현재 이론들에 안에 있는 구멍이다. 후자는 필연적이지는 않지만 다른 종류의 틈새, 꼬집어 말하면 "인과적 틈새", 혹은 자연과정의 흐름 안에 있는 구멍들에서부터 발생할 수 있다. 하이젠베르크가 최초로 지적한 것처럼, 양자 역학은 그러한 인과적 틈새를 언급하는 것으로 해석될 수 있다. Tracy, "Particular Providence and the God of the Gaps," 290-92.

39 Dietrich Bonhoeffer, *Letters and Papers from Prison*, enlarged ed. (London: SCM, 1972/1979), 311. Tracy, "Particular Providence," 289를 보시오.

40 여기서 나는 트래시의 글에서 사용된 언어를 따른다. "Particular Providence," sec.1.1.

41 나는 이 문제를 다음 장에서 양자 역학에 근거한 NIODA에 대해 자세히 조사할 것이다.

42 따라서 이러한 접근은 "지적 설계"와 근본적으로 다르다. 지적 설계와 달리 이것은 물리학, 생물학 또는 우주론에 "행동자"를 도입시키지 않는다. 대신에 이 접근은 이러한 과학의 이론들을 자연 안에서의 신 활동에 대한 그리스도교 신학 안으로 도입시킨다.

43 John Polkinghorne, *Science and Creation: The Search for Understanding* (Boston: Shambhala, 1989).

44 Ibid., 43.

45 Wesley J. Wildman and Robert J. Russell, "Chaos: A Mathematical Introduction with Philosophical Reflections," in *C&C*, ed. Robert J. Russell, Nancey C. Murphy, and Arthur R. Peacocke, Scientific Perspectives on Divine Action 연재물 (Vatican City State; Berkeley, Calif.: Vatican Observatory Publications; Center for Theology and the Natural Sciences, 1995), 416, 49–92.

46 John C. Polkinghorne, *Science and Providence: God's Interaction with the World* (Boston: Shambhala Publications, 1989), 114.

47 Ibid., 28–30.

48 John Polkinghorne, *Reason and Reality: The Relationship between Science and Theology* (Philadelphia: Trinity International, 1991). 특히 ch. 3을 보시오.

49 "Physical reality is made out of the entities described by fundamental physics." Ibid., 34.

50 Ibid., 39.

51 Ibid., 45–47.

52 Ibid., 39, 41.

53 예를 들어, 다음을 보시오. John Polkinghorne, "The Laws of Nature and the Laws of Physics," in Russell, et al., *QCLN*, 437–448. John Polking-

horne, *The Faith of a Physicist: Reflections of a Bottom-Up Thinker*, The Gifford Lectures for 1993-4 (Princeton, N.J.: Princeton University Press, 1994), 67-69, 77-82. John Polkinghorne, "The Metaphysics of Divine Action," in Russell, et. al., *C&C*, 147-156.

54　피콕의 작품에 대한 다음 부분은 거의 전체로 다음의 글에서 취했다. Robert John Russell, "Arthur Peacocke on Method in Theology and Science and His Model of the Divine/World Interaction: An Appreciative Assessment," in *All That Is: A Naturalistic Faith for the Twenty-First Century*, ed. Arthur Peacocke and Philip Clayton (Minneapolis: Fortress Press, 2007), 140-51.

55　Philip Clayton, *God and Contemporary Science* (Grand Rapids: Eerdmans, 1997); Philip Clayton, "Neuroscience, the Person, and God: An Emergentist Account," in *N&P*, ed. Robert John Russell et al. (Vatican City State; Berkeley, Calif.: Vatican Observatory Publications; Center for Theology and the Natural Sciences, 1999), 181-214.

56　George F. R. Ellis, "Intimations of Transcendence: Relations of the Mind and God," in *N&P*, ed. Robert John Russell et al. (Vatican City State; Berkeley, Calif.: Vatican Observatory Publications; Center for Theology and the Natural Sciences, 1999), 449-74; Nancey Murphy and George F. Ellis, *On the Moral Nature of the Universe: Theology, Cosmology, and Ethics*, Theology and the Sciences Series (Minneapolis, Minn.: Fortress Press, 1996), 268.

57　Theo C. Meyering, "Mind Matters: Physicalism and the Autonomy of the Person," in *N&P*, ed. Robert John Russell et al. (Vatican City State; Berkeley, Calif.: Vatican Observatory Publications; Center for Theology and the Natural Sciences, 1999).

58　Murphy, *Anglo-American Postmodernity*; Nancey Murphy, "Supervenience and the Downward Efficacy of the Mental: A Nonreductive Physicalist Account of Human Action," in N&P, ed. Robert John Russell et al. (Vatican City State; Berkele, Calif.: Vatican Observatory Publications; Center for Theology and the Natural Sciences, 1999).

59　4장을 보시오 Peacocke, *All That Is*.

60   *Theology for a Scientific Age*, 139-140. 피콕은 이것을 거부하기 위해서 널리 공유되는 이유 네 가지를 전개한다. i) 개입주의는 신이 특별한 사건들을 제외하고 전적으로 세상 밖에 존재한다고 가정한다. ii) 그것은 신이 자연의 법칙들 안에서 발견되는 세상의 합리성과 규칙성의 원천이라는 주장을 훼손시킨다. 왜냐하면, 신이 활동하기 위해서는 이러한 규칙성을 폐지시켜야 하기 때문이다. iii) 그것은 기적의 근거에 반대하는 흄의 주장에 걸려든다(run aground). iv) 특수한 활동의 분명한 변덕스러움은 신의 도덕적 특성에 반대한다.

61   Ibid., 140.

62   Ibid., 152-157. 주목하시오: 피콕은 이 장에서 발견되는 주장을 다음의 글에서 더욱더 명쾌한 방식으로 다시 언급하고 있다. "God's Interaction with the World" in C&C, footnote #32, 276 참조. 나는 후자의 발표를 따를 것이지만, 양쪽의 원천을 제공하여 독자들이 독립적으로 비교할 수 있도록 페이지 참조를 제공한다.

63   "God's Interaction," 266-272; *Theology for a Scientific Age*, 44-55, 152-155.

64   *Theology for a Scientific Age*, 153; "God's Interaction," 277.

65   "God's Interaction," 278. *Theology for a Scientific Age*, 154, 각주 #34에 있는 W. P. Alston과 다른 이들에 대한 그의 비판에 주목하시오. 그는 신의 활동과 비선형 역학에 대한 존 폴킹혼의 주장에서 이러한 비평의 균형을 잡는다.

66   "God's Interaction," 279.

67   Ibid., 280. *Theology for a Scientific Age*, 155.

68   "God's Interaction," 281.

69   성 아우구스티누스의 놀라운 인용구를 포함하는 *Theology for a Scientific Age*, 158-9를 보시오.

70   그러한 조합을 내가 선호하는 것은 신에 대한 좀 더 분명한 삼위일체적 개념을 통해 성취될 수 있는 것이다.

71   *Theology for a Scientific Age*, 158. 만유내재신론에 대한 이전의 논의를 원하면 *Creation and the World of Science* (45, 141, 201, 207, 352)를 보시오. *Theology for a Scientific Age*, 각주 #75 (370-372)에 피콕은 다음의 내용들에 대해 매우 도움이 되는 토론을 포함시키고 있다. 만유내재신론의 정의, 어떤

특별한 형이상학 시스템으로부터 그 신론의 상대적 독립성(과정 신학자들과 폴킹혼에게는 실례이지만), 그 빈번한 오역 때문에 그 용어의 사용을 피하려 하는(내 생각에는 아주 현명한) 의도에 대한 주석, 그리고 하트숀과 다른 이들이 정식화한 방식에 대한 언급들.

72 "God's Interaction"에서 그는 "전체-부분 제한"이란 용어를 선호한다. 282-283 참조.

73 나는 이점을 분명하게 하는 데 도움을 준 톰 트래시와의 대화에 감사한다.

74 우주의 초기 조건과 경계 조건(그러한 것이 우주에 존재한다고 말할 수 있다면)에 대한 신 활동이 그 자체로 비개입적인지에 대한 부가적인 의문이 있다. 분명히 그 결정은 초기조건과 경계 조건들에 대한 자세한 철학적 그리고 물리적 의미에 달려 있다. 내 견해로는, 초기 조건과 경계 조건들에 대한 신의 비개입적 활동은 일관성이 없다. 본문에서 제시된 이유와 그리고 이 이유로 말미암아 피콕의 접근은 실패한다. 나는 다음 저작물에서 내 견해에 대한 자세한 설명을 제공하고 싶다.

75 물론 "전체로서의 세계"라는 개념을 전개하기 위한 풍부한 철학적 자료들이 있다. 그러나 피콕은 그러한 것들을 사용하지 않으려 한다. 예를 들어 이전의 각주에서 언급한 것처럼 과정 형이상학과 밀접한 연결에서 그가 손을 떼는 것을 보시오. 그러한 자원들을 좀 더 숙련되게 사용하는 것이 실제로 그가 세계에 대한 과학적 관점을 이용할 수 있게 하는 데 도움이 될 것인지는 또 다른 문제다.

76 *Theology for a Scientific Age*, 195, Fig. 1. Arthur Peacocke, "The Sound of Sheer Silence: How Does God Communicate with Humanity?" in *N&P*, ed. Robert John Russell et al. (Vatican City State; Berkeley, Calif: Vatican Observatory Publications; Center for Theology and the Natural Sciences, 1999), 238, Fig. 1.

77 ⊗ 표시는 1993년 버전에서는 보이지 않는다. 피콕은 신의 초월성과 함께 신의 내재성을 표현하기 위해서는 그림에 무엇인가 필요하다는 나의 제안을 따라 1999년에 그것을 추가했다.

78 *Theology for a Scientific Age*, 192. "The Sound of Sheer Silence," 235도 보시오.

79 과연 우리는 현대 우주론이 토대를 두고 있는 일반 상대성을 공식화 할 수 있

고, 중력에 대한 다른 20세기의 이론들로부터 그것을 구분할 수 있다. 그 구분은 "경계의 경계는 제로"라는 경구, 위상학적으로 표기되는 $\delta\delta = 0$을 통해서 이루어진다. 놀랍게도 아인슈타인의 장 방정식 $G_{\mu\nu} = 8\pi T_{\mu\nu}$은 시공간의 기하구조 $(G_{\mu\nu})$를 변형력 에너지(stress energy)$(T_{\mu\nu})$와 연결시킨다. 거기서는 시공간 기하구조에 대한 조건은 에너지 운동량(energy-momentum)의 보존을 의미한다. 따라서 우리는 그러한 조건을 20세기의 다른 경쟁하는 이론들에서처럼 별도의 조건으로 부과시킬 필요가 없다. 우주를 "경계 없음"으로 생각하는 더 많은 이유들이 있다. 다음 글을 보시오. Charles W. Misner, Kip S. Thorne, and John Archibald Wheeler, *Gravitation* (San Francisco: W. H. Freeman, 1973), ch.15.

80 양자 중력에서의 팽창 빅뱅과 최근의 사변들처럼 심지어 더욱더 복잡한 모형들에서조차 우주는 경계가 없다.

81 Ian G. Barbour, *Religion in an Age of Science*, Gifford Lectures: 1989-1990 (San Francisco: Harper & Row, 1990), 특히 8, 9장.

82 Ibid., 233. Daniel Williams, "How Does God Act? An Essay in Whitehead's Metaphysics," in *Process and Divinity*, eds. W. L. Reese and E. Freeman (LaSalle, IL.: Open Court, 1964)를 또한 보시오.

83 Barbour, *Religion in an Age of Science*, 특히 247-258.

84 David R. Griffin, "Relativism, Divine Causation, and Biblical Theology," *Encounter* 36 (1975), 342-360은 (Owen Thomas, ed., GAW/, 121-130.)에 다시 게재되었다. 바버의 해석은 자유주의적, 주관적 양태와 더욱더 일치한다. "신의 근본적인 작동 방식은 전체를 관통하여 동일하다. 그러나 그 결과는 존재의 수준에 따라 널리 다양할 것이다. 인간의 세계에서는 신은 모두를 똑같이 사랑하신다. 그러나 그 사랑은 어떤 전통이나 사람에게서 다른 이들보다 더 결정적으로 드러날 수 있다. 신은 모두를 초대하지만 사람들의 반응은 다양하다. 계속 창조와 구원은 단일한 틀 안에서 야기된다." 235.

85 Ibid., 263.

86 Ibid., 270.

87 Rudolf Bultmann, *Theology of the New Testament: Complete in One Volume*, Kendrick Grobel 옮김 (New York: Charles Scribner's Sons, 1951/1955).

88 Rudolf Bultmann, *Kerygma and Myth*, ed. by H. W. Bartsch, Vol. 1 (New York: HarperCollins, 2000), 197–199.

89 Rudolf Bultmann, *Jesus Christ and Mythology* (New York: Charles Scribner's Sons, 1958), 특히 5장.

90 Ibid., 61.

91 Ibid., 65, 72. 이것은 신이 우리의 신앙과 떨어져 존재하지 않는다는 것을 의미하는 것이 아니라, 단지 신앙의 근거는 그 자체가 신앙 안에서 신앙을 통해서 주어진다는 것을 뜻한다.

92 Ibid., 78.

93 Gordon D. Kaufman, *Systematic Theology. A Historicist Perspective* (New York: Charles Scribner's Sons, 1968).

94 Ibid., 302–4. 카우프만은 존재론적으로 신의 특수 활동을 거부하기 위한 두 가지 신학적 이유를 제시한다. 그러한 활동들은 사물들의 질서를 변화시키고 수정하기 위한 개입을 요구할 것이다. 그리고 그 활동들은 이따금 활동하는 신의 정의로움에 대한 의문을 제기할 것이다. 현대 과학에 의해 만들어진 변화들이 자연에 대한 정태적 관점보다는 역동적이고 진화하는 관점으로 인도한다는 것을 인정하지만, 카우프만은 특수 섭리에 대한 존재론적 관점은 그러한 질서의 위반을 수반할 것이라고 역설한다. 이러한 요지와 다소 불일치하지만 그럼에도 불구하고 그는 역사는 처음에 완전히 설정된 사건들의 단순한 전개 이상이라고 주장한다. 대신에, 신은 "특별하고 독특한 방식으로 각각의 새로운 역사적 상황에" 반응하고 이러한 사건들은 과연 신앙을 창조하고 역경을 통해 신앙을 유지시킨다고 주장한다.

95 Ibid., 307.

96 Kaufman, "On the Meaning of 'Act of God'."

97 Ibid., 149, 152.

98 Ibid., 146.

99 전통에 따라, "비록 유한한 질서 안에서 결과들의 연쇄가 아마도 그 결과의 연쇄를 뒤따라 발생하더라도, 유한한 결합이 분명히 어떤 특별한 방식으로 새롭게 주입된 사건들을 조건화하는 것으로 여겨질 필요는 없다. 인간의 편에서 파악된, 이러한 의미의 신의 활동은 지속되는 자연과 역사 과정 *안에서* 발생하는

사건들의 연쇄에 대한 절대적 시작점들이다." Ibid., 147.

100 그때 작동하는 가정들은 다음과 같은 것들이다. 존재론적으로 신의 독특한 활동은 자연 과정의 파괴를 의미하고(즉, 개입) 그러한 사건은 전적으로 자연의 나머지 부분들과 단절된 사건이 될 것이다. (내가 "분리주의적"라고 언급하게 될 관점) 분명히 이 주장에 대한 반응은 비개입적 그리고 비—분리주의적 관점에서 특수 섭리에 대한 재 개념화를 요구하게 될 것이다.

101 Maurice Wiles, God's Action in the World: The Bampton Lecturer for 1986 (London: SC M, 1986), 2.

102 Ibid., 16.

103 그러나 여전히 특별한 사건에서 신의 특수한 활동에 대해 이야기하는 것이 가능한가? 윌리스는 세 가지 가능성을 인용한다. 그는 불트만의 탈신화화 프로그램과 신학적 언어의 경험적 맥락에서 그의 실존주의적 주장에 찬사를 보낸다. 그러나 그는 그것을 이원론적이라고 거부한다(ibid., 31). 과정 신학은 인간 사건과 자연 안에서 신의 활동은 동등하다고 본다. 그러나 순수 물리적 현상에 대해 "응답" 그리고 "깨달음" 같은 용어의 사용은 신뢰성이 부족하다. 오스틴 패러는 일차 원인과 이차 원인의 토마스적 구분을 통해 신의 활동에 대해 이야기한다. 그러나 결국 그의 주장은 신의 단일한 활동이라는 전체 과정에 대한 균일론적 설명(33)을 벗어나지 못한다. 그런 뒤, "인간 이하의(sub—human) 수준에서" 신의 특수한 활동에 대해 이야기하려는 시도를 단순히 왜 거부하지 못하는가? 윌리스는 우리 주관적 반응을 더하기는 하지만 이러한 선택을 따르고 있다.

104 Ibid., 96, 100. 또한 29를 보시오.

105 Maurice Wiles, "Religious Authority and Divine Action," *Religious Studies* 7 (1971): 1–12, Owen Thomas, ed., *GAW*; 181–194에 다시 게재되었다.

106 Ibid., 185. 윌리스가 존 힉이 여기서 발전시킨 문구를 사용하고 있음을 주목하시오.

107 Ibid., 188. 윌리스는 약간 다른 형태로 이러한 주장으로 선회한다. 다음 글을 보시오. "Divine Action: Some Moral Considerations" in Thomas F. Tracy, ed., *The God Who Acts: Philosophical and Theological Explorations* (University Park: Pennsylvania State University Press, 1994), ch. 1.

108 Gilkey, "Cosmology," 37, in Thomas, *GAW*.

제5장

신의 특수 활동과 양자 역학: 신의 비개입적 객관적 활동의 사례[1]

1. 입문

A. 개관

   이 글은 현대 과학의 관점에서 신의 비개입적 객관적 활동에 대한 문제를 조사하는 세 개의 장들(4-6장) 중 두 번째 장이다. 여기서 사용된 신의 비개입적 객관적 활동, 신의 직접적 활동, 신의 중재된 활동, 그리고 신의 바닥-위 활동 등의 많은 용어들은 이미 4장(특히 3C절)에서 정의되었다. 여기서 조사하려는 주제는 다음과 같다. 만약 양자 역학이[2] 철학적으로 존재론적 미결정론적 관점에서 해석된다면(코펜하겐 해석의 한 형태로서), 우리는 신의 중재되고, 객관적이며 직접적인 활동에 대한 바닥-위, 비개입적 접근을 구성할 수 있을 것이다. 그 접근에 있어서 거시적 수준에서 일반 섭리와 특수 섭리라는 신의 간접적 활동들은 부분적으로 양자 수준에서 신의 직접적 활동들로부터 발생한다. 양자 수준에서 이러한 직접 활동은 결정론적 슈뢰딩거 방정식에 의해서 지배되는 기본적 과정들의 시간 발전을 유지하는 가운데, 그리고 "양자 사건"이라고 일컬어지는 비가역적, 미결정론적 상호 작용들을 초래하기 위하여 자연과 함께 행동하는 가운데 일어난다.

만약 조심스런 정밀 조사를 유지한다면, 이 주제는 두 가지 두드러진 결과를 가져다 줄 것이다. 1) 그것은 우리로 하여금 신의 비개입적 객관적 활동의 구역을 지구 생명의 전체 38억 년 역사로 확장시키는 것뿐 아니라 전체 150억 년 우주의 역사로까지 확장시키는 것을 허용할 것이다. 2) 그것은 비록 신의 활동의 결과들이 과학에게는 "맹목적 우연"으로 보일지라도(6장 참조) 신의 활동이 생명의 진화에 영향을 주고 있다는 것을 보여줌으로써, 우리로 하여금 유신론적 진화론의 약속 어음에 대한 "성공을 거두도록" 허용할 것이다.

이 입문 B에서 나는 양자 역학은 신의 비개입적 객관적 활동에 대한 성공적 제안의 준거에 맞는다는 것을 주장한다. 2절에서 나는 양자 역학에 근거한 신의 비개입적 객관적 활동 (QM–NIODA)의 초기 신학의 원천들과 좀 더 최근의 발전을 검토한다. 3절에서 신의 활동에 대한 "바닥–위" 접근에 대한 근거, 그리고 양자 역학에 대한 다양한 해석가능성과 "역사적 상대주의"에 대한 문제들을 포함한 **방법론적** 문제들을 토론한다. 4절에서 두 가지 철학적 문제로 향한다. 즉 측정의 문제에서 현상학적 구역과 양자 역학에 대한 코펜하겐 해석의 미결정론적 형태에 대한 그 구역의 관계이다. 그런 다음 나는 5절에서 다양한 **신학적** 문제들을 조사한다. 배경 주제는 4장의 자료로부터 끌어낸 신의 비개입적 객관적 활동 제안들에 관한 7가지 핵심 질의응답에 대하여 양자 역학에 근거한 신의 비개입적 객관적 활동이 어떻게 반응하는가를 포함한다. 이 부분은 또한 일반 섭리와 특수 섭리와 관련하여 양자 수준에서의 신의 활동, 신의 활동의 넘침, 신의 활동의 국소적 내지 전반적 측면, 그리고 특수 상대성 이론의 도전을 조사한다. 중요한 신학 문제는 신이 일부 양자 사건에서 아니면 모든 양자 사건들에서 특

수 섭리를 통해 활동하는지와 인간 자유의 문제와 양자 역학의 관계 그리
고 신정론의 도전을 포함한다. 나는 또한 삼위일체 신론이 양자 역학에 근
거한 신의 비개입적 객관적 활동 접근을 위한 가장 적합하게 엮어진 맥락
이라고 제안할 것이다. 마지막 절(6)은 양자 역학에 대한 철학적 함의와 그
리고 신의 활동에 대한 그 관련성에 대한 미래 연구의 방향을 펼쳐 보인다.
이 절은 다양하며 갈등하는 해석들의 수렁 "위로" 우리를 이동시키는 철학
적 문제들의 제안된 구성과 아울러 역사적 상대성의 도전에 대한 반응으로
서의 벨 정리의 오래된 함의에 대한 조사를 포함한다. 간략한 부록은 봄의
정리에서의 비국소성과 (미)결정론의 비교 그리고 슈뢰딩거의 방정식과 뉴
턴 역학에 대한 봄의 수정 간의 수학적 변형에 근거한 코펜하겐 해석을 제
공한다.

B. 양자 역학: 신의 비개입적 객관적 활동을 위한 성공적 제안의 준거를 만나다

4장에서 나는 용어들의 정의를 제시했고 신의 비개입적 객관적 활동 프
로젝트의 틀을 잡는 가정들을 기술했으며, 그리고 우리가 신의 비개입적
객관적 활동에 대한 성공적인 제안을 가지고 있는지를 결정하기 위한 준거
를 언급했다.

*신의 비개입적 객관적 활동이 과학의 관점에서 이해 가능하기 위해서는,
신의 활동에서 결과하는 사건들은 적절한 과학 이론이 존재론적 미결정론
의 관점에서 철학적으로 해석될 수 있는 자연의 구역 안에서 발생해야 한
다. 그 사건들은 신의 직접적, 중재적, 그리고 객관적 활동으로 간주되어야
만 한다.*

따라서 신의 비개입적 객관적 활동을 추구함에 있어서 도달해야 하는 일

차 목표는 미결정론적 해석을 수용할 수 있는 과학의 후보 이론을 확인하고 평가하는 것이다. 우리가 그러한 과학 이론을 가지고 있을 때, 신의 객관적 활동들이 양립불가능성 없이 혹은 양립불가능성 개입 없이 발생한다고 우리가 주장할 수 있다.

우리가 보아 온 것처럼(4장), 신의 비개입적 객관적 활동에 대한 많은 독특한 제안들이 있다. 이 장은 바닥─위 인과율을 포함하는 신과 세상의 상호 작용에 대한 행동자 모형에 초점을 둘 것이다. 바닥─위 접근에서 신은 더 높은 수준의 과정들과 특성들에게 영향을 미치기 위해 자연의 더 낮은 수준에서 활동하는 것으로 여겨진다. 신의 활동은 신의 비개입적 객관적 활동에 대한 비개입적 접근을 위한 자격이 있어야 하기 때문에, 그러한 신의 활동은 직접적, 중재적, 그리고 객관적인 것으로 취급될 것이다. 비개입적 접근으로서 자격이 있기 위해서 가장 중요한 것은 자연의 더 낮은 수준은 존재론적 미결정적이라고 철학적으로 해석될 수 있어야 한다.

양자 역학은 자연의 아원자 영역을 다루는 물리학에서 근본 이론이다. 따라서 양자 수준에서의 신의 활동은 직접적 활동이 될 것이다. 더욱 정확히 말해서, 신의 직접적, 중재적 활동의 결과가 양자 수준에서 처음으로 생겨날 것이다. 우리가 거시 수준에서 신에게 귀속시키는 사건들은 그들의 간접적 결과가 될 것이다. 따라서 일상적, 고전적 수준에서 일반 섭리와 특수 섭리인 신의 활동은 양자 과정들 안에서, 과정들을 통하여, 과정들에 의해서 중재된 신의 직접 활동으로부터 생겨난 신의 중재적이고 간접적 활동이다. 마찬가지로 그러한 섭리 활동들은 신의 계속되고 지속적인 창조 활동의 한 형태로 여겨질 수 있다. 신의 활동들은 독특한 양자 사건들을 초래하기 위해서 자연과 함께 작업할 것이기 때문에, 섭리 활동들은 자연의 과정들 안에서, 과정들과 함께, 과정들을 통해서 중재될 것이다. 양자 사건들이 발생하는 정확한 방식은 부분적으로 양자 사건들을 통한 신의 특별 활동 안에서 표현되는 신의 특수 의도들에 기인하기 때문에, 섭리활동은 객관적일 것이다. 가장 중요하게, 우리가 다음에 자세히 토론하게 될 것처럼 양자 역학은 아원자 영역에서 존재론적 미결정론을 제안하는 것으로 해석될 수 있기 때문에, 신의 활동이 비개입적인 것으로 여겨질 수 있다는 것이다.

이 토론의 역사가 최소한 50년을 거슬러 되돌아가지만, 바티칸 천문대가 획기적인 국제 회의를 소집하고 『물리학, 철학, 그리고 신학: 이해를 위한 공통 탐구』의 제목을 가진 논문집의 출판을 시작하였을 때에, 그리고 신의 활동과 현대과학에 대한 신학과 자연과학 센터와 교황청 천문대(CTNS/VO)의 10년간의 연속적 연구 회의와 출판(참고로 4장을 보시오)을 지속하였을 때에, 토론은 강화되었다. 신학과 자연과학 센터와 교황청 천문대의 시리즈에서 양자 역학에 근거한 신의 비개입적 객관적 활동 프로젝트에 참여한 중요 학자들은 조지 엘리스, 낸시 머피, 그리고 토마스 트래시를 포함한다. 이들과 다른 학자들의 연구, 그리고 그들의 비평은 1950년대 이래 초기 연구들과 함께 현재 논문의 원천으로서 기여할 것이며, 신의 비개입적 객관적 활동에 대한 가장 촉망되는 후보로서 초점은 전적으로 양자 역학과 바닥-위 인과율에 둘 것이다.[3]

2. 수렴하는 신학적 흐름들

A. 초기 신학적 원천들

우리는 칼 하임, 매스칼, 그리고 윌리엄 폴라드의 저술을 가지고 1950년대 초기 신학의 원천들에 대한 설명을 시작한다. 흥미롭게도 몇몇 곳에서 양자 미결정론, 유전적 돌연변이, 그리고 신의 활동 사이에 연결이 이미 제안되었음을 우리가 보게 될 것이다. 이 주제는 이 책 다음 장(6장)에서 자세히 발전될 것이다.

1953년 하임은 라플라스의 결정론이 양자 미결정론에 의해 뒤집어지기 때문에 신은 이제 양자 수준에서 활동하는 것으로 생각될 수 있다는 것을 제안했다.[4] 마태오복음 10장 29절에 관한 구절에서, 하임은 이렇게 썼다. "어떠한 양자 도약도 하늘에 계신 아버지 없이 일어나지 않는다." 하임의 견해로, 이것은 일상적 경험의 세계는 양자 수준에서의 신의 활동에 의해 결정된다는 한발 더 나아간 주장을 야기한다. "제아무리 크더라도 모든 사건들은 극소의 영역에서 생겨난 결정들이 축적된 것이라는 것을 이제 우리는 알고 있다."[5] 신의 활동에 대한 양자 미결정론의 중요성을 하임이 일찍이 깨달은 것을 높이 평가하지만, 나는 신이 모든 것을 결정한다는 하임의 주장에 동의하지 않는다. 그리고 나는 신의 활동이 양자 미결정론과 관련은 되지만, 나는 신이 모든 것을 결정한다는 주장을 피할 수 있다고 믿는다.

1956년 뱀프턴 강연에서 매스칼은 처음에 고전물리학과 그것에 내재된 결정론에 초점을 두었다. 유신론자는 물리적 사건들을 이차 원인들을 통한 유한한 행동자에 기인하는 것으로 설명할 것이다. 일차 원인으로서 신은 이러한 유한한 행동자들과 그들의 인과적 효율성을 창조하고 유지함으로써 활동하는 것으로 파악될 것이다. 따라서 물리적 수준에서의 그 설명은 완전하게 될 것이지만 반면에 형이상학적 설명은 이차 원인들뿐 아니라 신의 활동에 대한 언급을 포함할 것이다.

이제 우리가 고전적 입장을 포기하고 양자물리학의 입장을 채용한다면, 우리는 물리적 수준에서조차도 단순히 유한한 원인들의 관점에서 완전한 설명을 제시할 수 없다. 신이 유한한 행동자에게 부여한 자율성의 정도는 특성화된 유형의 사건이 일어나는 상대적 빈도 즉 확률을 특성화하기에 충분하다. 그러나 그 이상 아무것도 아니다. 상황은 실제로 신이 어떤 특성화된 사건이 일어날 것인지 아닌지에 관한 마지막 결정을 신 자신에게 유보해 오고 있는 듯하다.[6]

가이거 계수기(방사능측정기)에서 클릭의 예를 언급하면서, 매스칼은 클릭은 "오직 신이라는 일차 인과율 때문일 것이다"는 결론을 낸다. 매스칼의 입장에 대한 나의 유보는 나는 양자 사건들에서 신의 활동을 자연에 의해서(물질적으로 그리고 법칙론적으로) 중재된 것으로 여긴다는 것이다. 나는 양자 사건들을 오직 일차 인과율에 기인한 것으로 볼 수만은 없다.

1958년 폴라드는 더욱더 복잡한 형태의 주장을 발전시켰다.[7] 과학자에게 양자 과정들은 전적으로 무작위적이다. 그리스도인에게 신은 양자 역학적으로 허용된 선택들 중에서 결과를 선택하는 것으로 파악될 수 있다. 그래서 폴라드는 두 가지 핵심적 유보를 추가한다. 1) 신의 활동에 대한 이러한 관점은 신이 *자연의 힘으로서* 활동한다는 것을 의미하지 않는다. 2) 그러한 관점은 일종의 자연 신학이 아니다. 왜냐하면, 신의 활동을 믿는 것은 과학적 근거가 아니라 신학적 근거에 기초하기 때문이다. "모든 그 경이로운 성취에도 불구하고, 과학은 그 스스로 신에 대하여 아무것도 볼 수 없다."[8]

다음에 폴라드는 과학에서의 우연과 신의 인과율을 연결시킨다. 우선 그는 우연은 원인이 아니라는 점을 지적한다. "단순히 보통 말하는 우연은 어떤 것이 생겨나는 원인이나 이유가 될 수 없다." 대신에 그것은 감추어져 있지만 실재하는 원인을 우리가 모르고 있다는 것을 나타낸다. 과학은 자신이 그러한 것들을 발견할 수 없다는 것을 알고 있기 때문에, 신이 특별한 자연의 사건들을 위한 궁극적인 원인을 제공하는 것으로 긍정하는 것이 이치에 맞는다. 이러한 긍정은 폴라드로 하여금 우연은 섭리의 기반을 약화시킨다고 주장하는 종교 비평가들에 대항하도록 허용했다. 대신에 "세속적 저술가들은 관련된 현상의 통계적 특성을 확립하자마자, 자기들이 창조와 진화에 관한 성서적 관점을 무너뜨렸다고 느꼈고 성서적 관점을 유지하기 위해서 필수적인 한 가지를 부지불식간에 하고 말았다".[9] 폴라드는 양자 미결정론과 유전자 돌연변이 간에 연관이 있다는 그의 핵심 주장을 함으로써 이점을 알아듣게 만들었다. "유전자 변이 현상은 커다란 거시적 효과를 생산하는 이러한 과학들 안에서 지금까지 알려진 유일한 것이다. 그러나 유전자 변이는 나름대로 하이젠베르크 불확정성 원리의 지배를 받는 개별적 분자 내의 변화에 직접으로 의존하는 것으로 보인다.”[10] 나는 하임과 매스칼의 초기 형식을 넘어선 폴라드의 발전을 높이 평가하지만, 그러나 나는 신의 전적 결정론(omnideterminism)을 지지하는 데 양자 미결정론을 사용하는 것에 **동의하지 않는다**.

1966년 이안 바버는 폴라드의 업적의 많은 부분을 높이 평가하지만 신의 전체 통치권에 대한 폴라드의 주장에 대해 진지한 의문을 제기했다.[11] 그는 또한 질서와 새로움을 통해 활동하는 신 개념과 실제의 모든 수준들로 신의 활동 영역 확장을 강조했다. 나는 바버의 통찰력 있는 비평에 동의하고, 나 자신의 글에서 비슷한 노선을 따라 진행되도록 추구하고 있다.

이러한 주장들 중 여럿은 20년 후 도널드 맥케이와 메리 헤스의 저작에서 다시 드러났다. 1978년 맥케이는 우연은 올바른 원인이 아니라고 주장했다. 대신에 우연은 “할당할 수 있는 원인이 **없음**을 나타낸다”.[12] 따라서 과학자에게 무작위 사건으로 나타나는 것은 유신론자들이 지극히 높으신 신의 활동으로 취급할 수 있다. 맥케이보다 3년 전의 저술에서 헤스는 진화에 대한 유신론적 해석을 방어하기 위해 비슷한 주장을 사용했다.

“이제 모노가 받아들인 진화의 역사에 우연이 필수적이기 때문에, 과학 이론이 설명할 수 없는 비가역적으로 무작위 결과들이 있음이 틀림없다. 따라서, 이 이론은 신이 순수하게 과학적 관점에서 무작위적인 것으로 보이는 요소들에서 진화의 과정을 지도하기 위해 활동한다는 유신론적 가설을 부인할 수 없다.”[13]

그러나 헤스는 자신 이전의 모든 학자들보다 한걸음 더 나아갔다. 왜냐하면 그녀는 무신론자인 자크 모노에 대한 강력한 응답을 개시하기 위해,

자신의 주장은 조직적인 틀 작업 안에서 갖추어져야만 한다는 것을 파악하고 있었기 때문이다.

"모노나 다른 과학적 인문주의자들이 자신들의 체계에서 보여 줄 수 있었던 것보다 신학, 윤리, 그리고 지식에 대한 이론은 더욱 친밀하게 서로 간에 그리고 우리가 사실들에 대하여 아는 것과 연관되어 있다고 보여 줄 수 있다."[14]

나는 조직적인 틀의 필요성에 대해 헤스의 주장에 동의하지만, 그녀는 양자물리학의 역할을 유전학에서의 우연의 근거라고 지목하지 않았고 이미 이러한 개념들을 언급한 폴라드 같은 학자들의 업적을 언급하지 않았다는 점은 주목할 만하다.

B. 좀 더 최근의 발전들

나는 수십 년간, 폴라드와 다른 이들의 초기 업적에 기반을 두면서, 신의 비개입적 객관적 활동에 대한 양자 역학적 접근의 전망을 조사하여 왔다. 1982년에 나는 양자 역학이 "과학과 종교에서, 특별히 계속 창조와 연관하여 새로운 연구를 위한 토대"를 제공한다고 제안하였다. 적어도 내 생각에 신의 비개입적 활동에 대한 양자 역학의 기저 가정들이 인정된다면 말이다.[15] 그러나 나는 신의 활동에 대한 우리의 언급이 신은 하나의 자연 원인으로서 활동한다는 것을 함축하지 말아야 한다는 우려를 강조했다. "신은 '전적으로 타자'이며 자연의 인과율 연결망의 하나의 원인이 아니고, 우연이라는 자연의 자궁 내 어두운 후미진 곳에 있는 약탈자도 아니다."[16] 2년 뒤 나는 파동함수 붕괴와 연관된 양자 미결정론은 과학자들에 의해 수행된 측정에 전적으로 의존한다는 견해에 반대했다. 대신에 "양자 미결정론은 실험실 측정이 실제로 수행되는지와는 관계없이, 미세 수준 전반에 걸쳐 적용되는 것으로 여겨진다. 그것은 자연과 기술이 지금과 같이 딱 그런 구조를 갖도록 양자 역학이 수행한 중심적 역할을 보여 주는 단지 몇 가지 예로, 별에서 일어나는 핵합성 과정, 반도체에서 원자가 전자들의 터널링과 같은 화학적 성질들을 생각해 보기만 하면 된다".[17]

1988년 나는 "양자물리학은 세상에서의 신이 어떻게 행동하는지 설명하는 퍼즐맞추기 놀이에 충분하지는 않지만 필요적 조각 하나를 기여한다"고 썼다. 양자 역학은 자연 안에 적어도 한 수준, 즉 자연의 "최하층"을 지적함으로써 그렇게 한다. 주장하건대 그곳에서 자연은 열려 있다. 게다가 양자물리학의 관점에서 신의 활동은 자연의 원인들을 통해 그리고 그 원인들과 협동적으로 중재적일 것이다. 신의 활동은 "각 양자 사건 안에서 신의 지속적 창조적 현존을 포함하고, 이러한 기본적 물리 과정들의 결과를 함께 결정한다".[18]

분명히 신의 비개입적 객관적 활동에 대한 양자 역학의 가장 중요한 측면은 양자물리학이 아원자 영역에서 자연에 대한 미결정론적 해석을 제공한다는 것이다. 이 관점에서 보면, 양자 역학에서 통계학의 사용은 더욱더 자세한 인과적 서술을 피하기 위한 단순한 편의가 아니다. 대신에 양자통계학은 우리가 가질 수 있는 모든 것이다. 왜냐하면 *거기에는 어떠한 기저의 결정론적인 자연의 과정이 없기 때문이다.* 하나의 사례로서, 알파 입자를 방출함으로써 어떤 특이한 원자가 갑자기 토륨(^{234}Th)으로 붕괴하는 우라늄(^{238}U) 샘플을 생각해 보라. 우리는 사건이 일어날 확률을 계산할 수 있다. 그러나 우리는 왜 하필 바로 그 우라늄 원자가 붕괴했는지 그리고 그 주위의 원자들은 붕괴되지 않았는지 설명할 수 없다. 그 샘플에 있는 모든 원자들은 절대적으로 동일하고 붕괴 사건은 그들에게 부여된 어떤 물리적 또는 화학적 조건들로부터 독립적이다. 비슷한 양자 역학적 서술은 아원자 영역에 두루 걸쳐서 적용된다. 각 경우에서 그 과정에 영향을 미치는 자연의 조건들의 전체 조합, 그리고 과학이 발견할 수 있고 그 방정식을 통해 서술할 수 있는 조건들의 전체 가능한 조합은 그 과정의 정확한 결과를 결정하기 위해 **필수적이지만 불충분하다.** 미래는 존재론적으로 열려 있고 현재 활동하는 자연의 요인들에 의해 영향을 받지만 그러나 **충분하게 결정되지 않는 다.** 우리가 과학적으로 서술할 수 있는 인과적 조건들 안에서, 그것들을 통해서, 그리고 그것들을 넘어서, 사건들은 그저 발생한다.

하이젠베르크의 제안을 따라,[19] 우리는 가능성과 실제성의 관점에서 양자 시스템의 특징을 말할 수 있다. 이 시스템은 "공존하는 가능성"의 포갬 안에서 시작한다. 즉 여러 가지 특징적 상태들이 동시적으로 이 시스템에서 가능하지만 어느 것도 완전히 실제적이지 않다. 갑자기 그들 중 하나가 시간의 특별한 시점에 실현된다. **우라늄 원자는 매순간 지금까지 자신이었던 것, 우라늄으로 계속 있다가, 그런 뒤 어떤 다른 것이 되고, 그것은 역시 항상 자신이었을 수도 있었던 어떤 것, 토륨이 된다.**

신의 활동에 대한 우리의 주제로 되돌아와서, 우리는 양자 역학에 대한 하이젠베르크의 해석의 중요성을 알 수 있다. 그의 해석이 옳다면, 시간 안에서 자연의 각 상태가 현실적이 되게 만드는 신의 참여에 자연이 진정으로 열려 있다고 우리가 신학적으로 볼 수 있다. 과학이 양자 역학을 동원하고 철학이 존재론적 미결정론을 지적하는 곳에서, 신앙은 신이 미래를 창조하기 위해 자연과 함께 활동한다고 본다. 이것은 자연 과정의 파괴도 아니고 물리 법칙의 위반도 아니다. 대신에 그것은 신이 자연을 통해 제공한 것을 성취하고, 신이 모든 창조물에게 약속한 미래가 섭리를 통해서 되게 하며, 특별히 모든 사건에서 매 순간 활동하는 신이다.

1994년 강연에서 나는 다음과 같이 주장했다.

자연은 특별한 양자 사건이 일어나기 위한 필수적 조건을 제공하는지 모른다. 그러나 실제 양자 사건은 충분한 원인을 제공하는 자연 없이 발생한다. 양자물리학이 옳다면[우리는 양자물리학이 그 점을 함축하는 것으로 해석한다], 양자 사건들이 생겨 날 때 왜 특별한 양자 사건들이 발생하는지에 대한 완전한 *과학적* 설명이 있을 수 없다는 것을 그것이 의미한다. 이러한 견해가 틀린 것임이 입증될 수 있다는 것을 감안하더라도, 양자 사건은 세상에서의 신의 활동에 대한 빛을 분명히 해주는 것 같다. 양자 사건은 신이 아원자 수준에서 자연의 법칙들을 위반하지 않고 활동하는 것으로 생각할 수 있는 방식을 우리가 이해하는 데 도움이 된다. 양자 사건이 일어날 때, 그것은 신의 직접 활동에 의해 발생한다. 또한 신은 과연 자연의 더 높은 수준에서 활동할 수 있으나, 이제 우리는 신이 역시 "바닥/위" 방식으로 양자 수준에서 자연의 개방성을 통해 활동할 수 있다는 것을 확언할 수 있다.[20]

같은 해 나는 별도의 출판물에서 이 개념으로 되돌아와 다음과 같이 썼다.

양자 사건이 일어 날 때, 그것은 신의 직접 활동에 의해 발생한다. 달리 얘기하면, 양자물리학이 지적하는 것은 채워져야 하는 우리 이론에서의 인식론적 틈새가 아니라 자연의 속성 안에 있는 존재론적 "거품들"이기 때문에, 우리는 신이 이차적 도구적 원인들을 통해서만이 아니라 자연 안에서 즉각적으로 활동한다는 것을 자유롭게 규정할 수 있다. 이런 관점에서 신은 양자 실재의 개방성을 통해 세상의 미래 과정을 섭리를 통해서 결정하기 위해 활동할 수 있다.[21]

1987년 나는 하나의 사실의 함의를 발전시키기 시작하였다. 그 사실은 양자 우연이 고전적 세계의 기본적 특성들을, 당연한 것으로 받아들여졌지만 고전물리학에 의해서 결코 설명되지 않았던 특성들을 형성한다는 것이다.[22] 우리가 알고 있는 것처럼, 고전 물리학에서 자연은 결정론적 방정식에 의해 서술된 폐쇄된 인과적 시스템이다. 여기에서 우연의 개념은 순전히 인식론적이다. 일반적으로 고전적 우연은 수학적으로 볼츠만 통계학(친숙한 "종(鍾)형태 곡선")에 의해 표현된다. 그것은 감춰진 그러나 결정론적 기저의 힘과 과정에 의해 야기되는 자료의 무작위적 분포를 특징으로 한다. 게다가 고전적 우연은 물리학뿐 아니라 멘델의 법칙으로부터 하디-와인버그 정리까지 생물학에도 널리 퍼져 있다.

양자물리학은 우연에 대한 이러한 이해에 진지하게 도전한다. 양자 우연은 고전적 세계의 기본적 특성들을, 당연한 것으로 받아들여졌지만 고전물리학에 의하여 결코 설명되지 않은 특성들을, 설명한다.[23] 양자 역학에 의해 사용된 통계학은 두 종류가 있고 둘 다 고전적 통계학과 놀랍도록 다르다.[24] 양성자와 전자와 같은 입자들은 "페르미온"이라고 한다. 그들은 페르미-디랙(FD) 통계를 따르고, 파울리의 배타원리를 생성한다. 그러한 통계적 특성들은 물질의 불가입성(不可入性, impenetrability)과 물질의 "공간-채움"(space-filling) 특성을 야기한다. 그들은 또한 원자가(原子價, valency)와 색과 같은 원소들의 화학적 특성들과 전도성(傳導性, conductivity)과 비열(specific heat)과 같은 고체의 전기적 그리고 열역학적 특성들을 생성한다. 광자와 중력자(gravitons)와 같은 입자들을 "보존"이라고 한다. 이들은 보제-아인슈타인 통계(BE)를 따르고 전자기학과 중력과 같은 자연에서의 기본적인 힘들을 운반한다. 그 힘들은 세상을 "밀착시키고" 초유동성(superfluidity)과 초전도성(superconductivity)과 같은 거시적 "양자" 현상을 창조한다. 이런 의미에서 양자통계학은, 그 두 가지 구분되는 형태와 일상의 우연과는 근본적인 차이를 가지고, 우리 일상 세계의 기본적 특성들의 기저를 이루고 또한 설명한다.[25]

우리가 양자 역학에서 페르미-디랙(FD) 통계와 보제-아인슈타인(BE) 통계를 사용하지만 고전 역학에서는 볼츠만 통계를 이용한다는 사실은 우리가 존재론적 미결정론의 관점에서 양자 역학을 해석하는 것을 지지하는 추가적 근거를 제시한다. 페르미-디랙 통계와 보제-아인슈타인 통계를 표현하는 수학 방정식들은 낮은 에너지와 낮은 온도의 양자 영역에서 근본적으로 다르지만, 그러나 우리가 실내 온도로 이동함에 따라, 두 통계 모두 고전적 통계학의 특징이 되는(즉, 가우스의 종 곡선) 볼츠만 방정식에 접근한다.[26] 만약 우리가 *인식론적* 관점에서 통계를 살펴보면, "고전적 우연"은 수학적으로 양자통계학에 근거하고 있고, 적당한 한계 내에서 양자통계학으로부터 부드럽게 생겨난다. 그러나 만약 우리가 *존재론적* 관점으로부터 통계를 살펴보면, 그 결과는 훨씬 복잡하다. 볼츠만 통계는 고체, 액체, 그리고 기체의 전체 성질을 생성하고 그 통계는 고체, 액체와 기체 구성 요소 부분들(예를 들면, 기체운동론) 간의 결정론적 상호 작용에 대한 통계적 처리로부터 수학적으로 유래된다는 것을 상기하라. 반면에 페르미-디랙 통계와 보제-아인슈타인 통계는 숨겨진 고전적 힘들의 활동으로부터 생겨난 것으로 쉽게 이해되지 않는다. 심지어 양자 자료에 대한 "숨겨진 변수" 해석에 대한 봄의 시도조차도 상당히 비고전적 "숨겨진 변수"에로 이끌어간다. (아래와 부록을 보시오.) 그래서 만약 우리가 *존재론*에 관심이 있다면, 우리는 반대의 방향들로 인도된다. 즉 만약 우리가 고전적 세계의 틀 안에 머물면 결정론으로 이끌리고, 만약 우리가 페르미-디랙 통계와 보제-아인슈타인 통계의 양자 세계로 움직이면 *미결정론*으로 이끌린다. 볼츠만 통계가 인과적 결정론을 가리키는 고전적 일상의 세계가 실제로 양자 세계의 산물이고 양자 세계의 페르미-디랙 통계와 보제-아인슈타인 통계가 존재론적 미결정론을 가리킨다는 것이 얼마나 이상한가!

그렇다면, 이것은 *모든* 양자 사건의 특수한 효과들이 그러한 사건들의 순전히 숫자에 의해 "평준화 된"다는 것을 의미하는가? 사실이라면 이 주장은 신의 활동에 대한 토론에서 양자 물리학을 사용하는 데 반대하는 이유로서 기여할 수 있을 것이다.[27] 실제 특별한 양자 과정들은 고전적 세계에 비가역적 영향을 *미칠 수 있고* 양자 역학과 전적으로 일치하는 방식으로 그렇게 할 수 있다. 특히 생생한 사례가 시각(vision)이다. 망막에서 흡수된 단일 광자는 정신적 인상을 생성할 수 있다![28] 다소 **인공적**이지만 현재 악명 높은 사례가 "슈뢰딩거의 고양이" 사고 실험이다.[29] 유전자형(geno-type)−표현형(phenotype) 관계는 그 **자연적** "생물학적 예시"이다. 거기서 유전적 돌연변이들은 표현형으로 표현될 수도 있고, 종의 진화에 기여할 수도 있다. 나는 6장에서 이에 대해 논할 것이다.

우리가 지금까지 살펴 본 것을 요약하겠다. 1) 양자 과정들은 철학적으로 존재론적 미결정론의 관점에서 해석될 수 있다. 그리고 존재론적 미결정론은 다시 신의 객관적 활동에 대한 비개입적 설명에 대한 가능성을 열어 준다. 2) 양자 통계학은 고전 통계학과 아주 극적으로 다르다. 그것은 매일의 세상의 일상적의 성질에 대해 기본적이며 그리고 그것은 매일의 세계 안에서 개별적 양자 사건들이 비가역적이고 중요한 영향을 촉발하는 것을 허용한다. 그렇게 함에 있어서 양자 통계학은 우리에게 일반적으로 사물들이 어떻게 그들의 현재 있는 대로 존재하게 되었는지 **그리고** 특히 사물들이 일반적인 환경 내에서 어떻게 생겨나게 되었는지에 대한 실마리를 제공한다. 이것은 다시 간접적으로 세상을 창조하고 유지하는 신의 비개입적 일반적 활동("일반 섭리")과 간접적으로 세상 안에 특별한 사건을 초래하는 신의 비개입적 특수한 활동("특수 섭리")을 위한 가능성을 열어 둔다.

우리는 다음 장들에서 더욱더 자세히 이들과 다른 신학적 주제들을 조사할 것이다. 그러나 우선 우리는 전반적으로 이 프로젝트에 강력하게 도전하는 몇 가지 중요한 방법론적 문제들에 관심을 두어야 한다.

3. 방법론적 문제들

A. 신의 활동에 대한 바닥−위 접근은 보증 받았고 그래서 다른 접근들을 배제하는가?

내 견해로는, 우리가 신의 활동에 대한 현재의 초점을 오로지 바닥-위 접근에만 일반적으로 한정하거나 제한하지 않는 것이 중요하다. 대신에 나는 현재의 주장이 훨씬 더 넓은 맥락, 즉, 개인적 경험과 인간 역사 안에서 신의 활동에 대한 신학 안에 자리매김하는 것으로 본다. 왜냐하면, 그곳이 신앙인으로서 우리가 살아 있는 신을 주로 만나는 곳이기 때문이다. 이것을 위해, 우리는 분명히 여러 가지 모형을 생각할 필요가 있다. 그 모형들은 꼭대기-아래, 전체-부분, 그리고 바닥-위 원인들과 제한들을 포함하고, 정신/육체 문제와 인간을 특별히 강조하면서 행동자의 구현 모형과 비구현의 모형 안에서의 그들의 역할들을 포함한다. 게다가, 나는 우리가 그러한 모형들을 지속적이고 일관된, 적당하고 적용 가능한 형이상학 틀 안으로 통합함으로써, 결국에는 이들 모형들 간의 자세한 관계들을 잘 이해할 필요가 있다고 생각한다.

그러나, 여기서 문제는 왜 그리고 어떻게 신이 바닥-위 인과율의 형태를 통해 자연 안에서 활동한다고 생각할 수 있는가이다. 첫째, 내가 전제하는 것은 신은 우주 자체의 창조주이고, 자연의 효율성을 유지시킨다는 것이다. 그리고 우리가 자연의 법칙들이라고 하는 자연의 규칙성은 창조주 신의 충실성과 합리적인 이해 가능성을 보여 준다는 것이다. 둘째, 내가 가정하는 것은 이 법칙들이 신의 창조적 활동들의 한 부분으로서 "혼돈으로부터의 질서"의 생성을 허락하기에 딱 적당한 통계적 구성 요소들을 가지고 있다는 것이다. 셋째, 신앙을 통한 신과의 개인적 만남(이것은 "정신/뇌 문제"를 야기한다)과 같은 어떤 상황들에서 신의 활동에 대한 꼭대기-아래 언어를 도입하는 것이 상당히 적절하다는 것을 인정한다. 그럼에도 불구하고 우리가 신의 활동을 물리적, 천체물리학적, 분자적, 그리고 진화론적 과정들(그 과정으로부터 우리가 태어났다) 안에서 적절하게 이해할 수 있는지 물을 수 있다. 신의 그 활동은 이러한 과정들의 존재를 유지하고 그 과정들의 새겨진 "가능성들"이 시간이 지나면서 스스로 풀려 나가도록 허용하는 것을 넘어서는 방식으로 신의 의도를 표현한다. 마지막으로, 만약 우리가 우리 관심을 꼭대기-아래 인과율이나 또는 전체 – 부분 제약에만 제한한다면, 신의 활동에 대한 이러한 이해가 이해 가능한 방식으로 이루어질 수 있는지 걱정된다.

나는 그것이 가능하지 않다고 생각한다. 꼭대기-아래 인과율은 신의 활동에 진정으로 열려 있고, 적어도 신의 활동에 반응하는 어떤 능력을 가지고 있는 의식이 있고 자아의식이 있는 피조물을 고찰할 때에나 도움이 되는 것이다. 그러나 자아의식은 고사하고 정신/뇌 상호 작용의 능력을 가진 피조물이 아직 진화되지 않았을 때 신이 꼭대기-아래 방식으로 활동하면서 사용하는 "꼭대기"를 구성하는 것이 무엇인지 생각한다는 것은 어렵다. 우리는 120억 년 내지 150억 년의 우주의 역사에서 신의 활동을 이해하려 하고 있다는 것을 기억하라. 그 우주는 제일 세대 그리고 제이 세대의 별들, 행성계들, 그리고 결국에는 최소한 지구 상에서 거의 40억 년에 거쳐 가장 단순한 원초적 형태들로부터 현재의 엄청나게 풍요롭고 풍부한 생명까지 다양한 유기체의 진화를 포함한다.

게다가 신이 진화의 역사 안의 어떤 주어진 단계에서 복잡성의 꼭대기 수준에서 활동한다면, 그 수준의 복잡성은 존재론적으로 열려 있어야 한다. 즉 그것은 존재론적 미결정론의 관점에서 해석될 수 있는 법칙들에 의해 서술되어야만 한다. 그러나 기초적인 정신 활동이라도 가능한 유기체가 진화할 때까지는, 추정하건대 꼭대기 수준들은 "고전적" 과학과 뉴턴 물리학의 존재론적 결정론의 영역 내에 있었어야 한다. 따라서 초기 은하, 항성, 행성 등의 형성 시기로부터 진화 생물학의 초기 단계를 거쳐 중추 신경계가 발전할 때까지 신의 특수 활동은 꼭대기-아래 접근에 관하여 신의 개입 없이는 이해할 수 없는 것이 된다. 그러나 만약 우리가 특수 섭리에 대한 우리의 토론에서 이 초기 시기를 생략한다면 우리는 다시 신의 특수 활동의 근본적 한계의 위험에 처한다. 신의 특수 활동은 오직 생물학적 복잡성이 충분히 성취된 뒤에만 일어 날 수 있다. 그러나, 신의 특수 활동은 그 복잡성의 정도가 *성취되게 하는 과정* 안에서는 효과적일 수 없다. 따라서 이 두 가지 이유로 꼭대기-아래 접근은 좌절되는 것으로 여겨진다.

대신에 우리는 전체-부분 제약 주장을 시험해야 한다. 여기서 도전은 자연 안에서 전체적 특성을 드러내 보이고 존재론적 미결정론을 가리키는 현상을 찾는 것이다. 생태계의 내재된 복잡성과 외적 요인들에 대한 외형적으로 끊임없는 개방성 때문에 생태계가 그 후보로 자주 인용된다. 그러나 내 견해로는 생태계가 아무리 복잡하고 서로 연관되어 있더라도 그 과정들에 포함된 기저의 결정성 때문에, 생태계는 신의 비개입적 활동에 대한 후보가 되는 것에 실패한다.

따라서 비판적으로 성찰해 보고, 유신론적 진화론에 대한 대부분의 이전 시도들의 희망에 반하지만, 꼭대기-아래 또는 전체-부분 접근은 전-인지적(pre-cognitive) 그리고 전-생물적(pre-animate) 시대의 물리적 과정들과 생물학적 진화를 신의 특수 활동의 관점에서 해석하는 데 그렇게 많은 가치가 있지 않다고 여겨진다. t=0 이후 모든 시간과 모든 장소에서 전체성과 미결정론이 드러나는 양자 수준으로 돌아가지 않으면, 물리적, 천체물리학적, 그리고 생물학적 현상들의 초기 단계 내에서 전체-부분 제약을 이용하든지 또는 꼭대기-아래 인과율 주장을 이용하든지 신의 활동이 비개입적 방식으로 기술될 수 있다는 희망이 거의 없다고 나는 생각한다.

B. 양자 역학에 대한 역사적 상대론과 여러 가지 해석가능성

다음의 두 가지 문제들도 역시 방법론적인 것이다. 첫째는 *역사적 상대론이다.* 양자 역학이 언젠가는 새로운 이론으로 대체될 것인데, 왜 우리는 양자 역학의 신학적 의미를 진지하게 취해야 하는가? 둘째는 여러 가지 *해석가능성이다.* 양자 역학이 여러 가지 동등한 가치 있는 그리고 근본적으로 독특한 철학적 해석들에 예속되어 있다는 사실을 감안한다면, 우리는 양자 역학의 신학적 의미를 어떻게 진지하게 취할 수 있을까? 실제로 양자 역학에 대한 역사적 상대론과 여러 가지 해석가능성은 불가피하게 모든 과학 이론들에 관련된 것이고, 그 이론에 대한 철학적 그리고 신학적 토론에 영향을 미치는 아주 일반적인 문제에 대한 구체적인 사례들이다. 우리가 진행해야 하는 방식은 "신학과 과학"에 대한 어떤 대화에서도 심장부에 놓여 있는 ***중요한*** 방법론적 문제이다. 그러한 것에 대한 결정은 이 분야의 모든 학자들에게 요구된다. 나는 간단하지만 나의 반응들을 개관할 것이다. (나는 4장에서 여러 가지 해석가능성의 문제에 대한 간단한 반응을 제시했다. 질의 응답 #4)

역사적 상대론에 대한 나의 반응. 역사적 상대론에 대한 반응에서 한 가지 선택은 양자물리학을 포함하여 과학의 전방에 놓인 모든 이론들을 무시하고, 대신에 고전 물리학과 같은 입증된 이론들에 집착하는 것이다. 만약 우리가 그렇게 한다면, 우리가 세상에 대한 신학적 결론들을 도출하기 위한 더욱더 확실한 근거 위에 서있게 되지 않을까?

나는 종종 이러한 조심스러운 조언을 들어왔다. 그러나, 두 가지 이유에서 나는 거기에 동의하지 않는다. 첫째, 찰스 미스너가 이야기한 것처럼, 우리가 알고 있는 입증된 이론들은 가장 분명히 반증된 이론들이다! 예를 들면, 우리는 정확하게 고전 물리학이 적용될 수 있는 영역을 알고 있다.[30] 이를테면 $h \rightarrow 0$와 $c \rightarrow \infty$ 한계 안에서이다. 그러나, 고전 물리학은 원리적으로 거짓이다. 공학기술 또는 행성 탐험과 같은 실제적 필요를 위한 유용한 이론으로서 그것은 뛰어나다. 그러나 자연에 대한 근본적 설명으로서, 세상에 대한 그 설명은 잘못된 것이다. 둘째, 이전 세기의 신학이 작동하여 온 곳은 폐쇄된 인과적 시스템으로서의 자연에 대한 이러한 고전적 관점이었다. 그리고 여전히 많은 현대 신학도 그렇다! 그것은 신의 활동과 특수 섭리와 같은 문제에 대해 보수주의자와 자유주의자의 분열에 기여하고 있고, 길키가 신-정통주의와 성서 신학의 "고역"(travail)이라고 이야기한 것을 야기한다. 게다가, 엘리스가 지적한 것처럼[31] 유신론적 진화론에 대한 무신론적 도전과 진화론에 대한 종교적으로 자극 받은 공격들도 모두 다 거의 예외 없이 유전적 변이에 대한 양자 역학적 관점들을 무시하고, 고전 과학과 기계적이고 결정론적인 형이상학을 전제하였다. 따라서 그들의 주장은 근본적으로 결함이 있다. 따라서 오직 입증된 이론들을 고수하는 것은 배제되어야 한다.

대신에 내 접근은 모든 과학 이론과 대화하는 것처럼 양자 역학과의 대화에 참여하는 것이다. 그 프로젝트가 시험적임을 충분히 깨달으면서도 그럼에도 불구하고 거기에 참여하는 것이다. 이것은 세 가지 이유에서 안전하다. *1) 자연 신학(natural theology)이나 물리—신학(physico-theology)이 아니라,* 우리는 건설적 신학(새롭게 구축되는 조직신학—옮긴이의 주)을 하고 있다. 따라서 과학에서의 변화는 기껏 해봐야 가까이 있는 건설적 제안에 도전하겠지만, 그러나 자연 안에서 신의 활동에 대한 신학의 전체적 생명력에 대해 도전하는 것은 아니다. 신학 생명력의 보증과 원천은 성경, 전통, 사유, 그리고 경험 안에 있다. 2) 벨 정리의 실험적 위반이 우리에게 보여 주는 것처럼, 어떤 미래 이론이 현재 양자 현상의 몇몇 측면들을 다루어 줄 것이다. 이들의 일반적 특성들과 그들의 형이상학적 의미가 여기서 우리의 초점이다. 3) 우리는 이러한 접근의 특이성과 이러한 문제들에 대해 그 접근이 생산하는 취약성을 환영해야 한다. 왜냐하면, 신의 객관적이고 특수 활동에 대한 비개입적 접근의 구체적 사례의 실제적 함의를 조명함으로써, 그것은 그 힘을 강화시키고 그 접근의 한계를 드러낸다. 이것은 다시 더욱더 통찰력 있는 실험으로 이끈다.

여러 가지 해석가능성. 잘 알려져 있는 것처럼, 양자 역학은 철학적으로 여러 가지 해석이 가능하다.[32] 주장하건대 코펜하겐 해석은 물리학자들과 과학 철학자들에 의해 가장 널리 받아들여지는 견해이다. 짐 쿠싱에 의하면, 그것은 본질적으로 "상보성(예를 들면, 파동—입자 이중성), 양자 현상의 가장 근본적 수준에서 내재된 미결정론, 그리고 연속적인 시공간 배경에서 사건과 사건 인과관계의 표현 불가능성"[33]과 관련된다. 닐 보어의 작업에 뿌리

를 두고 있지만, "코펜하겐 해석"이란 용어는 몇 가지 다른 버전들을 포함한다. 보어 자신은 우리가 양자 과정들에 대해 알 수 있는 것에 대한 인식론적 한계들을 강조했다. 고전물리학에서 수월해 보이는 연합에 비해서, 시공간 서술과 인과적 설명은 미시 과정들에 대한 양자 설명의 상보적(필수적이지만 상호 배타적인) 측면이 된다.[34] 수식 체계(formalism)가 그 앙상블에만 적용되는 아인슈타인의 통계적 관점에 비해,[35] 보어는 또한 양자 수식 체계가 개별 시스템들에 적용된다고 생각했다. 하이젠베르크는 양자 역학의 완전성을 지지하였고, 측정 과정이 양자 시스템의 잠재적 특성을 실현시킨다는 코펜하겐 해석에 대한 그 자신의 실재론적 미결정론적 버전을 전개시켰다. 그의 해석은 측정 중에 발생하는 예측 불가능성은 존재론적 근거를 가지고 있고 단순히 인식론적이 아니라는 것을 제안한다.[36] 이안 바버는 다음의 헨리 마게너의 글을 인용한다. "불확실성은 우리의 측정의 불완전성에 있지 않고, 인간이 알 수 있는 능력에 있는 것이 아니다. 그것은 자연 그 스스로 안에 원인을 가지고 있다." 바버가 주장하는 바와 같이 "이러한 해석이 옳다면, 미결정성은 존재론적 실재이다".[37] 요약하면, 쿠싱은 이렇게 결론을 낸다. "양자 역학에 대한 코펜하겐 해석에 관해서, 주장하건대 물리적 과정들은 가장 근본적인 수준에서 내재적으로 미결정론적이고 비국소적(nonlocal)이다. 고전물리학의 존재론은 죽었다."[38]

여러 과학자들이 존재론적 미결정론을 지지하고 있고, 크리스 이샴, 폴 데이비스, 그리고 이안 바버 등 같은 현대 인물들을 포함한다.[39] 물론 이러한 사실만이 미결정론의 채택을 보증하는 것이 아니고 단지 권고이다. 사실 1900년대 초부터 현재까지, 물리학자들과 과학 철학자들은 양자물리학에 대한 다른 강력한 해석들을 탐색하여 왔다. 여기에 포함되는 것들은 다음과 같다. 존재론적 결정론(아인슈타인의 신-실재론/불완전성 그리고 봄/"숨겨진 변수들"), 여러-세계들(에버렛), 양자 논리(그립, 핀켈스타인), 관찰자에서 자유로운 결어긋남 혹은 비정합성(decoherence)/일관된 역사들(클라크, 그리피스, 옴네스, 젤-

만, 하틀), 정신에 의존하는 관념론/실재를 창조하는 의식(폰 뉴만, 비그너, 휠러, 스탭). 이것을 염두에 두고, 어떤 학자들은 우리가 양자 역학의 기본 방정식들을 수정해야 한다고 주장한다(예를 들면, 시모니의 철학적으로 동기 유발된 슈뢰딩거 방정식에 대한 통계적 변형에 대한 조사).[40] 문제를 더더욱 복잡하게 하기 위해, 1960년대 이러한 해석들이 발견된 이래, 벨의 정리들은 양자 현상에 대한 비국소성과 특히 비분리성 특성을 강조하였고, 각각의 초기 해석들을 더욱더 문제가 있는 것으로 만들었다.[41] 그러면 신의 활동에 대해 어떤 해석과 변형이 옳고 신뢰할 수 있는지 우리는 어떻게 결정해야 하는가? 그리고 우리가 결정할 수 없다면 우리는 누군가가 주장하는 것처럼[42] 양자 역학에 근거한 신의 비개입적 객관적 활동을 포기해야 하는가? 아니면 진행하기 위한 합리적인 방법이 있는가?

여러 가지 해석가능성에 대한 나의 반응. 나의 반응은 네 가지이다. 첫째, 내가 위에서 지적한 것처럼, 왜 양자 역학을 선택하는가? 모든 과학 이론은 경쟁적 형이상학적 해석들에 열려 있다. 과연, 형이상학은 ***언제나*** 과학에 의해 잘 결정되지 않는다. 그러나 고전 물리학처럼 몇몇 이론들은 다른 해석들보다 하나의 해석(예를 들면, 결정론)을 강력하게 선호한다. 그래서 양자 역학에 대한 이러한 우려는 원리적으로 ***모든*** 과학적 이론에 대한 ***모든*** 형이상학적 해석에 적용된다. 어떤 과학 이론에 대한 특별한 형이상학적 해석의 선택에 대한 보증은 유신론자뿐 아니라 비유신론자, 자연주의자, 무신론자에게도 똑같이 문제이다! 본질적으로 우리는 피할 수 없는 진정한 일반적 문제에 직면한다. 우리는 과학(또는 어떤 다른 지식 영역)의 결과들을 더 넓은 지적 맥락 안으로, 특히 건설적 신학 안으로 ***통합시킬 때마다*** 이런 또는 저런 철학적 해석을 채택해야만 한다. 철학적 해석의 포함은 선택 사항이 아니다. 유일한 선택은 어떤 해석을 선택해야 하는가이다.

둘째, 이 해석들 중 어느 것도 우리를 세상에 대한 완전한 고전적 관점으로 되돌릴 수 없다는 것이다. 이런 저런 정도로(정도는 약간 다르지만), 그 모든 해석들은 자연에 대한 우리 철학의 재구성을 요구한다. 이것은 분명해 보이지만, 그러나 그 철학은 실제로 문헌 안에서 무엇이 미묘한 문제인지를 다룬다. 결정론적이면서 입자, 힘, 궤적과 같은 그런 고전적 관점에서 자연을 서술하는 봄의 해석은 파동-입자 상보성의 보어의 인식론이나 에버렛의 여러 세계 존재론보다 덜 문제되는 선택으로 여겨질 수 있다. 그러나 사실 봄의 이점은 비싼 대가를 치른다. 봄이 제안한 결정론은 고전적이 아니지만 *비국소적이며 비역학적(nonmechanical)이다*. 그것은 봄이 "양자 퍼텐셜"이라고 말한 것을 통해 입자에 대한 힘이 즉각적으로 "분할되지 않은 전체"인 세상에 의존한다는 자연에 대한 견해이다. 따라서 우리가 봄의 접근을 채택한다 하더라도 우리는 고전적 형이상학의 안전한 안식처로 *단지* 되돌아가게 되는 것은 아닐 것이다. 대신에 우리는 다른 종류의 골치 아픈 문제들을 물려받을 것인데 나는 그것을 "봄의 결정론"이라고 명명할 것이다. 과연 이러한 사실은 실제로 우리에게 이익이 되게 사용될 수 있다. 즉 아래에 제안한 것처럼, 봄과 코펜하겐 관점들의 조심스러운 비교는 결정론(미결정론)이 양측에게 의미하는 바를 우리가 이해하는 데 도움이 될 것이다. 자세한 것은 부록에 제시한다.

셋째, 나의 접근은 자연에 초점을 둔 건설적 신학의 한 형태(바버는 이것을 "자연에 대한 신학"이라고 했다)이라고 보는 것이 최선이며 물리 신학은 말할 것도 없고 자연 신학의 한 형태도 *아니다*. 따라서 과학의 변화나 그 철학적 해석의 변화는 가까이 있는 이 건설적 신학에 도전할 것이다. 그러나 자연에서의 신의 활동에 대한 신학의 전체적 생존 능력에 대해서는 도전하지 않을 것이다. 왜냐하면 그 일차적 보증과 원천들은 성경, 전통, 이성과 경험 등 다른 곳에 있기 때문이다.

마지막으로, 나는 우리가 이러한 접근법의 특수성을 환영하고 그 접근이 우리를 데리고 갈 수 있는 데까지 따라가야 한다고 생각한다. 양자물리학의 특별한 해석의 관점에서 신의 객관적이며 특수한 활동에 대한 비개입적 접근의 구체적 의미를 조명함으로써, 이 접근에 대한 강점과 한계가 드러나게 되고, 그것은 다시 그 이상의 통찰과 새로운 연구 영역으로 이끌 것이다.

C. 여기서 취한 접근

이 반응들을 염두에 두면, 나의 접근은 분명한 "~라면 어떻게 될까?" 전략이 될 것이다. 나는 한 가지 특별한 철학적 해석을 선택(일반적인 코펜하겐 해석 안에서의 존재론적 미결정론)함으로써 양자 역학과 신학적 대화에 관심을 둘 것이다. 나는 이러한 선택이 이루어짐을 분명하게 언급하고, 그것이 언젠가는 더 이상 쉽게 옹호될 수 없을 것임이 아마도 과학적 이유로 입증될 수 있을 것임을 강조한다. 그러나 철학적 또는 심지어 신학적 이유들이 초기 선택이나 또는 나중의 해석상의 변화에 역할을 할 수 있을 것이다.[43] 그리고 이 프로젝트가 잠정적임을 완전히 알고 있으면서 그럼에도 불구하고 그것에 관심을 두면서 이러한 해석에 대한 철학적 신학적 의미를 조사해 나아간다. 하나의 신학적 입장에 대한 근본적인 근거(예를 들면 자연 신학 또는 물리-신학에서처럼)로서가 아니라, 하나의 렌즈로서 분명히 그리고 가설적으로 나는 이 철학적 해석을 유지할 것이다. 그 렌즈를 통해서 나는 과학과 신학과의 관계에 대한 문제를 질문한다. 요약하면, 나는 모든 접근이 이와 같은 "~라면 어떻게 될까?" 접근에 근거해야만 한다고 생각한다. 즉, 물리 이론의 어떤 주어진 해석을 진지하고 단호하게 취하지만 그러나 그러한 해석이 언젠가는 물리학과 철학의 발전에 의해 기반이 약화될 수 있다는 접근이다.[44]

사운더스는 이러한 접근에 대하여 어떤 문제도 발견하지 못했다고 했다. 물론 그러한 접근은 우리가 특별한 철학적 입장 안에서 작업할 것을 요구하지만 그러나 이것은 사실상 내가 반복적으로 이야기하듯이 피할 수 없는 것이다.[45]

294

코펜하겐 해석에 대한 내 선택은 나는 이러한 해석 안에서 생겨나는 많은 핵심적 질문들에 반응할 필요가 있을 것이라는 것을 의미한다. 가장 중요한 문제는 "측정 문제"와 연관된 "파동 방정식의 붕괴" 그리고 "양자 사건"의 의미가 될 것이다. 이 모든 것들은 양자 역학이 어떤 (비판적) 실재론적 해석을 제공할 수 있다고 가정하는 존재론적 미결정론의 주장에 포함된다. 그런 뒤 나는 신의 활동에 대한 우리의 미래를 위해 이 문제들의 함의들에 대해 작업할 필요가 있고, 그것을 더 넓은 신학적 맥락 안으로 끼워 넣을 필요가 있다. 이 과정은 이 장의 대부분의 나머지 부분을 차지할 것이다.

4절. 철학적 주제들: 양자 역학의 코펜하겐 해석 안에서 측정 문제

우리는 이제 양자 역학에 대한 코펜하겐 해석 안에서의 핵심 주제, 즉 측정의 문제로 향한다. 물론 이 문제에 대한 여러 가지 진술(formulation)들이 있고, 그 진술들은 양자 역학에 대한 실재론적 이해를 위한 복잡한 문제들을 제기한다. 크리스 이샴에 의하면, 우리가 측정 문제를 이해하는 방식은 그 수식체계에 대한 우리의 이해에 의존하며 그리고 특히 상태 벡터의 환원을 통해서 우리가 의미하는 것에 의존한다. 다시 측정 문제는 (도구론자들과 실용주의자들은 피해가지만) 실재론자에게 제기되는 "사위일체(四位一體, quaternity) 문제"의 한 부분이다. 즉 그것들은 1) 확률의 의미 2) 측정의 역할 3) 상태 벡터의 환원 그리고 4) 양자 얽힘이다. 그들의 고전적 유사체들(analogues)이 실재론적 관점으로부터 분명한 해결을 허용하더라고, 이샴(Isham)은 양자 변형들이 그렇지 않다는 것을 보여 주고 있다.[46] 제레미 버터필드에게, 측정 문제는 중요하다. 왜냐하면 그것은 실재론적 관점에서 양자 불확정성을 드러내고 강조하기 때문이다. 실재론자들이 주장하는 것처럼, 만약 양자물리학이 물리적인 모든 것에 적용되면, 미세 영역의 불확정성은 거대 영역 안에서 고유한 것이 되어야만 한다. 그것은 거대 영역으로 전파되어야 하지만 그러나 명백히 그렇지 않다. 과연 불확정성은 확정적 상태에 대한 우리의 일상적 경험에 노골적으로 모순되는 거대 상태에서 그 스스로를 드러내야 한다.[47]

이 장의 제한된 목적을 위해 나는 비판적 실재론적 관점으로부터 측정의 문제에 관한 두 가지 문제들을 구분하려 한다. 즉 1) 측정 문제의 현상적 영역(즉, 어떤 종류의 물리적 과정을 "측정"이라고 해야 하는가)과 2) 측정 문제와 존재론적 미결정론의 관계이다. 아래에서 신의 활동에 대한 파동함수의 수학적 구조와 그 구조의 함의를 토론할 때, 나는 다시 실재론적 해석에 대하여 제기되는 도전을 강조할 것이다.

A. 측정 문제(measurement problem)의 현상적 영역

우리는 코펜하겐 해석에서 생기는 잘 알려진 다음의 두 가지 사이의 구분으로 시작한다. 그 두 가지는 1) 결정론적 슈뢰딩거 방정식에 의해 지배되는 것으로서, 양자 시스템의 파동함수 ψ의 시간발전. 2) 양자 시스템과 다른 시스템들 간의 *비가역적(irreversible) 상호 작용*이다. 가설로부터, 이러한 시스템들은 양자 시스템과의 그들의 관계가, 적어도 실질적으로, 비가역적일 만큼, 즉, 슈뢰딩거 방정식이 적용되지 않을 만큼 확실히 크고 복잡하다. 비가역적 상호 작용들은 일상적으로 "측정"이라고 한다. 그러나 그러한 상호 작용들은 우리 주위의 일상적 세계와의 상호 작용에 제한되지 않는다. 대신에 그 작용들은 우리가 그 이상의 더 좋은 용어가 없어서 "미세-거대", "미세-중간" 그리고 "미세-미세" 상호 작용들이라고 부르는 범위의 현상들을 포함한다.[48]

*미세-거대 상호 작용*은 기본적 입자들과 "고전적 측정 장치들"과의 상호 작용을 포함하는데, 그것은 알파 입자에[49] 대한 가이거 계수기의 반응이나 또는 광자에 대한 광전자 계수기의 반응과 같은 것이다. 그러나 미세-거대 상호 작용은 또한 기본 입자와 일상적 대상 간의 모든 비가역적 상호

작용을 포함하는데, 그것은 동물의 망막이나 색칠된 고체의 표면에 의한 광자의 흡수와 같은 것이다. 분명히 미세-거대 상호 작용은 물리학과 생물학이 다루는 넓은 범위의 *자연적* 현상을 수반한다. 위에 언급된 것처럼, 생명의 진화는 유전자형-표현형 인구 배치처럼 생물학적 증폭기에 의존한다. 그러나 몇몇 학자들의 견해(아래 5A.1.e를 보시오)와 반대로 나는 측정 문제의 영역은 이보다 훨씬 더 광범위하다고 주장한다. 왜냐하면, 그것은 또한 비가역적 미세-중간 그리고 미세-미세 상호 작용을 포함하기 때문이다.[50]

*미세-중간 상호 작용*은 기본 입자들과 상호 작용을 비가역적이게(적어도 실제적으로) 만들기에 충분한 정도의 자유를 가지고 있는 미세(초미세) 물체들 간의 모든 상호 작용을 포함한다. 그 사례들은 성간(星間) 공간에 있는 먼지 입자에 의한 광자의 포획, 고체에서 원자의 붕괴(방사능 같은), 얽매인 입자들과 자유로운 입자들 간의 상호 작용(수정 고체에 있는 원자의 전자가 광자를 흡수하거나 방출한 것과 같은), 그리고 원자와 분자 결합의 형성 또는 파괴(DNA의 유전적 돌연변이 중에 수소결합과 같은) 등을 포함한다. 이 모든 상호 작용들은, 그 규모가 미세-중간일지라도, 비가역적이기 때문에 측정을 구성한다.

미세-미세 상호 작용들은 정상적으로 가역적이고 슈뢰딩거 방정식의 지배를 받는 것으로 생각된다. 따라서 그들은 측정을 구성하지 않는다. 그 사례들은 자유 공간에서 양성자-양성자(proton) 산란과 진공에서 양성자 쌍의 생성과 소멸을 포함한다. 그러나, 만약 그러한 상호 작용들이 복잡한 환경 안에서 생긴다면 그 작용들은 비가역적이고 따라서 "측정"을 구성한다. 무거운 핵의 존재 안에서 양성자-양성자 산란은 하나의 예가 될 것이다.

요약하면, "측정"이란 용어는 연구실 실험을 포함하는 "거대" 상호 작용들에 대해서는 말할 것도 없고, 미세-거대 상호 작용으로 제한되지 *않아야 한다.* 대신에 "측정"이란 용어는 미세-미세로부터 미세-거대까지 자연 안에서의 *모든 비가역적 상호 작용을* 포함해야 한다. 그때 상호 작용을 "측정"으로 만드는 데 결정적인 것은 상호 작용이 "거대한" 무엇인가를 포함하는 것이 아니라 비가역적이라는 것이다. (측정은 카오스 현상에 결정적으로 의존하지 않고 심지어 포함하지도 않는다는 것이 이 사례들에서 명백하며, 그것은 몇몇 학자들의 주장에 반대된다. 아래 5A.1.e를 보시오.)

B. 양자물리학의 미결정론적 해석을 위한 근거인 측정 문제

측정 문제는 이제 쉽게 이야기될 수 있다(그러나, 아! 아직 해결되지는 않았다!). 만약 측정이 슈뢰딩거 방정식을 적용함으로써 서술될 수 있는 것이 아니라면 그리고 만약 우리가 양자물리학을 바꾸지 못한다면, 우리는 양자물리학을 이용하여 어떻게 측정을 이해할 수 있을까? 코펜하겐 해석 안에서 그 반응은 냉혹하다. 측정 문제는 실제로 "해결될 수 있는 문제"가 아니라, 슈뢰딩거 방정식에 의해 지배되지 않는 그러한 과정들에 대한 동의어이다. 원인들이 슈뢰딩거 방정식(형상인으로서)과 그리고 그 방정식 안에 포함된 퍼텐셜 V(능동인으로서)에 의하여 표현되기 때문에, 슈뢰딩거 방정식을 측정에 적용할 수 없다는 것은 존재론적 미결정론에 대한 철학적 주장의 근거가 된다. 측정의 결과가 슈뢰딩거 방정식의 관점에서 서술될 수 없기 때문에, 우리는 측정을 초래하기 위한 필수적(예를 들면, 질료인) 원인이지만, 그러나 충분한(특히, 능동인) 원인이 없다고 추론할 수 있다.

우리는 또한 왜 "파동함수의 붕괴"라는 문구가 측정 중에 "무엇이 일어났는지"를 서술하는 데 사용되는 이유를 알 수 있을 것이다. 파동함수 ψ는 고전적 퍼텐셜 V의 영향 하에 그리고 슈뢰딩거 방정식에 따라 시간 안에서 결정론적으로 진화했고, 상태들의 포갬으로부터 특별한 상태로 불연속적으로 변하고 있다. 현 시점은 또한 '양자 사건'이란 용어에 대해 문헌에서 관습적으로 발견되는 것보다 더욱더 정확한 정의를 제공하는 편리한 장소이다. 나는 이 '양자 사건'이란 용어의 사용을 우리가 "측정"이라고 부르는 것, 즉 상호 작용들이 미세-거대, 미세-중간 또는 미세-미세 상호 작용이든지 상관하지 말고 비가역적인 그러한 상호 작용에 제한할 것을 제안한다. 역으로 측정들 간의 파동함수의 시간 발전은 일련의 양자 사건들로서 간주되어서는 *안 될 것이다.*

그러면 이 접근에서 측정 문제와 존재론적 미결정론은 같은 동전의 양면이다. 즉, 측정 문제는 존재론적 미결정론이 특별히 언급되는 양자물리학의 측면이다. 이 장의 목적을 위해 우리는 코펜하겐 해석 안에 머물 것이다. 이것은 우리가 양자 사건 즉 측정이 발생하기 위해서는 자연이 필수적이지만 충분하지 않은 원인 조건들, 즉 바버가 "약한 형태의 인과율"[51]이라고 한 것을 제공하고 있다고 말하는 것을 허용할 것이다. 엘리스와 다른 많은 학자들과 함께 나는 측정 문제에 대해 해결되지 않은 지위를 인정한다. 그러나, 나는 이러한 특별한 방식으로 그 측정 문제를 사용함으로써 우리가 신의 활동과 양자물리학에 대한 사례를 조사하기 위해 앞으로 나갈 수 있기를 희망한다.[52]

요약하면, 코펜하겐 해석(적어도 그 한 형태) 안에서, 존재론적 미결정론, 측정 문제, 파동함수 붕괴, 그리고 양자 사건의 의미는 모두 하나의 개념으로 합쳐진다. 즉 양자 사건은 비가역적 상호 작용(미세–미세로부터 미세–거대까지 물리학에서의 모든 규모에서)이고, 그 안에서 슈뢰딩거 방정식은 파동함수 ψ의 시간 진화를 지배하는 것을 끝낸다. 그런데 파동함수는 그 시스템과 아울러 파동함수가 그 시스템과 비가역적으로 상호 작용하는 것 둘 다를 서술한다. 즉각적으로 파동함수 ψ는 상태들의 포갬으로부터 하나의 상태로 붕괴된다. 그 결과로 나오는 상태가 미리 예측 불가능하다는 사실, 즉 그것은 결정론적 법칙에 의해 설명될 수 없다는 사실이, 그러한 사건이 존재론적으로 미결정론적이라는 철학적 해석의 근거이다. 간단히 말해서, 우리는 슈뢰딩거 방정식에 의해 서술되는 양자 사건들 사이의 결정론과 양자 사건들을 특징짓는 미결정론 둘 다를 발견한다. 다음에 나는 양자 사건들을 언급하는 것처럼 엄격한 의미에서 "존재론적 미결정론"에 대해 언급할 것이다.[53]

5절. 신학적 문제들

우리가 여기서 탐구하는 주제를 더욱 자세히 들여다보면, 신의 활동과 양자물리학의 코펜하겐 해석 사이의 일반적 관계 안에서 이제 여러 가지 신학적 문제들이 드러난다. 나는 이러한 문제들을 배경의 문제들과 중요한 문제들로 나눌 것이다.

A. 배경의 신학 문제들

1. 양자 역학에 근거한 신의 비개입적 객관적 활동(QM-NIODA)은 신의 비개입적 객관적 활동 제안에 관한 7가지 핵심 질문에 대해 어떻게 반응하는가? 우선 나는 양자 역학에 근거한 신의 비개입적 객관적 활동에 특별히 추가된 두 가지 질문뿐 아니라 이전 장에서 인용한 몇 가지 가장 중요한 질문에 대해 좀 더 자세히 응답할 것이다.

a) 양자 역학에 근거한 신의 비개입적 객관적 활동은 인식론적 그리고 존재론적 틈새를 요구하는가? 나의 응답은 확실히 "아니다"이다. 양자 역학에 근거한 신의 비개입적 객관적 활동은 인식론적이거나 존재론적이거나 "틈새의 신" 주장을 구성하지 *않는다.*[54] 나는 우리가 신학적 이유로 인식론적 틈새 주장을 거부해야 한다는 토마스 트래시의[55] 주장에 전적으로 동의한다. 그의 주장을 위해 트래시는 디트리히 본회퍼의 글을 인용한다. "우리의 불완전한 지식의 구멍 메우기로서 신을 사용하는 것은 잘못된 것이다. 대신에 우리는 우리가 모르는 것 안에서가 아니라 우리가 아는 것 안에서 신을 발견해야 한다."[56] 양자 역학에 근거한 신의 비개입적 객관적 활동은 인식론적 틈새 주장이 *아니다.* 그것은 우리가 자연에 대해 *아는* 것에 의지하며, 양자물리학이 올바른 이론임을 가정한다. 게다가 신의 비개입적 객관적 활동은 신이 자연의 인과적으로 폐쇄된 과정을 뚫고 들어가기를 요

구하지 않기 때문에 존재론적 틈새 주장이 *아니다*. 대신에 양자물리학이 철학적으로 해석될 때 그것은 우리에게 자연이 존재론적으로 미결정론적 이라는 것을 말해 준다. "존재론적으로 미결정적임"을 통해서 내가 의미하는 것은 양자 사건이 발생하기 위해서 자연은 필수적인 충분한 원인을 제공하지 못한다는 것이다. 슈뢰딩거 방정식은 파동함수의 전파에 결정론적으로 적용되고 퍼텐셜 에너지의 형태(자연에서 작용하는 힘을 표현한다) 안에서 효율적 원인들을 포함하는 반면, 양자 사건 즉 "파동함수의 붕괴" 가운데서 슈뢰딩거 방정식은 적용되지 않고 이 사건을 야기하는 자연의 효율적 원인들은 없다. 우리는 이 문제를 다음에 자세히 조사할 것이다. 그러나 지금은 당장 그렇다고 가정하자. 그러면 우리는 존재론적 틈새의 도전에 대한 답을 갖는다.

신은 양자 수준의 어떤 과정들이 이전의 자연 사건들에 의해 불충분하게 결정되도록 *무로부터* 우주를 창조했다. 우리는 이렇게 말할 수 있다. 자연은 "자연적으로" 미결정론적이고, 자연은 트래시가[57] "인과적 틈새"라고 부른 것으로 가득 차 있다. 그렇다면 신은 자연의 인과율을 중단시키지 않고 자연을 존재론적 미결정론적으로 창조하고 유지한다. 자연이 미결정론적 이기 때문에 신은 신의 객관적 활동의 발판으로서 존재론적 틈새를 창조하기 위해 자연 안에 개입할 필요가 없다. 본질적으로 양자 사건들이 자연의 충분한 원인 없이 발생할 수 있도록 신은 우주를 *무로부터* 그렇게 창조했다. 신은 이러한 자연의 과정들 안에서 그리고 질료적 원인과 형상적 원인을 제공하는 자연과 함께 지속적 창조주로서 양자 사건들이 발생하도록 활동한다. 신의 활동에 대한 비개입적 설명에서, 우리는 세상에서의 신의 활동을 세상에 대한 우리의 무지가 아니라 세상에 대한 우리의 지식과 연관지을 수 있다. 그렇게 하여, 객관적 특수 섭리는 일반 섭리와 모순되지 않게 성취된다. 신의 특별활동은 비개입적이어서 신의 일상적 활동을 위반하거나 중단시키지 않기 때문이다.

이 점을 강조하는 다른 방식은 그것을 "자연의 법칙" 또는 "물리의 법칙"의 관점에서 틀 잡는 것이다. 물리학자들 사이에서 흔히 옹호되는 견해는 자연은 물리 법칙을 "따른다"고 하며, 이 법칙들은 플라톤의 정식을 따라 모형화된 존재론적 상태를 유지한다는 것이다. 이 관점으로부터 신의 활동에 대한 비개입적 설명에서 신은 양자물리학의 법칙을 위반하거나 중단시키지 않는다고 말할 수 있다. 대신에 신은 양자 사건을 초래할 때조차도 그러한 양자물리학의 법칙과 조화를 이루며 활동한다. 나는 자연 법칙에 대하여 자연에 내재하는 기저의 인과율에 대한 최상의 서술이라고 생각하고 싶다. 그러한 법칙들은 형이상학적 요소들과 미학적 요소들로 풍부한 패러다임 안에 끼워진 수학적 선험적 논리와 경험적 귀납적 경험적 자료들의 놀라운 조합이다. 그러나 그러한 법칙들이 서술하는 자연의 인과율와 규칙성은 자연에 내재된 것이고, 궁극적으로 신의 지속적 활동에 기인한 것이다.[58] 그 신은 존재론적으로 *무로부터* 창조한 우주의 지속적 창조주이다.

틈새에 반대되는 주장을 내세우는 다른 방식은 신의 활동이 중재적이란 것을 강조하는 것이다. 머피에 의하면, 신은 (무로부터의 창조를 제외하고) 피조물들과 협력하지 않고서는 결코 활동하지 않는다.[59] 이것이 의미하는 것은, "양자 수준에서 신의 통치는 특별한 경우에 양자 존재체의 타고난 힘 가운데서 이것이나 저것을 활성화하는 것, 혹은 실재의 것으로 만드는 것이다". 또한 이것은 "이러한 사건들이 신의 활동 없이는 불가능하다"는 것을 의미한다.[60]

요약하면, 틈새 전략을 피함으로써, 양자에 근거한 신의 비개입적 객관적 활동은 우리로 하여금 신이 전체 우주의 *무로부터의* 초월적 창조주라는 것과, 그리고 객관적으로 자연의 과정 안에, 그것과 함께, 그 과정을 통해서(계속 창조) 각각의 특별한 사건에 내재하는 계속적 창조주라는 것을 확언하게 한다. 신의 비개입적 객관적 특수 활동은 자연 안에 "우연"이 있다는 이유로 그리스도교 신앙의 이해 가능성과 신뢰성에 대하여 도전하는 무신론에 대하여 강력한 응답을 제공한다. 왜냐하면, "우연"의 존재는 신의 부재와 세계에는 "의도도 없고" 목적도 없다는 것을 의미하는 것이 아니라 세상 안에서 목적을 가지고 내재적으로 활동하는 신이 있다는 것을 의미한다.

b) 양자 수준에서 신의 활동은 사실상 자연적 원인인가? 이제 다시 나의 응답은 "아니다"이다. 양자 역학에 근거한 신의 비개입적 객관적 활동은 신을 자연적 원인으로 환원시키지 **않는다**. 왜냐하면, 여기에서 전개된 양자 역학에 대한 철학적 해석에 의하면, 특수한 양자 사건을 위한 자연의 효율적 원인들은 없다. 만약 신이 방사선 핵이 붕괴하는 어떤 사건을 생성하기 위해 자연과 함께 활동한다면, 신은 자연적 원인으로서 활동하는 것이 아니다. 이러한 모든 사건들이 일어나기 위해서 신이 그들 안에서 활동해야 하는지, 아니면 어떤 양자 사건은 자연에 의해서 생겨나지 않는지 혹은 심지어 신의 활동에 의해서도 생겨나지 않는지는 아직도 열려 있는 문제이고 다음에 자세히 설명될 것이다(5장 B.1을 보시오).

c) 양자 수준에서의 신의 활동은 과학으로부터 숨겨져 있는가? 여기에 대한 나의 응답은 여러 가지 이유에서 "그렇다"이다. 1) 여기서 고찰되고 있는 신의 활동에 대한 이론은 전적으로 과학의 근거와 일치한다. 즉, 방법론적 자연주의다. 신학이든 과학이든 신을 양자 사건에 대한 과학적 설명의 적절한 부분으로 여기지 않을 것이다.[61] 2) 양자 수준에서 신의 직접 활동은 원리적으로 과학으로부터 가려져 있다. 왜냐하면, 이러한 철학적 해석을 감안하면, 과학이 발견해 낼 각 특별한 양자 사건에 대한 자연적 원인이 없기 때문이다. 3) 그 대신에, 트래시가 서술한 것처럼, 신의 활동은 과학으로부터 숨겨져 있다. 왜냐하면 신의 활동이 유사(類似) 물리적 힘으로서 아—원자 수준의 입자들을 조작하는 형태를 취하는 것이 아니라 양자 시스

템 안에서 몇몇 가능성 중의 한 가지를 실현시키는 형태를 취하기 때문이다.[62] 따라서 신의 활동에 대한 이러한 이론은 과학의 진정성을 지지하고, 자연의 사건들에 대한 설명으로서 "신"을 적절히 그리고 충분히 발전시키는 건설적 신학 안에 과학이 풍요롭게 통합될 것을 허용한다. 4) 신의 객관적 비개입적 활동의 효과는 과학에 의해 양자 이론을 이용해 계산된 수학적 확률에 의해 서술된 우연 사건들의 앙상블로 여겨질 것이다. 동시에 양자 이론은 앙상블 안에 있는 각 사건의 특이성에 대하여 더 이상 인과적 설명을 제공할 수 없다. 과학의 자료가 환원 불가능한 통계적("눈면") 우연인 반면에, 그리고 이 자료가 충분한 효율적 원인이 없는 양자 수준에서 자연 때문이라고 철학적으로 해석될 수 있는 반면에, 신학은 이 자료를 양자 수준에서의 신의 객관적 활동의 결과로 파악한다.

1993년 발표한 중요한 논문에서 낸시 머피는[63] 신의 활동에 대한 수용가능한 모든 이론은 신의 객관적이며 특별한 활동을 허용해야 한다고 주장하면서 세 가지 이유를 제시했다. i) 한 인간에 대한 우리의 지식은 일차적으로 그 인간의 행동을 통해 나타난다. ii) 특수 섭리가 없었다면, 청원 기도는 "근거가 없는" 것이 될 것이다. iii) 특수 섭리가 없었다면, 신은 모든 사건에 동등하게 그리고 전적으로 책임이 있을 것이고 따라서 악의 문제를 악화시킬 것이다. 동시에 그러한 모든 이론은 "신과 자연적 원인들이 *우리가 알고 있는 것과 같은* 세상을 만들어내기 위하여 어떻게 공모하는지 설명해야" 한다. 그 이론은 법과 같은 규칙성의 과학적 그림과 양자 사건들의 진정한 무작위성, 그리고 우리의 자유 의지의 경험을 포함하여 설명하여야 한다. 그 이론은 신을 자연적 원인으로 환원시키는 것을 피해야만 하지만, 신은 단지 존재하는 일련의 자연적 원인들을 유지함으로써만 일어나지 않았을 특별한 사건들을 초래할 수 있다는 것을 인정해야 한다. 머피는 증가하는 복잡성의 환원 불가능한 위계라는 자연에 대한 현대적 이해가 이 작업에서 "절대적으로 중요하다"고 보았다. 왜냐하면, 이러한 이해에 의하면, 꼭대기-아래 그리고 바닥-위 인과율은 자연 안에서 작동되기 때문이다. 머피에 의하면, 양자물리학은 아래-위 인과율에 대한 촉망된 가능성을 제공한다. 만약 우리가 양자 역학에 대한 순수한 인식론적 해석과 감추어진 변수 해석 둘 다를 거부한다면, 우리는 자연 안에 양자 사건을 결정할 "충분한 이유"가 없다는 사실에 직면하게 된다. 그러한 존재론적 미결정론은 신의 활동에 대한 바닥-위 설명을 허용하게 된다. 거기에서 신은 자연의 과정에서 규칙을 위반하거나 개입할 필요가 없다.

나는 머피의 논문에 근거한 이 단락이 모든 세 가지 질문에 대한 명쾌한 응답이라고 생각한다.

d) 기저의 존재론적 미결정론을 감안하면, 신은 양자 과정의 결과를 알 수 있을까?

여기서 나의 응답은 "그렇다"이다. 1979년 뱀프턴 연설에서 아서 피콕은 모노의 생물학적 진화에 대한 무신론적 해석에 대한 중요한 도전을 시작했다. 생물학적 진화에 대해서는 다음 장에서 다시 다룰 것이다. 모노에 대한 그의 도전의 핵심 요소는 신의 지속적 내재적 창조적 활동이 자연의 과정 안에서, 그 과정 아래서, 그리고 그것을 통해서 이루어진다는 주장이다. 여기서 피콕은 적어도 동물의 의식 수준 이하에서 양자 현상은 존재론적 미결정론의 *유일한* 영역을 나타낸다는 폴라드의 주장을 지지했다. "근본적인 아원자 입자들의 수준에서의 사건들을 떠나서, 과학 법칙의 통계적 특징은 그 상황에 기여하는 모든 요소들에 대한 우리의 무지를 나타낸다. 그 통계적 특징들은 그 상황 자체 안에 어떤 인과율이 없다는 것을 의미하는 것이 아니다."[64] 그러나 피콕은 이 견해를 기각했다. 그 견해는 우리가 어떤 우연한 사건들이 섭리에 돌려져야 할 것인지 임의로 "골라 선택하는" 것을 허용하기 때문이다. 그다음에 그는 먼저 살아 있는 유기체의 열역학으로 옮겼다. 그러나, 여기서 폴라드와 그가 동의하는 것이 의미하는 것처럼, 열역학이 의미하는 결정론은 내가 신의 비개입적 객관적 활동이라고 초점을 두고 있는 것을 약화시킨다. 그런 뒤 그는 꼭대기-아래 그리고 전체-부분 접근으로 방향을 바꿨다. 우리가 이전 장(4장)에서 보았던 것처럼, 그는 신이 실재의 전체에 대하여 활동한다는 것과 그리고 내가 이름을 붙여준 대로, 이러한 비개입적 활동은 결국에는 우리가 특수 섭리라고 부르는 특별한 사건들을 초래할 수 있다는 것을 강조한다.[65] 피콕이 최근에 이러한 주제들에 대해 폭넓게 발표를 했지만, 그는 폴라드의 획기적인 작업에 대한 언급을 지속하지는 않는다.[66]

그 단서는 피콕이 신의 활동 문제에 대해 양자 미결정성의 적절성을 거부하는 이유를 설명한 최근 논문에서 발견할 수 있다. 여기서 피콕은 다음과 같이 쓰고 있다. "양자 사건의 내재된 예측 불가능성은 그 시스템의 이러한 변수들의 값에 대해 그리고 미래 궤적에 대해 전지전능한 신조차도 가질 수 있는 지식의 한계를 나타낸다."[67]

이것이 피콕이 다양한 경우에 되돌아가는 관점이 될 것이다. 내 짐작으로는 이 견해는 두 가지 중요한 방식에서 잘못된 것이다. 이를 알아보기 위해 하이젠베르크 해석에 의하면, 양자 체계는 초기에 파동함수 ψ에 의해 표현되는 몇 가지 뚜렷한 퍼텐셜 상태(potential states)의 포갬 안에 있다는 것을 상기하라. 갑자기 그들 중 하나가 "파동함수의 붕괴"와 함께 실제적인 것이 된다. 그 결과를 결정하는 어떠한 *자연의 효율적 원인*들이 없기 때문에, 우리는 단지 그것이 실현될 상대적 확률을 예측할 수 있을 뿐이다. 즉, 붕괴 중에 양자 체계는 미결정적으로 발전한다.

피콕에 의하면 신조차 어떤 퍼텐셜 상태가 실현될 것인지 그리고 어떤 미래 궤적이 그 상태를 위한 것인지 알 수 없다. 이 주장을 한 번에 한 계단씩 다루어 보자. 파동함수 ψ 안에(기술적으로 보른 해석을 따르는 파동함수의 절대 평방 안에서) 상대적 확률만이 있다는 것이 사실이지만, 이 확률은 *정확하게* 파동함수로부터 계산될 수 있다. 게다가 만약 과학자가 그것을 정확히 계산할 수 있다면, 확실히 신도 그 확률을 정확히 알 수 있을 것이고, 아마도 계산 없이도 알 수 있을 것이다. 따라서 우리가 상대적 확률을 다룬다는 사실은 "이러한 변수들의 값에 대하여 전지전능한 신조차도 가질 수 있는 지식의 한계"를 나타내는 것이 *아니다*.

그러나 더욱 중요하게 피콕은 또한, 그 결과를 결정하는 자연의 효율적 원인이 없기 때문에, 신은 어떤 퍼텐셜 상태가 실현될 것인지 알 수 없다는 것을 제안하는 듯하다. 그러나 그것은 자연의 효율적 원인이 없기 때문에 신조차 결과를 결정하는 데 역할을 할 수 없다는 것을 가정한다. 대신에 나는 신학적으로 이렇게 주장한다. 어떤 양자 결과가 실현될 것인지 결정하기 위해서 신은 효율적 원인인 자연에게 부족한 것을 제공함으로써 자연과 함께 활동한다. 그리고 신은 효율적 원인이거나 다른 원인이거나 자연의 원인이 되지 않으면서 그렇게 활동한다. 본질적으로 신은 어떤 퍼텐셜 상태가 실현될 것인지 알고 있다. 왜냐하면 신은 *그 퍼텐셜 상태가 실현되게 하는 원인이기 때문이다.*

마지막으로 그 시스템이 한정된 상태에 있자마자 그 미래 상태는 결정론적인 슈뢰딩거 방정식에 의해 결정된다. 따라서 피콕의 견해와 반대로, 신은 실제적 한정된 현재 상태로부터 그 미래 상태를 쉽게 예측할 수 있다. 더욱더 정확히 전통적인 언어를 사용한다면, 신은 미래 상태를 그것의 현재 상태로서 알 수 있다. 신은 미래를 현재로부터 예측할 필요가 없다.[68] 내가 도달한 결론은 피콕이 신의 활동에 대한 신학과 관련해서 양자 미결정론을 거부한 이유가 잘못된 논거에 근거하고 있다는 것이고 우리가 양자에 근거한 신의 비개입적 객관적 활동에 대한 평가에서 앞으로 나아가면서 그 이유들은 제쳐두어야 한다는 것이다.

e) 양자 역학은 신의 활동을 "삽화적"이게 하고 따라서 받아들일 수 없게 만드나? 1986년부터 시작된 글에서 존 폴킹혼은 신의 활동에 대한 이해를

위한 양자물리학이 제공하는 가능성들에 대해 회의적이다.『하나의 세계』에서 그는 폴라드의 주장을 인용한다. 그러나 그것은 "억지로 짜 맞춘 느낌"을[69] 가진다고 주장했다. 1988년 그는 다시 폴라드의 주장을 거부했다. "우주의 곧 부서질 듯한 뿌리를 만지작거리는, 그러한 비밀스런 신의 개념은 그 자체가 많은 사람들에게 추천되지 못한다."[70] 그러나 1년 뒤 폴킹혼은 그러한 수사적 논평을 넘어서서 그 개념에 더욱더 객관적 응답을 제시하면서 두 가지 문제를 거론하였다. 1) "그 개념은 규칙성을 생성하기 위하여 무작위성을 향한 성향, 즉 카오스로부터 나오는 질서를 향한 성향에서 실패한다." 2) "뉴턴 역학의 세계의 일상적 확실성들이 그들의 적당한 양자 기질로부터 나온다면, 그들이 스스로 인간의 자유나 또는 신의 자유에 대한 충분한 근거를 제공하지 못하는 것 같다."[71] 폴킹혼의 첫째 지적에 반응하여, 나는 폴라드가 우연은 한 형태의 인과율이 아니라 인과율이 없는 것으로 보았다고 생각한다. 폴킹혼의 둘째 지적에 대해서, 비록 폴라드가 그렇게 했다 하더라도, 양자 미결정론이 인간의 활동이나 신의 활동에 필수적인 모든 것을 기여한다고 주장을 하지 않으면서, 우리는 그것이 인간의 활동이나 신의 활동 문제에 중요한 것을 기여한다고 주장할 수 있다.

1991년 폴킹혼은 그가 왜 양자물리학에 대한 호소가 신의 활동 문제에 대해 실제 복잡한 문제들을 야기한다고 믿는지 세 가지 추가적 이유를 제시했다.[72] 1) 첫 번째 이유는 고전적 과학의 카오스에 초점을 두는데, 카오스에서는 초기 조건의 작은 변화가 시스템이 시간 내에서 발달하면서 빠르게 큰 변화로 증폭된다. 어떤 학자들은 양자물리학이 이러한 초기 변화의 궁극적 원천일 것이라고 상상했다. 폴킹혼에 의하면, 문제는 양자물리학의 방정식이 그들의 고전적 대응물과 달리 카오스적이지 않다는 것이다. 그러나 사정이 그렇다면, 어떻게 고전적 수준의 카오스는 기저의 비-카오스적 양자 과정으로부터 나올 수 있는가? 2) 양자물리학은 결정론적인 해석을 포함하여 경쟁적인 해석들의 대상이다. 이것은 우리가 양자물리학으로부터 너무 빨리 형이상학적 결론을 도출하려는 것으로부터 조심시킨다고 폴킹혼은 경고한다. 3) 마지막으로, 폴킹혼은 양자 측정 문제를 거론한다. 만약 그 장치도 역시 미결정성 원리를 따르는 기본 입자들로 구성되어 있다면, 어떻게 한 조각의 장치가 양자 시스템에 대한 정확한 측정을 생산할 수 있겠는가?

신의 활동의 맥락에서 폴킹혼이 양자물리학을 사용하지 않는 이유들은 중요하고 주의 깊은 응답을 받을 자격이 있다. ⑴의 관점에서 폴킹혼이 이론 물리학에 대해 "양자 카오스론"이 제시하는 엄청난 어려움들을 지적하는 것은 확실히 옳았다. 그러나, 나는 그러한 어려움들이 양자 역학의 관점에서 신의 활동을 해석하는 문제에 대해 직접적으로 관련이 된다고 생각하지 않는다. 사실 초기 조건의 작은 변화들을 증폭시키기 위해 카오스에 의존하지 않는 고전적, 거시적 세계 안에서 양자 과정들이 특별한 효과의 기저가 되고 그것들을 생성하는 여러 가지 방식들이 있다. 폴킹혼의 주장과 반대로, 대부분의 미세-중간 그리고 미세-미세 비가역적 상호 작용(이런 종류의 상호 작용의 예를 보려면 위의 4B를 보시오)은 말할 것도 없고, 대부분의 미세-거대 비가역적 상호 작용에서조차도 양자 카오스는 필연적으로(또는 전형적으로) 관련되는 것은 아니다. ⑵ 폴킹혼의 두 번째 요점인 여러 가지 해석가능성의 문제는 위의 방법론 장에서 설명되었다. 마지막으로 요점 ⑶은 물론 파동함수 붕괴의 문제에 대한 보어의 "두 세계" 접근에 대한 표준 비판을 다시 설명하는 것이다. "두 세계" 접근은 세계를 고전적 대상(측정 도구)과 양자 과정들(측정의 주체)로 나누어 다루는 것이다. 그러나 그것은 여기서 만들어지고 있는 주장에 대한 비판이 아니다. 왜냐하면 나는 보어의 접근을 채택하지 않았고 하이젠베르크의 존재론적 미결정론에 대한 주장을 채택했기 때문이다.

폴킹혼은 1995년 이 문제들로 되돌아 왔다. 그는 각주에서 폴라드의 초기 연구를 언급했다.[73] 여기서 그는 실제 그의 둘째 문제를 내려놓으려고 하였다. 다른 해석들이 가능하더라도, 존재론적 미결정론은 "의식적이든 또는 무의식적이든 대부분의 물리학자들의 지지를 받는다". 그러나 폴킹혼은 요점 3)을 되풀이 한다. 그는 약간의 다른 방향에서 셋째 요점의 함의를 받아들이고 그리고 양자 역학에 관련된 신의 활동이 "삽화적"(episodic)일 것이라는 자주 인용되는 비난으로 이어간다. 폴킹혼에 의하면, 양자 행동의 미결정론은 단지 "거시 세계에서 그러한 효과들의 비가역적 등록을 통해서 측정이라고 서술될 자격이 있는 그러한 특별한 사건들에서만 일어난다. 측정들 사이에는 슈뢰딩거의 방정식의 연속적 결정론이 적용된다". 측정은 가끔 일어나기 때문에, 이러한 접근은 신의 활동을 "측정의 경우"로 제한할 것이고, "섭리 행위자에 대한 삽화적 설명"을 제안할 것이다. 이러한 것들과 다른 이유들 때문에, 폴킹혼은 양자물리학으로부터 카오스 이론으로 돌아섰다. 부인할 수 없게 미결정론적 해석을 운반하는 새로운 전체적 법칙들이 언젠가는 발견될 것이라는 표시라는 것이다. 그러한 전체적-카오스 법칙들은 일상의 고전적 세계를 서술할 것이고, 현재의 카오스 이론을 "하향 창발적" 한계의 경우로서 포함시킬 것이며, 그래서 신의 비개입적 특수 활동과 일치할 것이라고 그는 생각한다.

물론 측정의 문제가 양자 역학의 철학적 근거에 있는 굉장히 복잡한 문제들과 연결되어 있다는 것은 확실히 사실이다. 그러나 이것으로부터 측정의 문제가 신의 활동을 "삽화적"으로 만들어버린다는 것이 따라오는 것은 아니다. 이것을 알아보기 위해 우리는 폴킹혼의 요지를 자세히 뜯어볼 필요가 있다. 첫째, 폴킹혼은 양자 행동에서 미결정성이 그러한 효과들의 비가역적 등록이 거시 세계에서 생길 때에 한해서만 일어난다고 주장한다. 즉 본질적으로 측정의 개념은 양자(미세) 수준과 고전적(거대) 수준(즉, 내가 비가역적 미세-거대 상호 작용이라고 부르는 것)을 포함한 과정에 제한된다. 대신에 나는 양자행동의 미결정성은 비가역적 상호 작용의 미세-거대 수준에서만이 아니라 미세-중간 그리고 미세-미세 수준의 비가역적 상호 작용에서도 생긴다고 주장했다(4A 절을 보시오). 따라서 폴킹혼의 첫 주장은 보증되지 않는다.

이것은 그의 둘째 주장, 즉 측정이 단지 가끔 일어나며, 신의 활동을 특성상 "삽화적"으로 만든다는 주장을 남겨 놓는다. 그러나, 사실 그 측정들은, 이전의 토론에서 제시된 사례들로부터 분명한 것처럼, 조건들이 미세-미세, 미세-중간, 그리고 미세-거대의 비가역적 상호 작용에 적합할 때 어떤 시간에도 그리고 우주의 어떤 장소에서도 일어날 수 있다. 따라서 폴킹혼의 이해와는 반대로, 내가 여기서 권장하는 양자 수준에서의 신의 활동에 대한 해석은 *섭리적으로 모든 자연 안에서 그리고 자연을 통해서 어디에서도 그리고 언제라도 활동하는 신을* 제안한다. 그 신의 활동은 결코 "삽화적"이지 않다.

현재 6장이 된 것의 원문 각주에서, 나는 신의 활동의 이러한 포괄적인 특성을 제안하기 위해 "편재적"(ubiquitous)이란 용어를 사용했다. 왜냐하면 "삽화적"이란 용어가 양자 사건을 매우 드문 것으로 들리게 하기 때문이다.[74] 나는 이제 이 두 용어들("삽화적" 그리고 "편재적")이 실재에 있어서는 하나의 복합 상황인 것의 서로 다른 측면들을 적절하게 강조하지 못한다는 것을 이해하게 되었다. 신의 비개입적 활동이 양자 사건의 갑작스런 혼란된 측면과 관련이 있지만 그러나 슈뢰딩거 방정식에 따른 그 시스템의 지속적 시간 발전과는 무관하다는 것을 제안하는 어떤 용어가 필요하다. 신의 그러한 활동에 적당한 용어는 "널리 미치는"(pervasive)일 수 있다. 그래서 나는 이 용어를 앞으로의 글에서 사용할 것이다. 이러한 이해가 준비되었으니, 우리는 이러한 접근이 삽화적이라는 더 이상의 우려를 잠재울 수 있을 것이라고 희망한다.[75]

f) 왜 양자에 근거한 신의 비개입적 객관적 활동에 반대하는 사운더스/와일드만의 사도논법 (tetralemma)주장은 원리적으로 실패인가?[76]

1)사운더스의 주장과 나의 응답. 니콜라스 사운더스는 신의 특수 활동 프로젝트 전반(SDA)에 대하여 그리고 특별히 머피, 엘리스, 트래시와 나의

양자에 근거한 신의 비개입적 객관적 활동 프로젝트에 대하여 긴 분석을 내놓았다.[77] 그는 "세상에서의 신의 활동에 대한 전통적 이해를 위하여 만들어지는 사례는 아주 절망적이며 *현대신학은 위기에 처해 있다*"[78]고 결론을 내렸다. 그러한 판단은 여러 곳에 인용되었고 그 판단에 현저하게 "동의한" 피콕이 그렇게 인용하였다.[79] 나는 간략히 사운더스의 견해를 토론하고 거기에 응답할 것이다. 그런 다음 나는 와일드만이 사운더스의 견해를 새로 표현한 방식을 요약하고 거기에 역시 응답할 것이다.

2000년에 출판되어 널리 읽힌 논문에서[80] 사운더스는 양자물리학에 대한 몇 가지 해석과 섭리와 신의 활동에 대한 다양한 신학적 개념에 대한 개관을 제시했다. 그런 다음 그는 신의 활동과 양자 역학을 연관시키는 네 가지 방식을 서술했다. 처음 세 가지는 신이 측정들 간의 파동함수를 변화시킨다는 것, 신은 양자 시스템에 대하여 측정을 만든다는 것 또는 신은 특별한 결과를 얻는 확률을 변화시킨다는 것이다. 신기하게도 그러한 방식들은 내가 신학과 과학에서 알고 있는 어떠한 중요한 학자들의 실재 입장을 서술하고 있지 않으며, 사운더스는 그 방식들이 그렇게 한다고 주장하지도 않는다. 따라서 그 방식들의 제시는 실체적 주장이라기보다는 학문적 연습으로 여겨진다.

사운더스에 의하면 네 번째 접근은 "신은 정통의 양자 역학이 예측한 확률을 무시하고 단지 특별한 측정의 결과를 통제한다"는 것이다. 만약 이 접근을 더욱더 조심스럽게 다시 표현한다면, 그것은 우리들 중 몇몇이 말하고 싶은 것에 가까울 것이다. 내가 그것을 말하는 방식은[81] 아마도 신이 정통적 양자 역학이 예측한 확률을 미리 알고 있을 것이라는 것이다. 왜냐하면 결국에는 이 확률은 궁극적으로 자연 안에서 신의 중재된 활동의 결과인 것의 가능한 성과들을 서술하기 때문이다. (우리가 아래에서 보게 되는 것처럼, 이것은 사실 사운더스가 자연의 법칙에 대한 "규정적" 설명이라고 부른 것과 비슷하다. 즉, 법칙은 신의 기저의 인과율의 결과를 서술하는 것이고 그들 스스로 존재론적 상태를 가지고 있지 않다.) 폴라드가 제안하는 것으로 보이는 것처럼, 신이 양자 수준에서 자연 과정의 결과물을 일방적으로 통제하기보다는, 내 견해로는, 신은 사건이 일어나기 전에 양자 역학에 의해 주어진 확률과 일치하는 특별한 측정의 결과를 초래하기 위해 자연과 함께 활동한다. 따라서, 자연과 함께 하는 신의 활동은 특별한 결과들이 거시적 수준에서, 간접적이기는 해도, 중요한 효과를 가질 수 있다는 사실과 일치한다. 신은 그 중요한 효과를 초래하기를 원하고 그리고 신앙인들이 그 효과를 신의 특수 섭리의 객관적 활동이라고 올바르게 생각할 수 있다. 사운더스는 이러한 접근에서 어떠한 문제도 발견하지 못했다고 인정했다. 물론 그것은 우리로 하여금 양자 역학에 관해서 특별한 철학적 입장 안에서(즉, 존재론적 미결정론) 작업할 것을 요구하지만 그러나 이것은 내가 반복해서 강조하는 것처럼 피할 수 없다.

사운더스는 이러한 주장들을 충분히 긴 책으로 2002년 출판했다.[82] 내 견해로는 그것은 몇 가지 프로젝트에 특별히 주의를 기울인 신의 활동과 과학의 전반적인 문제에 대해 잘 연구되었고, 섬세하게 다듬어지고, 매우 미묘한 차이가 있으며, 그리고 아주 가치 있는 발표이고 분석이다. 거기에는 카오스 이론(예를 들면, 폴킹혼)과 양자 역학의 맥락 안에서 신의 활동을 포함한다. 나는 그 책의 초반에 있는 양자에 근거한 신의 비개입적 객관적 활동에 대한 나의 글에 대한 사운더스의 요약이 아주 공정하다고 생각했다.[83] 그런데 더욱더 당혹스러운 것은 머피, 엘리스, 트래시 그리고 내가 취한 접근에 대한 그의 결론이었다.

본질적으로 사운더스가 주장하는 것은 "신의 개입을 피하기 위해, 우리는 파동함수에 대한 보른의 확률 해석이 존재론적 우선성을 갖는다는 것을 거부해야 하고, 그것은 단지 상당히 여러 번 반복된 주어진 측정을 위한 동일한 시스템들의 앙상블 간의 근사적 관계일 뿐이라는 것을 주장해야 한다"는 것이다. 그러나 사운더스에 의하면, 우리 중 어느 누구도 이러한 규정적/서술적(regulative/descriptive) 방식으로 양자 법칙을 해석하고 있지 않다.[84] 게다가 사운더스가 주장하는 것은 만약 누군가가 자연 법칙에 대해 서술적 접근을 취하면, 이것은 양자 역학을 신의 비개입적 활동의 문제와 무관하게 만든다는 것이다. 왜냐하면 규정적 방법이 신의 활동을 관련된 과학의 결정성(또는 미결정성)과는 관계없이 비개입적으로 만들 수 있기 때문이다.[85]

첫 요지에 대해 사실 나는 과학적 법칙에 대해 존재론적 관점보다는 규정적 관점을 더 좋아한다. 비록 내가 아마도 그런 주제에 대한 나의 저술들에서 전적으로 분명하거나 일관적이지 못했음을 잘 깨닫고 있지만, 물리학자들이 흔히 자연의 법칙들이 존재론적인 듯이 이야기하지만, 그리고 결국 나도 그런 공동체 안에서 성장했지만, 신학과 과학에서의 단지 소수 학자들만이 그러한 법칙들에 대해 플라톤적 태도를 채택하는 듯하다. 대신에 대부분 학자들은 그러한 법칙들은, 빌 스테거가 신학과 자연과학 센터/교황청 천문대의 시리즈가 시작할 때 그렇게 결정적으로 주장한 것처럼, 자연 안에서 궁극적으로 신의 규정적이고 신뢰할 수 있는 활동인 것을 서술하는 것으로 본다.[86] 신이 그 법칙들이 지배하는 우주와 함께 그러한 법칙들을 *무로부터* 창조했다는 것(그 법칙들이 영원한 것이라고 하는 플라톤의 데미우르고스와 달리)을 확인하는 한, 사실 나는 양자 법칙이 존재론적 지위를 갖는다는 것에 대해 과도한 반대는 하지 않는다.

사운더스는 또한 자연 법칙에 대한 규정적 관점은 양자 역학의 중요성을 손상시킨다고 주장한다. 왜냐하면, 어떤 과학 법칙도 신의 비개입적 활동과 일치할 것이기 때문이다. 내 반응은, 규정적 관점으로부터 자연의 모든 법칙이 신의 특수 활동과 일반 활동과 일치하겠지만, 규정적 관점이 이러한 법칙들을 발견하는 신학적 중요성을 손상시키지 않는다는 것이다. 신의 특수 섭리와 일반 섭리는 자연 법칙에 대한 규정적 그리고 결정론적 설명에서 구분이 흐릿해진다. 그러나 우리는, 고전 역학과 양자 역학의 경우에서처럼 기저의 결정론적 법칙과 확률적 법칙 사이에 차이가 있을 때, 특수 섭리와 일반 섭리를 구분할 수 있다. 따라서 사운더스의 생각과는 반대로, 양자 역학은 심지어 양자 역학의 법칙들에 대한 규정적 해석을 가지고서도 중요한 신학적 차이를 만들기 위해서 과학 안에서의 어떤 구역을 제공한다. 그 이유는 고전 역학은 미래가 임의적으로 정확하게 현재로부터 예측될 수 있는 것처럼 자연의 과정을 묘사하기 때문이다. 비록 이러한 법칙들이 단지 신의 활동에 대한 서술이라도, 만약 신이 진정 새롭고 예측 불가능한 어떤 것을 생기게 한다면, 이것은 확실히 적어도 인식론적 수준에서 신의 일종의 개입이다. 이와 동일한 것이 양자 역학에서 단순히 성립하지 않는다. 양자 역학에서는 근본적으로 예측 불가능함이 "당연한" 것이다.

그러나, 사운더스가 발전시킨 더 깊이 있는 비평은, 만약 양자 역학의 법칙들이 존재론적 지위를 갖는다고 생각된다면, 그때 객관적으로 활동하기 위해서는 신이 자연 안에서 무시하거나 개입해야만 한다는 것이다. 그러나 이것은 오직 *각* 사건이 존재론적 확률 분포에 의해서 결정되는 경우에만 참이 될 것이다. ***만약 각 사건이 아니라 전체로서의 앙상블이*** 존재론적 확률 분포에 의해서 결정된다면, 그것은 참이 ***아닐 것이다.*** 분명히 전자의 관점에서 신의 활동은 정의상 개입주의적이 될 것이다. 신의 활동은 파동함수가 각 사건과 모든 사건을 결정한다는 사실과 부딪히기 때문이다.

사실 나는 이것이 이해 가능한 입장이라고 확신하지 않는다. 어떤 경우에서도 내가 아는 한 신의 활동 연속물에서 ***어느 누구도*** 이러한 견해를 취하지 않기 때문에 확실히 그것은 "헷갈리게 하는" 것이다. 진정 만약 고전 물리학에 비해 양자 통계학에서의 놀라운 변화가 자연 안에서 효과적 인과율이 없음을 지적할 수 있는 양자 역학에서조차 존재론적 확률 분포가 고전 역학의 우연의 특징이 되고 신의 객관적 활동을 개입적인 것으로 만들어 버리는 일종의 "인식론적 무지"와 실제로 동등했다면, 우리가 왜 신학과 자연과학 센터와 바티칸 천문대가 착수했던 것과 같은 십 년 간의 연구 회의를 소집하겠는가?[87]

2) 사운더스의 주장에 대한 와일드만의 재구성과 나의 응답. 웨슬리 와일드만은 사운더스의 주장에 대해 조심스런 요약과 비평을 제공했다.[88] 와일드만에 의하면, 사운더스는 신의 특수 활동 프로젝트(SDA) 이론들의 성공은 엄격한 준거에 의해 판단되어야 한다고 믿는다. 와일드만은 이 준거는 다음의 네 가지 요인들을 포함하기 때문에 그것들을 "사도논법"(tetralemma)이라고 한다. 1) 객관성, 2) 양립불가능주의(자유는 결정론과 양립불가능하다), 3) 비개입성, 그리고 4) "자연 법칙에 대한 강력한 존재론적 관점"이다.[89] 마지막 요인으로 와일드만이 의미하는 것은, 사운더스의 입장을 직접 토론하면서 앞에서 지적한 바와 같이, 양자 역학에서 발견되는 것과 같은 결정적일 뿐 아니라 확률적(stochastic) 법칙들이 "사건들의 앙상블 내에서 *각 개별 사건들을* 지배한다"[90]는 것이다. 그런 뒤에 와일드만은 이렇게 여러 가지를 주장한다. "신의 특수 활동 프로젝트의 모든 이론들은 사도논법 준거에 미달한다." 양자에 근거한 신의 특수 활동 프로젝트(QSDA)의 각 옹호자는 이 실패를 알고 있다. 그리고 그들은 "성공을 위한 준거를 규정하는 네 가지 명제 중 하나를 약화시키거나 거부함으로써"[91] 양자에 근거한 신의 특수 활동 프로젝트에 대한 자신들의 버전을 "방어한다". 따라서 사도논법에 부합하려는 이러한 명제들의 실패가 사운더스가 그러한 것들을 일축한 이유를 설명한다.[92]

그러면 이것은 와일드만이 사운더스와 동의한다는 것을 뜻하는가? 한편으로 그는 우리가 왜 사도논법에서 그렇게 중요한 요인으로 작용하는 자연 법칙에 대한 강력한 존재론적 해석을 받아들여야 하는 이유를 설명하지 못한 것에 대해 사운더스를 비판한다. 사실 그는 이 점에 대한 사운더스의 침묵이 사운더스 책에서의 "핵심적 실수"라고 한다. 반면에 그는 양자에 근거한 신의 특수 활동 프로젝트의 지지자들이 그 프로젝트를 거부할 이유를 제시하지 않은 것을 비판한다.[93] 그런 뒤 와일드만은 상당히 강력한 조치로 존재론적 문제로부터 사도논법 내에서 양립불가능주의의 가정으로 초점을 옮긴다. *이러한* 가정은 와일드만으로 하여금 양자에 근거한 신의 특수 활동 프로젝트가 실패해야만 한다는 결론에 이르게 한다. 그리고 여기서 그는 그의 주장의 핵심을 드러낸다. 즉 칸트의 양립주의에 대한 그의 투신이다. 본질적으로 신의 특수 활동 프로젝트(SDA)의 실패는 전적으로 예상된다. 왜냐하면, 이성에 대한 칸트의 이율배반이 자연과 인간 자유 안에서의 인과율은, 사도논법과는 달리, 자유에 대한 **양립가능론적** 관점을 요구한다는 것을 보여 주기 때문이다. 자유는 인간 경험의 가능성을 위한 초월적 조건이라고 이해된다. 그때 와일드만의 **핵심** 조치는 칸트의 주장이 "신의 자유로운 활동에도 똑같이 잘 적용된다"고 주장하는 것이다. 따라서 양자에 근거한 신의 특수 활동 프로젝트(QSDA) 제안은 불가피하게 사도논법이 제기하는 검증에 실패한다. 왜냐하면 그것은 양립불가능론을 요구하고, 이것은 칸트에 의해 배제되기 때문이다.

그러나 왜 우리는 칸트를 기정사실로 받아들여야 하는가? 필립 클레이튼은 와일드만의 논문에 반응하여 그가 칸트를 반박하면서 채택한 다섯 가지 주장을 열거했다.[94] 나는 칸트에 대한 나의 자세한 응답은 제쳐두고 단지 두 가지 간단한 논평을 제시할 것이다. 첫째 만약 칸트의 양립가능론(자유는 결정론과 양립가능하다)이 전제된다면, 과학의 미결정론적 해석을 추구할 어떠한 이유도 없었을 것이다. 그러나, 이것은 분명히 신학과 자연과학 센터/교황청 천문대 회의 시리즈의 전체 연구 의제의 한 부분이었다. 둘째 자연 안에 있는 인과율에 대한 미결정론적 해석이 양자 역학(그리고 20세기 물리학의 다른 영역들) 때문에 가능하게 되었다는 사실은 칸트의 형이상학적 체계에 대한 독단적 수용에 도전하고, 이 회의 시리즈에서 몇몇 참여자들이 보여 준 화이트헤드 형이상학에 대한 열정적 관심에 의해 명백해진 것처럼, 또 대안적 시스템에 대한 새로운 설명을 요구한다.

그러면 사도논법은 어떤가? 만약 양립불가능주의가 생존 가능한 가정(와일드만에게는 죄송하지만)이라면 자연 법칙에 대한 사운더스의 강력한 존재론적 해석은 어떤가? 그것이 실제로 모든 성공적인 신의 특수 활동 프로젝트 제안들이 채워야 하는 필요조건인가? 거의 그렇지 않다. 와일드만 그 스스로가 이야기한 것처럼, 만약 강력한 존재론적 해석이 옳다면, "양자에 근거한 신의 특수 활동 프로젝트의 비개입적 해석이 불가능하다고 결론을 내리기 위해서 사운더스의 책의 두 장이나 또는 많은 회의들이 필요하지 않다". 한마디 더 한다면, 내가 아는 한 양자에 근거한 특수 활동 프로젝트를 연구하는 어떤 학자도 사도논법이 "성공의 준거"를 나타내는 것이라고 여기지 않으며 나아가서 그들은 와일드만이 주장한 것처럼 실패를 피하기 위해 네 가지 명제 중 하나를 배척하기 위해 나서지 않는다. 그러한 이유는 아주 간단하다. 사도논법은 내적으로 그리고 자명하게 자기 모순적이다. 신의 비개입적 객관적 활동에 대한 양립불가능주의 설명은 자연이 인과적으로 미결정론적이라는 것을 요구한다. 그러나, 자연 법칙에 대한 강력한 존재론적 해석은 자연이 이들 법칙들에 의해 사건마다 결정론적으로 지배된다는 것을 의미한다. 따라서 사운더스의 주장의 핵심에 완전한 모순이 있다.

토마스 트래시가[95] 사도논법을 일축한 것은 놀라운 것이 아니다. 그는 이렇게 쓰고 있다. "이 네 가지 주장은 논리적으로 양립할 수 없다." 그리고 그 사도논법은 신의 특수 활동 프로젝트 제안에 대해 "성공을 위한 준거를" 규정할 수 없다. 그 준거를 인정하지 않는다고, 와일드만이 주장한 것처럼, 그러한 제안이 약화되지 않는다. "하나의 이론이 논리적으로 불가능한 작업을 달성할 수 없다고 해서 손상되지 않기" 때문이다. 실제로 트래시는 그 사도논법을 지지하는 것을 "분명한 실수"라고 부른다. 나는 강력히 동의한다.

g) 과정 신학은 양자 역학에 근거한 신의 비개입적 객관적 활동과 중요하게 다른 접근을 제공하는가?

이안 바버는 과정 철학의 관점에서 양자 역학에 근거한 신의 비개입적 객관적 활동에 대해 써오고 있다. 내 목적은 여기서 간략히 바버의 입장을 언급하고, 그것이 신의 비개입적 객관적 활동의 성공적 형태가 될 것인지를 조사하고, 그와 내가 우리의 양자 역학에 근거한 신의 비개입적 객관적 활동에 대한 접근과 관련하여 의미 있는 방식으로 다른지를 결정하며, 그리고 이 차이들의 중요성을 평가하는 것이다.[96]

바버는 양자 역학에 대한 코펜하겐 해석의 하이젠베르크 버전을 채택한다. 거기서 불확정성 원리는 아원자 수준에서 존재론적 미결정성의 표식이다.[97] 바버에 의하면 "양자 사건들은 필요조건을 만족하지만 충분조건은 만족하지 않는 물리적 원인들을 가지고 있다. 그 사건들의 마지막 결정은 신에 의해 직접 이루어질 것이다. 우연이라고 보이는 것이 신이 활동하는 바로 그 지점일 수 있다".[98] 본질적으로 양자사건은 부분적으로 신의 인과성(신의 "유혹") 때문에 일어나고, 부분적으로는 자연의 인과율("과거 실제 경우들의 파악" 그리고 "내적 새로움") 때문에 일어난다. 그런 다음 그는 이 해석을 과정 철학과 과정 신학의 관점에서 신의 활동에 대한 설명의 비개입적 설명을 조사하는 데 이용한다. 간단히 말하면, 양자 역학에 근거한 신의 비개입적 객관적 활동에 대한 과정 접근이다.

내 견해로는 이 접근은 4장에 전개된 것처럼 진정한 신의 비개입적 객관적 활동에 대한 중요한 준거, 즉 신의 활동은 객관적, 직접적, 그리고 중재적이라는 것을 아주 잘 준수한다. 가장 중요한 것은 바버가 양자 역학에 근거한 양자 수준에서 존재론적 미결정론에 대한 철학을 주장하는 것이고, 그러한 해석은 신의 비개입적 객관적 활동의 정의에 중요하다. 그러나 여기서 특별히 중요한 것은 이 해석이 바버가 신의 활동이 "비개입적"이라는 형이상학적 틀을 제공하는 과정 철학을 지지하는 것과는 독립적이라는 것이다. 나는 과정 형이상학이 본질적으로 그리고 스스로 신의 활동은 비개입적이라는 주장을 위한 틀을 제공한다고 주장했다(다시 4장을 보시오). 나는 그것을 "구성 요소적" 의미로 사용한다. 즉, 신의 활동은 실재의 경우의 자연을 구성하는 것의 부분이고 따라서 세계의 "밖에서"부터 자연 "안으로 뚫고 들어

올” 필요가 없다. 그러나 신의 비개입적 객관적 활동이 성공하기 위해서는 자연은 또한 어떤 수준에서 존재론적 미결정론적 관점에서 해석될 수 있는 과학적 근거를 보여 주어야 한다. 자연에는 충분한 효율적 인과율이 있다고 보이지 않는다. 이러한 근거가 없다면, 원래 구성적인 비개입주의에 대한 형이상학적 의미에 대한 호소는 고작해야 단지 수사적일 뿐이다. 왜냐하면 그 호소는 그러한 결정론에 도전하는 양자 과정뿐 아니라 라플라스의 결정론을 보여 주는 고전적 과정들에도 적용될 수 있기 때문이다.

바버와 나는 양자 역학에 근거한 신의 비개입적 객관적 활동에 대한 우리의 접근에서 중요한 방식으로 다른가? 나는 확실히 일반적으로 양자 역학에 근거한 신의 비개입적 객관적 활동의 많은 장점과 관련하여 바버와 의견을 같이 한다. 양자 수준에서의 신의 활동은 어떤 상황에서는 증폭될 수 있고 거시적, 대규모 현상으로 이끌 수 있다. 신의 활동은 일상적인 자료 안에 있는 “왜곡된” 것으로 과학에 의해 “감지될 수 있는” 것이 아니고, 과학적 반박에 열려 있는 것이 아니다.[99] 그러나 또한 바버는 원래 윌리암 폴라드가 발전시킨 이러한 접근에 대해 몇 가지 문제를 지적한다. 여기에서 신은 양자 미결정성을 완전히 조절하는 것으로 여겨진다. 그에 따라오는 입장은, 바버가 “신학적 결정론”이라고 부르는, 바버가 여러 가지 이유에서 반대하는 일종의 예정설이다. 즉 그것은 신에게 “세상에 대한 전체적 통제력”을 부여하고, 인간의 자유 의지를 손상시키며, 그리고 신에게 세상의 악에 책임을 지우는 것(즉, 신정론의 문제)이다. 신의 활동을 양자 수준에 제한함으로써, 바버는 폴라드가 “암묵적 환원주의”에로의 문을 열어 두었다고 보았다. 마지막으로 바버는, 폴라드가 갖지 못했던 정교한 형이상학 없이는, 우리는 단순히 “신적 원인, 자연의 원인, 그리고 자유로운 인간의 원인을 병치하는 것”만 하게 된다고 주장했다.[100]

과정 철학은 바버에게 이러한 우려를 피할 길을 제공한다. 그는 우리에게 자연의 각 실제 경우와 모든 수준에서 작용하는 인과관계의 세 가지 독

320

립된 원칙이 있다고 상기시킨다. 1) 인과적 과거(각 경우는 우리가 효율적 인과율(efficient causality)이라고 부르는 것을 초래하는 독특한 조합의 과거 경우들을 파악한다). 2) 신의 활동. 그것은 각 경우에게 주관적 유혹 또는 목적을 제공하지만 결과를 결정하지는 않는다(신의 유혹은 바버는 "최종 인과성"(final causation)이라고 한 것이다). 3) 합생(合生, concrescence)의 과정에서, 그 경우는 인과적 과거와 신의 주관적 유혹에 비추어 경험하고 자신의 모양을 만들어 갈 때에, 비환원적이고 진정한 새로움의 요소(즉, "자기-인과성").[101] 따라서, 신의 주관적인 유혹은 인과적 과거와 함께 양자 합생의 결과에 영향을 미치지만 그러나 전적으로 결정하지는 않는다. 대신에 내적 새로움이 자연의 가장 기본적인 수준에서와 그 수준의 모든 사건에서조차 현존한다. 과연 새로움의 현존은 형이상학적으로 요구된다. 이 때문에 내적 새로움은 모든 양자 사건에서 양자 미결정론에 비환원적인 기여를 하게 된다. 게다가 바버는 신의 힘에 대한 형이상학적 제한이 인간의 자유 의지에 대한 그의 관심을 해결하고, 신정론의 몇몇 측면을 완화시키는 것이라고 보았다. 이것을 고려할 때, 바버는 폴라드의 접근보다는 과정에 근거하고 양자 역학에 근거한 신의 비개입적 객관적 활동을 지지하는 것이다.

그러면, 바버와 내가 신의 비개입적 객관적 활동을 위해서 양자 역학을 사용하는 데 있어서 차이가 있다면 어디에 있나?[102] 나는 그러한 차이가 세 가지 연관된 영역에 있다고 믿는다. 1) 첫째 차이는 우리가 사용하는 상이한 형이상학으로부터 나온다. 바버에게 내적 새로움과 내재성은 모든 수준에서 자연의 *필수적이고 어디에나 있는* 특성이다.[103] 과정 형이상학은 자연의 모든 현상에 "적합하고 그리고 적용 가능한" "두터운 형이상학"을 제공한다.[104] 나는 "창발적 일원론"(emergent monism)이라고 가장 잘 서술되는 "얇은 형이상학"을 가지고 작업한다. 창발적 일원론 안에서 새로움은 의식과 행동자와 같은 다른 특성들과 더불어 생물학적이고 신경생리학적 복잡성의 더 높은 수준에서 *우발적이고 창발적인* 특성이다. 그 얇은 형이상학 안에서는 자연에서의 신의 활동의 종류와 정도가 수준에 따라 다양할 수 있다. 따라서 신학적 결정론을 피하고 인간의 자유 의지를 방어하면서, 그리고 신정론에 반응하려는 그의 관심을 내가 함께 하지만, 이러한 관심에 대한 나의 접근은 아주 다르다. 신의 인과적 효율성(causal efficacy)이 모든 양자 사건들에 형이상학적으로 한정된 것으로 여기는 대신에, 엘리스, 트래시, 그리고 나는 다른 방식을 조사하고 있다. 그 방식 안에서 신은 모든 양자 사건들이 아니라, 일부 양자 사건, 즉 특별히 그러한 소수의 사건들을 현실화시킨다. 그 소수의 사건들 안에서 정신적 인과성이 의지에 대한 신체적 반응을 야기하는 직접적이고 근본적 활동이다. 게다가 우리의 접근은 바닥-위 그리고 꼭대기-아래 접근의 결합에 대하여 개방적이고 따라서 환원주의적 바닥-위만의 설명에 대한 양보를 피한다.

2) 더 깊은 차이는 존재론적 미결정론에 대한 주장에서 과학의 본질적 역할과 관련되는 듯하다. 바버는 양자 수준에서 신의 비개입적 객관적 활동에 관한 자신의 주장을 하기 위해서 특별히 양자 역학과 하이젠베르크의 양자 역학에 대한 해석에 호소한다는 것을 인정한다. 나의 우려는 바버가 "미결정성이 양자 세계뿐 아니라 모든 통합된 활동의 수준에서도 과정사고에 의하여 가정된다"[105]고 계속 주장하는 것이다. 그러면 그 가정은 과정 형이상학에 의해 제공되는 사전 가정이다. 그러나 나는 존재론적 미결정론이 과학의 특별한 이론들에 근거한 사후 추론이고 이러한 추론은 단지 자연에서의 그 특별한 수준의 복잡성에서만 유지된다고 믿는다. 존재론적 미결정론은 그렇게 형이상학적 골격 안으로 새겨진 것이 아니다. 이것이 의미하는 것은 우리는 이러한 주장을 지지함에 있어서 사례마다 논거를 만들 필요가 있고, 우리가 아원자 물리학으로부터 신경과학 그리고 생태학 등으로 복잡성의 사다리를 올라가면서 우리가 발견한 자세한 과학적 이론들을 조사할 필요가 있다는 것이다. 아원자 수준에서 물리학을 고려할 때 *존재론적 미결정론*의 사례가 번창하는 경우와 같은 방식으로, 우리가 거시 물

리학의 일반적 수준에 있는 카오스 이론과 같은 자연의 결정론적 이론들을 발견할 때 *존재론적 결정론의 사례가* 강화된다.

우리는 심지어 미리 가정된 형이상학에 근거하는 모든 수준에서의 미결정론에 대한 연역적 주장은 "신학과 과학" 대화에 참여하는 근본적 이유(rational)를 깎아내리고, 신학이 과학의 실재 작동 이론들과 교류하는 방법론의 가치를 깎아내린다고 주장할 수 있다. 우리는 심지어 실재 경우들에 대한 형이상학은 양자 역학의 관점에서 충분하거나 또는 심지어 명백히 보증된 철학이 *아니라고* 주장할 수도 있다. 우리가, 가끔 있는 양자 사건/측정 과정을 제외하면 결정론적 슈뢰딩거 방정식이 기본입자들의 궤적을 지배하고 있다고 생각할 때, 전통적인 실체론적 형이상학과 같은 어떤 것이 양자 수준에서 더 강력하게 드러나게 될 것이다. 어쨌든, 그 차이는 형이상학 시스템에 대한 우리의 선택과 이 시스템들이 자연에 균일하게 그리고 전반적으로 적용되는 정도에 있다고 여겨진다.

3) 마지막으로 신정론의 문제가 바버와 나를 달리 반응하도록 이끈다. 화이트헤드의 관점에서 신의 힘의 형이상학적 한계는 왜 신은 악이 존재하게 두는가에 대한 부분적이지만 도움이 되는 응답이라고 여겨진다. 바버는 여기에 객관적 그리고 주관적 불멸성을 포함하는 과정 종말론에 대한 그의 지지를 추가한다. 내 견해로는 신의 힘에 한계를 두는 것은 악의 문제를 증가시킨다. 과정 접근에서는 실제로 악이 세상과 함께 영원하다. 내 견해로는 우리의 유일한 진짜 희망은 악이 신과 함께 영원해서는 안 되고, 악은 새로운 창조 안에서 신에 의해 영원히 극복되리라는 것이다. 따라서 나는 신의 활동에 의해 세계가 새로운 창조물로 변형하는 것을 포함하는 종말론과 더불어 작업한다. 그 종말론은 부활 날의 나자렛 예수의 육신의 부활에 근거한다. 따라서 신의 비개입적 객관적 활동에 대한 바버와 나의 두 형태는 지속적 창조주로서의 신의 활동의 경계를 넘어서, 그러나 아주 다른 방식으로 종말론을 지향하면서 악의 문제를 다루고 있다.

2. 양자 수준에서의 신의 활동과 일반 섭리

신은 양자 시스템의 존재를 무로부터 창조하고 유지한다. 그 시스템은 결정론적 슈뢰딩거 방정식의 지배를 받는 인과적 시간 진화를 경험하고, 그리고 신이 그 존재를 또한 유지시키는 다른 미시 시스템과 거시 시스템과 더불어 비가역적이고 미결정론적 상호 작용(즉, 양자 사건들)을 경험한다. 양자 시스템의 시간 진화는 상대적으로 빈 은하계 사이의 공간을 통해 여행하는 기본 입자들과 같은 고립된 시스템이나, 또는 아주 초기의 우주에 적용된다. 그것은 또한 원자와 분자들이 슈뢰딩거 방정식에 맞게 시간 진화를 겪으면서 서로 결합된 기본 입자들에게 적용된다. 양자 사건들과 그들에 관련된 미결정론은 미시 시스템들이 비가역적으로 서로 간에 또는 더욱 복잡한 분자 체계 또는 거시 체계들과 상호 작용할 때 생겨난다. (여기서 나는 간접적으로 세상에 중요한 변화를 이끄는 그래서 특수 섭리의 관점에서 해석될 수 있는 비가역적 상호 작용을 고려하지 않는다.)

여기서의 요지는 시간 진화와 비가역적 상호 작용 중에 입자들과 시스템들은 페르미-디랙(FD) 통계나 보제-아인슈타인(BE) 통계의 특성을 유지하고, 이러한 특성들은 우리가 자연의 일상의 세계로서 경험하고, 고전물리학의 관점에서 서술하는 덩어리(bulk) 물질의 고전적 특성을 설명한다는 것이다. 우리는 이러한 일상적 경험의 세계는 신의 일반 섭리(또는 계속 창조)의 탓이라고 돌린다. 구체적으로 말하자면, 일반 섭리는 계속 창조와 물리학, 지질학, 화학, 기상학, 진화 생물학 등등의 고전적 세계의 일반적 특성의 유지를 말한다. 따라서 우리가 일반 섭리라고 일상적으로 간주하는 것은 양자 시스템들의 시간 진화와 비가역적 상호 작용 동안에 양자 시스템들과 그들의 특성들이 계속 존재하게 하는 신의 ***직접*** 활동으로부터 ***간접적으로*** 발생한다. 간단히 말하면, 신은 양자 과정과 양자통계의 결과로서 고전적 우연뿐 아니라, 거시 구조들과 상호 작용들을 (간접적으로) 창조한다. 머피는 이렇게 서술한다. "거대 수준 존재체의 행동을 서술하는 법칙들은 가장 낮은 수준의 규칙성의 결과들이고 양자 수준에서 신이 의도하였던 직접 활동의 간접적 결과들이다. 나는 자연의 획일성은 신의 공예품이라고 제안한다."[106]

머피는 자신의 작업과 폴라드의 것을 아주 흥미롭게 비교한다. 그녀는 자신의 제안이 폴라드의 것과 비슷하지만 실제로는 그보다 더 낫다고 여긴다. 왜냐하면, 폴라드의 것과 달리 그녀의 제안은 꼭대기-아래 그리고 바닥-위 인과율을 주장함으로써 그리고 사건들의 결과에 대한 신의 불충분 결정(underdetermination)을 강조함으로써 인간의 자유를 허용하기 때문이다. 그러나 그녀는 몇 가지 핵심 질문을 답변하지 않은 채로 남겨둔다. "정확히 신이 아원자 존재체들의 행동을 지배함으로써 거시 수준에서 사건들의 결과를 결정할 가능성은 얼마인가? 아-원자 존재체들의 본성, 혹은 그녀가 그들의 '자연권리'라고 부르는 것을 위반하지 않으려고 신이 결정함으로써 거시 사건들에 대한 신의 결정에 가해지는 한계는 정확히 무엇인가?"[107] 이것은 우리를 다음의 문제로 이끈다. 그것은 1) 양자물리학 수준에서 고전적 세계의 일상적 특징과 특성을 창조하기 위해 일반적으로 활동하는 신과 2) 거시 수준에서 특별한 사건(우리가 특수 섭리 사건이라고 부르는 짓)을 간접적으로 생성하기 위해 특별한 양자 사건 안에서 활동하는 신 사이의 관계이다.

3. 양자 수준에서의 신의 활동과 특수 섭리와의 관계[108]

신의 비개입적 객관적 활동에 대한 이런 접근은 양자 역학의 구역이 일상적 거시 세계의 일반적 특징(즉, 일반 섭리/계속 창조)과 그 안에서의 특별한 사건들(즉, 특수 섭리)을 생기게 한다고 바라본다.

우리는 신학적 관점에서 양자 수준에서 신의 비개입적 활동이 앞에 서술된 고전적 세계의 일반적 특성의 창조뿐 아니라, 시간 안에서 그 특성의 유지와 물리적 발전, 혹은 우리가 일상적으로 일반 섭리(혹은 계속 창조)라고 부르는 것을 생기게 하는 방식을 방금 고찰하였다.[109] 그러나, 개별 양자 사건들은 언제나 거시 수준에서 "평균화"되고 따라서 양자 역학을 특수 섭리와 인간의 자유 의지와 무관하게 만든다는 것이 널리 주장되고 있다. 반면에 양자 과정들은 또한 몇 가지 방식으로 거시 세계 안에서 특별한 효과들의 기저를 이루고 발생시키며, 그리고 신의 비개입적 객관적 활동에 대한 양자에 근거한 접근을 통해서 특수 섭리의 신학에 특히 관계될 것이 분명하다.

한 가지 방식은 초유동성(superfluidity)과 초전도성과 같은 현상을 통하는 것이다. 그 현상들은 비록 일상적 고전적 세계 안에서 발견되더라도, 실제의 "덩치" 양자 상태이고 엘리스가 "거시 수준에서의 본질적인 양자 효과"[110]라고 부르는 것들이다. 다른 또 아주 다른 방식은 특수 양자 과정을 통하는 것이다. 그 과정들은 제대로 증폭될 때 고전적 세계에서 특별한 고전적 효과를 야기한다. 후자가 이 절의 초점이 될 것이고 특수 섭리의 관점에서 파악될 것이다. 명백한 사례들은 "슈뢰딩거의 고양이"와 같은 임시방편으로 세워진 상황으로부터 가이거 계수기처럼 일상적 측정 도구까지를 포함한다. 그러나 양자 과정으로부터 거시 수준에서의 특별한 효과의 생성은 *자연 안에서의* 광범위한 현상을 포함한다. 그들은 단일 광자에 반응하는 동물의 눈, 신경 연결에서의 양자 사건들로부터 나타나는 정신 상태, 또는 하나의 유기체 내에서의 단일 유전자 돌연변이(예를 들면, 겸상 세포 빈혈 또는 암을 유발하는)의 표현형 표현과 같은 것들이다. 정신 상태와 신경 점화에 관해서 엘리스는 두 가지 가능성을 토론한다. 1) 커다란 신경 다발들에서의 응집된 발화들이 뇌 영역 안에서 전체적 반응을 야기한다. (여기서 "증폭"은 거의 부적절한 용어다.) 2) 미세소관(微細小管, microtubules) 내에서 국소적 점화가 거시적 효과로 증폭된다. 이것은 로저 펜로스의 제안을 따른다.[111] 심지어 나는 과거 38억 년간의 지구 상의 생명의 진화는 부분적으로 "생물학적 증폭기"라고 부를 수 있는 것에 의존한다고 주장했다. 그것은 개별적 유기체들과 집단의 거시적 수준의 유전적 돌연변이 안에서 양자 역학의 효과를 표현하는 유전형-표현형의 관계이다.[112] 나는 6장에서 양자에 근거한 신의 비개입적 객관적 활동은 "유신론적 진화론"에 대한 강력한 설명을 전개하는 데에 엄청나게 관련된다고 주장할 것이다. "유신론적 진화론"에서 신의 비개입적 객관적 활동은 생명 현상을 생성하기 위하여 자연 안에서 그리고 자연과 함께 작동한다. 게다가, 대부분의 이 과정들 안에서 미시 상태로부터 거시 상태로의 증폭은 카오스 이론에 의존하지 않는다. 따라서 존 폴킹혼과 같은 일부 학자들의 주장과 반대로, 우리는 신의 활동에 대한 이러한 접근에서 해결되지 않은 "양자 카오스론" 문제를 다룰 필요가 *없다*.[113]

이 전의 글에서 나는 신학과 과학에서의 아주 중요한 업적을 언급했다. 그것은 1970년대 아서 피콕이[114] 우연에 대한 토론을 자크 모노와 같은 무신론자들에 의해 주장된(불행하게도 진화론을 거부하는 그리스도교인들에 의해서 너무 자주 받아들여지는 정식이다) "법칙 대 우연"의 갈등 모형으로부터 "법칙과 우연"의 통합 모형으로 이동시킨 것이다. 이러한 이동의 결과로 그리스도인들은 신이 자연 안에 물리적, 화학적, 그리고 생물학적 새로움을 창조하기 위해 법칙과 우연 두 가지 모두를 통해 활동한다고 주장할 수 있다. 그러나 이 맥락에서 우연의 의미는 시간 안에서 특별한 사건들을 통한 신의 비개입적 활동에 대한 진정한 의미로는 적당하지 않을 것이다.

나는 우리가 이제 양자물리학의 관점에서 "법칙과 우연"에 대한 우리 토론에서 더욱더 근본적인 이동에 직면해야 한다고 제안한다. 그것은 고전물리학에서의 우연(여기서 기저의 인과적 과정에 대한 단순한 인식론적 무지로서의 우연은 신의 비개입적 객관적 활동을 배제한다)으로부터 양자물리학에서의 우연(존재론적 미결정론으로서의 우연은 신의 비개입적 객관적 활동에 열려 있다)의 의미로의 이동이다. 신이 태초에 자연 안에 새겨진 가능성들의 끊임없는 펼쳐짐을 이신론(deism)의 관점에서 바라보기만 한다고 말하는 대신에, 우리는 이제 다음의 두 가지 방식으로 신이 고전적 영역 안에서 간접적으로 질서를 창조한다고 말할 수 있다. 1) 고전적 세계를 야기하는 페르미―디랙(FD)/보제―아인슈타인(BE) 통계학을 통해서 양자 역학적 우주를 직접 창조하는 방식과 그리고 2) 고전적 세계 안에서 새로움을 일어나게 하기 위해 양자 사건들의 미결정론을 통해서 지속 창조주로서 시간 안에서 직접 활동하는 방식이다. 따라서 신은 물리적 영역과 생물학적 영역에서 질서와 새로움의 진정한 신이다. 트레시가 쓴 것처럼, 양자물리학은 신학과 관련된다. 왜냐하면 양자물리학은 신의 활동이 세상의 규칙적이고 질서 있는 구조에 기여함에 있어서 "지속적이고 구석구석 침투하는 역할"을 수행하는 것이고 또한 "버려두면 미결정되었을 사건들에 대한 섭리적 결정"을 통해서 세상 안에서 "사건들의 방향"에 편차를 만들어내는 것이라고 서술하는 방식을 제공하기 때문이다.[115]

요약하면, 양자 수준에서의 신의 활동은 비개입적 방식으로 우리가 *일반 섭리*(즉, 계속 창조)의 관점에서 서술하는 세상의 일반적 특성들과 *특수 섭리*라고 하는 세상의 특별한 사건들 모두를 야기하는 것으로 파악될 수 있다.

4. 신의 활동은 국소적인가 아니면 전체적인가?

더 진행하기 전에 우리는 파동함수 ψ와 연관하여 신의 활동은 분명히 "국소적" 활동으로 생각되어야 한다는 함축된 가정을 심사해야 한다. 대신에 나는 두 가지 주장을 제안할 것이다.[116]

첫째, 기본 양자 역학에서 사용된 파동함수 ψ의 수학적 특성들과 그 파동함수 ψ을 정의하는 데 있어서 공간과 시간 변수들의 모수적(母數, parametric) 역할은 ψ와 관련된 신의 활동이 전체 공간과 전체 시간 안에서 생긴다는 것을 제안한다.[117] 이것을 알아보기 위해 우리는 $\psi = \psi(x,t)$ 같은 일반적[118] 파동함수 ψ로부터 시작한다. 원리적으로 ψ는 $-\infty \leq x \leq +\infty$ 그리고 $-\infty \leq t \leq +\infty$로 정의되고 x와 t는 둘 다 형식적으로 ψ의 모수가 된다. 우리는 적어도 세 가지 방식으로 이것을 생각할 수 있다. 1) 우리는 어떤 일정한 시점에서 x축에 따른 모든 위치에서 파동함수의 공간 형태를 규정할 수 있다. 2) x축이 시간 안에서 변하면서, x축을 따른 모든 위치에서 공간 형태를 서술할 수 있다. 3) 우리는 x축이 시간 안에서 변하면서, 공간의 어떤 특별한 지점에서 x축의 전위(높이)를 서술할 수 있다. 이제 아마도 2)는 시간의 한 순간에 공간 내에서 잘 규정된 위치를 가지고 있는 한 입자에 대한 고전적 개념에 우리가 개략적으로 도달하는 가장 근접한 것이다. 우리가 그것을 $x = x(t)$라고 서술할 수 있다. 따라서 당장 처음부터 물질에 대한 양자 개념의 비국소성에 대한 중요한 개념이 만들어진다. ψ와 관련된 신의 활동에 대한 우리의 개념은 이 점을 반영해야 한다. 우리는 신의 활동을 ψ와 연관하여 생각할 때, 신의 활동에 대하여 분명한 국소성을 전제하지 않도록 주의해야 한다. 우리가 이것이 개략적인 방식으로 이야기하는 것이란 사실을 명심하고 물질이나 신의 활동에 대한 고전적 개념 안으로 은연중에 빠지지 않는 한, 우리는 신의 활동에 대하여 공간 안에서 그 지역에 연관하여 생각함으로써 "국소적"인 것으로 생각할 수 있다. 그 지역에서 ψ은 상대적으로 넓으며 ψ에 의해 표현된 입자의 "위치"를 언급한다.

둘째, 신이 하나의 양자 사건(즉, 파동함수의 붕괴)을 초래하기 위해서 활동한다는 개념은, 이 사건이 간접적으로 특수 섭리의 한 사례로 인도하는 것인지와는 관계없이, 국소적 사건만큼이나 전체적 사건이다. 간단한 물리 과정을 생각해 보라. 하나의 입자가 시간 t_0에서 방출되고 이를테면, 한 시간 뒤인 시간 t_1에 감지될 때까지 자유롭게 공간을 통해 전파된다. t_0에서 t_1 사이에 그 입자의 운동은 슈뢰딩거의 방정식에 의해 지배되고, 그 입자의 파동함수 ψ는 그 입자가 처음 나온 위치에 중심을 두는 균일하게 퍼져나가는 구(球)이다. (더 정확히 하면, 그 입자는 하나의 파동묶음(波束, wavepacket)에 의해 서술되며, 그 파동묶음의 최대 값 ψ_{max}은 균일하게 퍼지는 구를 서술하지만, 그 최대 값은 어디에서도 제로(영)가 아니다.) 이제 한 시간 뒤인 t_1에서 그 입자가 감지되고 그 파동함수가 순간적으로 예측 불가능하게 감지기에서 그 입자를 나타내는 상태로 붕괴된다. (우리는 그 입자의 감지는 세상 안에 중요한 결과들을 갖는다는 추가적인 가정을 할 수도 있을 것이다. 우리는 그 결과들을 중재적이고 간접적인 신의 활동을 통해 특수 섭리의 관점에서 신학적으로 해석한다.) 그러면 이 모든 것이 양자 수준에서 신의 활동과 파동함수의 붕괴 간의 관계에 대해 제안하는 것은 무엇인가?

　여기에 반응하면서, 우리는 이 앞서 말한 요점을 명심해야 한다. 즉 신은 ψ와 관련된 공간과 시간 어디에서도 활동하는데, ψ는 공간을 통해 확장하고 시간 안에서 진화한다는 것이다. 과연, 우리가 신의 일반 섭리는 세상의 덩치, 즉 거시적 규모 안에서 세상을 유지시키는 것이라고 이해하는 것과 마찬가지로, 우리는 신의 "일반 활동"은 슈뢰딩거의 방정식에 의해 서술되는 것과 같은 ψ의 규칙적 시간 발전을 유지하는 신의 활동이라고 말할 수 있을 것이다. 그러나 편의를 위해, $\psi(\psi_{max})$이 구 모양으로 확장할 때 파동함수의 정점의 관점에서 생각해 보자. 왜냐하면, 모든 실제적 목적을 위해서 정점은 이제 막 "붕괴"하려는 구 모양의 파동묶음을 나타내기 때문이다.

　이제 붕괴의 순간에 ψ는 광–시간(光–時間) 球(구)인 ψ_s로부터 완전히 국소화된 파동묶음인 ψ_x으로 불연속적으로 변한다. 따라서 그 입자와 감지기를 포함하는 비가역적 상호 작용이나 양자 사건은 여기서 전체적 ψ_s과 국소적 ψ_x의 병치와 불연속적 전이를 통해서 표현된다. 그 병치와 전이는 우리가 파동함수의 붕괴를 통해서 의미하는 것을 공동으로 특징 짓고 공동으로 구성한다. 만약 우리가 이 사건과 연관된 신의 활동에 대해 생각한다면, 그때 또한 그 사건은 전체적이고 국소적 특징 둘 다를 가져야 한다. 즉 신은 감지기의 위치를 제외한 반경 한 광–시간(one light–hour)의 구체 어디에서나 제로가 아닌(nonzero) 진폭으로부터 제로인 진폭으로 **국소적** 전이를 일으킴으로써, 신은 그 "붕괴"를 야기하기 위하여 ψ_s에 대하여 **전체적으로** 활동한다. 마지막으로 만약 우리가 그때 그 입자의 감지가 특수 섭리의 활동이라고 해석하는 거시 사건을 일으킨다고 가정하면, 역사와 자연 안에서 중요한 국소적 거시 사건들을 말하는 특수 섭리의 개념은 양자 수준에서 신의 전체적 **그리고** 국소적 활동을 통해서 생긴다.[119]

5. 신의 활동, 양자물리학, 그리고 특수 상대성 이론의 도전[120]

지금까지 우리는 신의 활동과 양자물리학에 연관된 몇 가지 일반적 문제들을 토론하여 왔다. 더욱더 자세한 문제들로 가기 전에, 우리는 이 토론이 은연중에 뉴턴-갈릴레오 물리학에서 발견되는 공간과 시간에 대한 고전적 관점을 가정하였다는 것을 주목해야 한다. 특수 상대성 이론(1905년)은 양자물리학과 아울러 신의 활동에 대한 우리의 토론에 대한 중요한 문제들을 제기하고 있다. 더욱더 자세한 문제들로 향하기 전에 이것들을 간략히 언급하는 것이 좋을 것이다. 과연 양자물리학의 관점에서 신의 활동을 추구하지 않아야 한다며 제시된 몇 가지 이유들이 특수 상대성 이론과 연관된 문제들로부터 유래하는 것이지, 다음에 우리가 고려할 문제들로부터 나온 것이 아님을 알게 될 것이다. 나는 우선 과학적 문제들을 토론하고 그런 다음 그 문제들에 의해 제기된 신학적 문제들을 토론할 것이다.

과학의 관점에서 보면, 특히 코펜하겐 해석은 몇 가지 방식으로 특수 상대성 이론의 도전을 받는다. 첫째, 특수 상대성 이론은 어디서나 현재는 똑같은 현재이며, 시간은 보편적으로 단 한 가지 빠르기로 흐른다는, 고전적 가정이 성립하지 않는다고 말한다. 슈뢰딩거 방정식과 측정 문제는 둘 다 이러한 가정들을 전제로 한다. 따라서 특수 상대성 이론에 비추어 볼 때에, 제레미 버터필드와[121] 레이몬드 치아오가[122] 강조한, 물리적으로 옳은 동시성의 표면을 어떻게 선정하여 그 표면에서 슈뢰딩거 방정식이 ψ을 지배하고 그 표면으로 ψ가 붕괴하게 만들 것인지를 질문하는 것이 중요하다. 둘째, 양자물리학에 대안적 해석들이 만연하는 것처럼, 특수 상대성 이론에 대해서도 대안적 존재론적 해석들이 있을 수 있는데, 즉 "블록 우주"와 "흐르는 시간"의[123] 관점이 그것이다. 코펜하겐 해석을 상대론에 부합하게 다시 공식화 하는데 우리는 이들 존재론들 가운데 어느 것을 채택해야 하는가? 이것은 양자물리학에게 심각한 질문이다. 그러나 반면에 양자 역학은 특별한 방식으로 특수 상대성과 일치한다는 것에 주목하는 것이 중요하다.

벨의 부등식의 위반이 상대성의 "첫 신호 원칙"(first signal principle 즉, 거리를 둔 동시적 인과적 활동)을 위반할 필요는 없다. 이것은 미묘한 점이다. 다음에 우리가 간략하게 토론할 것처럼,[124] 공간-꼴(space-like) 상관관계들이 존재하고 그들의 존재는 국소적 실재론을 손상하기 때문이다. 또한 치아오가 서술하는 "시간적 비국소성"은[125] 현재와 미래의 관계에 대해 추가적 통찰을 제공한다. 여기서 현재와 미래에서 한번 관련된 사건들은 종-모양의(Bell-like) 상관관계를 보이게 되고, 그것은 현재와 미래 간의 고전적 관계를 손상시킨다.

신학적으로 특수 상대성 이론은 내가 신의 활동과 양자물리학에 대해 제안한 것을 뒷받침하는 "시간과 영원"의 문제에 이의를 제기한다. 예를 들면, 특수 상대성 이론의 관점에서 볼 때에, 미래에 특별 섭리의 사건들을 초래하기 위해 현재에 신은 어떤 활동을 취할 것인지 어떻게 알까? 여기에는 실제로 다양한 내포된 문제들과 쟁점들이 있다. 현재의 토론을 위해서는 한 가지가, 이를테면 위에서 언급된 "블록 우주" 대 "흐르는 시간" 해석 가운데 하나가 충분할 것이다. 크리스 이샴은 널리 지지받는 한 가지 견해를 표현한다. 그것은 "블록 우주"에서는 미래(그리고 과거)가 현재만큼 실재적이라는 관점이다. 우리는 미래가 어떻게 유지될 것인지 모른다. 그러나 영원의 관점으로부터, 미래에 대한 신의 지식은 완벽하다. 그러나 신은 또는 우리는 이 시나리오에 따라 현재에 그리고 미래에 사물들을 변화시키기 위해 활동할 수 있을까? 그리고 양자 미결정론은 여기 우리의 답변에 대해 어떤 편차를 만들 수 있는가? 다른 많은 학자들처럼 존 폴킹혼은 시간과 자유 의지에 대한 우리의 경험에 명백히 모순되는 "블록 우주"를 거부하고 대신에 "흐르는 시간 관점"을 택한다. 흐르는 시간 관점에서 미래는 존재론적 상태를 갖지 못하고 따라서 우리나 신은 미래를 알 수 없다. 여기서 진정 열려 있는 세계 안에서 신의 섭리적 참여는 어느 특별한 게임의 결과는 미리 알 수 없어도 이길 것을 자신하는 "마스터 체스 선수"와 같은 것이다.

그러나 다시 어떻게 우리는 "현재"에서 혹은 특수 상대성 이론의 관점에서 균일하게 흐르는 시간에서 물리적 이해를 가질 수 있는가?

나는 이 두 가지 선택 모두는 가치가 있지만 문제도 있다고 생각한다. 따라서 나는 이전 시나리오들의 힘에서 모아지는 제3의 대안을 구성하려 시도하고 있다. 나는 그것을 특수 상대성 이론에 대한 *"사건/세계 방향으로 흐르는 시간"*(event/world-line flowing time) 해석이라고 부른다. 그 프로젝트는 사건들의 관계성에 근거한 존재론을 포함한다. 그 존재론 안에서 "현재", "미래", 그리고 "과거"의 지위가 사건들 자체보다는 사건들 간의 관계에 기인하는 것으로 돌려진다. 그런 뒤 이 프로젝트는 하느님에 대한 삼위일체 교리에서 발전된 것처럼 시간과 영원에 대한 개념을 탐구하기 위해 이 존재론을 사용한다. 나는 이러한 움직임이 블록 우주에 대비하는 흐르는 시간 토론에 의해 제기된 문제들 가운데 일부를 완화시킬 것이라고 믿는다. 그러나 어떤 경우에서든 우리는 언제나 신은 현재로부터 미래를 본다는 의미에서 미래를 예견하는 것이 아니라 오히려 현재와 같은 본연의 상태에서 미래를 바라봄으로써 미래를 예견한다고 주장할 수 있다.

B. 중요한 신학적 문제들

우리는 이제 신의 활동과 (비상대론적인) 양자물리학에 대한 논쟁의 핵심적인 문제들로 직접 이동할 준비가 되어 있다. 나의 중심 주제는 신이 양자 사건들 안에서 활동하여 몇 가지 가능한 결과들 중 하나를 생성하거나 실현시킨다는 것이다. 즉 파동함수의 붕괴는 신의 인과율과 자연의 인과율 때문에 일어난다는 것이다. 그러나, 신은 모든 양자 사건에서 활동하는가? 아니면 단지 일부에서만 활동하는가? 그리고, 인간의 자유와 자연에서의 악의 문제에 대해 그 신학적 함의는 무엇인가? 이 질문들에 답하기 위해, 이러한 것들과 다른 중요한 문제들을 탐구해 오면서 머피, 엘리스, 그리고 트래시가 제공한 응답들에 조심스럽게 초점을 맞추는 것이 도움이 될 것이다.

1. 신은 섭리할 때에(일반 섭리와 특수 섭리) 모든 양자 사건들에서 활동하는가? 아니면 단지 일부에서만 활동하는가? 머피는 신이 모든 양자 사건들 안에서 의도적으로 활동한다는 주장을 지지한다. 머피의 관점에서, 모든 양자 사건들은 자연의 인과율과 신의 인과율의 조합을 포함한다. 모든 양자 사건들은 비록 단지 부분적으로만 그리고 오직 단독으로는 아니지만 신에 의해 결정된다. "각 아원자 사건이 유일하게 신의 활동이라고 말하는 것은 일종의 우인론(偶因論)이며, 이와 함께 수반되는 신학적 어려움들이 있다."[126] 대신에 양자 사건은 부분적으로 신에 의해 일어나며, 신은 "특별한 순간에 그 양자 존재체에 내재된 힘들의 하나나 다른 것을 활성화시키거나 실현시킨다. 이 사건들은 신의 활동이 없이는 불가능하다". 하나의 중요한 이유는 이 주장은 신이 "다른 경우들에서 하나의 주어진 효과를 발생시키기에 스스로 충분한 과정들과의 경쟁자"가 되는 것을 막을 수 있다. 다른 이유는 신의 활동이 간헐적이라는 어떤 의미를 피하는 것이다. 대신에 신의 활동은 "모든 (창조 후) 사건에 필요하지만 충분한 조건이 아니다". 만약 신이 각 사건에 참여자라면, 신이 이따금씩이 아니라 모든 곳에서 활동하기 때문에 그때 개입의 책임은 면하게 되고, 그러나 신이 단지 참여자로서 활동하기 때문에 신적 결정론의 책임도 면하게 된다.[127]

머피는 그녀의 작업과 폴라드의 작업의 밀접한 관계를 지적한다. 그러나, 폴라드와 달리, 머피는 자신의 접근은 신이 세상의 모든 사건을 일방적으로 결정하고 지배하는 것으로 묘사하지 않고 자신의 접근은 인간의 자유를 손상시키지 않는다고 주장한다. 대신에, 그 접근은 꼭대기-아래로의 인과율을 허용함으로써 바닥-위로의 신의 활동을 제한하고, 신이 피조물들의 온전함과 권리를 존중함을 강조한다. 그렇게 하면서, 머피는 자신의 접근이 양 극단 간의 통로를 조종하는 것으로 간주한다. 그 양 극단이란 신이 모든 무작위, 목적 없음, 그리고 세상의 악에 책임이 있다거나, 자연과 역사 과정 안에서 신의 활동의 모든 가능성을 약화시키는 것이다.[128]

트래시는[129] 머피의 입장에 대해 의문을 제기한다. 머피의 주장이 작동되려면, 그는 그녀가 꼭대기-아래로의 인과율에 대한 발전된 설명을 제공해야 한다고 주장한다. 그러나, 부분에 대한 전체의 효과는 그 부분의 바닥-위로의 상호 작용에 의해 중재되기 때문에, 결정론적인 바닥-위로의 인과율 시스템 내에서 자유가 어떻게 꼭대기-아래로의 효과로서 나타날 수 있는지는 불분명하다. 따라서, 트래시는 신이 일부 양자 사건에서는 활동하지만 모든 양자 사건에서는 활동하지 않는다는 선택을 탐구한다. 한편으로, 어떤 양자 사건들은 충분한 사전 조건, 제한, 또는 원인 없이도 일어날 것이기 때문에 이 선택은 충분한 이유의 원칙을 위반하는 듯이 보인다. 반면, 이것은 "특수 섭리"의 "특수한" 특성을 강조하고 있다. 즉 중요한 양자 사건들에서 신의 직접 행동은 특별한 것이다. 왜냐하면, 그들의 간접 결과가 특별할 뿐 아니라, 정상적으로 신은 다른 양자 사건들을 창조하고 그들을 존재 안에 유지시키는 것 이외에 이들 안에서 활동하지 않기 때문이다. 게다가, 트래시의 접근은 신의 가끔 있는 특수한 활동에 대하여 자기-제한의 관점에서 생각하기 위한 풍성한 근거를 제공한다. 즉 신은 모든 양자 사건들을 함께 결정하기 위해 자연과 함께 활동할 수 *있으나*, 신은 대부분의 경우 그러한 행동을 *자제하고 있다*.[130]

나는 몇 가지 이유에서 머피의 접근이 도움이 된다고 생각한다. 모든 양자 사건들에서 활동하는 신의 개념은 신은 모든 사건들의 존재와 과정을 유지하는 것 이상을 하신다는 신학적 주장을 지지한다. 사실 신은 자연이 하는 모든 것과 함께 유지하고, 지배하고 협조한다. 이러한 개념은 신의 활동을 일반 섭리와 특수 섭리로 이끄는 것으로 해석하는 미묘하지만 설득력 있는 방법을 제공한다. 슈뢰딩거의 고양이는 신의 활동이 양자 수준에서의 두 가지 아주 다른 종류의 거시적 효과를 생산한다는 것을 분명히 한다. 신의 그 활동은 고양이와 가이거 계수기의 *일상적* 세계를 생성하고(고체 물질과 옴의 법칙에 대한 일상적 물리학, 물질 대사의 일상적 생물학 등), 그것을 우리는 일반 섭리라고 서술한다. 그러나 또한 신이 특별한 양자 사건 안에서 저런 방식 대신 이런 방식으로 활동할 때, 신의 그 활동은 일상적 세계 안에서 **특별한 편차들을**(죽은 고양이 대신에 산 고양이) 생산한다. 예를 들면, 신은 자연과 함께 활동하여 입자가 지금 방출되고 나중에 방출되지 않도록, 또는 입자가 -x방향보다는 +x 방향으로 방출되도록 활동한다. 신의 활동 방식이 일상 세계에서의 특별한 결과를 (간접적으로) 결정한다. 따라서 우리는 고양이가 죽음을 면하고 중요한 순간에 생명을 받은 것은 특수 섭리 때문이라고 할 수 있다.

트래시가 탐구하는 선택의 주된 장점은 그것이 양자 수준에서 신의 가끔 있는 활동의 개념과 일상 세계에서 신의 특수 섭리 간에 좀 더 직관적인 연결을 제공한다는 것이다. 그러나 신의 일반 섭리가 어떻게 양자 수준에서 신의 가끔 있는 활동에 토대를 둘 수 있는지는 덜 분명한 듯하다. 그러나, 실제 우리는 신의 인과율이 널리 퍼져 있다는 머피의 생각과 양자 통계의 특성 때문에 그 사건이 객관적으로 특별해야 한다는 트래시의 관심을 결합시킬 수 있다. 신은 모든 사건에서처럼 이 사건에서도 활동한다. (신의 활동은 결코 "더" 하거나 "덜" 하지 않으며 동등하게 인과적이다.) 그러나 사건 이전에 두 가지 상태가 포개진 이 경우에서, 신은 특별히 한 상태를 선택하고 다른 상태를 선택하지 않을 것이며, 선택된 것은 생명을 촉진시키도록 정해지고, 따라서 이 특별한 사건 안에서 신의 의도를 전달한다. 따라서 우리는 고양이가 죽지 않고 살았다는 이 특별한 사건을, 신의 활동을 그 사건에 제한시키지 않으면서, 객관적 특별 섭리의 관점에서 해석할 수 있고, 여전히 그 특별한 사건의 객관적 계시적 특성을 유지할 수 있다.

요약하면, 머피와 트래시 둘 다 비개입적 객관적 특별 섭리를 위해 꼭 필요한 것을 전달했다. 그 필요한 것은 **객관적** 특수 섭리를 포함한다. 왜냐하면 고양이가 죽을 수도 있었지만 살았다는 실재 사실 때문이다. 그것은 객관적 특수 **섭리**이다. 왜냐하면 살아 있는 고양이의 사건을 통해 신의 의도가 진실로 전달하기 때문이다. 그것은 **특수** 섭리이다. 왜냐하면 그것은 일반적 상황 자체에 대한 가정된 배경(고양이의 울음, 태양의 빛남, 기구장치의 일상적 작동 등)에 반하여 신의 섭리를 언급하기 위해서 우리가 사용하는 사건이기 때문이다. 가장 중요하게 그것은 *비개입적* 객관적 특수 섭리이다. 왜냐하면 그것은 신이 자연의 진행되는 과정들과 그것들을 서술하는 법칙들을 위반하거나 중단하지 않고 성취하는 객관적 특별 섭리 활동이기 때문이다. 그래서 간단히 말하면, 신은 일상 세계의 모든 과정들의 원인이 된다(일반 섭리). 그러나 이들 중 소수만 진정으로 특수 의미를 전달한다. 왜냐하면 신이 사용 가능한 다른 선택들이 아니라 신이 그 과정들의 원인이 되면서 취한 선택들이 그 과정들을 초래하기 때문이다.

그러나, 나는 머피나 트래시의 접근이 인간의 자유와 신정론을 적절히 다루고 있다고 확신이 서지 않는다. 다음의 두 개의 부분에서 나는 그들 견해의 장점을 결합하려 시도한 제3의 선택으로서 내가 발전시키고 있는 접근을 그려볼 것이다.

2. 양자물리학, 신의 활동 그리고 인간의 자유 문제

현대에 정식화 된 것에 따르면, 자유 의지의 문제는 다음과 같다. 고전적 과학이 그리는 것처럼, 만일 결정론적 법칙들이 우리를 신체적으로 지배하고 있다면, 우리는 어떻게 이 세계에서 자유롭게 활동할 수 있을까? 사실 그 문제는 단지 자유 의지에 대한 *양립불가론적/자유의지론적* 설명(내가 여기서 채택한)에서 생겨난다. 많은 학자들은 양자 미결정론을 난국을 벗어나는 방법으로 여긴다. 아마도 꼭대기-아래 인과율의 어떤 형태를 통해(예를 들면, 정신/뇌 인과율) 인간의 정신은 객관적으로 신체 운동에 영향을 객관적으로 미치고, 자유로운 선택의 실행(enactment)을 가능하게 한다. 이안 바버는 1920년대에 물리학자인 아서 에딩턴과 아서 콤프톤이 양자 미결정론과 의지를 연관지으려 했었던 것에 주목한다.[131] 이러한 아이디어를 조지 엘리스가 여러 가지 방식으로 추구한다.[132] 그러나 이것은 내가 이전에 지적한 우려를 일으킨다. 어떻게 신의 활동이 우리 몸 안에서 일어나는 양자 사건을 결정하고 역시 우리의 정신/뇌가 양자 사건을 결정하도록 허용하는가? 나는 이것을 "신체적 과도결정론"(overdetermination, 過度決定)의 문제라고 부를 것이다.[133]

그러나 그것으로 돌아가기 전에 나는 자유 의지와 양자 미결정론의 하위 문제에 초점을 두려 한다. 여기서 머피는 양자 미결정론이 인간 자유에 필수적인 것으로 여기지 않는다는 것을 지적하는 것이 중요하다. 그녀는 피조물의 "자연적 권리"를 존중하고 인간에게 필요하고 믿을 수 있는 환경을 창조하기 위한 신의 자기-제한에 호소한다. 그러나 그녀는 꼭대기-아래 인과율이 바닥 수준의 양자 미결정론에 의존하고 있지 *않다고* 주장한다. 그녀는 비록 모든 생물학적 과정들이 결정론적이라 하더라도 꼭대기-아래 인과율이 어떻게 작용될 수 있는지를 보여 주기 위해 도널드 캠벨의 사례를 인용한다.[134] 나는 그녀의 반응을 수긍하지 않는다. 내 견해로는 양립불가론적 인간 자유에 대한 신체적 실행은 더 하위 수준의 미결정론을 요구한다. 그래서 우리가 신의 활동의 가능성을 추가할 때 우리는 신체적 과도결정론의 문제로 되돌아간다.

트래시 역시 자유 의지의 문제에 관심을 갖는다. 그는 "결정론적 바닥-위 인과율 시스템 내에서 자유가 꼭대기-아래 효과로서 어떻게 나타날 수 있는지" 묻는다.[135] 바로 이러한 관심이 그로 하여금 신의 활동에 대해 대안적 선택을 하게 했다. 불행하게도 트래시는 역시 그것에 대해 자세한 응답을 제공하지 않았다. 엘리스 역시 자유 의지와 양자 미결정론의 문제를 훌륭한 방식으로 "그것을 뒤집는" 정도로 강조하였다. 그는 신의 비움(kenosis)에 대한 가정과 도덕적 행동이 가능하도록 우주를 창조하는 신의 의도로부터 출발해서, 도덕성과 신의 특수 활동이 가능하도록 물리 법칙들이 열려 있음이 틀림없다고 주장한다. 따라서 머피와 다른 학자들이 거시적 세계가 도덕적 작용이 가능하도록 규칙적이어야 한다고 주장하는 것처럼, 엘리스는 미시적 수준에서 신의 활동이 실행될 수 있도록, 트래시의 용어를 사용하면, 인과적 틈새가 존재해야 한다고 주장한다.[136] 그러나 이것은 우리를 더 큰 문제로 되돌아가게 한다. 즉, 신체적 과도결정론이다.

나의 제안은 신이 우주의 모든 양자 사건들 안에서 활동하되, 초보적 수준의 의식을 가질 수 있는 유기체들이 진화할 때까지 그렇게 한다는 시나리오로 시작하는 것이다.[137] 그런 다음 신은 점차적으로 우리가 의식적 선택이라고 하는 결과들로부터는 자제하고, 의식을 갖는 피조물과 자아의식을 갖는 피조물들 안에서는 꼭대기-아래, 정신/뇌 인과성에 대한 여지를 남겨 둔다. 이것이 자유 의지의 문제에 대한 표준적 "해결"의 한 버전일 것이다. 즉, 그것은 신의 자발적이거나 형이상학적으로 필요한 자기 제한이다. 그러나 이제 그 제한은 시간에 따라서 최소 제한으로부터 최대 제한으로 발달한 것으로 여겨진다. 특히 신은 신체적 기질의 기저를 이루는 양자 사건들에서 활동을 멀리하고, 그렇게 함으로써 발전하는 수준의 의식이 자신의 의도대로 신체적으로 작용하도록 허용한다.

이러한 접근은 머피와 트래시의 접근을 결합하는 것이고 신의 자기 제한의 개념을 포함하며, 그리고 모든 자제 활동들에게 시간적 특성을 제공한다. 신은 진화 중에 신의 특수 활동을 통해 정신적 경험을 위한 능력과 그것에 따르는 중추신경계의 상승을 우리에게 유산으로 남길 뿐 아니라, 우리의 신체적 기질의 관점에서 최소한 한 구역의 진정한 미결정성을 제공함으로써 자유 의지의 능력과 우리의 선택을 실행할 능력을 우리에게 유산으로 남겼다.[138]

3. 양자물리학, 신의 활동, 그리고 신정론의 도전

신정론의 문제는 신이 유전학의 수준에서 활동한다는 모든 제안들에 (나 자신의 제안을 포함해서) 의해서 놀랍도록 악화된다. 트래시나 머피가 허용한 것보다 확실히 훨씬 더 그렇다. 적절한 신학적 반응의 발전이 미래 신학연구의 중요한 목표이다.

물론, 신정론의 문제는 유신론의 영구적인 문제이다. 만약 신이 선하고, 실재 역사 안에서 활동할 수 있다면, 왜 신은 인간이 저지르는 악(즉, 도덕적 악)을 최소화시키지 않는가? 우리가 신의 활동의 영역을 지구 상의 생명의 진화 역사를 포함시켜 확장한다면, 다음과 같은 질문이 생긴다. 왜 신은 개인 유기체들의 고통, 질병, 죽음 그리고 종의 멸종(즉, 자연 악)을 최소화시키지 않는가?[139] 신정론은 "신학과 과학" 문헌에서 광범위하게 토론되어 오고 있다.[140] 거기서 인간 자유의 문제와 그것의 미묘한 연계가 흔히 강조되고 있다. 아서 피콕은 1979년으로 멀리 거슬러 올라가 이 연결에 대한 명쾌한 예를 제공했다. 그는 이렇게 썼다. "'자연 악'이 자유롭고 자아의식이 있는 존재들의 발현을 위해 필수적인 전제조건이라는 역설을 피하기 어려워 보인다."[141] 그러나 신정론은 신의 객관적, 특수 활동에 대한 비개입적 접근을 다루는 현재 논거의 관점에서 특히 강렬한 문제가 된다. 예를 들면, 1995년 조지 엘리스는 그 문제를 유창하게 이야기했다. "왜 자비롭고 사랑하는 신이, 진정 당신이 그럴 힘을 가지고 있다면, 세상의 고통을 훨씬 많이 완화시키시지 않는지에 대한 확실한 이유가 있어야만 한다."[142] 머피나 트레시의 접근은 신의 활동과 양자물리학을 관련지으면서 그러한 이유를 제시하는가?

신정론의 도전에 반응하여, 머피는 모든 피조물들의 온전함이나 "자연적 권리"를 신이 존중한다는 개념을 요청한다. 신의 활동은 강압적이지 않기 때문에 인간의 자유와 일치하며 그리고 부분적으로 "도덕적 악"이라는 신정론의 문제를 다룬다. 그러나 "자연 악"이라는 신정론에 대해서 어떻다는 것인가? 나는 머피가 여기에 어떻게 응답할 것인지 명쾌하지 않다. 그녀는 폴킹혼이 전통적 "자유 의지" 반응을[143] 가지고 유추적으로 제안했던 "자유 과정"(free-process) 방어에 대한 대충의 언급을 하고 있다. 그럼에도 불구하고 그것은 몇 가지 우려를 야기한다. 하나의 우려는 자유 과정이 비가역적으로 다른 개념들과 얽혀 있다는 것인데, 예를 들면, 꼭대기−아래 인과율

은 아주 덜 복잡한 물리학 구역과 초기 생물학의 구역에서는 유추적으로라
도 적합할 수 없다. 다른 우려는 자유 과정은 신의 간섭이 인간 자유의 가
능성을 위한 조건들을 손상시킬 수 있는 자연 악의 경우에 신이 간섭하지
않는 이유를 설명하지만, 그 자유 과정은 인간이 나타나기 이전(감성을 갖기 이
전?) 진화의 거대한 기간을 포함해서, 인간 자유가 손상되지 않는 그러한 경
우에 왜 신이 간섭하지 않는지를 설명할 수 없을 것이란 것이다.[144]

머피는 1995년 양자물리학에 대한 논문 이래, 엘리스와 함께 연구하면
서 "도덕적 우주"에 [145] 대한 그들의 연구에서 자세한 신정론을 발전시켰다.
거기서 그들은 신정론에 대한 아우구스티누스의 응답을 분명히 거부하고,
대신에 자연 악을 진지하게 취하는 신의 활동에 대한 비움의 관점에 근거
한 아나밥티스트(Anabaptist)적 접근을 주장하였고, 양자물리학과 신의 활동
에 대한 머피의 연구를 이용하며, 그리고 그리스도가 십자가에서 당하신
고통을 다루기 시작한다. 분명히 머피와 엘리스는 신정론의 도전에 대해
촉망되는 접근을 제공하였다.

우리가 보았던 것처럼, 트래시는 신의 활동에 대한 대안적 관점을 탐구
하였고 그의 선택의 이유로서 머피의 접근이 마주치게 되는 신정론의 문제
를 거론한다. 그러나 여기서 트래시의 선택은 우리에게 도움이 되는가? 내
게는 어떻게 신의 활동을 제한하는 것이 실제로 문제들에 어떻게 도움이
되는지 분명하지 않다. 만약 활동이 고통을 줄일 수도 있을 것이라면, 왜
신은 그러한 사건들에서 활동하지 않는가, 즉 다른 사건들에서 왜 활동을
삼가는가? 트래시는 또한 이러한 과정들에 의해서 달성되는 목표들과 비
교해서[146] 고통의 정도를 평가하기가 불가능함을 토론한다. 그러한 평가의
어려움과 그러한 어려움이 보통으로 간과되는 순진함을 보여 주는 데 있어
서, 나는 이것이 도움이 된다고 생각한다. 그러나 신정론에 대해 받아들일
수 있는 응답을 위한 연구는 이러한 접근의 철학적 골격을 넘어 완전히 발
전된 구원의 신학으로 움직여 나아가야 한다. 엘리스가 그렇게 마땅히 요

구했던 바로 그 "확실한 이유들"을, 십자가와 빈 무덤의 형태를 갖게 될 이유들을 우리가 발견할 곳은 오직 여기뿐이라고 나는 믿는다.

4. 더 넓은 신학적 골격 안에 "신의 활동과 양자물리학" 끼워 넣기

본질적으로, 이제 문제는 충분히 발달되고 탄탄한 조직 신학의 맥락에서 신의 활동과 양자물리학을 어떻게 자리매김하는가이다. 이 점에서 많은 유망한 선택들이 우리 앞에 놓여 있다. "신학과 과학"의 대화에서, 머피와 엘리스, 바버, 피콕, 폴킹혼, 에드워즈, 피터스, 그리고 많은 다른 학자들과 함께, 우리는 인간의 자유를 존중하고 신의 수난가능성(passibility)과 고통에 초점을 두는 비움의 신학을 생각해야 한다고 나는 믿는다. 그리스도의 십자가와 대속을 통하여, 신은 모든 피조물들의 고통과 죽음과 함께 고통을 당하고 받아들이며 세상을 구원한다. 우리는 머피와 엘리스가 택한 길을 탐구할 수 있고, 피콕과 폴킹혼이 언급한 "자연에 대한 신학들"을 추구할 수도 있으며, 또는 "신학과 과학"에서 다른 학자들이 택한 방향들을 조사할 수도 있다. 그러나, 나는 여전히 30년 전 바버의 주장을 수긍한다. "만약 우리가 신의 인과성, 자연의 인과성, 그리고 자유로운 인간의 인과성을 단순히 나란히 놓기보다 그들을 관련짓기를 원한다면, 정교하게 만들어진 형이상학이 필요할 것이다."[147] 오웬 토마스는 최근 이 문제의 지속적인 중요성을 강조하면서, 가장 유망한 선택은 신-토마스주의와 화이트헤드의 형이상학 시스템이라고 확언하였다.[148] 나는 여기에 볼프하르트 판넨버그의 형이상학 골격과 삼위일체 교리를 탐구한 다른 신학자들을 추가할 것이다.

과정 신학의 전망으로부터 신의 활동과 양자물리학을 탐구하는 것은 자연스러울 것이다. "신학과 과학"에서의 획기적인 연구가 이미 과정 신학의 넓은 윤곽 안에서 다양한 방식으로 다양한 학자들에 의해 이루어지고 있고, 이안 바버, 찰스 버치, 존 코브 주니어, 데이비드 그리핀, 그리고 존 호트 등이 여기 포함된다. 이 학자들은 화이트헤드의 형이상학의 중요한 측면에 의지한다. 즉, 실재는 존재하게 되면서 사라지는 "사실적 경우들"(actual occasions)로 구성되는데, 이것은 바로 "양자 사건들"을 상당히 연상시키는 아이디어다. 그러한 사실적 경우들은 파악을 통해서 과거의 인과적 효율성을 경험하게 되고 내적 새로움의 특징을 가지며, 신의 초대하는 주관적 유혹(혹은 설득)에 자유롭게 반응한다. 과정 신학은 자연의 모든 수준에서 신이 활동하는 것으로 여기고, 인간의 자유 의지에 대한 신의 존중과 자신을 비우고 모든 피조물들과 함께 겪는 신의 구원적 고통을 강조한다.

과정 신학자들은 피조물로부터 반응을 유발하기 위해 신의 주관적 유혹을 포함시키는 것은 자연의 다양한 수준의 조직과 복잡성 안에서 신의 비개입적 활동에 대한 창조적이고 새로운 접근을 제공한다고 주장한다.[149] 그러나 문제는 (과정 신학 옹호자들이 거의 인정하지 않지만) 만약 일련의 사실적 경우들의 결과가 고전 역학에 따라서 **결정론적 법칙들과 인식론적(존재론적이 아닌) 우연에** 의해 서술된다면, 어떻게 신이 화학, 생물학, 그리고 초기 진화 생명의 구역에서 효과적일 수 있는지 우리가 설명해야 한다는 것이다. 비록 주관적 설득(혹은 유혹)이 형이상학적으로 풍요로울지라도, 우리는 사실적 경우들이 그 안에서 "편차를 만들" 수 있는 미결정론적 틀을 제공하기 위해 양자 역학이 필요하고 이제 곧 다음에 논의될 과정 철학과 양자 역학 간의 명백한 불일치에 직면해야 한다고 나는 믿는다.[150] (분명히 말하는데, 나는 예수의 육신 부활, 새로운 하늘과 땅에 대한 종말론적 전망, 그리고 물론 **무로부터의** 창조와 같은 중요한 문제들을 다루는 방식에 있어서 대부분의 과정 신학자들과 결별한다. 이러한 우려들은 화이트헤드와 양자물리학 간의 토론 쟁점들이 해결되어도 남게 될 것이다.)

"사실적 경우들"과 "양자 사건들" 간의 유사성은 아주 놀라운 것이 아닐지 모른다. 과정 학자들이 화이트헤드의 철학 체계에 부여하는 장점들 중 하나는 그것의 과학과의 양립가능성이다.[151] 화이트헤드 자신이 일반적으로 과학에 적합하고 특히 양자 역학에 적합한 개념적 골격을 제공한다고 주장했다.[152] 그러나, 애브너 시모니가 지적한 것처럼, 화이트헤드는 1920

년대 중반 그의 "유기체의 철학"을 구성했을 때 양자 역학의 매우 초기 단계에 대해 생각했을 것이고, 우리가 현재 알고 있고 사용하고 있는 양자 역학에 대한 것이 아니었을 것이다. 시모니에 의하면, 화이트헤드는 그의 체계를 설명하면서 새로운 양자 이론에 대해 전혀 언급하지 않았다.[153] 게다가, 화이트헤드의 철학과 양자 역학 간의 중요한 차이가 있음이 드러났다. 시모니는 이들을 자세히 비교한 뒤에 다음과 같은 결론을 내렸다. "화이트헤드의 물리학과 현대 미세–물리학의 불일치는 화이트헤드의 철학 전체에 대한 강력한 부정을 제기한다."[154] 한 가지 차이점이 특히 여기에 시의적절하다. 화이트헤드의 관점에서 보면, 사실적 경우들의 시간적 원자성(temporal atomicity)은 우리가 항구적인 물체라고 취급하는 것의 기저를 이루며 그것을 발생시키지만, 그러나 양자적 관점에서 보면, 그러한 원자성들은 "양자 사건들"이다. 그 사건들 사이에서 양자 체계들은 슈뢰딩거의 방정식에 의해 지배되는 지속적이고 결정론적 시간 발전을 수행한다.

그러나, 이야기는 완전히 끝나지 않았다. 시모니는 양자물리학을 다시 정식화하는 시도에서, 정확히 이 불일치를 강조하는 확률적 항(stochastic term)을 도입했다. 그는 현대 양자물리학의 미결정론(여기서는 엄격히 양자 사건들에 초점을 맞추고 있다)보다 미결정론에 대한 화이트헤드의 관점(여기서 우연은 각 사실적 경우와 고립된 입자들의 궤적에 스며든다)에 더 가까운 제안을 했다. 시모니는 또한 사실적 경우의 융합에 대한 화이트헤드의 개념이 파동함수의 붕괴를 더 명료하게 이해되게 할 것이라고 제안한다.[155] 헨리 폴스 주니어, 찰스 하트숀, 윌릴엄 존스, 그리고 헨리 스탭 등을 포함한 다른 학자들도 역시, 양자물리학과 화이트헤드 철학 간의 문제가 있는 관계에 대해 조심스런 반응을 제공하고 있다.[156] 이러한 제안들과 우려들이 유익하다는 것이 입증될지는 아직도 열려 있고 흥미진진한 질문이다. 왜냐하면 그 질문은 특히 다시 한번 철학이 새로운 과학 이론의 구성에 창조적 역할을 할 수 있을 것을 제안하기 때문이다.

과정 신학을 고려하는 것보다, 나는 우리가 신의 활동과 양자물리학의 문제를 신에 대한 명쾌한 삼위일체 교리 안에 자리매김할 것을 제안한다. 내가 20세기 개신교 신학의 중요한 표식으로 취급하는 저서 『*십자가에 달리신 신*』에서, 위르겐 몰트만은 "나약하게 그리스도교화 된 유일신교"로부터 충분하게 분명히 표현되는 삼위일체 교리로 이동하는 것만이 십자가의 신학적 문제에 응답할 수 있을 것이라고 날카롭게 주장했다.[157]

그러나, 이러한 접근에 대한 도전은 십자가에 대한 이러한 이해가 그리스도교적 종말론과 신학적으로 연계되어 있고, 여기에는 예수의 육신 부활, 재림에서의 모든 이의 부활, 그리고 이 우주가 새로운 창조물로 변형될 것을 포함하고 있다는 것이다. 비록 몰트만이 이것을 알고 있더라도, 그것은 볼프하르트 판넨버그의 예기적(proleptic) 삼위일체 신학의 중심위치에 있다. 신정론에 대한 도전은 오직 화해의 신학을 통해서만 해소될 수 있고, 화해는 세상의 종말과 변형을 의미한다. "오직 종말론적 완성에 비추어서, 온갖 혼돈과 고통 안에 있는 우리의 세상에 대하여 ["아주 좋다"는 판단]이 내려질 수 있을 것이다."[158]

그러나, 우리는 이제 우리 자신이 과학과의 만남에서 그리스도교 신학에 대한 가장 강력한 도전이라고 주장할 수 있는 것의 "원점"(ground zero)에 있음을 발견한다. 즉, 우리는 물리학, 생물학, 그리고 빅뱅 우주론에 비추어 종말론을 어떻게 이해해야 하는가? 나는 신의 비개입적 활동이 이 문제들에 대해 중요한 도움이 될 것이라고 생각하지 않는다. 예수의 부활은 "기적 이상의 것" 즉, 자연의 근본 조건의 종말론적 변형을 포함하지만, 이 장에서 신의 비개입적 활동을 통한 특수 섭리에 대해 서술한 것처럼 변화되지 않는 자연 배경 안에서의 특별한 사건을 포함하지는 않는다. 나는 현재 이 주제들을 목표로 하는 주요 연구 프로젝트를 시작하고 있다.

그러나, 나는 양자물리학이 이러한 방대한 문제에 대해 전반적인 접근에서 어떤 역할을 할 것으로 기대하는데, 특히, 판넨버그가 하느님인 성령의 관점에서 창조(그리고, 따라서 섭리)와 구원에 있어서 신의 활동 개념을 다시 정식화하는 방식을 통해서 그러하다. 그는 우리가 성령과 신의 활동에 대해 이야기하기 위해서 현대 물리학의 장(場, field)의 개념을 사용해야 한다고 제안한다.[159] 판넨버그의 유망한 제안은 많은 반응들을 초래하게 되는데, 우리가 페러데이와 아인슈타인의 작업에서 보았듯이, 여기서 중요한 반응은 장에 대한 그의 이해가 고전적 장 이론의 맥락에서 온 것이라는 것이다. 우리가 양자물리학의 맥락과 다음에 양자 장 이론으로 이동할 때, 우리가 이미 보아 온 것처럼, 많은 극적인 새로운 특성들이 나타난다. 존 폴킹혼은 판넨버그가 사용한 장 개념에 대한 비평에서 이들 중 몇 가지를 강조한다. 즉, 포갬, 비국소성과 얽힘이다.[160] 나는 여기에 봄의 작업에서의 결정주의와 코펜하겐 해석에서의 존재론적 미결정론 간의 관계(앞에 그리고 부록에 언급됨), 양자 통계학의 비고전적 특징을 통한 "물질"과 "상호 작용"과 같은 고전 역학에서 분리된 개념들의 통합, 그리고 "채워진" 양자 진공의 개념과 그것이 제안하는 자발적 창조와 소멸에 대한 "메오닉"(meonic) 관점을 추가할 것이다.[161] 희망하건대, 이러한 토론들이 종말론과 과학적 우주론의 중심 주제에 적어도 간접적으로 기여할 것이고, 그 기여가 이루어지도록 신의 활동과 양자물리학에 대한 우리의 초점은 천천히 그러나 굳세게 진행되었다.

6절. 양자 역학의 철학적 함의에 대한 미래 연구 방향과 신의 활동에 대한 신학을 위한 그것들의 관련성

이 장에서 나는 양장 역학의 다양한 해석가능성을 강조하였고 하나의 해석 안에서 그것을 "~라면 어떻게 될까?"의 가설적 논거를 사용함으로써 작업을 진행했다. 그렇게 함으로써 특히 신의 활동의 신학을 위한 그 함의에 대한 통찰을 얻었고, 양자 역학에 대한 다른 가능한 해석들에서 생기는 다르고 흔히 갈등을 빚는 함의를 당분간 보류하였다. 이러한 접근이 명백히 생산적이었을지라도, 그 접근은 이러한 갈등적 철학적 함의들에 수반되는 상대주의로 말미암아 필연적으로 제한을 받는다. 따라서, 다양한 해석가능성의 문제는 양자 역학의 특별한 해석에서 시작되는 모든 접근 위에 넓게 모습을 드러낸다. 그렇다면, 이런 다중성에서 벗어나 혹은 그것을 넘어서 양자물리학의 *모든* 철학적 해석을 직면할 수 있는 그런 종류의 문제들에 대해 더 넓은 전망을 가질 수 있는 방법이 있는가? 이러한 전망은 신학에 대해 더욱더 유망한 일련의 함의를 제공하게 되는가?

이 질문은 우리를 이 장의 범위를 상당히 벗어나게 한다. 나는 여기서 미래 연구를 위해 두 가지 제안을 한다. 첫째, 나는 "철학적 문제들의 건축 양식"이라고 불릴 수 있는 것을 제안할 것인데, 그것은 이러한 해석들과 그 해당 통찰들이 종종 서로 충돌한다는 것을 인정하지만, 신학과의 대화에 탄탄하게 기여할 수 있는 정돈되고 우선적인 철학적 함의의 더 큰 틀로 우리를 성공적으로 이끌게 된다. 둘째, 나는 결국에는 양자 역학을 대체할 수 있는 어떤 미래 과학 이론에 대해 우리가 이미 중요한 무엇인가를 알고 있다는 것을 제안할 것이다. 특히 그러한 이론은 양자 세계의 어떤 특별한 특성을 다루어야 한다. 그러한 특성은 이미 양자 이론과 그 다양한 해석의 수렁을 초월한 듯 여겨진다. 즉, 벨의 부등식에 의해 드러난 그런 특성들이다. 이러한 특성들은 그 구조와 관계없이, 이 이론들이 벨의 부등식을 다루어야 하기 때문에, 우리에게 미래 이론들의 실마리를 제공한다. 이것은 벨의 부등식의 철학적 의미가 코펜하겐 미결정론과 같은 양자 역학의 특별한 해석의 특별한 의미보다 신의 활동의 신학을 위하여 거의 틀림없이 더 중요하다는 것을 의미한다. 따라서, 언젠가 양자 역학을 대체할 미래 이론들이 아직 충분히 구체화되어 유용하게 되지는 않았더라도, 우리는 이러한 함의에 대해 합리적 자신감을 가지고 신학적으로 성찰할 수 있다. 그래서 나는 양자 역학의 신학적 전용에 있어서 미래 연구가 이런 방식으로 가장 잘 진행될 수 있다고 제안한다.

A. 철학적 문제들의 건축 양식

나의 첫 제안은 어떤 특성들이 대부분 또는 아마도 모든 해석에서 발견될 수 있도록 충분히 일반적인 것들인지를 분류하는 것이다. 포갬과 비국소성이 아마도 그 후보들일 것이다. 레이몬드 치아오는[162] 아르노프–봄 효과 안에서 전시되는 양자 비국소성과, 터널 효과(tunnel effect)와 아인슈타인–포돌스키–로센 효과를 구분한다. 각 효과는 포갬 원리(즉, 양자 방해)로부터 유래하지만, 처음 두 효과는 단일 입자 간섭을 포함하는 반면, 셋째 효과는 두 입자 간의 "얽힌 상태"를 포함한다. 짐 쿠싱은 자레트 국소성, 자레트 완전성, 그리고 호워드의 인수 분해성(factorability)에 대한 그의 논의에서 국소성과 분리가능성을 상호 교환적으로 사용한다.[163] 쿠싱은 객관적 실재성이나 국소성 중 하나는 포기되어야 한다고 주장한다. 그는 비국소성을 선택하면서 분리가능성과 국소성의 구분을 강조하면서 "관계적 전체성"을 진지하게 취급한다.

다른 문제들과 특성들이 양자물리학에 대한 개별적 해석들과 더욱 밀접히 연관되어 제기되는 듯하다. 예를 들면, 측정 문제와 존재론적 미결정론은 표준 코펜하겐 해석에 필수적이지만, 특정 문제를 해결하려는 다양한 시도들이 있다. 어떤 이들은 넓게 생각된 코펜하겐 해석의 관점에서 작업한다. 여기에는 비선형 항(terms)의 도입을 통해서나 또는 확률적 요인들을 포함시켜 슈뢰딩거의 방정식을 수정할 것을 제안하는 이들이 포함되고, 의식(관찰자의 마음)이 파동함수의 붕괴를 야기하는 것으로 이해하려 시도하는 이들 등이 포함된다. 다른 이들은 단순히 발생하지 않는 그런 방식으로 양자물리학을 해석함으로써 측정 문제를 해결하려 추구한다. 이들 중 가장 주목할 만한 것은 봄의 양자 퍼텐셜 해석과 신학과 자연과학 센터/교황청 천문대 시리즈의 *양자 역학* 논문집에서 버터필드가 토론한 여러 세계와 여러 마음 접근에서의 실재의 갈라짐이다.

이것은 내가 양자물리학에서 "철학적 문제들의 건축 양식"이라고 부를 수 있는 것들을 우리가 펼쳐 보이는 것을 시작할 수 있음을 시사한다. 첫 개요는 다음과 같다.

1. 포괄적 특성들
    i. 포갬(간섭)
    ii. 비국소성. 다음을 포함한다.
        a. 단일 입자 비국소성(아로노프–봄 효과, 터널 효과)
        b. 여러겹–입자(얽힘) 비국소성(아인슈타인–포돌스키–로젠 효과)
    iii. 비분리가능성/관계적 전체성
2. 해석–특이적 특성들
    i. 코펜하겐: 측정 문제
        a. 측정 문제와 존재론적 미결정성을 받아들임
        b. 측정 문제를 극복함
1. 슈뢰딩거 방정식을 변형을 통해서
    i. 비선형 항으로
    ii. 확률 항으로
2. 폰 뉴만: 의식을 도입함
    ii. 봄: 양자 퍼텐셜/비고전적 결정론
    iii. 에버렛: 여러–세계, 여러–마음

우리가 양자 역학, 철학과 마지막으로 신학에 대한 각각의 해석들 간의 관계를 연구할 때, 이 작업은 해석 특이적 특성들이 포괄적 특성들에 대해 특별한 표현을 어떻게 제공하는지 발견하는 것이 될 것이다.

B. 양자 이론에서 독립된 벨의 정리의 함의

두 번째 전략은 양자 형식론과 그것의 경쟁적 해석들 안에 얽매이지(!) 않고 양자 과정으로부터 실재 자료의 함의를 분리하는 것이다. 하나의 출처는 벨 정리의 위반을 보여 주는 자료이다. 그 자료는 양자 세계의 이러한 더욱 일반적 특성들에 대한 좀 더 직접적 접근을 제공하지만, 양자 역학의 시각을 통해서 우리가 직접적으로 그 특성들에 도달할 것을 요구하지는 않는다. 이 자료들은 양자물리학을 대체하는 어떤 미래 이론에 의해 설명되어야만 할 것이다. 따라서 그 자료들이 신의 활동에 대하여 우리에게 제공하는 통찰들은 여러 가지 해석가능성과 역사적 상대주의의 문제들에 덜 취약할 것이다.

신학과의 상호 작용을 목표로 정하면, 벨 정리의 이러한 관점은 우리가 양자물리학을 활용하기 전에 양자물리학에 대한 철학적 논란들이 해결되도록 기다릴 필요가 없다는 것을 제안한다. 우리는 벨의 결과들을 "지렛대"로 이용하여 대화를 추구하고 몇몇 철학적 불확실성들이 그 스스로 해결되도록 허용할 수 있을 것이다.[164]

부록 B. 봄의 정식과 코펜하겐 해석에 있어서 비국소성과 미결정론의 의미 비교

앞으로의 연구를 위한 마지막 제안은, 미결정론과 비국소성과 같은 핵심 용어들에 대해 봄과 보어가 제시한 의미의 유사점과 차이점 그리고 양자 존재론에 관하여 따라오는 힌트에 대한 더 분명한 이해를 알아내기 위해서, 그들의 양자물리학에 대한 접근을 비교하는 것이다. 그러한 비교에는 몇 가지 이유가 있다. 첫째, 코펜하겐의 슈뢰딩거 구조로부터 봄의 준–고전적 맥락으로 가는 수학적 경로가 너무 직선적이어서 우리는 그것들을 형식적으로 거의 동등한 것으로 여길 수 있지만 그 존재론들은 현격하게 상이하다. 따라서 양자 미결정론과 비국소성을 고전적 결정론과 국소성에 비교하기 위해서, 우리는 우선 슈뢰딩거로부터 봄(그는 뉴턴에 가깝다)으로, 그린 뒤 뉴턴으로부터 가능한 슈뢰딩거에 가까이 이동할 것이다. 둘째, 그 비교는 우리가 봄의 결정론이 코펜하겐 미결정론보다 좀 더 고전적 세계관과 비슷하다는 암묵적 가정을 피하는 데 도움이 된다. 분명히 봄은 결정론적 대안을 제시함으로써 코펜하겐 접근에서 미결정론의 근본적인 역할을 제한한다. 그러나, 짐 쿠싱 등 다른 학자들이[165] 강조하는 것처럼, 봄의 결정론은 몇 가지 중요한 방식으로 상당히 비고전적이고, 뉴턴 결정론과의 분명한 비교를 중요하게 한다. 셋째, 봄의 비국소성의 의미는 코펜하겐 비국소성의 의미와 다르다. 따라서 봄과 보어의 비교는 봄의 "결정론적 대안"이 실제로 포함하는 것은 무엇인지, 우리가 코펜하겐 미결정론을 통해서 의미하는 것은 무엇인지, 그리고 비국소성은 양쪽의 접근들 안에서 어떻게 역할을 하는지를 분명히 하는 데 도움이 될 것이다. 코펜하겐 정식으로부터 봄의 정식으로의 수학적 경로로 시작하여 그 결과들을 고전 역학과 비교하도록 하겠다.

1. 슈뢰딩거로부터 봄으로

잘 알려진 것처럼,[166] 우리는 슈뢰딩거 방정식(1)을 가지고 시작할 수 있고, 봄이 양자 퍼텐셜U(2)이라고 부른 추가 항(term)이 뉴턴의 법칙에 더해져 고전 역학의 변형된 형태(3)를 제시하고 있음을 보여 주고 있다.

$$-\left(\frac{\hbar^2}{2m}\right)\nabla^2\psi + V\psi = i\hbar\frac{\partial\psi}{\partial t} \quad (1)$$

$$U = -\left(\frac{\hbar^2}{2m}\right)\left(\frac{\nabla^2 R}{R}\right) \quad (2)$$

$$\frac{dp}{dt} = -\nabla(V + U) \quad (3)$$

이러한 조치는 우리로 하여금 코펜하겐으로부터 뉴턴으로 존재론을 변

화시키도록 요구하고 있는데, 입자의 운동을 지배하는 드브로이 유사 파 ψ 의 중요한 추가가 있어야 한다. 봄은 위치 x와 운동량 p=mv에 의해 잘 정의된 궤적을 따르는 질량 m의 입자를 고찰한다. 여기서 x와 p는 봄의 설명에서 "숨겨진 변수들"이다. 그들에 대한 우리의 지식은 고전적 의미에서의 통계적이다. x와 t 에서 그 입자를 발견할 확률 P(x, t)는 $P=|\psi|^2$에 의해 주어진다. 우리는 p가 보존된다고 가정한다. 계산 목적을 위해, R(x, t)와 S(x, t)가 실함수일 때 ψ를 $Re^{iS/\hbar}$로서 표현하는 것이 편리하다. 중요한 조치에서, 봄은 "유도 조건"(guidance condition) p= $\wedge$S을 통해 부분 위상(phase) S 를 이용하여 운동량 p를 정의한다.

2. 뉴턴에서 거의 슈뢰딩거로

우리는 또한 이 과정을 거꾸로 할 수 있고, 고전 역학을 우리의 출발점으로서 이용하여 슈뢰딩거 방정식에 얼마나 근접하게 될 수 있는지 관찰할 수 있다.

따라서, 만약 우리가 뉴턴의 제2법칙(4)으로 시작하고, 봄의 주장을 따라

$$\frac{dp}{dt} = -\nabla V \quad (4)$$

$\psi = Re^{iS/\hbar}$, p=mv= $\wedge$S, $P = *\psi *^2$ 등을 설정하고 확률 p가 보존된다고 가정하면 우리는 정식 (5)를 얻게 된다.

$$-\left(\frac{\hbar^2}{2m}\right)\left[\left(\frac{i}{\hbar}\right)(R\nabla^2 S + 2\nabla R \cdot \nabla S) - \left(\frac{R}{\hbar^2}\right)(\nabla S)^2\right] + VR = -R\frac{\partial S}{\partial t} + i\hbar\frac{\partial R}{\partial t} \quad (5)$$

이것은 슈뢰딩거 방정식의 일부 생략된 버전이다. R와 S 의 관점에서 기록된다면, 전체 슈뢰딩거 방정식은 다음과 같다(6).

$$-\left(\frac{\hbar^2}{2m}\right)\left[\nabla^2 R + \left(\frac{i}{\hbar}\right)(R\nabla^2 S + 2\nabla R \cdot \nabla S) - \left(\frac{R}{\hbar^2}\right)(\nabla S)^2\right] + VR = -R\frac{\partial S}{\partial t} + i\hbar\frac{\partial R}{\partial t} \quad (6)$$

우리는 결과를 다음과 같이 요약할 수 있다.

l 슈뢰딩거 방정식(1) → 봄의 변형된 고전 역학(3)
l 표준 고전 역학(4) → 부분 생략된 슈뢰딩거 방정식(5)

한 가지 의미에서 이 결과는 아주 분명하다. 만약 우리가 슈뢰딩거 방정식이 양자 퍼텐셜 U를 추가하도록 만든다는 것을 안다면, 뉴턴의 방법에서 양자 퍼텐셜 U를 뺀다는 것은 슈뢰딩거 수식 (6)으로부터 양자 퍼텐셜 U를 빼서 방정식(5)만 남게 된다는 것을 의미한다. 이점을 강조하기 위해, 우리는 수식(5)을 다음과 같이 다시 쓸 수 있다.

$$-\left(\frac{\hbar^2}{2m}\right)\nabla^2\psi + V\psi - \left[-\left(\frac{\hbar^2}{2m}\right)\left(\frac{\nabla^2 R}{R}\right)\right] = i\hbar\frac{\partial\psi}{\partial t} \quad (7)$$

이것은 분명히 슈뢰딩거 방정식에서 양자 퍼텐셜 U를 뺀 것이다.

또 다른 의미에서, 이 결과는 흥미롭다. 왜냐하면, 그것은 명시적으로 봄의 해석의 맥락에서 양자 퍼텐셜 U와 엄격히 연관된 비국소적이고 비기계적 특성들의 원천들이 어떻게 옮겨 가서, 우리가 코펜하겐 해석으로 이동할 때 슈뢰딩거 방정식의 맥락 안에 놓이게 되는지를 보여 주기 때문이다. 특히 봄의 묘사 "U+V"에서 **분리된** 요인으로서 작용하는 양자 퍼텐셜 U가 슈뢰딩거 묘사에서 $\nabla^2\psi$ 항 안으로 만들어진다. 본질적으로 뉴턴의 묘사가 옳다면, 우리는 슈뢰딩거 방정식과 유사한 것을 얻게 되며 그리고 여전히 고전물리학을 갖는다. 그러나 $\nabla^2\psi$ 항은 불완전하기 때문에 그 방정식은 완전한 파동방정식이 될 수 없을 것이다. 바로 중요한 $\nabla^2 R$ 항이 결여되어 있다.

나는 이 결과를 다음의 방식으로 생각할 것을 제안한다. V+U라는 묘사 사이와 선형 추가를 가지고 있는 봄의 정식은 우리가 지배하는 방정식 $dp/dt = -\nabla(V+U)$의 고전적(국소적 그리고 기계적) 측면들로부터 양자(비국소적 그리고 비기계적) 측면들을 분리하는 것을 허용한다. 이 방정식의 모든 독특한 양자 측면들은 하나의 항 ∇U 안에서 운반된다. 반면에, 슈뢰딩거 정식은 하나의 항 $\nabla^2\psi$을 생성하기 위해 그 항 U를 고전적 묘사로부터 가용한 수학적 "기계장치"의 나머지와 균일하게 결합시킨다. 이런 의미에서 U의 모든 비국소적이고 비기계적 측면들은 $\nabla^2\psi$ 항을 생성하기 위해 고전적 측면들 안에 숨겨진다. 그리고 그들과 혼합된다.

이것은 우리가 더 많은 주장을 하도록 허용한다. 우리는 코펜하겐 묘사의 얼마나 많은 "양자" 특성들이 파동함수 ψ에 의해 운반되는지 그리고 얼마나 많은 "양자" 특성이 슈뢰딩거 파동 방정식에 의해 운반되는지 물을 수 있다. ψ에 관한 답은 간단하다. 포갬, 얽힘, 양자통계 등등의 특성들이다. 우리가 명백히 의도적으로 그러한 특성들을 파동함수 안으로 만들었기 때문에 우리는 이 답을 즉각 안다. 그러나 어떤 양자 특성들이 그 파동함수를 배제하는가? 이제 봄의 묘사와 비교해 보면, 우리는 슈뢰딩거 방정식이 우리가 양자 퍼텐셜 U에 기인한다고 보는 모든 양자 측면들을 운반한다는 결론을 낼 수 있다. 게다가 그것들은 정확히 $\nabla^2\psi$ 항 안에서 운반된다. 물리학 교과서에서 슈뢰딩거 방정식에 대한, 그리고 특히 $\nabla^2\psi$ 항에 대한 일상적 동기가 너무 간단하기 때문에 이러한 사실은 더욱더 흥미롭다.[167] 따라서 얼마나 많은 전반적인 양자 묘사가 이러한 외형상 최소한의 가정으로부터 생기는지를 보는 것은 더욱더 경이롭다.

요약하면, 봄의 정식은 비고전적이고 뉴턴 묘사에서 간단히 발견되지 않는 비국소적이고 비기계적 특성들을 포함한다. 봄은 보어의 양자 미결정론과 비교에서 고전적 결정론으로 되돌아갈 것을 제안하지 않는다. 대신에 코펜하겐 양자 미결정론과 봄의 양자 결정론 둘 다 상당히 비고전적이다. 따라서 신의 활동에 대한 토론에서 둘 중 어느 한 쪽 관점을 사용하는 것은 그것의 전통적 맥락에 비해 대화에 대한 완전한 재고를 요구한다.

마지막으로 우리는 봄의 정식의 "비고전적" 측면에 대한 양자 퍼텐셜의 기여의 중요성을 분석할 수 있다. 여기서 나는 그린슈타인과 자욘크의 빛나는 토론을 따를 것이다.[168]

봄의 관점에서 이중 슬릿 실험을 생각하라. 각 입자의 궤적은 입자가 통과하는 슬릿(그 입자는 오직 *하나의* 슬릿만을 통과한다는 것에 주목하라)과 양자 퍼텐셜 U 양쪽의 영향을 받는다. 양자 퍼텐셜은 나름대로 "예비 파동"(pilot wave) ψ에 의존하고 그 파동은 두 개의 슬릿이 있다는 사실을 포함해서, 전체 실험 배열에 의해 영향을 받는다. U는 "깊은 계곡으로 파인 넓은 고원을 가지고 있고, 그 계곡에서 U는 빠르게 변하고, 강력한 양자 힘으로 이끌어간다. 그 강력한 양자 힘은 입자들을 최대 간섭 안으로 인도하고 최소 간섭으로부터 멀리 인도한다".[169] 이제 한 쪽 슬릿을 닫는다. 그리고 그 파동함수(그렇게 양자 퍼텐셜)는 순간적으로 변하고, 입자들의 움직임을 변화시키는 힘을 야기한다. 그러나 U의 비국소성은 이보다 훨씬 더 복잡하다.

U가 R에 의존하고 있고 그것이 분모와 분자 안에서 나타나기 때문에, 양자 퍼텐셜은 거리에 따라 멀어지지 않는다. 이런 의미에서, 양자 퍼텐셜 U는 전체 시스템의 영향이 각 부분에 강력하고 신속하게 가해지도록 한다. 비록 U 또는 V의 영향이 임의의 거리로부터 올 수 있다 하더라도, 우리가 고전적 퍼텐셜 V를 가지고는 그 강력함과 신속함을 보지 못한다.

또한 다─입자 문제를 생각해 보라. 여기서 ψ는 n개 입자들 $\psi(x_1, x_2, \ddot{O}, x_n, t)$의 좌표들의 함수이다. i^{th}째 입자에 가해진 힘은 그 입자의 좌표 X1에서 전체 퍼텐셜 V+U의 기울기의 함수다. 그러나 U에 의해 각 입자에 가해진 힘은 R 요인을 통해 시스템 안에서 **모든** 입자들의 위치에 의존한다. 왜냐하면, 아래의 수식 때문이다.

$$U = -\left(h^2/2mR\right)\left(\nabla_1^2 + \nabla_2^2 + \cdots + \nabla_n^2\right)R$$

따라서 그 힘은 x_i에서의 입자의 좌표에 대해서만이 아니라, ∇^2 항을 통해서 그리고 요인 $R = R(x_1, x_2, \ddot{O}, x_n)$을 통해서 모든 입자들의 좌표에 의존한다. 쿠싱이 강조한 것처럼, "다체 양자 퍼텐셜은 여러 가지 입자들의 움직임을 얽어 놓는다".[170] 본질적으로 그 힘은 **국소적** 퍼텐셜 V에 대해서뿐만 아니라 비국소적 퍼텐셜 U에 대한 **국소적** 기울기의 함수이다. 따라서 각 개별적 입자들의 알짜 가속도를 생성함에 있어서 그 힘은 고전적 특성들과 비고전적 특성들을 결합한다.

　마지막으로, 양자 퍼텐셜 U가 다른 입자들의 위치만 아니라 자신의 파동 함수와 따라서 전체 시스템에 의존한다는 의미에서 양자 비국소성은 상당히 *비기계적이다.* 그린슈타인과 자욘크가 지적한 것처럼, 봄의 해석은 "단순한 비국소성을 넘어, 우리로 하여금 세상을 분할되지 않은 전체로 보도록 요청한다. 심지어 부분들의 기계적 세계 안에서조차, 부분들의 상호 작용이 원칙적으로 비국소적일 수 있으나 여전히 기계적이다. 양자 세계에서는 그렇지 않다".[171]

| 주석

1   이 글은 다음의 본래 논문을 보완한 것이다. "Divine Action and Quantum Mechanics: A Fresh Assessment," in *Quantum Mechanics: Scientific Perspectives on Divine Action* (이후 QM으로 함), Robert John Russell, Philip Clayton, Kirk Wegter-McNelly and John Polkinghorne, eds. (Vatican City State: Vatican Observatory and Berkeley: Center for Theology and the Natural Sciences, 2001), 298-328.

2   과학 학부생들을 위한 양자 역학 소개를 위해서, P. C. W. Davies, *Quantum Mechanics* (London: Routledge & Kegan Paul, 1984)을 보시오. 전문적 자료들은 다음의 것들을 포함한다. Eugen Merzbacher, *Quantum Mechanics* (New York: John Wiley & Sons, 1961). Kurt Gottfried, *Quantum Mechanics* (New York: W.A.Benjamin, 1966). 고전적 작품, P.A.M. Direc, *The Principles of Quantum Mechanics* (Oxford: Clarendon, 1958, revised fourth edition). 일반 독자들을 위한 최근 작품 J.C. Polkinghorne, *The Quantum World* (Princeton, N.J.: Princeton Scientific Library, 1989).

3   몇몇 핵심 저작으로 다음의 것들이 있다. Nancey Murphy, "Divine Action in the Natural Order: Buridan's Ass and Schrödinger's Cat," in *Chaos and Complexity: Scientific Perspectives on Divine Action*, Robert John Russell, Nancey Murphy, and Arthur Peacocke, eds. (Vatican City State: Vatican Observatory Publications; Berkeley, Calif.: Center for Theology and the Natural Sciences, 1995), 325-58 (이후 CAC로 함); Thomas F.Tracy, "Particular Providence and the God of the Gaps," in ibid., 289-324, and George F.Ellis, "Ordinary and Extraordinary Divine Action: The Nexus of Interaction," in ibid., 359-96; Ian G. Barbour, "Five Models of God and Evolution," in *Evolutionary Molecular Biology*, ed. Robert John Russell, William R. Stoeger, S.J and Francisco J. Ayala (Vatican City State: Vatican Observatory Publications; Berkeley, Calif.: Center for Theology and the Natural Sciences, 1998) (이후 EMB로 함), 419-42; 같은 저자의 저서 *Issues in Science and Religion* (New

York: Harper & Row, 1971)을 보시오. 다른 자료들로 다음의 것들이 있다. Mark W. Worthing, *God, Creation, and Contemporary Physics* (Minneapolis: Fortress Press, 1996), esp. 130–46; Christopher F. Mooney, *Theology and Scientific Knowledge: Changing Models of God's Presence in the World* (Notre Dame: Notre Dame Press, 1996), 특히 chap. 3, 108–10; Philip Clayton, *God and Contemporary Science* (Edinburgh: Edinburgh University Press, 1997), 특히 chap. 7, 8. 몇몇 학자들은 이 학자들이 택한 접근에 반대하고 있다. 예를 들면, 다음 글을 보시오. Arthur Peacocke, "God's Interaction with the World: The Implications of Deterministic 'Chaos' and of Interconnected and interdependent Reality," in *CAC*, 279–81. 양자 미결정성의 관점에서 피콕에 대한 최근 흥미로운 반응에 대하여 다음 글을 보시오. John J. Davis, "Quantum Indeterminacy and the Omniscience of God," *Science and Christian Belief* 9.2 (October 1997): 129–44, and Peacocke's reply in the same volume. 또한 다음 글을 보시오. John C. Polkinghorne, "The Metaphysics of Divine Action," in *CAC*, 특히 152–3; Niels H. Gregersen et al., eds., *Studies in Science & Theology 1996: Yearbook of the European Society for the Study of Science and Theology*, vols. 3 and 4, *The Concept of Nature in Science & Theology, Parts I and II* (Geneva: Labor et Fides, 1997)에 있는 논문들; *Science and Christian Belief* 7.2 (October 1995)에 있는 논문들; 그리고 George Murphy, "Does the Trinity Play Dice?" *Zygon* 51.1 (March 1999).

4   Karl Heim, *The Transformation of the Scientific World* (London: SCM, 1953). 하임과 다른 학자들의 명쾌한 토론에 대하여 다음의 글을 보시오. John Y. Fenton, "Random Events and the Act of God," *Journal of the AAR*, 25 (March, 1967): 50–57.

5   Heim, ibid., 156.

6   E. L. Mascall, *Christian Theology and Natural Science: Some Questions in their Relations*, The Bampton Lectures, 1956 (London: Longmans, 1956), 200–1. 내가 매스칼의 아이디어에 주목할 수 있도록 해 준 커크 웩터–맥넬리에게 감사한다.

7   William G. Pollard, *Chance and Providence: God's Action in a World*

Governed by Scientific Law (London: Faber and Faber, 1958).

8   Ibid., 86.

9   Ibid., 92, 97.

10   Ibid., 56.

11   Ian Barbour, *Issues in Science and Religion* (New York: Harper Torchbook, 1966), 428–30.

12   Donald M. MacKay, *Science, Chance and Providence* (Oxford: Oxford University Press, 1978), 33.

13   Mary Hesse, " On the Alleged Incompatibility between Christianity and Science," in *Man and Nature*, Hugh Montefiore, ed. (London: Collins, 1975), 121–31. 인용문에 대해서는 128쪽을 보시오.

14   Ibid., 130.

15   내 생각에 아서 피콕은 양립가능적 관점을 전제하고 있고 따라서 NIODA를 진정한 "비개입적"으로 여기지 않는다는 것이 점차적으로 분명하다. (4장을 보시오.)

16   Robert John Russell, "Creation and Modern Cosmology: Conflict of Synthesis?" (CTNS: unpublished, 1982): 또한 아래 글을 보시오. Andrew J. Dufner, S.J., and Robert John Russell, "Foundations in Physics for Revising the Creation Tradition," in *Cry of the Environment: Rebuilding the Christian Creation Tradition*, ed. Philip N. Joranson and Ken Butigan (Santa Fe, NM: Bear & Company, 1984), 163–80.

17   Robert John Russell, "Beyond Dialogue: The Mutually Constructive Interaction of Science and Theology" (Annual Meeting, The American Association for the Advancement of Science, New York City: unpublished, 1984), 13.

18   본문은 다음의 글이었다. The George Hitching Terriberry Memorial Lecture at Tulane University, September, 1988. 그것은 다음의 글로 출판되었다. Robert John Russell, "Christian Discipleship and the Challenge of Physics: Formation, Flux, and Focus," in *Reasoned Faith: Essays on the Interplay of Faith and Reason*, The George Hitching Terriberry Memorial Lecture, ed. Frank T. Birtel (New York: Crossroad, 1993), 25–55. 이전 버전은 다음의 글로 출판되었다. Robert John Russell, "Christian Discipleship and

the Challenge of Physics: Formation, Flux, and Focus," *CTNS Bulletin* 8.4 (1988) Autumn. 그리고 Robert John Russell, "Christian Discipleship and the Challenge of Physics: Formation, Flux, and Focus," *Perspectives on Science and Christian Faith* 42.3 September (1990).

19 Werner Heisenberg, *Physics and Philosophy: The Revolution in Modern Science* (New York, N.Y.: Harper & Row, 1958), 185.

20 1994년 새로운 Templeton/ASA 강연 시리즈에서 개회연설을 하라는 초대는 이 주제들을 더 자세히 확대시킬 수 있는 기회를 제공했다. 아래 글을 보시오. Robert John Russell, "Cosmology and the New World of Faith," Templeton/ASA Lectures Series ([unpublished], 1994, 12–13.

21 Robert John Russell, "Cosmology from Alpha to Omega," *Zygon: Journal of Religion & Science* 29.4 (December 1994): 567–68.

22 다음 글의 토론을 보시오. R. J. Russell, "Quantum Physics in Philosophical and Theological Perspective," in Physics, Philosophy and Theology: A Common Quest for Understanding (이후 PPT로 함), Robert J. Russell, William R. Stoeger, and George V. Coyne, eds. (Vatican City State: Vatican Observatory, 1988).

23 어떻게 거시 현상이 처음 매우 초기 우주의 양자 과정으로부터 생겼는지는 심각한 문제로 남는다. 나는 여기서 단순히 우리가 고전적 과학을 이용하여 우리의 일상적 경험을 서술하고 양자물리학을 이용해서 우리의 아원자 자료를 서술할 수 있고, 그들의 관계를 고려할 수 있다는 것을 당연히 받아들인다.

24 FD와 BE는 기본 입자들의 구별 불가능성("모든 전자들은 동일하다")과 밀접히 연관된다. 그것들의 스핀은 페르미온(홀수 스핀을 운반하는)에 대해서는 반–대칭이고 보존(짝수 스핀을 운반하는)에 대해서는 대칭이다. 구별 불가능성과 스핀은 엄격히 양자 특성들이지만, 그러나 그것들은 또한 고전적 세계의 일상적 특성들을 생성한다. 벨의 정리에서 보여 주듯이(아래 토론됨) 이 통계들에서 공간 같은 상관관계는 또한 양자물리학에서 비국소성 문제와 밀접히 연관된다. 스핀 통계학에 대한 충분한 토론은 양자물리학에 대한 상대론적 처치를 요한다. 따라서 엄격한 의미에서, 양자 통계학이 최소한 구별 불가능성에 근거해 부분적으로 보증될 수 있다 하더라도, 그것은 현재 주제인 비상대론적 양자물리학의 범위 밖에 있다.

25 칼 요크가 지적한 것처럼(개인적 교신), 기술적으로 초유동성과 초전도성은 FD
    와 BE 통계 둘 다 포함한다.

26 FD 통계 $n(E) \sim 1/(e^{E/kT}+1)$와 BE 통계 $n(E) \sim 1/(e^{E/kT}-1)$, 둘 다 에너지 $E \gg kT$에
    서 볼츠만 통계 즉 $n(E) \sim 1/e^{E/kT}$에 접근한다. 여기서 n(E)는 에너지 E를 가지는
    입자들의 평균 숫자, k는 볼츠만 상수, 그리고 T는 시스템의 평형 온도이다. 낮은
    에너지에서조차, BE통계는 여전히 고전적 형태를 닮고 있지만, FD통계는 아주
    다르다. 예를 들면, 아래 문헌에서 그림 11:1-3 그리고 표 11:1을 보시오. Robert
    Eisberg and Robert Resnick, *Quantum Physics of Atoms, molecules, Sol-
    ids, Nuclei, and Particles* (New York: John Wiley & Sons, 1974), chap. 11.

27 여기 포함된 미묘한 점들의 초기 예를 위해서는 다음 문헌을 보시오. Barbour,
    Issues in Sciences and Religion, 308, 그리고 각주 #4를 포함해서 309와 비
    교하시오. 더 자세한 예를 위해서는 다음 문헌을 보시오. John Polkinghorne,
    "The Quantum World," in *PPT*, 334.

28 나의 아래 문헌을 보시오. "Quantum Physics in Philosophical and Theo-
    logical Perspective" in PPT, 각주 2, 369.

29 여기서 고양이의 생명은 하나의 방사능 붕괴 사건에 대한 균형에 달려 있다.
    그 사건이 일어나지 않는다면, 고양이는 산다. 그러나 그 사건이 일어나면, 가
    이거 계수기가 작동되어 그 전압 스파이크가 치명적 기체를 고양이를 가두어
    둔 통 안으로 분비시킨다. 그 기저의 철학적 문제들에 대해 읽을 만한 설명과
    도움이 되는 토론을 위해 다음 문헌을 보시오. *In Search of Schrödinger's Cat*
    (New York: Bantam, 1984); idem, *Schrödinger's Kittens and the Search for
    Reality* (Boston: Little, Brown and Co., 1995). 나는 개인적으로 명백한 이유를 가
    지고 싫어하지만 그 이야기는 너무 유명해서 쉽게 없어지지 않는다.

30 이 진술조차 조심스런 조건이 필요하다. 다음의 문헌을 보시오. Michael Ber-
    ry, "Chaos and the Semiclassical Limit of Quantum Mechanics (Is the Moon
    There When Somebody Looks?)," in *QM*.

31 George F. F. Ellis, "The Thinking Underlying the New 'Scientific' World-
    Views," in *EMB*, 251-80.

32 1966년, 이안 바버는 이러한 해석들에 대해 여전히 가장 도움이 되는 조사

중 하나를 제공했다. 다음 문헌을 보시오. *Barbour, Issues in Science and Religion*, chap. 10, sec. 3. 그의 또 다음을 보시오. Barbour, *Religion in an Age of Science*, 101-4. 더욱 최근의 이해 가능한 설명을 위해 다음 것을 보시오. Nicholas Herbert, *Quantum Reality: Beyond the New Physics* (Garden City, N.Y.: Anchor Press; Doubleday, 1985. 또한 다음을 보시오. R.J. Russell, "Quantum Physics in Philosophical and Theological Perspective," in PPT. Sheldon Goldstein, "Quantum Theory Without Observers," *in Physics Today* (March and April, 1998). John Polkinghorne, "Physical Process, Quantum Events, and Divine Agency," in QM, 181-90. 양자물리학의 철학적 문제들에 대한 전문적 조사를 위해서는 다음을 보시오. Max Jammer, *The Philosophy of Quantum Mechanics* (New York: Wiley, 1974. Michael Redhead, *Incompleteness, Nonlocality, and Realism: A Prolegomenon to the Philosophy of Quantum Mechanics* (Oxford: Clarendon Press, 1987). James T. Cushing and Ernan Mcmullin, eds., *Philosophical Consequences of Quantum Theory: Reflections on Bell's Theorem* (Notre Dame: University of Notre Dame Press, 1989). Abner Shimony, "Conceptual Foundations of Quantum Mechanics," in *The New Physics*, Paul Davies, ed. (Cambridge: Cambridge University Press, 1989). James T. Cushing, *Quantum Mechanics: Historical Contingency and the Copenhagen Hegemony* (Chicago: University of Chicago Press, 1994). C.J. Isham, *Lectures on Quantum Theory* (London: Imperial College Press, 1995).

33 Cushing, *Quantum Mechanics*, 24.

34 그의 유명한 1927년 코모 연설(Como Lecture)에서 보어는 다음과 같이 주장했다. "시공간 배위와 인과성에 대한 주장의 연합이 고전적 이론들의 특징이 되는데, 이 둘은 서술에 대해 상보적이지만 배타적인 특성들이며, 각각 관찰과 정의의 이상화를 상징한다." 용이한 자료와 번역을 위해, 다음을 보시오. Jammer, *The Philosophy of Quantum Mechanics*, 86-94. 또 다음을 보시오. Cushing, *Quantum Mechanics*, 28.

35 보어와 아인슈타인에 대한 레슬리 발렌타인의 주장에 대한 토론을 위해 다음을 보시오. Cushing, *Quantum Mechanics*. 쿠싱은 스탭의 해석이 발렌타인의 통계적 접근에 가깝다고 보았다.

36 Werner Heisenberg, *Physics and Philosophy: The Revolution in Modern Science* (New York: Harper, 1958); idem, *Physics and Beyond* (New York: harper & Row, 1971). 하이젠베르크는 과학과 종교의 관계에 대하여 "두 가지 진실"의 견해를 가지고 있었고, 종교를 일련의 윤리 원칙으로 여겼다. 예를 들면, 그의 책을 보시오. *Across the Frontiers*, Peter Heath, trans. (New York: Harper & Row, 1974/1971), chap. 16. 그는 또한 이런 주장을 했다. "과학의 합법적 적용 한계를 훨씬 넘어 사고에 대한 과학적 방법을 확장하면 과학과 종교 사이의 많은 개탄할 분열로 이어진다." 그의 다음 책을 보시오. *Philosophic Problem of Nuclear Science* (Greenwich, Conn.: Fawcett, 1952), chap. 1.

37 Henry Margenau, "Advantages and Disadvantages of Various Interpretation of the Quantum Theory," *Physics Today* 7 (1954), Barbour, *Issues in Science and Religion*, 302–4에 인용되었다. 미결정성에 대한 존재론적 해석에 관한 오래된 원천과 언급을 다음에서 보시오. H. Margenau, "Reality in Quantum Mechanics," *Philosophy Science* 16 (1949): 287–302; Heisenberg, *Philosophic Problems of Nuclear Science*; K. Popper, *Quantum Theory and the Schism in Physics* (London: Hutchinson, 1956).

38 Cushing, *Quantum Mechanics*, 32.

39 C.J. Isham은 이렇게 썼다. "고전물리학에서 확률에 부여된 가장 흔한 의미는 인식론적인 것이다. 그러나, 숨겨진 변수들이 받아들여지지 않는다면, 양자 이론에서 상황은 아주 다르다. 특히, 우리가 그 정확한 값에 대해 모르는 그러한 기저의 미세 상태는 없다. 양자 이론에서 확률 구조에 대한 그러한 관점은, 진지하게 취급된다면, 고전물리학의 철학적 입장으로부터 근본적으로 벗어나 있음을 수반한다." (*Lectures on Quantum Theory*, 131–32.) Paul Davies에 의하면, "양자 이론 이전에, 물리학은 궁극적으로 결정론적이었다. 양자 요인은 우리가 어떤 일이 일어날 것인지를 결코 미리 알 수 없다는 것을 의미한다. 우리는 이러한 미결정성이 미시 세계의 보편적 특성임을 알게 될 것이다." (*Quantum Mechanics*, 4.) 이안 바버는 이렇게 썼다. "또 대안적 가능성들이 개별 행동자에게 존재한다. 비판적 실재론에 따라 우리는 하이젠베르크 원리가 인간의 무지함에 대한 주관적 불확실성이 아니라 자연의 객관적 미결정성의 조짐이라고 주장했다." (*Issues in Science and Religion*, 315–16.) 또한 다음의 그의 글을 보시오.

Religion in an Age of Science, (New York HarperCollings, 1990), 123.

40 시모니는 여러 가지 경쟁적인 해석들에 대항하여 하나의 철학적인 해석을 주장하고, 또한 그의 실재론에 대한 철학적 투신이 그로 하여금 새로운 방향에서 그의 과학적 연구 프로그램을 추진하도록 허용하고 현재 물리학을 개정하려고 노력하게 한다. Shimony, "Search for a Worldview Which Can Accommodate Our Knowledge of Microphysics," in *Phylosophical Consequences of Quantum Theory*, Cushing and McMullin, eds., 25–37, esp. 34. 시모니의 작업은 내가 "창조적 공동의 상호 작용"이라고 일컫는 것의 전형적인 사례가 된다. 나는 이 용어를 신학, 철학과 과학이 관계하는 양방향의 방식을 강조하기 위해 사용한다. 우리는 신학을 건설하면서 과학적 결과들에 대한 비판적 분석하는 일상적 방법을 가지고 있을 뿐 아니라, 시모니의 경우와 다른 학자들의 사례에서처럼, 과학에서의 새로운 이론 구축에 있어서 신학적 그리고 철학적 투신이 긍정적인 역할을 수행하는 것을 보고 있다. 명백히, 그러한 이론들이 과학적인 것으로 여겨지려면, 그 이론들은 방법론적 자연주의에 의해 범위가 정해져야 하고 그 가치가 경험적으로 입증되어야 한다. 존 러셀의 다음 글을 보시오. "Eschatology and Physical Cosmology: A Preliminary Reflection," in *The Far Future: Eschatology from a Cosmic Perspective*, ed. George F. R. Ellis (Philadelpia: Templeton Foundation Press, 2002), 276–79, 284–87; Robert John Russell, "Bodily Resurrection, Eschatology and Scientific Cosmology: The Mutual Interaction of Christian Theology and Science," in *Resurrection: Theological and Scientific Assessments*, ed. Ted Peters, Robert John Russell and Michael Welker, (Grand Rapids: Eerdmans, 2002), 3–30. 그림에서 혼란스러운 용어에 주목하시오. "observation/observation"이란 용어는 "theology"라고 표시된 상부 절반 부에 나타난다. 내가 의미하는 것은 신학에서 우리의 "자료"들이 이중 해석을 당한다는 것이다. 즉 우리는 사람들의 경험에 대한 그들의 해석을 해석하고 있다. 따라서 우리의 "observation"(관찰)은 실제로는 "observations에 대한 observations"이다. 또한 그림에 있는 오류를 보시오. "theory" 대신에 "model"이란 용어가 그림의 위와 아래 양쪽 부분에서 자료로부터 이론들로 향하는 좌측 움직임의 상단에 있어야만 한다. 나는 이러한 오류를 지적해 준 낸시 빈스에게 감사한다. 그 오류들은 다음 출판에서 수정될 것이다.

41 다음의 책을 보시오 Redhead, *Incompleteness, Nonlocality, and Realism;* Cushing and McMullin, eds., *Philosophical Consequences of Quantum Theory;* Isham, *Lectures on Quantum Theory*.

42 존 폴킹혼은 이러한 우려를 자주 강조하고, 신의 활동에 대한 이론 안에서 미결정론적 형이상학을 위해 양자물리학을 사용하지 않을 이유로써 흔히 봄의 결정론적 설명을 인용한다.

43 다시 Shimony의 논문을 보시오, "Conceptual Foundations of Quantum Mechanics," 34.

44 니콜라스 사운더스는 양자물리학에 대한 몇 가지 해석의 개관과 섭리와 신의 활동에 대한 여러 가지 신학적 개념들에 대한 개관을 제공한다. 그런 뒤 그는 신의 활동과 양자 역학을 연관시키는 네 가지 방식을 규정한다. 첫 세 가지는 신은 측정 간의 파동함수를 바꾼다는 것과, 신은 양자 시스템을 측정한다는 것과, 또는 신은 특별한 결과를 얻을 확률을 바꾼다는 것이다. 이상하게도 그 세 가지는 내가 신학과 과학에서 알고 있는 어떤 중요한 학자들의 실재 입장에 대해 서술하고 있지 않으며, 사운더스도 그들이 한 것을 주장하지 않고 있어서, 그 세 가지 방식의 열거는 본질적인 주장이라기보다는 학문적 연습으로 여겨진다.

우리 중 몇몇은 그의 네 번째 접근에 들어맞는다는 것에 나는 제한된 방식으로 사운더스에 동의한다. 사운더스는 오히려 경솔하게 그렇게 말했다. "신은 정통 양자 역학이 예측한 확률을 무시하고 단지 특별한 측정의 결과를 통제한다." 나는 오히려 신중하게 이렇게 말할 것이다. 신은 정통 양자 역학이 예측한 확률을 알고 있다. 왜냐하면, 이러한 확률들은 결국 신의 활동을 서술하는 것이고, 신은 일방적으로 자연을 통제하기보다는 자연과 함께 활동하기 때문이다. (이것은 중재된 신의 활동이기 때문이다.) 사건이 일어나기 전에 주어진 확률과 일치하고 그 특별한 결과는 거시 수준에서 간접적 영향을 미칠 수 있다는 사실과 일치하는 특별 측정의 결과를 초래하기 위해서 신은 자연과 함께 활동한다. 거시 수준은 신이 초래하기를 원하는 것이고 신앙을 가진 이들이 신의 특수 섭리의 활동이라고 올바르게 취급하는 것이다.

45 Nicholas T. Saunders, "Does God Cheat at Dice? Divine Action and Quantum Possibilities," *Zygon* 35.4 (September 2000): 517–44를 보시오.

46 Isham, *Lectures on Quantum Theory*, chap. 8.

47 Jeremy Butterfield, "Some Worlds of Quantum Theory," in *QM*.

48 여기서 "측정"을 정의함에 있어서 환원 불가능성의 중요한 역할에 주목하시오. 슈뢰딩거 방정식이 지배하는 양자 시스템의 일상적 시간 발달과 측정을 구분하기 위해서, 우리는 환원 불가능한 과정에 대해 언급해야 한다. 결깨짐(decoherence)에 대한 최근 연구는 양자 역학에서의 환원 불가능성이 생겨나는 방식에 대하여 약간의 빛을 비추고 있으나, "측정"을 정의하는 문제는 아직 해결되지 않았다. 도움이 될 만한 토론에 대해 다음 글을 보시오. Polkinghorne, "Physical Process"; Berry, "Chaos"

49 가이거 계수기의 예에서, 충전된 입자는 원통형의 이온화된 방을 통과한다. 그 방은 가스로 채워져 있고 방 한 가운데를 가로지르는 철선이 있다. 벽은 음전하를 띠고 있고 철선은 양전하를 띤다. 계수기는 그들의 상대적 전압을 측정한다. 충전된 입자가 이온화된 가스의 폭포반응을 촉발시키고 그 폭포반응은 계수기에 전압 스파이크를 생산한다.

50 초유동성과 초전도성과 같은 현상들이 특별히 "미시−거시" 상호 작용을 통해서 내가 말한 것은 아니더라도, 그러한 상호 작용은 본질적으로 거시 수준에서 양자 효과를 나타낸다. 동일한 요지가 다음 문헌에 있다. George Ellis, "Quantum Theory and the Macroscopic World," in 「QM」, 259−91.

51 Barbour, Issues in Science and Religion, 304; Northrop에 관한 그의 언급을 보시오.

52 비슷한 방식으로, 엘리스는 측정에 대한 해결되지 않은 문제들을 인정하지만, 그러나 양자물리학과 신의 인과성에 대한 토론을 이어간다. 다음 문헌을 보시오. Ellis, "Ordinary and Extraordinary Divine Action," 369.

53 그러나 측정 문제의 다른 측면은 소위 파동함수 붕괴를 포함한다. 우리가 기본 입자들이 서로 작용하는 것으로 표현할 때, 그것들을 서술하는 파동함수는 시간 안에서 연속적으로 진화한다. 그러나 우리가 그 기본 입자들이 충전된 입자와 "거시적" 가이거 계수기와 같은 고전적 시스템과 상호 작용하는 것으로 고찰할 때, 양자 시스템을 서술하는 파동함수는 순식간에 불연속적으로 변한다. 그 변화를 종종 파동함수의 붕괴라고 한다. 그러나, 여기서 가이거 계수기와 같은 고전적 시스템이 그 스스로 기본 입자들로 구성되어 있다면, 왜 전체 시스템은 즉 입자 더하기 가이거 계수기는 연속적으로 진화하지 않는가? 그렇지 않으면, 전

체 시스템의 파동함수는 언제 어디서 붕괴하는가? 선택들은 기본 입자와 가스 분자 간의 최초 상호 작용으로부터 가이거 계수기의 의식적 관찰까지 매우 넓게 다양하다. 이 문제에 답하려는 모든 신중한 시도가 우리를 직접적으로 양자 역학에 대한 철학적 근거 안에서 복잡하고 해결되지 않은 문제 안으로 이끈다. 그러한 문제들은 벨의 정리와 비국소성과 비분리성에 대한 그 함의를 감안할 때 심지어 더욱더 복잡해진다. 따라서 측정 과정의 배후에 놓인 이론적 문제들은 모든 양자물리학에서의 가장 미묘하고 가장 논란이 많은 주제들 중 하나를 형성한다. 충분한 조치는 여기서보다는 훨씬 더 많은 공간에서 취해져야 할 것이다.

54 2001년 마이클 루스는 다윈주의와 유신론 사이의 관계에 대해 사려 깊고 종종 중재적인 접근을 제공했다. 그러나, 불행하게도 그는 양자 역학에 대한 호소가 "틈새" 주장의 일종의 인식론적 형태라는 비난을 반복하고 있다. 그러나 그는 트래시, 엘리스, 머피, 그리고 나 자신이 그것은 틈새 주장이 아니라는 이유에 대해 자세하게 주장한 이전의 출판된 응답에 대한 토론은 하지 않았다. 그는 또한 내가 여기저기서 강조해 온 것처럼 그것이 신정론의 문제를 야기한다는 것을 지적했다. Michael Ruse, *Can a Darwinian Be a Christian? The Relationship Between Science and Religion* (Cambridge: Cambridge University Press, 2001), 86-8, 91-2를 보시오.

55 Thomas F. Tracy, "Particular Providence and the God of the Gaps," in *CAC*, 289-324.

56 Dietrich Bonhoeffer, *Letters and Papers from Prison*, Eberhard Bethge, ed., enlarged ed. (New York: MacMillan, 1979), 311.

57 트래시는 "인과적 틈새"를 "보통으로 '사건 인과성'이라고 하는 것의 질서의 파괴"로 정의했다. "그러한 파괴는 사건들이 그 앞선 사건들에 의해 단독으로 결정되지 않을 때 생긴다. 나중의 사건들은 그들의 앞선 사건들의 묘사와 자연의 결정론적 법칙들에 의해 추론될 수 없다."; "Particular Providence and the God of the Gaps," in *CAC*, 290.

58 마지막으로 우리는 어느 정도로 자연에서의 신의 활동과 자연에서의 실제 사건과 과정들을 연관시키기를 소망하는가? 이 중요한 질문에 대한 답은 자연에 대해 모든 것이 기적이라는 아우구스티누스의 관점과 일차와 이차 인과성을 엄격하게 구분하는 아퀴나스의 관점의 오래된 차이로부터 생겨난다. 주장하건

대 이 후자가 현대 과학이 성장한 지적 분위기에 중요한 요소를 제공했다. 그리고 후자는 뉴턴 시대에 최초로 번성했던 것처럼 자연 법칙의 개념과 지상과 천상의 인과율 모두에 대한 뉴턴의 역학적 관점을 제공했다. 나 자신은 아퀴나스를 조금 더 선호한다.

59 "각 아원자 사건이 오직 신의 활동이라고 이야기한다는 것은 그에 동반되는 신학적 어려움들과 함께 일종의 우인론이 될 것이다." 이러한 어려움들에는 악의 문제의 악화, 범신론으로의 기움, 그리고 신은 세상에 독립적 존재를 주었다는 믿음과의 갈등이 포함된다. Murphy, "Divine Action in Natural Order," *CAC*, 340.

60 Ibid., 342.

61 다시 한 번 이러한 접근은 근본적으로 "지적 설계론"과 다르다. 왜냐하면, 지적 설계론과 달리, 이러한 접근은 "행동자"를 물리학, 생물학, 또는 우주론 안에 도입하지 않기 때문이다. 대신에 이러한 접근은 양자 역학에 대한 미결정론적 해석을 책정하는 신의 활동에 대한 신학적 설명이다. 그리고 6장에서, 이러한 접근의 중요성은 진화 이론에게 그리스도교 신학 안에서 유신론적 해석을 제공하고 따라서 자연과학을 그리스도교 신학 안에 가져오는 것에서 드러난다.

62 Tracy, "Particular Providence," CAC, 318–319. 각주 #66의 바버에 대한 그의 언급을 주목하라. 거기서 바버는 양자 수준에서 신의 활동은 과학을 어떻게 위반하지 않을 것인가에 대한 폴라드의 견해를 토론한다.

63 Murphy, "Divine Action in Natural Order," *CAC*, 331, 338.

64 Arthur Peacocke, *Creation and the World of Science* (Oxford: Clarendon, 1979), 95–96.

65 다시 내가 여기서 강조하고 있는 신의 활동에 대한 양립가능주의 관점과 양립불가능주의 관점 간의 구분을 두는 것과 이러한 견해들에서 나오는 비개입주의에 대한 뚜렷한 의미는 그때에 모든 저자들에게 아주 분명하지는 않았을 것이다.

66 예를 들면, 폴라드에 대해 언급이 아니라 모노에 대한 언급을 보려면 *God and the New Biology* (San Francisco, Calif.: Harper & Row, 1986), 62를 보시오. 또한 *Theology for a Scientific Age: Being and Becoming–Natural, Divine, and Human*, enlarged edition (Minneapolis, Minn.: Fortress Press, 1993), 117–18을 보시오; 거기에 폴라드에 대한 언급은 없다.

67 Arthur Peacocke, "God's interaction with the World: The Implications of Deterministic 'Chaos' and of Interconnected and Interdependent Complexity," in *CAC*, 279. 1980년대 중반 데이비드 발도로메오는 피콕의 견해에 특별한 주목을 하면서 조심스런 분석을 제시했다. 그러나 그 역시 다음과 같은 주장을 하면서 양자 역학의 역할을 대단치 않게 생각했다. "신학적 관점에서, 모든 우연이 결정론적 관점에서 표현될 수 있는지 아닌지는 중요하지 않다." *God of Chance*, (London: SCM Press, 1984), 68을 보시오.

68 6장 4A절을 보시오.

69 John Polkinghorne, *One World: The Interaction of Science and Theology* (London: SPCK, 1986), 72.

70 John Polkinghorne, *Science and Creation: The Search for Understanding* (London: SPCK, 1988), 58; idem, "Quantum World," in PPT, 339−40.

71 John Polkinghorne, *Science and Providence: God's Interaction with the World* (Boston: New Science Library, 1989), 27−28.

72 John Polkinghorne, *Reason and Reality: The Relationship between Science and Religion* (Philadelphia: Trinity Press International, 1991), 40−41.

73 Polkinghorne, "Metaphysics of Divine Action," in *CAC*, 147−56; 특히 152−3을 보시오.

74 Robert John Russell, "Special Providence and Genetic Mutation: A New Defense of Theistic Evolution," in *EMB*, 204, 각주 #39, 또한 211−12를 보시오.

75 불행히도 폴킹혼은 아주 최근 연구에서 이러한 접근의 한계가 있다고 생각하는 것을 서술하기 위해 지속적으로 "삽화적"이란 용어를 사용한다. Polkinghorne, "Physical Process," secs. 4, 5를 보시오.

76 사운더스의 양자 역학에 근거한 SDA 프로젝트에 대한 비평은 내 견해로는 틀린 것이고, 와일드만의 이 프로젝트에 대한 평가는 내 견해로는 표적을 빗나갔지만, 불행하게도 너무나 많은 주목을 받고 있기 때문에, 이 장이 *QM*에 출판된 지 수년이 지났지만, 많은 동료들은 여기 이 부분을 여기에 포함시키라고 촉구하였다.

77 Nicholas Saunders, *Divine Action & Modern Science* (Cambridge: Cambridge University Press, 2002), 특히 5,6장을 보시오. 또한 Saunders, "Does God Cheat at Dice?" *Zygon: Journal of Religion and Science*, 35.3 (September 2000): 517-544.

78 Saunders, 「Divine Action & Modern Science」, 215, author's italics.

79 Arthur Peacocke, "Editorial: Problems in Contemporary Christian Theology," *Theology and Science* 2.1 (April 2004): 2-3.

80 Saunders, "Does God Cheat at Dice?"

81 *QM*, 296, 각주 #11을 보시오.

82 Saunders, 「Divine Action & Modern Science」.

83 Ibid., 110-115.

84 Ibid., 155.

85 Ibid., 156.

86 William Stoeger, S. J., "Contemporary Physics and the Ontological Status of the Laws of Nature," in *Quantum Cosmology and the Laws of Nature*, eds. Robert J. Russell, Nancey C. Murphy, Chris J. Isham, Scientific Perspectives on Divine Action Series (Vatican City State/Berkeley, Calif.: Vatican Observatory Publications: Center for Theology and the Natureal Sciences, 1993), 468, 209-34.

87 솔직히 누군가가 양자 역학의 통계적 법칙들이 1) 존재론적이고 2) 모든 양자 사건을 지배한다는 견해를 취할 것이라는 생각이 내게는 결코 들지 않았다. Saunders, *Divine Action & Modern Science*, 특히 5, 6장을 보시오.

88 Wesley J. Wildman, "The Divine Action Project, 1988-2003," *Theology and Science* 2.1 (April 2004): 31-75.

89 Ibid., 57.

90 Ibid., 41, my italics.

91 와일드만은 "신의 활동 프로젝트의 어떠한 참여자도 이 사도논법을 SDA 이론을 위한 바람직한 목표로 받아들이지 않는다"는 것을 인정한다. 그럼에도 불구하고 그는 사도논법이 신뢰할 만한 준거이고 그 제안들은 그 준거에 의해 평가되는 것을 피하기 위해 세워진 듯이 마치 앞의 문헌의 표 2, 43을 포함한 SDA 제안에 대한 그의 평가를 구성한다. 나는 어느 것도 동의하지 않는다.

92 Ibid., 56; Saunders, *Divine Action &Modern Science*, 155를 보시오.

93 Wildman, "The Divine Action Project, 1988−2003," 72, 각주 #54.

94 Philip Clayton, "Wildman's Kantian Skepticism: A Rubicon for the Divine Action Debate," *Theology and Science* 2.2 (October 2004): 186−90; Philip Clayton, *The Problem of God in Modern Thought* (Grand Rapids, Mich.: Eerdmans, 2000)을 보시오.

95 Thomas Tracy, "Scientific Perspectives on Divine Action? Mapping the Options," *Theology and Science* 2.2 (October 2004): 특히 199를 보시오.

96 이전의 논문은 다음 글에 있다. Robert John Russell, "Barbour's assessment of the Philosophical and Theological Implications of Physics and Cosmology," in *Ashgate Science and Religion Series*, ed. Robert John Russell (Aldershot, UK: Ashgate Publishing Company, 2004), 148−50.

97 Barbour, *Religion in an Age of Science*, 101−04, 123.

98 Ian G. Barbour, "Five Models of God and Evolution," in *EMB*, 432.

99 Barbour, "Five Models of God and Evolution," 432.

100 폴라드에 대한 바버의 응답은 약간 다른 버전들로 여러 자료에서 발견된다. Barbour, *Issues in Science and Religion*, 428−30; Barbour, *Religion in an Age of Science*, 117−18; Barbour, "Five Models of God and Evolution," 432−33; 등등. 나는 여기서 가장 중요한 것들을 인용했다. 폴라드에 대한 바버의 가장 초기 비평에서 "틈새"에 대한 주제는 내게는 본질적인 불일치이라기보다는 언어적 불일치로 보인다. 왜냐하면 폴라드는 신의 활동의 "틈새 없는" 형태에 대한 존재론적 미결정론의 의미를 알고 있기 때문이다.

101 Barbour, *Religion in an Age of Science*, 222−4.

102 인정하건대 나는 여러 가지 신학적 문제들에 대해 과정 신학과 방법을 달리한다. 이것들은 무로부터의 창조로부터 나자렛 예수의 육신의 부활과 우주 변형의 종말로까지 다양하다.

103 그것들은 NIODA에 신학적으로 필수적이지 않을 수 있다. 따라서 나는 바버가 그러한 신의 비개입적 활동이 내적 새로움 없이 방어될 수 있을 것이라는 데 동의하리라 생각한다.

104 예를 들면, 다음을 보시오. Alfred North Whitehead, *Process and Reality*,

Corrected Edition, ed. David Ray Griffin and Donald W. Sherburne (New York: Free, 1978), 3.

105 Barbour, "Five Models of God and Evolution," 436.

106 Murphy, "Divine Action in Natural Order," 346-8.

107 Ibid., 356.

108 자연의 다른 수준들이 미결정론적 해석에 개방되어 있다면 신은 거기서 활동할 수 있다. 이러한 사실은 신경생리학의 영역에서 가장 분명히 적용될 것이다. 따라서 신경 및 인지 과학의 분석을 포함한다. 다음 문헌을 보시오. Robert J. Russell, Nancey Murphy, Theo Meyering, and Michael A. Arbib, eds., *Neuroscience and the Person* (Vatican City State/Berkeley, Calif.: Vatican Observatory Publications: Center for Theology and the Natureal Sciences, 1999), 이후 *NAP*.

109 Russell, "Quantum Physics," 344-6; Ellis, "Determinism Versus Indeterminism in Quantum Mechanics," Sec. 1.2; Murphy, "Divine Action in Natural Order," sec. 4.3; Russell, "Special Providence and Genetic Mutation," sec. 2.3.2 (이 책의 6장)

110 Ellis, "Quantum Theory and the Macroscopic World," 261.

111 George F. R. Ellis, "Intimations of Transcendence: Relations of the Mind and God," in *NAP*, 472; idem, "Ordinary and Extraordinary Divine Action," in *CAC*, 369-71.

112 양자 역학, 진화 생물학, 그리고 신의 활동에 대한 확대된 토론을 위해서는 이 책 6장을 보시오. 또한 Barbour, "Five Models of God and Evolution," in *EMB*, 426을 보시오.

113 Polkinghorne, "Metaphysics of Divine Action," section 4.1. 또한 Polkinghorne, "Physical Process," secs. 4 and 5, exp. 189를 보시오. 우리가 카오스 이론을 폴킹혼이 한 것처럼 최소한 그 현재 상태에서 신의 활동과 연관지으려 노력할 때 양자 카오스는 진지한 문제이다. 결정론적 폐쇄 시스템 내에서 "개방성"에 대한 모습을 생성하는 특수한 카오스 시스템의 초기 조건들에서의 그러한 변동을 제공하기 위해 양자물리학에 호소할 때 특히 그렇다.

114 Arthur Peacocke, *Creation and the World of Science* (Oxford: Clarendon Press, 1979)를 보시오.

115 Tracy, "Particular Providence and the God of the Gaps," in *CAC*, 318, 각주 #64.

116 주석: 이러한 주장들은 일반적으로 양자 역학과 단지 부분적일지라도 물리 세계를 언급하는 ψ에 대한 실재론적 해석을 전제한다. 그러나 여러 가지 중대한 문제들이 ψ에 대한 그러한 실재론적 해석과 연관된다. 놀라운 사례는 파동함수 ψ이다. 한편으로 ψ는 다차원 배위(configuration) 공간에서 정의된 수학적 함수라고 여겨질 수 있다. n개의 입자들에 대해 배위 공간은 3n 차원이다. 이러한 관점으로부터, ψ에 대한 실재론적 해석은 아무래도 문제가 있다. 반면에, 양자 역학에 대한 기본 교과서들은 ψ을 일상적 3차원 공간에서의 물리적 파동으로 일상적으로 다루고 있고 전례가 없지는 않다. 루이 드브로이는 양자 "파동"에 대한 물리주의적(physicalist) 해석을 선호했다. 슈뢰딩거는 파동함수에 대한 실재론적 해석으로 시작했지만, 곧 그 배위 공간의 맥락에 의해 제기된 문제에 빠지게 되었다. 뛰어난 토론과 참조를 위해 Cushing, *Quantum Mechanics*를 참조하시오.

117 그러나, Cushing, *Quantum Mechanics*, 각주 #33, 251-2를 보시오.

118 간단하게 하기 위해, 우리는 엄격히 배위 공간 안에서 작업할 것이다. 그러나, 운동량 공간도 역시 하나의 확실한 선택이다. 다시, 간단히, 우리는 토론을 하나의 공간 차원 x에 제한한다.

119 동시에, ψ_s과 ψ_t 둘의 관점에서 신의 활동은 일반적인 의미에서 완전히 전체적인데, 두 파동함수는 적어도 원리적으로 시간과 공간 양쪽에서 무한하게 확장된다는 일반적 의미에서이다.

120 나는 이 논문을 확대해서, 양자물리학과 특수 상대성 이론의 결합인 상대론적 양자 역학을 포함시키지 않을 것이다. 그러나, 미래 연구를 위해 남겨 둘 것이다.

121 Jeremy Butterfield, "Some Worlds of Quantum Theory," in *QM*, 111-40.

122 Raymond Y. Chiao, "Quantum Nonlocalities: Experimental Evidence," in *QM*, 17-39.

123 예를 들어 다음 문헌을 보시오. Chris J. Isham and John C. Polkinghorne, "The Debate over the Block Universe," in *QCLN*, 134-44; Robert J. Russell, "Time in Eternity," *Dialog: A Journal of Theology* 39.1 (Spring 2000):

46-55.

124 비록 봄이 생성되는 것은 완전히 이미 결정된 것이라는 전적으로 결정론적 이론을 가지고 작업한다 하더라도, 봄이 우리에게 순간 활동에 대한 더 좋은 틀을 제공하고 따라서 "진정한 되어짐"을 허용한다고 쿠싱이 주장한다. 또한 그는 봄의 접근은 원격 작용(action-at-a-distance)을 허용하지만 원격 신호 또한 없고, 특수 상대성 이론에서의 동시성 문제에 대한 독특한 해결책을 제시한다고 주장한다. 그러나, 마이클 레드헤드는 봄의 접근은 더 강력한 필수요건인 로런츠 불변과 일치하지 않는다고 주장한다. 다음 문헌을 보시오. James T. Cushing, "Determinism Versus Indeterminism in Quantum Mechanics: A 'Free' Choice," in *QM*, 99-110; Michael Redhead, "The Tangled Story of Nonlocality in Quantum Mechanics," in *QM*, 141-158.

125 Chiao, "Quantum Nonlocalities: Experimental Evidence."

126 이러한 것들에는 악의 문제의 악화, 범신론으로의 기움, 그리고 신이 세상에 독립적 존재를 주셨다는 믿음과의 갈등이 포함된다. Murphy, "Divine Action in Natural Order," 340.

127 Ibid., 342-343.

128 Ibid., 355-6.

129 Tracy, "Particular Providence." 트래시는 이 문제에 대한 자신의 의견이 아직 해결되지 않았음을 분명히 명시한다. 여기서 그는 그 강점과 약점을 검증하기 위해 하나의 흥미로운 선택을 단지 조사하고 있다.

130 Ibid., 321-2.

131 Barbour, *Issues in Science and Religion*, 133, 305-14, 특히 308; Arthur Eddington, *The Nature of the Physical World* (Cambridge: Cambridge University Press, 1928); Arthur *Compton, The Freedom of Man* (New Haven, Conn.: Yale University Press, 1935).

132 예를 들어 다음 문헌을 보시오. Ellis, "Intimations of Transcendence," *NAP*, 469-473, and "Quantum Theory and the Macroscopic World," *QM*, 특히 266-268.

133 Russell, "Special Providence and Genetic Mutation," 215, point 2.

134 다음 문헌에서 낸시 머피의 조심스런 토론을 보시오. Nancey Murphy, "Supervenience and the Downward Efficacy of the Mental: A Nonreductive Physicalist Account of Human Action," in *NAP*, esp. 154-7. 머피가 양립 가능한 관점을 채택한다면, 그녀가 양자 미결정론을 필요로 하지 않는 이유가 더욱더 분명해질 것이다.

135 Tracy, "Particular Providence," 316-9.

136 Ellis, "Ordinary and Extraordinary Divine Action," 393.

137 Russell, "Special Providence and Genetic Mutation," secs. 3.3, 4.를 보시오.

138 나는 테드 피터스는 자유에 대한 "제로섬"(zero-sum) 관점이라는 일반적으로 "신의 제한"이라는 용어를 사용하는 것을 거부한다는 것을 지적하고 싶다. 대신에 그는 신학적으로 "그리고 둘 다"(both-and) 관점을 주장한다. 앞으로의 연구에서 나는 양자물리학, 신의 활동, 그리고 인간의 자유에 대한 문제를 피터스가 제안한 관점으로부터 고려하고 싶다.

139 그것은 그리스도교와 다윈 진화론을 수용하려는 시도를 배척하면서 무신론자들이 사용하는 가장 강력한 주장들 중 하나이다. 예를 들어 다음 문헌을 보시오. Richard Dawkins, *A River Out of Eden* (New York: Basic, 1995). 사실 그 주장은 다윈 자신의 글로 거슬러 올라간다. 다윈이 아서 그레이에게 1860년 5월 22일 보낸 편지가 적절한 참고가 될 것이다. 다음 문헌을 보시오. Ruse, *Can a Darwinian Be a Christian?*, 130. 루스는 그리스도교와 다윈주의가 상당한 공통 토대를 발견할 수 있는(적어도 그들 각자 위치에 대한 가치) 몇몇 창조적 방법들을 제안하고 있지만, 그는 자연 세계에서의 고통과 시련이 제기하는 그 공통 토대에 대한 근본적인 문제를 강조하고 있다. (91-2). 또한 다음 문헌을 보시오. Russell, "Special Providence and Genetic Mutation," sec. 5.2.

140 Barbour, *Religion in an Age of Science*, chap. 8, pt. 4; Denis Edwards, "Original Sin and Saving Grace in Evolutionary Context," in *EMB*, 377-92; Gary Emberger, "Theological and Scientific Explanations for the Origin and Purpose of Natural Evil," *Perspectives on Science and Christian Faith* 46.3 (September 1994): 150-8; David Ray Griffin, *God, Power, and Evil: A Process Theodicy* (Philadelphia: Westminster, 1976); John F. Haught, "Evolution, Tragedy, and Hope," in *Science & Theology: The New Consonance*, Ted Peters, ed. (Boulder, Colo.: Westview Press, 1998); Philip J.

Hefner, *The Human Factor: Evolution, Culture, and Religion* (Minneapolis: Fortress Press, 1993), 271; Nancey Murphy and George F. Ellis, *On the Moral Nature of the Universe: Theology, Cosmology, and Ethics* (Minneapolis, Minn.: Fortress Press, 1996), sec. 4.1; Ruth Page, *God and the Web of Creation* (London: SCM, 1996), esp. 91–105; Peacocke, *Theology for a Scientific Age*, chap. 8, sec. 2e; Polkinghorne, *The Faith of a Physicist*, esp. 81–7, 169; Robert J. Russell, "Entropy and Evil," *Zygon* 19.4 (December 1984): 449–68; Worthing, *God, Creation, and Contemporary Physics*, 146–56. 이러한 아이디어들에 대한 빈번한 자료는 다음 문헌이다. John Hick, *Evil and the God of Love*, rev. ed. (SanFrancisco: Harper & Row, 1966).

141 Peacocke, Creation and the World of Science, 166.

142 Ellis, "Ordinary and Extraordinary Divine Action," 360, 384.

143 Murphy, "Divine Action in Natural Order," 342.

144 도움이 되는 토론을 위해 다음 문헌을 보시오. Daniel Howard–Snyder, "God, Evil, and Suffering," in *Reason for the Hope Within*, M. J. Murray, ed. (Grand Rapids, Mich: Eerdmans, 1999), esp. 96–8. 그리고 Peter van Inwagen, William Rowe, 그리고 흥미로운 Quentin Smith에 대한 그의 언급을 보시오. 그의 결론은 우리를 잠시 멈칫하게 한다. "내 느낌에 우리는 신이 자연 안에서 인간 아닌 동물들의 고립된 고통을 허락함에 있어서 어떻게 정당화 될 수 있는지에 대한 아무런 아이디어를 가지고 있지 않다는 것이다." 동물의 고통을 포함한 고전적 버전에 대해서는 다음 문헌을 보시오. John Stuart Mill, *Three Essay on Religion* (London: Longmans, Green, Reader & Dyer, 1875).

145 Murphy and Ellis, *On the Moral Nature of the Universe*, chap. 10. sec. 4. 또한 다음 문헌의 나의 반응을 보시오. Robert J. Russell, "The Theological Consequences of the Thermodynamics of a Moral Universe: An Appreciative Critique and Extension of the Murphy/Ellis project," *CTNS Bulletin* 19.4 (fall 1998): 19–24.

146 Tom Tracy, "Evolution, Divine Action, and the Problem of Evil," in *EMB*, sec. 3. 또한 광범위한 토론에 대해서 다음 문헌을 보시오. Howard–Snyder, "God, Evil, and Suffering," sec. 6. 여기서 그가 "요지(要旨, amount)로부터의

주장"이라고 한 것을 논한다.

147 Barbour, *Issues in Science and Religion*, 430.

148 Thomas, "Recent Thought on Divine Agency," in *Divine Action*, B. Hebblethwaite and E. Henderson, eds. (Edinburgh: T&T Clark, 1990), 35–50.

149 다음 문헌을 보시오. Barbour, *Religion in an Age of Science*, 232–4; John F. Haught, "Darwin's Gift to Theology," in *EMB*, 402–5; Charles Birch, "Neo–Darwinism, Self–Organization, and Divine Action in Evolution," in *EMB*, secs. 4, 8.

150 감각성, 꼭대기-아래 인과성, 그리고 과학과의 일치에 연관된 문제에 대해서는 다음 문헌을 보시오. Barbour, *Religion in an Age of Science*, 224–7.

151 이러한 양립 가능성에 대한 신중하고 균형 잡힌 토론에 대해서 다음 문헌을 보시오. Ibid., chap. 8, esp. pt. 3.

152 Alfred North Whitehead, *Science and the Modern World* (New York: The Free Press, 1925), chap. 8; idem, *Process and Reality*, corrected ed., David Ray Griffin and Donald W. Sherburne, eds. (New York: Free Press, 1978), 94–5. 238–9, 254.

153 다음 문헌을 보시오. Abner Shimony, "Quantum Physics and the Philosophy of Whitehead," in *Search for a Naturalistic World View: Volume II, Natural Science and Metaphysics* (Cambridge: Cambridge University Press, 1993/1965), chap. 19, esp. 291–2.

154 Ibid., parts II and III, and 303.

155 Ibid., 309. 시모니는 양자 이론의 요소들과 화이트헤드의 유기체 철학 간의 혼합을 제안한다(19장, 특히 303-4). 또한 시모니는 n입자 시스템에 대한 화이트헤드의 취급이 양자처치(quantum treatment)와 조화를 이루지 못하여 "혁명적 철학적 함의"(300-2)를 야기한다고 지적한다.

156 Henry P. Stapp, "Quantum Mechanics, Local Causality, and Process Philosophy," *Process Studies* 7.4 (Winter 1977): 173–82; Charles Hartshorne, "Bell's Theorem and Stapp's Revised View of Spacetime," *Process Studies* 7.4 (Winter 1977): 183–91; William B. Jones, "Bell's Theorem, H. P. Stapp, and Process Theism," *Process Studies* 8.1 (Spring 1978): 250–61; Henry

J. Folse Jr., "Complementarity, Bell's Theorem, and the Frame work of Process Metaphysics," *Process Studies* 11.4 (Winter 1981): 259–73. 또한 다음의 최근 두 논문을 보시오. *Process Studies*, vols. 26.3–4 (1997). Timothy Eastman이 초빙되어 편집하였으며 과정 사고와 물리학의 연관 문제를 다룬다.

157 Jürgen Moltmann, *The Crucified God: The Cross of Christ as the Foundation and Criticism of Christian Theology* (Minneapolis: Fortress Press, 1993), 236. 동시에 그는 오직 십자가의 신학만이 "우상 숭배와 동급"인 유신론과 그 형제 무신론 간의 악의 문제에 대한 지속적인 전쟁으로부터 우리를 구할 수 있다고 주장한다. Ibid., 250, 221.

158 Wolfhart Pannenberg, *Systematic Theology*, 3 vols., G. W. Bromiley, trans. (Grand Rapids, Mich.: Eerdmans, 1998), 3:ch. 15, sec. 5, 645. 또한 18세기 신정론에 대한 바르트의 반응에 대한 판넨버그의 언급을 보시오.

159 ibid., 1:382ff; idem, "The Doctrine of Creation and Modern Science," in *Cosmos as Creation: Theology and Science in Consonance*, Ted Peters ed.,(Nashville: Abingdon Press, 1989), esp. 162–7: idem, *Toward a Theology of Nature: Essays on Science and Faith*, Ted Peters, ed. (Louisville, Ky.: Westminser/John Knox), esp. chaps. 5, 6, 7.

160 예를 들어 다음 문헌을 보시오. John Polkinghorne, "Pannenberg's Engagement with the Natural Sciences," *Zygon* 34.1 (March 1999): 151–8.

161 어니스트 시몬은 그의 다음 논문에서 이러한 접근을 신의 비우심과 연관시켜 전개시켰다. Ernest Simmons, "Toward a Kenotic Pneumatology: Quantum Field Theory and the Theology of the Cross," *CTNS Bulletin* 19.2 (Spring 1999): 11–16.

162 Raymond Y. Chiao, "Quantum Nonlocalities: Experimental Evidence," in *QM*.

163 Cushing, *Quantum Mechanics*, 56–60; 여기서 그는 또한 봄 이론에서의 비국소성을 토론한다.

164 교훈적 사례가 머민(Mermin) 기계이다. 그것은 양자 역학을 명백히 적용시키지 않고 양자 자료가 국소적 실재론에 어떻게 도전하는지를 보여 주고 있다. N. David Mermin, "Is the Moon There When Nobody Looks?" *Physics*

Today 38 (April 1985): 38. 또한 다음 문헌을 보시오. Idem, "Can You Help Your Team Tonight by Watching on TV? More Experimental Metaphysics from Einstein, Podolsky, and Rosen," in *Philosophical Consequences of Quantum Theory*, Cushing and McMullin, eds.

165 Cushing, *Quantum Mechanics*; 또한 다음 문헌을 보시오. George Greenstein and Arthur G. Zajonc, eds., *The Quantum Challenge: Modern Research on the Foundations of Quantum Mechanics* (Boston: Jones and Bartlett, 1997); John Polkinghorne, in *QM*.

166 예를 위해 다음 문헌을 보시오. Cushing, *Quantum Mechanics*, Appendix 1.1, 60–63.

167 예를 들면, 데이비슨–저머 실험의 관점에서 우리는 입자의 상태 함수를 드브로이 파형의 포갬(superposition)으로써 묘사하고 그 해가 이러한 상태 함수인 슈뢰딩거 방정식을 구축한다(즉, r안에서의 그 이차 부분 도함수(derivative)는 t에서의 일차 부분 도함수에 따라 변한다)

168 Greenstein and Zajonc, *The Quantum Challenge*, chap. 6.

169 Ibid., 145 and figures 6–11, 6–12.

170 중요한 예외가 독립 시스템들과 함께 생겨난다. 그 시스템들 안에서 파동함수가 추출되고 양자 퍼텐셜이 각 시스템에 대한 항의 선형 합(linear sum of term)으로 환원되는 다음 문헌을 보시오. Cushing, *Quantum Mechanics*, 62–3.

171 Greenstein and Zajonc, *The Quantum Challenge*, 148. 도움이 되는 예에서, 그린스타인과 자욘크는 어떻게 봄의 경우에서 조차 원자 내에서 전자 운동이 행성 운동의 방식에서처럼 어떻게 기계적이 아닌지를 보여 준다.

제6장

특수 섭리와 유전자 돌연변이:
유신론적 진화론에 대한 새로운 방어[1]

*유전자 돌연변이*의 현상은 이러한 과학들 안에서 지금까지 알려진 유일한 것인데, 그것은 거시적 효과를 생성하지만 개별적 분자들의 변화에 직접적으로 의존하는 듯이 보이고 개별적 분자들은 나름대로 하이젠베르크의 미결정성 원리에 의해 지배된다.[2] – 윌리엄 폴라드

아버지의 뜻이 하늘에서와 같이 땅에서도 이루어지게 하소서(마태 6,10).

1. 서론

한 세기 이상, 그리스도교 신학자들은 생물학적 진화에 대한 다윈 이론을 조직 신학과 철학적 신학에 수용하기 위해 또는 심지어 통합시키기 위한 여러 방법들을 찾아 왔다.[3] 분명히, 많은 신학자들이 진화론에 반대하는 것이 이 시기의 특징이었는데, 부분적으로는 그리스도교를 공격하기 위해

서 다윈의 진화론을 이용하려는 무신론자들의 목소리에 반대하는 방어로서 그러했다. 몇몇 더욱더 두드러지는 목소리를 내는 사람들을 거론하면, 리처드 도킨스, 칼 세이건, 다니엘 데닛, 그리고 자크 모노 등이 있는데, 이들은 우연이 생물학적 진화에 만연하기 때문에, 진화에서 신이 활동한다는 어떠한 주장도 이해되지 않는다고 주장한다.[4] 그럼에도 불구하고, 신학과 과학의 건설적 상호관계를 진지하게 취급하는 많은 학자들은 진화가 성서의 하느님이 우주와 그 안의 모든 생명의 창조주라는 핵심 신념과 부합한다고 인정해 왔다. 간단히 말해서, 진화는 생명을 창조하는 신의 방식이다. 신은 우주의 절대적이고 초월적인 창조주이고 생물학적 복합체의 지속적이고 내재된 창조주이다. 신은 모든 순간에 **무로부터**(ex nihilo) 존재를 우주에게 부여하고 자연의 효율적 인과율의 궁극적 원천이 되며, 우리가 자연 법칙이라고 기술하는 규칙들을 충실하게 유지한다. 신은 처음부터 자연 안에 설정된 풍부한 가능성을 세상에 부여하였고, 이 가능성은 물리적 과정과 생물학적 과정의 특징이 되는 법칙과 우연의 조합을 포함한다. 또한 신은 내재적 창조주로서 이러한 과정들 안에서, 과정들과 함께, 과정들 아래에서, 그리고 과정들을 통하여 활동하며, 신의 일반 섭리(자연의 더욱더 전통적이고 정적 개념에 적합한)라고 일컬어질 수도 있고 또는 지속적 창조(우주의 역동적 특성을 강조하는 *계속 창조*)라고도 일컬어질 수 있는 것 안에서 생명의 질서, 아름다움, 복잡성, 그리고 경이로움을 초래한다. 흔히 "유신론적 진화론"으로 표현되는 이러한 폭넓은 일련의 관점들은 보수주의자/자유주의자, 가톨릭/개신교의 넓은 범위에 걸쳐 대표자를 가지고 있다. 이 사상가들 중 뛰어난 인물들은 프란시스코 아얄라, 이안 바버, 찰스 버치, 필립 클레이튼, 데니스 에드워즈, 조지 엘리스, 닐 헨릭 그레거슨, 존 호트, 마티네 후렛, 벤젤 반 호이스틴, 케네드 밀러, 낸시 머피, 요한 바오로 2세, 테드 피터스, 존 폴킹혼, 빌 스테거, 호워드 반 틸, 그리고 워필드 등이다. 아서 피콕은[5] 일찍이 1979년 자크 모노에 대해 격렬한 반응을 보였기 때문에 나는 그에게 특별히 감사하고, 2차 바티칸 공의회 이전의 한계 속에서 자연의 구원에 대한 떼이야르 드 샤르댕의 선구적인 비전 때문에, 나는 그에게 지속적인 감사를 드린다.

이 장에서 나는 유신론적 진화론에 대한 토론으로 시작할 것이고 신의 활동에 대한 주장을 더더욱 강조할 것이다. 나는 진화론적 생물학에서 현재 널리 퍼져 있는 이론들, 즉, "근대 종합"[6]이라고 종종 언급되는 진화에 대한 신-다윈 이론에 의지할 것이다. 이 이론을 고려할 때, 나는 신이, 피콕의 풍부한 은유를 사용한다면, 진화의 일상적 과정들 "안에, 그 과정들과 함께, 그리고 그 과정을 통해"서만 아니라 특별한 생물학적 사건들 안에서 특별한 의도를 가지고 행동한다고 우리가 생각할 수 있는지 조사할 것이다. 달리 말하면, 우리는 인간의 역사와 자연의 역사 전체에 대하여 초점을 맞추는 일반 섭리의 관점에서와 모든 피조물들의 개별적 삶에 관심을 두는 특수 섭리의 관점에서도 생각할 수 있을까? 그리고, 신의 특수 섭리는 이러한 과정들에 대한 개입이 되고 신이 만들고 유지하는 자연 법칙들의 위반이 되는 것이라고 주장하도록 강요되지 않으면서도 그렇게 생각할 수 있을까? 많은 신학자들에게 특수 섭리와 개입 간의 연계는 피할 수 없는 것으로 여겨지고 있으며, 그들은 강요된 선택을 하도록 남겨진다. 자유주의자들은 대체로 신의 활동에 관한 언어를 실제로 단지 신의 일정한 일반적 행위인 것에 대한 주관적 반응으로 제한한다. 그렇다, 신은 우연과 법칙의 조합을 통해 창조하였다. 과연, 이러한 조합은 최초에 그러했던 것처럼 우주를 창조함에 있어서 신의 의도를 반영한다. 그러나, 불행하게도 이 전략은 문제를 실제로 해결하지 못한다. 세포로부터 유기체, 집단, 그리고 환경에 이르는 생물학의 우연은 보통으로, 굉장히 복잡하다 하더라도, 사실상 기저의 결정론적 과정들에 대해 우리가 무지하다는 것을 의미한다. 본질적으로, "우연과 법칙"은 실제로 생물학 수준에서 오직 "알려지지 않은 결정론적 법칙"과 "알려진 결정론적 법칙", 그리하여 인과적으로 닫혀 있는 역학 시스템에 해당한다. 따라서 만약 우연은 단지 인식론적으로 무지함이고 자연은 실제 닫혀 있는 인과적 시스템이라면, 그때 신이 진화에서 우연을 통해 활동한다는 유신론적 진화론자들의 주장은 신의 오직 유일한 활동은 "처음에" 우주를 창조했고 현존하는 우주를 유지해 온 것이라는 개념으로 되돌아가서 귀속되는 것을 피할 수 없다. 이 주장은 신이 특별한 사건들 안에서 자연의 법칙을 위반하며 행동한다는 개입주의자적 개념을 피할 수 있을지는 몰라도, 그러나, 신의 활동의 의미를 획일적이고 단일한 "역사 제정"(enactment of history)으로 환원함으로써, 비록 역사가 명백한 우연 사건들로 채워져 있을지라도, 우리를 존재론적으로 내가 종종 "통계적 이신론"(statistical deism)이라고 일컫는 것으로 이끌게 된다.

보수주의자들은 특수 섭리를 성경 신앙에 의해 입증된 역사와 자연 안에서 신의 특별하고 객관적인 행동들이라고 주장하지만, 그러나 신의 활동을 개입주의적이라고 간주해야 하는 대가를 치러야 한다. 이 선택은 과학과의 대화를 약화시키고 과학적 정보가 많은 문화에서 자신의 신뢰성을 최소화시킬 위험을 가져온다. 최악의 경우, 그 선택은 그리스도교인들을 창조 과학, 또는 더욱더 기만적으로는 "지적 설계론"[7]의 방향으로 옮겨가게 할 수 있다. 어쨌든, 개입주의는 특수 섭리를 일반 섭리에 경쟁시키는 것으로 여겨지기 때문에 많은 신학자들이 반대하는 것이다. 게다가 자유주의와 보수주의 두 선택은 모두 여전히 신정론에 대한 문제에 직면해야 한다. 지구 상 오랜 생명체의 역사에 만연하는 고통, 질병, 고난, 그리고 죽음에 대해 우리는 무슨 이야기를 할 수 있을까?

이 장의 목적은 우리를 이러한 선택들을 넘어 새로운 접근으로 이동시키는 것이다. 즉, 신의 객관적 활동의 한 형태인 특수 섭리에 대한 비개입적 이해(NIODA)이다. 내가 4장에서 제안한 것처럼, 현대 과학의 관점에서 적어도 어떤 수준에서 자연이 철학적으로 존재론적으로 미결정론적이라고 해석될 수 있다면, 이러한 접근이 신학적으로 유일하게 가능하다. 과학에 대한 이러한 해석에 따라, 이것은 자연이 전적으로 닫힌 인과적 시스템이 아니라는 것을 의미하는 것이다. 대신에 최소한 한 수준에서 과학이 발견하는 법칙들은 자연이 열려 있다는 것을 제안하는 것이다. 자연의 인과적 규칙성들 안에는 "창조된 자연의 틈새들"이라고 말할 수 있는 것들이 있고, 그러한 것들은 신의 "무로부터의" 창조 활동에 의해 구성된 자연의 한 부분이다.

5장에서 나는 양자 역학이 그러한 해석을 가능하게 하고 신의 비개입적 객관적 활동에 대한 과학에 근거한 접근으로서 자격을 부여하는 준거를 통과하는 과학적 이론을 제공한다고 주장했다. 본 장에서 나의 주장은 유전자 돌연변이 수준에서 진화에서의 우연은 중요한 방식으로 양자 역학을 포함한다는 것이다. 이러한 주장이 유지된다면, 우리는 신학적으로 자연이 개입주의로 강요되지 않고 객관적 특수 섭리에 진정으로 열려 있다고 간주할 수 있다. 그때 신은 신학적으로 생물학적 진화의 진행되는 과정 안에서 그 과정들을 파괴하거나 자연의 법칙을 위반하지 않으면서, 더욱더 조심스럽게 신학적으로 이야기한다면, 신의 특수 섭리가 신의 일반 섭리를 철회시키는 것으로 여겨지지 않게 하면서, 목적을 가지고 행동한다고 이해될 수 있다. 신의 특수 활동은 자연에서의 특별한, 객관적 결과들을 초래하게 되는데, 그러한 결과들은 신의 특수 섭리가 없었다면 초래하지 않았을 것이다. 양자 역학의 비가역적 통계적 특성 때문에, 이러한 결과들은 전적으로 과학의 법칙들과 일치하게 될 것이고, 이 과정들의 (가설적, ex hypothesis) 미결정론주의 때문에 신의 특수 활동은 그 법칙들의 파괴를 수반하지 않을 것이다. 본질적으로 과학이 신을 들먹이지 않으면서 서술하는 것은 정확히 신이 자연의 과정 안에서, 그것과 함께, 그리고 그것을 통해서 보이지 않게 활동하며 성취하는 것이다. 게다가 비록 이러한 결과들이 유전학의 기저가 되는 양자 수준에서 *직접적으로* 유래할 수 있을지라도, 그러한 것들은 궁극적으로 집단과 종에 대해 *간접적* 영향을 초래할 것이다. 이러한 비–개입주의적 접근이 **특수하고 객관적** 섭리의 핵심이라는 우리의 주장이 성공하려면 이러한 통찰은 중요한 것이다.

나는 이러한 접근의 중요성을 강조하고 싶다. 그것은 특수 섭리와 비-개입주의를 통합함으로써 자유와 보수 양측 접근의 강점을 종합한다. 그것은 신의 활동을 옹호하기 위해서는 진화론을 공박해야 한다는 가정뿐 아니라, 진화는 신의 활동을 불가능하게 한다는 무신론적 주장을 약화시킨다. 그렇게 함으로써 그것은 "유신론적 진화론"이란 용어로 널리 표현되는 것처럼, 진화와 그리스도교 신앙에 대한 창조적 토론의 새로운 시대를 불러온다. 과거 대부분의 접근들이 신이 생물학 내에 시간 안에서 실제로 활동하는지에 대해 확실한 해석이 결여된 일종의 "통계적 이신론"을 지향하는 경향을 보였기 때문에, 우리가 일찍이 1960년대와 1970년대 학자들에 의해 만들어진 유신론적 진화론의 설득력에 대한 약속 어음을 성공시키려면, 이러한 토론은 특히 중요하다. 이러한 창조적 토론은 진화에서의 신의 활동에 대한 하나의 접근인 지적 설계론의 타당성을 또한 약화시킨다. 이 토론은 신의 개입 없는 신의 활동을 옹호하고, 자신을 과학적 이론이 아니라 신학적 이론이라고 서술하며, 그리고 생물학에서 "행동자"의 필요성을 포함하는 "새로운 과학"을 요구하지 않는다. 그러나, 나는 신의 비개입적 객관적 활동이 신정론의 문제를 악화시키는 길을 인정하고 강조하고 싶다. 나의 반응은 생물학적 진화의 주제를 편협하게 창조에만 초점을 맞추는 대신 창조와 새로운 창조/구원의 더 넓은 신학 안에 안치시키는 것이다. 신은 고통과 죽음의 원천이 아니라 구원자이기 때문이다.

이 장은 네 부분으로 나뉜다. 2절에서는 그 주장이 5단계로 표현된 가설로서 전개된다. 3절은 생물학적 진화에서 유전자 돌연변이의 역할과 유전자 돌연변이에서의 양자 역학의 역할에 대한 과학적 문제들을 토론한다. 마지막으로 4절은 진화에서의 신의 목적에 대한 문제와 신정론에 대한 도전에 관심을 둔다.

2. 특수 섭리와 유전자 돌연변이: 신학적 가설

이 장에서 조사되는 신학적 가설은 다섯 단계로 표현될 수 있다.

1. 그 가설의 근본적 전망은 유신론적 진화론이다. 그리스도교 신앙과 삶에 근거해서, 조직 신학은 삼위일체 하느님에 대하여 창조주라고 이야기한다. 즉 창조주는 이해 가능하고 우발적 우주의 절대 원천이며 유지자(무로부터의 창조)이고, 과학이 신-다윈적 틀 안에서 지구 상의 생명체의 생물학적 진화라고 서술하는 것을 자연과 더불어 생겨나게 하는 지속적 창조주(계속 창조)이다. 따라서 지구 상의 38억 년간의 생물학적 진화는 생명체를 창조하는 신의 **방식이다**(즉, 유신론적 진화론).

2. 유신론적 진화론은 신의 섭리하는 행위를 포함하기 위해 명쾌하게 확장된다. 신은 모든 존재의 궁극적인 원인일 뿐 아니라 그 의미와 궁극적 목적의 원천이다. 따라서, 신은 창조할 뿐 아니라 신의 전체적 종말론적 목적의 완성을 향해 생명의 진화를 안내하고 감독한다.

3. 섭리는 일반 섭리와 특수 섭리 둘 다를 포함하고, 여기서 둘 다 객관적이라고 인정된다. 여기서 신의 활동은 단지 일반 섭리의 관점, 즉, 신이 궁극적 목표와 목적을 가지고 진화 전체를 제공한다는 관점에서만 이해되는 것은 아니다. 신의 활동은 또한 특수 섭리의 관점, 즉 신의 특수 행동은 진화에 대하여 특수하며 객관적 결과들을 갖는다는 관점에서도 이해된다. 이러한 결과들은, 신앙을 통해서 신의 활동 때문이라고 인식될 수 있음에도 불구하고, 신의 일반 섭리 안에서만은 일어나지 않았었을 것이다. 주목하자. 여기서 나는 신의 특수 활동이, 비록 특별하고 객관적이라도, 신이 함께 활동하는 자연 과정을 통해 중재된다고 가정한다. 따라서 신의 활동은 일방적이지도 않고 중재자가 없는(unmediated) 것도 아니며, 자연과정으로 환원될 수도 없다. 끝으로, 나는 신이 자연의 한 수준에서 특별한 방식으로 행동할 수 있으며 이 행동은 다른 수준에서 간접적 결과를 가질 수도

있고 그래서 이 간접적인 결과들이 신의 객관적 특수 섭리의 행위들이라고 확인될 수도 있다는 것을 가정한다.[8]

4. 이제 과학에 비추어 이해 가능한 우리의 신학 프로그램을 만들어내는 문제에 대해 반응하는 중대한 조처에서, 나는 객관적 특수 섭리가 비-개입적이라고 이해될 수 있어야 한다고 요구한다. 신은 알려진 자연의 법칙들을 위반하거나 중지시키는 방식으로 활동하지 않으며 오히려 자연 법칙들을 고려한 신학적 전망으로부터 이해 가능한 방식으로 활동한다(비록 그러한 신학적 전망 없이는 우리는 신의 활동의 효과를 사실상 신의 활동의 효과라고 이해할 수 없지만). 신의 활동에 대한 이러한 설명은 우리의 현대 과학적 지식의 긍정적 내용에 의지하는 것이지 결코 그 지식의 틈새에 의지하는 것이 아니다. 이 지식 때문에 신의 활동에 대한 우리의 설명은 신이 폐쇄된 인과적 질서 안에 틈새를 별도로 창조할 것을 요구하지 않고 내재적으로 열려 있는 자연 과정의 특성에 의존한다.

5. 이러한 요구사항들을 염두에 두고, 나는 핵심 가설을 제시한다. 즉 신의 특수 활동의 비-개입적 효과는 유전적 변이의 수준에서, 그것을 매개로 하여, 직접적으로 발생한다. 그 유전적 변이 안에서 양자 과정이 생물학적 진화에서 중요한 역할을 수행한다. 다른 사람들이 주장하는 것처럼 신의 창조적이며 섭리적 활동이 직접적이며 비-개입적 방법으로 생물학적 복잡성의 많은 수준들에서, 아마도 모든 수준에서, 그 수준들이 이 자연의 역사에서 출현할 때, 일어나는 것이 가능하다. 게다가, 만약 이러한 직접적인 효과들이 복잡성의 다양한 수준에서 나타난다면, 이들은 다시 이러한 수준들 간에 그리고 수준들 내에서 상호 작용의 꼭대기-아래(top-down) 그리고 전체-부분(whole-part)의 두 양상을 통해서 잇따르는 간접적 영향의 연쇄들을 촉발할 수 있다. 그럼에도 불구하고, 현재의 가설은, 만약 진화 안에서의 신의 활동이 직접적이며 비개입적이 되려면, 이러한 효과들의 가장 가능성 있는 위치는, 아마도 유일한 그러한 위치는 유전자 돌연변이의 수준

이라는 것이다. 그러한 직접적 효과들이 비개입적 방식, 즉, 물리학, 화학, 그리고 분자 생물학의 알려진 법칙들과 전적으로 일치하는 그런 방식에서 일어날 수 있는 곳은 특히 이 수준이라고 나는 주장한다. 게다가 내가 주장하는 것처럼, 만일 신의 활동의 효과들이 과연 직접적으로 유전자 변이의 수준에서 직접적으로 생겨난다면, 그러한 효과들은 간접적으로 진화의 과정에 영향을 미치는 바닥−위(bottom-up) 결과들을 갖게 될 것이다. 그러나, 이 주장이 유지되려면, 양자 과정들이 철학적으로 존재론적 미결정주의 관점에서 해석될 수 있다는 것(5장을 보라)과 양자 과정들이 과학적으로 유전자 변이에 관련된다는 것을 우리가 보여 주어야 한다.

3. 유전자 돌연변이와 양자 역학: 과학적 질문[9]

A. 유전자 돌연변이는 생물학적 진화에서 어떠한 역할을 하는가?

현대 생물학적 과학에 따르면, 지구의 생명체는 거의 35억 년 내지 39억 년을 거슬러 올라간다. 모든 생명체 종들은 그 기원이 가까스로 이해되는 극히 단순하고 작은 유기체들로부터 진화해 왔다. 진화 이론에 따르면,[10] 현재 우리가 존재하는 것으로 알고 있는 2백만 개의 종들과 함께 화석 기록에서 알 수 있는 방대한 생물학적 복잡성은 두 가지 근본원리에 의해 설명될 수 있다. 변이와 자연 선택이다. 생물학적 복잡성은 변이가 유전적 물질에서 생겨나며, 그 유전 물질은 그 물질을 소지하는 유기체의 생존과 생식의 기회를 변화시킨다는 사실로부터 시작한다. 유기체의 생존에 우호적으로 나타나는 변이들은 세대에서 세대로 그 종들을 통해 퍼지는 경향을 보이고, 덜 우호적이거나 해로운 변이들은 감소하는 경향을 보인다. 자연 선택의 이러한 과정, 즉, "대안적 유전적 변형들의 차별적 생식"은 그 종들이 점차적으로 환경에 적응되도록 한다.[11] 유전적 변이는 다시 한 변형체로부터 다른 변형체로 변화시키는 자발적 돌연변이와 아울러 성적 생식 등 두 가지를 포함한다. 이들 두 과정 안에서 이러한 변이들이 무한한 방식으로 재조합한다. 1953년 왓슨과 크릭에 의한 DNA 분자 구조의 발견으로, 유전 정보는 뉴클레오티드(nucleotide)의 배열에 의해 전달되고 이들의 집단은 유전자로서 DNA 분자를 형성한다고 우리는 알고 있다. 복제되는 가운데 DNA 내의 돌연변이는 DNA에서의 뉴클레오티드의 한 쌍 또는 몇 쌍의 치환, 삽입, 또는 결손을 포함할 수 있다. 그 결과들이 유전적이 되기 위해서는 그 돌연변이가 한 유기체의 생식 계열에서 일어나야만 하고, 그 후대로 전달될 수 있어야 한다.[12]

　돌연변이는 DNA 안에서 자발적으로 생길 수 있고 또는 종종 인간 활동의 결과로서 자외선, X선, 또는 화학물질에의 노출에 의해 생성될 수 있다. 유전자 돌연변이는 유기체의 환경에 연관되어 무작위로 생겨나기 때문에, 후손들에 대한 그들의 결과는 더욱더 중립적이거나 유해할 수 있다. 그러나, 때때로, 그러한 현상은 유기체의 그 환경에 대한 적응 적합성을 증가시키고, 그 돌연변이는 계속되는 생식을 통해 그 후손으로 전달된다. "자연선택은 유익한 돌연변이를 증가시키고 유해한 돌연변이를 제거시키기 때문에 돌연변이와 다른 과정들의 파괴적인 영향을 억제한다."[13] 한 집단 내에서 변이의 속도는 돌연변이, 유전자 표류, 유전자 흐름, 성적 생식, 그리고 비-무작위 교배 등 여러 가지 요인들에 의해 생겨날 수 있지만, 변이 그 자체는 궁극적으로 유전자 돌연변이에 의한 것이다. 보드머와 카발리 소르자에 따르면, "정의상 가장 넓은 의미의 돌연변이는 새로운 유전적 형태의 기원이다. 그것은 모든 유전적 변이의 궁극적 기원이다. 돌연변이가 없었다면 어떠한 유전적 편차도 없었고 진화 같은 것도 없었다". 마사토시 네이는 "돌연변이는 분자수준에서의 진화의 추진력이다. 나는 또한 이러한 견해를 표현형 진화와 종 분화로 확장시켜왔다. 나는 유기체들의 한 집단이 사실상 모든 종류의 변이를 포함하고 진화를 위한 독특한 특성에 필수적인 것은 오직 자연선택이라는 지배적인 견해에 도전해 왔다"라고 주장한다.

프란시스코 아얄라는 "유전학이라는 과학은 새로운 유전적 변이가 출현하게 하는 유전자 돌연변이와 복제의 과정에 대한 이해를 제공하는 것이다. 유전자 돌연변이와 복제는 모든 유전적 변동의 궁극적 원천이다"라고 주장한다.[14]

B. 양자 물리학은 유전자 돌연변이에서 어떤 역할을 하는가?

나는 이 장에서, 만약 유전자 돌연변이의 기저에 있는 양자 사건들에 대해 미결정론적 철학적 해석이 주어진다면, 신의 특수 활동은 객관적이며 비개입적으로 간주될 수 있다는 *신학적* 견해를 채용하고 있다. 만약 양자 역학이 유전자 돌연변이에 어떤 역할을 하고 있다는 것을 과학적으로 보여줄 수 있다면, 그때, 확장하여 유전자 돌연변이에서의 신의 활동이 객관적으로 신의 특수한, 비개입적 활동의 일종이라고 신학적으로 주장할 수 있다. 게다가, 유전학이 생물학적 진화에 핵심적인 역할을 하기 때문에, 신의 활동은 생물학적 진화에서 핵심 역할을 한다고 주장할 수 있으며 나의 가설은 타당한 것으로 인정된다고 추론하여 주장할 수 있다.

따라서, 우리가 유전자 돌연변이의 어떤 유형들에서 양자 역학의 정확한 역할을 토론하는 것은 이 장에서 핵심적으로 중요한 것이다. 특히, 우리는 다음 질문을 해야 한다. 1) 고전적 우연을 전제하면서, 변이는 어느 정도로 유체역학, 열역학, 통계 역학, 카오스 역학, 화학, 지질학, 생태학 등과 같은 고전적 과정의 결과인가? 2) 변이는 어느 정도로 원칙적으로 유전자 돌연변이에 있는 원자와 아원자 수준에서 작동하는 양자 역학의 결과인가? 나는 이러한 질문들에 대한 합리적인 답이 다음과 같다고 믿는다.

1. 고전적 원천. 아마도 전적으로 고전적 설명을 가지고 있는 유기체 내에서 변이의 원천은 다음의 것들을 포함한다. 즉 화학적 돌연변이 유발 물질, 기계적/물리적 돌연변이 유발 물질(물리적 충격을 포함한), 그리고 염색체 분

리이다. 종 내에서 변이의 원천은 유전자 표류, 유전자 흐름, 그리고 비-무작위 짝짓기 등을 포함한다.

2. 양자적 원천. 양자 과정을 포함할 수도 있는, 혹은, 적어도 어느 정도는 고전적(고전적/양자적)과정을 포함할 수 있는 유기체 내에서 변이의 원천은 다음의 것들을 포함한다. 즉 염기-쌍 치환, 삽입, 결손 등을 포함하는 점 돌연변이(point mutation)와 DNA 복제, 수선, 재조합의 과정 중 발생하는 오류들을 포함하는 자발적 돌연변이와 X선과 자외선을 포함한 방사성 물리적 돌연변이와 그리고 교차이다.

그러나, 몇몇 흥미롭고 아직 해결되지 않은 문제들이 여기 있다. 변이 내에서 양자 과정과 고전적 과정의 상대적 중요성을 더욱더 분명히 이해하기 위해서 우리에게 더욱더 과학적 연구가 요구되는데 여기에는 염색체 수 돌연변이(이수성과 다수성), (삭제, 복제, 도치, 그리고 상호전치 등을 포함하는) 염색체 구조 돌연변이, 트랜스포손(transposon), DNA 돌연변이 생성 등과 같은 특별한 주제가 포함된다. 이제 연구되어야 할 매우 중요한 문제들 중 몇 가지는 다음과 같다.

1. 어느 정도로 점 돌연변이는 방사선의 단일 양자와 특별한 염기의 수소 결합에서의 단일 양성자 간의 상호 작용으로부터 일어나는가?

2. 교차 현상에서 양자 효과는 어느 정도 중요한가?

3. 어느 정도로 협동성은 여러 염기쌍들로 확장되는 반-고전적(semi-classical) 효과이면서, 유전자 변이의 양자적 측면을 감소시키는가?

4. 표현형의 불연속적 변화들은, 좀 더 얽혀진 거시적 변화(예를 들면, 곤충의 단일한 날개 대 여러 개 날개들과 속담에 나오는 "날개로부터 팔"로의 변화와 같은 커다란 거시적 변화)로부터 DNA의 단일 염기쌍의 점 돌연변이로 자취를 추적할 수 있는 변화들까지를 포함해서, 다시 단일한 양자 상호 작용에 의한 결과인가 아니면 그 각각이 단일한 양자 상호 작용의 결과인 일련의 분리된 염기쌍 돌연

변이들의 결과인가?

5. 표현형적 표현에 있어서 다원(多原) 유전 효과와/또는 전체 게놈의 효과에 비해 단일 유전 효과의 상대적 중요성은 얼마나 되는가? 여기서 "다원 유전적" 효과는 단일 염색체 내에서나 다른 염색체 간의 유전자–유전자 상호 작용, 염색체의 물리적 구조의 역할, 염색체의 배수성(ploidy) 또는 분절된 재정열의 효과를 포함한다. 그리고 인접 유전자군들 간의 상호 작용 등을 추가할 수 있다.

6. 유전자와 발현의 유전적 근거의 분석 가능성이 심각하게 손상될 정도로 비선형적인 발현 간의 연관은 어느 정도인가?

7. 집단 내에서 점 돌연변이 또는 일련의 점 돌연변이로부터 중대한 변화를 초래하는 가장 중요한 요인들은 어느 것인가? 분명히 표현형 수준으로의 돌연변이의 증폭, 표현형의 생존과 재생성, 그리고 그 집단 내에서 그것의 적응적 장점은 복합적이고 주요한 요인들이다. 그러나, 두 가지 다른 아주 특수한 요인들이 특히 중요하게 여겨진다. 1) 돌연변이는 생식계열에서 일어나야 한다. 체세포 돌연변이는 자손들에게 영향을 미치지 못할 것이고 생산을 통한 집단 증가에 의해 증폭될 수 없다. 2) 증폭은 DNA 돌연변이의 충실한 복제를 요구하며, 원조 돌연변이의 수십억 개의 복제를 생성한다. 더 많은 연구가 유전형–표현형 증폭의 전반적인 과정에 대한 이러한 특수한 요인들의 상대적 중요성을 규명하는 데 도움이 될 것이다.[15]

8. 어느 정도로 환경적 요인들이, 아–세포 수준에서 방사선과 같은 양자 요인으로부터 화학적 그리고 물리적 효과들과 같은 고전적 요인들과 집단 수준에서 생태적 요인들까지를 포함해서, 진화에 기여하는가?

따라서, 더 많은 과학적 연구가 유전적 변이의 고전적 그리고 양자적 원천의 역할들을 분명히 할 수 있고, 생명체의 진화에서의 신의 특수 활동에 대한 비개입적 객관적 해석에 관한 이 논문의 핵심적 신학 가설에 보다 더 잘 조명하게 될 것을 기대한다.

4. 신의 목적과 신정론: 미래 연구를 위해 촉망되는 두 가지 주제

A. 우연과 신의 목적 있는 행위에 대한 도전

진화에서의 "우연"은 신의 활동에 대한 최소한 두 가지 분명한 도전을 야기한다. 1) 신 행위 자체가 가능한지에 대한 것과 그리고 2) 신이 **현재** 활동을 통하여 **미래** 목적을 달성할 수 있는지에 대한 것이다. 현재까지 나는 첫 번째 도전에 초점을 두어 왔다. 여기서 나는 간략히 두 번째로 방향을 바꿀 것이다. 이 도전은, 자크 모노가 눈에 띄게 강조한 것처럼, 진화에서 "우연"은 유전적 변이 이상의 것을 포함하기 때문에 제기된다. 게다가 우리는 무작위적 요인들을 포함하는 다양한 구역들을 고려해야만 한다. 즉 표현형 안에서 유전형의 발현으로 이끄는 여러 통로들, 자손의 생존과 생성에 영향을 미치는 과정들, 자연선택이 작동하게 되는 생태계의 변화들이다. 마지막으로 우리는 이러한 두 흐름의 병치를 고려해야 한다. 즉 분자 수준에서의 (존재론적) 우연 사건들의 흐름과 자연 선택이 일어나게 되는 환경 수준에서의 (인식론적) 우연 사건들의 흐름이다. 이 흐름들은 상관관계가 없기 때문에 **그들의 병치는** 무작위적이다. 특히 **이런 면에서** 진화는 종종 "맹목적"이라 불린다. 그러면, 모든 이러한 다양한 요인들을 감안할 때 신이 유전자의 양자 수준에서 신의 활동의 궁극적 결과들을 어떻게 예측할 수 있을까?

대답하기 위해 우리는 우선적으로 이 문제들을 시간과 영원의 관계에 대한 영원한 주제 안에 위치시켜야 한다. 특히, 나는 **우리의 현재에서 이루어지는 신의 활동의 미래 결과들이 무엇인지 신은 알 수 있다**는 주장으로부터 시작할 것이다. 이 논문의 비개입적 접근의 정신에서 나는 **그러한 지식을 가지고 있는 신은 자연 법칙을 위반하거나 중지시키지 않아야 한다**는 것을 추가할 것이다. 다음, 이러한 주장은 신은 우리의 현재로부터 우리의 미래를 **예견하지 않고**, 혹은 우리 현재로부터의 결과를 계산하여 우리의 미래를 **미리 아는***(foreknow)* **것이 아니라는 것**을 가정한다. 대신에 영원한 신은 우리의 현재 시간과 결정된 상태 안에서 미래를 보고 알고 있다. 그러한 견해는 고전적 유신론 안에서 매우 미묘하게 정식화되었다. 그리고 그것은 많은 로마 가톨릭 신학자들과 개신교 신학자들에 의해 20세기를 통해 새로운 중요한 방식으로서 재구성되어 왔다.[16] 그러나, 근본적인 요점은 우리에게는 한정되지 않은 미래에 대한 신의 지식은 우리의 현재 한정된 상태 안에서 일어나는 사건에 대한 신의 영원한 지식이라는 것이다. 따라서, 신학적으로 신은 신의 현재 행위의 미래 결과를 알 수 있다.

그러나 여기서 비개입주의에 대한 헌신은 부가적인 문제를 야기한다. 우리는 신이 알고 있는 미래의 존재론적 지위에 대해 특수 상대성 이론에 비추어 어떻게 생각해야 하는가? 특수 상대성 이론에 대한 두 가지 대안적 해석이 있다.[17] 한 가지 견해에 따르면, 시간의 흐름은 실재이다. 그러나, 이 견해는 현재의 관점으로부터 미래의 실재를 평가 절하시키고, 따라서 미래에 대한 신의 지식에 관한 우리의 주장을 손상시킨다. 다른 견해에 의하면, 시간의 흐름은 환상(소위 블록 우주관의 관점)이다. 그러나, 이 견해는 현재의 관점으로부터 미래에 대해 주장된 미결정주의와 그것과 더불어 자유 의지도 평가절하한다고 어떤 사람들은 말할 것이다. 내 응답은 두 가지 대안이 특수 상대성 이론의 실제 함의에 대하여 공정하지 못했다고 주장하는 것이다. 대신에 사건들의 존재론과 시간의 관계적 정의는 특수 상대성 이론과 일치하는 시간의 흐름의 실재를 허용할 수 있다. 이 모형을 영원에 대한 현대 삼위일체적 이해 속으로 엮어 넣는 것은 신이 생물학적 진화의 맥락에서 목적을 가지고 행동할 수 있다는 주장에 더욱더 신뢰를 더할 것 같다.

B. 신정론과 구원 신학의 필요성

신이 유전자 수준에서 치밀하게 활동한다면, 신은 이러한 유전자들에 의해 야기되는 질병, 고통, 고난, 그리고 죽음에 책임이 없는 것인가? 왜 신은 압도적으로 대부분의 유전자 돌연변이들이 유기체의 실패로 종말을 맞이하는 것을 허용했을까? 물론 이것은 신정론의 영원한 문제이다. 왜 그렇게 선하고 강력한 신이 실재 악을 허용했을까? ―그러나, 이제 인간 세계를 넘어 지구의 모든 생명체를 포함하도록 확장된 영역을 다루어야 한다.[18]

나의 첫 번째 반응은 고통, 고난, 질병, 죽음, 그리고 소멸은 진화에 대한 모든 신학적 해석이 다루어야만 하는 사실들이란 점을 강조하는 것이다. 그것은 이 접근에만 독특한 것은 아니다. 너무도 흔한 반응은 자연의 상세한 역사에서 신을 제외시키는 것이다. 대신에, 신은 어떤 잠재성을 갖는 우주를 창조했고, 생명의 역사는, 적어도 인류가 나타나서 신의 인격적 계시에 반응할 때까지는, 이러한 가능성들의 단순한 전개라는 것이다. 고통과 고난은 엄밀히 인간 죄의 결과로 여겨지고, 그 결과는 인류와 죄 없는 환경을 황폐화시킨다. 질병과 죽음은 단순히 생명체 진화를 위한 자연적 필수 조건들이다. 그러나, 신의 활동을 이런 식으로 제한시키는 것은 신정론의 문제, 즉 죄의 기원에 대한 문제를 해결하지 못한다. 그것은 이 문제들을 우주론의 문제로 단순히 끌어 올린다. 신은 왜 이 특별한 자연 법칙들과 그들의 펼쳐지는 결과들을 가지고 있는 이러한 우주를 창조하였는가? 신은 이 우주에서 생명체들이 죽지 않고 고통 없는 기쁨, 슬픔 없는 기쁨, 도덕적 실패 없는 자유 의지를 가지면서 진화하게 할 수 없었는가?[19] 게다가, 신이 떨어지는 모든 참새들을 위해서조차 헤아릴 수 없을 만큼 일하면서 돌보시는 세계보다는 신의 특수 섭리와 다정하고 끊임없는 관심이 없는 세상이 내게는 훨씬 더 골칫덩이 세계로 여겨진다. 왜냐하면 세계의 고통은 실재하는 것이지만 신의 관심 밖에 있을 것이기 때문이다. 자연의 고난으로부터 신을 멀리 떨어져 있게 함으로써, 우리는 거기서 고통이 더욱더 의미가 없고 그 결과는 더욱더 절망적이 되게 만든다.

더욱더 풍요로운 반응은 신이 도덕적 행위자들의 진화를 염두에 두고 이 우주를 창조했다는 통찰로부터 시작한다. 그러한 우주에서의 고통, 질병과 죽음은 어떤 방식에서 순수한 자유와 도덕적 발달의 조건과 연결된다. 이 질문에 대한 다양한 희망적인 반응들이 현대 문헌에서 추구되고 있다. 예를 들면, 이안 바버, 조지 엘리스, 피립 헤프너, 데이비드 레이 그리핀, 아서 피콕, 존 폴킹혼, 빌 스테거, 그리고 토마스 트래시 등에 의한 반응들은, 중요한 방법에서 차이가 있지만, 대개는 피조물의 진정한 자유가 요구하는 (자발적이거나 또는 형이상학적이거나) 신의 행위에 대한 제한을 강조한다. 이 주제는(섹션 3.3) 내가 자연과 함께 하는 신의 고통에 대한 상응한 강조와 더불어 위에서 제안했다. 더욱 최근에 낸시 머피와 조지 엘리스는 근본적 개혁/침례교파의 전통에 의지하여 "비움의 윤리"를 전개시키는데, 이것은 인류 원리에 대한 "미세 조정" 반응과 밀접히 연계된다.[20] 그러나, 이러한 반응들이 수십억 년에 걸친 자연에서의 고난의 크기와 생물학적 복합성의 진화에 있어서 죽음의 근본 역할을, 그리고 최소한 하나의 종인 도덕적 행위자에 있어서 죽음의 본질적 역할을 설명할 수 있을까?[21]

신정론에 대한 나의 반응은 이러한 주제들을 통합시키고 창조하는 신과 구원하는 신은 동일하다는[22] 성경의 핵심적 통찰에 이 주제들을 뿌리 내리게 하는 방법들을 제안할 수 있다. 칼 바르트, 데니스 에드워즈, 존 호트, 캐더린 모우리 라쿠나, 엘리사벳 존슨, 쥬르겐 몰트만, 볼프하르트 판넨버그, 테드 피터스, 그리고 칼 라너와[23] 같은 20세기 삼위일체 신학자들이 발전시킨 것처럼 말이다. 이제 다시, 구원은 그리스도의 십자가를 초석으로 취하며, 그리스도의 십자가에서 신의 권능은 고통을 통해서 변형하는 사랑이라고 계시된다. 그러한 사랑이 궁극적으로, 종말론적으로, 이 세상의 악을 극복할 것이라는 것은, 금세기 인류의 비통함이 보여 주듯이, 그리스도인들이 종종 압도적으로 모순된 근거가 지난 다음에 취하는 일종의 도박이다. 이제 우리가 지구의 생명체에 대한 수십억 년의 드라마를 포함시키기 위해 역사의 영역을 확장하면, 이것은 진화가 *계속 창조*를 위해서뿐 아니라 더욱 심오하게는 지속적으로 창조물을 *구원*하고 인류와 함께 창조물을 새로운 창조에로 인도하기 위해서 치유하고 십자가형의 은총을 위해서 기회를 어떻게든 제공해야 한다는 것을 의미한다. 공식적인 의미에서, 내가 제안하는 것은 창조 교리와 그와 함께 섭리는, 신정론에 대한 답을 위해 필수적이기는 하지만 최종 분석에서 불충분한 틀이라는 것이다. 대신에 신정론과 악의 문제에 내재된 문제는 구원의 신학과 새로운 창조의 틀 안에서만 (결코 해결되지는 않겠지만) 설명될 수 있다. 사실, 나는 한걸음 더 나아간 모험을 감행할 것이다. 진화의 오랜 기간은 신의 끝나지 않은 지속적인 창조뿐 아니라 더욱더 근본적으로 하나의 창조를 제안하는 것인지 모른다. 그것의 신학적 지위는 "좋다"는 것으로서 단지 종말론적 미래에서만 완전히 실현될 수 있다.[24] 만약 이러한 개념들이 전적으로 건전한 것이라면, 만약 우리가 단지 그리스도교 신앙에 대한 비판뿐 아니라, 일반적인 유신론적 진화론의 불충분성에 대한 우리 자신의 내적 비판에 대답하려면, 그러한 개념들은 그들의 더 많은 발전이 얼마나 위압적인 작업일 뿐 아니라 긴박한 작업이라는 것을 강조하고 있다.

나는 이 책의 나머지 장들에서 자연에서의 고통의 문제와 이에 대한 종말론적 반응을 조사할 것이다.

▌주석

1   이 글은 다음의 책 안에서 출판되었다. *Evolutionary and Molecular Biology*, Robert John Russell, William Stoeger, S. J., and Francisco Ayala, eds. (Vatican City State: Vatican Observatory Publications; Berkeley, Calif.: Center for Theology and the Natural Sciences, 1998). 이후 *EMB*로 표시함. 이 논문은 다음의 글에서 이미 발표된 개념들을 발전시킨 것이다. "Cosmology from Alpha to Omega" *Zygon* 29.4 (1994): 557–77; "Theistic Evolution: Does God Really Act in Nature?" *Center for Theology and the Natural Sciences Bulletin*, 15.1 (Winter 1995): 19–32; "Does the God Who Acts' Really Act?: New Approaches to Divine Action in Light of Science," *Theology Today* 54.1 (April 1997): 43–65.

2   William G. Pollard, *Chance and Providence: God's Action in a World Governed by Scientific Law* (London: Faber and Faber, 1958), 56.

3   Claude Welch, "Evolution and Theology: Detente or Evasion?" in *Protestant Thought in the Nineteenth Century* (New Haven,(Conn.: Yale University Press, 1985), 2:183–211; David C. Lindberg and Ronald L. Numbers, eds., *God and Nature: Historical Essays on the Encounter Between Christianity and Science* (Berkeley: University of California Press, 1986); Ian G. Barbour, *Issues in Science and Religion* (New York: Harper & Row, 1971 본래 1966에 Prentice–Hall이 출판했다), chapters 4, 12 Ian G. Barbour, *Religion in an Age of Science*, Gifford Lectures, 1989–1990 (San Francisco: Harper & Row, 1990), ch. 6; John H. Brooke, *Science and Religion: Some Historical Perspectives* (Cambridge: Cambridge University Press, 1991); David J. Bartholomew, *God of Chance* (London: SCM, 1984).

4   Jacqucs Monod, *Chance and Necessity: An Essay on the Natural Philosophy of Modern Biology*, trans. Austryn Wainhouse (New York Vintage Books, 1972), 112, 180. 최근의 균형 잡힌 평가에 대해 다음 글을 보시오. Michael Ruse, *Can a Darwinian Be a Christian? The Relationship Between*

Science and Religion (Cambridge: Cambridge University Press, 2001).

5 1979년 뱀프턴 강연에서 아서 피콕은 데이비드 발토로메오를 "모노에 대해 가장 광범위하고 확실한 반응"을 보였다고 했다. 다음 글을 보시오. A. R. Peacocke, *Creation and the World of Science: The Bampton Lectures, 1979* (Oxford: Clarendon, 1979), and Bartholomew, *God of Chance*, 34.

6 간략한 역사적 개관. 19세기 말 종의 진화에 대한 연구는 두 종류로 구분된 프로그램으로 나뉘었다. 계통학, 생태학, 비교 해부학을 포함하는 진화 생물학, 그리고 발달 역학이다. 진화 생물학으로부터 "현대 종합"이 생겨났으며 이를 종종 "신-다윈 진화론"이라고 한다. 오늘날 이 분야가 가장 압도적인 연구 분야가 되었다. 후자인 발달 역학은 한편으로는 유전학 연구로 그리고 다른 한편으로는 실험 발생학이 되었다. 유전학 연구는 나뉘어져 한 흐름은 집단 유전학을 통해 신-다윈 진화론과 재결합하였고, 다른 한 흐름은 분자 유전학으로 발달되었다. 실험 발생학은 다시 발달 생물학이 되어 분자 유전학과 결합하여 발달 유전학 분야를 낳았다. 진화와 발달 생물학은 evo-devo로 알려진 진화 발달 생물학의 최근 급성장하는 학문 분야로 병합되었다. 오늘날 생물학자들은 세 가지 광범위한 주제들에 직면한다. 그것은 알에서 성체로의(the egg-to-adult) 변형, 뇌로부터 정신으로의(brain-to-mind) 변형, 그리고 유인원으로부터 인간으로의(the ape-to-human) 변형이다. 아마도 세 가지 모두 진화와 발달 생물학과 급성장하는 뇌생물학과 게놈학의 연계에서 해결될 수 있을 것이다. 나는 이러한 개관에 도움을 준 올리버 푸츠에게 감사한다. 또한 나는 자슈아 모리츠에게 감사한다. 그는 생물학의 역사와 철학에서 사용되는 "신-다윈"이라는 용어가 "현대 다윈 종합"을 의미하는 것이 아니라, 특히 조지 존 로만이 진화를 이해하는 용어를 의미하는데 그것은 후에 독일의 동물학자이며 세포학자인 오거스트 와이스만에 의해 예시화 된다고 알려 주었다. 와이스만은 그의 실험적 근거의 관점에서 생식세포와 신체세포의 분리를 유지하면서 라마르크의 유전에 반대한다. ("와이스만의 장벽") 특히 에른스트 마이어는 종합 이론을 위해 신-다윈이라는 용어 사용이 문제가 있음을 발견한다. 다음 글을 보시오. Ernst Mayr, *PSA: Proceedings of the Biennial Meeting of the Philosophy of Science Association*, 1984, Volume Two: Symposia and Invited Papers(1984), 145-156.

7   불행하게도 그리스도인들이 다윈 진화론을 공격하고 그것을 "창조 과학"으로 대체하려 하거나 "지적 설계론"으로 변형시키려 할 때, 그들은 직접적으로 무신론자들의 계략에 빠져 있는 것이다. 왜냐하면, 그들은 공격받아야 하는 것이 다윈주의이지 그 무신론적 해석이 아니라는 것에 암묵적으로 동의하기 때문이다. 그렇게 함으로써 그들은 과학에 대한 성공적인 그리스도교적 해석을 제공함으로써 유신론적 진화론이 무신론에 대한 실제 공격을 제공한다는 사실을 무시한다. 따라서 그들이 무신론자들과 공유하고 있는 바로 그 가정, 즉 생물학적 진화에 대한 다윈의 설명은 내재된 무신론이라는 가정을 약화시킨다. 이러한 행동은 생물학의 넓은 영역을 포기하여 무신론의 캠프에 넘겨주며, 충실하게 주류 생물학에서 연구를 하는 그리스도인들과 생물학자는 아니지만 진화를 받아들이고 이에 대한 그리스도교적 해석을 하는 많은 그리스도인들의 진실성을 암묵적으로 손상시키는 것이다. 진화를 공격하는 이들이 무신론을 공격했으면 얼마나 더 좋았을까!

8   이 글의 맥락에서 우리가 표현형의 수준에서의 어떤 사건들을 신의 활동으로 바라볼 때 그 활동들은 실제로 신의 간접 활동일 가능성을 고려하고 있다. 여기서 조사되고 있는 개념에 의하면, 신은 유전형의 수준에서 직접적으로 활동하고 그렇게 시작된 사건들의 결과가 표현형의 결과를 가져오게 된다.

9   포기 선언! 이 부분은 1996년에 쓰여진 글로부터 발췌하였고 불행하게도 그 이후 발달된 과학적 관점에서 개정하지 못했음을 밝힌다.

10   Francisco J. Ayala, "The Evolution of Life: An Overview," in *EMB*, 21–57.Also see Neil A. Campbell, *Biology*, 2nd ed. (Redwood City, Calif.: Benjamin Cummings, 1987/1990). Dawkins, Wilson, Gould, Mayr, 등은 다윈 종합을 확장시키려 추구했고, Kauffman, Wicken, Goodwin, Ho 등은 신-다윈 모형을 벗어날 것을 제안한다. 이에 대한 토론과 문헌을 위해 다음의 글이 도움이 될 것이다. Ian G. Barbour in *EMB*. 나는 이에 대한 신학적 반응을 다음 글로 남겨둘 것이다.

11   Ayala, "The Evolution of Life," 36.

12   진화에서의 "우연"은 유전적 변이와 그리고 종의 환경 내에서의 복잡한 변화와 함께 이러한 변이들의 병치를 포함한다. Arthur Peacocke, "Biological Evolution," in *EMB*, 361–64.

13 Ibid.

14 W. F. Bodmer and L. L. Cavalll-Sforza, *Genetics, Evolution and Man* (San Francisco, Calif.: W.H. Freeman and Company, 1976), 139; Masatoshi Nei, *Molecular Evolutionary Genetics* (New York, N.Y.: Columbia University Press, 1987), 431; Francisco J. Ayala, "The Theory of Evolution: Recent Successes and Challenges," in *Evolution and Creation*, Ernan McMullin, ed. (Notre Dame, Ind.: University of Notre Dame Press, 1985), 78, 82. See also Avala, "The Evolution of Life."

15 나는 여기서 그리고 다른 곳에서도 데이비드 코울로부터 아주 풍요로운 논평과 교정에 대해 신세를 졌다.

16 여기서 나는 일반적으로 발견되는 시간과 영원의 관계에 대한 이해에 의지하고 있다. 그러나 Karl Barth, Karl Rahner, Wolfhart Pannenberg, Jürgen Moltmann, Ted Peters, 등의 글에서 중요한 차이가 있다. 여기서 핵심적인 주장은 영원은 시간이 없는 점(아우구스티누스의 nunc)이나 끝나지 않은 창조된 시간이 아니라 오히려 창조된 시간의 끊임없는 풍요로운 초시간적 원천이다.

17 최근의 토론을 원하면 다음을 보시오 C. J. Isham and J. C. Polkinghorne, "The Debate over the Block Universe," in *QCLN*.

18 과연 만일 원시 생명체의 근거가 다른 세계에서 발견된다면(화석 운석에 대한 현재 논의는 그럴 가능성을 제기하고 있다), 그 구역은 거의 무한대로 확장될 것이다. 다음 글을 보시오. Paul Davies and Julian Cela-Flores in *EMB*.

19 물론 우리는 이러한 질문에 대해 "다중-세계"전략, "이 법칙들이 오직 가능한 것이다"는 전략, 또는 "모든 가능한 법칙들 중 최선"의 전략 등으로 답할 수 있다. 내 요지는 신을 자연의 자세한 역사로부터 제거시킨다고 해서 자동적으로 신정론의 도전이 제거되는 것이 아니라는 것이다. 왜냐하면 우주론의 전체적 수준에서 그 문제가 남기 때문이다. 신은 왜 이 우주를 창조하였는가?

20 Nancey Murphy and George F. R. Ellis, On the Moral Nature of the Universe: *Theology, Cosmology, and Ethics* (Minneapolis, Minn.: Fortress Press, 1996), esp. chap.10,section4.

21 See, for example, Holmes Rolston III, "Does Nature Need to Be Redeemed?" *Zygon* 29.2(June, 1994): 205-29; see also Thomas Tracy in *EMB*

and Ellis in *CAC*.

22 그리스도교 신학에서 창조와 구원 간의 연결은 아주 분명하다. 그 말씀이 사람이 되시었고 모든 것이 그 말씀을 통해 만들어졌고 그분은 바로 자신을 강생 안에서 드러냈고 십자가를 통해 자신을 비우셨다. 창조의 말씀과 지혜는 모든 이들의 죄를 대속하시는 어린 양이다. 알파인 말씀은 모든 생명체의 고통과 죽음의 자애로운 치유자이며 새로운 창조의 종말론적 희망, 즉 우주의 오메가이다. 그 말씀의 "흔적"이 물리의 법칙들이다.

23 다양한 목소리에 대한 유익한 전망을 원하면 다음을 보시오. Ted Peters, *God as Trinity: Relationality and Temporality in Divine Life* (Louisville, Ky.: Westminster/ John Knox Press, 1993); see also Edwards and Haught in *EMB*.

24 판넨버그는 자신의 조직신학의 맺음 부분에서 이 점을 강조한다. Wolfhart Pannenberg, *Systematic Theology*, vol. 3 (Grand Rapids, Mich.: Eerdmans, 1998), chap.15,esp.645–46. See also Karl Barth, Church Dogmatics, vol.3.2, *The Doctrine of Creation*, G.W. Bromiley and T.F. Torrance, eds.(Edinburgh: T.&T. Clark, 1958), esp.385–414. Peters는 더 넓은 전체론 안에 종말론적 미래를 자리매김함으로써 자신의 주장을 간접적으로 표현한다. 그 전체론 안에서는 "창조"라는 용어가 우주 전체의 역사를 포함한다. Ted Peters, *God, the World's Future: Systematic Theology for a Postmodern Era* (Minneapolis, Minn.: Fortress Press, 1992), 134–39, 307–9; idem, ed., *Cosmos as Creation: Theology and Science in Consonance* (Nashville, Tenn.: Abingdon, 1989), 96–97.

엔트로피와 악:
자연의 선과 악의 모호함 안에서 열역학의 역할[1]

서론

    악의 힘은 비극적으로 자명하다. 열역학 제2법칙의 구역은 과학의 전체에 걸쳐서 확장된다. 엔트로피와 악 사이에 어떤 실체적인 관계가 있을까? 이 질문에 답하기 전에 우리는 우선 종교와 과학처럼 서로 이질적인 분야가 지니고 있는 본성 자체 때문에 방법론적 문제들이 야기된다는 것을 인정해야 한다.

    유사한 절차적 문제들에 직면하여, 다른 사람들은 과학과 종교 이론들을 이론들의 수준의 위계,[2] 개념들의 공명 관계,[3] 또는 패러다임과 연구 프로그램들에 의해 특징지어지는 공동체들인 공식적 대응의 관점에서 비교한다.[4] 이 장에서 나는 이안 바버와 샐리 맥페이그의 저작을 따라 *은유(metaphor)*의 관점에서 이 토론의 틀을 잡기로 작정했다.[5] 나는 "*은유*"란 하나의 단어가 그 의미를 획득하는 정상적 맥락과 그 개념의 어떤 새로운 측면들이 강조되는 새로운 맥락 간의 유사(analogy)라고 정의할 것이다. 폴 리커 등이 강조하는 것처럼 은유는 단순한 직유(直喩, similes) 이상이다. 은유는 긍정적 유사뿐 아니라 부정적 유사를, 즉, "이다"(is)와 "이 아니다"(is not)를 둘 다 포함하기 때문이다. 이안 바버에 의하면, 하나의 은유는 다른 새로운 맥락으로 확장될 수 있고, "더 많은 유사성을 발견하도록 암시적 초대"[6]에로 우리를 유혹한다. 은유들은 각 영역에서의 독립적 정당성을 가지고 있는 개념들에 의존해야 하고 그들이 작동하는 새로운 맥락 안에서 새로운 통찰을 생성해야 한다고 나는 덧붙여 말하고자 한다.

은유에 대한 이러한 개념을 내가 항상 사용하는 방법론적 가정으로 삼는다면, 이 장은 미래 탐구를 위한 일반적 영역들을 찾는 정찰 프로젝트로서, 초기 연구의 일부가 될 것이다. 나는 주로 고전 열역학에 한정된 엔트로피의 물리학에 대한 개관, 그리고 그리스도교 전통의 대표적 시기에서 발견되는 악에 대한 신학적 해석을 가지고 시작할 것이다. 그다음 나는 악과 엔트로피 간의 제안된 은유적 관계에서의 유사점과 차이를 조사할 것이다. 마지막으로 나는 죄를 "불필요하지만 피할 수 없는" 것으로 여기는 아우구스티누스-니이버의 이해를 분석할 것이다. 이러한 분석은, 죄가 자연 전체에 걸쳐서 "보편 우발적" 과정들이 발견되는 물리학의 수준, 특히 열역학의 수준에서 자연 안에 있는 어떤 선행물(precursor)을 품고 있는지를 알아보기 위한 것이다. 그다음 몇몇 잠정적 결론들이 뒤따르게 된다.

물리학에서 두 가지 갈등하는 세계관

역사 없는 세계 안에서 역학과 가역성

17세기 뉴턴 역학은 물질세계를 절대 공간, 절대 시간, 엄격한 인과율, 그리고 시간적 가역성의 관점에서 보았다. 모든 물질 과정들은 엄격히 가역 가능한 기계적 그리고 중력적 상호 작용을 통한 운동하는 물질

(matter-in-motion)로 환원되었다. 우리가 평면을 따라 구르는 공, 태양 주위를 타원형으로 돌고 있는 행성, 흔들리는 추, 또는 회전하는 팽이를 바라보더라도, 이러한 과정들은 역학 법칙을 위반하지 않으면서 "거꾸로" 일어날 수 있는 그런 것들이다. 더 정확히, 역학 법칙은 물리적으로 용납될 수 있는 사건의 상태로부터 원인과 결과가 뒤바뀌는 상태를 구분하기 위한 어떤 모수(parameter)도 제공할 수 없다고 말해야 한다. 그 반대로 역학 방정식의 형태는 시간 t가 -t로 치환하여도 똑같이 유지된다. 과거와 미래는 상호 결정적이다. 많은 철학자들은 시간 흐름의 실재와 미래의 사실성에 관한 역학의 함의를 반대해 왔다. 그러나 뉴턴 물리학은 시간을 과학적으로 논의하면 안 된다고 반대하는 가공할 반대자로 남아 있었다.

열역학과 비가역성–그리고 "시간의 발톱"

19세기는 *시간의 방향*이 고전 열역학에 의해 신선한 의미를 취하는 시기였다. 공간과 시간이 엄격한 의미에서 절대적인 것으로 남아 있다 하더라도, 시간의 비가역성이 물리적 과정들의 핵심적 특성으로 연구되었다. 그러한 비가역적 과정의 사례는 부엌으로부터 향기가 집을 통하여 확산됨, 검정 잉크가 깨끗한 액체를 더럽힘, 양동이에서 혼합된 페인트, 해 빛을 받아 녹는 얼음, 물보라와 안개구름을 내뿜으며 포효하는 폭포, 얼음의 균열, 가열되는 기계적 기어들, 뜨거운 공기의 상승을 포함한다. 그러한 세계는 과거와 미래 사이의 극단적이고 부인할 수 없는 차이, 그 예측에 대한 통계적 질, 그리고 임의성과 우발성에 의해 특징이 표시되었다. 한 계(system)는 그 현재 상태 이상의 것에 의해 특징지어진다. 즉, 그 취해진 경로가 또한 중요하고, 그 과정은 생산물의 일부분이다. 얼음이 얼마나 빨리 형성되는지가 그 구조와 균열에 기여한다. 폭포 소리의 세기는 바닥에서 꼭대기까지의 높이뿐 아니라 얼마나 가파르게 낙하하는지에 달려 있다. 이 세계는 자연이 본래적으로 역사적이며, 무생물 수준의 물질조차도 진화의 지위질 수 없는 의미를 보이고 있다. 이 세계에서 미래 상태는 지배하는 방정식들을 가지고도 현재로부터 자세히 예측될 수 없다. 현재의 특성은 과거로부터의 경로에 의존한다. 비록 "모든 길은 로마로 통할"지라도, 실제 여행은 도착의 질에 의하여 영향을 미친다. 이 세계는 예측 불가능한 새로움으로 채워진 파동 치는 세계이다.[7]

그러나 이 세계는 흩어지고, 부패하고 파괴되는 세계이다. 이 세계에서 시간은 화살과 발톱을 가지고 있고, 시간의 발톱은 균형의 파괴, 구조의 균열, 비가역적 과거의 상실, 연속적인 흐름과 출현을 통한 태생의 표식들에 의한 현재의 얼룩짐으로 살아온 경험을 할퀸다.

아이작 뉴턴의 세계에서 미래는 언제나 과거의 한 번역판이다. 그러한 세계는 시간의 화살과 미래의 비사실성에 대한 우리의 경험과 조화될 수 있는 것 같지 않다. 열역학에서 시간이 흐르면 세상이 비가역적으로 변한다. 어떤 것도 그들이 있었던 방식을 완전히 회복하도록 만들어질 수는 없으며, 어떤 것도 그것들이 다음에 있게 될 방식을 완전히 갖도록 만들어질 수 없다.

엔트로피를 자세히 들여다보다. 두 가지 정의

가용 에너지의 척도로서의 엔트로피. 에너지 변환에 대한 학문인 열역학은 압력, 용량, 온도 같은 물질의 덩어리(bulk) 특성들에 대한 연구에서 기원했다. 뉴턴 역학은 이미 물질 과정의 기계적 해석의 골격을 제공했고, 일이란 물체가 어떤 거리만큼 움직이게 하는 힘의 결과라는 정의에 집중했다. 역학적 에너지는 바위를 들어 올리고, 화살을 가속화시키며, 궤도 안에서 행성이 움직이게 하는 그런 일을 하게 하는 능력이다. 에너지 보존 법칙은 역학의 핵심이다. 에너지가 위치 에너지에서 운동 에너지로 바뀔 수 있을지라도 모든 역학적 과정들 안에서 닫힌계의 총 에너지는 일정하다. 열역학은 열을 에너지의 한 형태로 취급함으로써 끊임없이 역학과 관계를 맺었

다. 게다가 에너지 보존은 역학적 에너지의 열로의 변환을 포함시켰다. 예를 들면, 추운 날 우리의 손을 비비면, 마찰은 역학적 에너지를 열로 변환시킨다.

열역학적 평형 상태를 어떻게 정의하는 것이 유용할까? 열역학적 평형 상태에서는, 예를 들면, 고립된 병 안의 가스나 또는 닫힌 컨테이너 안의 물과 같이, 시스템의 거시적 특성들은 시간 안에서 변화되지 않는다. 그러한 계와 환경의 모든 부분들은 동일한 온도 T에 있어야만 한다. 만약 용적이나 또는 압력의 변화 같은 외부의 힘이 그 계에 가해진다면, 또는 열이 가해진다면, 그 계는 새로운 평형 상태에 도달할 때까지 변화할 것이다. 만약 이러한 힘이 갑작스럽고 날카롭다면 그 계는 풍선이 터지듯이 또는 뜨거운 프라이팬에서 기름이 튀듯이 거칠고 부정확하게 변할 것이다. 만약 점진적인 힘이 가해지면, 그 계의 변화는 약한 불에서 음식이 끓듯이 감지할 수 없을 만큼 서서히 진행될 것이다. 만약 한 계가 부드럽게 한 평형 상태로부터 다음 상태로 진화한다면, 그때 원리적으로 그 과정은 역전될 수 있는데, 다른 총 효과를 초래하지 않고도 그 계를 원래 상태로 되돌릴 수 있다. 예를 들면, 한 조각의 얼음이 아주 서서히 녹을 때에, 공기 온도가 차가워진다면 그 조작은 거의 원래 모양으로 다시 얼게 될 수 있다. 또한, 가역적 과정들은 그것에 대한 정확한 묘사가 가능한 유일한 과정이다. 왜냐하면 가역적 과정들은 열역학 평형 상태에 한정되며 그러한 상태에서만 덩어리 모수들이 잘 정의되기 때문이다.

그러나 자연에서 그러한 가역성은 실제 과정에서는 이상적이고 제한적인 경우이다. 실제 과정들은 그 계를 평형으로부터 멀리 몰아가는 종종 돌발적이고 심지어 비극적인 변화를 포함한다. 해변에서 파도가 부서지고, 빙하가 갈라지고, 향기가 퍼지며, 눈이 녹고 설탕이 발효하는 것처럼 그러한 것들은 환경적 요인들을 어떻게 단순히 되돌린다고 해서 원래대로 될 수 있는 것이 아니다. 전체 계에는 어떤 다른 효과가 언제나 있을 것이다.

마치 에너지의 개념이 원리적으로 허용될 수 있는 과정들의 종류를 제한하는 데 기여하는 것처럼, 그렇게 엔트로피의 개념은 실제 과정들이 진행되려는 방향을 한정한다. 따라서 비록 향기가 원래 나온 곳으로부터 퍼져 나가든 또는 어떻게든 환경으로부터 그 원래 나온 곳으로 되돌아오든 에너지가 보존된다 하더라도, 엔트로피는 전자의 경우인 향기가 퍼져나갈 때 증가할 것이고, 후자의 경우인 향기가 되돌아올 때 감소할 것이다.

그러면 일반적으로 우리가 대부분의 물리 과정들에 대해 예상하는 엔트로피와 비가역성은 열역학 제2법칙에서 표현되는 것처럼 근본적으로 연계된다. 즉 고립된 계의 엔트로피는 가역적 과정 중에는 일정하게 머물거나 또는 비가역적 과정 중에는 증가한다. 반면, 환경과 상호 작용하는 계의 엔트로피는 오로지 그 계의 엔트로피와 환경이 일정하게 유지되거나 또는 순수 증가를 보일 때에만 감소할 수 있다. 따라서 열역학 제2법칙은 우리에게 모든 자연 과정들은 전체의 엔트로피, 즉 그 시스템에 그 환경을 합친 것의 엔트로피가 증가하도록 하는 그러한 방식으로 일어난다는 것을 알려준다.

제2법칙은 루돌프 클라우시우스, 로드 켈빈, 그리고 사디 카르노에 의해 다양한 공식들로 제시된다. 역학적 에너지가 열로 변화하는 것을 연구하면서 그들은 매번 다른 일이 없었다면 유용한 일에 가용될 수 있었던 역학적 에너지가 열로 손실되었다는 것을 발견하였다. 예를 들면, 마찰은 움직이는 수레의 사용 가능한 역학적 에너지를 흘러 나가게 하고 그것을 열로 바꾼다. 따라서 처음으로 비가역적 과정들 안에서 엔트로피의 증가가 역학적 일에 가용될 수 있는 에너지의 상실의 관점에서 이해되었다. 우리는 시스템들이 멈추고, 엔트로피는 에너지의 소진, 환경의 파괴, 일이 열로 비가역적으로 전환하는 것을 측정한다고 말한다.

무질서의 척도로서의 엔트로피. 기체의 운동 이론 중에서, 기체의 덩어

리 특성들은 기체 분자의 거대한 숫자 N의 무작위 운동과 통계적으로 연관된다. 정확히 엄청난 크기의 N(전형적으로 억의 백만 억 개 분자들) 때문에 통계가 극히 잘 적용되고, 그 분자적 앙상블은 몇몇 변수들에 의해 특징지어질 수 있다. 예를 들면, 압력은 기체 분자들이 용기 벽에 충돌한 것과 연관된다. 온도는 분자들의 운동 에너지와 연관된다. "상태 변수"(state variable)라고 거시적으로 규정된 엔트로피는 덩어리 현상의 기저가 되는 미시적 사건들과 어떻게 연관되는가?

우리가 칸막이로 나누어진 A, B 두 칸을 가지는 용기(컨테이너)를 가지고 있다고 가정하고, A 칸에 두 개의 공이 있다고 생각해 보자. 분명히 이것은 용기와 공들의 시스템의 어떤 독특한 상태이다. 만약 우리가 칸막이를 제거하고 용기를 흔들면, 각 공은 각각 A 또는, B에 있거나, 아니면 둘 다 A 또는, B에 있게 된다. 따라서 이 계의 가능한 상태들은 4배로 증가한다. 게다가 이 과정은 비가역적임을 주목하라. 단순히 칸막이를 원 상태로 놓는다고 해서 두 공이 원래의 상태대로 A칸에 위치한다는 것을 일상적으로 발견하지 못할 것이다. 열역학 제2법칙은 이 계의 엔트로피가 이 과정 중에 증가된다는 것을 말해 준다. 그 계의 상태들의 숫자가 역시 증가하기 때문에(4배로) 우리는 엔트로피를 그 계의 상태들의 수와 동일시할 수 있을 것이다. 그러한 개념은 루드비히 볼츠만에 의해 19세기 말에 제안되었는데, 엄청나게 성공적인 업적임이 드러났다. 그것은 거시적 서술과 미시적 서술 간의 개념적 상관관계에 분석적 정확성을 제공함으로써 통계 역학과 고전 열역학 사이에 다리를 제공했다.

게다가, 통계 역학은 엔트로피에 대한 확률적 해석을 제안한다. 비록 시스템들의 기저가 되는 역학적 상호 작용들은 시간적으로 불변적이라 하더라도, 엔트로피는 계들이 시간 내에서 비가역적으로 진화한다는 의미를 설명한다. 우리는 하나의 계의 등가적 미시 상태들의 수가 거시적 상태가 생겨날 확률의 측정치와 같다고 할 수 있다. 예를 들면, 이전의 예에서 10개의 공이 있었다고 가정하자. 비록 모든 공이 A칸에 있을 수 있는 방법은 오직 한 가지일지라도, 공들을 재배치시켜 각 칸에 5개의 공이 있게 하는 방법은 많을 것이다. 따라서 우리는 A칸에서 모든 10개의 공을 발견하는 것보다 각 칸에서 5개의 공을 발견할 가능성은 훨씬 더 많다고 말할 수 있다. 또한 다음을 주목하라. 만약 우리가 모든 공이 A칸에 있는 것으로 시작하여 용기를 흔들면, 시간이 경과하면서, 공들 간의 일반적인 역학적 시간 가역적 과정들은(서로 간 부딪치든지 용기 벽에 튀기든지) 공들을 칸들 사이에 골고루 배분시키려는 경향이 있을 것이다. 모든 공들이 A칸으로 다시 되돌아가기에는 과연 오랜 시간을 기다려야 할 것이다! 우리는 초기 상태는 질서가 있고 나중 상태는 무질서하다고 정당하게 말할 수 있을 것이다. 따라서 엔트로피는 그 계의 무질서의 측정치라고, 혹은 특별한 상태에서 그 계를 발견하는 확률에 연관된 모수라고 간주될 수 있다. 여기서 엔트로피가 증가한다는 것은 한 계의 무질서가 증가한다는 것, 혹은 이전의 상태들을 넘어선 그 상태를 발견할 가능성의 증가와 동등하다.

악에 대한 그리스도교적 사고

비록 악의 존재는 우리 종이 자신과 같은 종에게 그리고 인간 이외의 자연에게 저지른 잔혹 행위에서 목격되듯이 난공불락으로 여겨질지라도, 악에 대한 보편적으로 인정되는 정의는 존재하지 않는다. 각 가치 체계나 세계관은 자신이 무엇을 좋은 것이라 간주하는지를 정의한다. 이 좋은 것을 좌절시키는 것이 "도덕적" 또는 '내재적' 악으로 정의된다. 금욕주의자(스토아학파)에게 악은 불합리이며, 쾌락주의자에게 악은 고통이다. 공리주의자에게 악은 최대다수의 최대행복을 부인하는 데 있는 반면, 유신론자에게 악은 신의 의지에 반하는 것으로 나타난다.

악은 윤리신학에서 토론된 것처럼 오직 인간 행동에만 관련되는 것으로 취급될 수 있거나, 또는 악의 존재는 지진, 전염병, 번갯불, 허리케인, 그리고 피식자에 대한 포식자의 가혹한 투쟁과 같은 세상의 자연적 차원들 안으로 확장될 수 있다. 과거에 세상의 자연 사건들은 도덕적으로 중립적인 것으로, 즉, 그 자체가 선도 악도 아닌 것으로 취급되었지만, 인간의 도덕적 선택과 결합하여 그러한 것들은 자연적 악 혹은 "외적" 악의 기회가 될 수 있었다. 그러나 우리 인간 종에게 공통된 악과 자연 전체 사이에 더욱더 깊이 배어든 연계가 있을 수 있을까? 우리가 바로 그러한 질문을 한다는 것은 확실히 종교와 과학을 연관시키기 위해 내가 마음속에 그리는 프로그램의 부분이다.

그러나 이것을 좀 더 조사하기 전에, 우리는 악의 실재를 주장하는 데 있어서 중요한 역설이 전통적 그리스도교적 유신론에 강요되고 있다는 것을 인식해야 한다. 신(theos)과 정의(dikaia)를 의미하는 그리스 단어들로부터 "신정론"이라고 종종 불리는 말이 생겼는데, 유신론자의 근본적인 관심은 어떻게 세상에 있는 악의 실재가 우리로 하여금 성서의 신에 대한 믿음을 포기하도록 강요하지 않는지를 이해하는 것이다. 이 문제의 표준구(locus classi-cus)는 에피쿠로스에게 돌려지는 삼중의 모순에서 발견된다. 악이 실재한다면 어떻게 강력하고 선한 신을 믿을 수 있을까? 달리 말하면, 어떻게 사랑의 신이 신의 권능을 통해 피해질 수도 있는 고통을 인간에게 허락할 수 있는가?

그리스도교 신학은, 악의 실재를 부인하지도 않고(일원론에서처럼) 악의 절대성을 주장하지도 않으면서(이원론에서처럼), 오랜 동안 이 문제와 씨름하고 있다. 성경의 근본적 신앙을 포기한다는 대가를 치르면, 두 가지 접근 중 어느 쪽이나 에피쿠로스의 모순을 해결할 수 있을 것이다. 깊은 의미에서 사도 바오로부터 현재까지 그리스도교적 사고의 역사는 악에 대한 이 하나의 중심 역설과 심각한 씨름을 하고 있음을 보여 준다. 게다가, 신이 혼돈의 바다 위를 조용히 덮는 것으로 그려진 세상 창조의 창세기 설화로부터,

배신과 학대의 힘이 나무 십자가와 녹슨 못에서 표현의 절정에 도달한 골고타(Calvary)까지, 도덕적 죄로서 악과 자연적 부패로서의 악은 긴밀히 연결된 듯 보였다.

악의 문제에 대한 그리스도교 신학자들의 반응은 수 세기를 거쳐 두드러지게 다양하고, 그렇게 많아서 실제 정확히 그것들을 소개하기 위해서는 긴 에세이가 필요할 것이다. 그러나 존 힉이 제안한 것처럼, 이 반응들은 아우구스티누스의 신학과 이레내우스의 신학에 뿌리를 두고 있는 두 가지 기본적 관점으로 집단화될 수 있다. 여기 힉의 주장의 두 부분이 있다.[8]

선의 결핍으로서의 악

아우구스티누스에 의하면, 창조주 신의 선함이 반영되기 때문에 존재하는 것은 선하다. 그러나 존재하는 것은 무로부터 만들어졌기 때문에 가변적이고 따라서 부패될 수 있다. 부패의 일차 행동인은 우리의 자유 의지이며, 이것이 바로 인류 고통의 원인이다. 아우구스티누스의 관점에서 악은 자연 형태의 부패이다. 악은 독립적 실재 또는 물질적 내용이 없기 때문에 사물의 본성 안에서의 망가짐, 모든 창조된 것의 완전한 존재함의 남용, 그리고 부패된 자유 의지에 의한 자기 파괴 같은 것이다. 따라서 악은 인간 영역과 자연 양쪽에서 발견되는 것이다. 비슷한 맥락에서 토마스 아퀴나스는 악이란 사물들의 충만한 잠재성을 박탈하는 결함이라고 규정했다. 자유 의지가 신의 창조물이 갖는 선함의 필수적인 부분이라 해도, 자유 의지는 결함이 있는 것이고, 그 결함이 도덕적 악이 되는 것이다.

개신교적 사상에서, 존 캘빈의 신의 예정설과 같은 교리와 칼 바르트가 신의 "거부"를 통한 악에 대한 신의 주권을 강조한 것은 신의 의지에 반하여 작용하는 악의 힘에 가해진 제한을 강조하고 있다. 폴 틸리히는 유한, 자유, 그리고 유한한 자유의 선함을 단언한다. 그러한 자유의 남용을 통해서만 죄 즉, 실존적 소원함이 생겨난다. 따라서 실존은 존재함의 망가진 형태이고 존재함의 그 본질적 구조로부터 소원해지고 모순된 것이며, 그리고 인간은 특히 산산이 부서지고 자기 모순적 피조물이다. 그러나 틸리히에게는 또한 그러한 산산 조각남이 외적 행동자에 의해 초래되는 것이 아니라 "소원함 그 자체 구조의 결과"이며, 즉, "파괴의 구조"라고 부른다.[9]

발전의 방해로서의 악

이레내우스의 신정론에서 우리는 두 번째 그리고 더 오래된 전통의 뿌리를 발견한다.[10] 이레내우스는 인간 안에서 신의 이미지(image)와 유사성(likeness)을 구분했다. 비록 도덕적 자유와 책임의 형태를 통해서 신의 이미지를 표현하는 것이 인간 본성에 기본적인 것이라 해도, 이것은 신으로부터 받은 유산의 단지 일부이다. 영적 성장과 투쟁을 통해, 우리는 신과의 관계를 완전히 드러내도록 성장할 가능성과 궁극적으로 신과의 진정한 유사성을 취할 가능성을 가지고 있다. 이 관점에서 악은 우리의 영적 진보에 대한 방해물이고, 충만한 영적 성숙을 위한 우리의 발전의 방해물이다. 알렉산드리아의 클레멘스(서기 220년에 작고함)는 우리는 "덕행을 받아들이는 데 순응된다"고 기록했다. 비록 우리의 본성이 무질서하더라도, 이 약함은 성령에 의해 극복될 수 있는 단지 어린이 같은 미성숙이다. 완벽함은 미래에 있는 것이지 망가진 과거에 있는 것이 아니다.

19세기 개신교적 사상에서 프리드리히 슐라이어마허는 신의 목적은 인간 종(種)을 통해 달성되어야 하는 것이고 인간 안에서 세계–의식과 신–의식이 마침내 공존하고 함께 발전할 수 있다는 것을 강조함으로써 이와 동일한 통찰을 택했다. 슐라이어마허에 의하면, 인간의 완성은 인간의 본성에 뿌리를 두고 있다. 왜냐하면 인간 본성이 우리가 고통과 환희의 순간에 경험하듯이 신–의식이 가능하고 실재하는 곳이기 때문이다. 완벽함은 이제 더 이상 먼 과거에서만 발견되는 어떤 것을 의미하는 것이 아니다. 그것은 언제나 현존하고 더 큰 실현을 향해 진화하는 특성인 것이다. 죄는 세상에 대하여 집착하는 것이고, 죄는 신-의식의 평탄한 발달의 방해로서 생겨 나는 것이다. 슐라이어마허는 "죄는 불필요하지만 불가피하다"는 점을 인 정했지만, 죄에 대한 우리 개인의 책임이 결코 줄어드는 것은 아니라고 했 다.[11] 게다가, 죄에 대한 개인적 그리고 공동체의 책임이 암묵적 방식으로 혼합된다. "개별적으로 죄는 모든 이의 일이고 모든 이에게 개별적인 일이 다."[12]

삐에르 떼이야르 드 샤르댕은, 비록 원초적 완전함과 타락을 가끔 언급 하지만, 이 전통을 지속한다. 떼이야르는 다른 영장류로부터 인류의 진화 를 강조하고, 이 진화의 틀 안에서 악(도덕적 악과 자연적 악)을 인간의 성장과 영적 성숙 안에서 불가피한 경험으로 보았다. 그는 우리가 "이미 존재하고 있으나 아직 완전하지 않은" 피조물이라고 썼다. 따라서 우리는 새로운 세 계적 인간성의 창발과 오메가 점에서의 마지막 일치를 특징으로 갖는 지극 히 선한 미래를 향해 움직이고 있다.[13]

악과 엔트로피: 일차 살펴보기

분명히, 액면 그대로 보면, 악과 엔트로피의 개념들은 몇몇 유사성을 보 여 주고 있고 엔트로피에 대한 우리의 초기 은유는 물리적 수준에서 악의 예시라고 제안하고 있다. 이 부분에서 이러한 유사성의 세 가지를 간략히 서술한 뒤에, 다음 부분에서 그 은유가 악과 엔트로피에 대한 새로운 통찰 을 생성하는 방식을 다룰 것이다. 희망하건대, 이러한 관찰들이 은유의 체 험적 가치를 보여줌으로써 연구의 분리된 두 영역들의 언어를 혼합시키는 것에 대한 정당성을 부여할 것이다.

첫째, 신학의 역사를 통해, 우세한 경향은 신이 무질서 속에서 질서를 창 조하였고, 혼돈을 지배하고 위압하였으며, 조화의 세계와 계약의 공동체 를 건설하였다는 것이다. 고전적 형이상학이나 현대적 형이상학이나 어디에서 펼쳐지든, 신은 역동적 평화를 목표로 하는 과정들을 통해서 있는 모든 것을 창조하였다. 악은 일종의 무질서로서, 유기체의 역기능으로, 성장의 방해로 또는 존재의 불완전함으로 여겨진다. 엔트로피도 그러한 무질서를 말하고, 한 계의 흩어짐과, 전체의 균열을 측정한다. 종교적 언어에서 죄는 보편적이고 불가피하게 절망, 전쟁, 그리고 죽음을 야기한다. 우리가 신과의 관계에서 그리고 서로의 관계 안에서 성장한다 하더라도 악은 우리를 좌절시킨다. 유사하게 우리의 낭비된 에너지는 우리 세계를 상처 내고 우리 환경을 오염시킨다. 더욱이 일반적으로 우리는 이 세상의 고통의 정도를 깨닫기 위해 기아, 허리케인, 지진, 번개, 토네이도, 모든 종류의 사고들, 또는 전염병과 질병들과 같은 자연 재난의 고통과 대가를 생각할 필요가 있다. 모든 이러한 것들은 형태, 환경, 유기체의 가혹한 붕괴인 엔트로피에 눌려 있는 데 그 뿌리가 있다. 이 모든 것들은 희망과 평화에 상처를 주는 것이다.

근원적 의미에서 엔트로피는 시간에게 "발톱"을 준다. 시간이 흐르면서 그리고 시간 안에서 우리는 해서 안 되는 것을 하고, 반면에 해야 하는 것을 하지 않는 채로 남겨둔다. 시간 안에서 엔트로피는 증가하고, 불길은 약해지며, 그리고 밤은 우리의 순간적 빛나는 낮을 잠식한다. 우리의 육신은 늙어 죽고, 심지어 우주도 식고 있다. 냉혹하게 소멸되는 우주에서 어떻게 미래가 희망으로 채워질 수 있을까? 아마도 재수축하는 우주에서 먼 미래가 어떤 희망의 여지를 허락할 수 있겠지만, 그러나 이 현 시대의 특징은 무자비하게 해체되는 어떤 것으로 여겨진다.

아우구스티누스적 의미에서 자연은 혼돈과 파괴에 의해 손상된다. 이레내우스적 의미에서 더 나은 미래에 대한 희망은 가용한 에너지의 유출과의 전쟁을 해야 한다. 자연에서 혼돈의 전체 증가하는 정도는 우주의 전반적 특징인 것 같다. 처음부터 끝까지.

둘째, 악과 엔트로피는 둘 다 존재하는 것에 의존적이고 독립적 존재를 갖지 못하고 있다. 자르는 것은 면도날인가 아니면 강철 칼인가? 암에게 치명적 힘을 주는 것은 경계 없이 번식하는 세포들의 생명력인가 아니면 해체인가? 틸리히의 언어에서 악은 "실재의 전체 안에서 독립적인 위치를 가지고 있지 않다. 그러나, … 악은 악이 그 안에서 파괴적으로 활동하는 구조에 의존하고 있다".[14]

악처럼 엔트로피는 자연 과정들의 기능이지 자연 안에서 자율적 존재체가 아니다. 신정론 안에서처럼 엔트로피는 자연 과정들에 기생하는 것이지 그 과정들 안의 참여자가 아니다. 게다가 엔트로피는 물리 법칙에 따라 일어날 수 있는 다양한 과정들에 대한 불가피한 한계를 표출하며, 그래서 실제 과정들이 이상적인 과정으로부터 떨어져 있는 거리를 측정한다. 아우구스티누스의 신정론에서 악은 존재하는 것의 망가짐의 표식으로서 생겨나며, 반면, 이레내우스의 신정론에서는 영적 성장의 과정들이 퇴행과 전환이라는 죄의 힘을 보여 준다.

셋째, 열역학에서 엔트로피는 닫힌 계들 내에서 결코 감소되지 않는 기능을 나타낸다. 더 큰 계들의 하위 계로서 포함되어 있는 계들에서는 하위계에서 엔트로피는 감소할 수 있지만, 전체 계의 엔트로피는 감소할 수 없다. 종교적 언어로 표현한다면, 우리는 다음의 공동체들에서는 악의 힘의 불가피한 증가를 발견하게 될 것이라고 예측할 것이다. 그들은 나머지 인류의 필요와 세계적 다원주의의 도전으로부터 스스로를 단절시키는 공동체이거나, 혹은 인간 종을 자연의 그 나머지로부터 근본적으로 분리된 것으로 여기는 사람들이다. 물론 만약 우리가 은유에 압박을 가하게 되면, 모든 닫힌 사회는 미덕과 축복을 향해 진화할 수 있는 부가적인 내적 사회를 포함할 수 있으나 그 포괄적 계가 대가를 치를 것을 예측한다. 더 넓은 의미에서, 만약 모든 종들을 가지고 있는 우리의 행성에 적용하면, 우리는 적어도 문화적으로 나머지 우주로부터 여전히 고립되어 있다. 아마도, 만약에 우리가 우주 안으로 다른 세계를 향해 모험을 한다면, 우리는 개인적 그

리고 문화적 수준에서 제2법칙의 불가피함으로부터 일시적 해방을 찾을
수 있을 것이다.

엔트로피와 악: 자세히 들여다보기

우리는 악과 엔트로피 사이의 몇몇 유사성들을 열거했다. 그 유사성들은
엔트로피가 물리적 수준에서 악을 예시하는 은유라고 제안한다. 이 은유의
풍성함을 검증하고 이런 종류의 과학과 신학간의 상호 작용이 어떻게 시적
관심 이상의 것을 가질 수 있는지를 보여 주기 위한 목적으로, 우리가 신학
과 물리학 안에서 사고의 새로운 길을 제안하기 위해 그 은유를 사용할 수
있는지 알아보아야 한다. 나는 간략히 세 가지 가능성을 토론할 것이다.

첫째, 악의 형태는, 그것의 기능적 힘과 함께, 신학의 핵심적 측면이다.
예를 들면, 틸리히는 악의 형태를 "파괴의 구조" 관점에서 토론하고, 악은
그 안에 질서를 함유하고 있다고 제안했는데, 악은, 비록 파괴적일지라도,
무자비함과 방향성을 구체화한다고 하였다. "파괴조차도 구조를 가지고 있
다. 파괴는 혼돈을 목적으로 하지만, 혼돈이 성취되지 않는 한, 파괴는 전
체의 구조를 따라야만 한다. 그러나 혼돈이 성취되면, 구조와 파괴는 둘 다
사라진다."[15]

틸리히는 우리 앞에 이 감질나게 하는 은유를 남겼으나, 그 구조에 대한
상세한 설명을 추구하지 않았다. 그러나 그가 그것을 언급했다는 사실 자
체가 중요하다. 엔트로피에 대한 고전적 통계 모형에서 우리는 친숙한 종
(鐘, bell) 곡선 형태(가우스의 분포 함수)를 혼돈의 수학적 구조라고 생각한다. 이
형태는 무작위성을 확인하는 표지로서 작용한다. 열평형, 즉 최대 엔트로
피 상태에 있는 한 계의 물리적 패러다임은 정확하게 가우스 분포 함수에
의해 지배되는 상태이다. 엔트로피의 수학적 구조는 틸리히의 "파괴의 구
조"가 취하는 특수한 형태에 대해 중요한 것을 시사하며, 따라서 다시 틸

리히의 악에 대한 은유를 더 많은 해석과 확장에 열려 있게 된다. 열평형에 접근하는 계들의 상세한 역학은 혼돈스러운 행동의 "목적"에 대한 틸리히의 제안을 확장시킨다. 마침내, 만약 현대 열역학이 토론되면, 새로운 수학적 구조들이 나타나는데 이것들은 무질서에 대한 우리의 신학적 탐구를 여전히 조사되어야 하는 영역으로 몰고 간다.

둘째, 엔트로피의 관점에서 생명의 대가는 우리 은유를 생물학의 맥락으로 확장시킨다. 한 닫힌 계의 냉혹한 소멸과 무질서가 있는데 어떻게 살아 있는 유기체가 생존할 수 있을까? 분명히 어윈 슈뢰딩거(1956)와 다른 사람들이 지적한 대로, 생물학적 유기체들은 열린 계들이며, 에너지와 물질을 환경과 교환한다. 따라서 생명이 있는 것들은 그들의 환경에 더 큰 무질서를 야기하면서 질서의 국소적 센터로서 자신을 발전시키고, 그래서 유기체 더하기 환경의 무질서에 있어서 그 순수 증가를 야기한다. 생명은 엔트로피의 총 증가에도 불구하고 번성한다. 그러나 환경에게 대가를 치르며 궁극적으로 그 자신에게 대가를 치른다. 이런 의미에서 개체 생명과 생태계 전체의 연계는 슐라이어마허가 죄를 "각자 안에서 모두의 일이며 모두 안에서 각자의 일"로 특성화시키는 것을 새로이 중요하게 강조한다.

셋째, 엔트로피의 관점에서 살아 있는 계들의 대가를 지속해 조사하면서, 우리는 존재의 어두운 측면의 다른 경우를 대하게 된다. 생명의 이 불길한 차원은 종교에서 과소평가되는 것 같다고 내게 여겨지는데, 종교에서는 생명은 살아 있는 신의 선물로서 심지어 신의 한 형태로서 일반적으로 최고의 가치이다. 금세기에 앙리 베르그송, 사무엘 알렉산더, 떼이야르 드 샤르댕, 쥬르겐 몰트만, 아서 피콕, 이안 바버, 찰스 버치, 존 콥, 그리고 많은 다른 사람들이 진화의 신학적 중요성을 강조하고 있다. 비록 그들이 신과 세상과의 관계에 대해 상당히 다른 해석을 하고 있지만, 이 사람들의 글은 공통되게 생명과 진화의 대가를 과소평가하고 있다. 그러나 여기서 엔트로피와 악은 엄청난 규모로 공모를 꾸미고 있다.

성장의 방해로서 악을 보는 이레내우스의 관점은 이제 진화와 문명 안에서 엔트로피의 역할을 보여 주기 위해 되돌아오는 반면, 아우구스티누스의 통찰은—음식, 의복, 따뜻함, 일 등—우리의 상호 의존 양식들이 생산하는 것보다 더 많은 대가를 치르기 때문에 존재의 망가짐을 강조한다. 무엇이 죽음보다 죄에 대한 공동의 대가와 책임감, 그리고 그 임금으로서 성장하고 캐내는 죄의 힘에 대하여 더욱 적절한 해석일까? 개별적 삶뿐 아니라 진화 자체가 세상의 질서를 집어 삼키는 전염병 같은 것이다. 그리고 인류가 그 복잡한 문명을 통해 모든 것의 가장 탐욕스런 소비자이다. 실제로 이것이 그럴 듯하게 우주적 규모로 확장될 수 있다. 별들은 엔트로피 안에서 엄청난 대가를 치르면서 빛 에너지를 방출한다. 별들은 핵합성을 거쳐 무거운 원소들을 생성하고, 별들 사이의 영역들을 이러한 생명을 부여하는 원소들로 비옥하게 하기 위해 폭발한다. 그동안에 전체 엔트로피는 대가를 계산한다. 심지어 전체적으로 팽창하는 우주조차도 더 큰 엔트로피의 비용으로 성장하는 것으로 여겨진다.[16]

풀리처 상을 받은 책, 『죽음의 거부』의 눈에 띄는 구절에서, 어니스트 베커는 리프킨과 다른 사람들이 생명에 대해 주장하는 점을 강조하고 있다.

우리가 창조물에 대하여 무엇을 생각해야 하는가. 창조물 안에서 유기체들이 하는 일상의 활동은 다른 유기체들을 모든 형태의 이빨로 갈기갈기 찢어 버리는 것이다. 물어뜯고, 살, 식물 줄기, 어금니 사이의 뼈를 갈아버리고, 펄프를 식도에 게걸스럽게 기꺼이 밀어 넣으며, 그 정수를 자신의 조직체에 포함시키고, 그다음에 그 잔여물을 고약한 악취와 가스로 분출시킨다. 모든 유기체들은 자신이 먹을 수 있는 다른 것들을 끌어들이기 위해 손을 내밀고 있는데⋯ 창조는 수십 억 년 동안 모든 피조물들의 피로 적셔진 지구 상에서 장관을 이루며 일어나는 악몽이다. 과학과 종교는 이런 종류의 진리의 지각을 무력화시킨다는 비평을 받는 데 합치하며, 과학이 모든 살아 있는 진실을 그 자체 안으로 기꺼이 흡수하려 할 때 과학은 우리를 배신한다.[17]

베커의 모든 예들은 그 잔인하고 보편적인 둘째 법칙에 전적으로 달려 있다. 생명은 가치의 받침대로부터 갑자기 내몰린다. 신학은 이 엄청난 형태(Gestalt)의 변화에 어떻게 반응해야 하는가?

시작할 한 장소는 떼이야르 드 샤르댕이 될 수 있는데, 그는 그의 저술에서 신의 힘은 사물의 "내부" 관점에서 자연을 관통해서 작동하는 것으로 해석한다.[18] 이제 엔트로피는 내게는 이 내부와 연결된 전조가 되는 상징으로서 나타나는 것으로 보인다. 떼이야르에게 있어서 방사상(radial) 에너지는 원자로부터 인간을 향해서 사물의 내부를 집중시키고, 조직화하며, 발달시키기 위해서 작동하고, 물질을 생명과 마음으로, 그리고 마침내 오메가로서의 그리스도에게로 이끌어 가져간다. 나는 떼이야르의 은유에 새로운 은유를 더할 것을 제안할 것이며, 이것은 즉, "방사상 엔트로피"의 개념인데 이것은 우리 중심의 소모, 우리 구조의 소진, 만족할 줄 모르는 적에게 주는 임금의 지불을 측정한다. 이 은유에서의 엔트로피는 악을 위한 자연적 토대이고, 개인적 죄의 전제조건이다. 주장하건대 마치 물리적 미결정성이 인간 자유의 전제조건인 것과 같다. 엔트로피는 내부의 적이고 천사의 날개 속에 숨겨진 칼이며, 우리를 잃어버린 낙원으로부터 전쟁과 잿더미의 세계로 끊임없이 향하게 한다.

은유에서 차이점인 엔트로피의 가치

창조적 은유의 필수적 긴장은 유사성과 차이점에 대한 이중적 주장으로부터 생겨난다. 악과 엔트로피 사이에 약간의 비슷한 점을 찾아보고 나서, 우리는 이제 엔트로피가 성장과 변화의 한 요소이며, 새로운 질서의 발전이 생겨나게 하는 기초를 제공하고, 그렇게 함으로써 창조의 *선함*에 부분적으로 속하게 된다는 것을 제안하는 몇 가지 근거들을 고찰하기 시작할 것이다.

첫째, 인생의 가장 가치 있는 많은 순간들, 예를 들면, 진정한 흥분, 경외심, 신성한 신비에 대한 번뜩이는 감각, 자기이해의 깊은 밑바닥에서 느껴지는 신의 현존에 대한 바스락거리는 소리 등의 순간들은 인생 상황의 근본적 변화의 순간들 한 가운데서 찾아온다. 사람의 첫 걸음, 타인의 당신(Thou)과의 첫 만남, 아이들의 출산, 가족이나 친구의 죽음, 엄청난 개인적 두려움의 순간들, 자기 자신의 죽음에 대한 예상 등의 것들이 삶의 과정 안에서 존재의 깊이를 야기한다. 그러한 갑작스런 변화들, 그러한 돌파구들이 우리를 "평형" 상태로부터 멀리 떨어진 발견과 위험의 이상한 나라로 데려 간다.

열역학에서 엔트로피가 갑자기 증가하는 곳은 거시적 상태에서의 바로 이러한 갑작스러운 변화들이다. 가역적 과정들은 엔트로피의 최소한의 증가와 더불어 진화하지만, 극적이고 비가역적 과정들은 엔트로피의 커다란 증가를 특징으로 갖는다. 개인적 또는 영적 영역에서 엔트로피는 혹은 그것과 같은 어떤 것은 우리 삶의 지각변동에 긴밀히 연결되어 있는가? 이러한 많은 것들은 성사(sacrament, 聖事)로 표현되는 종교적 통과의례들이며, 거룩한 시간이라고 간주된다. 그 시간 안에서 영원함이 변형적이며 구원하는 힘을 가지고 일상의 현재 안으로 들어간다. 우리는 갑작스런 성장 혹은 통찰의 개인적 순간들을 잘 서술할 수는 없고 단지 그러한 것들이 점진적이고 부드러운 삶과 같지는 않다고 말할 수 있을 뿐이다. 흥미롭게도 열역학에서도 또한 급작스런 변화 동안 시스템의 상태에서 발생하는 변화를 엄격한 분석 공식으로 서술할 수 없다. 물리학에서 하나의 중요한 연구 영역은 그러한 "임계 현상"을 적극적으로 연구하고, 그 계의 상태 안에서 발생하는 갑작스런 거대한 변화와 연관된 비정상과 특이성을 분석하기 위한 새로운 수학적 방법들을 찾는 것이다.

이렇게 비추어 보면, 악 자체의 해결될 수 없고 역설적 속성이 새롭고 **긍정적** 중요성을 띤다. 대재앙의 물리적 변화에 대한 서술에 내재된 모호함처럼, 삶의 위기 역시 엄격한 언어적 정식이나 혹은 언어적 설명의 한계를 초월하는 듯 여겨진다. 신의 신비는 양심의 가장 깊은 도덕적 모호함과 씨름하는 큰 솥 안에 잠복하고 있고, 그러한 경험의 표현할 수 없는 속성은 그것들의 진정한 종교적 차원을 증거하며, 신과 인간의 신비스러운 만남으로 가미되어 있다. 아마도 물리학에서의 엔트로피와 같이, 이러한 깊은 순간에 성령의 침범과 연관된 신학적 모수가 있는 것 같다. 그 순간들에서 계시, 자각과 선택이 고백, 침묵과 숭배 같은 "상태 변수들"을 충동하는 것 같다.

둘째, 비록 생명과 진화가 환경에게 증가된 엔트로피라는 대가를 지불하게 한다 하더라도, 생명의 가치와 생명에 필수적인 요소로서 엔트로피의 간접적 가치는 쉽게 기각될 수 있는 것이 아니다. 라벤은 1951년 기포드 연설에서, "낡은 것의 죽음을 통한 새로운 생명"의 생물학적 실재가 "희생의 숭고한 법칙"이라고 강조하였다.[19] 물리학적 진화의 과정들을 통해, 행성의 진화를 위한 기초가 결국 놓여 졌고, 일부 행성들은 대기와 대양을 발달시키고 적당한 태양들을 합리적인 거리를 두고 회전한다. 이러한 격변의 과정들 안에서 충분한 에너지가 거대분자들과 생명의 태초의 자궁인 유기체 수프를 생성하기 위해 방출된다. 그리고 적어도 하나의 온화한 녹색 세계의 경우에서 진화된 종들은 인류를 포함한다. 피콕이 지적한 것처럼 "죽음, 고통, 고통의 위험은 일반적으로 새로운 생명, 의식 있는 생명체, 특히 인간의 창발과 밀접히 연관된다. 자유롭고 자기의식 있는 존재의 창발에 자연 악이 필수적인 전제조건이라는 역설을 피하기 어려워 보인다".[20]

비록 생명이 불가피하게 질병과 죽음을 포함하더라도, 신약 성경의 비전은 하나의 궁극적 성공이다. 사도 바오로는 이렇게 썼다. "우리는 모든 피조물이 지금까지 다 함께 탄식하며 진통을 겪고 있음을 알고 있습니다. 피조물도 멸망의 종살이에서 해방되어, 하느님의 자녀들이 누리는 영광의 지위를 얻을 것입니다"(로마 8,22; 8,21). 우리는 도대체 엔트로피의 폭압으로부터 자유로울 것인가? 그리고 우주는 눈부시게 빛나는 신의 피조물—*새로운* 하늘과 땅으로서 영원히 빛날 것인가?

게다가, 새로운 창조와 영적 생명의 약속으로 채워진 예수의 기적들 안에서 우리는 그것의 엔트로피가 극단적으로 감소할 수밖에 없는 과정에 대하여 듣고 있다. 만약 확실히 강생 신앙이 소망하는 것처럼 우리가 그 과정들의 물리적 차원들에 대해 이야기할 수 있다면 말이다. 그 기적들에서 생명과 빛, 풍부한 생명, 빵과 물고기, 물과 포도주, 그리고 영원한 생명의 주제들을 통해서, 자연의 새로운 질서가 서술되고 있다. 신의 계속 창조에 대한 그러한 은유 안에서 새로운 규범적 존재의 힘이 흩어버리고 파괴적인 엔트로피의 등뼈를 부러뜨리는 것으로 보인다.

"시간의 발톱": 엔트로피와 악의 뒤에 감추어진 가정

열역학에서 엔트로피는 비가역적 과정과 연관되고, 따라서 자연 안의 시간의 방향과 관련된다. 종교에서 시간의 흐름의 방향은, 비록 보통으로 암묵적일지라도, 기저를 이루는 가정이다. 그 가정 없이는 대부분 개인의 경험과 사회 역사는 의미가 없게 될 것이다. 우리는 우리의 아이들이 성장하는 것을 본다. 우리는 잃어버린 친구들과 깨어진 약속들에 대해 슬퍼한다. 우리는 사랑하는 사람들의 죽음을 애도한다. 우리는 고통을 예상하면서 괴로워 할 수 있다. 우리는 더 나은 미래를 위해 투쟁한다. 우리는 신의 구원의 약속을 믿는다. 간단히 말해, 우리는 시간의 흐름을 *알고 있다*. 그러나 "시간의 화살"은 모든 물리학에서 완전히 확립된 사실인가? 그렇지 않다면, 시간의 발톱에 대한 우리 인간의 경험은 결국 환상인가? 만약 시간이 언젠가 내 삶의 단계들을 지우지 않는다면, 내게는 승리가 오직 진실이고 패배는 견딜 만하다. 역사의 실재, 우리 행동의 가치, 악의 힘, 그리고 끊임없는 엔트로피의 증가, 이 모든 것들이 엔트로피와 악 간의 작업 은유 안에서 우리가 조사해 왔던 수준 이전에 놓여 있는 가정에 근거하고 있다.

그래서 이제 우리는 그 더 깊은 수준으로 이동해야 한다. 비록 열역학에서 시간의 화살이 실재하더라도, 뉴턴의 역학에서는 그것이 환상임을 회상하라. 우리는 고전 물리학의 세계들 간의 갈등으로 되돌아 왔다. 그것은 뉴턴의 역학적 가역성과 열역학적 비가역(엔트로피로 특징지어지는)의 갈등이다. 엔트로피와 악과 연관된 우리 은유들은 엔트로피, 또는 더욱더 일반적으로 열역학이 세계에 대한 자율적이고 환원 불가능한 설명이라는 것을 암묵적으로 가정한다. 그러나 물리학에서 이것은 일반적으로 받아들여지지 않는다. 대부분의 물리학자들은 열역학이 통계학에 호소하는 역학으로 환원될 수 있고, 비가역성은 초기의 특이한 조건들의 결과이지, 자연 안에 내재되어 근거하는 근본적 사실이 아니라는 견해를 채택한다. 예를 들면, 지속적으로 카드 한 벌을 이리 저리 바꾼다고 상상해 보라. 그 카드는 잠시 질서 있게 시작될 수 있지만 곧 무질서하게 된다. 오랜 시간이 지난 뒤에야 잠시 다시 질서 있게 되고, 잠정적으로 다시 질서 있게 되기까지, 다시 오랜 시간 동안 무질서하게 된다. 질서 있는 상태들 간의 시간 기간이 아주 길기 때문에, 만약 우리가 그러한 한 상태로부터 시작한다면, 우리는 실제로 다음 번 그러한 상태에 결코 도달하지 못한다. 따라서 비록 우리가 오직 무질서가 질서를 따를 수 있다는 것을 정상적으로 예상한다 하더라도, 질서 있는 상태들이 확장된 무작위 연속 가운데 나타난다는 것이 불가피하다.

열역학을 통계적 역학으로 환원함으로써, 물리학은 엔트로피와 시간의 화살을 가역적 요동들에 걸쳐지는 매우 긴 주기를 갖는 아주 큰 총체 안에서 있는 작은 표본의 특징으로 환원시킨다. 이러한 환원은 악이나 구원이 실재이기에는 너무나 대칭적이고 너무 완벽하며, 너무 절대적인 우주를 우리에게 남겼다. 엘리어트는 자신의 시 「번트 노튼(Burnt Norton)」의 첫 줄에서

이 문제의 의미를 포착한다.

> 현재라는 시간과 과거라는 시간은
> 모두 아마 미래라는 시간 속에 존재하고,
> 미래라는 시간은 과거라는 시간 속에 포함되어 있다.
> 모든 시간이 영원히 존재하는 것이라면
> 모든 시간은 도로 찾을 수 없다.[21]

빠져나갈 구멍이 있는가? 비록 다른 면에서 차이가 있다 할지라도, 시간의 실재와 기간 그리고 과거와 미래의 차이는 베르그송, 알프레드 노스 화이트헤드, 그리고 밀릭 카펙 같은 철학자들에게, 휠러, 프리드만 다이슨, 데이비드 봄 같은 물리학자들에게, 그리고 쥬르겐 몰트만, 랭던 길키, 볼프하르트 판넨버그, 폴 틸리히, 칼 라너 같은 신학자들에게 핵심적 관심사이다. 확실히 그때, 우리는 과학적인 이해를 가지면서 신학적으로 터무니없는 생각을 말하는 것을 피할 수 있다고 희망할 것이다. 알파와 오메가는 단순히 교환 가능한 신학적 상징들이 아니다. 시간의 가역성 위에 기초한 과학적 우주론은 자신의 일시적이고 제한적 가치를 나타내게 될 것이다.

물리학의 시간에 대한 이러한 신학적 비판은 물리학에 의해 해결되어야 하는가? 이것은 훨씬 더 폭넓은 질문을 끌어들이게 된다. 그 질문은 방법론적, 인식론적, 그리고 실천적 이유들 때문에 우리가 마침내 신학을 과학으로부터 분리하지 말아야 하는지에 대한 문제이다. 왜냐하면 분리하는 것은 어떤 종류의 영구적 개념적 우연성으로 이끌 수 있기 때문이다. 그러나 이 연구에서 우리는 다리-건설에 관심을 가지고 있고, 양방향으로 교통의 흐름이 다리의 목적이고 보증이다. 그래서 다시 나는 물리학으로 향해서 과학적 수준에서 이 질문에 대해 새로운 빛이 있는지 물을 것이다. 만약 열역학이 역학과의 절망적 갈등 안에 묶여 있다면(비록 작은 논쟁은 지속되더라도, 그 전쟁에서 대부분 물리학자들의 견해로는 원리적으로 역학이 승리하였다), 아마도 현대 물리학이 시간의 화살을 구할 수 있을 것이다.

불행하게도 이것은 그럴 것 같아 보이지 않는다. 한 가지 예외는 있다. 특수 상대성 이론, 일반 상대성 이론과 양자 역학은 모두 공식 수준(formal level)에서 시간적 가역성과 일치한다.[22] 우주 자체의 팽창을 포함하여 과정들의 방향은 특별한 초기 조건들에 호소함으로써 설명된다. (예를 들면, 우주론의 경우, 이 조건들은 "빅뱅" 또는 "창조의 순간"이라고 한다.)[23] 우리는 어떤 방사능 붕괴 과정들이 시간 대칭적이지 않다는 약한 상호 작용의 영역에 호소할 수 있다.[24] 그러나, 이 효과는 극히 작다. 거의 대부분의 기본 입자 상호 작용들은 시간 안에서 대칭적이다. 내 견해로는 이런 식으로 시간의 화살을 설명하려 노력하는 것은 꼬리가 개를 흔드는 것을 기대하는 것과 사뭇 비슷하다.

그러나, 최근에 시간의 비가역성의 궁극성에 대한 새로운 전망이 발전되고 있고, 놀랍게도 그것은 현대 열역학의 영역으로부터 생겨난다! 정상적으로 흩어지는 계(dissipative system)는 질서 상태로부터 무질서 상태로 진화한다. 이제 일리아 프리고진과 동료들의 연구는, 우리가 하나의 계를 열역학적 평형으로부터 멀리 내몰면, 새로운 형태의 기이한 질서가 나타난다는 것을 시사한다.[25] 게다가, 그들은 열역학이 단순히 특별한 초기 조건들에게 호소함으로써 통계 역학으로 용해될 수 없다고 주장한다. 평범한 열역학 안에서, 상이한 복잡한 상태들이 비슷한 마지막 상태로 진화한다(불로 소모된 모든 것들이 재로 변한다). 프리고진은 정상적으로 조사된 물리학 종류로부터 멀리 떨어진 새로운 급수의 물리적 계들의 자세한 진화를 연구해 왔다. 분기 이론(bifurcation theory)을 이용하여, 그는 이제 많은 경우에서 시초에는 비슷한 두 개의 계들이 결국에 극적으로 서로 상이한 마지막 상태로 진화할 것이라고 주장한다. 세포, 칸들, 집단, 소용돌이, 이질성, 무리, 격자 등 이러한 상당히 질서 있는 공간 구조들은 시간 안에서 엔트로피의 법칙을 무시하는 것으로 보이는 과정들을 통해 진화한다. 따라서 프리고진은 시간의 비가역성은 자연 안에서 근본적인 것이고, 엔트로피가 특이한 복잡화 과정 중에 촉매 역할을 한다고 제안한다.

만약 프리고진이 옳다면, 시간의 방향은 현대 열역학에서 비환원적 기초를 발견하게 될 것이고, 시간의 역할은 악과 역사 같은 신학적 개념 안에서 강화될 것이다. 아마도, 그때, 어난 맥멀린이 우주의 기원의 문제와 신적 창조에 대한 그리스도교적 믿음에 관해서 비슷한 맥락에서 제안한 것처럼,[26] 엔트로피와 악의 개념들 간의 관계는 "공명"의 관계가 될 것이다. 나는 이 관계를 다음의 작업가설의 관점에서 조심스럽게 정식화할 것이다. 즉 비록 엔트로피와 악의 특징들은 서로에게 직접적인 지지를 하지 않는다 하더라도, 만약 악이 자연에 실재한다면, 엔트로피는 물리 과정의 수준에서 우리가 발견하리라고 기대하는 것이다. 역으로, 만약 시간의 실재 화살이 물리 과정들 안에서 엔트로피와 연결된다면, 우리는 역사 안에서 그리고 종교 경험 안에서 흩어지고, 파괴되지만 미묘하게 촉매적 과정들을 발견할 것을 기대할 것이다.

"엔트로피와 악"의 은유에 관한 결론

우리는 엔트로피와 악의 은유적 관계를 조사해 왔고, 그것은 시간의 화살에 대한 토론으로 이끌었다. 악에 대한 아우구스티누스의 해석은, 증가하는 무질서, 기능 이상, 부패, 파괴와 흩어짐의 척도인 엔트로피에 대한 부정적 의미에 더 가까운 듯 여겨진다. 엔트로피는 심지어 새로운 창조를 형성하는 과정들 안에서도 창조의 분해에 관련되어 있다. 환경오염이라는 산업화의 대가는 생물학적 진화의 충격적인 대가를 사회학적 맥락에서 반영하는데, 그 대가는 서서히 죽어가면서 새끼를 낳는 먹이 사슬의 하위 종에 의해서 그리고 마침내 우주 자체에 의해서 드러난다. 우리는 먹고, 성장하며, 탐험하고, 파괴하며, 희망하고, 사랑하며, 죽는다. 어떤 것들은 아름다움과 열정을 증가시키고, 다른 것들은 파괴와 고뇌를 가져온다. 그러나 전체적으로 모든 것은 전체의 "열 죽음"을 증가시킨다. 물리 세계의 무질서, 생명과 삶의 대가, 더 이상의 무질서의 불가피성, 이들 모두가 아우구스티누스 신학이 강조한 것처럼 죄의 지배를 반영한다.

이레내우스의 해석은 아마도 더 큰 조화, 더 깊은 통찰, 그리고 더 넓은 구조를 야기하는 난폭한 변화의 특성인 엔트로피의 역동적 의미에 더욱더 가까울 수 있다. 미래, 영의 발전, 신과의 완전한 관계를 향한 성장에 대한 이레내우스의 강조는 분명히 더욱더 정적이고 구조적인 아우구스티누스의 분석보다 시간에 더 큰 무게를 두고 있다. 게다가, "카오스로부터의 질서"는 이레내우스의 신정론에 깊이 공명하고 있다. 우리는 영적으로 신의 이미지로부터 완전히 유사해지도록 성장한다. 이레내우스 신정론의 이러한 놀라운 특징은 열평형에서 멀리 있는 계들 내에서 시간의 비가역성과 새로운 구조의 발전에 관해 프리고진이 성취한 최근 발견들과 두드러지게 일치한다.

요약하면, 엔트로피는 놀랍게도 유연한 개념인 듯하다. 그것은 절망, 부패, 퇴행의 과정과 연관되고, 진화하는 우주 안에서 신의 지속적 창조적 참여의 표지로서 창조의 완성에도 연관된다. 시간의 흐름에 뿌리를 두고 있고 자연을 통한 과정들을 특징화하는 엔트로피의 역동적 개념은 아우구스티누스와 이레내우스 신학을 포용하고 있고, 무질서에서 진화하는 질서의 새로운 개념을 제안하고 있다.

물론 이 수준에서의 조사는 일차 살펴보기를 넘어서는 것이고, 더욱 많은 사고를 위한 이정표로서 은유들을 제안하는 것이다. 우리가 가까스로 다루어 본 신학과 과학 차원들 안에는 많은 복잡성들이 있다. 예를 들면, 우리는 관련된 전통적 신학적 문제들을 더욱더 자세하게 발전시키길 소원할 수 있다. 그 토론은 현재 신학의 몇몇 넓은 영역들을 포함시키기 위해 확장되어야 한다. 그 영역들은 상징주의와 악에 대한 리커의 분석, 몰트만, 판넨버그, 피콕, 떼이야르의 신학, 그리고 화이트헤드, 페미니스트, 해방

전망 등을 포함한다. 현대 물리학 안에는 이 장의 주제에 대한 적합성을 위해 조사되어야 할 다양한 새로운 측면들이 있다. 양자 통계학, 열 요동, 야릇한 끌개(strange attractors), 그리고 프리고진의 비평형 열역학에서의 지속적 연구들이 여기 포함된다. 또한 은유는 동일성 선언에서 멀리 떨어진 것이기 때문에, 악과 엔트로피 간의 은유적 관계에서의 차이점들은 더 충분한 토론을 필요로 한다. 그러나, 이러한 일차 고찰을 통해서 악의 신학과 엔트로피의 물리학 간의 한 가지 형태의 공명이 발견된 듯 여겨진다. 우리는 이 공명이 교향곡으로 변할 수 있는지 알아 볼 것이다.

엔트로피와 악: 아우구스티누스—니버적 모형 안에서 원죄에 대한 자세한 고찰[27]

이제 우리는 "엔트로피와 악" 사이의 좀 더 예리하게 제안된 관계에로 관심을 돌린다. 즉, 엔트로피 물리학에 대한 서술의 내적 논리와 인간 악(그리고 확장하여 자연 악)에 대한 서술의 내적 논리 간에 적어도 아우구스티누스 관점에서 어떤 유사성(심지어는 이종동형?)이 있을 수 있다는 것이다. 그러한 유사성의 발견은 인간의 죄악성이 전적으로 "진공" 상태로부터 생겨나는 것이 아니라 진화 생물학에서뿐 아니라 기본 물리학에서도 그 선행물이 있다는 것을 주장하기 위해 먼 길을 가야 할 것이다. 우리는 이제 이 토론으로 향한다. 이 장의 목적을 위해 나는 엄격하게 죄와 "도덕적 악"에 대한 아우구스티누스—니버적 이해에 초점을 맞추고, 슐라이어마허의 틀 안에서 19세기와 20세기의 재구성에 관한 비슷한 토론을 미래의 작업으로 남겨둘 것이다.

아우구스티누스—니버 "자유—의지 방어" : 그것은 오늘날 생존 가능한가?

내 생각으로는 아우구스티누스의 자유—의지 방어의 내적 논리의 핵심은 라인홀드 니버의 죄는 *"불필요하지만 불가피하다"*는[28] 주장의 분석에서 발견될 수 있다. 니버는 이러한 주장을 아우구스티누스로 되돌아가 추적하고 있다. 마니교에 대한 투쟁에서 아우구스티누스는 우리의 본성은 창조되었고 따라서 근본적으로 선하기 때문에 죄가 우리의 본성에 있는 것이 아니라고 주장했다. 죄는 이런 의미에서 *우발적인* 것이고 인간 본성에 의해 필수적이지 않은 진실한 자유 선택의 결과이다. 그러나 그의 펠라기우스(Pelagius)에 대한 투쟁에서 아우구스티누스는 또한 죄는 널리 만연해 있고 궁극적으로 피할 수 없는 *불가피한* 것이라고 주장했다. 이 합동 주장이 니버가 그리스도교 자유—의지 방어의 "터무니없는 역설"이라 부른 것을 형성했다. 니버는 그것의 역사적 그리고 현대적 왜곡에 대항하여 이 역설을 방어했다.

물론 창세기에 대한 문자주의 해석을 하고서 아우구스티누스는 역설의 원천을 역사적으로 안치시킬 수 있었다. 아담과 하와의 자유 선택은 원리적으로 필요하지는 않았지만 한번 행해지자마자 온 인류에 영향을 미칠 수 있었던 그러한 상황을 표현하고 있다. 따라서 자유—의지 방어의 심장부에 있는 역설은, 만약 해결되지 않는다면, 하나의 *역사적* 사건의 논리를 통해 적어도 자리를 잡을 수 있을 것이다. 그 사건은, 비록 우발적(불필요한)일지라도, 인류에게(그래서 불가피하게 모든 미래 인간들에게 작동되는) 우주적 파장을 가질 것이다. 나는 자유—의지 방어의 논리에 대한 이러한 이해를 인간 역사의 근원에는 "보편 우발적인 것"이 존재한다는 주장이라고 언급할 것이다.

성서 비판주의와 진화 과학 시대인 오늘날 그 문제는 오히려 다음과 같이 첨예하게 제기될 수 있다. 우리가 도덕적 악의 문제를 경험적으로 설명되는 보편 우발적인 것 안에 토대를 두도록 허용하는 과학적 인간학에 무엇인가가 있는가? 그렇다면, 그때 죄와 자유 의지에 대한 아우구스티누스의 통찰은 현대의 마니교적 그리고 펠라기우스적 경향들(운명주의와 "자조적"(—self—help) 유토피아주의 같은)에 대항하여 유지될 수 있을 것이다. 과연, 그것은 니버가 원했었을 수도 있는 중요한 것, 다시 활성화된 문화 비평에 참신한 기초를 허락할 수 있을 것이다.

자연 안에 악이 존재하는가?

"자연 악"의 가능한 의미에 대한 의문이 역시 생길 수 있다. 유성 충돌, 지진, 그리고 쓰나미 같은 그러한 파괴적인 물리적 사건들이 있고 진화 생물학의 역사가 질병, 죽음, 그리고 종의 멸종, 지각 있는 피조물, 특히 동물들의 고통으로 가득 차 있다고 인정된다. 이런 종류들의 물리적 그리고 생물학적 현상들은 "악"이란 용어의 사용을 보증할 수 있는가?[29]

확실히 어떠한 진지한 학자도 도덕적 악과 자연적 악을 동일시하지는 않을 것이다. 분명히 여기서 자연에서 악은 인간 영역에서 의미하는 것보다는 덜 분명한 어떤 것을 의미하는 것이고, 인간 영역에서 일어날 것의 전제조건 또는 선행(先行)하는 것을 더 의미한다. 그러나 바로 이 주제가 우리를 여기서 적절하게 다루어질 수 없는 굉장히 복잡한 주제로 이끈다. 생물학자의 관점에서 생명과 죽음, 포식자와 피식자의 순환은 자연 생태계의 미묘한 균형의 한 부분이다. 우리는 죽음 없는 생명을 정의할 수 없고 전체 종의 죽음 없는 생명의 진화를 정의할 수 없다. 다시, 이론적으로 공룡 시대를 파괴했을 운석 같은 물리적 "재앙" 없이 전적으로 다른 사슬을 따르는 생명이 출현할 수 없었을 것이다. 우리를 포함해서!

그러나, 인정사정 봐주지 않는 자연은 고뇌, 측은하며 종종 무의미한 죽음, 막다른 골목, 무자비한 낭비, 난폭한 폭력으로 가득한 고통 받는 자연이라는 것을 부인할 수 없다. 결과적으로 인간의 영역 안에서 악한 것이 될 무엇인가가 인류 이전의 자연 안에 있었다고 인정하는 것은 전적으로 의인화하는 행동인가? 인간 이전의 자연 안에 "죄 이전"(pre-sin)의 형태로서 그러한 "악 이전(pre-evil) 것"과 연관된 무엇인가가 있다는 것을 신학적으로 주장하는 것은 전적으로 부적절한 것인가?

"보편 우발적인 것"(universal contingent) 같은 것이 인간 영역뿐 아니라 전체 자연 안에도 있는가? 만약 우리가 그 문제를 "보편 우발적인 것"과 유사한 관점에서 틀 잡는다면, 과학 이론은 자연의 악에 대한 신학적 문제에 어떤 빛을 비추는가? 만약에 우리가 인간 자유 의지의 행사는 어떤 역설을 포함한다고, 즉 보편 우발적인 것은 자유 의지가 작동되는 것으로부터 나온 논리 구조이고 따라서 죄는 가끔 완전하지는 않지만 어떤 예측 가능한 방식(즉, 완전히 조절될 수는 없으나, 전적으로 필수적이지도 않은 방식으로)으로 생겨날 것이라고 가정한다면, 역시, 심지어 가장 근본적인 물리 수준에서의 자연의 과정들도 어떤 역설, 즉 보편 우발적인 것을 포함하는 그러한 경우도 존재하지 않을까? 우리는 자유-의지 방어의 신학적 확언으로부터 시작할 수도 있고, 그 확언이 과학에서 학습을 돕는 도구로서 풍성하게 사용될 수도 있는지 질문할 수도 있을 것이다. 자연 안에서 보편 우연적인 것의 발견은 매우 만족스러울 것이다.

이러한 질문들에 답하기 위해 우리는 우선 열역학의 어떤 기본적 개념을 이해해야 하고, 그다음에 열역학 안에 "보편 우발적인 것" 같은 어떤 중요한 것이 있는지를 물어야 한다.

현대 열역학에서 보편 우발적인 것

나는 일리아 프리고진과 그 동료들이 개발한 비가역적 열역학에서 우연(chance)의 속성에 초점을 둘 것이다. 이 분야는 그 범위 안에 점점 더 고전 열역학(증가하는 엔트로피의 법칙과 함께)과 고전 역학(카오스 이론, 프랙탈, 야릇한 끌개 등과 같은 그러한 주제들과 함께)을 포함시키고 있다.[30] 현대 열역학의 근본적인 개념들이 다음과 같이 요약될 수 있다.

1) 모든 닫힌 계들은 에너지를 보존한다(열역학 제1법칙). 내적 평형에 있지 않은 계들은 전형적으로 화학적 과정들을 통해서 가용 에너지를 파괴시키고, 그 과정 중에 불가피하게 더 높은 질서 상태에서 최저 상태로, 그런 뒤 일정한, 질서 상태로 이동한다(열역학 제2법칙). 증가된 무질서의 측정치가 "엔트로피"이다. 따라서 모든 닫힌 계들에서 엔트로피는 꾸준히 증가하는 기능이다.

2) 열린 계들(에너지와 물질을 환경과 교환하는 시스템)은 평형을 유지할 수 있는데, 자기 환경의 무질서를 증가시키는 비용으로 자신의 질서의 정도를 유지시킨다. 그렇지 않으면 그 계들은 변형의 과정을 겪을 수 있고, 그 안에서 낮은 정도의 질서가 일시적으로 손실되고 그 계는 급작스럽게 요동친다. 그 때 훨씬 더욱더 복잡한 수준의 질서가 얻어진다. 이 과정은 프리고진의 유명한 문구, "카오스로부터의 질서"에 담겨 있다. 이러한 과정을 해낼 수 있는 계들을 "흩어지는 계"(dissipative systems)라 부른다. 물론 전체 계는 환경과 함께 열린 내적 계를 가지고 있으며, 닫힌 계로 간주될 때 엔트로피의 총 증가로 특징지어질 것이다. 결국 모든 닫힌 계들은 열 평형, 즉 "열 죽음"에 도달하게 될 것이다.

도덕적 악의 자연적 선행물로서 "자연적 악의 열역학"

이것은 우리에게 악에 대한 신학적 문제와 연관된 무엇을 말해 주는가? 내가 이전에 주장했던 것처럼 악에 대한 신학적 문제의 논리는, 아우구스티누스-니버의 자유-의지 방어에서 표현된 것처럼, *인간 역사 안에서* "보편 우발적인 것"의 존재를 수반한다. 따라서 만약 우리가 인간영역과 독립적인 자연 안에서 중요한 것을 찾으려 한다면, 자유-의지 방어 논리가 "보편 우발적인 것"이 *자연 안에 예시적으로* 존재한다는 주장으로 이끌어 간다는 것이 나의 주장이 될 것이다. 그러나, 그렇게 특징지어질 수 있는 무엇인가가 자연 안에 있는가?

흥미롭게도 열역학은 일종의 보편 우발적인 것을 포함하는 듯하지만, 그 정확한 성격은 미묘하다. 우리는 닫힌 계들과 열린 계들이 모두 다 증가하는 엔트로피를 생성한다는 것을 알고 있고, 그래서 그 엔트로피 자체가 표적은 아니다. 그러나 우리는 또한 결코 평형에서 멀리 있는 어떤 열린 계들은 상당히 우발적인 방식으로 작동하고 있고, 가끔 이럭저럭 그 엔트로피

를 환경으로 소진시켜서 그 총 엔트로피의 감소를 가지고 나타난다는 것도 알고 있다.[31]

그러면 무엇이 열린 계가 평형을 유지할지 또는 요동을 하여 더 큰 질서로 갈지를 결정하는가? 오늘날 이것은 자기-조직화의 운동 이론에서 답변되지 않은 문제로 남아 있다. 그러나, 프리고진과 그 동료들에 의하면,[32] 우리가 알고 있는 것은 한 계가 자발적으로 더욱더 복잡하게 되는 조건들의 특징이 되는 방법이다. 이것이 아마도 우리가 찾고 있는 것이다. 우리는 평형에서 멀리 있는 열린 계들(즉, 비선형 비가역적 열역학 계들)을 고찰하고 있다. 그러한 계들은 그들의 상태를 변화시키는 경향에 저항할 것인가? 아니면 요동이 생길 때 그들은 불안정해지고 새롭고 종종 더 높이 구조화된 계로의 이행을 겪게 될 것인가? 아서 피콕은 이 기술적 질문에 신중하고 상당히 이해를 돕는 반응을 제공한다.[33] 피콕에 따르면, 우리는 우선 엔트로피 생산의 개념 P를 계들의 엔트로피 S가 시간 안에서 변화하는 속도(P=dS/dt)라고 정의해야 한다. 이로부터 우리는 초과 엔트로피 생산 E를 *요동 중에 그리고 요동에 기인한* P의 값의 변동으로 정의한다(E는 시간 안에서 P의 변화와 동일하지 않음을 주목하라). 이제 우리는 우리의 결과를 위한 준비가 되어 있다.

만약 E⟩0면, 그 계는 안정적이다.
만약 E⟨0면, 그 계는 안정적일 수도 있고 불안정적일 수도 있다.

다시 말하면 E값이 양수이면, 요동은 그 시스템의 상태 변화를 야기하지 않을 것이다(즉, 그 계는 안정적이다). E가 음수이면, 요동은 그 계의 상태변화를 시킬 수도 있고 그렇지 않을 수도 있다(즉, 새로운 구조의 창발). 또 다른 방식으로 우리는 E⟩0, E⟨0, 그리고 안정성(불안정성)에 대한 필요하고 충분한 조건들의 관계를 다음과 같이 표현할 수 있다.

	필요한	충분한
안전성을 위하여	–	E $>$ 0
불안전성을 위하여	E $<$ 0	–

따라서, 양수 E는 안정성을 위해 충분하지만 필요하지는 않다. 음수 E는 불안전성을 위해 필요하지만 충분하지는 않다. 요약하면, 음수 E는 요동 뒤의 불안전성을 향한 한 단계이지 보증은 아니다.[34]

이 결과가 의미하는 것은 무엇인가? 나는 우리가 그것을 다음과 같이 해석할 것을 제안한다. *우발성(contingency)*: 열린 계들은 그 성격에 의해 우발적 특성에 예속된다. 만약 지나친 엔트로피 생산 E $<$ 0이 되면, 요동 중에 *그 시스템들은 변화에 저항할 수도 하지 않을 수도 있다.* 게다가 *이 요동들은 그 시스템들의 우발적 특징들이다. 보편성(universality)*: 생물학적으로 우리가 알고 있는 *모든* 형태의 생명은 *열린 계들*이고 따라서 *모든 생명*은 이런 종류의 열역학적 우발성에 예속되어 있다. 물리적으로 지구의 날씨부터 별의 진화와 초기 우주의 플라스마까지 가장 복잡한 계들은 *열린 계들이다.* 이런 의미에서 우리는 물리학과 생물학의 한 가지 형태의 보편 우발적인 것을 비선형적이고 평형에서 아주 멀리 있는 열역학의 영역 안에 자리매김하였다.

열역학과 자연 악의 내적 논리에 관한 결론

신학적으로 우리는 아우구스티누스의 자유–의지 방어는 도덕적 악에 대한 문제에 초점을 두었고 논리적으로 "불가피하지만 불필요하다"는 관점에서 구조화되었는데, 자연 악의 문제에로 신학적으로 확장될 수 있다고 결론을 내릴 수 있다. 그 자유–의지 방어는 그렇게 함으로써 우리가 그 논리적 구조의 상당 부분을 운반하는 열역학의 방식을 통해서 자연 안에서 중요한 것을 발견하도록 이끈다. 인간 조건은 하나의 역설("불가피하지만 불필요한")을 분명히 표현하고 있다는 니버의 핵심적 주장은 열역학적 조건의 관점에서 상대를 가지고 있다. 그 조건은 모든 물리적 내지 생물학적 열린 계들이 질서의 증가나 혹은 "열 죽음"으로 이끌어가는 *우발적* 요인들의 지배를 받는다는 것이다. 그러한 주장의 보편성은 대략적으로 "불가피성"(모든 인류에 적용되고 예외 없이 모든 인간의 어떤 행위에 대해 적응되는)에 대한 아우구스티누스의 의미에 일치하는 반면에, 우발적 특징들(E<0의 조건에서 그리고 우발적 요동의 존재에서)은 "불필요함"에 대한 아우구스티누스의 의미로 이끈다.

그러나, 여러 가지 중요한 방식에 있어서 열역학적 문제의 논리는 신학적 문제의 논리와 동일 구조가 아니다. 1) 열린 계들의 미래는 "열려" 있다. 그들은 초기 조건들과 지배적 조건들에 따라 지속적으로 복잡성을 향해 성장하거나 평형을 향해 부패하게 된다. 그러나 모든 사람은 불가피하게 죄를 짓고, "죄 없는 상태"는 결코 사람들에게 일어나지 않는다는(물론 예수는 예외지만) 것이 아우구스티누스의 주장일 것이다. 이런 의미에서 열역학의 논리와 아우구스티누스 입장의 논리는 상당히 다르게 보인다. 그러나 우리가 모든 계들이 궁극적으로 닫혀 있다는 것과, 모든 열린 계들은 어떤 거대한 최대 환경의 하부 계로 여겨질 수 있는 것을 참작하면, 열역학은 모든 최대 계들이 결국에는 부패하게 된다는 것을 예측하게 된다. 이것은 보편적 죄의 한 "변종"인가?

2) 열역학 계들의 우발성은 "즉각적"이다. 각 연결점에서 하나의 계는 A 또는 B 분기점을 따라 진행할 수 있다. 비록 어떤 계들은 일종의 "기억"을 드러내기도 하지만, 그 계의 과거 역사는 필수적으로 구성 요소는 아니다. 인간 경험에 있어서 죄와 죄에 대한 우리의 저항은 기억의 형태로 역사를 수반하고 회개, 성화(聖化) 그리고 영적 갱신의 형태로 역사적으로 조건화된 선택을 수반한다.

아마도 이러한 유사성과 차이는, 그리고 아직도 밝혀질 다른 것들은 우리의 진화 연속성의 맥락에서 인간 경험의 독특함에 대한 신선한 통찰을 줄 것이다. 이들의 차이들과 더불어 우리는 인간 경험 안에서의 악의 현상에 대한 예시 또는 적어도 전제조건의 중요한 어떤 것을 물리학 과정들과 생물학적 과정 안에서 발견하는 것으로 보인다. 우리의 신-정통주의, 실존주의, 그리고 보수적인 동료들이 촉구하는 것처럼, 자연은 "인간 영역"으로부터 단절되어 있지 않다. 오히려, 인간 삶 안에서 열매를 맺는 것은 적어도 부분적으로 인류 이전의 세계에서 그 초기의 사례들을 가지고 있다.

그러나, 이것이야말로 진화가 우리로 하여금 기대하도록 가르치는 것이 아니겠는가? 진화를 진지하게 받아들이는 신학적 성찰은 인간의 삶의 장면(sitz im leben)의 부분은 지상적이고 우주적이기까지 하다는 것을 알아보아야 한다. 역으로 십자가의 신학은, 사도 바오로가 쓴 것처럼, 구원을 위해 신음하는 자연을 그 영역으로 택해야만 한다. 비록 자유-과정(free-process)과 자유-의지 방어의 논리 간에 차이가 남아 있을지라도, 그들의 유사성과 계속성이 더욱더 큰 소리로 외쳐댈 것이다. 과학이 가르치는 것처럼, 만약 우리가 우리의 인간 종을 우리가 생겨난 유기체의 기반(matrix)과 지구의 기반의 닳아 해어진 한계 내에 자리매김한다면, 우리는 인간이 되는 것의 의미에 대해 신학적으로 지속적으로 배울 것이다.

그러나 신정론의 열역학적 논리는 인간 영역에서 발견되는 복잡성 근처 어디에도 이르지 못한다. 인간 영역에서는 지향성과 자기 초월이 변증법적으로 본능과 유한과 뒤섞여 있다. 어떤 것들은, 많은 것들은, 진화했고 진화하고 있는 인간본성의 계속 초월하는 신비의 한 부분으로 남아 있다. 정신과 육체의 문제, 인간 주관성, 은총의 신비, 신의 모상의 관점에서 생각된 자유 의지의 신학적 의미에 관한 더 많이 발전된 설명이 없이는 신정론의 문제는 계속해서 자세한 탐구에 저항할 것이다. 내가 단지 희망하는 것은 이 짧은 분석이 물리적 자연과 생물학적 자연 안에서 "자연 악"이라고

불릴 수 있는 어떤 것이 발생하고 있다는 내 제안에 약간의 빛을 비추는 것
이다.

불릴 수 있는 어떤 것이 발생하고 있다는 내 제안에 약간의 빛을 비추는 것

▌주석

1   이 글은 *CTNS Bulletin* 4(Spring 1984): 1–12;에 처음 발표되고 다음에 *Zygon: Journal of Religion and Science*, 19:4 (December 1984)에 발표되었던 논문 "Entropy and Evil,"을 확장한 것이다. 그 논문은 the Twenty–Ninth Summer Conference of the Institute on Religion in an Age of Science, "Disorder and Order: A Study of Entropy and a Study of Evil," Star Island, New Hampshire, 24–31 July 1982에서 했던 강의에 토대를 두고 있다. 나는 이미 발표된 글을 준비하면서 낸시 머피의 많은 도움을 받았음을 알린다.

2   Harold Schilling, *The New Consciousness in Science and Religion* (Philadelphia: Pilgrim, 1973); and Arthur Peacocke, *Creation and the World of Science*, 1978 Bampton Lectures (Oxford: Clarendon, 1979)를 보시오.

3   Ernan McMullin, "How Should Theology Relate to Community?" in *The Sciences and Theology in the Twentieth Century*, ed. Arthur Peacocke (Notre Dame: University of Notre Dame Press, 1981), 17–57을 보시오.

4   Ian G. Barbour, *Issues in Science and Religion* (New York: Harper & Row, 1971); Barbour, *Myths, Models, and Paradigms* (New York: Harper & Row, 1974); Hans Kung, "Paradigm Change in Theology: A Proposal for Discussion" (A public lecture delivered at the University of Chicago Divinity School, 1982); Nancey Murphy, "Revisionist Philosophy of Science and Theological Method" (the March Meeting of the Pacific Coast Theological Society, Berkeley, Calif., 1983에서 발표된 논문을 보시오.)

5   Barbour, *Issues and Myths, Sallie McFague, Metaphorical Theology* (Philadelphia: Fortress Press, 1982).

6   Barbour, *Issues and Myths*, 14.

7   카오스 이론을 포함한 열역학적 새로움이 진정한(존재론적) 새로움의 원천이 될 지는, 비록 내가 그렇다는 것에 대해 상당히 회의적이더라도, 다른 경우의 문제다.

8   John Hick, *Evil and the God of Love* (London: Macmillan, 1966). 힉은 신정론

의 최근 추세와 그리스도교 종말론에 대한 그 추세의 긍정적 관계에 대한 도발적인 평가를 포함시킨다.

9 Paul Tillich, *Systematic Theology*, 3 vols (Chicago: University of Chicago Press, 1957), 2:60.

10 Irenaeus and Clement를 참고하려면, the Ante-Nicene Library를 보시오.

11 Frederich Schleiermacher, *The Christian Faith*, H. R. MacKintosh and J. S. Steward, eds. (Edinburgh: T&T Clark, 1928), par. 68,3.

12 Ibid., par. 71, 2.

13 Teilhard de Chardin. *The Divine Milieu* (New York: Harper & Row, 1969), 64. 과학연구 프로그램에 대한 임레 라카토스의 방법의 관점에서 물리학(열역학 대 역학)에서의 갈등하는 견해들과 신학(아우구스티누스 대 이레내우스의 신정론)에서의 갈등하는 관점들에 대한 분석은 흥미로울 것이다. (Imre Lakatos, *The Methodology of Scientific Research Programs*, vol. 1 [Cambridge: Cambridge University Press, 1978]).

14 Paul Tillich, *Systematic Theology*, 2:60.

15 Ibid.

16 엔트로피가 열린 우주에 적용될 수 있는지는 논란이 되는 문제인데 여기서는 자세히 조사되지 않을 것이다.

17 Ernest Becker, *The Denial of Death* (New York: Free Press, 1973), 282-83.

18 이 글을 쓰면서 나는 떼이야르에 관련된 유사한 주제에 대한 어떤 아주 사려 깊은 발전을 배우게 되었다. Juan Luis Segundo, *Guilt and Evolution* (Maryknoll, NY: Orbis, 1974).

19 C. F. Raven, Natural Religion and Christian Theology (Cambridge: Cambridge University Press, 1953), 15; Raven은 이 말을 J. H. Fabre에게 돌리고 있다.

20 Peacocke, *Creation*, 166.

21 T. S. Eliot, *The Complete Poems and Plays*, 1909-1950 (New York, NY: Harcourt Brace, 1952), 117. 최창호, 「T.S. 엘리어트 宗敎詩: 그 理解와 感賞」, 중앙대학교 인문학연구소, 88-89쪽

22 유진 위그너와 다른 이들은 양자 역학에서의 측정의 문제는 필연적으로 자연 안에서의 실현하는 행위자인 의식을 포함한다고 주장한다. 이것은 물리 과정

안에서 시간의 화살을 도입하는 수단을 제공할 수 있다. 그러나 그러한 접근에 반대하는 몇몇 주장들이 있고 그래서 그것은 널리 채택되지 않는다.

23 James Trefil, *The Moment of Creation* (New York: Charles Scribner's Sons, 1983); and Ernan McMullin, "How Should Theology Relate to Community?"

24 이 결과는 반전성 깨짐(parity violations)과 PCT 보존과 연관된다. John C. Polkinghorne, *The Particle Play* (San Francisco, Calif.: WH Freeman, 1979)이 읽기 쉬운 설명을 제공한다.

25 Ilya Prigogine, *From Being to Becoming* (San Francisco, Calif.: WH Freeman, 1980).

26 최근 논문에서 맥멀린은 빅뱅이 그리스도교 창조 교리를 지지하는 것도 아니고 창조 교리가 빅뱅을 지지하는 것도 아니라고 주장한다. "그러나, 우리가 말할 수 있는 것은 만약 우주가 시간 안에서 창조주의 활동을 통해 시작되었다면, 우리의 유리한 입장에서 우주과학자들이 지금 이야기하는 빅뱅 같은 어떤 것을 보게 될 것이다"("How Should Theology Relate to Community?" 39). 또 그의 입장이 대안적 물리학적 우주론에 대한 자세한 조사와 현재 관찰되는 천문학에 대한 대안적 천문학의 함의에 의해 유지될 수 있는지 조사하는 것은 흥미로울 것이다.

27 이 부분은 이전의 글을 요약하고 약간 개정한 것이다. "The Thermodynamics of Natural Evil': Response to Polkinghorne's Argument," *CTNS Bulletin* 10.2 (1990). 나는 이 글의 초기 원고에 대한 웨슬리 와일드만의 비평에 감사한다.

28 Reinhold Niebuhr, *The Nature and Destiny of Man, Volume1: Human Nature* (New York: Charles Scribner's Sons, 1964).

29 여기서 분명히 "자연 악"의 의미에 대해 자세한 토론이 필요하다. 지진 같은 물리 과정과 질병 같은 생물학적 현상은 적절히 악이라고 간주되는가? 어떤 의미에서 누구를 위한 악인가? 지구와 생물학적 창조물에 대해서? 인류에 대해서? 그러한 것들은 악인가 아니면 인간의 수준에서의 진정한 악의 전제조건들인가? 그러한 것들은 생명 자체와 그 생명을 생성하고 유지하는 생태적 주기와 같이 우리가 선이라고 하는 것과 다소 연결되어 있는가? 도덕적, 자연적, 그리고 형이상학적 악을 구분하는 것은 어떤가? 그 자체가 왜곡되고 불완전하고,

신 의식에 방해가 되어 우리가 악이라고 명명할 수 있는 어떤 것이 있는가?

30 이제부터 여기서 나는 비선형적, 비평형적, 비가역적 열역학을 "현대 열역학"이라 할 것이다.

31 이것은 "증가된 질서와 감소된 질서 대 선과 악" 같은 유추를 설정하는 의미가 아니라 관심이 가는 것은 열린 시스템에서 우발성과 필연성의 상호 작용임을 의미한다.

32 전문적이지만 유익한 입문을 원하면, Ilya Prigogine, *From Being to Becoming: Time and Complexity in the Physical Sciences* (San Francisco: WH Freeman, 1980)를 보시오. 전문적이 아닌 입문을 원하면 Ilya Prigogine and Isabelle Stengers, *Order Out of Chaos* (Toronto: Bantam, 1984)를 보시오.

33 A. R. Peacocke, *An Introduction to the Physical Chemistry of Biological Organization* (Oxford: Clarendon 1983), Part 1, ch. 2.

34 Ibid., 47을 보시오.

제8장

진화의 맥락 안에서 자연 신정론: 새로운 창조에 관한 종말론의 필요성[1]

맹목적인 물리적 힘과 유전적 복제의 우주에서, 어떤 사람들은 상처를 받고, 어떤 사람들은 행운을 잡는다. 당신은 그 안에서 어떠한 운율이나 이유, 또는 어떠한 정의를 발견하지 못할 것이다. 우리가 관찰하는 우주는 밑바닥에 어떤 계획도, 어떤 목적도, 선과 악도 없고 오직 맹목적이고 잔인한 무관심 외에 아무것도 없는 경우에만 예측할 수 있는 바로 그런 속성들을 가지고 있다. ―리처드 도킨스[2]

오늘날 그리스도인이 창세기의 신학적 가르침과 진화론 둘 다를 끌어안아야 할 충분한 이유들이 있다. 그러나 신에 대한 그리스도교적 관점과 진화 과학의 통찰을 함께 수용하는 것은 창조물 안에서 활동하는 삼위일체 신에 대한 신학의 재고를 요구한다. ―데니스 에드워즈[3]

입문

생명은 아름다움, 즐거움, 독창성, 희망 그리고 평화로 가득 차 있다. 산호 암초들이 많은 가지각색의 물고기들과 식물들로 채워진 타이탄 환상(環狀) 산호섬 위의 푸른 하늘에서 험준한 로키 산맥과 치솟은 스위스 알프스까지, 맛있는 음식의 미각에서 성교의 희열까지, 깊은 우주에서 태어나고 있는 장려한 별들의 사진에서 누군가의 어린 아이의 출생의 놀라운 과정까지를 포함해서, 창세기 첫 장의 선언처럼, 생명은 "아주 좋다". 그러나, 또한 생명은 배고픔, 추위, 그리고 신체적 손상의 고통으로 찢겨져 있다. 생명은 허리케인, 가뭄, 그리고 지진으로 위협받고, 박테리아와 유전 질환에 취약하며, 카리브해 열대지역과 아프리카 사바나에는 맹렬한 전쟁 지역도 있다. 대부분의 살아 있는 피조물은 먹이 사슬을 구성하는 포식의 끊임없는 순환에 걸려 있고, 대부분의 동물들은 고통스런 죽음의 운명에 처해 있다.[4]

그리스와 바빌론의 이웃 문화의 관점에 비해, 성경은 생명의 양쪽 측면을 근본적인 유일신교의 믿음 아래에 두고 있다는 점에서 매우 놀랍다. 세상의 창조주로서 신은, 비록 생명의 비극을 통해서 활동한다 하더라도, 존재하는 모든 것의 원천이고, 결국 *존재하는* 모든 것은 선하다는 것이다. 고통, 질병, 그리고 죽음은 헤아릴 수 없이 비극적이고 독특한 사건, 타락(Fall)의 보편적인 결과들이다. 그러나 그러한 비극들은 도래하는 하느님 나라에서 제거될 것이고 그때 모든 살아 있는 피조물들은 그들의 본래적이고, 알맞으며 조화로운 관계에로 회복될 것이다(이사 11,1-9 참조). 그리고 나아가서 그들은 새로운 창조를 통해서 영원한 삶의 피조물로 변형될 것이다(묵시 21-22,5 참조).

선하게 창조되었고 오직 *결과적으로* 악이라는 생명의 두 측면에 대한 이러한 역사적/신학적 설명은 다윈 진화론의 심각한 도전을 받는다. 다윈의 진화론에서 자연선택과 죽음과 소멸은 진화를 이끌어가는 것에서 빠질 수 없는 것이고 따라서 생명의 *구성요소*이다. 이 장은 지구 상의 생명의 그림의 "아랫면"에 초점을 둘 것이고 그 그림에서 고통, 질병, 죽음과 소멸과 같은 "자연 악"은 "자연" 신정론(natural theodicy) 또는 "진화" 신정론에 대하여 엄청난 도전을 제기한다.[5] 어떻게 우리는 구성 요소 안에 자연 악을 포함하는 진화의 과정을 통해 생명을 창조한 신의 선함과 권능을 믿을 수 있는가? 우리가 신에 대한 우리의 신앙과 씨름할 때, 친구들이 자연 악 때문에 신앙으로부터 멀어지는 것을 볼 때, 그리고 자연 악에 근거한 신앙에 대한 무신론자의 도전에 대해 응답하려 할 때, 이러한 도전은 신앙인들이 반드시 다루어야만 하는 것이다.[6]

이 장은 2002년 호주, 애들레이드에서 발표된 이전 논문에서 자연 신정론이라는 하나의 주제를 상술한 것이다.[7] 두 개의 글은 거대한 연구 저작 프로그램의 부분들이다.[8] 나의 전체 주장은 다양한 영역의 현대 신학이 새로운 창조물로의 우주의 변형을 수반하고 자연 악과 빅뱅 우주론의 도전을 다루는 종말론(eschatology)을 구성하도록 우리를 이끌어 간다는 것이다. 여기서 나는 자연 신정론이 우리로 하여금 그러한 강력한 종말론을 가지고 반응하도록 이끌어 가는 방식들을 더욱더 자세히 이야기한다.

처음에, 나는 신학의 부정적(apophatic) 맥락을 강조하고 싶다. 우리가 신학적 주제들에 비추어야 하는 작은 빛은 우리가 신앙을 통해 고백하는 신의 압도적인 신비로 둘러 싸여 있다. 물론, 그러한 불가피한 신비가 엉성한 생각에 대한 변명이 되어서는 안 될 것이다. 대신에 신비에 대한 인정은 신학의 근본적 과업을 추구하도록 우리를 이끌어 가야 한다. 그 과업은 신과의 만남에 대하여 자기 비판적으로 성찰하는 것이다. 이것은 신정론의 과제에 대해 특히 중요하다. 우리는 악의 문제를 결코 "해결"하려고 노력하지 말아야 한다. 욥기에서 드러난 것처럼, 악에 대한 우리의 근본적인 반응은 신에 대한 믿음이어야 하며 합리적 논증이 아니다. 칼 라너는 고통의 이해 불가능성에 대한 가장 깊이 있는 답은 "자유를 가지고 있는 신의 이해 불가능성이고 그 외에 아무것도 아니다"[9]라고 서술한다. 이 장은 다음과 같은 희망을 가지고 쓰여 졌다. 신의 궁극적 선함에 대한 긍정적(kataphatic) 확언이 예리하고 놀랍도록 지나친 도덕 악과 자연 악을 포함하는 신의 창조물인 세상에 대한 부정적 신비 안에 자리할 수 있는 것이다.

신학적 관점에서의 진화: 두 가지 도전과 반응

도전 1: 진화와 우연, 무신론인가 또는 유신론인가?

신정론으로 향하기 전에, 진화 생물학이 무신론자들에 의해 그리스도교 신앙에 도전하고 자연에 대한 목적 없는 형이상학을 지지하기 위해 반복적으로 사용되어 왔다는 것을 상기하는 것이 중요하다. 전형적인 비판은 진화의 "맹목적 우연"이 생명의 창조주로서의 신의 목적을 지향하는 활동을 불가능하게 한다는 것이고, 더욱 간단히 말하면 진화가 불가피하게 무신론으로, 또는 기껏해야 빈약한 이신론(理神論)으로 이끈다는 것이다.[10] 자크 모노의 잘 알려진 말이 있다. "*우연만이* 모든 혁신의 원천이고, 생태계의 모든 창조물의 원천이다. 절대적으로 자유롭지만 맹목적이고, 순수한 우연이 진화의 엄청난 체계의 뿌리에 있다." 그래서 모노는 이렇게 결론을 낸다. "옛날 계약은 깨졌다. 인간은 드디어 그가 냉혹하게 방대한 우주 안에 혼자라는 것과 거기에서 단지 우연하게 출현했다는 것을 알고 있다."[11]

모노의 견해가 만들어낸 거대한 문화적 충격이 1984년 바르톨로뮤에 의해 강조되었다. "목적이 있는 신에 대한 믿음에 대한 자크 모노의 대단히 파괴적인 공격은 과학의 이름으로 진행되어 온 가장 날카롭고 해로운 것이다." 만약 모노가 옳다면, 그것은 "그리스도교와 다른 고등 종교들을 파괴하는데 충분할 것이다."[12] 도널드 맥케이와 매리 헤스 같은 유신론자는 즉각 모노에 응수했다. 그러나 1979년 뱀프턴 강연에서[13] 아서 피콕은 바르톨로뮤가 "모노에 대한 가장 광범위하고 설득력 있는 반응"이라고 평가한 강연을 하였다.[14] 피콕에 의하면, 신에 의해 우주 안에 새겨진 초기 가능성들은 우연을 통해 시간 안에서 실현된다. 피콕은 이것을 신의 **계속 창조**에 대한 정교한 신학으로 발전시켰다. 세상을 **무로부터** 창조할 때 신은 세상에 법칙과 우연을 양도했고, 신은 지속적으로 시간 안에서 그리고 내재적으로 자연의 과정들 "안에서, 그것과 함께, 그것 아래서 그리고 그것을 통해서" 작업한다. 간단히 말하면, "유신론적 진화"라고 흔히 명명되는 이 견해는 진화가 "신이 생명을 창조하는 방식"이라고 주장한다.

초기반응: 유신론적 진화론, 그러나 그것은 "통계적 이신론" 이상인가?

오늘날 유신론적 진화론은 신학과 과학 저작들에서 널리 공유되는 견해이다. 신이 자연 안에서 내재적으로 활동한다고 이야기하는 것이 무엇을 의미하는 것인지에 관한 독특하고 더 충분히 발달된 다양한 입장들에 대하여 유신론적 진화론은 공동의 출발점을 나타낸다. 이러한 접근의 계속적 문제는 더 발전되지 않는다면, 그것은 내가 단지 "통계적 이신론"이라고 하는 것을 약간 넘어서는 것에 해당될 것이라는 점이다. 만약 "우연"이 인식론적 무지함을, 즉 외형적으로 우연한 사건들을 결정론적으로 생성하는 자연의 원인에 대한 지식의 결핍을 뜻하는 것이라면, "우연과 법칙"이라는 문구는 실제로는 "(알려지지 않은) 법칙과 (알려진) 법칙"이 된다. 그러면 신의 활동은 단지 우주의 창조 시에 작성된 잠재력과 가능성이 시간 안에서 실현된다는 것이다. 따라서 더 이상의 발전이 없으면, 유신론적 진화론은 그리스도인들이 비난해오고 심지어 모노에 의해서도 비난 받던 그러한 이신론으로 되돌아간다. 반면에 이신론조차도 t=0로 표현되는 우주의 시작이 있었다는 주장을 손상시키는 최근의 도전으로부터 흔들리는 토대 위에 서있다.[15] 무신론의 이러한 성공은 칼 세이건이 스티븐 호킹을 인용하는 신랄한 발언에서 멋있게 반영된다. 스티븐 호킹은 우리에게 "우주는 모서리가 없는 공간과 시작과 끝이 없는 시간으로 되어 있고, 창조주가 해야 할 것이 아무것도 없다"고 했다.[16]

*발전된 응답: 신의 비개입적 객관적 활동(NIODA)은 유신론적 진화론을
"충분히 강화한다"*

유신론적 진화론이 번성하기 위해 필요한 것은 자연의 과정 안에서 신의
지속 활동에 대한 설명이며, 이것은 다음의 세 가지 엄격한 기준을 채워야
한다.[17] 1) 신의 활동은 객관적이고 구체적이다. 그러한 활동이 없었다면 세
상은 다르게 만들어졌을 것이다. (신의 활동에 대한 주장은 조건법적 서술을 포함한다.)
2) 신의 활동을 과학이 밝힐 수 없다. 과학은 엄격하게 무작위적 사건들을
본다. 이것은 신의 인과성이 과학 탐구의 주제인 이차적 혹은 자연적 인과
성으로 환원될 수 없다는 것을 수반한다. 3) 신의 활동은 비개입적이다. 그
래서 인식론적이고 존재론적 "틈새" 주장들은 모두 거부된다. (신은 자연의 규
칙성을 지탱하는 신의 일반 활동을 중단시키지 않고 자연 안에서 특별한 사건들을 통해서 활동한다.
게다가 신이 활동한다는 우리의 주장은 과학이 이해하지 못하는 어떤 것에 근거하지 않고 과학이 이
해하는 것에 근거한다.)[18]

신의 활동에 대한 그러한 설명은 보수주의적 그리스도교에서 발견되는
신의 객관적 활동(그러나 보수주의자들이 감당해야 하는 개입주의의 대가를 치르지 않고)에
대한 투신과 자유주의적 그리스도교에서 발견되는 신의 비개입적 활동(그
러나 신의 활동이 자연의 규칙적인 원인들에 대한 우리들의 단지 주관적이고 종교적인 해석일 뿐이
라고 이야기하지 않으면서)을 결합하는 것이다. 따라서 그것은 "신의 비개입적 객
관적 활동" 즉 "NIODA"라고 표현된다.[19] 신의 비개입적 객관적 활동은 유
신론적 진화론에 대한 "약속 어음"을 건네주고 그 과정 중에서 진화론을 끌
어들이려는 더 이상의 무신론적 시도를 약화시킨다.[20] 내 견해로는, 양자
미결정론에 의존하는 바닥–위 인과율은 유전자 돌연변이와 자연 선택을
통한 생명의 진화를 포함하는 우주의 전체 역사를 관통하는 신의 활동을
지지할 수 있다. "고전적" 일상적 세계가 단지 양자 역학만이 적용되는 선
행 구역(preceding domain)으로부터 창발하자마자, 가로 증폭(lateral amplification)
은 매우 적절해질 수 있었다. 원시적 지각 능력이 가능한 피조물의 진화가

발생하자마자, 정신/뇌 문제의 맥락 안에서 신의 활동 형태인 꼭대기-아래 인과성은 신에 의해 책정될 수 있을 것이다. 신-토마스주의와 과정 신학이 생각하는 신의 인과성은 또한 우주의 전체 역사를 통해 적용된다.

도전 2: 진화와 고통—유신론 또는 무신론의 재고

진화에 대한 무신론적 해석에 있어서 "맹목적 우연"에 호소하는 것보다 훨씬 더 강렬한 주장은 자연 안에서 신이 외형상 고통을 창조했다는 것, 악에 공모했다는 것, 또는, 적어도 악을 허용했다는 것이다. 찰스 다윈으로부터 리처드 도킨스까지, 생물학적 세계에서 발견되는 그렇게 빈번하고 노골적 공포는 그리스도교를 이해 불가능하게 만들고 심지어 혐오스럽게 만든다는 것이다. 다윈은 아서 그레이에게 그러한 편지를 보냈다. "나는 자비롭고 전능하신 신께서 애벌레의 살아 있는 몸을 맵시벌이 뜯어 먹고 살도록 그런 분명한 의도를 가지고 맵시벌을 창조했을 것이라고 나 자신을 설득할 수 없다."[21] 더욱 최근에 도킨스는 치타와 영양 간의 피식/포식 순환을 지적하면서 신이 악이 아니라 도대체 신은 존재하지 않는다는 결론을 냈다. "우리가 관찰하는 우주는 밑바닥에 어떤 계획도, 어떤 목적도, 선과 악도 없고 오직 맹목적이고 잔인한 무관심 외에 아무것도 없는 경우만 예측할 수 있는 바로 그런 속성들을 가지고 있다."[22]

이 장의 대부분은 정확히 이러한 도전, 즉, 우리가 "자연 악"과 진화로부터 발생한 신정론에 대한 의문에 어떻게 반응할 것인지에 바쳐질 것이다. 내가 이 서두에서 인정하고 싶고 강조하고 싶은 것은 신의 비개입적 객관적 활동이 신정론의 문제를 이전의 유신론적 진화론의 "통계적 이신론" 버전들에서 있었던 것보다 더 엄청나게 만든다는 것이다. 우리가 유신론적 진화론의 궤적을 신의 비개입적 객관적 활동 전략에 따라 앞으로 나아간다면, 이런 문제를 간단히 피할 방도가 없다.

"약한(lite) 신정론": 자연 악은 실제 악이 아니다

우리는 우선 우리가 자연 악이라고 하는 것이 생물학적 진화의 단지 정상적인 한 부분이기 때문에 "진화론적 신정론"은 사소한 문제라는 관점에 관하여 두 가지 중요한 변형들을 고찰할 것이다. 그러한 것들은 신정론의 역설을 약화시키기 위한 세 가지 방식 중 하나를 나타낸다. 즉, 악의 실재의 부인(또는 적어도 감소)이다. (다른 방식들은 어떤 식으로든 신의 선함이나 권능을 부인하든가 아니면 재해석하는 것이다.)

자연 신정론은 상관없다

가장 기본적인 반응은 자연 악을 신학과 관련이 없는 것으로 간주하는 것이다. 자연 악은 그저 "자연적"일 뿐이고 그래서 그것을 "악"이라고 하는 것은 부적절하다. 우리가 잘못하여 악이라고 취급하는 것은 사실 *생명의 구성요인(constitutive factor)*이다. 자연 악은 진화가 작동하는 방식을 반영하는 다른 생물학적 특성들보다 더 많은 신학적 주목이나 설명을 필요로 하지 않는다. 고통과 아픔은 지각 능력과 함께 가는 것이고, 유기체들의 죽음과 종들의 소멸은 생명이 진화하는 과정 안에 새겨진 것이고 그 과정에 필수적인 것이다. 크리스토퍼 사우스게이트는 신정론에 대한 계몽적인 글에서 이러한 반응을 "묵살된 문제"라고 했다.[23]

우리는 이러한 관점을 많은 신학과 과학 저작물에서 발견할 수 있다. 피콕에 의하면, "진화는 오직 개체들의 죽음을 통해서 작동될 수 있다. 새로운 생명은 오직 늙은 생명의 죽음을 통해서만 생겨난다"고 했다.[24] 이와 비슷하게, 데니스 에드워즈는 이렇게 기술한다. "자연 선택은 단지 자연 안에 새겨진 차별적인 생산의 성공이다. 신학자, 생물학자, 또는 어느 누군가가 자연 선택을 '이기적'으로 또는 자연을 '잔인한' 것으로 서술한다면, 그것은 인간중심적 방식의 언급이다."[25] 물론 피콕이나 에드워즈 같은 신학자들은 강력한 신정론으로 옮겨 가지만, 그러나 생물학적 죽음의 무관련성(irrel-evancy)에 대한 논의를 다시 하지 않고, 고통과 그 고통에 대한 신의 반응에 더 많은 주의를 기울인다.

자연 신정론은 아주 약간 관련이 있다

이전의 반응은 두 가지 방식으로 최소한의 신학적 주석을 받을 수 있다. 각 방식은 자연 악이 생명의 원래 구성 요소라는 중요한 과학적 통찰에 초점을 두고 있다.

첫째 논거는 자연 악은 *생명의 구성 요소*이기 때문에 그것은 낙원으로부터 "타락"인 역사적 사건의 *결과*로 여겨질 수 없다는 것이다. 프리드리히 슐라이어마허로부터의 자유주의 개신교 신앙은 지속적으로 이것을 다소간 당연한 것으로 받아들여 왔다. 자연 악은, 아우구스티누스의 전통적인 "타락"이 묘사하는 것처럼, 인간의 죄나 역사 이전 시대의 우주적 드라마(천사들의 타락)의 결과가 아니다. 다시 피콕을 인용하면, "생물학적 죽음은 이제 더 이상 어떤 식으로든 인간들이 과거에 했을 것이라고 생각되는 어떤 것의 *결과*로서 여겨질 수 없다. 왜냐하면 진화 역사는 죽음이 인간들이 출현하는 바로 그 방식이고 유신론자가 볼 때에 신이 그렇게 창조했다고 보여 주고 있기 때문이다".[26]

둘째 논거는, 만약 신이 자연의 과정들에 개입하지 않고 그것들을 통해서 내재적으로 활동함으로써 생명을 창조했다면, 신조차 "선택의 여지 없이" 다윈의 진화론을 선택했어야 했다는 것이다. 이것이 의미하는 것은 자연 선택에 의한 적응은 피할 수 없는 것이고, 그 결과인 "자연 악"은 신조차 제거할 수 없고, 신의 생명 창조 활동에서 피할 수 없는 결과라는 것이다. "선택의 여지가 없다"는 주장은 신이 조금 "책임을 모면케"(off the hook) 함으로써 자연 신정론의 강도를 약화시키는 것을 목표로 한다. 사건들이 흥미롭게 전환하면서, 마이클 루스는 실제로 가장 큰 목소리의 비평가 중 하나인 리처드 도킨스에 반대해서 그리스도교를 방어하면서 "선택의 여지가 없다"는 주장을 내세우고, 도킨스 자신이 그러한 언급을 했다고 인용한다. "그러나, 도킨스는 선택, 오직 선택만이 그러한 일을 할 수 있다고 강력하게 주장한다. 그리고 추정컨대 여기에는 신을 포함하여 어느 누구도 자연 선택의 길을 가지 않고서는 적응의 복잡성을 얻지 못 할 것이다."[27]

"약한 신정론"에 대한 비판과 의미

자연 악이 단지 생명 과정의 일부분이라는 생각에 반하여, 자연 악이 생명의 구성 속성이라고 해서 자연 악은 신학과 관련이 없다는 것을 의미한다고 나는 생각하지 않는다. 예수의 사목활동에 대한 신약 성경 이야기는 육체의 치유와 죽은 이의 소생 둘 다를 죄의 용서와 결합시킨다.[28] 그 이야기들은 자연 악의 영역(즉, 질병, 죽음)과 도덕적 악의 영역(즉, 죄)을 연결시키고, 예수의 사목활동과 부활에 의해 제공된 구원이 두 영역에 적용된다. 비록 도덕적 악이 오직 인간과 함께 나타나더라도 말이다. 따라서 자연 악의 신학적 중요성을 일축하고 반면에 도덕적 악의 신학적 중요성을 단언하는 것은 불가능할 것이다. 자연 악이 도덕적 악의 결과(즉, 타락)라는 성경의 틀을 거부하더라도, 인간성의 맥락에서 그리고 오늘날 모든 살아 있는 피조물의 진화의 맥락에서, 우리는 자연 악에 의해 제기된 신학적 질문들을 거부하지 않아야 한다. 그런 뒤 앞으로 나아가는 방식이야말로 자연 악 자체의 의미를 일축할 때보다 더 복잡한 경로로 우리를 데려 갈 것이다.

자연 악이 아주 약간 관련이 있다는 개념에 반응하여, 나는 두 가지 요점을 제안할 것이다. 첫째, 나는 물론 자연 악이 타락의 결과가 아니라는 것에 동의하지만 이 견해는 죄와 악에 대해 자유주의와 보수주의의 해석과 반응을 예리하게 구분하기 때문에 그 스스로 중대한 신학적 의미가 있다. 둘째, 타락의 거부가 타락을 받아들이는 전통 신학이 우리에게 진화론적 자연 신정론을 건설하는 데 아무것도 제공하지 않는다는 것을 의미하지 않는다. 우리가 아우구스티누스 신정론에로 관심을 돌릴 때 그것을 알게 될 것이다. 타락의 거부가 또한 타락을 거부한 다윈 이전의 현대 신학이 우리에게 아무것도 제공하지 않는다는 것을 의미하지도 않는다. 우리가 슐라이어마허에게 관심을 둘 때 그것을 알게 될 것이다.

나는 또한 "선택의 여지가 없다"는 주장은 이러한 토론에서 대체로 간과되는 중대한 가정에 근거하고 있다는 것을 지적할 것이다. 그 가정은 우주론, 천체물리학, 지질학, 화학, 분자 생물학 및 진화 생물학 등의 기저를 이루는 물리학의 법칙들은 "주어진" 것이라는 것이다. 인정하건대 만약 신이 생명을 자연의 과정들을 통해서 창조했다면 *그리고* 이러한 과정들을 지배하는 물리 법칙들이 당연하다고 인정된다면, 그러면 신은 다윈의 진화론 이외에 "선택의 여지"를 갖지 못했을 것이다. 그리고 신정론에 대한 이러한 접근은 루스가 지적한 것처럼 진화에서의 신의 활동을 설명하는 "짐을 가볍게" 한다. 그러나 우리가 한발 더 나아 간다면, 우리는 이러한 주장이 실제 신정론에 도움이 되지 않는다는 것을 알게 된다. 왜냐하면 신이 "선택" 여지를 가졌었는지에 대한 문제는 내가 *우주적 신정론*이라고 부르고자 하는 것 안에서 더더욱 근본적 수준으로 되돌아오기 때문이다. 신이 물리 법칙들과 자연의 상수들을 포함한 우주를 *무로부터* 창조하였는데, 왜 신은 *이러한* 법칙들과 상수를 가지고 있는 *이러한* 우주를 창조하기로 선택했는가? 이러한 우주는 다윈의 진화론을 피할 수 없게 할 것이고 자연 악이 널리 퍼질 것을 알면서 말이다. 따라서 루스/도킨스의 주장은 비난으로부터 신을 구제하지 못하고 단지 비난을 좀 더 근본적인 수준으로 옮겨 놓게 하여, 라이프니츠식 도전을 야기한다. 이것이 신이 생명의 진화를 의도하고 창조할 수 있었던 모든 가능한 *우주들* 중 최선의 것인가? 자연 악이 없이 생명이 진화하였던 다른 종류의 우주가 있을 수 있었는가? 결국에 우리는 악의 문제가 쉽게 답변될 수 없는 "불가지론적 우주적 신정론"을 받아들이기로 선택해야 하거나 아니면 진화와 신의 비개입적 객관적 활동이 함께 제기하는 신정론의 문제에 더 적절한 반응을 위해 우리는 지속적으로 압박해야 한다. 요약하면, "약한 신정론"은 결국에 유익하지 않은 신정론이고 우리는 앞으로 더 나아가야 한다.

강한 신정론: 두 가지 전통적 형태

자연 악에 대한 이러한 반응들을 제쳐 두고 더 복잡한 것으로 향하자. 나는 어떤 강한 신정론도 최소한 다음의 세 가지 기준을 채워야 한다고 제안한다. 1) 그것은 자연 악을 창조한 것에 대해 "신을 비난"하거나 또는 자연을 분명한 악으로 간주하는 마니교적 경향(마니교는 세상에서 선과 악의 힘이 대결한다고 보는 3세기의 이단–옮긴이)을 피해야 한다. 2) 그것은 도덕적 악의 보편성을 약화시키는 펠라기우스적 경향(4세기의 펠라기우스는 은총의 도움이 없이 자력으로 구원될 수 있다고 주장했다–옮김이)을 피해야 한다. 3) 그것은 다윈의 진화론과 특히 생명에 대한 자연 악의 원래 구성적 특성을 충분히 수용해야 한다.

그리스도교 신학은 이러한 기준을 채우는 다양한 신정론들을 포함한다. 이 간략한 장의 목적을 위해 나는 두 가지 넓은 유형 즉 아우구스티누스 유형과 이레내우스 유형의 범위에 들어가는 이 다양한 신정론에 대한 힉의 분석을 이용할 것이다. 이 과제는 이러한 신정론들을 재구성하여 그러한 신정론들이 세 가지 모든 기준을 채우고 따라서 그러한 기준들을 진화론적 자연 신정론의 구성에 효율적으로 사용하는 것이다.

아우구스티누스 신정론 : 자유–의지 방어(the free-will defense)

역사적 그리스도교는 아우구스티누스 신정론을 통하여 첫째 두 가지 기준을 채우는 틀을 제공했다. 그의 신정론은 상당 부분 신약 성경/바오로 서간과 지배적인 신플라톤 사상으로부터 도출되었다. 아우구스티누스 신정론은 아퀴나스, 캘빈, 그리고 루터와 바르트와 라너 같은 현대의 신학자들에게 중대한 영향을 미쳤다.

아우구스티누스에 의하면,[29] 도덕적 악과 자연 악 둘 다 궁극적으로는 죄를 범할 수 있는 자유로운 합리적인 존재의 결과들이다. 그들은 가장 높은 선(善)인 신으로부터 의도적으로 멀어져 작은 선으로 향했다. 아우구스티누스는 신이 창조한 모든 것은 선하다는 것을 확언함으로써 마니교적 관점을 피했다. 죄는 세계창조 이전 천사들의 우주적 타락으로부터 시작했다. 죄는 아담과 하와가 자유 의지로 신보다 창조된 선을, 비록 신에 의해 "매우 좋게" 창조된 선을 선택하여 이어졌다. 그것에 따라오는 의지의 부패 혹은 굴레가 공동 인간의 기원인 아담과 하와로부터 성(性)을 통해서 세대에서 세대로 모든 인류에 전염되었다. 한편으로, 인간은 여전히 자유 의지의 힘을 가지고 있고 그래서 그러한 행동에 책임이 있으며, 신의 벌을 받아야 한다. 반면에, 에덴에서 죄를 짓지 않는 것이 가능했었을지라도(*posse non peccare*), 인간 역사에서는 자유 의지가 부패하여 신의 예정의 은총을 받지 않고는 죄를 짓지 않는 것이 불가능하다(*non posse non peccare*). 아우구스티누스는 악은 존재의 결핍이라고 보는 창조물의 풍부함에 대한 신플라톤적 이해 안에 그의 자유–의지 방어를 끼어 넣었고 또한 신은 궁극적으로 죄와 그 벌을 포함한 모든 것을 "아주 좋은" 것으로 여긴다는 전체적 미학 안에 그 방어를 끼워 넣었다.

슐라이어마허의 신정론: 도덕적 성장 주장

19세기 자유주의 개신교 신학, 그리고 20세기 가톨릭과 개신교 신학의 많은 부분은 프리드리히 슐라이어마허가 제안한 또 다른 틀 안에서 작업해 왔다. 슐라이어마허 신학의 뿌리는 성경에 대한 역사적 신학과 전통적 신학을 신화라고 거부한 18세기 계몽주의에 있다. 19세기 초 슐라이어마허의 저작 『말씀』과 『그리스도교 신앙』은[30] 발전적/원–진화론적 틀 안에서 원초적 완벽함(original perfection)과 원죄에 대한 대대적인 재정식화를 제공했다. 간략히 이야기하면, 슐라이어마허에 의하면 *세상의 원초적 완전*은 신의 목적이 자연 과정들 안에서와 그것을 통해서 성취될 수 있도록 세상이 만들어졌다는 데에 있다. 특히, 그 세계에서는 세상에 상대적으로 의존한다는 우리 경험이 존재하는 모든 것의 원천이신 신에게 우리가 절대적으로 의존한다는 우리의 경험으로 이끌어 가게 되어 있다. *인류의 원초적 의로움(righteousness)*은 개인들의 인격적 경험이며 문화를 통해 소통되는 것으로서 종교적 경험을 할 수 있는 능력이 우리에게 있다는 데에 있다.[31] *죄는* 우리가 세상에 의존하기 때문에 신에 대한 우리의 자각이 폐쇄된 데에 있다. 우리가 물리적이고 생물학적 피조물로서 세상 안에 끼워져 있는 "지각 능력이 있는 동물"이기 때문에, 그리고 우리 개인적 삶 안에서 물리적 특성들이 우리 개인의 인지적이고 영적 능력의 발달에 앞서 있기 때문에 죄는 실질적으로 불가피하다. 그러나 죄는 필수적이지 않다. 왜냐하면 예수 안에서 신에 대한 그의 의식의 발달이 막히지 않았었고 그는 "죄가 없었기" 때문이다. 따라서 우리는 여전히 개인적으로 우리들 자신의 죄에 책임이 있다. *원죄*는 그 특성에 있어서 개인적이고 사회적이어서,[32] 슐라이어마허의 독특한 격언을 만들어냈다. "죄는 개별적으로 모두의 일이고, 전체적으로 각자의 일이다." 마지막으로 *자연 악*은 죄로부터 생기는 것이 아니다. 그러나 우리의 죄 때문에 우리는 자연 악을 진정한 악으로 경험하고, 이러한 이유로 자연 악은 죄의 징벌로 여겨질 수 있다.

그러면, 원초적 완전과 원죄에 대한 슐라이어마허의 중요한 재정식화는 시간에 의존하지 않고 발전적/원–진화론적 틀 안에서 진화론적 자연 신정론에 대한 우리의 세 가지 기준을 명백히 채운다.

아우구스티누스 신정론을 회수하여 물리학과 우주론에로 확장하다: 통찰과 실패

언뜻 보기에 슐라이어마허의 신정론은 아우구스티누스의 신정론보다 우리의 진화론적 신정론 프로젝트에 더 잘 일치하는 듯하다. 아우구스티누스의 신정론은 슐라이어마허가 여러 가지 방식으로 극복한 타락의 틀 안에 근거하고 있고, 슐라이어마허의 접근은, 특히 우리가 아래서 검토할 존 힉의 개정의 렌즈를 통하여 바라보면, "신학과 과학" 공동체에게 상당히 영향력이 있다. 그러나 나는 아우구스티누스 신정론 안에 간과되어서는 안 될 원천들이 있다고 생각한다.

회수하기: 라인홀드 니버

첫 작업은 아우구스티누스의 신정론에서 "창조/타락"의 틀을 벗겨버리고 그 기저의 철학적 주장을 드러내며, 그런 뒤 이 주장을 진화론적 관점에서 다시 해석하는 것이다. 그렇게 하기 위해서 나는 이전의 글에서 라인홀드 니버의 엄청나게 영향력 있는 기포드 강연에로 관심을 돌렸다.[33] 여기서 니버는 신화적 언어를 벗겨버린 아우구스티누스 신정론의 기저의 논거를 제시했다. 니버는 아우구스티누스가 악의 존재를 인정하는 마니교적 관점을 거부했음을 보였다. 대신에 그는 "*존재하는* 모든 것은 선하다"고 주장했다. 따라서 죄는 존재론적 지위를 가지고 있지 않고, 인간은 창조된 본성 때문에 사악한 것이 아니다. 또한 아우구스티누스는 죄가 인간 자유 의지만으로 극복될 수도 있다는 펠라기우스 관점에 반대하는 주장을 했다. 대신에 구원은 신의 은총에 의한 것이고, 죄는 생물학적으로 유전되고 모든 인간은 아담에 참여한다는 아우구스티누스의 이론을 통하여 이것은 모든 인간에 적용된다. 마지막으로 신플라톤주의에 반대하여 아우구스티누스는 죄를 원죄에 의해 부패된 인간 의지 안에 위치시킨다.

그런 뒤 니버는 아우구스티누스 신정론에 대한 기저의 논리는 죄가 *불필요하지만 불가피하다는*[34] 주장이라고 하였다. 이 구절은 아우구스티누스의 주장을 타락에 묶어 두지 않으면서 그 핵심을 포착한다. 그 구절은 니버가 그리스도교 자유–의지 방어의 "터무니 없는 역설"이라고 부른 것을 엄격한 말마디로 표현한 것이다. 니버의 정식을 통하여 다시 표현된 아우구스티누스 신정론은 이제 진화론적 자연 신정론에 대한 우리의 세 가지 기준을 채운다.

자유–의지 방어의 기저를 이루는 물리학에서의 전제조건

내가 이전에 루스와 도킨스에 관련하여 지적한 것처럼, 우리는 이제 자유–의지 방어를 진화론에로, 그리고 내가 여기서 더욱 유용할 것이라고 믿는 것을 통해서, 다윈 진화론의 특징의 틀이 되는 물리학의 근본적 법칙들에로 확장시킬 수 있는 위치에 있다. 특히 다시 정식화된 아우구스티누스/니버 자유–의지 방어가 유지되기 위해 물리학은 어떠해야 하는가? 여기서 우리는 두 가지 반응을 조사할 것이다. *통시적(diachronic) 방법:* 이것은 생물학적 진화의 기저를 이루고 가능하게 하는 물리학과 우주론의 영역들에 대한 조사이다. 무엇인가 있다면 물리학의 수준에서 "불필요하지만 불가피하다"는 니버의 논리를 반영하는 것은 무엇인가? *동시적(synchronic) 방법:* 이것은 자유 의지가 물리적으로 시행될 수 있는 그러한 물리학에서의 조건들을 찾는 것이다.

열역학을 포함하는 통시적 방법. 우리는 우선 물리학의 수준에서 더욱더 순조롭게 토론될 수 있도록 "죄는 불필요하지만 불가피하다"는 니버의 주장을 다시 정식화해야 한다. 이전에, 나는 니버의 주장의 기저의 논리 구조는 "보편 우발적"이란 용어에 의해 기술될 수 있다고 제안했다. 즉, 그것은 존재론적으로 우발적이지만 모든 경우에서 유지된다.[35] 그때에 할 일은 물리학에서 보편 우발적인 것의 사례들을 찾는 것이다.

하나의 좋은 사례가 "엔트로피"와 "카오스로부터의 질서"라는 개념을 가지고 있는, 비선형적, 비평형적 열역학에서 나온다. 간략히 이야기하면, 모든 "닫힌" 계들의 엔트로피 S는 열역학 제2법칙 $\Delta S / \Delta t \geq 0$에 따라서 필연적으로 최대로 증가한다. 그러나 일리아 프리고진과 다른 많은 학자들이 보여 주고 있는 것처럼, 하나의 닫힌 계는 "열린" 하위 계들을 포함하고 있을 때, 그 하위 계들은 엔트로피를 주위 환경, 즉 하위 계들을 담고 있는 닫힌 계로 배출하여 자발적으로 질서의 더 높은 정도로 이동할 수 있다. 그 과정에서, 심지어 열린 하위 계들의 엔트로피가 감소하더라도, 제2법칙을 따라 닫힌 계들의 전체 엔트로피는 증가한다. 이 단순한 사실이 태양과 지구 사이의 열역학적 "열 교환"을 통해, 지구의 생명의 항상성(homeostasis)을 뒷받침해주고 있다. 그 사실은 또한 생물학적 진화 과정의 기저에 있고, 그 과정 안에서 시간이 지남에 따라 태양/지구 시스템의 열역학이 복잡성의 엄청난 증가를 초래한다. 모든 물리적 그리고 모든 생물학적 계들에게 **보편적으로** 적용되는 열역학이 없었다면, 지구 상의 생명의 진화는 불가능했었을 것이다.

그러나 비록 열역학이 모든 물리학적 계들에 적용되더라고, 우리는 어떤 주어진 계가 저절로 더 복잡해지도록 변동을 거듭할 것인지 아니면 소진되어 사라져 버릴 것인지 예측할 수 없다. 두 가지 모든 경로가 비선형, 비평형 열역학의 법칙에 의해 가능하지만, 그러나 자세한 것은 운동학과 같은 물리학의 다른 영역에 의존한다. 따라서 생물학적인 것들을 포함하는 그러한 계들의 복잡성 증가로의 발달은 전적으로 이러한 계들의 한계를 넘어서는 요인들과 과정들에 달려 있다. 비선형적, 비평형적 열역학은 죄의 속성에 대한 아우구스티누스 주장의 기저를 이루는 특징들인 보편성과 우발성을 모두 운반한다.

열역학을 포함하는 동시적 방법. 신의 비개입적 객관적 활동 프로젝트의 핵심 주제는 (의지주의자/양립불가주의자) 자유 의지의 시행(enactment)은 물리학의 어떤 수준에서 존재론적 미결정론을 요구한다는 것이다. 나는 인간 자유와 도덕적 악의 시행은 물리학에서의 열역학과 같은 어떤 것을 요구한다는 유

사한 주장을 할 수 있다고 믿는다.

이전의 글들에서 나는 엔트로피와 악 간의 유사성과 차이성을[36] 강조하는 은유적 관계를 조사했다. 여기서 나는 긍정적인 유사뿐 아니라 부정적 유사를 포함하는 은유("그렇다"와 "그러하지 않다")에 대한 폴 리커의 이해와, 은유가 새로운 맥락으로 확장시킬 수 있다는 이안 바버의 통찰, 그리고 샐리 맥페이그가 이러한 자원들을 그 자신이 "은유의 신학"이라고 부른 것으로[37] 발전시킨 것을 수용하였다. 그 개념을 간단히 요약하면, 생명의 특징인 창발하는 복잡성과 창조적인 새로움의 유형 안에서 우리는 전형적으로 아름다움과 선함을 발견하지만, 반면에 비극과 슬픔이 부패, 질병, 그리고 죽음과 연관된 흩어짐과 파괴의 관점에서 연출된다. 신기하게도, 열역학은 이 모든 현상들의 기저를 이루고 수반된다. 따라서 제2법칙은 *이중의* 역할을 수행한다. 열역학의 제2법칙은 선과 악을 하는 우리의 도덕적 활동의 물리적 내지 생물학적 결과들이 가능하게 한다. 이 은유적 주장은 더욱더 예리한 주장으로 이끈다. 즉 도덕적 악이 세상에서 실현되려면 열역학이 필요하다는 것이다. 내가 거의 이십 년 전에 쓴 것처럼, "악이 자연 안에 실재한다면, 우리는 물리 과정에서 엔트로피를 발견하리라고 기대해야 한다".[38] 그래서 만약 아름다움과 선의 행동을 포함한 고결한 행동의 결과뿐 아니라 흩어짐과 파괴를 포함한 사악한 행동의 결과가 물리적으로 표현되려면, 열역학은 필요한 물리학 수준의 하나의 사례를 제공한다.

아우구스티누스/니버의 자유-의지 신정론을 우주론으로 확장하기

아우구스티누스/니버의 자유-의지 신정론을 우주론으로 확장하는 몇 가지 방식이 있다. 여기서 나는 루스/도킨스의 "약한 신정론" 관점을 다시 거론하면서 그러한 방식들 중 하나를 다룰 것이다. 루스/토킨스의 주장에 의하면, 신이 자연의 과정들에 개입하지 않고 그것들을 통해서 내재적으로 활동함으로써 생명을 창조하려면, 신조차 다윈의 진화론을 "선택하는 것"

외에 "선택이 없었다"는 것이다. 그러나 위에서 이것에 반응하면서, 신이 선택권을 가지고 있었는지에 대한 질문은 내가 *우주적 신정론*이라는 보다 더 근본적인 수준으로 되돌아가는 것이라고 지적했다.

이제 "보편 우발적인 것"의 논리에 관해서 그리고 열역학에서 "엔트로피와 악" 사이의 복잡한 관계에 관해서 방금 이야기한 것에 비추어 볼 때에, "우주적 신정론"의 문제는 처음에 생각했던 것보다 훨씬 심각한 것으로 보인다. 그것은 이제 이렇게 된다. 왜 신은 이러한 물리학의 법칙들을 가지고 있는 *이러한* 우주를 창조하기로 선택했는가? 그러한 법칙들은 다윈의 진화론을 불가피하게 만들고 생물학의 영역에서 자연 악이 널리 만연하게 할 뿐 아니라 그 법칙들이 *물리학 수준에서 자연 악*에 기여하게 하고 따라서 생물학적 현상 안에서만이 아니라 *전 우주를 통하여* 자연 악에 기여하게 한다는 것을 알면서 말이다. 그와는 달리, 만약 신이 다윈의 진화 과정을 통해 생명을 창조할 의도였다면, 루스와 도킨스가 주장한 것처럼, 생물학적 자연 악은 피할 수 없는 결과이며, *물리적 자연 악도 또한 그러하고*, 그리고 *생명의 가능성이 없는 곳에서조차 전 우주를 통하여* 자연 악이 생긴다.

이것을 명심하면서, 나는 "인류 원리"를 "열역학적 인류 원리"로 개명할 것을 제안하였다. 그것은 도덕적 행동자의 진화와 연관하여 인류 원리를 주장할 때에(예를 들면, 머피/엘리스의 논문[39]) 환원 불가능하지만 종종 간과되는 열역학의 역할을 강조하기 위해서이고 또한 우주적 신정론에 대한 열역학의 의미를 강조하기 위해서이다.

공동의 상호 작용 모형: 종말론과 현대 물리학에 대한 함의

아우구스티누스/니버의 신정론은 결국 실패한다. 그 이유는 그 신정론이 신화적 "타락"과 연관되어 있어서가 아니고(그것은 분명히 연관되어 있지 않다), 또한 그것이 죽음을 생명의 원래 구성 요소가 아니라 죄의 결과로 간주해서도(그것은 분명히 그렇지 않다) 아니다. 그러나 "약한 신정론"처럼, 그 신정론은 도덕적 악이 자연 악이라는 인식으로 인도하고 은연중에 마니교적 방식으로 자연 악이 전체 우주의 특징이라는 인식에로 인도하기 때문이다. 나는 이러한 근본적인 문제가 마침내 현재 존재하는 우주적 관점에서 그리고 창조 교리의 신학적 맥락에서 신정론에 대한 적절한 반응을 표현하는 것을 불가능하게 한다고 믿는다. 대신에 그 문제는 우리가 그 응답을 종말론의 맥락과 새로운 창조에 대한 묘사로 옮겨가도록 강요한다.

그러나 아우구스티누스/니버의 신정론의 실패는 특이한 선물을 가져온다. 그 실패는, 만약 종말론이 자연 악을 설명하는 데 있어서 신정론의 실패를 다루려면 무엇을 포함해야 하는지에 대한 중요한 통찰을 제공한다. 그 통찰은 다음과 같다. 만약 새로운 창조 안에서, 우리가 의지의 굴레로부터 해방되어 진정한 자유를 가질 것이기 때문에, 도덕적 악을 범할 가능성이 없을 것(아우구스티누스: 죄를 지을 수 없다, *non posse peccare*)이라면, 그러면 새로운 창조는 자연 악도 포함하지 않을 것이다. 이러한 주장은 몇 가지 방식으로 전개될 수 있다.

가장 단순한 형태로 말하면, 그것은 다음의 것을 의미한다. 열역학이 자연 악에 기여하기 때문에, 새로운 창조는 열역학을 포함하지 않을 것이다. 약간 복잡한 형태로 말하면, 그것은 다음의 것을 의미한다. 새로운 창조가 열역학이 자연 선을 생성하는 정도까지는 열역학을 포함하더라도, 열역학이 자연 악을 생성하는 정도까지는 포함하지 않을 것이다. 나는 사도 바오로의 말씀을 떠올린다. "우리는 모든 피조물이 지금까지 다 함께 탄식하며 진통을 겪고 있음을 알고 있습니다. 피조물도 멸망의 종살이에서 해방되어, 하느님의 자녀들이 누리는 영광의 자유를 얻을 것입니다"(로마 8,22; 8,21). 나는 이전의 논문에서 이렇게 썼다. "우리는 어떻게든 엔트로피의 폭정으로부터 자유로워질 것인가? 그래서 신의 응답하는 창조로서, 즉 *새로운* 하늘과 땅으로서 우주는 영원히 빛날 것인가?" 그리스도인으로서 나는 "그렇다"라고 대답한다.

더욱 흥미로운 것은, 우리가 창조 교리를 통해 알고 있는 것처럼, 이러한 통찰이 종말론으로부터 우주에로 "거꾸로" 작동하는 방식이다. 열역학이 새로운 창조의 특징이 되지 못할 것이기 때문에, 열역학은 이러한 우주에 특징을 부과하는 "보편 우발적인 것"이지만 그 자체가 "우발적"이다. 이것은 다시 *현대 물리학에 대하여 의미*를 수반한다. 광범위하게 토론되고 있는 한 가지 질문은 열역학이 양자 역학, 양자 장 이론 등과 같은 역학에 견줄만 한 근본적인 이론인가 하는 것이다. 여기서 그 함의는 열역학은 우주의 종말론적 운명의 한 부분이 될 수 없고, 적어도 그것이 자연 악에 기여하는 방식으로 우주 종말론의 한 부분이 될 수 없기 때문에 열역학은 근본적인 이론이 아니라는 것이다. 그렇다면, 이 사실은 열역학과 근본적인 물리 이론들과의 관계에 관한 물리학의 근본에 대한 미래 연구를 위해 흥미로운 질문들을 제지할 수 있다.

슐라이어마허의 신정론을 회수하여 진화론으로 확장하기

회수하기: 존 힉

슐라이어마허의 신정론의 유산은 존 힉의 최근 중대한 논문에서 발견될 수 있다.[40] 힉의 신정론은 그 나름대로 신학과 과학의 학자들 사이에 널리 중대한 영향을 미치고 있다.

1960년대 중반에 시작한 슐라이어마허의 신정론에 대한 힉의 발전은 "일반적으로 아우구스티누스-토마스 관점에 대한 처음으로 분명히 규정된 대안으로 여겨진다".[41] 힉은 이런 유형의 신정론의 이름을 이레내우스(서기 130-202)를 따라 지었다. 이레내우스는 최초로 사도 시대 이후 동방 교회에서 발견된 주제들을 한데로 모았다. 그 주제들은 인간성 안에서 신의 이미지와 유사성의 구분, 우리의 지상의 삶이 신의 이미지로부터 유사성으로 가는 점차적 영적 성장의 한 단계라는 이해, 죄는 우리의 나약함과 미성숙에 기인한다는 것, 그리고 세상은 완성을 향한 우리의 성장을 위하여 신이 정해준 선과 악의 혼합체라는 것이다.[42] 19세기에 슐라이어마허는 이러한 주제들을 우리가 방금 다루어 온 풍요로운 틀 안으로 발달시키고 체계화 했다.[43]

힉은 아우구스티누스와 슐라이어마허의 신정론 간의 차이점과 일치점에 대한 도움이 되는 비교를 제안한다.[44] 차이점: 아우구스티누스 신정론은 과거의 창조된 낙원을 바라보고, 천사들과 인간의 타락(Fall)의 결정적인 중요성에 초점을 두며, 그리고 단죄 받은 사람들의 영원한 벌을 포함하는 미래의 마지막 심판을 바라본다. 이레내우스 신정론은 도덕적 발달을 위해 고안된 세상에서의 불가피한 요소로서 악을 받아들인다. 그것은 타락을 부인하지는 않지만 잃어버린 의로움과 유전되는 죄악성의 개념을 거부한다. 그 신정론은 영원한 지옥이 "그리스도교 신정론을 불가능하게 만드는" 것이라고 여긴다. 내가 힉을 이해할 때, 핵심적 차이는 다음과 같다. 아우구스티누스 신정론은 타락을 강조함으로써 악의 존재에 대한 책임으로부터 신을 보호하려 하는 반면, 이레내우스 신정론은 악에 대한 신의 궁극적인 책임을 인정하면서. 악을 포함한 이 세상이 왜 정당화될 수 있고 불가피한지를 보여 준다.

일치되는 영역: 이 영역들은, "악의 문제에 관한 그리스도교적 사고의 일정한 근본적인 필요성"을 반영한다. 두 신정론 모두 창조의 완벽함에 대한 미학적 개념을 확언한다. 아우구스티누스 신정론에서 세상은 죄와 악을 포함하더라도 지금 있는 대로 "아주 좋은" 것이다. 이레내우스 신정론에서 세상의 완벽함은 종말론적 미래에 있고, 거기서 신의 왕국인 종말은 그 성취의 수단인 애매한 역사적 과정을 정당화할 것이다. 두 신정론 모두 악의 존재의 궁극적 책임을 신에게로 돌리지만, 아우구스티누스 신정론은 예정설 교리를 통해서 단지 암묵적으로만 그렇게 한다. 두 신정론은 인간에게 세상이 적합하다는 것과는 상관없이 세상은 신에게 가치 있고 신은 자신의 목적을 달성하기 위해 세상 다른 곳에서도 활동할 수 있다는 것을 확언한

다. 둘 다 *O felix culpa*("다행한 타락") 주제를 확언한다. 아우구스티누스 신정론은 악에서 선을 이끌어내는 것이 악의 존재를 허락하지 않는 것보다 더 좋다는 것을 받아들인다. 그러나 그러한 "더 큰 선" 또는 "수단-목적" 주장은 그 신정론의 전반적 구조에서 작은 역할을 한다. 반면, 이레내우스 신정론은 수단-목적 주장을 핵심적으로 다루고 "더 큰 선"의 종말론적 맥락을 강조한다.

힉의 기여: 종말론의 중요한 역할

힉은 도덕적 악과 자연 악을 포함하는 여러 가지 문제들에 대한 특출하게 세심하고, 자세하며, 그리고 분별 있는 조사를 하면서 그 자신의 종말론을 이레내우스의 틀 안에서 발전시킨다. 두 번째 출판에서, 그는 다양한 쟁점들과 이의를 제기하는 그의 가장 심한 비평가들과 강렬하게 격론을 벌인다. 그는 또한 자연에서의 고통의 정도를 제거하거나 감소시키기 위해 신은 왜 활동하지 않는지에 대한 이유에 관해 내가 상대적으로 설득력 있는 논리적 반응이라고 생각하는 것을 제공한다. 그 응답들은 우리가 "수단-목적 계산"을 할 수 없다는 것, "가장 큰 선" 주장에 필요한 관점에 대한 한계, "가장 나쁜 악"의 상대성 등을 포함한다. 최근 톰 트래시가 이것들을 자세히 탐구했다.[45] 그 주장들은 "그리스도교가 진실이라는 것을 입증하려 하지 말고 악의 사실이 그리스도교가 거짓임을 보여 주는 것이 아니라는 것을 입증하라"는 것이다.[46] 그 주장들은 하나의 신정론을 구성하기보다는 우리가 공정한 심리를 받는 방식을 열어준다.

힉의 강력한 신정론의 핵심은 "고통과 아픔은 영혼을 만들어가는 과정의 무대가 되어야 하는 세상의 필수적 특성이다". 고통의 "무질서하고 온당치 못한 분포"와 과도함조차도 결국 유익한 것이다. 왜냐하면 "올바른 것은 어떤 보상을 위해서보다는 자기 스스로를 위해 실행되어야 하기 때문이다". 힉의 밀접히 관련된 주장은 만약 인간이 도덕적으로 성장하려면 "인식론적 거리"가 요구된다는 것이다. "신은 그 피조물에 의해서 베일에 싸이고 감추어진 신성이어야 한다." 그래야 우리의 물리적 환경과 달리, 신의 존재는 우리에게 강압적으로 부과되지 않는다. 세상은 *etsi dues non daretur*^("신이 없는 것 같아")야 한다. 왜냐하면 그러한 세계에서 우리는 신앙과 도덕적 성장을 가능하게 하는 데 필수적인 "인지적 자유"를 가지고 있기 때문이다. 이러한 주장의 큰 장점은 그것이 도덕적 악을 설명하는 데에 크게 도움이 된다는 것이다. 신의 감추어짐은 악이 자유로운 행동자의 활동의 "사실상 불가피한 결과"가 되도록 만들기 때문이다.[47]

여기서 잠시 쉬면서 "인식론적 거리"의 의미에 주목하자. 인식론적 거리는 힉의 작품을 신학과 과학에 직접 연관시킨다. 무엇보다도 우선 내가 주장하는 것은 "인식론적 거리"가 과학이 가능하게 되기 위한 필수사항이란 것이다. 과학은 방법론적 자연주의에 근거하고 있다. 자연 과정에 대한 과학적 설명은 신의 인과성을 도입하지 않고 오직 자연의 원인에 의존해야 한다. 따라서 세상은 "신이 없는 것처럼" 되어야 한다. 왜냐하면 이러한 것이, 힉과 같은 식으로, 신앙과 도덕의 성장에 필수적일 뿐 아니라 또한 과학적 연구에도 필수적이기 때문이다. 둘째로 우리 그리스도인들이 과학을 만날 때, 우리는 과학을 신학에 적대적인 것으로 여기거나_(형이상학적 자연주의는 확실히 그러하더라도) 또는 방법론적 자연주의를 "신적 설계자"를 포함하는 다른 방법으로 대체하려 하지 않아야 한다. 대신에 우리는 과학이 비록 세상을 알아가는 제한된 방법이긴 하더라도 합법적 방법이라고 여겨야 한다. 왜냐하면 과학은 정확히 신이 세상을 창조한 방법에 근거하고, 신이 이런 방식으로 세상을 창조한 목적은 신앙과 도덕적 자유를 가능하게 하기 위한 것이기 때문이다.

힉에 의하면 가장 중대한 도전은 과도한 고통이고 "수단-목적" 주장을 통해서 과도한 고통을 정당화 하려는 시도이다. 그리스도교 신정론은 "심하고 극도로 참담한 악의 세상에 대하여, 다시 말하면 기껏해야 완전히 무관심하고 최악의 경우 무자비하게 사악한 세상"에 응답할 수 있는가? "영혼을 만들어가는 영향력이라고 간주할 때 자기 패배를 가져올 정도로 극심한 악에 대하여 말이다."[48] 이러한 도전을 강조하기 위해 힉은 『악과 신의 사랑』 둘째 판에서 도스토옙스키의 『까라마조프의 형제들』에서 나온 고통스런 인용문을 가지고 끝을 맺는다.[49] 힉의 반응은 이러한 도전들을 다루기 위해 종말론이 유일한 맥락을 제공한다는 것이다. "우리는 죽음을 넘어선 생명의 교리를 진지하게 받아들이지 않고서는 그리스도교 신정론을 언급하는 것은 희망이 없다."[50] 그러한 희망은 "무한히 선한 미래"에 대한 것이다. 그는 종말론에 대한 이러한 견해를 지옥에 대한 거부, 보편적 구원에 대한 확언, 그리고 천국은 지속적인 영적 성장을 위한 끊임없는 기회라고 보는 이해와 연결시킨다. 힉은 *O felix culpa*(행복한 타락)로 끝낸다. 행복한 타락은 그리스도교 신정론의 핵심에 있고 오늘날 악이 실재 악이지만 그 악은 종말론적으로 "패배할 것이고 신의 선한 목적에 봉사하도록 만들어질" 것이라는 중심적 역설을 표현한다.[51]

슐라이어마허/힉 신정론을 더 넓은 신학적 맥락으로 확장시키고 그것을 비움과 종말론을 통해 진화에 적용시키기

이제 내 목표는 힉에 의해 재구성된 슐라이어마허 신정론을 차용하고, 그것을 신학적으로 확대하고 강화하며, 그런 다음 그것을 우리의 진화론적 문제에 적용시키는 것이다. 힉의 신정론에 *비움*의 개념(예수 그리스도가 인간의 생명을 취하면서 자신을 비우고 신이 인간과 함께하는 고통을 당했다)을 추가함으로써 우리는 피조물의 고통과 피조물과 함께하는 신의 고통의 연결을 강화시킬 수 있다.

배경: 신의 비움과 고통

당신이 그리스도교를 받아들일 수 있다면, 당신은 확실히 다원주의를 받아들일 수 있다. 역으로, 당신이 종교적 의미를 찾는 다원주의자라면, 그리스도교는 당신에게 말하는 종교이다. 바로 그 중심에 고통 받는 신, 십자가의 예수가 있다. —마이클 루스[52]

자연의 방식은 십자가의 방식이다. *Via naturae est via crucis.*

—홈스 롤스톤 3세[53]

비움에 대한 개관들은 이미 손쉽게 이용할 수 있다.[54] 사라 코우클리가 작성한 개관이 하나 있는데 그것은 "신학과 과학"에서 거론되는 비움에 초점을 두고, 해석학적, 그리스도론적, 그리고 삼위일체적 성찰이 종종 빠져 있다는 것을 지적한다. 대신에 그녀는 그러한 성찰들이 "어떤 의미에서 규정에 따라 묶어" 주어야 한다고 지적하는데[55] 나도 이 견해를 공유한다. 여기서 나는 코우클리의 개관의 부분들을 들추어낼 것이다.

첫째, 해석상의 문제들. 필리피 신자들에게 보낸 바오로 서간에는 그리스어 동사 *kenoo*가 "당신 자신을 비우시어"란 문구에 나타난다(2.7). 전문은 다음과 같다.

그리스도 예수님께서 지니셨던 바로 그 마음을 여러분 안에 간직하십시오. 그분께서는 하느님의 모습을 지니셨지만 하느님과 같음을 당연한 것으로 여기지 않으시고 오히려 당신 자신을 비우시어 종의 모습을 취하시고 사람들과 같이 되셨습니다. 이렇게 여느 사람처럼 나타나 당신 자신을 낮추시어 죽음에 이르기까지, 십자가 죽음에 이르기까지 순종하셨습니다(필리 2,5-8).

그러나 "비우다"는 것은 무엇을 말하는가? 코우클리에 의하면,[56] 두 가지 독특한 해석들이 있다. 1) 강생: 6절은 7절에 대한 해석학적 실마리를 제공한다. "하느님의 모습"은 그리스도의 신으로서의 전–존재를 뜻하고, "비움"은 그리스도가 인간이 되면서 보여 준 겸손함을 뜻한다. 2) 십자가: 8절은 7절의 의미를 제공한다. "비움"은 십자가 상 죽음을 통해 "자신을 낮추심"을 의미한다. 여기서 "하느님의 모습"이란 구절은 *하느님의 모습*을 지닌 단지 예수의 인간성을 뜻한다. 간단히 하면, 첫 번째 강생 해석은 그리스도론에서의 형이상학적 문제를 야기하고, 반면에 둘째 해석은 자기희생의 도덕적 의미를 강조한다.

둘째, 그리스도론적 문제로서의 비움. 첫 해석은 교부들의 지배적인 견해가 되었다. 그들은 신의 불변성을 전제하였고, 강생을 그리스도가 당신의 신성한 속성을 잃지 않고 "육신이 됨"을 의미하는 것으로 이해했다. "한 인격 두 본성"의 칼케도니아 정식(서기 451년)은 예수의 신적 본성은 고통을 당할 수 없어도 예수는 인간적 본성 안에서는 고통을 당했다는 것을 확언하기 위해 사용되었다. 예수의 두 본성 간의 관계, 특히 "속성들의 소통"(*communicatioidiomatum*)에 대한 토론은 개신교 개혁을 통해 그리고 현대 시대까지 지속되었다. 테드 피터스는 다음과 같이 주장한다. 루터는 비움을 "예수가 인간 절망의 고뇌와 아픔이 그의 신적 본성에 영향을 미치는 것을 기꺼이 허용했다는 것"[57]을 언급하는 것으로 이해했다. 그 결과로 나오는 견해는 "theopassianism"(신이 고통을 당한다)이다. 신은 예수 삶 안에서 그리고 예수 삶을 통해 고통을 당한다. 그러나 이것이 아버지 하느님(성부)이 고통받는다는 것("patripassianism")을 수반하지는 않는다.

셋째, 삼위일체의 문제로서의 비움. 20세기에 널리 받아들여지는 의제인 신의 고통 감수성(passibility)과 함께, 쥬르겐 몰트만, 폴 피데즈, 본 발타사르, 그리고 데니스 에드워즈 같은 현대 삼위일체 신학자들은 비움의 개념을 그리스도론을 넘어 삼위일체의 모든 세 위격으로 확장시킨다. 몰트만은 자신의 과업이 신의 고통 불감수성(impassibility)의 형이상학적 속성을 신의 충실성에 대한 성경적 개념으로 변형하는 것이라고 서술한다. 그러면 우리는 이제 신은 세상을 사랑할 뿐 아니라 세상과 함께 고통도 받는다는 것을 확언할 수 있다.[58] 마지막으로 비움이 이제 제삼위일체 맥락 안에 놓여졌으니, 비움의 자기 포기는 세상의 삼위일체적 창조를 포함한 신의 *외부로 향한*(ad extra) 모든 활동에 영향을 미친다고 여겨진다.

강력한 진화론적 자연 신정론으로 가는 길: 기존 제안들에 대한 간략한 평가

신학과 과학에서의 많은 학자들은 힉의 기여로부터 상당히 영향을 받은 비움에 근거한 신정론을 차용하고 있고 자연 악에 대응하면서 그 신정론을 진화론에로 확장시킨다. 신이 인간의 경험과 함께 고통을 당하는 것처럼, 신은 지상의 생명의 역사를 껴안고 지상 생명과 더불어 고통을 당한다. 만일 신이 강생을 통하여 세상의 물리적 그리고 생물학적 과정 안으로 들어간다면, 신은 십자가형을 통해서 모든 생명의 고통을 체험하고 생명에게 구원의 가능성을 제공한다. 몇몇 학자들은 비움의 신정론을 일차적으로 또는 다른 식으로 종말론과 결합시킨다. 그러나 오직 소수의 몇몇 학자들만이 진화에 의해서만 아니라 더욱이 우주의 먼 미래에 대한 과학적 시나리오(즉 "얼든가 타든가")에 의해서 종말론에 제기되는 도전을 주목한다.

홈즈 롤스톤은 자연에 대한 하나의 감동적인 비움의 설명을 "십자형" "예수의 수난극"으로 제공한다. 그러나 그는 이 설명을 발전된 종말론과 연결시키지 않았고, 그의 구원에 대한 견해가 모든 피조물을 포함하는지, 아니면 몇몇 개체나 종만을 포함하는지 분명히 하지 않았다.[59]

아서 피콕은 그의 종말론을 예수 부활에 대한 자신의 견해에 근거했으나, 물질성/물리성의 의미에서 부활을 필수적으로 포함시키지 않았다. 이것은 상당히 인간중심적이고 "분리된" 종말론에로 이끌어간다. 신을 관조하는 일(viseo dei)이 개별적 신앙인들을 기다리고 있으나, "육체적"이란 면에서 부활

과 자연의 구원과 자연의 새로운 창조로의 변형은 옆으로 제쳐진다.[60]

과정 신학은 진화 역사 안에서 모든 피조물의 구원을 확언하는 놀라운 방식을 제공한다. 과정 신학은 자신의 형이상학 안으로 중요한 특성을 건설한다. 그 특성은 신은 모든 실제의 경우들을 그 합생(合生) 과정 중에 파악하고 있고 따라서 모든 실제의 경우는 신의 결과적인 본성 안에서 영원히 기억된다는 것이다. 게다가 몇몇 과정 신학자들(이안 바버와 마조리 스초키 같은)은 신의 기억 안에서 우리의 주관성이 계속된다고 한다. 스초키는 과정 신학이 육신의 부활과 매우 창조적인 논거로, 정의와 악에 대한 보상을 포함한다고 주장하지만, 나는 과정 신학이 우주를 새로운 창조로 변형시키는 육신의 부활의 개념을 제공하지 못한다고 생각한다(스초키에게는 실례지만).

존 호트는 로마 가톨릭 신학과 과정 신학에 의지해서 구원은 인간만이 아니라 모든 생명을 포함해야 한다고 주장한다. 불행하게도 그는 구원에 대한 세 가지 대비되는 견해를 제공한다. 첫째는 객관적 불멸성에 대한 과정 신학적 개념에 근거한다. 둘째는 자연의 힘에 근거하고 있고, 셋째는 그리스도의 육신의 부활과 우주의 미래 변형에 근거한다. 내 생각에는 둘째는 첫째나 혹은 셋째에 포함될 수 있다. 그러나 첫째와 셋째는 조화될 수 없다. 첫째 견해에 대한 토론에서, 호트는 우주론과 우주의 먼 미래는 신의 실제의 경우 파악과 관련되지 않는다고 주장하고 그는 과학과의 잠재적 갈등을 기각한다. 그러나, 셋째 견해에서 그는 우주론은 그의 부활에 근거한 종말론에 중대한 도전을 제기한다는 것을 인정한다. 이러한 명백한 모순이 호트의 접근을 별 도움이 안 되는 것으로 만든다.[61]

크리스토퍼 사우스게이트는 자연 신정론에 대한 종말론적 반응을 위한 필요성을 강조한다. 십자가는 "신이 우주 안의 모든 실체들을 사랑하면서 함께 고통을 당한다는 것의 *표지이고* 동시에 그러한 우주를 *변형한다*"는 것이다. 그는 몰트만을 비판하는데 몰트만은 진화의 구원자로서 그리스도에 관한 비슷한 주장을 하는 반면에 우리를 과학의 도전으로부터 멀리 벗어나게 한다.[62] 나는 자연 신정론에 대한 사우스게이트의 글이 굉장히 촉망된다고 믿는다.

데니스 에드워즈는 신정론에 대해 놀랍도록 분명하고 강력한 삼위일체적 접근을 제공하고 부활에 근거한 종말론에 대해 우주론이 제기하는 도전을 인정한다. 그는 단지 인간만이 아니라 "떨어지는 모든 참새"의 구원의 결정적 중요성을 강조한다.[63]

존 폴킹혼은 종말론에 대해 우주론이 제기하는 도전에 대해 감탄할 만큼 명료하다. 그는 창조물의 미래는 현 세상에서 *과거로부터*(ex vetere) 생성되는 새로운 창조라고 제안하고 과학이 제기하는 도전을 충분히 의식하면서 창조물의 미래를 상세히 설명한다. 이러한 새로운 창조에 있어서 희망을 위한 첫 번째 맛과 근거는 부활절 예수의 육신 부활이다. 과학으로부터의 도전을 증폭시키는 중대한 특성은 예수 부활과 빈 무덤의 "구현된" 특성이다.[64] 나는 이러한 접근을 강력히 지지하고 비슷한 노선을 따라 종말론과 우주론에 대한 자세한 반응을 발전시키고 있다. 내 우려는 신정론에 대한 폴킹혼의 비움의 반응이다. 그의 "자유 과정 방어"는 인간 자유와 자연의 온전함과 관련하여 신의 강압보다는 신의 자기 제한을 주장한다.[65]

전반적 문제는 피조물의 자유는 신의 제한을 요구한다는 폴킹혼의 관점이 신학과 과학 공동체에서 널리 공유되고 있다는 것이다. 그러나 나는 인간의 자유가 구체적으로 자기–제한이든지 형이상학적 제한이든지 신의 힘의 제한에 의존하고 있다고 생각하지 않는다. 대신에 나는 신의 은총이 죄의 굴레로부터 우리의 진정한 자유에 대한 조건이라고 믿는다. 많은 이들 학자들은 신의 제한으로서의 비움과 창조신학 간의 다양한 *부가적* 연계를 시키지만, 나는 그것들을 의문스럽다고 생각한다.[66] 우리가 다음의 세 가지 분리된 그러나 관련된 주제들 간의 중요한 구분을 유지할 때 발전이 이루어질 것이라고 나는 기대한다. a) 자유 의지와 물리적 결정론 b) 은총과 자유 의지 c) 신의 활동과 물리적 결정론이 그것이다.[67] 나는 여기서 다음의 것을 단순히 선언할 것이다. 나는 자유 의지의 문제와 그 신체적 시행을 구분하기를 원하고, 거기서 신의 의지와 인간의지 그리고 신의 의지와 자연 인과성의 문제로부터 양립불가능주의적 관점을 취한다.[68] 후자 두 가지는 상당한 토론을 요하며 그리고 단순히 첫 문제와 유사하지 않다.

더욱 강력한 자연 신정론으로 가는 길과 진화론과 우주론의 도전

이제 내가 볼 때에, 실제적이고 가공할 작업은 진화론과 우주론 이 두 가지의 도전을 충족시키는 종말론을 건설하는 것이다.

진화론의 도전은 종말론이 충족시켜야 하는 다음의 준거로 이끌어 간다. 첫째, 종말론은 인간과 지구 상의 생명의 역사에 있던 모든 종을 포함해야 하며, 그리고 그 이상을 포함해야 한다. 모든 종뿐 아니라 가장 중요한 것은 각 종의 개별적 피조물들을 포함해야 한다. 종이 아니라 피조물들이 고통을 당하고 있고 따라서 개별적 피조물들이 각각 어떤 식으로든 진정한 그리스도교 종말론의 초점이 되어야 한다. 둘째, 종말론은 피조물 자신의 삶의 구체적 세부사항의 관점에서 그리고 자신의 능력과 특징의 관점에서 모든 피조물을 포함해야 하며, 단지 인간의 구원을 통해서 우물쩍 포함되지 말아야 한다. 특히, 역사적 시간의 "종말"만이 아니라 진화 시간의 모든 순간이 거두어지고 종말론적으로 하느님에 의해서 영원한 생명 안으로 변형되어야 한다. 따라서 이 신정론의 "수단—목적"의 형태는 *모든 수단이 또한 그 자체가 목적이라는* 식으로 만들어져야 한다. 나는 이것을 "보금자리에 깃든 수단—목적 주장"(일종의 "떨어지는 모든 참새" 신정론)이라고 할 것이다. 셋째, 그리고 요약하면, "더 큰 선" 주장은 이러한 "선"을 종말론의 맥락 안으로 안치시켜야 한다. 왜냐하면 오직 그러한 맥락만이 우주의 역사 안에 있는 악의 정도를 다루기 위해 충분한 선을 제공할 수 있기 때문이다(*까라마조프의 형제*들 문제).

이러한 준거의 관점에서 나의 구체적인 접근은 부활 사건인 예수 육신의 부활에 명백히 근거를 두는 종말론 안에서 힉의 신정론을 재구성하는 것이 될 것이다. 오직 이러한 방식으로만 우리가 힉의 "수단—목적"[69] 주장에 적절한 종말론, 그리고 이러한 규정된 준거들을 충족시키는 종말론을 제공할 수 있다고 믿는다.

게다가, 우리가 단순한 비움을 넘어 진정한 종말론으로 이동하기 위해서는, 나는 비움의 신정론과 종말론이 둘 다 신에 대한 삼위일체 교리 위에 건설되어야 한다고 믿는다. 여기서 이유는 간단하다. 모든 자연의 구원을 가져오도록 활동하시는 분은 삼위일체적 하느님이다. 왜냐하면 십자가와 예수 부활 안에서 그리고 그것을 통해서 신으로서 드러난 이는 바로 이 하느님이기 때문이다. 신이 스스로 세상과 함께 고통을 당한다는 비움의 신정론은 그것 자체가 구원적이지 않다. 아들의 죽음으로 고통을 당하는 성부가 부활절에 죽은 자들 가운데서 예수를 일으켜 세우기 위해 새롭게 활동한다는 종말론이 요구된다. 결과적으로 모든 자연(각 종들과 각 개별적 피조물들)의 비자발적 고통은 십자가에서 그리스도의 자발적 고통(theopassionism) 안으로 거두어져야 하고 그것을 통해 성부의 자발적인 고통(patripassionism) 안으로 거두어져야 한다.

그러나 우주의 먼 미래로부터의 도전은 진화론의 도전보다 훨씬 더 심각하며, 그리고 나는 자세한 것을 미래의 연구를 위해 남겨 둘 것이다.

결론: 진화론적 자연 신정론의 실패와 과학적 우주론의 관점에서 새로운 창조에 대한 강력한 종말론의 필요성

다윈주의는 그리스도교를 불가능하게 만드는가?
도킨스, 그렇다; 루스, 아니다.[70]

무덤을 넘어선 생명의 교리를 진지하게 취하지 않는다면, 우리는 그리스도교적 신정론을 언급하는 것을 희망할 수 없다.[71]

그러면 우리는 자연 신정론에 어떻게 반응할 것인가? 나의 반응은 그 문제가 부분적으로는 자연 악이 창조 신학의 맥락에서 토론되어 왔다는 사실 때문에 발생했다는 것을 인정하는 것이다. 그러나 만약 그 틀이 창조라면, 즉 그 틀이 우리가 알고 있는 우주와 과학이 발견한 법칙들이라면, 나는 아우구스티누스/니버 또는 이레내우스/힉의 접근을 통해서는 우리가 자연 신정론의 도전에 응답할 수 없다고 믿는다. 과학이 있기 때문에, 우리는 더 분명하고 불길하게 자연 악의 문제의 규모를 알게 된다. 자연 악은 생물학의 영향 이전과 그리고 그 아래에서 심지어는 열역학의 물리학으로까지 확장되고, 끊임없이 밖으로 나아가서 우주 전체에 대한 과학적 서술인 우주론으로 확장된다. 더욱더 불길하게도, 우리는 그 도전이 엄청나다는 것을 알고 있다. 우리는 "자연 악"이 현재는 신화라고 인정되는 역사 사건의 *단순한 결과*가 아니라 생명의 *원래 구성요소*라고 인정하도록 강요받고 있다.

따라서 나는 자연 신정론에 대한 유일하게 가능하고 적절한 반응은 죄와 악의 문제를 창조 신학을 넘어 구원의 신학으로 옮겨 놓은 것이라고 제안한다. 그것은 부활절에 예수의 육신의 부활 안에서 발견되는 신의 새로운 활동으로써 예기적으로 시작된 새로운 창조 안에서 우주의 종말론적 변형이 세상과 함께하는 신의 비움의 고통과 엮어지는 신학이다. 이렇게 비움과 종말론의 결합은 도덕적 악뿐 아니라 자연 악에 대해 이전의 접근들보다 더욱더 도움이 되는 방식으로 반응할 수 있을 것이다. 그렇게 함에 있어서 여기서 우리가 발견하는 함의들은 그러한 종말론을 건설하는 데 도움이 될 것이고 그 준거들은 그 종말론의 가치를 평가하는 데 도움이 될 것이다. 그렇게 미묘한 종말론은 역으로 창조적 공동의 상호 작용의 방법론이 제안하는 것처럼 현대 물리학, 우주론, 그리고 진화 생물학을 조명할 것이다. 그때 이러한 관찰들은 삼위일체 종말론과 과학적 우주론에 있어서 미래 연구를 위한 방향과 준거를 제공한다.

주석

1 이 글은 호주 신학 포럼이 후원한 멜버른 2003년 회의에서 발표된 강연에 근거하고 있고 그 강연은 다음의 글로 출판되었다. "Natural Theodicy in an Evolutionary Context: The Need for an Eschatology of New Creation," *Theodicy and Eschatology*, Bruce Barber and David Neville, Task of Theology Today, V (Adelaide: Australian Theological Forum, 2005).

2 Richard Dawkins, *A River Out of Eden: A Darwinian View of Life* (New York: Basic, 1995), 133.

3 Denis Edwards, *The God of Evolution: A Trinitarian Theology* (New York: Paulist, 1999), 13.

4 나는 이것이 논란의 여지가 있는 쟁점이고 의인화된 투사로 여겨질 수 있다는 것을 알고 있다. 그것이 과장된 표현일 수 있지만 나는 그렇다는 것을 확신하지 못한다. 대부분의 동물들이 피식자/포식자 순환에서 실재의 두려움을 느낄 것이라는 것은 의심의 여지가 없을 것이다.

5 용어에 대한 간략한 주석: 대부분의 학자들은 "도덕적 악"과 "자연 악"을 뚜렷이 구분하고 있다. 학자들은 도덕적 악(또는 "죄")을 자유로운 도덕적 행동자인 인간이 저지른 행동, 또는 적어도 뒤엎지 않은 행동을 언급하며, 그 행동은 신의 의지에 반하고 인간의 번성을 방해하는 것이다. "자연 악"(또는 때때로 "물리적 악")이란 용어는 인간의 번성을 방해하지만 인간 행동자의 결과가 아닌 현상을 의미한다. 그것은 지진, 쓰나미, 질병 그리고 고통과 죽음을 포함한 그 결과들이다. 따라서 그 현상은 악이지만 죄는 아니다. 나는 후자의 용어를 확장하여 모든 다양한 생명의 그 번영을 방해하는 현상들을 포함할 것이며, 개인적 유기체의 죽음뿐 아니라 종의 멸종 현상도 망라할 것이다. 결국에 어떤 형태의 생명(인간이든 인간이 아니든)을 괴롭힐 수 있지만 지진과 같이 행동자의 결과가 아닌 물리적 악과, 그리고 포식 당하는 동물의 고통처럼 지각 능력이 있는 인간 아닌 생명을 괴롭히고 인간 아닌 행동자(그래서 도덕적 행동자가 아닌)의 결과인 생물학적 악을 분리해야 하는 조심스런 구분을 하기 위해서는 분명히 훨씬 더 많은 용어들이 필요할 것이다. 크리스토퍼 사우스게이트는 내가 인류 전 단계의

영역으로 "자연 악"을 확장시키는 것과 대충 유사한 방식으로 "진화론적 악"이란 용어를 발전시킨다. 다음 문헌을 보시오. Christopher Southgate, "God and Evolutionary Evil: Theodicy in the Light of Darwinism," *Zygon: Journal of Religion and Science* 37.4 (December 2002): 803–21.

6   단속 평형설, 범적응주의, 신-라마르크 효과, 자기 조직화, 협동, 공생 발생 등과 같이 진화를 이끌어가는 것에 대한 다른 설명들도 신-다윈주의에서 자연 선택에게 인정된 핵심적 역할에 대한 도움이 되는 비평들을 제공한다. 뛰어난 개요를 위해 다음 문헌을 보시오. Ian G. Barbour, "Five Models of God and Evolution," in *Evolutionary and Molecular Biology*, ed. Robert John Russell, William R. Stoeger and Francisco J. Ayala (Vatican City State; Berkeley, Calif.: Vatican Observatory Publication; Center for Theology and the Natural Sciences, 1998), 419–42. 이후 EMB로 표기함. 그러나 진화를 이끌어가는 것에 대한 우리의 이해가 "진화하고" 있지만, 자연 악의 사실성은 이런 저런 방식으로 신학적으로 다루어질 것이고, 신-다윈주의에 대한 도전에 대한 어떠한 능변의 호소도 진화론적 신정론의 문제를 무효화시키지는 못할 것이다.

7   Robert John Russell, "Sin, Salvation, and Scientific Cosmology: Is Christian Eschatology Credible Today?" in *Sin & Salvation*, eds. Duncan Reid and Mark Worthing (Adelaide, Australia: ATF, 2002).

8   Philadelphia Center for Science and Religion #357이 제공한 자금이 일부 후원하였다.

9   Karl Rahner, "Why Does God Allow Us to Suffer?" in *Theological Investigations*, Vol. 19 (New York: Crossroad, 1983), 206–8.

10   생물학적 진화의 맥락에서 우연은 생물학적 복잡성의 많은 수준들에서 그리고 그들 사이에서 발생한다. 분자 수준에서 무작위 변이가 있고 거기에는 유전자 돌연변이, 교차, 그리고 성 생식을 통한 이러한 변화들의 이화(異化)작용이 있다. 이러한 변화들 중 몇몇은 결국 개별 유기체 안에서 표현형으로 나타나게 된다. 또한 유한한 자원에 대해 경합하는 인구 집단의 환경 안에서 거시 수준에서도 무작위 변화가 있다. 이러한 분자 수준과 거시 수준에서의 변화는 전적으로 서로에 대해 독립적이다. 끝으로 인구 집단 내에서 개체들이 보여 주는 특징들이 그 특징들을 소지하는 개체들의 상대적 적합성(생식적 이점)을 증가시

킨다면, 그 특징들은 미래의 세대로 전달될 수 있다. 표현형적 변화에 대한 환경의 "여과" 과정은 자연 선택을 생성한다.

11 Jacques Monod, *Chance and Necessity: An Essay on the Natural Philosophy of Modern Biology*, trans. Austryn Wainhous (New York: Vintage Books, 1972), 112, 180.

12 David J. Bartholomew, *God of Chance* (London: SCM, 1984), 16. 그의 책은 1980년대 중반까지 유신론적 반응들의 뛰어난 조사를 제공하고 있다.

13 A. R. Arthur Peacocke, *Creation and the World of Science: The Bampton lectures*, 1979 (Oxford: Clarendon, 1979). 예를 들면 90부터 이후의 토론을 보시오. 거기서 피콕은 특히 두 종류의 우연을 언급한다.

14 Bartholomew, *God of Chance*, 34.

15 예를 들어 다음 문헌을 보시오. Robert John Russell, "Finite Creation Without a Beginning: The Spiritual and Theological Significance of Stephen Hawking's Quantum Cosmology," *The Way: Review of Contemporary Christian Spirituality* 32.4 (October 1992): 268–81.

16 Stephen W. Hawking, *A Brief History of Time: From the Big Bang to Black Holes* (New York: Bantam Books, 1988), x. 호킹에 대한 반응과 무로부터의 창조와 관련된 빅뱅, 팽창 우주론, 그리고 양자 우주론에서의 $t=0$ 역할의 변화에 대한 확장된 토론에 대하여는 다음 문헌을 보시오. Robert John Russell, "Finite Creation Without a Beginning: The Doctrine of Creation in Relation to Big Bang and Quantum Cosmologies," in *Quantum Cosmology and the Laws of Nature*, eds. Robert J. Russell, Nancey C. Murphy, and Chris J. Isham (Vatican City State/Berkeley, Calif.: Vatican Observatory Publications: Center for Theology and the Natural Sciences, 1993), 293–329, 이후 *QCLN*으로 표시함. Robert John Russell, "T=0: Is It Theologically Significant?" in *Religion and Science: History, Method, Dialogue*, eds. W. Mark Richardson and Wesley J. Wildman (New York: Routledge, 1996), 201–26.

17 이러한 용어들에 대한 자세한 정의와 토론에 대해서 4-6장을 보시오.

18 비개입적 설명은 신의 정규적 활동과 신의 특수 활동을 신의 활동의 단일하고

일관된 형태에 대한 두 가지 모형이라고 묘사할 것이다. 예를 들어 다음의 문헌을 보시오. Robert John Russell, "Divine Action and Quantum Mechanicss: A Fresh Assessment," in *Quantum Mechanics*, eds. Robert John Russell, Philip Clayton, et al. (Vatican City State/Berkeley, Calif.: Vatican Observatory Publications: Center for Theology and the Natural Sciences, 2001), section 2, 이후 *QM*.

19 개관을 위해 다음 문헌을 보시오. Robert John Russell, "Does 'The God Who Acts' Really Act? New Approaches to Divine Action in the Light of Science," *Theology Today* 51.1 (March 1997). CTNS/VO 시리즈의 다음 문헌들을 보시오. Russell, et al., eds., *QCLN*; Robert J. Russell, Nancey C. Murphy, Arthur R. Peacocke, eds., *Chaos and Complexity*, Scientific Perspectives on Divine Action Series (Vatican City State/Berkeley, Calif.: Vatican Observatory Publications: Center for Theology and the Natural Sciences, 1995), 이후 *C&C*; Robert John Russell, William R. Stoeger, S. J., Francisco J. Ayala, eds., *EMB* (Vatican City State/Berkeley, Calif.: Vatican Observatory Publications: Center for Theology and the Natural Sciences, 1998); Robert J. Russell, Nancey Murphy, et al., eds., *Neuroscience and the Person* (Vatican City State/Berkeley, Calif.: Vatican Observatory Publications: Center for Theology and the Natural Sciences, 1999), 이후 *N&P*; Russell et al., eds., *QM*. 이러한 접근들에 대한 간략한 서술에 대해, 다음의 문헌을 보시오. Russell, Murphy, and Peacocke, *C&C*, section 3.4, and Russell, Philip Clayton, et al., *QM*, section 2.1. 이 논문들의 요약은 아래 홈페이지에서 볼 수 있다. http://www.ctns.org/books.html

20 서로 다른 수준의 복잡성 사이의 인과성에 대하여 학자들이 현재 조사하고 있는 적어도 네 가지 선택이 있다. 1) 꼭대기-아래 인과성은 전체 우주와의 신의 연관성과 그리고 거시 세계에 미치는 그 영향과의 신의 연관성, 그리고 정신/뇌 문제와의 신의 연관성을 포함한다. 2) 바닥-위 인과성은 양자 물리학과 연관된 신의 활동과 거시 세계에 미치는 그 활동의 영향을 포함한다. 3) 거시 세계 내에서의 인과성은 거시 세계에서 카오스 과정과의 신의 연관성을 포함한다. 4) 자연의 모든 수준에서의 신의 활동에 대한 신-토마스주의와 과정 철학

에 근거한 토론들이 있다. 희망하건대, 모든 형태의 신의 활동이 하나의 그림 안으로 통합될 수 있다.

21 1860년 5월 22일 다윈이 아서 그레이에게 보낸 편지에서 인용되었다. 참고문헌은 다음 문헌에서 발견할 수 있다. Dawkins, *A River Out of Eden: A Darwinian View of Life*, 95.

22 Dawkins, *A River Out of Eden*, 133.

23 Christopher Southgate, "God and Evolutionary Evil," 808–09.

24 Arthur Peacocke, *Theology for a Scientific Age: Being and Becoming–Natural, Divine and Human, enlarged edition* (Minneapolis: Fortress Press, 1993), 63, 221.

25 Edwards, *The God of Evolution*, 38.

26 Peacocke, *Theology for a Scientific Age*, 222.

27 Michael Ruse, *Can a Darwinian Be a Christian? The Relationship Between Science and Religion* (Cambridge: Cambridge University Press, 2001), 136. 루스는 여기서 리처드 도킨스의 다음 글을 인용한다. Richard Dawkins, "Universal Darwinism," in *Molecules to Men*, ed. D. S. Bendall (Cambridge: University of Cambridge Press, 1983), 403–25. 이 책에서 루스는 그리스도교/진화론 논란에서 실제로 위험에 처해 있다고 그가 믿고 있는 것에 대해 매우 사려 깊고 촉망되는 설명을 제시한다.

28 론 코울–터너는 다음 문헌에서 비슷한 주장을 한다. Ronald Cole–Turner, *The New Genesis: Theology and the Genetic Revolution* (Louisville: Westminser/John Knox, 1993).

29 예를 들어 다음 문헌을 보시오. Saint Augustine, Bishop of Hippo, *Confessions*, trans. Henry Chadwick (Oxford: Oxford University Press, 1991); St. Augustine, *The City of God*, trans. Henry Bettenson (London: Penguin, 1984).

30 Friedrich Schleiermacher, *On Religion: Speeches to Its Cultured Despisers*, trans. John Oman (New York: Harper & Row, 1958); Friedrich Schleiermacher, *The Christian Faith*, ed. H. R. Mackintosh, J. S. Stewart (Edinburgh: T&T Clark, 1968); 대부분의 참고문헌들이 다음 글에 있다. Schleiermacher, *The Christian Faith*, 58–89항.

31 주석: "원초적"이란 용어는 우리가 타락하기 이전 과거의 에덴의 상태가 아니라 세상과 인류의 무시간적 특성을 나타낸다. 슐라이어마허는 타락을 분명히 거부한다.

32 개인의 원초적 사악함(즉, "선천적인 죄")은 어떤 특별한 행동, 즉 "죄의 행동들" 이전에 우리의 발전적 현상 안에 근거하고 있다. 우리는 이렇게 태어났다. 그러나 우리는 우리가 저지른 구체적인 죄의 행위에 개인적 책임이 있다. 사회의 원초적 사악함(즉 "길들여진 죄")은 사회의 왜곡된 특성이다. 그 안에서 각 개인이 태어나고, 그 사회는 각 개인에게 그들의 삶에서 영향을 미친다. 그리고 각 개인은 그들 자신의 죄의 행위를 통해서 그러한 사회에 기여한다.

33 Reinhold Niebuhr, *The Nature and Destiny of Man: Volume I: Human Nature* (New York: Charles Scribner's Sons, 1941/1964).

34 Ibid., 242. "원죄는 정의상 타고난 부패이고 적어도 불가피한 것이다. 그럼에도 불구하고, 인간의 본질적 특성에 속하는 것으로 여겨져서는 안 되고 따라서 인간의 책임성 영역 밖에 있는 것이 아니다. 죄는 보편적이라는 의미에서 인간에게 자연적이지만 필수적이란 의미에서 그러한 것이 아니다."

35 Robert John Russell, "The Thermodynamics of 'Natural Evil'," *CTNS Bulletin*, 10.2 (spring 1990): 20-25. 또한 이 책의 7장을 보시오.

36 Robert John Russell, "Entropy and Evil," *Zygon: Journal of Religion and Science* 19.4 December 1984): 449-68. 나는 마크 워싱이 그의 최근 책에서 이러한 통찰들을 고맙게도 포함시킨 것에 감사한다. Mark W. Worthing, *God, Creation, and Contemporary Physics*, Theology and Sciences Series (Minneapolis, Minn.: Fortress Press, 1996), ch. 4, "The Problem of Evil" and "Summary."

37 Ian G. Barbour, *Myths, Models, and Paradigms: A Comparative Study in Science & Religion* (New York: Harper & Row, 1974); Sallie McFague, *Metaphorical Theology: Models of God in Religious Language* (Philadelphia: Fortress Press, 1982).

38 Russell, "Entropy and Evil," 465. 나는 악은 존재의 궁핍이라는 아우구스티누스의 이해와 물리학에서의 엔트로피를 비교하였다. 엔트로피는 물리적인 어떤 것(예를 들면, 물질)을 말하는 것이 아니고 심지어 물리적인 어떤 것의 특성(물

질의 특성인 질량)을 언급하는 것도 아니다. 대신에 엔트로피는 가용 에너지의 손
실의 측정치이거나 또는 무질서의 증가이다. 따라서 악도 엔트로피도 "존재론
적"이지 않다. 둘 다 독립된 존재가 결여되어 있고 존재에 의존하고 있다. 그
논문과 이 책의 7장에서 나는 물리학에서의 엔트로피와 폴 틸리히 신학에서의
악을 비교했다. 틸리히는 악은 "실재의 전체 안에서 독립적 위치를 가지고 있
지 않다. 그러나 그것은 실재의 구조에 의존하고 있고 실재의 구조 안에서 파
괴적으로 작용한다"라고 기술한다. 그리고 그의 기억에 남을 만한 문구는 악의
형태는 "파괴의 구조"라는 것이다. 따라서 악은 "카오스를 목표"로 한다. 그리
고 카오스에 도달하면, "구조와 파괴 둘 다 사라진다." 457–459를 보시오.

39 Nancey Murphy and George F. Ellis, *On the Moral Nature of the Universe: Theology, Cosmology, and Ethics*, Theology and Sciences Series (Minneapolis, Minn.: Fortress Press, 1996). 또한 다음 문헌에서 나의 반응을 보시오. Robert John Russell, "The Theological Consequences of the Thermodynamics of a Moral Universe: An Appreciative Critique and Extension of the Murphy/Ellis project," *CTNS Bulletin* 19.4 (Fall 1998): 19–24.

40 John Hick, *Evil and the God of Love*, revised edition (San Francisco: Harper & Row, 1966).

41 Barry L. Whitney, *What Are They Saying About God and Evil?* (New York: Paulist, 1989), 38.

42 Hick, *Evil*, 211–18.

43 힉은 슐라이어마허가 이레내우스나 초기 교회의 영향을 직접적으로 받았다는 근거가 없다고 지적한다. 따라서 힉은 이런 형태의 신정론을 "전통"이라고 하지 않고 "유형"이라고 한다. Ibid., 219.

44 Ibid., 236–40.

45 Thomas F. Tracey, "Evolution, Divine Action, and the Problem of Evil," in *EMB*, 511–30.

46 Hick, Evil, viii.

47 Ibid., 281–2, 353.

48 Ibid., 327–31.

49 Ibid., 385.

50   Ibid., 339-40.

51   Ibid., 364.

52   Ruse, *Can a Darwinian Be a Christian?* 134.

53   Holmes Rolston III, Science and Religion: *A Critical Survey* (New York: Random House, 1987), 146.

54   Sarah Coakley, "Kenosis: Theological Meanings and Gender Connotations," in *The Work of Love: Creation as Kenosis*, ed. John Polkinghorne (Grand Rapids, Mich.: Eerdmans, 2001), 192-210; Jürgen Moltmann, "God's Kenosis in the Creation and Consummation of the World," in ibid., 137-51; Keith Ward, "Cosmos and Kenosis," in ibid., 152-66.

55   Coakley, "Kenosis: Theological Meanings and Gender Connotations," 203.

56   Ibid., 193-4.

57   Ted Peters, *God: The World's Future: Systematic Theology for a Post-modern Era* (Minneapolis, Minn.: Fortress Press, 1992), 198-9.

58   Moltmann, "God's Kenosis in the Creation and Consummation of the World," 142, esp. footnote 5.

59   Rolston, *Science and Religion*, 144-46, 289-92; Holmes Rolston III, "Does Nature Need to Be Redeemed?" *Zygon: Journal of Religion and Science* 29.2 (June 1994): 227; Holmes Rolston III, "Kenosis and Nature," in *The Work of Love*, 58-65.

60   Peacocke, *Theology for a Scientific Age*, 126-28, esp. endnote #72; Arthur Peacocke, "The Cost of New Life," in *The Work of Love*; Russell, "Bodily Resurrection, Eschatology and Scientific Cosmology," 13-14.

61   John F. Haught, *God After Darwin: A Theology of Evolution* (Boulder, Colo.: Westview Press, 2000), 43, 109-15, 160-64.

62   Southgate, "God and Evolutionary Evil," 818. 그는 쥬르겐 몰트만을 인용한다. *The Way of Jesus Christ: Christology in Messianic Dimensions*, trans. by Margaret Kohl (London: SCM, 1990), 296-297. Christopher Southgate and Andrew Robinson, "Varieties of Theodicy: An Exploration of

Responses to the Problem of Evil Based on a Typology of Good—Harm Analyses," in *Physics and Cosmology: Scientific Perspectives on Natural Evil*, ed. Nancey Murphy, Robert John Russell, and William R. Stoeger S. J. (Vatican City State; Berkeley, Calif.: Vatican Observatory Publication; Center for Theology and the Natural Sciences, 2007), 67—92.

63 Edwards, *The God of Evolution*, 39—44; Denis Edwards, "Every Sparrow That Falls to the Ground: The Cost of Evolution and the Christ—Event," *Ecotheology: The Journal of Religion, Nature and the Environment* 11:1(March 2006), 103—123.

64 John C. Polkinghorne, *The Faith of a Physicist: Reflections of a Bottom—up Thinker* (New Jersey: Princeton University Press, 1994), ch. 9; John Polkinghorne, "Eschatology: Some Questions and Some Insights from Science," in *The End of the World and the Ends of God: Science and Theology on Eschatology*, ed. John Polkinghorne and Michael Welker (Harrisburg, Pa.: Trinity International, 2000); John Polkinghorne, "Eschatological Credibility: Emergent and Teleological Processes," in Resurrection: *Theological and Scientific Assessments*, ed. Ted Peters, Robert John Russell and Michael Welker (Grand Rapids: Eerdmans, 2002).

65 Polkinghorne, *The Faith of a Physicist*, 83 ff; John C. Polkinghorne, *Science and Providence: God's Interaction with the World*, 1st ed. (Boston: Shambhala, 1989), 63—64; John Polkinghorne, "Kenotic Creation and Divine Action," in *The Work of Love*, 102—05.

66 Peacocke, *Theology for a Scientific Age*, 123; Polkinghorne, *Science and Providence*, 66—68; 또한 다음 문헌을 보시오. Polkinghorne, *The Faith of a Physicist*, 83—85; Ian G. Barbour, *Religion in an Age of Science*, Gifford Lectures; 1898—1990 (San Francisco: Harper & Row, 1990), 241; Haught, *God After Darwin: A Theology of Evolution*, 111—12; Murphy and Ellis, *On the Moral Nature of the Universe*. 주석: 머피와 엘리스는 두 가지 아주 다른 방식으로 "비개입적"이란 용어를 사용함으로써 그 문제를 키웠다. NIO-DA 프로젝트(215)에서처럼 비개입적 신의 활동을 말하고, 폭력에 직면해서 신

484

의 자기 제한(247)을 말한다. 전자는 신이 세상에서 활동하지만 자연 법칙을 위반하지 않는 방식으로 한다는 것을 시사한다. 후자는 신의 활동이 바람직하게 보이는 때라도 그 활동이 개입이 될 것이고 그러한 개입은 평화주의에 대한 그들의 주장을 폄하하게 되기 때문에 신은 세상에서 활동하지 않는다는 것을 시사한다.

67 이러한 구분들이 또한 최근 다음의 문헌에서 만들어지고 있다. Kirk Wegter-McNelly, "Reflections on the CTNS/VO Series, 'Scientific Perspectives on Divine Action'," in *Scientific Perspectives on Divine Action: Fourteen Years of Problems and Progress* (CTNS/VO capstone volume, 2007 출판예정). 그는 그러한 것들은 각각 "인류-물리/양립불가주의, 인류-신학/양립불가주의, 그리고 신학-물리/양립불가주의"라고 한다.

68 다음 문헌에서 양립불가주의에 대한 논평을 보시오. Sarah Coakley, "Kenosis: Theological Meanings and Gender Connotations," 203.

69 그것은 나중에 우주에서의 생명(ET)과 "우주적 그리스도"의 문제로 확장될 수 있다.

70 이것은 마이클 루스가 주관한 CTNS 봄 포럼에서 각색했다. 거기서 루스는 도킨스의 답이 될 수 있는 것을 제공하고 그런 다음 자신의 것을 제공하였다.

71 Hick, *Evil*, 339-40.

제Ⅲ부

우주의 미래와 종말론

제9장

우주의 변형:
우주적 그리스도의 상징에 대한 참신한 탐구[1]

전적으로 종말론이 아닌 그리스도교는 그리스도와 아무런 상관이 없다.

–칼 바르트[2]

그때에 비로소 인간과 밀접히 연결되어 있는 인간을 통하여 그 목적에 도달하는 전 세계도 인류와 함께 그리스도 안에서 완전히 재건될 것이다. *세기의 종말은 이미 우리에게 다가온 것이며*(I코린 10,11).

–*교회에 대한 교의 헌장(교회의 빛)*[3]

1. 입문

부활주일의 조용한 새벽에 우리 그리스도인들은 우리 신앙의 중심에 속하는 세 가지 신비를 고백한다. "그리스도는 죽으셨고, 그리스도는 부활하셨으며, 그리스도는 다시 오실 것이다." 매일 기도와 매주 전례 중에 우리는 이 신앙고백과 신의 객관적 활동에 대한 신앙과 아울러 풍성한 창조 교리에 대한 신앙을 예수님이 우리에게 가르쳐 주신 기도의 핵심에 놓여 있는 단순하지만 굉장히 멋진 문장 안에서 결합시킨다. "아버지의 나라가 오시며, 아버지의 뜻이 하늘에서와 같이 땅에서도 이루어지소서." 교회 문서에서 우리는 명백히 예기적 종말론을 가르친다. "죽은 이가 부활하고 세상의 새 생명이 나타날 것이다"라는 우주적 미래에 근거한 "세기의 종말이 이미 우리에게 다가온 것이다". 가톨릭과 개신교의 신학연구 주제에서 우리는 칼 바르트가 70년 전에 현대 신학의 시대를 열었던 그의 저서 『*로마서 강해*』에서 예견했던 종말론적 사고의 갱신을 발견한다. 인간의 자유를 위해 투쟁하는 교회의 실천에서, 종말론은 가난한 자와 억압 받는 자들과의 연대를 위한 핵심 집결 장소이다. 신앙인의 영적 수련에서 종말론은 우리가 죽어서 낙원으로 데려가질 때에(루카 23,43), 우리가 개인적으로 신의 지복직관(至福直觀)을 체험할 것이라는 약속을 절실히 느끼게 한다. 그러나 우리의 세계는 냉정한 우주의 광대함 속에서 길 잃은 자그마한 행성이란 것과 생물학적 생명체가 맹목적이고 진화론적 우연의 의도되지 않은 산물이란 것을 당연한 것으로 받아들이고 있는 이 시대에, 종말론이 그리스도교인들과 믿지 않는 이들에게 이해 가능하게 하기 위한 능력 면에서 교회에 봉사하고 있는 우리 신학자들은 실패하고 있다.

왜 우리는 종말론을 이해 가능하게 만드는 과업에서 실패하고 있는가? 내 생각에 부분적으로는 소홀함 때문이다. 교리교육 안에서 보면, 흔히 그 종말론 교리가 케케묵은 형태로 제시된다. 수 세기 동안 신학자들은 "최후의 것들"의 문제가 마지막 자리를, 그리스도교 교리의 가장 표준적 설명에서 작고 소리가 죽여진 자리를 차지하도록 내버려 두었다. 칼 라너, 칼 바르트, 또는 볼프하르트 판넨버그 등이 역설하던 대로, 종말론은 신학적 질문들에 대한 전체적 배열을 조직화하고 해석하는 축이 되는 활기찬 핵심적 주제가 되지 못하고 있다. 결과적으로, 종말론은 하느님, 창조, 인간 본성,

죄, 구원, 그리스도론 등 교회의 다른 교리뿐 아니라 그리스도교인과 비-
그리스도교인들이 모두 주변의 세계, 즉 우주를 바라보는 방식과도 동떨어
지게 되었다.

이러한 실패의 정도를 말해주는 하나의 지표는 복음주의 교파와 근본주
의적 교파가 지난 세기에, 적어도 존 넬슨 다비와 스코필드 관주성서 이래,
종말론에 강박적으로 매달려 온 것이다. 미국 사회는, 거의 십 년간 뉴욕
타임즈 베스트셀러 목록에 대서특필된 레프트 비하인드(Left Behind) 시리즈
가 보여 주었듯이, 다시 엄청나게 최후의 사건들의 개념과 휴거(rapture) 교
리에 매료되어 있다. 이 사건은 이 문제들에 있어서 교회의 지적 실패를 이
중으로 실망스럽게 했다. 왜냐하면 종말론에 대한 그러한 영지주의적(gnos-
tic) 개념들은 그리스도교 본연의 것이 아니라 분파적 재림파로부터 수입된
것이기 때문이다. 많은 우리의 국가 지도자들이 이 교리를 지지하고 심지
어 그것을 국가 외교정책의 근거로 하고 있기 때문에 더더욱 놀랍다. 신약
성경에 대한 학문적 이해에 근거한 진실히 강건한 종말론의 회복과 전달보
다 더 중요한 것은 없다.[4]

그러나 그러한 실패의 대가가 인식되고 그 상황을 치유하기 위한 진지한
바람이 있을 때조차도, 우주의 역사와 미래에 대한 과학적 이해가 바로 수
용되는 경우에, 오늘날의 신학자들은—보수적이건 자유주의적이건—부활,
심판, 천당과 지옥, 지복직관에 대한 성경 언어를 세속적 세상과 믿는 신도
들에게 해석하도록 상당히 압박을 받고 있다. 어떻게 우리가 이러한 용어
들을 오늘날을 압도적으로 지배하는 세계관에, 즉 우주론, 물리학, 생물학,
인간 유전학 등의 자연과학들로부터 유래된 세계관에 연관지어야 하는지
는 거의 상상을 초월하는 것으로 여겨진다.

이러한 도전을 피하는 것도 결코 쉽지 않다. 신약 성경의 "실제" 메시지
에 분명히 초점을 두기 위해 우리는 단순히 종말론을 전-근대적 관심사라
고 "지워 없애"거나 그 본문을 "탈-신화화"(불트만과 같은 식으로) 할 수는 없다.

대신에 역사적 예수를 찾는 알베르트 슈바이처로 시작해 오늘날의 성경적 학문을 지속하면서, 우리는 신약 성경이 되돌릴 수 없게 종말론적임을 발견했다. 따라서, 루터교 신학자인 칼 브라튼이 주장한 것처럼, 신약 성경의 *복음선포*의 종말론적 핵심에 대한 성경−비판적 발견 때문에, 종교 학자들 안에서 종말론적 사고는 피할 수 없다. 게다가, 인간 존재 안에서 희망의 현상에 대한 최근 철학적 그리고 심리적 발견을 감안하면, 세속 세계조차도 거기에 준비가 되어 있기 때문에 브라튼은 종말론을 적극적으로 추구해야 한다고 주장한다.[5]

따라서 신약 성경의 종말론의 재발견과 광란의 시대에 희망의 근거를 제공하라는 사회의 요청은 그리스도교 학자들과 성직자들 모두에게 중대한 위기를 가져 온다. 비록 실제 희망을 제공하려고 의도되었다고 하더라도, 만약 그 내용이 과학의 관점에서 이해될 수 없다고 보인다면, 어떻게 우리는 초기 그리스도교 *복음선포*를 현대적 정신에 적합하게 해석할 수 있을까? 만일 우리가 신학적 게토 안에 고립되는 것을 피하고자 한다면, 우리의 언어를 이해 가능하도록 만들어 신앙이 이성을 혼란스럽게 하는 것이 아니라 충만하게 할 수 있도록, 그리고, 진리의 신에 대한 우리의 증언이 진리의 양식과 접촉하고 또한 세속적 지식의 신빙성과 접촉할 수 있도록 방법을 찾아야 한다. 상당히 초보적이고 예비적인 방식이지만 이 장은 그 목적을 지향한다. 그것은 현대 자연과학의 관점에서 그리스도교 종말론적 희망에 대해 새로이 대화를 시작한다는 것을 의미한다.

이 장은 과학의 관점에서 다른 교리들을 다루면서 "신학과 과학" 안에서 연구한 학자들이 이미 이룩한 많은 업적들을 되풀이해 말할 적절한 장소가 아니다. 신론, 창조 교리, 그리고 신학적 인간학 같은 영역들을 과학에 연관지으는 데 있어서 중요한 결과들이 성취되었지만, 지금까지 과학의 관점에서 종말론의 내용들을 재구성하는 노력은 내가 알기로는 그렇게 생산적이지 않았다. 그러한 기록은 문헌에서 발견될 수 있다. 여기서 그 자세한 검토를 하는 것은 주제 넘는 것이다.[6] 아서 피콕은 특히 그의 1978년 뱀프턴 강연에서 중요한 예외적인 것을 제공한다.[7] 거기서 그는 종말론과 현대 과학을 연구하기 위한 몇 가지 방식을 조사했다. 가장 촉망되는 사상 학파들 가운데서 피콕은 희망의 신학자들(쥬르겐 몰트만), 과정 신학자들(주로 콥과 버치), 그리고 떼이야르 신학자들을 골라냈다. 그러나, 이것은 대체로 가능성들의 예비적 분류였고 급한 과제의 상세한 개발은 아니었다. 게다가, 빅뱅 우주론이 시사하는 것처럼(자세한 것을 위해서 다음을 보시오), 모든 생명체가 소멸한 뒤 수십 억 년 동안 존재하리라 예상되는 우주의 압도적인 전망을 감안한다면, 그 결과들은 빈약해 보였다.

여기서 나는 떼이야르의 비전에서 영감을 받고, 그 실패에 감동을 받았으며, 그리고 그런 다음 오히려 칼 라너의 신학에 밀접히 근거를 둔 새로운 가능성에 대하여 희망을 가지면서 참신한 접근을 할 것이다. 그 과정에서, 나는 과학 자체 내로부터 "물리적 종말론"의 한 형태를 건설하기 위한 움직임을 언급할 것이며, 그리고 그리스도교 신학에 대한 그 중요성을 평가할 것이다.

토론을 선명하게 하기 위해, 나는 근본 논지를 표명하고 검증함으로써 이 접근을 추구할 것이다. 내가 조사하려는 근본 논지는 그리스도의 부활과 그리스도를 통해 구원된 모든 것들의 부활은 우주의 변형을 수반하는 것이어서 자연의 모든 것이 거두어지고 새로운 창조로 만들어진다는 것이다. 이것은 바오로가 이야기하는 영적인 몸(1코린 15,44-46)은 새로운 창조의 환경으로부터 고립되어 있다고 생각해서는 안 된다는 것을 의미할 것이다. 오히려, 마치 우리가 사람들로서 지구와 궁극적으로는 전체 우주와의 내적 진화론적 내지 환경적 관계를 가지고 있는 현존하는 정신신체적 통합체들이듯이, 우리의 영적인 몸들은, 부활하면, 창조물인 현재 상태로부터 새로운 창조물인 종말론적 상태에로 변형된 우주의 모든 것과의 내적 관계를 맺을 것이다. 그 논지는 지구 역사의 하나의 사건이 우주 역사의 마지막에서도 동등하게 한 사건이 될 것이란 것을 주장한다. 그때, 그리스도의 부활은 마지막 때의 첫 사례이며 그리고 부활 사건은 종말론적 미래의 예기이다.[8]

이 논지는 성경 본문의 세 가지 주요 흐름이 확증해 준다. 히브리인과의 계약들 중에서 노아의 계약이 홀로 하느님과의 계약에서 인류와 함께 나머지 창조물을 분명히 포함한다(창세 8-9, 특히, 8.21-22; 9.12-13.16). 로마 신자들에게 보낸 서간(8.18-24)에서 바오로는 자연의 진통과 하느님 계시에 대한 갈망을 이야기하고 있다. 묵시록(5.13)의 이야기의 가닥은[9] 새로운 예루살렘 후예들의 종말론적 사건 안에서 인간뿐 아니라 모든 자연을 포함하고 그렇게 함으로써 이사야의 비전(65.17-25; 66.22-23)을 걷어 올린다.[10] 따라서, 내 논지의 핵심은 ***그리스도 재림 시 믿는 이들의 부활에 대한 신학적인 이해 가능성을 해결하기 위해서는 전체 우주의 변형의 관점에서 우리가 생각해야만 한다***는 것이다. 따라서 도전은 이 논지와 자연과학들, 특히 현대 우주론, 물리학, 그리고 생물학으로부터 우주에 대해 우리가 가지고 있는 지식 간의 일관성을 찾는 것이 될 것이다.

이 일관성 또는 그 결핍을 조사하기 위해 나는 삐에르 떼이야르 드 샤르뎅의 저작들로 시작할 것이다. 오메가에 대한 비전과 그것의 문제점들을 평가한 뒤, 나는 버트런트 러셀과 스티븐 와인버그로 대표되는 세속적 사고의 냉혹한 관점으로 향할 것이다. 그들의 저작물은 금세기를 거쳐 이어지고 있고 그들이 볼 때에 우주론은 생명의 궁극적 중요성을 위한 자리를 거의 용납하지 않는다. 그런 다음 나는 환원주의적 과학의 엄격한 제한 내에서 소위 "물리적 종말론"이라고 불리는 것을 구성하려는 프리만 다이슨과 프랭크 티플러 같은 철학적 정신을 가진 과학자들의 노력을 토론할 것이다. 마지막으로, 나는 호주 신학자 데니스 에드워즈의 매우 통찰력 있는 최근 저작들에 의해 해석된 종말론에 관한 칼 라너의 신학에로 관심을 돌릴 것이다. 부활과 종말론에 대한 라너의 심오한 사상을 이용하여, 나는 우주론으로부터의 통찰과 라너식 종말론 간의 적어도 부분적 일관성에 대한 두 가지 새로운 가능성을 탐구할 것이다.

2. 떼이야르의 오메가에 대한 비전과 그것의 몇 가지 문제들

『**인간현상**』에서 전개된 떼이야르의 주장을 상세히 검토하는 것은 이 장의 범위를 벗어나게 할 것이다. 게다가, 많은 저자들이 이미 진화 생물학적 관점에서 떼이야르를 비판했고, 이것은 나의 핵심적 초점이 아니다. 여기서 대신에 나는 떼이야르 이론에서 중요하게 여겨지고 또한, 비록 과학에 의해 도전을 받는다 할지라도, 라너의 업적과 과학의 아주 최근 발전들의 관점에서 더 탐구할 가치가 있는 주제들이라고 보이는 세 가지 주제를 들추어낼 것이다.

이 주제들은 다음과 같다. ⅰ) 열역학 제2법칙은 진화를 약화시키고, 복잡성의 성장과 생물권과 인간 생활권의 생성을 궁극적으로 책임지는 물질 안에 감추어진 형태의 에너지가 있다는 주장에로 이끈다. ⅱ) 이러한 감추어진 형태의 에너지, 즉 방사(radial) 에너지는 물질 "안"에 있다는 특징이 있다. 모든 물질은 하나의 "바깥"(without)뿐 아니라 하나의 "안"(within)을 가지고 있고, "바깥"과 "안"은, 비록 궁극적으로 통합되어 있어도, 실질적으로 독립적이다. ⅲ) 이 진화 과정의 궁극적 목적, 그리고 생명체와 사고의 복잡화는 지구 미래의 관점에서 오메가 점이다. 따라서 우주는 목적론의 주제가 아니라 세상의 생명이고 특히 *호모 사피엔스*이다. 각각의 이 주제들은 이제 과학의 도전을 받게 된다. 그것들을 조사하기 위해 나는 존 배로우와 프랭크 티플러가 그들의 기념비적 책『**인류의 우주론적 원리**』에서 수행한 분석을 긴밀히 따를 것이다.[11]

A. *제2법칙은 문제인가?*

떼이야르는 열역학 제2법칙이 진화 과정에 의해 발전적으로 성취되는 명백한 복잡화 과정을 손상한다고 보았다. 따라서 그는 전적으로 새로운 형태의 에너지, 즉 내부의 방사 에너지를 생각할 필요가 있었다. 그 방사 에너지의 힘으로 기관 시스템의 지속적 고갈과 동반되는 엔트로피의 증가에도 불구하고 복잡화 과정이 일어날 수 있다. 떼이야르가 글을 쓸 당시 1930년대 후반의 열역학 연구 상태를 감안하면, 이것은 이해할 만하다.

그러나 지난 20년간, 그리고 최근 수년간, 우리는 열역학적 평형에서 멀리 있는 비선형 시스템에 대한 연구와 아울러 고전 역학에서 카오스적 시스템과 자기 조직화 시스템으로 관심을 돌리고 있다. 특히, 독일의 만프레드 아이겐과 벨기에의 일리아 프리고진의 연구는 빠른 요동을 경험하는 열린 계 안에서 에너지의 고갈을 통해서 분명히 새롭고 상당히 정돈된 상태들이 오래되고 덜 정돈된 상태로부터 자발적으로 생겨날 수 있다는 것을 보여 주었다. "혼돈으로부터 질서"가 우리 시대 전형적인 특징이 되었다! 따라서 열역학 과정 때문에, 진화 생물학이 지질학적 시간을 넘어, 유전체 변이와 자연 선택의 두 가지 필수요건이 주어지면, 점증하는 복잡한 시스템을 생성하기 위해 작동한다. 우리는 진화의 근거를 설명하기 위해 활력론자의 원칙이나, 목적론적 원인이나, 또는 내적 에너지이든 그런 정향(定向)진화설(orthogenesis)을 가정할 필요가 없다.

그러나 신이 일차 원인으로서 모든 사건을 통해 활동하고 자연의 바로 그 법칙들과 그 법칙들의 유전자 돌연변이와 환경적 압력들과의 변증법적 관계가 생명 형태를 지속적으로 창조하는 신의 방식이라고 우리가 매우 안전하게 주장할 수 있다. 따라서 미리 결정된 최후의 목표가 진화론적 우연에 의해 제거될 수 있는 반면에, 혼돈으로부터 질서를 선택하는 것이 표현하는 수반되는 추진력은 지속적인 의미에서 신과 세계와의 실제 상호 작용일 수 있다.

B. 그 "안"과 그 "바깥"은 실질적으로 독립적인가?

떼이야르는 그 "바깥"과 그 "안" 간의 복잡한 관계를 서술한다.[12] 한편으로, 그의 "두 에너지들"에 대한 토론으로부터 알 수 있듯이 그것들은 궁극적으로 통합된다.

전혀 의심 없이, 물질적 에너지와 영적 에너지는 결합하고 서로 보완하게 하는 어떤 *그 무엇이 있다*. 최종 분석에서, *어떻게 해서든*, 세계 안에 작동되는 단일한 에너지가 있음이 틀림없다.[13]

반면에, 떼이야르는 그 "안"과 그 "바깥"의 에너지들 사이의 직접 변형은 문제가 있다는 것을 인정한다.

그러나, 비록 그것이 매혹적이라 하더라도, 두 에너지 중 하나가 다른 것으로 *직접* 변환한다는 개념은 생각해 볼 필요도 없이 버려야 한다. 우리가 그 둘을 연관지으려 시도하자마자, 그들의 상호 독립성은 그들의 관계성만큼 분명해진다.[14]

이 맥락에서 그는 이 문제에 딱 들어맞는 사례를 제공한다. 우리는 살기 위해 그래서 생각하기 위해서 빵을 먹을 필요가 있지만, 그러나 물리학자들이 빵 안에 함유된 것으로 측정하는 에너지, 즉 별로 관계없는 에너지는, 사고 과정에 사용된 에너지, 즉 의식의 안에 있는 조직화된 에너지와 "간단히 대응"되는 것 같지 않다. 결국 동일한 빵 조각이 여러 종류의 굉장히 다른 생각들을 생성하는 데 사용될 수 있다!

이런 종류의 양적 불균형은 충분히 우리로 하여금 "형태 변화"(즉 직접 변형)에 대한 순진한 개념과 이리하여 의지나 혹은 사고를 위한 "기계적 등가물"을 발견하리라는 모든 희망을 거부하게 할 것이다.[15]

여기서, 떼이야르는 과학에서 가장 어려운 주제 중 하나와 씨름하고 있다. 흔히 정신/육체의 문제 또는 정신/뇌의 문제로 서술되는 것으로서, 그것은 한편으로는 물리학, 생물학, 그리고 신경생리학을 포함하고, 다른 한편으로는 인지과학, 과학철학, 심리학적 과학, 그리고 심지어는 신학을 포함하는 학제 간 연구에서 근본적 역할을 지속적으로 하는 것이다. 그 문제에 대한 현대적 은유들은 컴퓨터와 인공 지능에 대한 토론으로부터 얻어진 "소프트웨어/하드웨어", 그리고 정신(그리고 궁극적으로 은총과 자유 의지의 문제에서 종교 철학과 신학을 포함하는)에 대한 철학으로부터 얻어진 "이중 행동자"의 은유들을 포함한다. 이런 식으로 질문이 제기될 수 있다. 어떻게 자유롭고 체화된 행동자로서 우리는 이 세상에서 활동하는가? 환원주의적 접근은 정신을 뚜렷한 뇌로 여기지만, 그 과정 중에서 정신적 행동자를 최소화하거나 제거한다. 만약 정신이 존재론적으로 뇌와 분리된 것이라면 전체론자(holists)들은 정신을 뇌와의 관계에서 "꼭대기-아래" 인과관계의 원천으로 여기지만, 이원론(또한 생기론을 나타내는 것)을 피하려 노력한다. 신의 활동에 대한 질문이 인간에 대한 것과 혼합될 때 문제는 복잡해진다.

이 광범위하게 진행되는 토론의 관점에서 우리는 떼이야르의 주장이 특히 비옥한 통찰을 함축한다고 수용할 수 있다. 그것을 제시하기 전에, 우리는 열역학에서의 몇몇 중요한 개념들을 회상해야 한다. 우리는 열역학에서 에너지의 개념과 가용 에너지의 개념들을 상당히 예리하게 구분한다. 모든 열역학 과정에서, 에너지가 한 형태에서 다른 형태로 변환되더라도 전체 에너지는 보존된다. 이것이 열역학 제1법칙이다. 그러나 변형의 과정 중에, 에너지는 분해되고 고갈되어, 그 계에 의해 환경으로 사라진다. 사라진 에너지는 더 큰 양의 추가적 가용 에너지의 소모 없이는 결코 돌이킬 수 없다. 이것이 열역학 제2법칙이다. 제2법칙은 대개 무질서의 측정치로서 또는 에너지의 질적 저하로서 엔트로피의 관점에서 표현된다. 엔트로피는 닫힌 계에서 결코 감소하지 않는다. 이제 우리는 떼이야르의 저작으로부터 유래한 통찰력을 추적할 준비가 되어 있다.

첫째, 그 "바깥"과 그 "안" 간의 직접적인 에너지 교환이 있는가? 떼이야르는 있다면 그것은 소량일 것이라고 인정한다. 게다가, 그러한 교환이 있다면, 물리적 에너지의 손실을 상쇄시키기 위한 영적 에너지의 양을 포함하기 위해 제1법칙은 일반화되어야 하고, 그렇게 함으로써 이러한 에너지들의 통합을 유지시켜야 (그래서 효과적으로 정신과 물질 간의 "인과적 결합"의 문제를 해결해야) 한다는 것을 우리가 알고 있다. 그러나, 어쨌든, 나의 실제적 주장은 다음과 같은 것이다. *어떤 신경생리적 과정에서 가용 물리적 에너지의 손실은 우리가 정신적(영적) 에너지의 조직화 수준이라 부를 수 있는 것 안에서의 이득에 대해 상한을 둔다.*[16] 달리 이야기하면, 그 "바깥"에서의 엔트로피 증가는 그 "안"에서의 지식 또는 복잡성의 증가와 관련될 것이다. 이러한 주장은 이해할 만하다. 왜냐하면 떼이야르 시대 이후 물리학자들은 소위 정보 이론이라는 것과 열역학 간의 깊은 관계를 발전시켜 왔다. (다시 한번, 배로우와 티플러는 여기 포함된 물리학에 도움이 되는 요약을 제공한다.)

만일 우리가 특별한 양의 정보(I)를 배우기를 원한다면 우리는 특별한 온도(T)에서 특별한 양의 에너지(E)를 처리해야만 한다. 그 I, E, 그리고 T간의 방정식은 아주 단순하다.[17]

$$I < kE/T$$

여기서 우리는 I를 정보의 비트로 측정하고(한 개의 바이트는 8개 비트이고 우리는 전형적으로 컴퓨터 기억을 메가 바이트로 계산한다), E를 에르그로(한 개의 에르그는 1그램의 중량을 가진 정지한 하나의 입자를 초당 1센티미터의 속도로 가속화시키는 데 들어가는 에너지) 측정하며, 그리고 k는 (그 값이 10^{16} °K/erg인) 상수이다. 예를 들면, 속담에 나오는 한 조각의 빵을 소화시키면 10^{25} 바이트의 사고를 생성한다! 이것을 100 기가바이트 표준 개인용 컴퓨터의 하드 메모리와 비교하면 한 조각의 빵을 대사시키는 데 소멸되는 에너지는 백만 억 개의 개인용 컴퓨터에 저장된 정보와 동등하다![18] 따라서 먹은 빵이 반드시 의미 있는 사고를 생각하도록 하지는 않더라고, 이제 우리는 빵을 소화시키고 그것들을 에너지화할 때 생성되는 엔트로피에 근거한 이러한 사상들에 포함된 정보의 최대 용량을 예측할 수 있는 위치에 있다고 여겨진다.

다시, 떼이야르의 요지는 우리가 정보를 처리할 때에(즉, 우리가 생각할 때) 심지어 우리가 얼마만큼의 가용 에너지가 사용되는지를 안다 하더라도, 그 에너지의 양은 우리 사고의 내용을 결정하지 않고 단지 그렇게 포함된 정보의 측정치를 결정한다. 떼이야르와 함께 우리는 다음과 같이 말할 수 있다. 그 "안"의 구조와 내용은 그 "바깥"의 과정에 의해 ***불충분하게 결정된다고*** 말할 수 있다. 생각은 에너지 생성 과정을 요구하지만, 그러나 정확히 우리가 생각하는 것은 성취된 정보 양의 개념을 초월한다.

C. 지상의 오메가 점은 떼이야르의 전체 접근의 중요한 문제이다

생명의 수렴과 인류의 융합을 나타내는 오메가 점은 떼이야르의 사상에 있어서 지구와 연관되어 있는 것으로 여겨진다. 떼이야르가 궁극적으로 오메가 점은 신과의 초인격적 수렴을 가지는 우주를 초월해 있다고 이해한 것은 사실이다. 그러나 우주가 아니라, 지구가 생물권과 인간 생활권을 포함한 진화 역사에서 연속적인 수렴을 위한 중요한 초점이다. 지구가 광대한 우주의 자그마한 한 부분이고, 우주의 어딘가 생명체의 가능성이 있으며, 그리고 태양의 초신성 안에서 지구가 소멸할 운명에 있으며 지구 소멸을 넘어 펼쳐지는 우주의 엄청난 먼 미래를 감안하면, 이것은 떼이야르의 비전에게 어느 정도로 문제를 야기하는가?

무엇보다도, 지금 우리가 알고 있는 우주는 떼이야르가 저술하던 시기에 그가 알고 있었던 것보다 굉장히 더 크다. 가시적 우주 안에만도 아마도 수천억 개의 은하계가 있을 것이고 각 은하는 지름이 이백억 광년의 부피를 넘어서고 수천억 개의 별들을 가지고 있다.[19] 우리는 그렇게 거대한 우주에 영향을 미치고 있는 지구에서의 생명의 수렴에 대한 생각을 어떻게 해야 할 것인가? 둘째, 우리는 우주에 걸쳐 있는 생명의 가능성의 관점에서 바라볼 때에 지구 상 생명의 우주적 중요성을 어떻게 이해해야 하는가? 한편으로는, 지구의 생명체는 단지 그 존재 사실만으로 그리고 우주 안에 다른 생명체가 존재하는지와는 무관하게 우주적으로 중요할 수 있다. 반면에, 다른 곳의 생명체의 가능성의 관점에서 문제를 해석하지 않고 지구 상의 생명체의 우주적 중요성을 판단하는 것을 피하기는 어려워 보인다. 만일 생명체가 우주에 걸쳐서 확산되어 있다면, 지구의 생명체, 그리고 그리스도는 외계의 생명체와 어떤 방식으로 관련되어 있고, 아마도 다른 그리스도들을 포함한 그들의 진화의 결과들과는 어떤 방식으로 관련되어 있는 것인가? 만일 생명체가 지구를 제외하고 우주의 아무 곳에서도 발견되지 않는다면, 이것은 그 중요성을 증가시키는가(동전의 우화에서처럼) 아니면 그 중요성을 감소시키는가?(호기심 많은 변칙인 것처럼) 끝으로, 지구의 미래는 지금으로부터 50억 년 뒤에 태양의 초신성 안에서 소멸의 미래라는 것을 우리는 기억해야 한다. 오메가의 위치가 지구라는 관점에서 이것이 의미하는 바는 무엇인가? 적어도 지구 상에서 생명체가 소멸한 뒤 무한한 세대 동안 지속되는 우주에 대한 신학적 함의는 무엇인가?

분명히 필요한 것은 우주적 전망의 관점에서 그리스도 종말론의 전반적인 문제를 다시 생각하는 것이다. 우리에게 필요한 것은 오메가 점에 대한 진정한 *우주적* 해석이다.

3. 우주적 그리스도 대 과학의 암울한 표준 그림

현대 우주론의 발달 전에도, 생명이 우주에서 어떤 궁극적 중요성을 가질 것이라는 전망은 많은 저자들에게 암울하게 여겨졌다. 우리는 1903년 저술된 버트란트 러셀의 『*자유인의 숭배*』에 있는 감동적 산문을 회상할 필요가 있다.

> 인간은 자신들이 성취하는 목적에 대한 어떠한 예견도 가지고 있지 않았던 원인들의 산물이다. 인간의 기원, 성장, 희망과 두려움, 사랑과 믿음들은 원자들의 우연한 배열의 결과이다. 불도, 영웅주의도, 사고와 느낌의 강도도, 무덤을 넘어 개인 삶을 유지하지 못한다. 시대들의 모든 노력, 모든 헌신, 모든 영감, 인간 천재성의 모든 한낮의 밝음도 태양계의 거대한 죽음 안에서 소멸할 운명에 처해지고, 인간이 이룩한 모든 사원은 불가피하게 폐허화된 우주의 부스러기 아래 묻혀야 한다. 모든 이러한 것들은, 논란의 여지가 없지는 않지만, 이미 그렇게 거의 확실해서 그러한 것들을 거부하는 어떠한 철학도 견디기를 희망할 수 없다. 오직 이러한 진리들의 토대 안에서, 오직 굽히지 않는 절망의 확고한 토대 위에서, 영혼의 거주지가 이제야 안전하게 건설될 수 있다.[20]

적어도 명목상으로. 과학의 세계관으로부터 도출된 허무주의의 현대적 표현이 스티븐 와인버그로부터 나온다.

> 이러한 우리들의 세계가 압도적으로 적대적인 우주의 그렇게 자그마한 부분이라는 것을 깨닫는 것은 매우 어렵다. 심지어 이 현재의 우주가 말할 수 없이 낯선 초기 조건으로부터 진화했다는 것과 그리고 끝없이 차갑거나 견질 수 없는 열로 미래 소멸될 운명에 직면했다는 것을 깨닫기는 더더욱 어렵다. 우주가 이해 가능하게 보일수록, 또한 그것은 더욱 무의미한 것으로 보인다.[21]

버트런트 러셀과 스티븐 와인버그 두 사람은 과학 공동체의 상당 부분이 우주론의 현대적 장면을 곰곰이 생각할 때 침투해 들어오는 기조를 반영한다. 이것을 좀 더 충분히 이해하기 위해, 여기서 우리는 몇몇 기초들을 검토해야 한다.

현대 우주론은 알버트 아인슈타인의 일반 상대성 이론(1915년경)으로부터 생겨났고 일반 상대성 이론은 다시 아인슈타인의 특수 상대성 이론(1905년경)을 전제로 한다. 특수 상대성 이론에서, 고전 물리학의 시간과 공간은 로런츠 변환(Lorentz transformations)을[22] 통하여 평평한 사차원적 시공간으로 결합된다. 다음 십 년 동안, 아인슈타인은 중력 상호 작용을 포함하기 위해 특수 상대성 이론을 확장하는 연구를 했다. 그 결과인 일반 상대성 이론(GR)에서, 뉴턴이 평평한 공간에서 작용하는 힘으로 이해했던 중력 상호 작용이 시공간의 곡률(curvature, 曲率)의 관점에서 재해석된다. 아인슈타인은 시공간과 물질을, 비록 그것들이 존재론적으로 자연 안에서 비환원적 요소들이지만, 상호적으로 서로에게 조건이 되는 두 개의 이론적 개념들로 만들어서 이 결과를 성취했다.[23] 따라서, 아인슈타인에 의하면, 우주 안에서 물질의 분포는 시공간의 곡률에 영향을 미치고, 물질의 운동은 시공간의 곡률의 영향을 받으며, 물질은 언제나 국소적 시공간 표면의 가장 짧은 경로(지오데직)를 따라 움직인다.

아인슈타인의 방정식은 나오자마자 두 가지 특별히 단순한 사례에 대해 거의 즉시 풀이가 구해졌다. 한 경우에서, 우리는 단일한 커다란 점 입자를 중력 상호 작용의 원천으로서 이해하고, 그래서 우리는 아인슈타인의 방정식이 예측한 것처럼 그 거대 입자를 에워싸는 궤도들의 종류를 찾는다. 그 결과가 유명한 슈바르츠실트 방정식이고, 그것은 우리의 태양계에 적용될 때, 일반 상대성 이론(GR)에 대한 표준적 검증이 된다. 그것은 수성의 근일점의 세차(歲差)운동, 별에서 오는 빛이 태양 가까이 지나갈 때 휘어짐, 그리고 빛이 중력 원천으로부터 멀어질 때 빛의 적색 편이 등이다. 게다가 중력 원천이 태양 질량의 두 배 이상의 질량을 가질 때, 그 질량 주위에 "지평선"

이 만들어진다는 것이 입증된다. 이것은 질량을 향해 지평선을 통해서 떨어지는 관찰자는 결코 빠져나가지 못하고, 그래서 지평선 내에서 원천으로부터 생성된 빛은 영원히 지평선 내에 갇혀 있다는 것을 의미한다. 이 상황이 블랙홀이라고 널리 알려져 있다.

두 번째 경우에서 우리는 먼지의 형태로 된 물질, 즉, 자유롭게 이리저리 움직이고 오직 중력에 의해서만 상호 작용하는 압력 없는 점 입자들의 모음에 대한 아인슈타인 방정식을 푼다. 이 문제가 특히 관련된 것은 그것이 우주론에 아름답게 적용되는 것이다! 에드윈 허블이 시작하여, 1920년대 중반 이래 천문학자들은, 만일 우리가 우주를 은하들의 무리들로 구성된 것으로 생각하고 공간 내에 그들의 위치를 구상한다면, 사실 이 무리들은 균일한 먼지 구름처럼 흩어져 있다는 것을 발견했다. 그러나 여기서 각 먼지 입자들의 질량은 은하 무리의 질량이고 이 은하 무리는 각 은하마다 수천억 개의 별들을 거느리고 있다! 이제 아인슈타인 방정식에 의하면, 이 먼지 입자들(은하 무리로 이해되는)은 엄청난 속도로 서로에서 팽창하고 있음이 확실하다. 그러나 그러한 팽창은 중력의 끌림 때문에 느려지고 있다.

세 가지 시나리오 중 하나가 가능하다. 세 가지 모형 모두에서, 우주는 대략 150억 년 전 제로 크기와 무한 온도의 특이성으로부터 시작한다. 그 특이성은 대개 t=0로 표기된다.[24] "닫힌" 모형에서, 우주는 유한한 크기를 가진다. 우주는 지금으로부터 대략 1000억 년 뒤 최대 크기로 팽창할 것이며 그런 다음 제로 크기와 무한 온도의 특이점으로 다시 수축할 것이다. "열린" 모형에서, 우주는 무한 크기를 가지고, 게다가, 시간 안에서 증가한다! 우주는 영원히 확장하고 결국에는 절대 제로로 차가워진다. "평평한" 모형에서, 우주는 역시 무한한 크기를 가지고 영원히 팽창하지만, 그러나 그 속도가 느려진다.[25]

따라서 우주론은 우주가 금세기 이전에 우리가 상상했던 것보다 훨씬 크다는 것을 서술하고 있고, 단지 가시적인 우주에서도 문자 그대로 수십억 광년이다! 게다가 *전체* 우주는 시간 안에서 팽창하고 있다. 이것은 존 휠러가 과학의 책 중에서 가장 큰 발견이라고 말하는 것이다! 끝으로 우주론은 우리에게 미래에 대한 놀라운 어떤 것을 말해 주고 있다. 그것은 엄청남이다. 우주는 영원히 지속될 것이고(우주가 열려 있다면), 아니면 적어도 1000억 년 동안은 그럴 것이다(우주가 닫혀 있다면). 어떤 경우든, 생명체는 확실히 "가까운" 미래(50억 년)에 태양계 초신성에 놓인 지구 상에서 존재하기를 분명히 그칠 것이고, 별들 간의 이주와 소통에 대한 상한선인 광속에 의해 제한된다면, 생명은 생각할 수 없는 차원의 집단 이주를 겪게 될 것이다. 게다가, 우주는 우리 별 같은 별이 왜성으로 바뀌면서 어두워질 것이고, 먼 미래에, 모든 물질의 복합 상태들은 기본 입자들로 붕괴될 것이다. 훨씬 더 먼 미래에는 분명히 "얼든가"(영원히 팽창하고 차가워지는 열린 우주) 또는 "타든가"(무한 온도의 마지막 블랙홀로 다시 수축하는 닫힌 우주) 할 것이다.

표 1.1은[26] 이러한 결과들을 그 관련된 시간 척도와 함께 열거하고 있다. 볼프하르트 판넨버그가 한때 내게 언급한 것처럼, 빅뱅 시나리오가 옳다면, 그러한 것들은 그리스도교 종말론에 대한 반증을 잘 나타낼 수 있을 것이다.

4. 과학적 종말론의 아류로서의 종말론: "물리적 종말론"의 탄생

개신교 자유주의 신학의 "아버지", 프리드리히 슐라이어마허에 의하면, "우리는 경건하지 않고서는 진정으로 과학적일 수 없다". "진정한 종교는 **무한함**에 대한 감(感)이고 맛이기"[27] 때문에, 모든 인류에 공통된 이 경건함이 우리가 우주와 마주치도록 이끌어 간다. 세속적 공동체가 뚜렷하게 인류에게 해당하는 듯이 보이는 것에 대한 자신의 비전을 세우기 위해 신학적 종말론의 인지적 공백 안으로 치고 들어왔다는 것은 아마도 놀라운 것이 아니다(바르트 자신이 예견했던 것처럼, 포이에르바흐 후 누군들 놀랐겠는가?). 그러나 그렇게 형성된 비전, 즉, 생명체는 "우주를 식민지화 하는 데"에 사실 성공할 수 있고, 모든 가능한 경험을 겪을 수 있으며, 그리고 모든 가능한 지식을 얻을 수 있다는 비전은, 빅뱅 우주론의 엄격함이 있는 한, 놀라운 주장이다. 심상치 않은 것은 이 비전이 **뉴에이지** 유사과학(과학의 언어, 주술의 형이상학)으로부터 나온 것이 아니라 과학자들 자신들로부터 나온다는 것이다. 과연 그들의 연구 영역이 이론적 우주론인 바로 그 과학자들 말이다! 게다가 이 과학자들은 그들이 종교를 끌어들이고 있고, 종교에게 드디어 신뢰할 만한 근거를 제공하고 있다고 한다! 우리가 과학자들에게 시간을 내어 자연의 과정에 관한 신학자들(떼이야르, 피콕, 버치, 콥, 등등)의 주장에 귀 기울일 것을 요구할 때조차도 우리는 이들의 주장을 경청해야 한다. 여기서 나는 프랭크 티플러와 프리만 다이슨의 대화를 선택할 것이다.[28]

A. 다이슨의 열린 우주 종말론

프리만 다이슨은 이론 물리학에 대한 그의 탁월한 기여에 대하여 잘 알려져 있다. 그러나 최근에 그는 빅뱅 우주론의 먼 미래의 문제로 그의 관심을 돌렸고, 획기적인 논문 「끝 없는 시간: 열린 우주에서의 물리학과 생물학」[29]을 발표하여 그와 다른 사람들이 이제 "물리적 종말론"이라는 이름을 붙인 것에 최초의 기여를 하였다. 티플러는 이렇게 말했다. "먼 미래에 생명체의 생존과 행동에 대한 연구는 (다이슨의 논문이) 출판되면서 물리학의 한 분야가 되었다."[30] 다이슨에 의하면, 온도가 절대 0도에 가까워지고 우리가 알고 있는 은하, 별들, 행성들, 심지어 원자들의 구조들이 결국에는 기본 입자들로 쇠퇴하더라도, 생명체는 열린 우주에서의 먼 미래에 무한정 *지속할 수 있다*. 다이슨의 시나리오는 살아 있는 피조물이 계산하고, 처리하고, 저장하며 정보를 배출하는 (적어도) 일종의 컴퓨터라는 가정이 받아 들여져야 생존한다. 1985년 기포드 강연에서 다이슨은 강력히 이렇게 말했다.

생명은 실체 안에보다는 조직화 내에 있다. 나는 내 의식이 내 머리 안의 분자들 자체의 실체 안에가 아니라 조직화된 방식 안에 내재한다고 생각한다. 만일 생명은 실체이기보다는 조직화라는 이러한 가정이 사실이라면, 그러면 생명이 살과 피로부터 분리된 초전도적 회로의 네트워크 안에서 즉 항성 간의 먼지 구름 안에서 구현된다고 생각하는 것이 이치에 맞다.[31]

여기서 다이슨은 우리에게 중요한 통찰을 제공한다. 조직화가 *어떤* 물질적 기질을 통해 이루어질 수 있다면, 단지 지상의 생화학적인 것의 조직화가 아니라, 적당히 조직화된 물질에 의해 계산도 무한정하게 제2법칙을 피할 수 있다.[32]

B. 티플러의 닫힌 우주 종말론

티플러는 물리적 종말론에 대한 조사를 그가 "최종 인류 원리"(FAP)라고 부르는 것 안으로 안치시킨다. 우주는 지적 생명이 영원히 지속적으로 존재하게 될 그런 것임에 틀림없다. 최종 인류 원리가 다이슨의 접근에서 유지되기 위해서는 우주는 공간적으로 열려 있어야(즉, 무한한 크기) 하고, 시간 안에서 영원히 지속되어야 한다. 반면, 최종 인류 원리에 대한 티플러의 모형은 크기에서도 유한하고 미래도 유한한 닫힌 우주에 의존한다. 그러나 티플러는 물리적 시간의 흐름(이 관점에서 미래는 유한하다)과 정신적 시간의 흐름(그 정보의 속도가 우리의 정신/컴퓨터에 의해 처리된다) 간의 중대한 구분을 한다. 그는 닫힌 우주의 미래 시간이 유한하더라도 정신적 시간은 그럴 필요가 없다는 것을 보여 줄 수 있다. 과연 티플러의 모형에서 생명은 "우주 대수축" 이전에 무한한 양의 정보를 처리할 수 있다. 이것은 티플러로 하여금 최종 인류 원리가 성공하기 위해서는 우주가 닫혀 있어야 한다는 제안을 하게 한다. 그의 가장 최근 글에서, 티플러는 신, 부활, 그리고 불멸을 포함한 다양한 신학적 관심들을 "오메가 점 이론"의[33] 관점에서 다룰 것을 특히 요구했다.

그러나, 티플러와 다이슨이 서로 대비되는 우주론을 요구했지만(각각 닫힌 그리고 열린 우주론), 우주의 먼 미래에서 생명에 대한 예측에 대해서 티플러는 다이슨에 동의한다.

원자들이 사라질 때 인간 육체도 사라지겠지만, 그러나 튜링 테스트(Turing test)를 통과하는 프로그램은 사라질 필요가 없다. 물리적 종말론의 근본적인 문제는 먼 미래에 존재하게 될 물질의 형태가 복잡한 프로그램을 작동시킬 수 있는 컴퓨터의 구성 물질로서 사용될 수 있는지, 미래 환경 안에 그 프로그램을 작동시킬 충분한 에너지가 있는지, 그리고 프로그램이 작동되는 데 어떤 다른 장애가 있는지이다.[34]

C. 중대한 과학적, 철학적, 그리고 신학적 평가

특히 티플러의 연구와 그리고 이보다는 덜하지만 다이슨의 연구가 중대한 과학적, 철학적, 그리고 신학적 평가의 대상이 되고 있다는 것은 놀라운 일이 아닐 것이다. 티플러의 과학적 주장은 다른 과학자들에 의하여 심하게 공격 받고 있다.[35] 윌럼 드리스는 다이슨과 티플러의 작업에 대해 특히 세심하고 광범위한 과학적 분석을 제시한다.[36]

티플러와 판넨버그가 흥미롭고 창조적인 상호 작용[37]에 참여하고 있지만, 이 역시 비판적으로 평가 받고 있다.[38] 마침내, 다이슨과 티플러의 신학적 가정들뿐 아니라 환원주의 철학이 폴킹혼, 바버, 피콕, 클레이튼, 워싱 같은 학자들에 의해 비판 받는다.[39] 본질적으로 생명은 정보 처리로 완전히 환원될 수 없고, 종말론은 과학적 종말론에 의해 서술된 것처럼 자연의 일상적 과정들의 단순한 결과가 될 수 없다. 대신에 생명은 자연과학이 완전히 설명하는 능력을 초월하는 창발적 특성과 과정을 포함하고, **새로운 창조**는 예수 부활에서 예기적으로 발견된 신의 새로운 활동에 의한 우주의 근본적인 변형으로서 올 것이다.

요약하면, "물리적 종말론"의 시나리오는 생명에 대한 축하나 혹은 "침착한 체하는 것"보다 약간 이상의 것을 손에 넣을 수 있다. 그러나 두 가지를 명심해야 한다. 첫째, 한 과학자 다이슨이 다른 과학자 와인버그의 염세주의에 정면으로 응답한 것이다. 다이슨은 자신의 의도를 특별히 이야기한다.

> 내가 이 책에서 예비적으로 조사한 우주는 와인버그가 그것이 의미가 없다고 말할 때에 마음속에 그렸던 그 우주와 아주 다르다. 나는 풍요로움과 복잡성에 있어서 한계 없이 성장하는 우주를 발견했고, 생명이 영원히 생존하고 자신을 시간과 공간의 상상을 초월하는 심연을 가로질러 그 이웃들에게 알리는 그러한 우주를 발견했다. 나의 자세한 계산이 옳든 그르든, 생명과 지성이 이 우리들의 우주를 우리 자신의 목적에 맞게 성공적으로 주조할 수 있다는 가능성을 진지하게 취할 수 있는 상당한 과학적 근거가 있다. 20세기 과학은 미래를 바라볼 때 희망의 철학을 위한 견고한 토대를 제공하고 있다.[40]

그리고 칼 브라튼에 의하면, 신학자들로 하여금 종말론 교리를 다시 연구하도록 몰고 간 것은 *분명히* 그러한 토대에 대한 그 탐구였다는 것을 우리는 기억해야 한다. 그러나 우리들 중 누가, 심지어 종말론적으로 사고하는 작업에 매달려 있는 이들조차, 과학적 우주론으로부터 유래하는 세계관에 있어서 그러한 위기에 반응하려는 특별한 의도를 가지고 그렇게 해왔는가?

둘째, 대신에 우리는, 다이슨과 티플러의 작품이 나올 때까지, 종말론을 우주론과 연결시킬 목적으로 받아들인 *신학자들*의 선택들은 기껏 잘해야 성과가 없어 보인다는 점을 기억해야 한다. 그 선택들은 신−정통주의, 실존주의 신학, 서사 신학, 성경/전통 신학 혹은 해방신학(이 모든 것들이 신학을 우주로부터 고립시킨다)에서처럼 과학을 무시하고 "두 세계"를 받아들이거나 혹은 "과학적 창조주의"(scientific creationism)(그것은 세상과의 전쟁을 치르게 하고 그리스도교를 세속의 문화와 분리시킨다)에서처럼 과학을 거부하고 성경의 문자적 해석으로부터 만들어진 유사과학으로 대체하려고 시도한다. 혹은 기존 과학과 문화(그것은 자유주의나 혹은, 마이클 버클리가 그렇게 뉴턴 해결(Newtonian settlement)로 강력하게 보여 주었듯이, 무신론에로[41] 인도한다) 안에서 신학을 구축하며, 혹은 신학의 인지적이고 경험적으로 적절한 내용을 하찮은 것으로 만들어 버리는 다른 전략들을 따르는 것이다.

우리는 *닫힌* 우주에서이든[42] *열린* 우주에서이든 종말론이 끊임없는 생명으로 환원될 수 있다고 생각하지 않을 수 있다. 그러나 우주적 관점에서 생명을 존중하고 축하하는 이러한 시도들은 우리를 촉구*해야* 하고 우리는 그리스도의 부활을 통한 경험적 우주의 변형에 성패가 달려 있는 것들에 대한 우주적 의미를 다시 생각해야 한다. 그것은 믿는 이들의 이해를 위해서도 그리고 믿지 않는 이들과의 소통을 위해서도 그러해야 한다. 이 작업을 추구하기 위해 칼 라너로 향한다.

5. 우주적 변형으로서의 종말론: 칼 라너로부터의 힌트

내 생각에는 우리가 직면한 문제는 실제로는 과학적이기보다는 신학적이다. 즉, 우리에게 필요한 것은 자연과학에 의해 우리 앞에 펼쳐진 장면과 교류하기 위하여 이용될 수 있는 종말론 교리에 대한 적극적이고 창조적인 새로운 접근이다. 나는 칼 라너의 신학에 관심을 돌림으로써 새롭게 시작하자고 제안한다. 다음의 토론에서 나는 더 이상의 성찰을 위한 출발의 몇몇 초기 요점들을 제공하기를 희망한다.

라너에게 우주와 관련된 종말론, 그리스도론, 그리고 구원론의 우리의 주제들을 위한 다양한 원천들이 있다. 최근의 상당히 창조적인 책, 『**예수와**

우주』에서[43] 데니스 에드워즈는 그리스도의 우주적 중요성에 대한 문제에 대한 이러한 글들을 다양하게 뽑아 엮었다. 나는 라너의 생각의 두 가지 문구를 조사하기 위해 에드워즈를 활용할 것이다.

A. 인류는 자신을 의식하는 우주

라너는 분명히 내가 이 장에서 제시하는 주제에 투신했다. 즉, 부활은 우주 변형의 관점에서 우주적 중요성을 가지고 있고, 그 변형 안에서 세상의 운명은 예기적으로 결정된다. 이 주제의 일부는 인류가 중요한 의미에서 우주의 자기-표현이고 인간 안에서 우주는 자신을 의식한다는 것이 라너의 주장이다.

> 만일 인간이 존재한다면, 그리고 정확히 인간이 자연의 "산물"이라면, 만일 인간이 그저 아무 시점에서 나타나는 것이 아니라 그 발전의 정해진 시점에서 나타난다면, 그 자신이 적어도 부분적으로는 이 발전을 지도까지도 할 수 있는 시점에서 나타난다면, 그가 이제 발전을 객관화하고 그를 생성하였던 것에 반대하는 입장에 서있다는 사실로 인해서, 그때에 바로 이러한 자연은 *그(인류) 안에서* 자신을 의식하게 된다.[44]

과학은 어떻게 인류는 "자기-의식에 도달한" 우주라는 주장을 지지할까? 위에 보고된 것처럼, 지구 생명체와 은하와 별들의 우주 사이의 관계를 이해하는 표준 접근은 생명이 자연 전체의 별로 중요하지 않은 특성이라는 것이다. 매우 다양한 물리 조건들을 가진 충분히 많은 행성이 있으면, 생명은 어디에서 생겨날 것이다. 그러나 생명은 생물학적 진화를 통한 "맹목적 우연"의 산물인 파생적 역할을 수행하고, 아마도 기껏해야 은하수 안에서 그리고 비슷하게 우주를 관통하여 모든 행성 체계들의 1%의 1%의 1%의 1%에서 생겨나는 변두리 역할을 수행하는 것으로 간주된다.[45]

떼이야르가 외계 생명체 문제의 중요성을 최소화했던 만큼, 그는 지구 상 생명체의 사소함과 같은 주장에 대해 문을 열어 놓았다. 한편으로 생명이 가능한 *어떤* 행성을 생성하는 것은 하나의 광활한 우주를 필요로 한다는 사실은 떼이야르로 하여금 우주의 크기가 지구 상의 생명을 이례적인 것으로 만들 필요는 없다는 인식을 하게 하였다. 반대로 그 사실은 지구 상의 생명체를 소중하게 만드는 것으로 여겨질 수 있다. 그러나 떼이야르는 외계 생명체가 있든지 없든지, 지구 상의 생명이 우주에 중요한 것으로, *이 특별한* 우주에 대한 단서라고 생각했다고 보이지 않는다. 이런 의미에서 그는, 만약 생명체가, 그렇다고 보이듯이, 아주 드문 것이라면, 생명은 실제로 우주적 중요성이 결여되어 있고 오직 "맹목적 우연"의 산물일 뿐이라는 논박을 열려진 채 남겨 두고 있다.

그러나 지금, 우주론에 대한 최근 통찰들과 더불어 우주 안에 지구 상의 생명체의 출현은 지구 상의 생명체는, 떼이야르 시대에 이해되었던 것보다, *전체* 우주와 훨씬 더 긴밀한 관계를 가지고 있다는 것을 암시한다. 과연 이러한 논거들은 창조주 신에 의한 "설계"를 들먹이는 듯하다. 거기서 "설계"는 우주 전체의 특성을 언급하는 것이지 살아 있는 종의 구체적인 특성을 말하는 것이 아니다. 나는 요즘 유명한 인류 원리를 언급하고 있다. 그것은 전체 우주를 특징짓는 기본 상수들의 이상한 미세 조율을 가리킨다. 그 상수들은 광속 C, 하이젠베르크의 불확정성 원리를 지배하는 플랑크 상수 h, 전자의 질량과 전하 등등이다. 이제 우리는 이 상수들의 값이 백만 분의 1이나 심지어 십억 분의 1만이라도 지금과 달랐다면, 생명체는 결코 세상 어디에도 생겨나지 않았었을 것이라는 것을 안다.

물론 생명체의 실제 진화는 생명이 어떻게 진화했는지를 서술한 다윈의 생물학에 전적으로 일치한다. 여기서 요지는 상수들이 달랐다면, 우주는 진화 과정 자체와 양립하지 못했을 것이라는 점이다. 그때 질문은 왜 상수들이 모든 가능한 값들 중에서 이러한 값들을 가져야만 했는가가 된다. 어떤 사람들은 이것이 새로운 형태의 설계 논증을 야기한다고 말한다. 창조주 신은 우주 존재의 원인이고 자연의 법칙과 자연 상수들의 값에 의해 기술된 모든 특성들의 저자이다. 결국에는 우리 것과 같은 행성에서 "맹목적 우연"에 의해 생명이 생겨나도록 하기 위해, 신은 이 값들이 정확하게 현재의 것이 되도록 선택했다. 이런 의미에서 인류 원리는 페일리에 대한 다윈의 반론을 피해가게 하고 설계에 대한 질문을 우주적 수준에다 옮겨 놓는다.

말할 필요도 없이, "다중-세계" 주장에로 흔히 돌아서는 자연주의자들로부터 강력한 반응들이 있다. 여기서 "세계"는 "우주"를 의미한다. 이 개념은 모든 가능한 *우주들*이 존재하고 있고 각 우주는 다른 값의 기본 상수들과 아마도 다른 자연 법칙들을 나타내 보이고 있다는 것이다. 대부분의 이 우주들은 생명체가 없다. 단 하나, 바로 우리의 우주만이 특히 그렇지 않다. 그래서 이 우주에서의 우리의 존재의 문제는 일종의 동어 반복으로 표현된다. 우리는 진화를 위한 그 전반적인 조건들(상수들과 법칙)이 우리 진화 가능성과 일치하는 그러한 특별한 우주에서 진화하여 왔다.

그림 9.1에서 나는 가장 간단한 형태로 그 주장들을 기술했다.[46] 부분 ⒜는 두 축에 그려진 두 자연 상수들의 가능한 값 C_1과 C_2을 나타낸다. 각 상수들 값의 범위는 생명 진화의 가능성과 일치하고 $\triangle C_1$과 $\triangle C_2$은 점선으로 표시된다. 이 점선들이 교차하는 그물눈이 있는 영역은 생명에 일치하는 어떤 우주의 전반적 특성에 대한 공동의 제한을 표시한다. 부분 ⒝는 부분 ⒜에 대한 두 가지 반응을 나타낸다. 우주적 설계 주장에 의하면, 신은 미세 조정에 의해 그 우주가 그물눈이 있는 영역 안에 존재하게 함으로써 바로 그 유일한 실제 우주를 창조하도록 선택한다. 다중-세계 주장에 의하면, 모든 가능성 있는 우주들이 존재하고, 그들은 전체 그림의 그물눈이 제시하는 것처럼, 생명에 일치하는 소수의 우주들을 포함한다.

내 생각에는[47] 이 주장의 세밀한 것은 곧 기술적이 되고 그 입증이 두 선

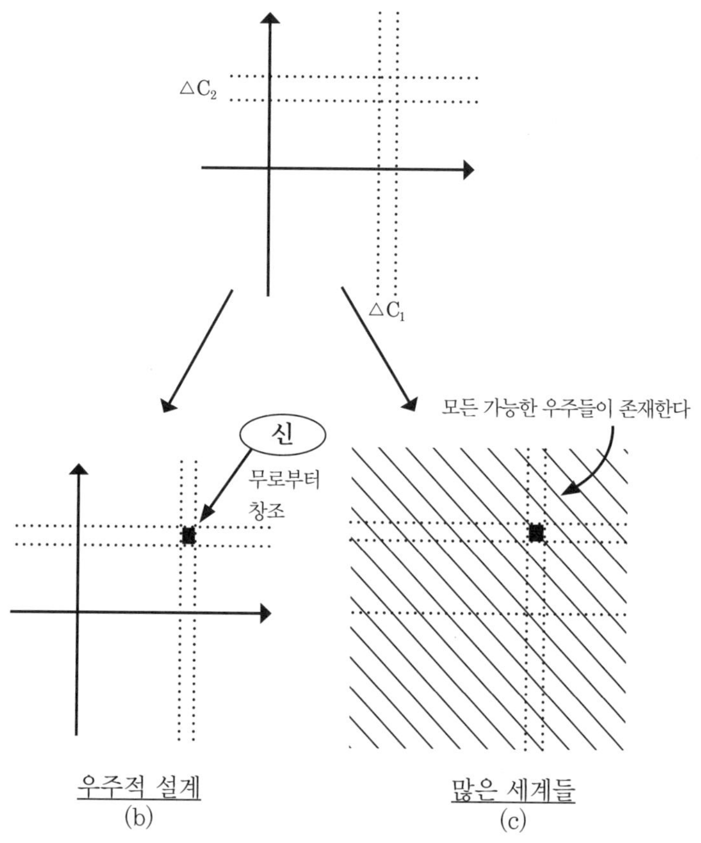

그림 9.1 : 우리 우주의 미세 조율은 (a) 신이나 (b) 많은 세계를 주장하나 (c)?

택들 간에 그리고 그 변형들 간에 열려 있다. 그러나, 흥미롭게도 입증 자체가 우리의 주제와 다소 무관하다. 그것이 설계이든 다중–세계이든, 우주의 인류적 특성이 우리 주제에 도움이 제공되는 듯하다. 왜냐하면 나는 이러한 특성의 실제 중요성은 다음과 같다고 생각하기 때문이다. 즉 우리 인류는 은하계의 바다에서 하나의 동떨어진 현상, 자연의 요행이 결코 아니다. 오히려 비록 우리가 이 은하수에 또는 심지어 이 우주에 홀로 있다 하더라도, 우리는 우리가 살고 있는 우주의 종류에 대한 열쇠이다. 왜냐하면 우리의 존재는 우리 우주 전체가 존재하는 그 정확한 방식과 복잡하게 연결되어 있기 때문이다. 만약 우리가 신이 *이러한* 우주의 창조주라고 주장하면, 우리는 진정 아주 특별한 어떤 것, 우리가 이전에 꿈꿔왔던 것보다 훨씬 더 특별하고 정확한 어떤 것을 주장하는 것이다. 우리 인류는 알맞은 조합의 행성들을 가지고 있는 단지 하나의 특별한 섭리적 별(항성)에 묶여 있는 것이 아니다. 오히려 우리는 자연의 전반적인 우주적 영역과 어떻게든 엮여 있는 것이다. 왜냐하면 자연의 모든 것은 이러한 "인류적" 상수들, C, h 등의 지배를 받기 때문이다. 떼이야르가 결코 꿈꿔 보지 못했던 방식으로 떼이야르의 "인간화"에 대한 희미한 인상이 성간(星間)의 먼지의 가장 멀리서 풍기는 냄새에 있다.

B. 부활은 예기(豫期, prolepsis): 역사적 시간 속에서 종말의 시작

내가 라너의 글에서 끌어 올리려는 두 번째 주제는 우리는 역사 안에서 이미 발생하고 있는 종말–시대의 시작을 부활 안에 가지고 있다는 것이다. 이것은 종말론에게 그 예기적 특성을 부여하며 이 관점은 삼위일체와 종말론에 대해 연구하고 있는 볼프하르트 판넨버그, 쥬르겐 몰트만, 그리고 테드 피터스 같은 몇몇 현대 신학자들이 공유하고 있다. 우리는 이 주제를 부활에 대한 라너의 토론에서 본다.

예수의 육신적 인간성은 그 단일한 역동을 가진 하나의 세계의 영원한 부분이다. 결과적으로 예수 부활은…. 실제로 존재론적으로 서로 결합된 발생이라는 세계 변형의 시작이다. 이러한 시작에서 세계의 운명은 이미 시작되었다. 만일 예수가 부활하지 않았었다면, 모든 사건들은 실제로 달랐을 것이다.[48]

신학과 자연과학에서 일반적으로 재고의 여지없이 수용되는 시간의 선형적 개념이 있는데, 우리는 어떻게 이것을 이해해야 하는가?

이 주제를 가능한 한 첨예하게 초점을 맞추기 위해, 나는 되도록 경쟁적인 선택을 할 것이다. 한편으로 a) *물리학과 우주론이 맞다.* 그리고 우주는 생명, 의식, 그리고 자아–의식에 필수적인 복잡성과 통합을 허용하는 모든 생물학적 생명과 온갖 형태의 어떠한 물질이 끝난 후에도 수십억 년 동안 지속할 것이다. (다이슨과 티플러에게는 실례이지만) 그렇다면 예수 부활이 "세계 변형의 시작"이라고 주장함으로써 우리가 의미하는 것은 무엇인가? 반대로 b) *신학이 맞다.* 실제 근본적으로 새로운 중요한 것이 부활절에 *우주에* 생겼다. 그렇다면 오늘날 우리가 알고 있는 모든 것과 일치하는 과학적 우주론을 구축하기 위한 다른 방법이 틀림없이 있어야 한다. 그러나 그 우주론은 이러한 신학적 주장으로부터 성장하는 것이고 그래서 그 안에서는 미래가 지금의 표준 우주론이 예측하는 것(즉 "얼거나 타든가")과는 다른 것이다.[49]

그러나, 만일 신학이 인지적 내용을 가지고 있다면, 그리고 나는 그렇다고 생각하는데, 그러면 신학이 자연에 대한 경험적이고 심지어 경쟁적인 주장을 하는 것으로 또한 진지하게 인정되어야 한다. 내 주장의 일부는 과학 철학으로부터 유래하고 있는데, 과학철학에서는 과학 이론들이 자료에 의해 충분히 결정되지 않는다는 것과 그리고 미학적, 철학적 요소들이 이론 선택의 준거로서만이 아니라 이론의 원천으로서 기여한다는 것이 가정된다. 이점을 감안하며, 나는 왜 신학 교리의 인지적 요소가 검증 가능한 대안적 과학적 이론의 구축을 위한 형이상학적 요소들의 원천으로서 기여할 수 없는지를 발견할 수 없다. 물론 나는 그러한 이론이 엄격하게 과학의 합리성의 표준 준거에 의해 판단되어야 하고, 그것은 과학 공동체에 의해 평가받는 경험적 근거의 공정성을 포함해야 한다고 역설한다. 호일의 정상 상태 우주론은 그러한 프로젝트의 한 사례로서 봉사할 것이다. 종교적인 이유로(즉 그의 무신론에 대한 투신), 호일은 빅뱅 우주론의 당혹스런 "우주의 시작”을 처분해 버린 실행 가능한 우주론을 구축했다. 그리고 그것은 반증되기 전까지 20년간 생존했었다. 나는 이것을 신학의 뿌리로부터 구축된 과학 이론의 뛰어난 사례로 택한다. 만일 결국 이러한 이론이 구축되고 검증될 수 있다면, 그리고 분명하게 반증되지 않는다면, 먼 미래에 대한 그 해석은 빅뱅 우주론의 해석처럼 진지하게 취급되어야 한다.

이 장의 목적을 위해, 나는 b)의 경우를 가정할 것이다. 이 경우, 우리는 처음부터 시작해서 전적으로 새로운 이론의 구축을 시도할 수 있고 또는 현대 과학 자체 안에서 선형 시간을 넘어 우리를 데려갈 수 있는 대안적 접근들의 실마리를 찾을 수 있다. 어떤 경우든 시간에 대한 선형 개념은, 비록 주장하건대 고대 윤회 관점을 파기하는 데 매우 중요했다 하더라도, 충분한 종말론적 관점에는 부적절한 듯하다. 어떻게든 우리는 시간을 선형 관점이 허용하는 것보다 더욱더 복잡한 것으로 그려야 한다. 그러면 역사적 연속성 안에 있는 어떤 사건이 또한 종말의 시점에서 어떤 사건이 될 수 있고 부활 후 미래의 시간성이 물리학의 선형적 투사와는 달라진다. 처음부터 시작하는 걸음을 내딛기 전에, 나는 이미 과학의 칠판에서 이미 이용 가능한 것을 우리가 찾도록 노력하는 것을 제안한다. 그러나 우선 우리는 우리가 신학적으로 찾으려 하는 것에 대해 더 분명한 개념을 가져야 한다.

우리는 죽음에 대한 라너의 해석에서 “황금 양모피”의 희미한 기미를 본다. 여기서 라너는 죽음 이후의 삶의 이해를 위한 근거로서 끝나지 않은 선형적 시간이라는 영원의 개념을 거부하는 것으로 보인다. “그리스도교 종말론은, 포이어바흐가 말했듯이, 마치 우리가 단지 말을 바꿔 타고 계속 달리는 것처럼, 사물들은 죽음 이후에도 지속된다는 것을 의미하지 않는다.”[50] 따라서 그는 이런 종류의 끝나지 않은 시간 안으로 영혼이 생존하는 것에 대한 단순한 그림을 거부한다. 반면에 그는 “인간의 시간은 실제로 지속되지 않기 때문에 죽음과 함께 모든 것이 끝난다”는 반대 결론도 거부한다. 영원을 단순한 선형적 시간의 관점에서 보는 대신, 라너는 영원이 우리가 지금 알고 있는 시간을 "포함하는" 것으로 기술한다.

> 시간은 한시적인 것이다. 그래서 자유와 마지막 그리고 결정적인 타당한 중요한 것들이 성취될 수 있다. 영원은 순수한 시간의 무한히 긴 양태가 아니라 오히려 시간 안에서 실행해 온 영적 자유의 양태이다.[51]

따라서 종말론을 다루기 위해 우리는 부활의 예기와 신의 영원함의 시간성을 허용하는 시간에 대한 더욱더 복잡한 이해 안으로 들어가는 어떤 통찰을 얻어야 한다.

과학은 여기서 도대체 도움이 될 수 있을까? 우리가 말할 수 있는 것은 여전히 부족하다. 그러나 시간에 대한 엄격한 선형 관점이 과학에 부적절하다는 것과 따라서 신학에 대한 그 개념의 부적절함이 보조를 맞추어 입증될 수 있다는 두 가지 사실로부터 증후가 보인다.

첫째, 우주론에서 우리는 특이성들에 대한 위상(位相) 이론(topology)(즉, "블랙홀")은 시간이 여러 개의 "가닥"으로 분리되는 것을 요구한다는 것을 발견한다. 기본적으로 우리는 두 관찰자를 생각한다. 그들 중 하나는 (불행하게도) 블랙홀에 빠진다. 그 덫을 피한 다른 관찰자는 무한한 미래로 지속한다. 테드는 그 덫에 빠지는 동안 그의 신호를 특이성에서 자유로이 떠가는 사라에게 보낸다. 사라에 의하면, 테드는 수 초 안에 구덩이로 빠진다. 구덩이를 둘러싼 사건 지평선 안으로 한 번 들어가면, 테드와의 접촉은 영원히 상실한다. 그리고 그의 운명은 사라에게 알려지지 않는다. 그러나 사라가 부분적으로 진정하도록, 사라는 테드가 그 구덩이로 실제로 떨어지는 데는 영원한 시간이 걸린다고 생각한다. 그러나 테드의 관점에서 그는 그렇게 즐겁지 않다. 수 초 안에 그는 특이성 안에서 덫에 걸리고 수천 분의 일 초 내에 그 핵심에 도사리고 있는 본질적인 특이성을 마주친다. 특이성에서 그의 종말 사건은, 비록 경험적으로는 그렇지 않아도, 위상 이론적으로 이 모형에서 오메가 점(절대 무한 미래 사건)이라고 불릴 수 있는 것에 대한 사라의 접근과 동일하다는 것을 알면 그를 조금 위로할 수 있을 것이다.

로저 펜로스는[52] 이런 종류의 물리학에 굉장히 도움이 되는 도표적 접근을 발전시켰다(그림 9.2를 보시오).

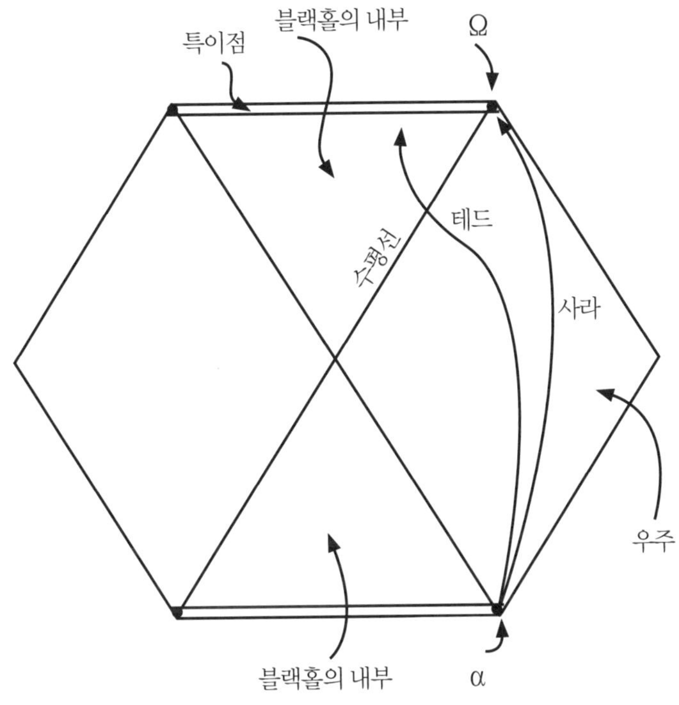

그림 9.2 : 슈바르츠실트 블랙홀에 대한 펜로스 도형

테드와 사라는 둘 다 무한한 과거로부터 시간 안에서 앞으로 향해 여행을 하고, 그림의 화살표로 표현된다. 테드의 길은 사라의 것과 나누어져 지평선을 지나고, 그 후 블랙홀의 중심에서 이중 지평선으로 표기된 특이성을 불가피하게 만난다. 사라는 무한한 미래 안으로 여행을 계속하고 궁극

적인 사건 Ω에 접근한다. 블랙홀 *안의* 특이성의 이중선이 비록 인과적이지는 않더라도, 사라의 무한한 미래에서 사건 Ω와 위상 이론적으로 연결되는 것을 주목하시오.

이러한 기이하지만 수학적으로 사실인 이야기의 요지는 단지 하나의 특이성으로 구성된 우주 모형도 적어도 두 가지 서로 다른 시간적 관점에 준해 서술되어야 한다는 것이다. 먼 미래는 어떤 관찰자(사라처럼)에게는 먼 것으로 남아 있지만, 그러나 즉각적인 미래 안으로, 즉 다른 관찰자(테드처럼)의 현재 안으로 들어간다. 하나의 예기 모형인가? 아마도 오직 예외적으로 투박하지만, 그러나 놀라운 것은 물리학이 자체 안에서는 이런 방식으로 추측해야 한다는 것이다.

따라서 만일 우리가 실제로 종말 시간이 이미 부활 사건에서 나타났다고 믿는다면, 우리 신학자들은 *우주는 선형적 시간의 위상 이론보다 더욱더 복잡한 시간적 위상 이론을 가지고 있다는 것과 이것은 아마도 이론 물리학과 우주론의 심사숙고에 의해 어떤 방식으로 예시되었을 수도 있다는 것*을 당연히 주장해야 한다.

둘째 주장은 다시 한 번 일리아 프리고진으로부터 나온다. 결코 평형이지 않은 비선형 시스템들은 자발적으로 더 높은 질서의 상태로 움직일 수 있다는 그의 발견을 회상하라. 최근 이것은 그로 하여금 시간에 대한 형이상학을 생각하게 했고 연속 변수의 반대인 이산(離散) 변수인 시간의 관점에서 생각하게 했다. 이것은 어떤 계의 나이, 즉 시간 안에서의 그 위치는 어떤 단일한 구체적 값이기보다는 많은 내재적 시간 값들에 대한 평균과 같을 것이라는 것을 의미할 것이다. 그가 제시한 비교는 로마이다. 그 도시는 현재 존재하지만, 그러나 그 건축과 역사를 통해, 한 번에 공존하는 많은 시대의 혼합이다. 결국 우리는 건물의 연대를 어떻게 파악해야 하나? 그 벽은 19세기 것이고, 외장은 현대의 것이며, 모퉁이 돌은 고대 로마의 것이다. 프리고진은 이것을 은유로 사용하여, 우리와 같은 살아 있는 계들은 현재, 최근, 그리고 먼 과거 안으로 자취를 남기고 있는 오래된 구조들의 구성물이라는 것을 제안한다. 현재는 과거를 초월하면서도 과거를 포함한다. 그렇다면, 우리는 우리가 그리스도교적 희망 안에서 매달리는 최종 종말이 우리 안에 현존하고 있다는 또 다른 방식을 알게 된다. *왜냐하면, 종말의 시간이 현재일 때 우리의 먼 시간, 즉 현재의 먼 과거는 어디에나 존재하는 복잡하지만 부드러운 구조 안에 포함될 것이기 때문이다.*

6. 맺음말

마치면서 우리는 우리의 근본적인 주제, 즉 종말은 부활절에 예수의 육신 부활에 근거해서 전체 우주의 변형을 수반하는 것이어서 모든 자연이 신에 의해 거두어지고 새로운 창조물로 만들어진다는 주제로 되돌아간다. 종말론은 *무로부터*의 새로운 창조로 이끌어가지 않는다. 종말이 수반하는 것은 옛 것으로부터의 새로운 창조이다. 그래서 연속성과 불연속성뿐만 아니라 예수 그리스도 안에서 현재 창조물의 역사 안에 이미 그 새로운 창조물에 대한 예기적 출현이 있다. 또한 지구 상 역사의 모든 사건들이 또한 우주적 역사의 종말에 어떤 사건이 될 수 있다. 떼이야르는 그리스도교 신앙이 과학과 만날 수 있는 방법을 앞서 개척했다. 그러나 그의 조치 중 몇 가지는 문제가 있었다. 과학은 지속적으로 우리 신앙의 이해에 도전하고 있으나 과학에서의 새로운 통찰은 인류 원리의 노선과 물리학과 우주론에서의 시간의 여러 가지 의미에 관한 토론을 열어 갈 수 있을 것이다. 물론 결국에 신앙은 하느님의 신비이며 은총의 선물이다. 우리의 과업은 신앙의 내려오는 자산을 통해 가능한 가장 명쾌한 관점에서 생각하는 것이고, 오늘날에는 적어도 과학의 관점에서 생각하는 것을 의미한다. 그러면 아마도 우리는 새로운 수준의 이해와 더 깊은 의미의 희망을 우리의 신앙 고백에 더할 수 있을 것이다. *"그리스도는 죽으셨고, 그리스도는 부활하셨으며, 그리스도는 다시 오실 것이다."*

1　이 글은 1993년 가톨릭 신학 학회(the Catholic Theological Association)에서 발표된 강연이었으나 출판되지 않았다. 원 제목은 다음과 같다. "A Fresh Exploration of the Symbol of a cosmic Christ: Eschatology and scientific Cosmology"

2　Karl Barth, *Epistle to the Romans* (London: Oxford University Press, 1993), 314.

3　Walter M. Abbott, S.J., ed., *The Documents of Vatican II* (New York: America Press, 19366), #48, 78–79.

4　나는 이러한 통찰을 강조해 준 조슈아 모리츠에게 큰 빚을 졌다. 그리고 이 단락을 만드는 데 그가 참여했음을 감사의 마음으로 알린다.

5　Carl E. Braaten, "The Kingdom of God and Life Everlasting," in *Christian Theology: An Introduction to its Traditions and Tasks*, edited by Peter C. Hodgson, Robert H. King (Philadelphia: Fortress Press, 1982), 328–252, esp. 329.

6　대표적인 표본은 다음의 문헌들을 포함한다. Ian G. Barbour, *Religion in an Age of Science* (San Francisco: Harper & Row, 1990); D. J. Bartholomew, *God of Chance* (London: SCM, 1984); Paul Davies, *God and the New Physics* (New York: Touchstone, 1983); John Dillenberger, *Protestant Thought & Natural Science: A Historical Study* (Nashville: Abingdon Press, 1960); Jan Fennema, and Iain Paul, eds., *Science and Religion: One World–Changing Perspectives on Reality* (Dordrecht: Kluwer Academic, 1990); George S. Hendry, *Theology of Nature* (Philadelphia: Westminster, 1980); Stanley L. Jaki, *The Road of Science and the Ways to God* (Chicago: The University of Chicago Press, 1978); Christopher Kaiser, *Creation and the History of Science* (London: Marshall Pickering, 1991); Ernan McMullin, ed., *Evolution and Creation* (Notre Dame: University of Notre Dame Press, 1985); James B. Miller & Kenneth E. McCall, *The Church and Contemporary Cosmology* (Pittsburgh: Carnegie

Mellon University. Press, 1990); Iain Paul, *Science, Theology and Einstein* (New York: Oxford University Press, 1982); Ted Peters, ed., *Cosmos as Creation: Theology and Science in Consonance* (Nashville: Abingdon Press, 1989); John Polkinghorne, *Science and Providence: God's Interaction with the World* (Boston: Shambhala, 1989); Holmes Rolston, *Science and Religion: A Critical Survey* (New York: Random House, 1987); Robert John Russell, William R. Stoeger, S. J., and George V. Coyne, *Physics, Philosophy and Theology: A Common Quest for Understanding* (Vatican City State: Vatican Observatory, 1988), hereafter *PPT*; Gerd Theissen, *Biblical Faith: An Evolutionary Approach* (Philadelphia: Fortress Press, 1985); Thomas F. Torrance, *Divine and Contingent Order* (Oxford: Oxford University Press, 1981); N. Max Wildiers, *The Theologian and His Universe: Theology and Cosmology from the Middle Ages to the Present* (New York: Seabury, 1982).

7 A. R. Peacocke, *Creation and the World of Science* (Oxford: Clarendon Press, 1979).

8 이 장에서 나는 그리스도교인들이 육신의 부활과 영혼의 불멸성 교리들이 서로들 간에 배타적이듯이 이들 중 하나를 선택해야 한다고 제안하는 것이 아니다. 분명히 이 두 교리는 성경과 전통에 강력한 뿌리를 가지고 있다. 내가 제안하는 것은 내가 일차적 교리라고 간주하고 영혼의 불멸성을 부차적 교리로 포함할 수 있는 육신의 부활은 전체 우주가 종말론적 미래 안에 변모되었다는 주장으로 이끈다는 것이다. 나는 이러한 교리들 간의 관계를 개인적 토론에서 명료하게 해준 존 라이트에게 감사한다. 그리고 여기서 지적한 코린토 서간 구절의 중요성을 강조해준 테드 피터스에게 감사한다.

9 그러나 이것을 묵시 21,1과 비교하면, 이전의 생태적 주제가 결여된다.

10 이런 가닥에 대한 최근 토론을 위해 다음 문헌을 보시오. Richard Cartwright Austin, *Hope for the Land: Nature in the Bible* (Atlanta: John Knox, 1988); George H. Kehm, "The New Story: Redemption as Fulfillment of Creation," in *After Nature's Revolt: Eco-Justice and Theology*, ed. by Dieter T. Hessel (Minneapolis: Fortress Press, 1992), 89–106.

11 Oxford: Clarendon Press, 1986.

12 나는 떼이야르가 "안"(within)과 "바깥"(without)을 완전히 구분된 것으로 생각하지 않았다는 것을 내게 지적해 준 존 라이트에게 감사한다. 대신에 떼이야르는 그것들을 연관시켰지만 반면에 단순히 그것들을 동일시하지는 않았다. 배로우과 티플러는 떼이야르에서 동일한 문구를 인용하면서, 특히 그가 "의지나 생각"을 위한 "기계적으로 동등한" 것을 발견할 모든 희망을 거부했다는 점에 초점을 둔다. 따라서, 그들이 정보 이론과 열역학 사이의 최근 관련성(내가 다음에 인용한)에 관심을 돌릴 때, 그들은 이것을 의지나 생각을 위한 "기계적으로 동등한" 경우라고, 그래서 떼이야르 이론에 대한 반박이라고 간주한다. "정보 이론은 떼이야르 이론의 초석을 제거하는 것이고 그리고 과학 이론으로서 떼이야르의 이론은 완전히 박살난다." 라이트가 명료하게 한 것을 감안하면, 나는 배로우와 티플러가 이러한 주장에서 실제로는 틀렸음을 깨닫는다. 그러나, 그들이 인정하는 바, 그들은 떼이야르의 이론은 반증 가능하기 때문에 과학 이론으로 간주된다는 점을 지적하고 있다.

13 Pierre Teilhard de Chardin, *The Phenomenon of Man* (New York: Harper & Row, 2nd, ed., 1965), 63. 『인간현상』, 떼이야르 드 샤르댕 지음, 양명수 옮김, 한길사, 2004, 70쪽.

14 Ibid., 63–64; 『인간현상』, 71쪽.

15 Ibid., 64; 『인간현상』, 71쪽.

16 이것은 아마도 복잡성과 의식에 대한 떼이야르의 법칙과 밀접한 연관이 있을 것이다. Ibid., 61.

17 Barrow, Tipler, *Anthropic*, 198 and eqn. 10.39, 661.

18 배로우와 티플러는 아주 재미있게 자세히 계산을 계속한다. 우리가 열역학 과정에서 지구의 전체 질량 에너지를 사용한다면, 그리고 우리가 알고 있는 가장 추운 환경 온도, 우주 자체의 가장 추운 온도(그것은 빅뱅으로부터 남겨진 켈빈 3도에서 배경 복사의 특징이다)에서 작업한다면, 생성될 수 있는 최대 정보는 10^{64} 비트다. 전체 태양계 체계의 질량 에너지는 10^{70} 비트의 생성을 지원할 것이다. 은하계는 10^{81} 비트를 생성할 것이다. 전체 보이는 우주의 질량 에너지는 10^{98} 비트를 생성할 것이다. (Ibid., 662를 보시오.)

19 일 광년은 일 년 동안 빛이 여행하는 거리다. 거의 3조 Km이다. 비교를 위해, 달은 1.5 광초, 태양은 8 광분 떨어져 있다.

20 Bertrand Russell, "A Free Man's Worship," in *Mysticism and Logic, and Other Essays* (London: Allen & Unwin, 1963 eds), 41.

21 Steven Weinberg, *The First Three Minutes* (New York: Basic, 1977), 154-155.

22 여기서 시공간은 유클리드적이란 의미에서 평평하다. 그러나 그것은 광속으로 속도를 제한하는 빛 원뿔이라고 하는 인과성의 구조를 갖는다. 인과적 구조는 수학적으로 로런츠 계량으로 표현된다. 그것은 기술적으로 시공간을 유사–유클리드로 만든다. 빛 원뿔 구조의 결과는 인과적으로 현재와 관계없는 사건들이 다른 관찰자들의 속도에 따라서 미래, 현재, 또는 과거에 있는 것으로 보일 수 있고, 그것은 특수 상대성 이론의 유명한 역설을 야기한다.

23 아인슈타인의 후기 작업은 이론 물리학에서 현재 우리가 널리 추구하는 연구 목표를 예상했었다. 그것은 물질과 장을 단일 원리로 환원시키는 조치, 즉 모든 물리적 상호 작용을 운반하는 휜 시공간으로서의 통일 양자 장이다.

24 절대 시작 t =0에 대한 예측은 상당히 광범위한 신학적 토론을 고무시켜 왔다. 광범위한 참고문헌을 포함한 다음의 나의 글을 보시오. Robert John Russell, "Theological Lessons from Cosmology," in *Cross Currents: Religion & Intellectual Life* 41 (Fall 1991), 308-321. 다음의 문헌들을 보시오. Ted Peters, *Cosmos as Creation*; Russell, et al., PPT. Robert J. Russell, Nancey C. Murphy, and Chris J. Isham, *Quantum Cosmology and the Laws of Nature* (Vatican City State/Berkeley, Calif.: Vatican Observatory Publications: Center for Theology and the Natural Sciences, 1993), 이후로 *QCLN*.

25 게다가, 평평한 우주에서 전반적 계량은 특수 상대성의 것과 동일하다. 유사–유클리드.

26 이것은 티플러의 다음 글로부터 생성되었다. *Anthropic*, 653.

27 Friedrich Schleiermacher, *On Religion: Speeches to Its Cultured Despisers* (New York: Harper & Row, 1958), 38-39.

28 포함되어야 하지만 공간 제약 상의 이유로 포함되지 못한 학자들이 다음과 같다. Paul Davies, John Barrow, Stephen Hawking, Carl Sagan, E.O. Wilson 등등.

29 F. J. Dyson, *Rev. Mod. Phy.*, 51, 447 (1979).

30 Tipler, *Anthropic*, 658.

31　Freeman Dyson, *Infinite in All Directions* (New York: Harper & Row, 1988), 107.

32　통합 원리 즉 존재 안에서의 통합은 의식을 위해서 요구되는 것 같다고 우리는 곧잘 주장한다. 다이슨에 의해서 발전된 그 주장은 통합 원리가 여러 가지 방식으로 성취될 수 있을 것처럼 여겨진다. 확실히 그 하나는 지구 상 생명 형태의 생물학적 조직화이며, 여기에는 유전자의 분자 생물학, 세포의 생화학, 신체에 구조화된 기관의 생리학, 그리고 진화의 조건들 아래 있는 먹이–사슬 계의 생태학이 포함된다. 그러나 통합 원리에 대한 다른 수단은 중성자 별의 구조, 안드로이드의 자기–복제 구조, 또는 심지어 상당히 복잡한 성간(星間) 구름의 느슨하게 연결된 특성들이 있을 것이다. (프레드 호일의 *Black Cloud*을 보시오.)

33　Frank J. Tipler, *The Physics of Immortality: Modern cosmology, God, and the Resurrection of the Dead* (New York: Doubleday, 1994); 초기 생각에 대해 다음 글을 보시오. Frank J. Tipler, "The Omega Point Theory: A Model of an Evolving God," in *PPT*, 313–32.

34　Tipler, *Anthropic*, 659.

35　W.R.Stoeger, G.F.R. Ellis, "A Response to Tipler's Omega–Point Theory," *Science and Christian Belief* 7.2 (October 1995); Hyung Sup Choi, "A Physicist Comments on Tipler's 'The Physics of Immortality'," *CTNS Bulletin* 15.2 (Spring 1995).

36　Willem B. Drees, *Beyond the Big Bang: Quantum Cosmologies and God* (La Salle, Ill.: Open Court, 1990), ch. 4. 또한 다음을 보시오. Fred W. Hallberg, "Barrow and Tipler's Anthropic Cosmological Principle," *Zygon: Journal of Religion and Science* 23.2 (june 1989).

37　Frank J. Tipler, "The Omega Point as Eschaton: Answers to Pannenberg's Questions for Scientists," *Zygon: Journal of Religion and Science* 24.2 (June 1989): 217–53. Wolfhart Pannenberg, "Theological Appropriation of Scientific Understandings: Response to Hefner, Wicken, Eaves, and Tipler," *Zygon: Journal of Religion and Science* 24.2 (June 1989): 255–71.

38　Willem B. Drees, "Contingency, Time, and the Theological Ambiguity of Science," in *Beginning With the End: God, Science, and Wolfhart*

Pannenberg, ed. Carol Rausch Albright and Joel Haugen (Chicago: Open Court, 1997). Robert John Russell, "Cosmology and Eschatology: The Implications of Tipler's 'Omega Point' Theory to Pannenberg's Theological Program," in bid. Robert John Russell, "Cosmology, Creation, and Contingency," in Peters, ed., *Cosmos as Creation*, 201-4. . Robert John Russell, "Cosmology from Alpha to Omega," *Zygon: Journal of Religion and Science* 29.4 (December 1994): 570-72. 또한 March 1999 issue of *Zygon*에 있는 반응을 보시오.

39 Polkinghorne, *Science and Providence*, 96; Barbour, *Religion in an Age of Science*, 151-52; Arthur Peacocke, *Theology for a Scientific Age: Being and Becoming—Natural, Divine and Human* (Minneapolis, Minn.: Fortress Press, 1995), 345; Philip Clayton, *God and Contemporary Science* (Grand Rapids, Mich.: Eerdmans, 1997), 132-36; Worthing, *God, Creation, and Contemporary Physics*, ch. 5. 다음의 책 심포지움을 보시오. June 1995 and September 1995 issues of *Zygon: Journal of Religion and Science*, 30.2, 30.3.

40 Dyson, *Infinite*, 117.

41 Michael J. Buckley, S.J., *At the Origins of Modern Atheism* (New Haven, Conn.: Yale University Press, 1987).

42 티플러는 *Anthropic*과 또 다른 곳에서 특히 FAP(최종 인류 원리)의 신학적 의미를 공격적으로 추구하고 있다는 점에 주목해야 한다. (다음 문헌을 보시오. "The Omega Point Theory: A Model of an Evolving God" in Russell, *Physics*.) 내 생각에 그는 그의 신학적 토대들에서 과학에 너무나 규범적인 역할을 부여하고 있고 그러한 토대들을 강력하게 근본주의 스타일로 구축하고 있기 때문에 나는 그의 신학적 결론으로부터 어느 정도 거리를 두고 있다. 그럼에도 불구하고 나는 그가 오늘날 많은 전문적 신학자들과 달리 신학적 토론에서 과학을 진지하게 취급하려고 시도했다는 사실을 존중한다.

43 Denis Edwards, *Jesus and the Cosmos* (New York: Paulist, 1991).

44 Karl Rahner, *Foundations of Christian Faith* (New York: Crossroad, 1978; 1992), 188.

45 그러나 이러한 일반적인 경험 법칙에 몇몇 중요한 예외가 있다. 더욱더 철학적으로 기울어진 몇몇 과학자들은, 비록 뚜렷한 신학적 구조가 없더라도, 라너와 전적으로 다르지 않은 노선을 취한다. 예를 들면, 존 휠러는 양자 물리학은 우주 안에서 자아-의식을 야기한다고 주장한다. 왜냐하면 의식 있는 관찰자가 관찰될 수 있는 우주의 모든 과거를 포함해서 양자 사건들을 실제로 가져오기 위해서는 필수적이기 때문이다. 폴 데이비스는 인류 원리(아래를 보시오)로부터 주장하면서 우주는 인류에게 황량한 무대이기보다는 친근한 곳이라고 주장한다. 프리만 다이슨은 마음을 자연 안에 있는 세 가지 수준, 즉 양자 수준, 거시적 수준, 그리고 우주적 수준에서 서술하고 즐거이 다음과 같이 언급한다. "어떤 면에서 우주는 우리가 올 것을 알고 있었음이 분명하다"(Freeman Dyson, *Disturbing the Universe* [New York: Harper&Row, 1979], 250.). 물론 과학적 자격을 가지고 있고 신학에서 명쾌하게 연구하고 있는 아서 피콕, 이안 바버, 존 폴킹혼, 그리고 찰스 버치 같은 학자들은 과학적 인류학과 더불어 우주론을 매우 진지하게 취급하는 신학적 인류학을 강력하게 주장하고 있다.

46 그림 9.1은 또한 1장의 그림 1.3에도 나온다.

47 자세하고 광범위한 토론을 위해 다음 문헌을 보시오. John Leslie, *Universes* (London: Routledge, 1989). 빌 스테거는 다중 세계 주장에 대한 인상적인 비평을 했다. 그가 주장한 것처럼 만일 물리학의 법칙들이 단지 기술적인 것이라면, 그것들은 다른 우주들의 존재에 대한 논증의 근거로 기여하도록 정당하게 일반화시킬 수 없다. 다음 문헌을 보시오. Russell, Murphy, and Isham, *QCLN*.

48 Karl Rahner, "Resurrection," in *Sacramentum Mundi: An Encyclopedia of Theology* 5 (New York: Herder and Herder, 1970), 333.

49 여기서 신학 교리의 문자주의적 이해에 근거한 "과학적 창조"의 사촌을 제안한다는 어떤 비난을 피하고 싶다는 것을 나는 서둘러 추가한다. 대신에 나는 신학으로부터 미신과 유사 과학을 제거하기 위해 신학은 현대 과학의 관점에서 비판적으로 평가되어야 한다고 주장한다.

50 Rahner, *Foundations*, 436.

51 Ibid., 437.

52 Charles Misner, Kip Thorne, and John A. Wheeler, *Gravitation* (San Francisco: WH Freeman, 1973)을 보시오.

제10장

육신의 부활, 종말론과 우주론: 창조적 공동의 상호 작용에서 신학과 과학[1]

우리 주 예수 그리스도의 아버지 하느님께서 찬미받으시기를 빕니다. 하느님께서는 당신의 크신 자비로 우리를 새로 태어나게 하시어, 죽은 이들 가운데서 다시 살아나신 예수 그리스도의 부활로 우리에게 생생한 희망을 주셨고(1베드 1,3),

1. 입문

그리스도교 신학의 결정적인 선교 내용(kerygma)은 나자렛 예수의 부활이다. 많은 성서학자들과 조직 신학자들에게 부활은 "육체적"이라고 이해된다. 예수의 전체 인격이 새로운 존재 형태로, 즉, 신과 함께하는 영원한 생명으로 변형된 것이다.

제대로 이해된 예수의 부활은 야이로의 딸이나 라자로를 일으켜 세움을 설명하는 "소생" 이상의 것이다. 대신에 이 부활은 "육체적"이다. 그것은 부활 날 발현에 기록된 것처럼 제자들에 의해 경험되었고 빈 무덤 전통에 대한 주장에 따른 모든 "영성화 된", 혹은 더욱 환원적으로는, "주관화 된" 해석들과는 구분된다. 부활은 또한 예수라는 인격체에 한정된 "기적" 이상의 것이고 일상적인 주변 세계 전체의 배경을 거슬러 벌어졌다. 대신에 부활한 주님의 이야기는 제자들과 그들의 주변을 포함하고, 그 주변은 예수의 발현과 승천 이야기가 시사하는 것처럼 이미 근본적 변형의 징후를 보이고 있던 어떤 환경으로 나타난다. 부활에 대한 이러한 관점은, 부활을 연구하는 성서학자들과 조직 신학자들이 볼 때에, 모든 창조물이 새로운 창조물, 즉, "새로운 땅과 새로운 하늘"이라는 그 "환경"으로 변형되어야 한다는 하나의 종말론으로 이끌어 간다. 이 새로운 창조물은 부활 날에 신의 예기적 활동을 통해서 예시되었고 그리스도가 "영광 안에 다시 오실 때" 모든 피조물들의 미래가 어떻게 될 것인지를 시사한다.

아이러니하게도 지난 반세기 이상 "신학과 과학"이라고 명명된 건설적 교류 안에서 어렵게 얻어진 발전에 비하여, 육신의 부활과 새로운 창조 종말론에 대하여 과학 전반과 특히 과학적 우주론이 제기하는 도전은, 단지 소수의 예외가 있지만, 놀랍게도 지속적인 주목을 받지 못하였다. 신학과 과학 저작물에서 "창조"의 개념은 분명히 대략 130억 광년 크기의 팽창하는 빅뱅 우주(또는, 양자 우주론을 따른다면, 끝없이 팽창하는 "우주" 또는 "거대우주")를 말하며 확실히 지구 행성만을 말하지 않는다. 따라서, 적어도 이 저작물 안에서, 새로운 창조물로 변형될 "창조물"은 분명히 이와 동일한 우주(또는 "그 우주")를 말해야 한다. 그러나, 이러한 주장은 직접적으로 과학적 우주론과 맞닥뜨린다. 왜냐하면 선택된 모형들(빅뱅, 급팽창하는 빅뱅, 양자 우주론 등)이 무엇이든 관계없이, 우주의 미래가 확실히 성서적/신학적 새로운 창조물과 같은 것이 아니기 때문이다. 과연, 신학과 과학 분야에서 적어도 한 명의 아주 뛰어난 학자가 이렇게 인정했다. "만일 빅뱅 우주론과 열역학 제2법칙의 결합에 의해 예견된 최후의 미래가 실현된다면, 우리는 우리의 신앙이 헛된 것이라는 증명을 가지게 될 것이다. 신은 없으며 적어도 예수를 따르는 자들이 믿는 그러한 신이 없다는 것을 증명하게 되는 것이다."[2]

이 장의 목적은 내가 처음에 몇 가지 이러한 발걸음의 개요를 제시한 이전 작업의 뒤를 이어, 하나의 응답을 구성하는 과정 가운데 몇몇 부가적 발걸음을 취하는 것이다.[3] 빅뱅 우주론에 대한 간략한 개요를 제시한 뒤, 나는 예수의 육신 부활에 대한 신약 성경 연구에서 취해진 입장들에 대해 좀 더 충분히 보고할 것이다. 내 의도는 신약 성경 학자가 확실히 아닌 내가, 신약 성경 학자처럼 신약 성경 토론에 들어가는 것이 아니다. 대신에 내 의도는 "최악의 사례" 즉, 그리스도교를 무신론적 비판에 가장 취약하게 만드는 사례, 예수의 육신 부활과 종말론에 대한 예수의 육신 부활의 함의를 채택하는 것이다. 왜냐하면, 내가 이미 주장한 것처럼 이 입장은 과학과의 심각한 그리고 아마도 해결될 수 없는 갈등과 모순을 야기하기 때문이다. 이것은 추구할 가치가 있는 입장이며 이것은 과학에 맞추어 이미 "조작된" 것이 아니다. 왜냐하면 이것은 "신학과 과학"이 "창조적 공동의 상호 작용" 안에 자리매김해야 하고 갈등과 무관심 안에 있어서는 안 된다고 촉구하는 우리들에게 가장 높은 차원의 "시험 사례"를 대표하기 때문이다.

그런 뒤 나는 왜 이러한 교류가 실제로 피할 수 없는지 제안하기 위해서 신학과 과학에로 눈을 돌릴 것이고, 존 폴킹혼이라는 한 학자의 업적에 대해 보고할 것이다. 그의 접근 방식은 내게는 독특하게 촉망된다고 여겨진다. 그런 후, 나는 신학과 과학의 현재 방법론의 확장이 필요하다고 제안할 것이다. 그리고 거기에서부터 나는 종말론을 과학에 비추어 재구성하고 아울러 종말론에 비추어 과학과 우주론에 대한 새로운 접근을 탐색하기 위한 일련의 지침을 발전시킬 것이다. 이 지침들은 신학과 과학의 미래 연구 프로그램을 위한 몇 가지 제안들로 안내한다.

2. 빅뱅 우주론의 도전

우주가 결국 모든 것을 감싸는 죽음으로 향한다는 것이 밝혀진다면 그때 이것은 그리스도교 신앙을 반증할 것이고 그리스도교의 희망을 제거할 것이다.[4] —존 맥퀘어리

과학적 관점에서 우주를 고찰하기 위해, 우리는 중력 이론을 가지고 있는 물리학과 빅뱅 우주론에로 관심을 돌려야 한다.

A. 빅뱅 우주론과 먼 미래[5]

1915년에 알버트 아인슈타인은 특수 상대성 이론을 그 토대로 이용하고 중력의 문제에 이를 적용하면서 일반 상대성 이론을 구축하였다. 여기서 그는 뉴턴의 운동의 상대성 원리를 확장하여 전자기력뿐 아니라(특수 상대성 이론에서처럼) 이제 중력도 포함시켰다. 균일하고 독립적으로 흐르는 시간과 함께 삼차원의 절대적 컨테이너 같은 공간 안에서 움직이는 물질 대신에, 아인슈타인의 근본적이고 새로운 접근은 시간과 공간을 시공간으로 결합시키고,[6] 그 시공간을 물체와 동등한 존재론적 기반에 두며, 그들 간의 비선형적 상호 작용을 허용한다. 유명한 해석이 말하는 것처럼, 일반 상대성 이론 안에서 "공간은 물체가 어떻게 움직일 것인지 알려 주고, 물체는 공간이 어떻게 휠 것인지 알려 준다".[7] 1920년대에, 에드윈 허블 같은 천문학자들은 먼 은하들의 스펙트럼은 전자기 스펙트럼의 적색 끝을 향해 편이 되고, 적색 편이의 양은 은하까지의 거리에 비례한다는 것을 발견했다. 이러한 관찰들은 다시, 공간의 모든 방향에서 은하들은 그들의 거리 D에 비례해 v라는 속도로, 허블의 법칙 $v=HxD$[8] 로 알려진 것처럼, 우리로부터 멀어지고 있다고 해석될 수 있었다. 대부분 과학자들이 수용하는 의미는 아인슈타인의 일반 상대성 원리에 의해 서술된 것처럼 우주 자체가 시간 안에서 팽창한다는 것이다!

팽창에 대해 가능한 세 가지 형태가 있다. 1) 닫힌 모형. 이 모형에서 우

주는 유한한 크기의 삼차원의 구(球) 형태를 갖는다. 우주는 최대 크기로 팽창하고, 지금으로부터 대략 1,000-5,000억 년 뒤 수축한다. 2) 열린 모형들. "평평한" 모형과 "말안장" 모형 모두에서, 우주는 크기가 무한하고 영원히 팽창한다. 이 세 가지 모두 "빅뱅" 모형이라고 불리는데, 그들은 우주가 100-150억 년의 유한한 과거를 가지고 있고, 무한한 온도와 밀도, 용적이 제로인 사건 안에서 시간이 0인(t=0) 시점에서 시작하였기 때문이다.

B. 급팽창 빅뱅과 양자 우주론[9]

1970년대 이후, 표준 빅뱅 모형의 다양한 기술적 문제들이 과학자들로 하여금 "급팽창 빅뱅"과 "양자 우주론"을 탐구하도록 이끌었다. 급팽창 빅뱅에 의하면, 극히 초기 시점(대략 플랑크 시간, t=0 후 10^{-43}초)에서 우주는 기하급수적으로 팽창했고, 그 후 표준 빅뱅 모형의 더욱 느려진 팽창 속도로 급격히 안정되었다. 급팽창 중에 무한히 많은 구역(domain)들이 생겨났을 것이고 전체의 통 우주가 많은 우주들, 시공간의 커다란 부분들로 분리되고, 그들 안에서 자연 상수들과 심지어는 물리학의 특수 법칙들이 다양할 수 있다. 대부분의 양자 우주론들 안에서, 우리의 우주는 영원히 팽창하고 무한히 복잡한 거대우주의 바로 한 부분이다. 그러나, 양자 우주론은 상당히 사변적인 영역이다. 양자 중력을 포함한 이론들은 양자 우주론의 기저를 이루고 있으며, 악명 높게도 경험적으로 검증하기 어렵다.

C. 빅뱅과 먼 미래: "얼거나 탄다"

비록 급팽창 우주론 또는 양자 우주론들이 지속적 중요성을 가진다 하더라도, 우리가 살고 있는 가시적 우주의 먼 미래는 빅뱅 우주론에 의해 기술된다. 빅뱅 우주론에 의하면 우주의 먼 미래에 대한 두 가지 시나리오가 있다. 그것은 "얼거나 탄다"이다. 만약 우주가 열려 있거나 평평하다면, 영원히 팽창하고 계속해서 현재의 온도(약 2.7^{K})로부터 차가워져서, 절대 영도에 점근적(asymptotically, 漸近的)으로 가까워질 것이다. "우주 상수" ₵의 존재는 그 팽창을 가속화 할 수도 있고 아니면 아마 우주를 닫아버릴 수도 있다. 만약 우주가 닫혀 있다면, 1천 억에서 5천억 년 내에 최대의 크기로 팽창하고 그 후 과거 팽창하던 거울 이미지처럼 아주 작은 크기와 끝없이 높은 온도로 수축하게 될 것이다.

우주 안에서 생명체의 미래는 어떠한가? 우주가 열려 있든 닫혀 있든 상관없이, "얼거나 타버릴" 것이니 전반적 그림은 암울하다. 닫힌 시나리오와 열린 시나리오 모두에 대한 합리적으로 잘 동의된 설명이 프랭크 티플러와 존 배로우에 의해 제공되었다.[10] 50억 년 내에 태양은 적색 거성이 될 것이고, 지구와 화성 궤도를 집어 삼켜, 결국 백색 왜성이 될 것이다. 별 형성이 400–500억 년 내에 우리 은하와 다른 은하에서 끝나게 될 것이다. 10^{12} 년 내에 모든 거대한 별들이 중성자별들 혹은 블랙홀들이 될 것이다.[11] 10^{19} 년 내에 은하 가장자리 근처의 죽은 별들이 은하 사이 공간 안으로 표류하게 될 것이다. 중심 근처의 별들은 수축하여 함께 거대한 블랙홀을 형성한다. 10^{31}년 내에 양성자들과 중성자들이 양전자, 전자, 중성미자, 그리고 광자로 붕괴될 것이다. 10^{34}년 내에 죽은 행성들, 흑색 왜성들과 중성자별들이 사라질 것이고, 그들의 덩어리는 완전히 에너지로 바뀌며, 단지 블랙홀들, 전자–양전자 플라스마, 그리고 복사만 남기게 될 것이다. 탄소에 기반을 둔 모든 생명 형태들은 불가피하게 소멸될 것이다. 이를 넘어, 태양 덩어리, 은하 덩어리, 그리고 마침내 초은하 집단 덩어리 블랙홀들은 호킹 복사에 의해 증발될 것이다. 결과는 분명하다. "양성자 붕괴는 호모 *사피엔스* 같은 양성자와 중성자에 기반을 둔 생명과 원자로 구성된 모든 형태의 생명의 궁극적인 죽음을 의미한다."[12]

이제 우리는 우리의 핵심 질문으로 되돌아 갈 수 있다. 그리스도교 종말론은 이러한 과학적 시나리오들 가운데 어느 것과 일치된다고 간주될 수 있을까?

2. 예수의 육신 부활에 대한 신약 성경의 논란

이 장에서 나는 우리가 과학적 우주론을 진지하게 받아들일 때 신학에게 가장 심각한 도전을 제기하는 예수의 부활에 대한 해석을 작업가설 혹은 "시험 사례"로서 채택할 것이다. 즉, 그것은 (빈 무덤 전통을 포함한) 예수의 육신 부활과 우주(창조물)의 새로운 창조물로의 변형이라는 종말론이다. 이 입장은 신약 성경 학자들과 신학자들에 의해 잘 옹호되고 있기 때문에 이것을 우주론과 마주치는 시험 사례로서 채택하는 선택은 결코 임의적이거나 쉽게 회피할 수 있는 것이 아니다.

A. 예수의 부활에 대한 객관적인 해석

예수의 부활에 대하여는 소위 "객관적" 해석과 "주관적" 해석들이 있다. 객관적 해석을 지지하는 이들에 의하면, 나자렛 예수의 십자가형, 죽음과 묻힘 이후에 그분에게 중대한 것이 일어났기 때문에, 그분은 살아나서, 영원히 신과 함께 살며, 우리의 삶 안에서 우리에게 현존한다. 줄여서 말하면, 신은 예수를 죽은 자들로부터 일으켜 세우셨다. 객관적 관점에서 "예수의 부활"은 나자렛 예수에게 일어난 어떤 중대한 것을 의미하며 그것은 완전하게 제자들의 경험으로 환원될 수 없다.[13] 레이몬드 브라운에 의하면, "우리 세대는 신이 예수에게 하기 위해 선택한 것을 따라야만 한다. 그리고 우리는 그 그림 위에다 신이 했어야 한다고 우리가 생각하는 것을 부과할 수 없다".[14]

B. 예수의 부활에 대한 주관적 해석

"주관적 해석"은 발현과 빈 무덤 전통 안에서 보고된 대로 엄격히 경험에 초점을 둔다. 이 경험은 첫 제자들로 하여금 십자가형 이후에 나자렛 예수에 대해 새로운 중대한 것을 알고 믿게 하였다. 그러나, 여기서, "예수의 부활"에 대한 언어는 단지 제자들의 경험을 이야기하는 한 가지 방식이며, 예수의 죽음과 묻힘 이후에 신이 그분에게 주신 새로운 생명 안에서 알려진 사건들에 대한 것이 아니다.[15] 윌리 막센에 의하면, "모든 복음사가들이 보여 주고 싶어 했던 것은 예수의 활동이 계속된다는 것이고 … 그들이 이것을 그림의 형태로 표현한다. 그러나, 그들이 말하고자 하는 것은 단순하다. '우리는 믿게 되었다'".[16]

예수의 부활에 대한 객관적 해석은 나자렛 예수와 부활한 예수 간의 연속성(즉 동일성), 그리고 불연속성(즉 변형)의 요소들을 강조하고 있으며, "변형 안에서의 동일성" 같은 문구를 통해서 이들을 긴장 속에 유지한다. 이 연속적 요소들은 인간 예수에 대한 모든 것을 포함한다. 나자렛 예수와 부활한 예수 간에 적어도 최소한의 육체적, 물질적, 인간적, 그리고 영적 연속성이 있다. 이 때문에 객관적 해석을 따르는 대부분의 학자들은 빈 무덤 전통들의 중요성과 부활에 대한 모든 의미 안에서 육체의 포함을 강조하기 위해 "육신 부활"이란 용어를 사용한다.[17]

예수의 육신 부활을 지지하는 학자들은 그의 부활과 "시간의 끝에서" 일반적 부활, 그리고 "새로운 하늘과 땅"으로 이루어진 새로운 창조를 연관시키지만, 그들은 우주론으로부터의 도전을 간과하는 경향이 있다. 그들은 새로운 창조물을 전체 세상과 그 안의 모든 것의 변형으로 간주한다. 부활한 예수가 이 세상으로 되돌아와 이 세상이 영원한 세상으로 변형되도록 한다. 흥미롭게도, 이러한 주장에 대해 과학적 우주론에 의해 제기된 도전은 거의 점검되지 않는다.

이 장의 목적을 위해 나는 부활 문헌에 대한 "예수의 육신 부활" 해석을 가지고 작업할 것이다. 이것이 과학과의 대화에 대해 "시험 사례/최악의 사례" 접근이 되기 때문이다.

3. "신학과 과학" 대화에서 부활, 종말론, 그리고 우주론: 교류의 놀라운 부족

신학과 과학이 노골적으로 갈등하거나 근본적으로 독립된 것이라는 경쟁적인 주장들에 대항하여, 신학과 과학을 대화와 상호 작용에로 끌어들이는 접근에 있어서 지난 50년간 커다란 발전이 있었다.[18] 물리학, 우주론, 진화 생물학과 분자 생물학, 그리고 다른 자연과학들이 진행되는 신학적 토론 안으로 도입되어 왔다. 특히 자연 안에 진정한 열려 있음(존재론적 미결정주의)을 조사함으로써 신의 객관적으로 특수하지만 비개입적 활동을 설명하려는 목표에 특별한 관심이 집중되었다.[19] 그러나, 자연과학의 관점에서 예수의 부활과 그것의 종말론적 함의는 거의 주목을 받지 못하고 있다.[20] 이러한 주목의 결핍은 특히 아이러니하다. 왜냐하면 신학과 과학의 분야가 풍요롭게 성장 가능하게 하는 데 중요한 역할을 해왔던 바로 그 동일한 방법론적 골격이 우리가 그리스도교 종말론에 대하여 우주론이 제기한 중요한 문제들을 "회피하지" 못하게 하기 때문이다.

이것을 알아보기 위해 우리는 이 방법론의 핵심 주제 두 가지를 간략히 요약할 필요가 있다.[21] 그것은 1) 인식론의 비환원적/전체적 관점과 2) 과학과 인문학의 방법론 간의 유추이다. 여기서 나는 이안 바버의[22] 선구적인 저작물들뿐 아니라 아서 피콕,[23] 낸시 머피,[24] 필립 클레이튼,[25] 존 폴킹혼,[26] 그리고 다른 이들을 직접 참고하게 될 것이다.

A. 인식론적 위계

과학과 신학을 포함한 인문학은 그들이 연구하는 현상의 점증적 복잡성을 반영하는 일련의 수준들에 자리매김할 수 있다. 이러한 "인식론적 위계"에서, 낮은 수준들은 높은 수준들에게 인식론적 제한을 두지만("두 세계"에 반해), 높은 수준들은 낮은 수준들로 완전히 환원될 수 없다. 따라서 바탕 수준의 물리학은 생물학에 제한을 둔다. 반대로 생물학의 과정, 특성, 그리고 법칙들은 물리학으로 남김없이 환원될 수 없다.

B. 방법론적 유추

이러한 위계 내에서 각 수준은 이론 구성과 검증에 있어서 비슷한 방법들을 포함한다. 따라서 신학적 방법은 과학적 방법(몇몇 중요한 차이에도 불구하고)과 유사하다.[27] 이러한 주장은 많은 신학자들이 실제 연구하는 방식에 대한 서술이며 신학연구 발전을 위한 처방이다. 신학 교리들은 이론들로 간주되고 이들은 오류 가능성을 지니며, 은유와 모형을 통해 구성되고, 과학의 결과를 포함한 신학의 자료에 비추어 검증되는 작업가설들이다.

C. 과학에서 신학으로의 다섯 가지 경로: 과학연구 프로그램(SRP)→신학연구 프로그램(TRP)

과학이 신학에 영향을 줄 수 있는 (그리고 주어야 하는) 방식들을 밝히기 위해, 나는 그림 10.1(565쪽과 경로 1–5를 보시오)에 제시한 것처럼, 이 두 가지 개념들, 즉 인식론적 위계와 유추적 방법을 단일한 틀 안에 결합할 것이다. 단순하게 하기 위해 나는 물리학과 신학에 대한 물리학의 영향으로 대화를 제한할 것이다.[28] 이렇게 하여 자연과학이 건설적인 신학에 영향을 미치는 다섯 가지 경로가 있다. 경로 1: 물리학 이론은 신학에 제한을 두는 자료로서 직접적으로 작용할 수 있다. 그래서, 예를 들면, 신의 활동에 대한 신학 이론은 특수 상대성을 위반하지 말아야 한다. 경로 2: 물리학 이론이 신학에 의해 "설명될" 자료로서 또는 신학의 건설적 주장의 근거로서 직접적으로 작용할 수 있다. 따라서 표준 빅뱅 우주론에서 t=0은 종종 신학적으로 *무로부터의* 창조에 의해 설명된다. 경로 3: 물리학 이론들은 철학적 분석을 거친 후에 간접적으로 신학의 자료로서 작용할 수 있다. 예를 들면, 양자 역학의 미결정론적 해석은 철학적 신학 안에서 신의 비개입주의적 객관적 활동의 개념을 이해할 수 있게 한다. 경로 4: 물리학 이론들이 충분히 표현되는 자연의 철학(예를 들면, 알프레드 노스 화이트헤드의 자연의 철학) 안으로 융합될 때, 물리학 이론들은 또한 신학의 자료로서 간접적으로 작용할 수 있다.

끝으로, 경로 5: 물리학 이론들은 개념적 또는 심미적 영감 등을 제공함으로써 신학의 발견적(heuristic) 맥락 안에서 학습을 돕는 식으로 기능할 수 있다. 따라서 생물학적 진화는 자연 안에 신이 내재한다는 감각을 고취시킬 수 있다. 편의를 위해, 나는 과학연구 프로그램이 신학연구 프로그램에게 영향을 미칠 수 있는 다섯 가지 방식을 표현하기 위해 조지 엘리스가[29] 제안한 기호인 과학연구 프로그램→신학연구 프로그램을 사용할 것이다.

D. 왜 우주론의 도전을 피할 수 없는가?

우리는 이제 신학과 과학의 연구 분야를 가능하게 만드는 데 있어서 본질적인 역할을 담당해 온 동일한 방법론적 틀이 왜 종말론과 우주론의 문제를 우리에게 "강요"하는지를 분명히 알아 볼 준비가 되어 있다. 과학적 우주론(빅뱅 우주론, 급팽창 빅뱅, 양자 우주론 등)은 물리학의 부분(즉, 일반 상대성의 장 방정식의 해)이다. 따라서 "얼거나 타버릴" 것이라는 예측은 신학의 종말론이 주장할 수 있는 것들에 제한을 둘 것이고 도전할 것이다. 우발성, 양자 물리학, 카오스 이론, 화이트헤드의 새로움, 창발, 미래의 예측 불가능성, 또는 형이상학 등 어떠한 것에 호소하는 것만으로는 이 문제를 해결하기에 충분하지 않다.[30]

E. 시발점인 폴킹혼의 접근과 확장된 방법의 필요성

존 폴킹혼은 종말론에 대한 우주론의 도전에 자세하게 주목한 소수의 학자들 중 한 사람이다. 그의 연구는 예수의 부활에 대한 육체적 해석에 근거한다.[31] 예수의 육신이 부활한 그리고 영광스런 육신으로 변형되었던 것처럼 그래서 이 새로운 환경의 "물질"은 "이 세상의 변형된 물질"로부터 와야 한다. "처음의 창조가 *무로부터*였다면 새로운 창조는 *과거로부터* 올 것이다. 새로운 창조는 과거에 대한 신의 구원이다. 이 개념은 단순히 과거의 폐지를 의미하는 것이 아니고 오히려 그것의 변형을 의미한다."[32] "새로운 하늘과 새로운 땅"이 어떠할 것인가에 대한 단초는 부활에 대한 복음 해석과 성체성사에서 발견되는 연속성과 불연속성에 대한 주제들에서 나온다. 게다가 과학은 이러한 변형에 대한 우리의 이해에 "중대한 기여를 할 수" 있다. 연속성들은 과학의 영역(정확히 말하자면, 폴킹혼은 "메타과학"이라고 했다) 안에 있을 수 있다.[33]

나는 폴킹혼의 개념들을 시발점으로 사용할 것이다. 그러나, 우리가 더 진행을 시도하기 전에, 위에서 서술된 그러한 시도에 대해 기존의 방법론이 가하는 심각한 도전들을 다루기 위하여 우리는 확장된 새로운 방법을 발전시켜야 한다.

4. 과학적 우주론과 종말론에서의 새로운 연구를 위한 방법과 지침

내가 그것들에 대해 말했기 때문에 이러한 것들이 사실이라고
당신이 믿고 있다는 것을 나는 안다.
그러나, 당신은 방법을 모른다.
따라서 비록 믿어졌더라도, 그들의 진리는 당신에게 감추어져 있다.

–단테 알리기에리[34]

만약 그것이 불가능하다면, 진리일 수 없다.
그러나 만일 그것이 진리라면, 불가능할 수 없다.

만일 우리가 "신학과 과학"의 현재 방법론을 수용한다면 그리고 "시험 사례"인 예수의 육신 부활과 우주론적 변형의 종말론을 수용한다면, 우리가 현대 과학적 우주론의 예측과 직접적 충돌을 피할 수 없는 것처럼 보인다는 것은 분명해 보인다. 좀 더 나아가기 위해 나는 우리가 우리의 방법론을 확장해 신학과 과학 간의 진정한 상호 작용을 허용하자고 제안한다. 나

는 하나의 확장된 방법이, 비공식적인 관점으로부터 보면, 이미 준비가 되어 있다고 생각한다. 그것을 명백히 하는 것은 우리의 현재 문제를 포함하여 신학과 과학의 여러 가지 문제에 도움이 될 것이다.

A. 그 도전에 대응하는 새로운 방법: 그리스도교 신학과 자연과학 간의 창조적 공동의 상호 작용

그림 10.1의 세 가지 경로들을 언급함으로써 나는 그 확장된 방법론을 서술하고자 한다. 그 경로들은 과학의 기저가 되는 철학적 가정들에 대한 신학의 가능한 영향들을 나타낸다. 그 경로들은 연구의 초기 단계가 종종 "발견의 맥락"이라 불리는 연구 초기 단계에서 과학이나 혹은 개인 과학자들이나 과학자들의 팀의 기저를 이루는 철학적 가정들에 대한 신학의 가능한 영향들을 나타낸다. 나는 다시 이 경로들을 신학연구프로그램→과학연구프로그램으로 표기하라는 엘리스의 제안을 사용할 것이다. 그러나, 시작 부분에서, 나는 "영향"이란 말로 신학자들이 특별한 종류의 독단적 권위를 가지고 이야기한다고 가정하는 것이 아니라는 점을 강조하고 싶다. 정 반대이다. 전반적인 맥락은 상호 존중과 양쪽이 제안한 가설들의 오류 가능성에 근거를 두는 학자들 사이에 개방된 지적 교환이라야 한다.

1. 신학으로부터 물리학으로 가는 새로운 세 가지 경로들

경로 6: 역사적으로, 신학적 개념들은 과학적 방법론의 기저를 이루는 몇몇 철학적 가정들을 제공했다는 것이 이제 상당히 명백하다. 과학의 역사가들과 철학자들은 어떻게 현대과학의 태동에 있어서 *무로부터의* 창조 교리가 세상의 합리성에 대한 그리스적 가정과 세상이 우발적이라는 신학적 가정을 결합함으로써 중요한 역할을 담당했는지를 자세하게 보여 주고 있다. 이들은 합작해서 경험적 방법의 탄생과 자연 과정을 표현하기 위해서 수학을 사용하는데 도움을 주었다.[35]

경로 7: 신학적 이론들은 과학의 "발견의 맥락"에서, 즉, 새로운 과학 이론들의 형성에서 영감의 원천으로서 작용할 수 있다. 흥미로운 한 사례가 정상 상태 우주론에 대한 호일의 연구에서 무신론의 미묘한 영향이다.[36]

경로 8: 신학 이론들은 물리학에서 이론 선택 준거 안에서 "선택 규칙"으로 이끌어갈 수 있다. 예를 들면, 한 사람이 하나의 신학 이론을 진실로 여긴다면, 그는 그 신학 이론이 진실이 되는 가능성을 위해서는 물리학 안에서 어떤 조건들이 얻어져야 하는지 윤곽을 그릴 수 있다. 이 조건들은 다시 개인 연구 과학자나 혹은 집단이 어떤 특별한 과학 이론을 추구할 것인지 선택하기 위한 동기로서 기여할 수 있다.

2. 창조적 공동의 상호 작용의 방법(CMI)

신학과 과학 간의 비대칭은 이제 상당히 명백해야 한다. 신학 이론들은 과학의 자료로서 작용하지 않고, 과학 이론들이 신학에 제한을 가하는 방식으로 과학 이론들이 구성될 수 있는 곳에 제한을 두지 않는다. 다시, 이 것은 과학이 제한과 환원 불가능성의 인식론적 위계 안에서 구조화된다는 이전의 가정을 반영한다. 또한 그것은 신학의 어떤 규범적 주장으로부터 과학을 안전하게 보호한다. 이들 8개 경로들은 함께 훨씬 더 많은 상호 작용 모형 안에서 과학과 종교를 묘사하고 있다. 나는 이것을 *창조적 공동의 상호 작용 방법*이라 부를 것을 제안한다. 이 방법이 있으면, 우리는 신학과 과학의 실재 발전을 위해 필요한 조건들을 서술하기 시작할 수 있다.[37]

B. 앞으로 나아가기 위한 지침들:

우주론에 비추어 종말론을 수정하고 종말론에 비추어 우주론을 수정하기

위에 서술된 확장된 방법이 있으면, 우리는 어떤 이중의 프로젝트 안에 뛰어들 준비가 되어 있다. 경로 1-5를 따르면서, 우리는 물리학과 우주론에 비추어 종말론에 대한 더욱더 미묘한 이해를 구축한다. 경로 6-8을 따르면서, 우리는 종말론에 비추어 현대 과학의 우주론에 대한 새로운 해석, 또는 가능한 수정을 추구한다. 만일 그러한 프로젝트가 어쨌든 성공한다면, 결국 이 두 궤도가 적어도 예비적인 방식으로 예수 부활과 그리스도의 재림 때에 완성되는 종말론의 관점에서 우주의 역사와 운명에 대해, 현재 가능한 것보다, 더욱더 일치된 전체적 관점을 도출하는 것이 가능해질 것이다.

이 프로젝트는 분명히 장기적인 과제이며, 과학, 철학과 신학의 여러 분야 학자들의 참여를 요구한다. 그때 우리는 어떻게 진행하게 될까? 내 느낌은 우리는 우선 결실 있는 방향 안에서 우리에게 길 안내를 도와 줄 몇 가지 지침들이 필요하다. 그러한 지침들을 사용한다면, 우리는 연구에 들어가기 위한 특별한 방법들에 대해 탐색을 시작할 수 있다.

1. 현대 과학의 관점에서 건설적(조직) 신학을 위한 지침들

a. 지침 1-4: 건설적 신학을 위한 일반적 철학적 지침들. 우리는 현대 과학의 관점에서 건설적 신학을 위한 지침들을 가지고 시작한다. 우리의 첫 네 가지 지침들은 전반적인 철학적 그리고 방법론적 문제들을 다룬다.

지침 1: 과학에 대한 두 가지 철학적 가정의 배척: 유추로부터의 논증과 법칙론적 보편성으로서의 그 표현. 첫 지침은 우리가 지금 고려하고 있는 종류의 종말론에 대해 물리학적 우주론이 제기하고 있는 근본적 도전을 다룬다. 즉, 그 종말론은 예수의 육신 부활이란 "가장 어려운 사례"를 우리가 선택한 데 근거한 것이다. 적나라한 형태로 그 도전은 냉혹하다. 만약 현대 과학의 우주론의 예측이 맞는다면, 그때 그리스도의 재림은 단지 "지연"되는 것이 아니라 결코 일어나지 않을 것이다. 그렇다면, 코린토 신자들에게 보낸 첫째 서간 1장 15절 바오로의 논리는 그때 거침없이 간다. 즉 만약 일반적 부활이 결코 있지 않을 것이라면, 그때 그리스도는 죽은 자로부터 부활한 적이 없는 것이고, 우리의 희망은 헛된 것이다. 도전은 또한 신학으로

부터 과학에로 오는 것으로서 볼 수 있다. 사실 만약 예수가 죽은 자로부터 육체적으로 부활한 것이 사실이라면, 그때 일반적 부활은 불가능할 수 없다. 이것은 다시 우주의 미래가 과학적 우주론이 예측하는 것처럼 되지 않을 것이라는 것을 의미한다.

우리는 지금 논쟁 중에 있는 것으로 여겨진다. 우리는 어떻게 이 근본적인 도전을 해결할 수 있을까? 내 반응은 이 도전이 과학으로부터 기술적으로 온 것이 아니라 우리가 과학에 적용하는 철학적 가정, 즉 과학적 예측은 조건 없이 유지된다는 가정으로부터 온 것이다. 그러나, 과학이 우주의 과거 역사에 대해 서술하고 설명하는 모든 것을 받아들인다 해도 과학의 미래 예측에 대한 아주 다른 가정을 받아들일 수 있다. 첫 단계는 자연의 법칙이 서술하는 것인가 아니면 처방하는(prescriptive) 것인가를 결정하는 것이며, 빌 스테거가 주장한 것처럼, 과학은 단독으로 이 문제를 해결할 수 없다.[38] 강력한 주장이 자연의 법칙들은 서술하는 것이라는 철학적 근거에 의해 만들어질 수 있다. 둘째 단계는 과학이 자연의 법칙의 관점에서 서술하는 자연의 과정들은 실제로 창조주 신의 지속적인 활동의 결과이지 전적으로 스스로 행동하는 자연의 결과가 아니라는 신학적 근거에 토대를 두어 주장하는 것이다. 비록 신이 자연에게 상당한 정도의 인과적 자율성을 양도했더라도, 자연과정의 규칙성은 궁극적으로 신의 충실성의 결과이다. (여기서 우리는 자연의 인과율에 대한 아우구스티누스의 해석과 토마스학파의 해석 간의 전통적인 논란을 생각한다. 전자는 자연이 신에게 상당히 의존하는 것으로 그리고 자연 사건들을 "온통 경이로운" 것으로 여겼고, 후자는 신이 자연에 상대적 자율성과 높은 정도의 인과적 효율성을 부여하신 것으로 여긴다.) 마지막으로 사정이 그러하다면, 그래서 만약 신이 인류 역사뿐 아니라 우주의 지속적인 역사 안에서도 자유롭게 근본적인 새로운 방식으로 활동한다면(물론 신은 그러하다!), 그때 우주의 미래는 과학이 예측하는 것이 아닐 것이다. 대신 우주의 먼 미래는 예수의 부활로 시작된 신의 근본적인 새로운 활동에 근거할 것이다. 그리고 신의 이 새로운 활동은 현재 자연의 법칙들로, 즉 우주의 과거 역사 안에 있었던 신의 활동에로 환원될 수도 없고 그 법칙들로 설명될 수도 없다.[39]

간단히 말하면, 만일 신이 부활 안에서 활동하지 않았다면, 그리고 신이 우주의 종말론적 변형을 가져오기 위해 지속적으로 활동하지 않는다면, 우리는 우주론적 미래에 대한 "얼거나 타다"는 예측들이 적용되었을 것이라고 말할 수 있다. 그러나, 부활과 종말론적 완성에 대한 신의 약속 때문에 얼거나 탄다는 예측은 일어나지 않을 것이다.

지침 2. 종말론은 우주의 과거와 현재에 대한 방법론적 자연주의를 받아들여야 한다. 우리가 구성하려 하는 어떠한 종말론도 우주의 *과거* 역사에 대한 서술에 있어서 "과학적"이어야 한다. 더욱 정확히 말하면, 종말론은 과거를 서술함에 있어서 방법론적 자연주의에 의해 제한 받아야 한다. 종말론은 자연의 (이차) 원인, 과정, 그리고 특성에 대한 설명에서 신을 끌어들이지 않아야 한다. 과연 방법론적 자연주의가 자연과학의 근거가 되게 하려는 강력한 신학적 이유가 있다. 이것을 간략히 말하기 위해 우리는 *무로부터의* 창조 교리와 고전적 그리스도론에 융합된 그리스의 *로고스* 전통을 가지고 시작한다. 이로부터 우리는 우주가 신과는 존재론적으로 다른 것으로(즉, 우주는 우발적이다) 그리고 신의 말씀을 통해 신이 자유롭게 창조한 것으로(즉, 우주는 이해될 수 있다) 이해하게 된다. 우주가 우발적이고 이해 가능하다는 것은 신의 원인과 자연의 원인이 구별된다는 것(즉, 모든 자연 원인들은 신이 사용하여 활동하는 이차적 원인들이다)과, 우주에 대한 진정한 지식은 경험적이어야 한다는 것과, 그러한 지식은 수학을 통해서 표현될 수 있다는 것을 의미한다. 이 지침은 내 제안을 "지적 설계론"과 같은 운동들과 매우 예리하게 분리한다. 그 운동들은 과학 안에 신을 포함시키지 않는다고 물리학과 생물학의 현대 이론들을 비판한다.[40]

지침 3. "상대적으로 올바른 종말론": 현대 물리학에 비추어(경로 1, 2) 종말론을 구성하기. 비록 우리가 우주의 미래에 대해 빅뱅이 제시하는 예측

들을 제쳐 두더라도, 우리는 빅뱅 우주론과 특히 상대성 이론과 양자 물리학과 같은 현대 물리학과 우주론이 우리에게 우주의 역사에 대해 말하는 것에 비추어 종말론의 현재 작업을 재구성할 준비가 되어 있어야 한다. 우리는 주로 경로 1(과학이 신학에 "제한 조건" 혹은 제한을 둔다)과 또한 경로 2(신학은 과학을 초월한 과학적 질문을 설명한다. "한계 질문"에 대한 데이비드 트래시의 개념을 참조하시오)를 따라야 한다. 나는 이 프로젝트를 "상대적으로 올바른 그리스도교 종말론"을 구축하려는 시도라고 말할 것이다.

지침 4. 빅뱅 우주론과 급팽창 우주론은 모든 수정된 종말론(경로 1)에 대한 "제한 조건"이다: 물질적 주장. 지침 4는 경로 1을 따르고, 표준 빅뱅 우주론과 급팽창 빅뱅 우주론, 또는 다른 과학적 우주론들(양자 우주론 같은)이 모든 가능한 종말론에 "제한 조건"을 둔다고 말한다. 우주와 그 안의 생명체의 역사와 발달에 대해 우리가 알고 있는 모든 것은 신학의 재료가 될 것이다.

지침 5. 형이상학적 선택: 제한적이지만 강요되지 않은 것(경로 3, 4). 현대 종말론을 수정하면서, 우리가 고를 수 있는 다양한 형이상학적 선택들이 있다. 그러한 것들은 과학에 의해 결정되지 않는다. 이 선택들에는 물리주의, 창발적 일원론, 양면적 일원론, 존재론적 창발, 그리고 범–경험주의(화이트헤드의 형이상학)를 포함된다.[41] 여기서 우리는 경로 3과 4를 따라, 주어진 과학 이론에 대해 어떤 특별한 철학적 해석을 전개하든지 아니면 과학을 염두에 두고 구성된 자연의 전체 철학을 전개할 것이다.

b. 지침 6-7: 신학적 요구와 과학적 발견의 관점(경로 1-4)에서 특별한 신학적 구성을 위한 주장. 우리는 이제 종말론을 구성하는 거대한 작업을 시작해야 하는데 그것은 우리의 신학적 요구사항들(즉, 예수의 육신 부활과 새로운 창조, 그리고 진화에 의해 야기된 신정론의 문제들)뿐 아니라 모든 과학적 발견들과 특히 과학의 우주론을 수용하고 통합시키는 방식으로 되어야 하고, 지침 1이 다루려는 철학적 문제들로 되돌아가지 말아야 한다.

544

지침 6. "육신의 부활"의 관점에서 종말론

지침 6a. "변형 가능성"과 그 가능성을 위한 형식적 조건들("그러한"[42] 또는 "*초월적*" *주장):* 예수의 육신 부활에 근거한 우리의 시발점은 새로운 창조물은 과거 창조의 대체물이 아니고 혹은 두 번째 그리고 별도의 *무로부터의* 창조도 아니라는 것이다. 대신에 신은 신의 창조물인 우주를, 폴킹혼의 표현을 사용하면, *과거로부터의* 새로운 창조물로 변형시킬 것이다. 신은 그렇게 변형이 가능하게 우주를 창조했음이 틀림없고, 즉, 우주는 신의 활동에 의해 변형될 수 있다는 것이 따라오는 생각이다. 특히, 신은 신의 새로운 활동에 의해 변형될 수 있도록 정확히 필요한 그러한 조건들과 특징을 가지고 있는 우주를 창조했음이 분명하다. 만일 게다가 우주가 변형되는 것이고 대체되는 것이 아니라면, 신은 우주를 새로운 창조물의 부분이 될 수 있는 정확히 그러한 조건들과 특징들을 가지고 있는 우주를 창조하였음이 틀림없다. 과학이 우주의 과거와 현재의 역사에 대한 깊은 이해를 제공(지침 2, 3)하기 때문에, 만약 우리가 적어도 어떤 개연성을 가지고, 앞에서 거론된 이 필요한 조건들, 특징들, 그리고 전제조건들을 규명하기 위한 방법을 발견한다면, 과학은 이 변형에 대한 중요한 것을 이해하려는 신학적 작업에 커다란 도움이 될 수 있다. 나는 일반적으로 이 조건들과 특징들을 "연속성의 요소들"이라 부를 것이다. 과학은 아마도 우리가 새로운 창조물 안에서 지속될 것이라고 예상하지 않는 현재 창조물의 조건들과 특징들을 조명할 수 있을 것이다. 이러한 것들을 창조물과 새로운 창조물 간의 "불연속성의 요소들"이라 부를 것이다. 따라서 물리학과 우주론은 창조물에 진정 필수적인 것이 무엇이고, 다가올 치유적 변형 안에서 "남겨질" 것이 무엇인지를 분류하기 위한 우리의 시도에서 중요한 역할을 할 수 있다.

지침 6a는 예수의 부활에 대한 신학 문헌에서 발견되는 "연속성"과 "불연속성"이란 용어에다 *더욱더 정확한 의미와 과학과의 잠재적 연관을* 제공하고 있다. 지침 6a는 초월적 또는 "그러한"(such that)의 논증이라고 간주될 수 있다. 왜냐하면 그 지침은 원칙적으로 우주의 변형 가능성에 대해 필수적인 조건들을 간결하게 설명하고 있기 때문이다.[43] 그것을 제 위치에 두고 우리는 결국 물질적 주장으로 나아가 어떤 것이 연속성과 불연속성의 그 요소들이 될 수 있는지 질문할 수 있다.

지침 6b: 불연속성 안의 연속성: 관계를 뒤집기. 앞의 지침과 밀접히 연관된 것은 연속성과 불연속성의 요소들의 상대적 중요성에 대한 두 번째 정식 논증이다. 지금까지 신학과 과학에서, "창발"이란 용어에 의해 시사되듯 자연의 연속성의 기저를 이루는 주제 안에서 불연속성은 이차적인 역할을 해왔다. 따라서 비환원적으로 새로운 과정과 특성들(즉, 불연속성)은 자연의 전반적이고 널리 퍼져 있는, 그리고 지속적인 배경(즉 연속성) 안에서 발생한다. 그때 생물학적 현상은 물리적 세계의 결합으로부터 진화한다. 유기체들은 세포와 장기의 기저를 이루는 구조로부터 건설되고, 정신은 신경생리의 맥락 등에서 생겨난다. 그러나 이제 우리가 부활과 종말론을 이야기할 때, 나는 우리가 관계를 *뒤집기를* 제안한다. 그러나 신의 *과거로부터의(ex vetere)* 활동이 우주를 *변형시킨다는 것이* 의미하는 것처럼, 연속성의 요소들이 더욱 근본적이고 기저를 이루는 불연속성 안에 존재하게 될 것이다. 이러한 뒤집기로 인해서 근본적인 불연속성은 "물리적 종말론"과 같은 자연주의적이고 환원주의적인 관점과의 결별을 표시하고 반면 연속성은 비록 이차적일지라도 "두 세계 종말론"을 제거한다.

이러한 뒤집기는 후보 이론을 찾는 우리들의 탐구에 대하여 중요한 의미를 가지고 있다. 그 뒤집기는 하나의 후보 이론에서 "신의 비-개입주의적 객관적 특수한 활동"을 *제거한다.* 이 활동은 자연 전체의 변형을 포함하지 않기 때문이다. 과연 이러한 접근들은 자연의 "평범한" 법칙들의 위반이나 중단 없이 그러한 법칙들의 지속적인 작동이 신의 객관적이고 특별한 활동을 가능하게 한다는 것을 전제로 한다. 그러나, 예수의 육신 부활은 우리를 훨씬 더 근본적인 관점으로 안내한다. 즉 그것은 공간, 시간, 물질, 그리고 인과성의 배경 조건들이 근본적으로 변형되고, 이와 함께, 현재 자연 법칙들의 대부분이 영원히 변화한다는 관점이다.[44]

이와 함께, 지침 6a와 6b는 내가 이전에 "첫 예시의 우발성" 혹은 "새로운 자연 법칙의 첫 예시"(FINLON)라고 불렀던 것을 나타내고 있다.[45] "약한" 의미에서, 새로운 자연 법칙의 첫 예시는 지구 상의 생명체의 출현과 같은 창조물 내의 현상 중 첫 예시를 지적한다. 그러나 여기, 예수 부활의 맥락에서 새로운 자연 법칙의 첫 예시는 근본적으로 새로운 현상의 첫 예시를 지적한다. 그럼에도 불구하고 다가오는 새로운 창조물의 맥락 안에서 예수 부활은 일반적이고 규칙적인 현상, 죽은 자의 일반적 부활, 그리고 영원한 생명의 첫 예가 될 것이다. 그것은 "새로운 창조물의 새로운 법칙의 첫 예시"(FILONC)라고 명명하는 것이 더 나을 것이다.

지침 7. 진화론적 신정론의 도전의 관점에서 종말론. 이 전의 글에서[46] 나는 진화에 의해 제기되고 진화와 함께 지구 상의 수십억 년의 자연 악의 역사적 신정론의 문제를 연구했다. 그 반응에서 나는 두 가지 접근을 조사했다. 첫째는 라인홀드 니버가 20세기에 발전시킨 아우구스티누스의 전통에 근거한 것이다. 두 번째는 프리드리히 슐라이어마허의 신정론에 대한 존 힉의 차용에 근거한 것이다. 둘 다 통찰과 문제를 야기한다. 다시 이 문제들은 어떤 수용 가능한 종말론이 다루어야 하는 기준을 생성하는 데에 사용되었고, 이런 의미에서, 이 문제들은 문제였다가 신학 안에서의 이론 선택의 준거로 바뀌었다.

지침 7a. 아우구스티누스/니버 신정론을 참고하다. 열역학과 우주론의 도전의 관점에서 볼 때에 아우구스티누스/니버의 신정론 안에서 발생하는 몇 가지 문제들은 예외적인 선물을 가져온다. 그러한 문제점들은, 종말론이 이러한 문제점들을 다루려면, 종말론이 무엇을 포함해야 하는지에 대한 중요한 통찰을 제공한다. 이 통찰은 새로운 창조 안에서 도덕적 악을 범하는 것은 불가능하다는 개념에 근거한다. 우리는 의지의 굴레에서 진정한 자유에로 완전히 해방될 것이다(아우구스티누스: 죄를 범할 수 없다). 그때 유추적으로 새로운 창조는 자연 악도 포함하지 않을 것이며, 다시 이것은 피조물에서뿐 아니라 새로운 창조에서도 열역학의 역할에 대한 함의를 갖는다.

이러한 통찰은 몇 가지 방식으로 수용될 수 있다. 1) 가장 단순한 형태로는, 그것은, 열역학이 자연 악에 기여하기 때문에, 새로운 창조가 열역학과 같은 과정을 포함하지 않을 것임을 의미할 수 있다. 나는 "피조물도 멸망의 종살이에서 해방되어, 하느님의 자녀들이 누리는 영광의 자유를 얻을 것입니다"(로마 8,21)라고 말한 사도 바오로를 회상한다. 내가 이전 논문에서 서술한 것처럼 "우리는 도대체 엔트로피의 폭정으로부터 자유로울 수 있을까? 그리고 우주는 신의 응답하는 피조물로서 즉 새로운 하늘과 땅으로서 영원히 빛날 수 있을까? 그리스도 교인으로서 나는 "그렇다"라고 답한다. 2) 다소 좀 더 복잡한 형태로는, 새로운 창조는 열역학이 자연 악에 기여하는 정도로는 아니지만, 자연 선에 기여하는 정도로는 열역학을 포함할 것이다.

지침 7b. 슐라이어마허/힉의 신정론을 참고하다. 우리는 신정론에서 슐라이어마허/힉의 주장이 제기한 가장 중대한 도전은 세상의 지나친 고통과 "수단–목적" 논증을 통해서 그 고통을 정당화하려는 시도를 결합한 것이라고 보았다.[47] 이 맥락에서 힉은 도스토엡스키의 『까라마조프의 형제들』을 거론한다.[48] 힉의 반응은 오직 종말론만이 신정론의 도전을 다루는 맥락을 제공한다는 것이다. 창조물의 모든 선, 즉 창조물의 "더욱 큰 선"도, 아우구스티누스가 말하듯이, 현재에 있어야 하는 것이 아니라, 종말론적 미래에 있어야 한다.

앞에서와 같이, 그때, 이런 주장은 종말론적 새로운 창조물이 인간뿐 아니라 지구 상 생명의 역사 안에 있었던 모든 종과 개개의 피조물 모두를 포함해야 함을 의미한다. 특히, 새로운 창조물은 모든 종과 개개 피조물의 구체적인 세세한 삶 그리고 그들 자신의 능력과 특성을 포함해야 하는 것이지 단지 구원에 대한 인간 경험을 통해서만 포함하지 말아야 한다. 특히,

548

역사적 시간의 "끝"뿐 아니라 생명 진화 역사의 매 순간이 거두어져야 하고 종말론적으로 신에 의해 영원한 삶 안으로 변형되어야 한다. "수단–목적" 종말론보다는 *모든 수단은 그 자체가 또한 목적이라야 한다*고 말할 수 있다. 궁극적으로, 이런 종말론적 관점은 우주의 모든 생명체의 구원을 포함해야 한다.[49]

이 관점은 또한 하느님에 대한 삼위일체 교리에서 구성되어야 한다. 왜냐하면, 우리가 십자가와 예수 부활에 대한 계시에 근거해 알고 있는 것처럼, 이 변형을 초래하기 위해 활동하실 분은 삼위일체의 하느님이기 때문이다. 따라서 모든 종과 개개의 피조물을 포함하는 모든 자연의 비자발적 고통은 십자가 위에 그리스도의 자발적 고통(하느님 수난)과 성부의 자발적 고통(성부수난) 안으로 들어 올려져야 한다.

2) 신학연구 프로그램에서→과학연구 프로그램으로: 과학의 건설적 연구를 위한 지침들

우리의 프로젝트는 또한 신학의 그러한 수정들이 현대 과학에도, 적어도 여기서 발전된 것과 같은 종말론적 관심을 공유하고 있는 개별적 이론가들에게 관심거리가 될 것인지, 그리고 그 신학적 수정들이 과학연구 안에서 창조적 통찰을 자극시킬 수 있는지에 대하여 그 이론가들이 관심을 둘 것인지에 대한 질문을 포함한다.

지침 8. 자연에 대한 신학의 새로운 개념은 철학과 과학의 수정을 야기한다(경로 6). 여기서 우리는 경로 6을 따라 움직이며, 창조와 새로운 창조라는 자연에 대한 더욱 풍부한 신학적 개념이 현재 자연과학의 토대가 되는 자연에 대한 철학, 나아가서 현대 물리학과 우주론에서의 공간, 시간, 물질, 그리고 인과성에 대한 철학 안에서 중요한 수정을 생성할 수 있는지를 탐구한다.

지침 9. 신학은 기존의 이론들 간에 이론 선택의 준거를 제안한다(경로 7). 우리는 경로 7을 따라서 움직이며 이론 물리학과 우주론에서 이루어지는

현재 선택들의 철학적 차이를 조사할 수 있다. 과학연구자들의 신학적 관점들이 이미 "상정되어 있는" 것들 가운데(예를 들면, 양자 중력에 대한 다양한 접근들) 계속 연구를 위해 어떤 이론 프로그램을 선택하는 데 있어서 중요한 역할을 할 수 있다

지침 10. 신학은 새로운 과학적 연구 프로그램을 제안한다(경로 8). 마지막으로 우리는 경로 8을 따라 움직일 수 있고 적어도 부분적으로 신학적 관심에서 솟아 오른 동기에서 새로운 연구 프로그램을 제안할 수 있다.

이 장을 마치면서, 나는 과학의 이러한 모든 프로그램들은, 신학이나 철학이 그 시작에서("발견의 맥락") 어떤 식으로 역할을 수행하였는지와는 관계없이, 과학 공동체(흔히, "정당화의 맥락"이라고 하는)에 의해 검증되어야 한다고 다시 한 번 강조하고 싶다.

5. 신학과 과학의 연구 프로그램들에 대한 제안들

더 나아가기 위해서 우리의 지침에 비추어, 나는 종말론을 재구성하는 신학연구를 위해 우선 다음의 방향들을 제안한다.

A. 과학연구 프로그램에서→신학연구 프로그램으로: "우주의 변형"이라는 그리스도교 종말론의 재구성

1. 연속성, 불연속성, 그리고 피조물의 변형을 위한 그들의 전제조건

특히 지침 6과 7을 따라, 우리는 연속성, 불연속성, 그리고 그 변형의 부분인 그 전제조건에 초점을 두면서 시작한다. 이들은 아마도 신약 성경에 묘사된 예수 부활과 하느님 나라, 그리스도의 살아있는 육신에 있는 짧은 경험과 교회로부터 조금씩 모은 어떤 암시적인 종말론적 힌트들에서 발견될 수 있을 것이다. 이 자료에 대한 부정적(apophatic) 특징을 분명히 명심할 것이다.

a) 연속성과 불연속성(지침 7)

i) **예수의 부활**로부터 연속성의 힌트: 예수는 만져질 수 있었고, 음식을 먹었고, 빵을 나누고, 눈에 보였으며,[50] 귀에 들렸고 인식되었다. "실재화된 종말론"에 대한 이 사례들은 새로운 창조의 확장된 "영역"을 과거 것들 안에서 예기적으로 암시하고 있다. 그 영역은 승천으로 끝나지만, 현존할 때에는, 예수, 그 제자들, 그리고 주위 환경들을 포함한 영역이다.[51] 불연속성의 힌트도 있다. 살아난 주님과의 이러한 만남들은 단순한 소생과 "육체성"의 정상적 범위를 파기하고 있다.

ii) 신약 성경과 교회 안에 있는 **하느님 나라**로부터의 연속성의 힌트: 새로운 창조는 인간들의 공동체와 그들의 윤리적 관계들을 포함할 것이다.[52] 불연속성의 힌트: 아우구스티누스의 적절한 공식을 사용하면 "죄를 짓지 않을 수 없는" 현재 창조계와 비하여, 하느님 나라에서는 "죄를 지을 수 없게" 될 것이다.

iii) 역사 신학과 현대 신학에서 죽음과 보편적 부활 간의 **인격적 동일성**의 문제로부터 연속성의 힌트: a) 바오로의 씨의 비유. "죽은 이들이 어떻게 되살아나는가? 그들이 어떤 몸으로 되돌아오는가?" 하고 묻는 이가 있을 수 있습니다. 어리석은 사람이여! 그대가 뿌리는 씨는 죽지 않고서는 살아나지 못합니다. 그리고 그대가 뿌리는 것은 장차 생겨날 몸체가 아니라 밀이든 다른 종류든 씨앗일 따름입니다. 그러나 하느님께서는 당신이 원하시는 대로 그 씨앗에 몸체를 주십니다. 씨앗 하나하나에 고유한 몸체를 주시는 것입니다"(1코린 15,35 이하).[53] b) 역사적 그리스도교적 사상 안에서 죽음과 보편적 부활 간의 수치적, 물질적, 그리고/혹은 형식적 연속성.[54] 불연속성의 힌트: 죽음이 이제 모든 사람들을 기다리고 있더라도, 부활 날의 예수 부활처럼 보편적 부활은 소생이 아닐 것이다. 바오로의 네 가지의 대조는 썩어 없어질 것과 썩지 않는 것; 비천한 것과 영광스러운 것; 약한 것과 강한 것; 물질적인 몸과 영적인 몸.[55]

b) 이러한 연속성과 불연속성을 위한 전제조건(지침 6)

다음에, 지침 6을 따라, 우리는 학문들의 위계에서 "아래로" 움직여서 연속성의 인식론적으로 "우선하는" 요소들을 찾아 가고, 앞에서 다루었던 연속성의 요소들을 가능하게 하는 그 특징에 초점을 맞춘다. 우선, 나는 사회과학, 심리학, 그리고 신경과학에서 발견될 많은 수준들을 제쳐두고 직접 물리학으로 갈 것이다. 위에 a)와 b)의 기저를 이루는 핵심 주제는 시간성이다. 따라서 우리는 물리학에서 이해된 시간이 신의 창조물인 이 우주의 특징일 뿐 아니라 시간은 여러 방식으로 새로운 창조물의 특징이 될 것이라고 예견한다. 그러나, 우리는 새로운 창조물 안에서 시간성에 대한 우리의 경험이 더 이상 과거의 상실과 미래의 불가용성으로 손상되지 않을 것이라고 예상한다. 따라서 또한 그 변형 가운데에 불연속성의 요소가 있을 것이다. 우리는 존재론적 개방성이 공동체 안에 있는 사람들이 자유롭게 사랑하기 위한 지속적인 전제조건이라고 비슷한 주장을 할 수 있기 때문에, 그래서 이 개방성은 또한 우주의 변형 중에도 연속성의 요소가 될 수 있을 것이다. 다른 사례들은 존재론적 관계성/전체론(holism), 대칭/보존 법칙들의 역할 등을 포함한다.[56] 아마도 수학은 또한 연속성의 요소가 될 것이며 이 경우 아마도 불연속성은 없을 것이다.[57]

2. 신학연구 프로그램(TRP). 종말론의 재구성

다음 단계는 이러한 주장에 비추어 그리스도교 종말론의 재구성을 수행하는 것이고, 적어도 우주의 과거 역사와 현재 상태에 관한 현대 과학과 우주론에 비추어 지침 3과 4를 따라 간다. 이 작업은 분명 이 책의 한계를 훨씬 벗어난 광범위한 연구를 필요로 할 것이다. 그럼에도 불구하고, 앞으로 나아갈 방법에 대한 몇 가지 힌트들이 그 프로젝트의 한 측면, 즉 시간과 영원의 관계에 초점을 두면서 발견될 수 있다.

현대 신학자들 사이에 널리 공유되는 중요한 한 가지 주장은[58] 영원은 시간 없음이나 끝없는 시간보다는 시간성에 대한 더 풍부한 개념이란 것이다. 근본적으로, 영원은 우리가 알고 있는 시간과 그리고 새로운 창조물 안에서 우리가 알게 될 시간의 원천이다. 영원은 전적으로 시간의 원천이며 시간의 목적이다. 바르트는 영원을 "초시간적"이라고 불렀다. 몰트만은 영원을 "미래의 미래"라고 하였다. 피터스는 미래를 우리에게 다가오는 것(다가옴, adventus)이라고 하였고 이는 단지 내일이 가져오는 것(미래, futurum)은 아니라고 했다. 판넨버그는 신이 영원으로부터 예기적으로 활동한다고 주장한다. 즉 신은 특히 예수의 삶, 활동, 죽음, 그리고 부활을 통해서 세상을 구원하기 위해 시간으로 되돌아 손을 내민다. 이러한 접근에서 "시간과 영원"의 관계는 유한함과 무한함의 관계에 따라서 모형이 만들어진다. 여기서 무한(영원은 시간이 없음이라는 플라톤/아우구스티누스 관점에서처럼)은 유한의 부정이 아니다. 오히려 무한은 끝없이 유한을 초월하는 동시에 포함한다.

내 견해로, 영원에 대한 이러한 관점은 적어도 다섯 가지 독특한 주제들을 포함한다.

1. 모든 사건의 공동 현존(co-presence). 나는 "공동 현존"란 용어를 시간 안의 독특한 사건들이 그들의 독특성을 파괴하거나 흡수하지 않으면서 그럼에도 불구하고 서로에게 현존하는 것이라고 정의할 것이다.

2. "흐르는 시간"(flowing time). 각 사건은 내가 "과거/현재/미래 구조"(ppf 구조)라고 부를 것을 가지고 있다. 이 구조는 어떤 "비균질적 시간적 존재론"의 구조이다.

3. 기간(duration). 각 사건은 경험 안에서뿐 아니라 자연 안에서도 시간적 두께를 가진다. 사건들은 내적 시간적 구조가 없는 점 같이 존재하는 순간들이 아니다.

4. 세계적 미래(global future). 모든 창조물에 대해 단일한 세계적 미래가 있어서 모든 피조물들은 공동체 안에 있을 수 있다.

5. 예기(豫期, prolepsis). 예수를 죽은 자들로부터 부활시킨 신의 활동이 표

본이 되듯이, 미래는 이미 존재하고 현재 안에서 활동적이지만 동시에 미래로 남아 있다.

주석. 영원 안에서 시간의 흐름과 공동 현존의 결합은 모든 사건들이 "동시적으로 존재"할 수 있고 서로에게 사용가능하지만(보에티우스 같은 풍으로) 각 사건은 자신의 독특한 정체성을 유지한다는 것을 의미한다. 따라서 *새로운 창조물 안에서, "흐름"은 "공동 현존"이 "지금"(nunc)으로 환원되는 것을 막아 주고 반면 "공동 현존"은 "흐름"이 고립된 순간의 흘러감으로 환원되는 것을 막아 준다.*

이제 우리 지침들은 세 가지 질문을 야기한다. 1) 이 주제들 중 어떤 것이 이미 창조물 안에 존재하여 새로운 창조물로 변형될 때에 연속성의 요소들이 되는가? 2) 어떤 주제가 아직 창조물 안에 없으나 대신 오직 새로운 창조물 안에 나타나 불연속성의 요소들이 되는가? 3) 그리고 불연속성의 요소에 관해서 말하면, 현재의 우주는 새로운 창조물 안에서 그것들이 도래할 가능성의 전제조건들을 포함하는가? 이 질문에 대한 답은 물리학과 우주론에서 시간에 대한 조심스런 토론을 필요로 할 것이다. 또한 20세기 물리학과 우주론으로부터 도출된 시간에 대한 우리 당대의 이해의 관점에서 이러한 신학적 주제들을 우리가 새로이 정교하게 정식화할 것을 요구한다.

비록 새로운 정식화가 단지 시작되었지만, 나는 그럼에도 불구하고 이 세 가지 질문에 가능한 반응을 예상할 수 있다. 첫째 질문에 대해, 논란의 여지는 있으나 나는 *흐르는 시간과 기간*이 자연의 객관적 양상이라고 주장할 것이다. 특수 상대성 이론에서 시간은 서로 상반되는 해석(예를 들면, 흐르는 시간뿐 아니라 "블록 우주")에 예속된다. 게다가, 공동 현존이 결핍된다면, 우리에게 흐르는 시간은 사라진 과거와 아직 실현되지 않은 미래를 가지고 있는 고립된 현재를 의미한다. 경로 3을 따라 나는 특수 상대성 이론에 대한 해석 "공동 현존 흐르는 시간"을 시간과 영원에 대한 신학적 토론 안으로 도입할 것이다. 기간은 더 어려운 문제이다. 왜냐하면, 현대 물리학은 시간에 대해 점 같은 즉, 기간 없는 관점을 가정하기 때문이다. 그러나 판넨버그의 주장에 의지해 나는 자연 안에서 기간에 대해 한 가지 주장을 만들 수 있다고 믿는다.[59]

둘째 그리고 셋째 질문에 대해서, 나는 내가 "공동 현존", 예기와 세계적 미래를 불연속성의 요소와 동일시할 것이고, 그래서 자연 안에 그들의 전제조건들이 있는지 물리학을 뒤질 것이다. 예를 들면, 만약 흐르는 시간에 대한 비균질적 존재론이 공동 현존하는 독특한 시간적 사건들의 가능성을 논리적으로 배제하지 않는다면, 흐르는 시간이 공동 현존하는 흐르는 시간으로 변형하는 것이 그럴 듯해 보일 것이다. 예기(豫期)를 위한 전제조건들은 거꾸로 인과성, 국소적 인과성의 위반, 그리고 세계적 인과성의 위반 등을 포함할 수 있다. 끝으로, 세계적 미래는, 특수 상대성 이론이 배제하지만, 우주의 위상이 물질 분포에 따른다는 일반 상대성 이론에서 이론적으로 가능하다.

신학적 작업은 이제 이러한 통찰을 염두에 두고, 현대 물리학의 관점에서 새롭게 만들어진 신학적 개념들을 가지고 종말론을 재구성하는 것이다. 예를 들면, 시간과 공간은 고전 물리학에서 독립된 양이라고 취급된다. 이와 비슷하게 영원과 편재(偏在, omnipresence)에 대한 신학적 논의들은 전형적으로 시간과 공간에 대한 독립적 취급을 당연한 것으로 간주한다. 그러나 시간과 공간은 특수 상대성 이론에서 복잡한 상호 관계에 놓여 있고 일반 상대성 이론에서 물질과 더욱더 연결되어 있다. 그때 우리 작업은 영원과 편재와 같은 신학적 범주들을 "공동 현존 흐르는 시간"과 기간으로서의 시간에 주의하며 특수 상대성 이론과 일반 상대성 이론의 관점에서 새롭게 정교하게 표현하는 것이 될 것이다. 비슷한 신학적 재구성들이 양자 역학 등에서의 시간과 공간의 처리에도 유지될 것이다.

B. 신학연구 프로그램에서→과학연구 프로그램으로: 물리학과 우주론에서 잠재적 연구 프로그램들을 위한 안내

공동 상호 작용에 대한 우리 방법론은 두 번째 의제를 포함한다. 그 의제는 앞에서 제안된 것처럼 수정된 종말론이 과학의 기저를 이루는 자연에 대한 수정된 철학에로 인도하는 방식과, 과학의 현대 이론들 중 이론 선택의 준거에로 인도하는 방식과, 새로운 과학연구 프로그램의 구성에로 인도하는 방법들을 조사하는 것이다.

과학의 관점에서 종말론을 수정하는 첫 프로젝트는 여전히 아주 초기 단계에 있다. 더 많은 것이 성취될 때까지, 우리는 둘째 의제를 더욱 제한된 접근을 통해서 추구할 것이다. 경로 7과 8을 따라 우리는 우리의 현존하는 종말론과 연속성, 불연속성, 그리고 위에 열거한 그들의 전제조건들의 동일한 요소들을 가지고 시작하고, 그런 다음 우리는 그러한 것들이 어떤 과학연구 프로그램들(SRPs)을 제안하는 것인지 물을 것이다. 다시 한 번, 시간성은 여기서 그렇게 주도적인 주제이기 때문에, 우리는 "시간과 영원"이란 [60] 주제를 가지고 시작했지만, 그러나 이제 우리는 두 가지 방식으로 현대 물리학과 우주론에 대한 그 주제의 의미를 조사할 것이다. 1) 우리는 흐르는 시간과 기간과 같은 자연의 시간성의 측면을 가지고 시작하는데, 그러한 것들은(흐르는 시간과 기간) 세상의 종말론적 변형의 관점에서 연속성과 불연속성의 요소들을 구성한다. 그러나, 이때 그 분석이 현대 물리학에서 시간에 대한 흥미로운 질문들을 야기해야 한다. 2) 우리는 또한 물리학이 간과해 왔을 수 있지만 시간성의 측면을 고려할 것이다. 그러나, 그러한 측면들은 종말론적 관점에서 공동 현존, 예기, 그리고 세계적 미래처럼 현재 존재하고 있을 것이라고 예상할 수 있다. 그러한 것들을 염두에 두고 만약 물리학을 다시 생각하면, 그것이 물리학 연구 프로그램을 위해 구체적인 제안들을 만들어 낼 수 있지 않을까?

1. 흐르는 시간과 기간을 마주보는 특수 상대성과 양자 역학

특수 상대성 이론의 흐르는 시간 대 "블록 우주"에 관해 위에서 토론한 논쟁으로 되돌아가자. 여기서 절대 동시성(즉, 보편적 그리고 독특한 현재 순간)에는 아무런 물리적 의미가 없다는 것은 흐르는 시간이라는 개념에 대한 대부분의 접근들에 도전한다고 생각된다. 이것은 두 가지 과학적 연구 프로그램을 초래한다.

과학연구 프로그램 ⑴. 윌리암 레인 크레이와 다른 이들이 제안한 것처럼,[61] 시간의 흐름에 일치하지만 이러한 문제들을 회피하는 특수 상대성 이론에 대한 새로운 해석을 구성하라.

과학연구 프로그램 ⑵. 존 루카스가 제안한 것처럼,[62] 블록 우주 해석을 넘어 흐르는 시간 해석을 지지하기 위해 특수 상대성 이론을 수정하라.

주석: 만일 특수 상대성 이론에 대한 새로운 해석이 특수 상대성 이론의 수정인, 과학연구 프로그램 ⑵를 야기하면, 과학연구 프로그램 ⑴은 경로 7을 따른다. 그렇지 않다면 과학연구 프로그램 ⑴은 과학의 철학적 해석을 통해 과학으로부터 신학으로 가는 경로 3에 더 가깝다. 그러나 과학연구 프로그램 ⑵는 명백히 경로 7을 따른다.

양자 역학의 표준 수식체계(formalism)는 흐르는 시간을 전제로 하지만, 그러나 이 수식체계에 대한 해석은 상당한 논쟁의 대상이다. 비록 코펜하겐 해석은 물리학자들과 물리 철학자들 간에 널리 받아들여진다 해도, 코펜하겐 해석은 흐르는 시간을 전제하고 있다.[63] 그러나, "측정 문제"와 같은 내적 문제들과 경쟁적 해석들의 생동성을 감안하면, 우리는 자연에서의 "시간의 객관적 화살"을 보증하기 위해 코펜하겐 해석에 의지할 수는 없다. 다시 우리는 두 가지 독특한 과학연구 프로그램을 고려하게 된다.

과학연구 프로그램 ⑶. 흐르는 시간을 더욱더 확정적으로 지지하는 양자 역학에 대해 새롭고 더 경쟁적인 해석을 구성하라.

과학연구 프로그램 ⑷. 슈뢰딩거의 방정식에 대한 비선형 또는 추계학적

(推計學的, stochastic) 소견과 같이 흐르는 시간을 지지하는 양자 역학의 실제 수식체계의 변경을 모색하라.

주석: 앞의 경로 7에 대해 동일한 언급이 여기서 또한 적용된다.

마지막으로, 우리는 기간은 다음 과학연구 프로그램을 통해 자연 안에서 발견되어야 한다는 판넨버그의 주장을 추구할 수 있다.

과학연구 프로그램 (5). 집합 이론이나 양자화 된 시간과 같이, 시간을 기간으로서 표현하기 위해서 수학적 방법들을 찾아보라. 그런 다음 물리학 연구에 대한 그 함의를 조사한다.

이 접근은 물리학에서 새로운 연구 프로그램을 구성하는 데 있어서 경로 7을 따르고, 판넨버그의 주장을 더욱 충실히 반영하는 기존의 표현들 가운데서 시간에 대한 하나의 수학적 표현을 선택하는 준거로서 기여함으로써 경로 8을 따른다.

2. 물리학과 우주론에서 공동 현존, 예기, 그리고 세계적 미래

우리는 이제 연속성의 가능성을 위한 전제조건들인 공동 현존, 세계적 미래, 그리고 예기로 관심을 돌린다. 나는 처음 두 가지를 간략히 다루고 세 번째 전제조건에 대해 확장된 설명을 위해 더 많은 여지를 남겨 둘 것이다.

ⅰ) **공동 현존**(*co-presence*)*:* 이것으로써 나는 시간 안에서 독특한 사건들이 서로에게 "시간적"(또는, 아마도 더욱 정확히 "초-시간적") 존재함을 의미하며, 그 존재는 그들의 독특함(예를 들면 나는 그러한 독특함을 과거/현재/미래(ppf) 구조라고 한다)을 파괴하거나 흡수하지 않는다.[64] 흐르는 시간의 본성에 대한 긍정적 전제조건들을, 즉 흐르는 시간이 공동 현존으로 변할 수 있게 하는 전제조건들을 생각하는 것은 하나의 도전이다. 그러나, 우리는 "부정적" 전제조건을 정식화할 수도 있을 것이다. 즉 흐르는 시간이 공동 현존의 흐르는 시간으로 변하는 것을 내재적으로 불가능하게 하거나 그러한 변형의 개념을 전적으로 이해할 수 없게 만드는 것이 흐르는 시간에는 아무것도 없어야 한다.

ii) **세계적 미래**(*global future*)*:* 세계적 미래란 말로 나는 모든 사건들이 어떤 미래 사건들의 집합의 인과적 미래 안에 있다는 것을 의미한다. 그리스도교 종말론의 공동 주제는 미래의 통일이다. 즉 창조물은 단일한 세계적 구역 안으로 변형될 것이고 그래서 모든 피조물들은 새로운 창조물 안에서 공동체 안에 있을 수 있다. 신이 예측된 미래를 새로운 창조물의 종말론적 미래로 변형할 때에 전제조건으로 기여할 수 있는 독특한 전체적 인과적 미래가 있는가?

특수 상대성 이론을 따르면, 독특한 세계적 인과적 미래는 없다. 어떤 두 사건 P와 Q의 인과적 미래는 공통적으로 몇몇 사건들을 공유할 수 있지만, 그러나 P의 인과적 미래에 있지만 Q에 대해서는 그렇지 않든가 Q의 인과적 미래에 있지만 P에 대해서는 그렇지 않은 언제나 다른 사건들이 있을 것이다. 그러나, 일반 상대성 이론은 종말론적 세계적 미래라는 주제에 대해 가능한 전제조건을 제공한다. 일반 상대성 이론은 우주의 위상(位相, topology)이 물질의 분포에 달렸다는 것을 보여 주고 있고, 일반 상대성 이론은 미래를 위한 다양한 위상들을 허락하며, 측지학(geodesics)이 임의적 거리로 분리하지 않는 위상들을 포함한다.

iii) **예기**(*豫期, prelepsis*)*.* 예기의 신학적 의미는 신이 현재에 영원한 미래로부터 활동한다는 것이다. 최초의 사례는 예수를 죽은 자들로부터 부활시키는 신의 활동이고 다음으로는 창조물을 새로운 창조물로 지속적으로 변형시키는 신의 활동이다. 분명히 "미래"에 대한 신학적 의미는 과학적 의미와 구분된다. 그러나 여기서 시도하는 것은 신학과 과학이 좀 더 풍요로운 관계를 갖게 하기 위한 방법을 찾는 것이다. 신이 **무로부터** 창조한 물리학과 우주론 안에는 신의 예기적 활동의 가능을 위한 물리적 전제조건으로서 기능할 수 있는 특징들이 있을지 모른다. 그 특징들은 자연 안에 이미 존재하는 "역전된 인과율"(reverse causality)에 대한 이해 가능성을 들먹이거나 지적함으로써 그러한 기능을 할 수도 있다. 본질적으로 우주의 인과적 구조는 "시간의 화살" 담론이 허락하는 것보다 더욱더 미묘할지도 모른다. 인과적 구조는 신에 의한 우주의 미래 변형이 자연 안에서 이미 작동중인 역전된 인과적 과정들을 통해서 현재에 영향을 미친다는 개념과 완전히 불일치하지 않을 것이다. 간략히, 나는 이러한 특징들이 물리학에서 어떻게 토론되고 있는지 열거할 것이다.

a) 시간 대칭적 정식들 안에서 역 인과율(backward causality): 전자자기장의 방정식들은 "시간 대칭적"이다. 이 방정식들에 대한 수학적 해법들은 우리가 경험을 통해 예상하듯이 시간 안에서 빛의 앞으로의 전달을 서술할 수도 있고 또는 경험과는 반대로 시간 안에서 뒤로의 빛의 전달을 서술할 수 있다. 그럼에도 불구하고 그러한 앞으로와 뒤로의 해법들의 다양한 조합에 근거한(또는, 그것들을 기술적으로 각각 "지체된" 그리고 "앞선" 해법이라고 하는 것처럼) 광자의 전달에 대한 수학적 모형들은 리차드 파인만과 휠러의 촉매적 논문들에 뒤를 이어 수십 년간 조사되고 있다.[65] 그 모형들은 전자자기 이론에서 몇 가지 기술적 문제들을 조명하고 있고, 또한 빛보다 더 빠른 속도로 전달하지 않으면서 어떻게 "미래가 과거에 영향을 미치는"지에 대한 매우 단순한 모형을 제시한다.

아이러니하게도, 프레드 호일의 정상 상태 우주론은 부분적으로는 앞선 그리고 지체된 중력 퍼텐셜(gravitational potential)의 개념에 근거한 일반 상대성 이론의 하나의 변형의 결과이다.[66] 비록 일반 상대성에 근거한 빅뱅 모형들이 1960년대 승리했지만, 호일에 의해 시작된 시간 대칭적 접근은 여전히 오늘날도 옹호자들을 가지고 있다.[67] 따라서 부분적으로 예기에 대한 신학적 관점에 의해 촉구되고, 이러한 노선을 따라서 고안된 연구 프로그램의 방향은 적어도 원칙적으로 생존 가능하다.

b) 국소적 인과성의 위반(빛보다 빠른 속도로 전달). 지금 우주의 팽창은 표준 열린 빅뱅 모형들이 예측한 방식으로 감속하기보다는 가속화되고 있다고

여겨진다. 가속화는 소위 "우주 상수" ∧를 아인슈타인의 장 방정식에 추가함으로써 설명될 수 있을 것이다. 이러한 추가는 압축될 수 없는 유동체의 전형적인 "압력"을 나타내며, 우주 팽창의 가속화가 증가되고 있다는 "물리학적" 이유를 제안한다.[68]

놀라운 것은 ¢를 포함시킨 아인슈타인의 방정식이 적어도 형식적으로 빛의 속도를 초과하는 소리의 전달을 허용하고 따라서 시간 안에서 뒤로의 소리의 전달이 가능해진다. 그러한 뒤로의 파동들은 시공간의 작은 지역들 내에서 인과성이 위반될 수도 있다는 하나의 가능한 방법을 나타낸다. 최근 연구에서 조지 머피는 종말론에 대해 그러한 뒤로의 파동의 잠재적 중요성을 토론했다.[69] (뒤로의 파동은 또한 드 시터 정적 시공간에서도 허용된다.)[70]

c) 세계적 인과성의 위반(시공간에서 닫힌 경로들). 괴델의 우주는 닫혀 있지만 빛의 속도를 위반하지 않는 시간 같은(time-like) 경로들(물질이 따라가면서 움직일 수 있는 경로들)을 허락한다는 것은 잘 알려져 있다.[71] 시공간의 본질적 특이성들은 우리 우주의 한 부분(예를 들면, "미래")으로부터 다른 부분(예를 들면, "과거")[72] 또는 또 다른 우주로의 통과를 허용한다. 이러한 질문들을 추구한다는 것은 시간/공간 방향가능성(orientability), 연대학(年代學) 조건, 인과성 조건, 미래/과거 구분 조건, 강력한 인과성 조건, 안정적 인과성 조건, 코시(Cauchy) 표면의 존재/비존재(즉, 부분적 코시 표면) 등과[73] 같은 주제의 분석에 있어서 세계적 기술들의 사용을 요구한다.

공동현존 i), 세계적 미래ii)와 예기iii) 양상들은 또 다른 과학연구 프로그램을 통해 조사될 수 있고, 이제 위의 다섯 가지 과학연구 프로그램보다 더 일반적 관점에서 언급될 수 있다.

과학연구 프로그램 ⑥: 지침 8-10: 공동 현존, 예기, 그리고 세계적 미래에 대한 종말론적 개념들 안에서 시간의 복잡한 특징과 시간의 화살이 창조물 안에 있는 전제조건들의 존재에 대해 암시하는 방식들과 아울러 물리학과 우주론에 있는 이러한 양상들이 이러한 전제조건들을 지적하는 방식들을 고려하고 발달시켜라.

과학연구 프로그램 ⑥은 경로 6-8을 통해 추구될 수 있다. 경로 6에서 창조 교리보다 종말론이 과학이 경로 7과 경로 8을 더욱 충분히 자라나게 하는 자연에 대한 개념을 제공한다. 경로 7에서 종말론은 과학에 이미 존재하는 자원들을 이용하여 시간에 대한 새로운 과학적 이론들의 구성을 고취시킨다. 경로 8에서 우리는 자연 안에 있는 이러한 전제조건들을 분명히 설명할 수 있는 능력에 따라서 기존하는 과학 이론들을 취사선택을 한다.

6. 결론

성서 연구와 조직 신학의 많은 독특한 영역들은 우리가 종말론에 가장 중요한 주의를 기울일 것을 요구한다. 관심 대상은 "신학과 과학" 프로그램 자체는 말할 것도 없고, 예수의 육신 부활과 새로운 창조물에 대한 그것의 의미, 인류와 생물학적 진화의 전체 과정에서의 고통의 문제, 고통에 대한 반응으로서 "십자가형을 당하신 신"과 새로운 창조의 종말론에 대한 고통의 요구, 그리고 하느님에 대한 삼위일체 교리의 관계적 이해의 의미를 포함한다. 그러나 이러한 종류의 종말론은, 피할 수 없는 우주적 지평을 지니고 있어서, 얼든지 타버릴 것이라는 먼 미래에 대한 과학의 예측의 심각한 도전에 직면한다. 비록 과학적 우주론이 변한다 할지라도, 과연 앞으로도 변할(그리고 현재도 변하고 있다) 것과 같이, 엄격한 과학적 변화들은 결코 그 스스로 그러한 종말론을 위한 근거를 제시하지 못할 것이다. 그러나, 도전하는 과학 대신에, 과학이 예측하는 것은 무엇이나 틀림없이 맞는다는 엄격한 철학적 가정들을 우리가 할 필요는 없다는 것을 깨닫고 있다. 대신에 우리는 신학적 관점에서 우주의 미래에 대해 생각할 수 있다. 그러나 그 신학적 관점은 과학이 우리에게 우주의 과거와 현재에 대해 유효하게 말해 주는 것에 비추어 진지하게 교류되고 재구성된 것이다. 그렇게 재구성된 종말론은, 나름대로, 과학적 연구에 참여한 사람들에게 유익할 수 있는 현재 창조물에 대해 새로운 통찰을 제공할 수 있을 것이다. 요약하면, 만일 창조 신학 대신에 종말론으로부터 자연에 대한 확장된 과학적 개념을 물려받게 된다면 그 개념은 무엇과 같을 것이며, 그리고 그 개념이 현대 과학에 어떠한 영향을 줄 수 있는가를 묻고 있다. 신학적/성서적 자원에 근거를 두지만 과학의 관점에서 재구성된 종말론과 아울러 이 새로운 종말론의 전망으로부터 나오는 현재 우주에 대한 과학의 가능한 연구 방향의 암시를 모두 합치면, 이 관계는 신학과 과학 간의 창조적 공동의 상호 작용의 방법론의 하나의 사례를 보여 주게 된다. 이것과 이러한 상호 작용의 다른 표현들의 확장된 발전이 현재 진행 중이다. 이러한 상호 작용의 결과의 가치는 오직 그 결과물들이 더더욱 잘 표현될 때만 가능하지만 그러나, 나는 원칙적으로 그러한 새로운 방법론의 전개가 스스로 지속적 가치가 있고, 다양한 학자들과 다양한 신학적 그리고 과학적 관심과 견해에 열린 초대를 제공한다고 믿는다.

나는 신학과 과학이 다양한 창조적 방법으로 상호 작용한다고 믿는다. 그림 10.1에서, 나는 과학과 신학 사이에 우리가 움직이게 하는 최소한 8개의 독특한 경로가 있다는 것을 제안한다. 8개 경로는 두 종류로 나뉜다. 과학에서 신학으로의 움직임을 기술하는 현재의 일상적인 것들과 신학에서 과학으로 움직임을 기술하는 좀 더 논란이 많은 경로들이다.

1. ***과학에서 신학으로.*** 자연과학이 건설적 신학에 영향을 미칠 수 있는 적어도 다섯 개의 경로가 있다. (나는 특히 물리학과 우주론에 초점을 두겠지만 내가 언급한 것은 물론 다른 과학에도 적용될 것이다.) 처음 네 가지 경로에서 물리학의 이론들은 그들이 해석하는 핵심적 경험적 자료들과 더불어, 직접적 의미에서(경로 1과 2) 그리고 간접적으로 철학을 통해서(경로 3과 4) 신학을 위한 자료로서 작

용할 수 있다.

⑴ 물리학의 이론들은 신학에 제한을 두는 자료로서 직접적으로 작용할 수 있다. 그래서, 예를 들면, 신의 활동에 대한 신학 이론은 특수 상대성 이론을 위반하거가 무시하지 않아야 한다.

⑵ 물리학의 이론들은 신학에 의해서 "설명"될 자료로서 혹은 신학의 건설적 논증을 위한 토대로서 직접적으로 작용할 수 있다. 예를 들면, 빅뱅 우주론에서의 t=0는 신학적으로 *무로부터의* 창조를 통해 신학적으로 설명될 수 있다. 그러한 이론은, 증명은 불가능하더라도, 신학적 이론을 확인하기 위해 기여할 수 있다. 주목할 점은 신학적 설명은, 과학적 설명으로가 아니라, 신학의 한 부분으로 간주되어야 한다는 것이다.

⑶ 물리학의 이론들은 철학적 분석을 거친 다음에 신학에서 자료로서 간접적으로 작용할 수 있다. 예를 들면, 양자 역학에 대한 미결정론적 해석은 비-개입주의적 접근을 제공함으로써 신의 활동(특수 섭리)에 대한 신학 안에서 기능할 수 있다.

⑷ 물리학의 이론들은 자연에 대해 충분히 잘 표현된 철학 안으로 융합할 때(예를 들면, 알프레드 노스 화이트헤드) 신학의 자료로서 간접적으로 작용할 수 있다.

⑸ 물리학의 이론들은 개념적 영감, 경험적 영감, 도덕적 영감, 또는 심미적 영감을 제공함으로써 신학의 발견적 맥락 안에서 발견을 돕는 데에 (heuristically) 기능할 수 있다. 따라서 생물학적 진화는 자연 안에 신이 내재한다는 감정을 고취시킬 수 있다.

2. *신학으로부터 물리학으로.* 내가 제안하는 관계들의 진정한 상호 작용적, 그렇지만 비대칭적, 특성을 알아보기 위해, 나는 신학이 과학에 영향을 미칠 수 있는 최소한 세 가지 경로를 제안할 것이다.

⑹ 신학은 과학적 방법론의 기저를 이루는 몇몇 철학적 가정들을 제공한

다. 과학의 역사가들과 철학자들은 세상이 합리적이라는 그리스인들의 가정과 세상이 우발적(contingent)이라는 신학적 가정을 결합함으로써 **무로부터의** 창조 교리가 현대과학의 태동에 어떻게 중요한 역할을 했는지 자세히 보여 주고 있다. 이 가정들은 함께 경험적 방법론의 탄생과 자연 과정들을 표현하기 위하여 수학의 사용에 도움을 주었다. 그러나, 세상이 선하고 목적이 있다는 것을 포함하여 **무로부터의 창조** 전통에 근거한 다른 가정들은 자연의 과학적 개념에로 이어지지 못했다. 현대 과학을 위하여 이러한 가정들의 가치에 대한 문제를 재개한다는 것은 흥미로운 것이다. 신-다원적 진화론적 생물학이 목적론적 법칙을 포함한다는 면에서 의미가 있는가? 가치들은 자연에서 부분적, 진화론적 근거를 갖는가? 그러한 개념들을 포함하는 과학적 이론들은 그렇지 않은 것들보다 더 풍성한가?

⑦ 신학적 이론들은 과학의 "발견의 맥락"에서, 즉, 새로운 과학적 이론들의 구성에서 영감의 원천으로서 작용할 수 있다. 예를 들면, 다양한 신학과 철학들이 1900-1930 기간의 양자 이론의 많은 개척자들에게 영향을 주었고, 여기에는 슈뢰딩거에게 영향을 준 베단타, 아인슈타인에게 영향을 준 스피노자, 그리고 보어에게 영향을 준 키에르케고르 등이 포함된다. 다른 예는 정상 상태 우주론에 대한 프레드 호일의 연구에 무신론의 미묘한 영향이 있다.

⑧ 신학적 이론들은 물리학의 이론 선택의 준거들 안에서 "선택 규칙들"을 야기할 수 있다. 하나의 신학 이론이 진실이라고 여겨지면, 그것이 진실일 가능성을 찾기 위해 물리학 내에서 어떤 조건들이 있어야 하는지를 우리가 서술할 수 있다. 이러한 조건들은 나름대로 개별 연구 과학자나 단체가 특별한 과학 이론을 추구하는 이유를 제공할 수 있다. 예를 들면, 신학적 인류학을 따르면, 인류는 자유의지론자의 자유 의지와 그와 함께 우리의 선택이 온전히 일어날 가능성을 포함하는 신의 형상을 지닌다. 따라서 우리는 고전 역학보다 양자 역학을 선호할 수 있다. 왜냐하면 양자 역학은

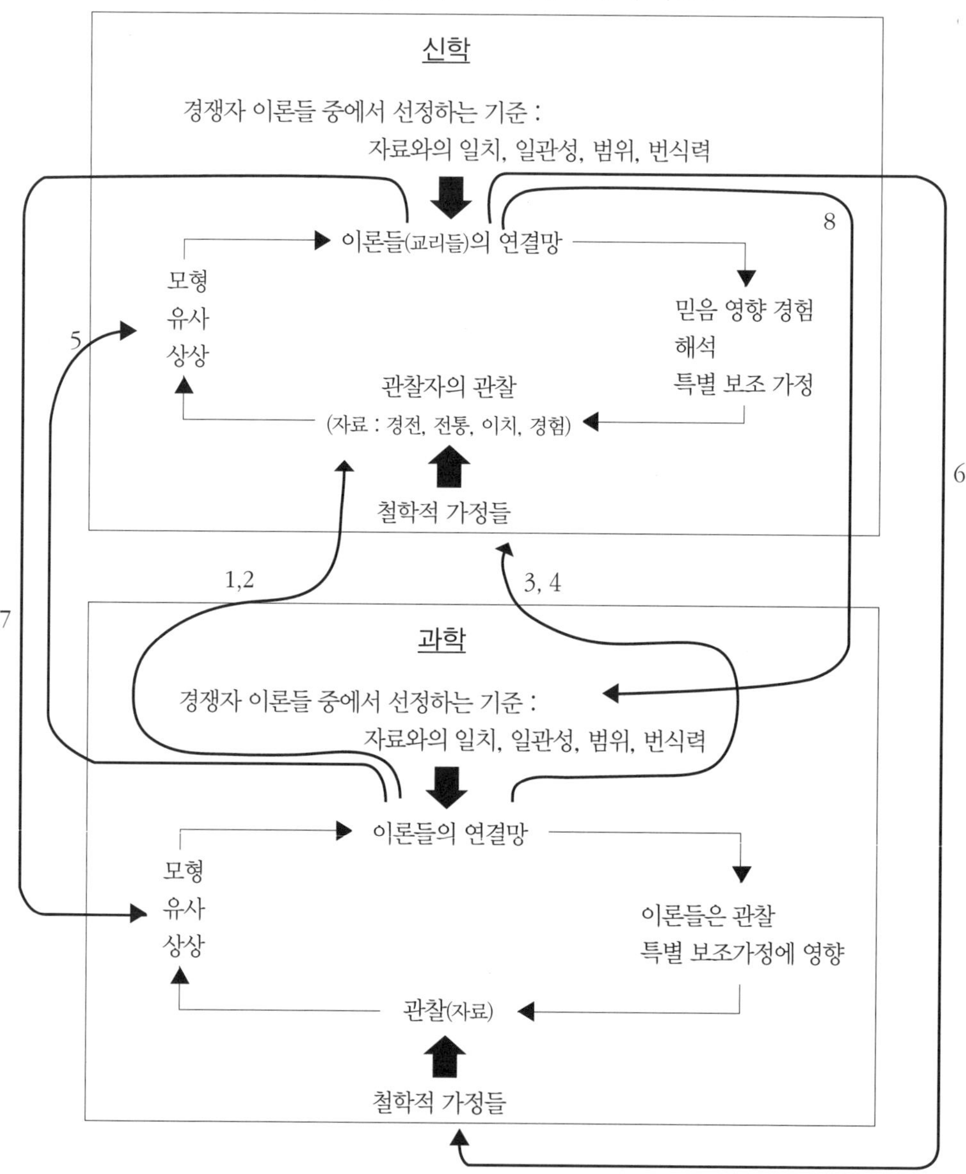

그림 10.1 : 창조적 공동의 상호 작용 방법(CMI)

미결정론적 해석에 더 부합하기 때문이다.

이 여덟 가지 경로들은 함께 비대칭적이지만 역동적인 상호 작용 안에서의 과학과 종교를 묘사한다. 나는 이것을 "창조적 공동의 상호 작용 방법"이라고 부른다. 그것은 무엇보다도 학자들이 과학이 신학에 영향을 주고 그 반대를 허용하는 방식들의 서술이다. 그러나 또한 그 방법은 처방이다. 나는 그러한 영향들에 대한 더더욱 의도적인 조사가 신학뿐 아니라 과학에도 유익할 것이라고 믿는다. 그것은 우리로 하여금 "신학과 과학"의 실제 발전을 위한 조건과 준거를 서술하도록 허락하기 때문에, 그 중에서도 "신학과 과학"에 특히 유익할 것이다. 첫째, 각 분야의 학자들이 그러한 상호 작용이 그들 자신의 연구 분야에 따라 유익했다는 것을 발견할 필요가 있을 것이다. 그래서, 과학자들은 이러한 방식으로 신학과 철학에 관계함으로써 그들의 연구가 더 풍성했다고 느낄 것인가? 신학자들은 그들의 연구가 과학과 관계를 맺음으로써 도움이 되었다고 생각할 것인가? 둘째, 중대한 변화가 한 분야에서 일어나고 다른 분야에서 이를 진지하게 취급함으로써, 이러한 변화에 상응하는 효과는 그 분야의 학자들이 유익하다고 여길 것인가? 마지막으로 이러한 과정은, 한 번 작동되면, 무한정 지속될 것이다. 심지어 이러한 결과들을 공동 상호 작용의 참여하지 않기로 한 과학자들과 신학자들의 결과와 비교할 수 있을 것이고, 상호 작용 또는 "두 세계"의 방법 중 어떤 방법이 과연 더 유익한지 결정할 수 있을 것이다.

▎주석

1 이 글은 다음의 글들을 개작한 것이다. Robert John Russell, "Eschatology and Scientific Cosmology: From Conflict to Interaction," in *What God Knows: Time, Eternity and Divine Knowledge*, ed. Harry Lee Poe and J. Stanley Mattson (Waco, Tex.: Baylor University Press, 2006), 95–120; 그리고 "Eschatology and Physical Cosmology: A Preliminary Reflection," in *The Far Future: Eschatology from a Cosmic Perspective*, ed. George F. R. Ellis (Philadelphia: Templeton Foundation Press, 2002), 266–315, the Templeton Foundation Press의 허가를 받음; Robert John Russell, "Bodily Resurrection, Eschatology and Scientific Cosmology: Th Mutual Interaction of Christian Theology and Science," in *Resurrection: Theological and Scientific Assessments*, ed. Ted Peters, Robert John Russell, and Michael Welker (Grand Rapids, Mich.: Eerdmans, 2002), 3–30, Eerdmans Publishing Company의 허가를 받음; 그리고 Robert John Russell, "Sin, Salvation, and Scientific Cosmology: Is Christian Eschatology Credible Today?"in *Sin & Salvation*, ed. Duncan Reid and Mark Worthing (Adelaide, Austr.: ATE, 2003), the Australian Theological Forum의 허가를 받음.

2 Ted Peters, *God as Trinity: Relationality and Temporality in the Divine Life* (Louisville, Ky.: Westminster/John Knox, 1993), 175–6.

3 See 각주 #1.

4 John Macquarrie, *Principles of Christian Theology*, Second Edition (New York: Charles Scribner's Sons, 1977 (19661), ch.15, 특별히. 351–62.

5 비전문적 입문을 원하면 다음 글을 보시오. James Trefil and Robert M. Hazen, *The Sciences: An Integrated Approach, Second Edition/ Updated Edition* (New York: John Wiley & Sons, 2000), 15장; George F. Ellis and William R. Stoeger, S. J, "Introduction to General Relativity and Cosmology," in *Quantum Cosmology and the Laws of Nature*, ed. Robert J. Russell, Nancey C. Murphy, and Chris J. Isham, Scientific Perspectives on Divine Action Series (Vatican City State; Berkeley, Calif.: Vatican Observatory Publications; Center for Theology and the Natural Sciences, 1993), 33-48; 이후로는 QCLN. 전문적 입문을 원하면 다음 글을 보시오. Charles W. Misner, Kip S. Thorne, and John Archibald Wheeler, *Gravitation* (San Francisco: WH Freeman, 1973),Part VI.

6   "시공간"에 대한 언급은 사실상 아인슈타인의 특수 상대성 이론에 대한 민코프트키의 기하학적 해석에 근거하고 있다. 비록 과학적 범주 내에서 그러한 시공간 개념이 상당히 일상적으로 받아들여지기는 하지만, 논란의 여지가 없는 것은 아니다. 다음 글을 보시오. William Lane Craig, Time and the Metaphysics of Relativity (Dordrecht: Kluwer Academic, 2001).

7   MisnEr, Thorne and Wheeler, *Gravitation*.

8   크기/적색편이 자료에 대한 다른 해석들이 논쟁의 대상이 되고 있는데 정적 우주를 가정했다. 이들 간의 논쟁은 20세기 우주론의 역사에서 아주 흥미로운 삽화를 이루고 있다. {Kragh 1996}을 보시오.

9   비전문적 입문을 원하면 다음 글을 보시오. Donald Goldsmith, *Einstein's Greatest Blunder? The Cosmological Constant and Other Fudge Factors in the Physics of the Universe* (Cambridge, Mass.: Harvard University Press, 1995), 10장 이후. 좀 더 전문적인 입문을 원하면 다음 글을 보시오. Chris J. Isham, "Creation of the Universe as a Quantum Process," in *Physic, Philosophy, and Theology*, ed. Robert J. Russell, William R. Stoeger, S. J., and George V. Coyne, S. J. (Vatican City State: Vatican Observatory Publications, 1988), 375-408; 이후로는 PPT. Edward W. Kolb and Michael S. Turner, *The Early Universe* (Reading: Addison-Wesley, 1994).

10   John D. Barrow and Frank J. Tipler, *The Anthropic Cosmological Principle* (Oxford: Clarendon Press, 1986), ch.10; William R. Stoeger, S. J., "Scientific Accounts of Ultimate Catastrophes in Our Life-Bearing Universe," in *The End of the World and the Ends of God: Science and theology on Eschatology*, ed. John Polkinghorne and Michael Welker (Harrisburg, Pa.: Trinity International, 2000).

11   만일 우주가 닫혀 있다면 10^{12}년 내에 우주는 최대 크기로 팽창했다가 다시 원

래 뜨거운 빅뱅과 같은 특이점으로 되돌아 올 것이다.

12 Barrow and Tipler, *The Anthropic Cosmological Principle*, 648.

13 객관적 해석을 지지하는 학자들은 Karl Barth, Raymond Brown, Gerald O'Collins, William Lane Craig, Stephen Davis, Wolfhart Pannenbcrg, Phem Perkins, Ted Peters, Janet Martin Soskice, Sandra Schneiders, Richard Swinburne, and N. T. Wright.

14 Raymond E. Brown, *The Virginal Conception and Bodily Resurrection of Jesus* (New York: Paulist, 1973), 72.

15 주관적 해석을 지지하는 학자들은 Marus Borg, Rudolf Bultmann, John Dominic Crossan, John Hick, Gordon Kaufman, Hans Kung, Sallie McFaguc, Willie Marxsen, Rosemary Radford Ruether, and Norman Perrin.

16 Willi Marxsen, *The Resurrection of Jesus of Nazareth*, trans. Margaret Kohl (Philadelphia: Fortress Press, 1970), 77, 156.

17 "객관적" 부활을 언급하는 몇몇 학자들은 육체적 그리고 물질적 연속성에 대한 질문을 열어 둔다. 그들이 볼 때에, 예수의 부활에 대한 객관적 해석은 우리가 죽어서 겪게 되는 부패와 동일한 과정을 예수의 육체도 겪게 될 가능성과 부합한다. 과연 그것은 필연적으로 여겨질 것이다. (예를 들면, 예수의 죽음이 우리와 같기 위해서라면 등등.)

18 주로 그리스도교적 관점에서 바라본 신학과 과학에 대한 입문 글을 원하면, 다음을 보시오. Robert John Russell and Kirk Wegter-McNelly, "Science," in *The Blackwell Companion to Modern Theology*, ed. Gareth Jones (Oxford: Blackwell Publishing, 2004), 512-56; Ian G. Barbour, *When Science Meets Religion: Enemies, Strangers or Partners?* (San Francisco: HarperSanFrancisco, 2000); Christopher Southgate, Celia Deane-Drummond, et al., eds., *God, Humanity and the Cosmos: A Textbook in Science and Religion* (Harrisburg: Trinity Press International, 1999); Ted Peters, "Theology and the Natural Sciences," in *The Modern Theologians: An Introduction to Christian Theology in the Twentieth Century*, 2nd ed., ed. David F. Ford (Cambridge, Mass.: Blackwell, 1997), 649-68.

19 개관을 원하면, 다음 글을 보시오. Robert John Russell, "Does "The God Who Acts" Really Act? New Approaches to Divine Action in the Light of Science," *Theology Today* 51.1 (March 1997). 연구의 상당 부분은 CTNS/VO 연속물에서 나온다. 이 논문들의 요약은 다음에서 발견된다. http://www. ctns.org/books.html.

20 Stoeger, "Scientific Accounts of Ultimate Catastrophes in Our Life−Bearing Universe," 19−20.

21 비판적 실재론자들은 또한 언어는 내재적으로 은유적이라고 주장하며, 그들은 대응, 일치, 그리고 유용성의 관점에서 보증되는 진리에 대한 지시설(referential theory)을 옹호한다.

22 Ian G. Barbour, *Religion in an Age of Science*, Gifford Lectures; 1989−1990. (San Francisco: Harper & Row, 1990).

23 Arthur Peacocke, *Theology for a Scientific Age: Being and Becoming−Natural, Divine and Human*, Enlarged Edition (Minneapolis: Fortress Press, 1993). 특히 Fig.3, 217 와 뒤따르는 본문을 보시오.

24 *Nancey Murphy, Theology in the Age of Scientific Reasoning* (Ithaca: Cornell University Press, 1990).

25 Philip Clayton, *Explanation from Physics to Theology: An Essay in Rationality and Religion* (New Haven, Conn.: Yale University Press, 1989).

26 John C. Polkinghorne, *The Faith of a Physicist: Reflections of a Bottom−up Thinker* (Princeton, N. J.: Princeton University Press, 1994).

27 물론 바버와 다른 이들이 세심하게 강조한 것처럼 신학과 자연과학의 방법 간의 중요한 차이가 있다.

28 예를 들면, 우리는 물리학, 생물학, 그리고 신학을 가지고 더 복잡한 그림을 그릴 수 있다. 생물학과 신학에 대한 물리학의 영향을 포함시키고 신학에 대한 생물학의 영향 등을 포함시킬 필요가 있다.

29 이것은 George의 실제 제안에 대한 약간의 변형이다. (개인적 의사소통)

30 다음 글에서 종말론에 대한 반대되는 주장을 보시오. John F. Haught, *God After Darwin: A Theology of Evolution* (Boulder, Col.: Westview Press, 2000); 다음 글에서 우주론의 도전을 피하고 있음을 보시오. Marjorie Hewitt Such-

ocki, *God, Christ, Church: A Practical Guide to Process Theology* (New York: Crossroad, 1982); Barbour, *Religion in an Age of Science*.

31 John Polkinghorne, *The Way the World Is* (Grand Rapids, Mich.: Eerdmans, 1983), chapter 8; Polkinghorne, *The Faith of a Physicist*, ch. 6,9, 특히 163-70; John C. Polkinghorne, *Serious Talk: Science and Religion in Dialogue* (Valley Forge, Pa.: Trinity International, 1995), ch.7.

32 Polkinghorne, *The Faith of a Physicist*, 167.

33 John Polkinghorne, "Eschatology: Some Questions and Some Insights from Science," in *The End of the World and the Ends of God*, 29-30.

34 Dante Alighieri, *The Divine Comedy*, trans. John Ciardi (New York: W. W. Norton, 1970), The Paradiso, Canto XX, vs. 88-90.

35 자연을 무로부터 창조된 것으로 간주하는 것은 우주는 우발적이고 합리적이란 것을 의미하며 이러한 것들이 현대 과학이 근거한 근본적인 철학적 가정이다. 다음 글을 보시오. Michael Foster, "The Christian Doctrine of Creation and the Rise of Modern Science," in *Creation: The Impact of an Idea*, ed. Daniel O'Connor and Francis Oakley (New York: Charles Scribner's Sons, 1969); David C. Lindberg and Ronald L. Numbers, eds., *God and Nature: Historical Essays on the Encounter Between Christianity and Science* (Berkeley: University of California Press, 1986); Gary B. Deason, "Protestant Theology and the Rise of Modern Science: Criticism and Review of the Strong Thesis," *CTNS Bulletin* 6.4 (Autumn 1986): 1-8 Christopher B. Kaiser, *Creation and the History of Science*, The History of Christian Theology Series, No.3 (Grand Rapids, Mich.: Eerdmans, 1991).

36 Helge Kragh, *Cosmology and Controversy*.

37 이 그림은 다음의 여러 글에 나타난다. Robert John Russell, "The Relevance of Tillich for the Theology and Science Dialogue," *Zygon: Journal of Religion & Science* 36.2 (June 2001): 269-308, Robert John Russell, "Eschatology and Physical Cosmology: A Preliminary Reflection," in *The Far Future: Eschatology from a Cosmic Perspective*, ed. George F. R. Ellis (Philadelphia: Templeton Foundation Press, 2002), 266-315; Robert John Russell, "Bodily Resurrection, Eschatology and Scientific Cosmology: The Mutual Interaction of Christian Theology and Science," in Resurrection: *Theological and Scientific Assessments*, ed. Ted Peters, Robert John Russell, and Michael Welker (Grand Rapids, Mich.: Eerdmans, 2002), 3-30. 다른 학자들도 비슷한 용어를 사용해서 그들의 방법론적 접근을 표시한다. 예를 들면 Alan Padgett는 "신학과 과학의 상호성"을 언급하고 나와 비슷한 방식을 취한다. 시간과 열역학에 대한 그의 글이 특히 여기 도움이 된다. 우리는 우리의 접근을 독립적으로 발달시키는 듯 여겼는데 이러한 공통의 관심의 발견은 놀랍고 앞으로 함께 그러한 것들을 조사하는 것은 희망적으로 여겨진다. 다음 글을 보시오. Alan Padgett, "The Mutuality of Theology and Science: An Example from Time and Thermodynamics," *Christian Scholar's Review* 26 (1996) Fall: 12-35.

38 William R. Stoeger, S. J., "Contemporary Physics and the Ontological Status of the Laws of Nature," in *QCLN*, 209-34.

39 이러한 경우가 되는 다른 방식은 모든 과학 법칙들이 *ceteris paribus*란 단서 조항을 수반한다는 것을 인정하는 것이다. 즉 과학 법칙의 예측이 "다른 모든 것이 동일하다"면 유지되는 것이다. 그러나 만일 신의 정규적 활동이 우리가 자연의 법칙을 통해 서술하는 것을 설명한다면, 그리고 만일 신이 근본적으로 새로운 방식으로 세상을 변형시키는 활동을 한다면, 그때 물론 다른 모든 것이 동일하지는 않다. 나는 내게 이 점을 강조해 준 낸시 머피에게 감사한다(개인적 의견교환).

40 주목하시오. 지적 설계 운동의 많은 이들의 주장과 달리, 방법론적 자연주의는 형이상학적 자연주의를 수반하지 않는다. 방법론적 자연주의는 "내재된 무신론"이 아니다. 반대로 형이상학적 유신론은 방법론적 자연주의와 동등한(내 생각에 더 강력한) 해석이다.

41 종말론은 신을 전제로 시작하기 때문에, 종말론은 환원적 유물론과 형이상학적 자연주의를 배제한다. 자연과학을 받아들임에 있어서, 플라톤적 또는 데카르트적 존재론적 이원론을 포함하는 다른 형이상학적 선택들은 그 후보가 되지 않는다.

42 특히 다음의 글을 보시오. Noreen Herzfeld, Nancev Murphy, Ted Peters,

Jeffrey, Schloss, and Michael Welker in Ted Peters, Robert John Russell, and Michael Welker, eds., *Resurrection: Theological and Scientific Assessments*.

43 나는 여기서 "초월적"이란 용어를 제안한 Kirk Wegter-Mcnelly에게 감사한다 (개인적 의견교환).

44 이러한 이유로 나는 신의 비개입적 활동에 대한 이전의 연구가 부활의 문제를 다루고 있지 않다는 O'Collins의 비판에 동의하는 것이다. 이전 연구는 그럴 수 없었기 때문에 그렇게 하지 않은 것이다. 그 연구는 결코 부활을 다루려 의도하지 않았었다. 다음 글을 보시오. Gerald, S. J. O'Collins, "The Resurrection: The State of the Questions," in *The Resurrection: An Interdisciplinary Symposium on the Resurrection of Jesus* (Oxford: Oxford University Press, 1997), 21, footnote 52.

45 이 책의 chs. 1 and 9를 보시오.

46 이 책의 ch. 8을 보시오.

47 John Hick, *Evil and the God of Love*, rev. ed. (San Francisco: Harper & Row, 1966), 327-31.

48 Ibid., 385.

49 이전의 글에서 나는 진화 과정이 적당한 환경적 조건을 갖춘 모든 행성에 적용될 수 있고 그 진화는 이성과 도덕적 의식의 능력 그리고 죄의 가능성(불가피성?)을 초래할 수 있다(아마도 그렇게 될 것이다)고 추정했다. 이 책의 9장을 보시오.

50 "영광된 드러내심"에 대한 O'Collins 대 Davis는 여기서 중요한 이슈다.

51 Michael Welker는 "종말론적 상보성"의 관점에서 이미 현존하는 하느님의 나라와 종말론적 하느님 나라 사이의 관계에 대한 매우 창의적인 정식을 제공한다. 다음 책에 있는 그의 글을 보시오. Ted Peters, Robert John Russell, and Michael Welker, eds., *Resurrection: Theological and Scientific Assessments*.

52 이 주제에 대한 매우 창조적인 발전을 원하면, 다음 글을 보시오. Nancey Murphy in Ted Peters, Robert John Russell, and Michael Welker, eds., Resurrection: *Theological and Scientific Assessments*.

53 1코린 15,35ff.

54 Caroline Walker Bynum, *The Resurrection of the Body in Western Christianity*, 200–1336 (New York: Columbia University Press, 1995); Sandra Schneiders, "The Resurrection of Jesus and Christian Spirituality," in *Christian Resources of Hope* (Dublin: Columba, 1995), 81–114. Brian Daley의 글을 보시오 in Ted Peters, Robert John Russell, and Michael Welker, eds., *Resurrection: Theological and Scientific Assessments*.

55 1코린 15,42ff.

56 Polkinghorne, "Eschatology.

57 Robert John Russell, "The God Who Infinitely Transcends Infinity." 이 책의 2 장.

58 "시간과 영원"의 문제에 대한 삼위일체 신학자들의 유익한 개관을 다음 글에서 보시오. Peters, God as Trinity; and Robert John Russell, "Time in Eternity," *Dialog* 39.1 (March 2000). 물론 삼위일체 교리에 대한 현대적 토론에서 근본적인 문제들이 있다. 이 문제들에는 이 교리의 원천(분석적인가 또는 합성적인가?), 신적 위격들의 의미, 그러한 위격들의 통합 원리, 경제적 그리고 내재적 삼위일체의 관계 등을 포함한다. 여기서 나는 이러한 문제들 간의 판정을 하려 하지 않았다. 단지 나는 과학과의 대화를 시작하기 위한 방식을 제안하기 위해 대부분 삼위일체 정식들이 가지는 공통된 그러한 주제들을 부각시킨다.

59 간단히 말하면, 볼프하르트 판넨버그는 다음과 같이 주장한다. 시간의 기간은 부분적으로 성서적이고 초기 서구의 시간에 대한 이해의 부분이다. 기간은 아우구스티누스의 주관적 그리고 객관적 시간의 분리에서 상실되었다. 현대 물리학은 후자인 객관적 시간 즉 기간 없음의 관점을 물려받았다. 그런 뒤 그는 그리스도교 신학에 부분적으로 그 뿌리를 두고 있고, 베르그송, 하이데거, 그리고 화이트헤드의 글에서처럼, 기간의 관점에서 물리적 시간을 간주하려는 시도가 최근 철학에 있음을 지적한다. 다음의 글을 보시오. Wolfhart Pannenberg, "Theological Questions to Scientists," in *The Sciences and Theology in the Twentieth Century*, ed. A. R. Peacocke (Notre Dame, Ind.: University of Notre Dame Press, 1981); Wolfhart Pannenberg, *Metaphysics and the Idea of God* (Grand Rapids, Mich.: Eerdmans, 1990); Wolfhart Pannenberg, *Systematic Theology*, trans. G. W. Bromiley (Grand Rapids: Eerdmans,

1991), 1; Wolfhar Pannenberg, *Toward a Theology of Nature: Essays on Science and Faith*, ed. Ted Peters (Louisville: Westminster/John Knox, 1993).

60 대부분의 현대 신학자들이 그들의 종말론의 뿌리를 무로부터의 창조 틀 안에 두고 있기 때문에 여기서 "시간과 영원"에 초점을 두는 것은 우리 작업에 특히 적절한 것이다. 따라서 그들이 시간과 영원에 대해 주장하는 대부분의 것들은 창조물인 우주에 만 아니라 새로운 창조물에도 적용된다.

61 윌리엄 레인 크레이그 같은 학자들은 물체가 삼차원 공간에서 움직이고 시간을 독립변수로 하는 아인슈타인의 원래의 고전적 작업 틀로 우리가 돌아가야 한다고 주장한다. 다음 글을 보시오. Craig, *Time and the Metaphysics of Relativity*.

62 J. R. Lucas, *The Future: An Essay on God, Temporality, and Truth* (Oxford; New York: Blackwell, 1989).

63 아이러니하게도 그 대부분의 중요한 기술적 문제인 "측정 문제"는 우주적 현재와 시간의 흐름의 전제를 요구한다.

64 공동 존재에 대한 개념을 위한 가능한 수학적 모델은 비-하우스도르프 (non-hausdorff) 다양체이고, 여기서는 개별의 사건들이 위상학적으로 분리되지 않는다.

65 J. A. Wheeler and R. P. Feynman, "Interaction with the Absorber as the Mechanism of Radiation," *Review of Modern Physics* 17 (1945): 156; J. A. Wheeler and R. P. Feynman, "Classical Electrodynamics in Terms of Direct Interparticle Action," *Review of Modern Physics* 21(1949): 424.

66 F. Hoyle and J. V. Narlikar, *Action at a Distance in Physics and Cosmology* (San Francisco: WH Freeman, 1974).

67 Fred Hoyle, Geoffrey Burbidge, and Jayant V. Narlikar, *A Different Approach to Cosmology: From a Static Universe Through the Big Bang Towards Reality* (Cambridge: Cambridge University Press, 2000).

68 읽을 만한 설명을 다음 글에서 보시오. Goldsmith, *Einstein's Greatest Blunder?* 전문적인 주장은 다음 글에서 보시오. Lawrence M. Krauss, "The End of the Age Problem, and the Case for a Cosmological Constant Revisited," *CWRN_P6_97/ CERN_Th_97/122/ Astro_P1,/9706227 Preprint*(1997).

69 George L. Murphy, "Hints from Science for Eschatology—and Vice Versa," in *The Last Things: Biblical & Theological Perspectives on Eschatology*, ed. Carl E. Braaten and Robert W. Jenson (Grand Rapids, Mich.: Eerdmans, 2002), 157–60.

70 전문적 토론을 다음 글에서 보시오. G. F. R Ellis, J. Hwang, and M. Bruni, *Phys. Rev.* D 40 (1989): 1819–26; Stephen Hawking and George F. R. Ellis, *The Large Scale Structure of Spacetime*, Cambridge Monographs on Mathematical Physics Series (Cambridge: Cambridge University Press, 1973), 88–96.

71 K. Gödel, "An Example of a New Type of Cosmological Solution of Einstein's Field Equations of Gravitation," *Review of Modern Physics* 21 (1949): 447–50.

72 다소 접근 가능한 배경 자료를 다음 글에서 보시오. Misner, *Gravitation*, Part VII.

73 Ibid., ch. 34. 전문적 자료는 다음 글에서 보시오. Hawking and Ellis, *The Large Scale Structure of Spacetime*. 주목하시오. 양자 우주론의 관점에서 이러한 주제들에 대한 토론은 훨씬 더 복잡하다. 다음 글을 보시오. N. D. Birrell and P. C. W. Davies, Quantum Fields in Curved Space (Cambridge: Cambridge University Press, 1982); Isham, "Creation of the Universe"; Chris J. Isham, *Lectures on Quantum Theory: Mathematical and Structural Foundations* (London: Imperial College Press, 1995).

이 책은 과학과 신학의 관계를 다루고 있다. 1970년대 이후에 세계 지성계에 매우 극적인 꽃이 피기 시작하였다. 그것은 과학과 종교의 관계 연구이다. 그러한 새로운 연구 분야의 성장은 그 직전에 이루어진 세 가지 중요한 발전 때문에 가능해졌다.

첫째 발전은 과학 안에서 일어났는데, 그것은 1960년대에 과학 안에서 일어난 신에 대한 질문이었다. 아마도 1915년에 발표된 아인슈타인의 일반 상대성 이론에 기초한 빅뱅 우주론이 1965년에 우주배경복사의 발견으로 과학적으로 확인된 것이 가장 결정적이다. 우주과학자들이 서술하기 시작한 우주의 역사는 성경에서 서술된 창조역사와 비슷하게 보였다. 1970-1980년대에 과학자들 사이에서 인류 원리가 거론되기 시작하였는데, 우주의 물리 상수들은 우주 안에 생명이 출현하고, 나아가서 인간이 출현하도록 미세하게 조정된 것 같다는 생각을 갖게 했다. 20세기 전반에 확립된 양자 역학은 우주가 필연적이 아니라 우발적임을 보여 준다. 거시 세계에서는 뉴턴의 물리학이 보여 준 결정성이 지배적이지만, 원자 이하의 수준에는 미결정성이 지배적이다. 따라서 신이 자연의 세계 안에서 자연 법칙을 위반하지 않으면서 비개입적으로 활동할 수 있다는 가능성을 열어 주었다.

둘째 발전은 과학철학 분야에서 일어났다. 20세기 초반에 엄격한 경험주의, 실증주의와 환원주의가 역사적 상대주의에 대한 자각과 지식사회학의 도전을 받고 후퇴하기 시작했다.

마이클 폴라니, 토마스 쿤, 스티븐 툴민과 임레 라카토스 등과 같은 과학철학자들은 과학지식이 인문학의 지식과 비슷하다는 새로운 점을 보여 주었다.

셋째 발전은 신학 분야에서 일어났는데, 새로운 과학에 대하여 지대한 흥미를 느끼고 대화에 목말라하는 새로운 형태의 신학자들이 등장하였다. 가톨릭교회는 제2차 바티칸 공의회(1962-1965)에서 아조르나멘토(Aggiorna-mento, 적응과 쇄신)라는 주제 아래에 교회의 문을 열어 현대 세계의 바람이 들어오도록 하였다. 공의회의 중요한 문서인 사목헌장(기쁨과 희망)은 과학이 교회에 대하여 제기하는 관심사에 대하여 중요한 언급을 하고 있다. 그 문헌은 교회의 사명에 대하여 말하면서 "교회는 모든 세대를 통하여 그 시대의 특징을 탐구하고 복음의 빛으로 그것을 해명해 줄 의무를 지니고 있다"(4항)고 강조한다. 문헌은 오늘날 "정신 교육에 있어서 수학과 자연과학이나 인문과학이 더욱 중요시되고, 실천면에서는 과학의 소산인 기술이 날로 더욱 중요시되어 가고 있다. 이러한 과학적 정신이 과거와는 다른 문화 형태와 사고방식을 나아 주었다"(5항)고 말한다. 문헌은 또한 사람의 세계관이 변하고 있음을 강조한다. "이렇게 인류는 정적(靜的) 세계관에서 동적(動的) 세계관 혹은 진화적(進化的) 세계관으로 넘어 가고 있으며 여기에서 새로운 분석과 새로운 종합을 요구하는 새로운 문제들이 방대하게 야기된다."(5항) 사목헌장은 또한 무신론과 과학이 관련된다는 점을 말한다. "무신론은 현대의 극히 중요한 문제 중의 하나로 보아야 하고 신중히 검토해야 한다. 많은 사람들은 주제넘게도 자연과학의 한계를 넘어서 만사는 과학적 이론만으로 설명할 수 있다고 주장한다."(19항)

개신교 신학자들 가운데서도 신학과 과학의 대화를 중요시하는 이들이 나타났다. 칼 바르트(1886-1968)와 폴 틸리히(1886-1965) 등 유명한 신학자들이 과학과 신학은 다른 언어를 사용하는 것이고 과학은 사실을 말하며 종교는 의미를 말한다고 주장했다. 그들은 이 분야들의 언어는 번역될 수 없고 과학과 신앙은 분리된 영역이라고 주장했다. 그러나 랭던 길키(1919-2004)는 1960년대에 신학자들에게 과학의 문화적 영향에 관심을 두라고 촉구하였다. 그는 이제 과학은 문화적 쟁점이기 때문에 신학적 쟁점이라고 주장했다.

현재 우리가 과학과 종교 연구 분야라고 보는 것은 물리학자이자 신학자인 이안 바버(1923-2013)가 1966년에 출판한 『과학과 종교의 쟁점』(Issues in Science and Religion) 이후에 발전한 것이다. 여러 권의 책을 더 출판한 그는 과학과 종교 연구 분야의 대부라고 불릴 자격이 있다.

1970년 초부터 세계 여러 곳에서 과학과 종교를 연구하는 센터와 단체들이 속속 탄생하였다. 영국 옥스퍼드대학교에서는 생화학자이고 신학자인 아서 피콕(1924-2004)이 사제 과학자 단체와 얀 램시 센터를 세웠다. 1974년 칼 게셀샤프트는 독일어 토론회의 씨앗을 뿌리고 연구연보를 출판하였다. 시카고에 있는 루터교 신학대학에는 1967년에 종교와 과학의 지곤(Zygon)센터가 세워지고 현재까지 활발히 움직인다. 과학과 신학연구 유럽협의회가 2년에 한 번씩 모인다. 인도의 과학, 사회, 종교협의회, 호주 신학포럼, 이슬람과 과학 센터 등이 학자들을 모아서 대화하고 연구지를 발표한다. 1981년에는 미국 캘리포니아주 버클리에 있는 연합신학대학원(GTU)에 로버트 러셀이 신학과 자연과학 센터(CTNS)를 설립하였고 그것은 현재 세계적으로 가장 활발한 연구소이다. 이 센터는 2003년부터 전문지 『Theology and Science』를 출간한다. 1990년 초부터 존 템플턴 재단은 과학과 종교 연구에 기여하는 단체와 개인들에게 자금을 후원한다. 그 재단은 2002년에 영국 캠브리지대학교에 세워진 과학과 종교 국제협의회(International Society for Science and Religion)의 창립에 자금을 지원하였다.

이 책의 저자 로버트 러셀에 대하여는 이안 바버의 서문과 저자의 입문이 상세히 소개한다. 러셀은 현대 자연과학의 발견에 비추어서 그리스도교 신학을 이해하려는 학자들의 대표자라고 말할 수 있다. 그는 물리학자, 신학자, 개신교 목사이다. 러셀은 과거처럼 과학과 종교를 갈라놓은 것은 유익하지 않다고 생각해서 이 책을 쓰게 되었다. 그의 동기는 더욱 절실하다. 우리가 매우 아끼는 종교 전통을 잃고 싶지 않다면 오늘날의 과학의 발견에 비추어 신학을 이해하기 시작해야 한다는 것이다. 그러한 종교전통이 직면한 위기가 크고 그 절박성을 느끼는 사람들이 꽤 있다. 어떠한 창조 교리도, 그것이 공허하고 메마른 것이 되지 않으려면, 자연과학이 서술하는 세계에 관한 것이어야 한다. 이것은 어떠한 신학도 선택의 여지를 갖지 못하는 상황이다.

어떤 독자는 저자가 개신교 목사라는 것을 알면, 천주교 신부와 신자가 그의 책을 번역하여 천주교계 출판사에서 출판하는 것이 적절한지 물을 수 있다. 그러한 의문을 풀자면, 이 책이 어떤 신학 문제를 취급하는지 아는 것이 도움이 된다. 1-3장은 창조 교리와 빅뱅 우주론의 관계를 다루고, 4-6장은 신의 섭리와 양자 물리학의 관계를 다루며, 7-8장은 악의 문제와 물리학의 한 분야인 열역학의 관계를 설명하고, 9-10장은 현대 우주론이 말하는 우주의 미래와 종말론 신학의 관계를 설명한다.

창조 교리, 신의 섭리, 악의 문제, 그리고 종말론 신학에 있어서 개신교회와 천주교회의 신학은 다른가? 개신교회 안에도 다양한 종파가 있고 신학이 다양하기 때문에 이 질문에 한마디로 대답할 수는 없다. 과학에 관련하여 천주교회와 현저히 다른 주장을 펴는 개신교 종파는 창조과학이나 지적 설계론을 가르치는 종파들이다. 한국에서 어떤 개신교 종파들이 여기에 속하는지 자세히 알지 못한다. 천주교회와는 달리, 그들은 성경에 대하여 문자주의 해석을 하면서 현대 과학이 말하는 빅뱅 우주론과 진화론이 성경의 가르침과 대립된다며 적극 반대한다.

그러한 종파들이 아니어도, 주류 개신교 종파들의 신학이 천주교회의 신학과 다른 점들이 있다. 1978년 유럽의 저명한 천주교 신학자 19명과 개신교 신학자 17명이 공동으로 집필한 새로운 공동신앙 고백서『하나인 믿음』(분도출판사, 1979)에 따르면, 천주교회와 개신교회는 성서와 전통, 은총과 행업, 성사와 성례전, 혼인, 마리아, 교회 등 6개 신학 분야에서 차이를 보인다. 이러한 6개 분야의 신학은 이 책이 다루는 창조 교리, 신의 섭리, 악의 문제와 종말론과는 분리되어 있고, 이 책이 다루는 네 가지 분야는 양측이 같은 견해를 가지는 신학 분야이다.

로버트 러셀은 성경의 창조설화를 문자주의식으로 해석하지 않고 따라서 빅뱅 우주론을 지지하고 있고, 천주교회와 같이 신의 일반 섭리와 특수 섭리를 지지하고 또한 유신론적 진화론을 강력히 옹호하며, 종말론에 관하여 천주교회의 20세기 최고의 신학자 칼 라너의 신학을 지지한다. 이렇게 보면 러셀은 이 책이 다루는 네 가지 신학문제에 대하여 천주교회와 같은 노선을 취한다고 생각된다.

과학과 신학에 있어서 우리가 러셀과 함께 갈 수 있는지를 가늠하기 위하여 천주교 신부 과학자들이 로버트 러셀을 어떻게 대우했는지를 살피는 것도 유익하다. 교황 요한 바오로 2세는 1988년 6월 1일에 「교황청 천문대 대장 조지 코인 신부에게」라는 담화문에서 과학과 신학의 대화가 매우 시급하고 중요하다고 말했다. 이 책의 내용과 관련되는 그 담화의 부분을 인용하면 다음과 같다.

"신학은 지성을 추구하는 신앙으로서 오늘날 당연히 과학과 활발한 교류를 해야 한다. … 아리스토텔레스의 자연철학의 질료(質料) 형상론이 중세 신학자들에 의하여 수용되었다. … 오늘의 신학자들은 현대 과학과 관련하여 자신들이 중세기 신학자들이 했던 바와 같은 특별히 어려운 과정을 감수하였는지 질문해 볼 수 있다. …

만약 고대 근동 세계의 우주론이 순화되어 창세기 첫 여러 장들 안으로 동화될 수 있었다면, 현대의 우주론이 창조에 관한 우리의 사색에 무엇인지를 제공할 수 있을까? … 진화적 관점이 신학적 인간학, 하느님의 모상인 인간의 의미, 그리스도론의 문제에 관련된 어떤 빛을 비추는가? … 특히 우주의 아주 먼 미래에 비추어 볼 때에, 현대 우주론의 종말론적 함의는 도대체 무엇인가? …

신학의 방법은 현대 과학의 방법론과 과학 철학의 방법론의 통찰을 효과적으로 받아들일 수 있는가? … 일부 신학자들은 과학의 잘 정착된 이론들을 참되고 창조적으로 사용하기 위하여, 그리고 빅뱅 우주론의 이론에 대하여 서투르고 성급한 호교론을 주장하지 않기 위하여 과학을 충분히 알아야 한다.

과학은 종교를 오류와 미신에서 순화시킬 수 있고, 종교는 과학을 우상과 그릇된 절대주의에서 순화시킬 수 있다. 각자는 상대방을 좀 더 넓은 세계를 끌어들일 수 있고 그 넓은 세계에서 쌍방은 번성할 수 있다.

교회와 과학 공동체는 불가피하게 교류할 것이다. … 유일한 질문은 그들이 서투르고 성찰하지 않으면서 대화할 것인지, 아니면, 깊이 있고 묘미 있는 대화를 할 것인지 혹은 복음의 품격을 떨어뜨리면서 역사 앞에서 우리를 창피하게 만드는 피상적 대화를 할 것인지이다."

교황의 이러한 담화가 나오자, 교황청 천문대는 로버트 러셀이 설립하여 이끄는 신학과 자연과학 센터와 손을 잡고 신학과 과학의 관계에 대한 국제적 토론회를 준비하였다. 이 토론회에는 신학자, 과학자, 과학철학자들이 60여 명이 참여하였고, 천주교회와 개신교회와 성공회의 신자와 신부와 목사들이 교회일치적 분위기에서 참여하였다. 1993년부터 2007년까지 6차의 발표회가 열렸다. 1993년의 주제는 양자 우주론과 자연의 법칙, 1995년의 주제는 카오스와 복잡성, 1997년의 주제는 진화 생물학과 분자 생물학, 1999년의 주제는 신경과학과 인격체이었으며, 2001년의 주제는 양자역학이었고, 2007년의 토론회는 물리학과 우주론의 관점에서 자연 악을 다루었다. 6차의 토론회에서 발표된 논문들은 6개의 논문집으로 엮어서 교황청 천문대와 신학과 자연과학 센터의 명의로 성심회 수도원이 운영하는 미국 노틀담대학교의 출판부에서 출간되었다. 로버트 러셀은 6권의 논문집을 편집하고 입문을 작성하는 데 있어서 주도적 역할을 담당하였다. 로버트 러셀은 개신교 목사인데도 불구하고 교황청 천문대가 주도하여 이루어진 토론회의 논문집을 편집하는 일에 주도적 역할을 수행하였다. 러셀과 함께 일하던 유명한 예수회 신부로는 교황청 천문대에서 근무하던 천문학자 조지 코인(George Coyne, S.J.) 신부와 천문학자 윌리암 스테거(William Stoeger, S.J.) 신부가 있다. 이쯤 되면 이 책의 저자가 개신교 목사라고 해서 한국의 천주교 신부와 신자가 그가 저술한 책을 번역해서 가톨릭계 출판사에서 책을 내도 무방할까 하는 질문은 필요 없을 것이다.

저자 로버트 러셀은 1982년 봄에 University of California, Berkely 옆에 있는 Graduate Theological Union에서 과학과 종교를 강의했다. 역자 중 하나인 오경환은 가톨릭대학교 신학대학 교수로 재직하던 시기에 UC, Berkely의 사회학과에 방문교수로 있으면서 그 강의를 수강했다. 그는 자연과학의 발견과 그리스도교 신학의 관계를 다루는 강의를 하였다. 그 강의는 오경환 신부에게 무척 어려운 강의였으나, 천주교 신부로서 종교사회학을 전공한 오경환 신부는 물리학을 포함한 자연과학과 신학의 관계를 공부하기로 그때에 작심했다. 과학과 신학을 다루는 책을 구입해서 읽었고 양자 역학에 관한 책도 읽으려고 노력했다. 카프라의『양자 역학과 동양사상』, 게어리 주커부의『춤추는 물리』,『파이만의 물리학 강의 III』, 차동우 교수 역『양자 역학과 경험』, 브라이안 그린의『우주의 구조』등 과학과 신학에 관련된 책 수십 권을 읽게 되었다.

오경환 신부는 2003년부터 가톨릭대학교 의과대학 인천성모병원의 전양환 선생과 매월 만났다. 2008년부터 전양환 선생도 과학과 신학 공부에 관심을 가져서 함께 책을 읽고 한 달에 한 번 한 시간씩 토론을 했다. 독일 신학자 한스 큉의『The Beginning of All Things; Science and Religion』과 호주의 신학자 데니스 에드워즈의『How God Acts: Creation, Redemption and Special Divine Action』등 과학과 신학을 다룬 책들의 내용을 읽고 토론하였다. 그리고 3년에 걸쳐서 Robert John Russell의 이 책,

『우주론 Cosmology: From Alpa to Omega』를 공동으로 번역하고 내용을 토론하였다. 이 책을 번역하는 과정에 1988년부터 2003년까지 교황청 천문대와 Russell이 창립한 신학과 자연과학 센터가 공동으로 주체한 〈과학과 신학〉에 관한 국제회의에서 발표된 논문집 7권을 구입해서 읽어야 했다.

이 책의 번역 과정은 참으로 험난했다. 저자는 늘 깊이 있게 생각해야만 다가갈 수 있는 새로운 세계로 초대한다. 신학과 과학에 대한 많은 참고문헌의 요소요소에서 핵심적 주제를 언급하며 이해를 요구한다. 신학과 과학의 쟁점의 벼랑 끝으로 내 몬다. 사고의 끝자락에 우주를 펼쳐 음미하도록 한다. 그러나 기나긴 사고 여행에서 지칠 때쯤 되면, 그러한 인식의 지평에서 늘 커다란 감동으로 보상을 준다.

번역은 가급적 의역을 피하고 원문에 충실했다. 번역 과정에서 물리학에 익숙하지 않는 번역자들에게 차동우 교수님은 크나큰 도움을 주셨다. 차동우 교수님은 인하대학교에서 오랜 동안 물리학 교수로서 재임하신 후 정년퇴임을 하셨음에도, 우리의 번역문을 꼼꼼히 읽어주시고 잘못된 것들은 바로 잡아 주셨다. 끝으로 예상치 않게 번역 시간이 오래 걸렸음에도 잘 참고 너그럽게 이해해 주신 위즈앤비즈 출판사의 임직원들에게도 감사한다.

치아오, 레이몬드, Chiao, Raymond 331, 332, 348, 373, 378
클레이튼, 필립, Clayton, Philip 17, 18, 19, 24, 37, 38, 55, 57, 62, 63, 161, 192, 239, 265, 317, 357, 358, 371, 381, 479, 506, 525, 535, 571
코우클리, 사라, Coakley, Sarah 468, 483, 485
콥, 존, B.Jr., Cobb, John, B.Jr. 46, 57, 65, 261, 418, 491, 504
코페르니쿠스, 니콜라스, Copernicus, Nicholas 116, 117, 118, 245
코인, 조지, V., Coyne, George, V. 56, 360, 521, 569, 582, 584
크레이그, 일리암, 래인, Craig, William Lane 125, 126, 137, 139, 140, 569, 570, 576
쿠싱, 제임스,T., Cushing, James T. 64, 290, 291, 348, 351, 356, 362, 374
다윈, 찰스, Darwin, Chrles 36, 40, 43, 208, 214, 367, 375, 380, 381, 399, 400, 444, 449, 451, 453, 454, 458, 460, 461, 468, 474, 480, 510, 511
데이비스, 폴, Davies, Paul 144, 173, 176, 196, 197, 291, 362, 363, 401, 520, 523, 526
도킨스, 리처드, Dawkins, Richard 375, 381, 443, 449, 452, 453, 458, 460, 461, 474, 476, 480, 485
데데킨트, 리하르트, Dedekind, Richard 119
데닛, 다니엘, Dennett, Daniel 381
데카르트, 르네, Descartes Rene, 19 Cartesian dualism과 Descartes dualism은 동일
드리스, 윌럼, Drees, Willem 33, 56, 59, 144, 174, 176, 196, 506, 524
도스토엡스키, 표도르, Dostoevsky, Fyrdor 467, 548
더프너, 앤드루, Dufner, Andrew 359
다이슨, 프리만 J., Dyson, Fredman J. 92, 104, 425, 492, 504, 505, 506, 507, 514, 523, 524, 526
에드워즈, 데니스, Edwards, Denis 342, 375, 381, 396, 443, 450, 469, 472, 476, 484, 492, 509, 525, 584
아인슈타인, 알버트, Einstein, Albert 67, 71, 76, 77, 81, 82, 84, 86, 103, 118, 127, 135, 167, 171, 172, 185, 186, 198, 214, 215, 245, 268, 291, 346, 362, 501, 502, 523, 530, 561, 565, 569, 576, 578
엘리스, 조지, Ellis, George 24, 55, 65, 102, 164, 176, 188, 197, 239, 265, 275, 289, 299, 312, 313, 322, 326, 334, 338, 339, 340, 341, 342, 357, 361, 364, 366, 367, 372, 376, 401, 381, 396, 461, 482, 484, 524, 537, 539, 568, 572, 577
패러, 어스틴, Farrer, Austin 17, 18, 54, 85, 214, 227, 228, 234, 263, 270, 302, 403, 417
포스터, 더우드, Foster, Durwood
포스터, 마이클, Foster, Michael 63, 572
펀켄스타인, 아모스, Funkenstein, Amos 63
가우스, 칼, 프리드리히, Gauss, Carl, Friedrich 119, 284, 417
길키, 랭던, Gilkey, Langdon 72, 100, 143, 146, 147, 148, 149, 150, 151, 152, 153, 154, 156, 157, 158, 159, 160, 162, 182, 188, 189, 190, 191, 201, 203, 209, 210, 256, 257, 258, 289, 425, 579

592

19, 21, 24, 25, 26, 33, 52, 53, 55, 234, 250, 296, 363, 571

신학과 자연과학 센터, CTNS(center for theology and the natural sciences) 4, 5, 12, 13, 14, 16, 17, 31, 33, 39, 204, 223, 244, 247, 275, 314, 315, 317, 348, 580, 583, 585

다윈의 진화론, Darwinian evolutionary theory 208, 381, 444, 451, 453, 454, 460, 461

죽음, death 7, 8, 15, 27, 43, 69, 109, 204, 336, 340, 342, 383, 385, 394, 395, 396, 402, 415, 419, 421, 422, 423, 428, 431, 433, 436, 444, 445, 450, 451, 452, 460, 461, 467, 468, 469, 474, 476, 500, 515, 530, 532, 533, 534, 551, 553, 570

이신론, deism 105, 142, 196, 207, 260, 327, 383, 385, 446, 447, 449

탈신화화, demythologization 253, 270

결정론, determinism 7, 20, 24, 36, 41, 42, 81, 177, 178, 179, 180, 191, 211, 212, 217, 218, 222, 223, 225, 226, 228, 229, 230, 231, 232, 233, 234, 235, 236, 237, 238, 240, 241, 242, 244, 247, 250, 251, 252, 271, 272, 273, 274, 275, 276, 277, 278, 279, 280, 281, 282, 283, 284, 285, 287, 288, 290, 291, 292, 293, 294, 295, 296, 298, 299, 301, 305, 306, 307, 308, 309, 310, 313, 314, 315, 316, 317, 318, 319, 320, 321, 322, 323, 324, 327, 328, 332, 334, 335, 337, 338, 339, 343, 344, 346, 347, 348, 349, 350, 351, 354, 363, 365, 367, 368, 369, 371, 372, 374, 375, 382, 383, 384, 390, 447, 448, 459,

472, 536, 564, 567

대화, dialogue 4, 13, 15, 17, 18, 19, 24, 33, 44, 45, 46, 50, 68, 70, 110, 215, 246, 262, 267, 289, 290, 294, 323, 342, 347, 350, 354, 383, 490, 504, 534, 535, 536, 575, 579, 580, 582, 583

불일치, disanalogy 27, 269, 343, 344, 371, 560

질병, disaese 27, 43, 340, 383, 394, 395, 415, 422, 431, 441, 444, 445, 452, 460, 476

불협화, dissonance 15, 25, 29, 30, 31, 32, 33, 36, 37, 59, 67, 75, 89, 90

다름, dissimile 108

신의 활동, divine action

보수주의자, conservative 41, 203, 207, 208, 211, 212, 219, 223, 232, 289, 381, 383, 448

개입주의자, interventionist 383

자유주의자, liberal 41, 203, 207, 211, 212, 219, 222, 232, 289, 381, 382

비-개입주의자, non-interventionist 271, 306

신의 힘, divine power 147, 321, 323, 420, 472

신의 초월, divine transcendence 72, 115, 191, 240, 242, 243, 244, 253, 255, 267

디엔에이, DNA 7, 213, 297, 389, 391, 392

이중 해석, double hermeneutic 38, 364, 594

꼭대기-아래 인과성, downward causation, top-down causation 377, 449, 479

이원론, dualism

463, 536, 555, 557, 558, 564, 565, 578, 583, 584, 597

양자 비국소성, quantum nonlocality 214, 348, 356

휴거, rapture 489

실재론, realism 5, 15, 18, 19, 21, 24, 25, 26, 33, 52, 53, 55, 56, 57, 126, 194, 216, 234, 250, 291, 295, 296, 332, 363, 364, 373, 378, 571, 593

구속, redemption 15, 28, 346

환원주의, reductionism 19, 22, 24, 41, 64, 89, 201, 202, 203, 206, 211, 236, 239, 320, 322, 492, 496, 506, 546, 578, 590, 594

일반 상대성 이론, general theory of relativity 76, 85, 127, 141, 142, 145, 164, 165, 213, 215, 426, 501, 530, 555, 559, 560, 578, 596

특수 상대성 이론, special theory of relativity 76, 163, 213, 214, 230, 272, 331, 332, 333, 373, 374, 394, 426, 501, 523, 530, 554, 555, 557, 559, 564, 569

부활, resurrection 8, 11, 15, 16, 22, 28, 40, 41, 46, 49, 50, 57, 65, 74, 75, 205, 232, 233, 262, 323, 343, 345, 371, 452, 470, 471, 472, 473, 474, 475, 487, 488, 489, 491, 492, 505, 506, 508, 509, 513, 514, 515, 516, 518, 519, 521, 527, 528, 529, 533, 534, 535, 537, 538, 541, 542, 543, 544, 545, 546, 547, 549, 550, 551, 553, 559, 562, 570, 574, 594

계시, revelation 17, 20, 32, 39, 46, 116, 133, 134, 147, 148, 162, 189, 198, 209, 219, 223, 224, 260, 336, 395, 396, 422, 492, 549

구원, salvation 15, 28, 40, 41, 44, 58, 68, 72, 180, 191, 204, 205, 208, 258, 259, 268, 342, 343, 346, 382, 385, 394, 396, 397, 402, 421, 423, 424, 437, 452, 454, 457, 467, 470, 471, 472, 473, 474, 475, 489, 491, 508, 537, 548, 549, 553

선택 규칙, selection rules 540, 565

죄, sin 15, 25, 27, 28, 40, 107, 108, 318, 395, 402, 404, 412, 413, 414, 415, 416, 418, 419, 420, 428, 429, 430, 431, 432, 436, 451, 452, 455, 456, 457, 458, 459, 461, 462, 464, 472, 475, 476, 481, 489, 548, 551, 574, 600

사회생물학, sociobiology 23, 40

신체적 과도결정론, somatic overdetermination 338, 339

영혼, soul 183, 207, 465, 467, 500, 515, 521

공간, space 14, 32, 65, 76, 77, 82, 83, 84, 86, 87, 88, 90, 92, 95, 96, 97, 102, 103, 110, 118, 119, 123, 127, 128, 135, 139, 149, 150, 151, 155, 164, 165, 166, 167, 168, 169, 170, 171, 172, 173, 175, 176, 183, 191, 193, 194, 195, 196, 197, 206, 230, 244, 245, 259, 268, 290, 291, 297, 324, 328, 329, 330, 331, 360, 362, 367, 373, 404, 405, 426, 447, 501, 502, 505, 507, 523, 530, 531, 532, 546, 549, 555, 561, 569, 576, 594

시공간, spacetime 76, 77, 82, 83, 84, 102, 103, 127, 128, 149, 150, 151, 155, 164, 165, 166, 167, 168, 169, 170, 171, 172, 173, 175, 176, 193, 194, 195, 196,

Nihil Obstat:
Rev. Pius Lee
Censor Librorum
Imprimatur:
Most Rev. John Baptist Jung Shin-chul, S.T.D., D.D.
Administrator Apostolicus Diocesis Incheonis
2016. 11. 25.

우주론
알파에서 오메가까지

2016년 11월 24일 1판 1쇄 인쇄
2016년 12월 1일 1판 1쇄 발행

지은이 로버트 존 러셀
옮긴이 오경환 · 전양환

펴낸이 백인순
펴낸곳 위즈앤비즈
주소 서울 영등포구 선유동2로 46(당산동5가, 유원제일2차아파트상가) 304호
전화 02-324-5677 **팩스** 02-334-5611
출판등록 2005년 4월 12일 제313-2010-171호

ISBN 978-89-92825-89-4 03230

값 30,000원